清华大学百年校庆
TSINGHUA UNIVERSITY
CENTENARY CELEBRATION

清華大學志

1911—2010

第四卷

陈　旭　贺美英　张再兴　主编

清华大学出版社
北京

内 容 简 介

《清华大学志（1911—2010）》回顾了清华大学从 1911 年建校至 2010 年的百年历程，上自 1911 年 4 月清华学堂建立，适当追溯到 1905 年"庚子赔款"退款办学的经过，下至 2010 年 12 月，忠实地记录了清华大学在每个阶段的发展进程。本书以志为主体，设章、节、目三个层次，文字采用记叙体，横分门类，纵写历史与现状，并辅以图表。前有《总述》，略述学校历史梗概；后加有附录，回顾百年校庆盛典。

本书为研究者提供了一份翔实可靠的宝贵资料，可作为国内外高校校史研究的参考。

图书在版编目（CIP）数据

清华大学志：1911—2010 / 陈旭，贺美英，张再兴主编 . —北京：清华大学出版社，2018
ISBN 978-7-302-49042-5

Ⅰ.①清…　Ⅱ.①陈…　②贺…　③张…　Ⅲ.①清华大学-校史- 1911—2010　Ⅳ.①G649.281

中国版本图书馆 CIP 数据核字（2017）第 292623 号

责任编辑：李艳青
封面设计：王红卫　朴香善　刘星池
责任校对：王荣静　王凤芝
责任印制：李红英

出版发行：清华大学出版社
　　　　　网　　　址：http://www.tup.com.cn，http://www.wqbook.com
　　　　　地　　　址：北京清华大学学研大厦 A 座　　　　　　邮　　编：100084
　　　　　社 总 机：010-62770175　　　　　　　　　　　　　邮　　购：010-62786544
　　　　　投稿与读者服务：010-62776969，c-service@tup.tsinghua.edu.cn
　　　　　质量反馈：010-62772015，zhiliang@tup.tsinghua.edu.cn
印 装 者：三河市铭诚印务有限公司
经　　销：全国新华书店
开　　本：210mm×297mm　　　印　张：193　　　　　字　　数：4877 千字
版　　次：2018 年 4 月第 1 版　　　　　　　　　　　印　　次：2018 年 4 月第 1 次印刷
印　　数：1～1500
定　　价：1680.00 元（全四册）

产品编号：061976-01

总 目 录

第四卷目录

第二十一章

人　物

第一节　人物小传

本着志书中"生不立传"原则，选择截至 2011 年 4 月已不在世的清华工作人员中（含解放前学生运动领导人中的部分学生），对清华大学的建立和发展有重大贡献的 81 人编撰小传。其姓名如下（括号内的数字为页码）：（以出生年月为序）

唐国安

唐国安（1858 年 10 月—1913 年 8 月）字国禄，号介臣。广东香山（今属珠海市）人。清华学校首任校长。

1858 年 10 月 27 日，唐国安出生于广东香山唐家湾鸡山村。1873 年 5 月，唐国安考取第二批清政府公派留美幼童生赴美留学。到美国后，他先在康涅狄格州的一个寄宿家庭接受了一年多的家庭教育。1876 年，进入马萨诸塞州北安普敦（North Hampton）公立学校学习。1879 年，唐国安以优异的成绩从北安普敦学校毕业，进入菲利普艾斯特高中（Phillips Exeter Academy）学习。

1880 年，唐国安考入耶鲁大学法律系。他品学兼优，大一时曾获得拉丁文作文二等奖。

1881 年，清政府中止留学计划，要求召回已派出的所有幼童生。同年年底，唐国安和其他一百余名留美生被迫放弃未完成的学业回国。

回国后，唐国安先是被分配至天津西医医学馆学习。1883 年后，他放弃学医，先后在多家外国公司及美国领事馆担任翻译、秘书等职。1890 年至 1898 年，任职于开平矿务局。1899 年起，先后任职于京奉铁路、粤汉铁路局。唐国安还曾任教于上海圣约翰书院。1906 年—1907 年，兼任上海《南方报》英文主笔。

唐国安是一名虔诚的基督徒，还积极投身于基督教及其他社会公益事业，他与颜惠庆等发起创办了基督教上海青年会。1905 年寰球中国学生会成立后，任该会会董。

1907 年，唐国安入京，任外务部候补主事。1908 年，唐国安随军机大臣毓朗、外务部尚书梁敦彦赴厦门参加迎接美国舰队的活动。在厦门期间，他接待当地菲律宾华侨代表，认真倾听他们对入菲备受刁难、回国探亲期限过短的申诉。唐国安随即带领华侨代表向毓朗禀报，后又陪毓朗去鼓浪屿向美领事进行交涉，使问题很快得到合理解决。1909 年 2 月，由中美两国发起、13 国代表参加的万国禁烟会议在上海召开，唐国安参加了由两江总督端方率领的中国代表团。作为中方代表和发言人，他凭借丰富的学识、经验和娴熟的英语，承担了中国代表团在会上的报告、质询、提案、演讲等诸项工作，出色地完成了任务。特别是他发表的关于禁烟的演讲，"表达了中国对列强提出的诉求……在促使英国政府对华鸦片贸易采取限运政策上，他所做出的努力比其他人要多得多"。之后，为了进一步推动禁烟运动的展开，唐国安联合天津的士绅创设振华戒烟会公司，以"振华"为目的，通过向民众发放戒烟药丸，并借助于《申报》一角多次刊登戒烟广告，宣传禁烟思想。

1908 年，美国政府同意将超收的部分"庚子赔款""退还"中国，用于派遣学生赴美留学。1909 年 7 月，清政府设立游美学务处，"由外务部、学部派员管理，综司考选学生、遣送出洋、调查稽核一切事宜。并附设肄业馆一所，选取学生入馆试验，择其学行优美、资性纯笃者，随时送往美国肄业"。任命周自齐为游美学务处总办，唐国安、范源廉为游美学务处会办。9 月初，首次举行选拔留学生考试，录取 47 人。之后，于 1910 年、1911 年又先后招考两批直接留美生 133 人分批送往美国。1909 年 10 月，唐国安亲自护送第一批留美生赴美留学。到达美国后，鉴于当地学校学期过半，且各生程度不一，唐国安和驻美学生监督容揆根据学生的学习程度，安排一部分人直接升入大学，另一部分人则先入高级学校补习，"循序渐进"。他们还到各校细察留学生的学习和安置情况，见到"所有教授管理诸法均甚相合，诸生亦皆安心向学"后，才感到放心。唐国安、容揆对学生们细致周到的安置，为以后的留美派遣工作创造了一个良好的开端。之后，唐国安即着手在美为肄业馆招聘美籍教师一事进行接洽。1910 年 2 月，唐国安升任外务部考工司主事。

在直接选派留美生的同时，游美学务处积极筹设游美肄业馆。1909 年 9 月，清政府将清华园拨作游美肄业馆馆址。12 月，开始对清华园内主要建筑进行修葺，以及修建新的教室、礼堂、学生宿舍、教师住宅等馆舍。1911 年 4 月，清政府批准将游美肄业馆改名为清华学堂，总办周自齐兼任清华学堂监督，唐国安、范源廉兼任副监督。学堂开学后，首批招考的 400 多名学生根据程度，分别被编入高等科、初等科学习。10 月 10 日，武昌起义爆发。11 月 9 日，清华学堂停课关闭。不久，唐国安奉派远赴荷兰海牙参加国际禁烟会议。

1912 年 1 月，中华民国成立。游美学务处及清华学堂三位主持人中，周自齐、范源廉已先后离开，另就他位。唐国安在参加完国际禁烟会议回国后，即着手筹措学堂开学的各项准备工作。4月，北京政府外交部任命唐国安为清华学堂监督，聘周诒春为教务长。4月7日，游美学务处致函外务部和学部，申请撤销游美学务处，其一应事务交由清华学堂办理。5月1日，在唐国安的主持下，清华学堂重新开学，返校学生360人。10月，清华学堂更名为清华学校，归外交部管辖，唐国安任清华学校校长，周诒春任副校长。

清华建校伊始，举步维艰。学校的建设与发展、经费的筹措与落实、学生的培养与管理、留学生派遣及教师的聘请等工作纷繁复杂，唐国安为之殚精竭虑，付出了全部的心血乃至生命。他主持了对《清华学堂章程》相关内容的修订工作，将曾一度实行的中等科五年、高等科三年的"五三制"改回中等科四年、高等科四年的"四四制"；进一步充实教学内容，完善学生培养及管理制度。

民国初建，学校的经费常常得不到保障，"学款之支绌，罗掘俱穷"。唐国安为此四处奔波，吁请上级部门予以支持解决。1913年7月，已在病榻上的他给外交部写报告，说明这笔美国退款和清华的关系，强调专款只能专用，不应将此项退款列为国家常规收入而随意挪用。清华初建时校园面积不到500亩。在唐国安的努力下，清华园邻近的近春园及其西邻之长春园东南隅相继划拨学校，校园面积扩充1倍多，为学校的长远发展奠定了重要基础。

唐国安始终贯彻学校"培植全才，增进国力"的办学宗旨，重视学生德、智、体全面发展。他认为"师生之间，首重感情；教育之方，端赖道德"。因此，虽然工作繁忙，但他坚持固定时间与学生见面，"演说一切道德，或宣布意见"，以培养师生感情、提升学生道德。他还创设了三种制度，道德奖——奖励学生中品行优美的；教员指导制——教员随时为学生学业、前途问题提供咨询；伦理演讲——定期延请中西名人演说，"发挥德育之紧要"。

唐国安自筹备清华学堂重新开学以来一年间，"精力耗于教务者半，耗于款务者亦半"，以致积劳成疾。1913年8月21日，自知病重、"渐入膏肓"的他，亲自向外交部申请辞职，并推荐周诒春继任校长一职。

1913年8月22日病逝，享年55岁。

梁启超

梁启超（1873年2月—1929年1月）字卓如，号任公，又号"饮冰室主人"，广东新会人。中国近代思想家、政治家、教育家、学者。

梁启超早年因与康有为共倡变法维新，合称"康梁"。他16岁（1889年）中举，17岁开始接触西学，拜康有为为师，以其卓越的才华，成为"万木草堂"弟子中杰出的一个。1894年，他旅游京师，耳闻目睹中国在甲午战争中失败的种种状况，"愤愤时局，时有所吐露"。翌年，他晋京参加会试，又值中日议和，中国须以甲午之败割地赔款，激起爱国知识分子的义愤，他同康有为一起发动在京应试的1 300多名举子向光绪皇帝上万言书（史称"公车上书"），提出拒和、迁都、变法等主张。1896年，他会同汪康年、黄遵宪等人在上海创办《时务报》，担任主笔，积极为变法维新作舆论准备，所著《变法通议》等文思想明快，议论畅达，开一代之文风。1897年任湖南时务学堂总教习，次年以六品衔办译书局。戊戌变法失败后，他亡命日本，办《清议报》，主张"斥后保皇"。其后又办《新民丛报》，推崇改良主义，曾与孙中山的《民报》展开论战，政治上逐步走向保守。辛亥革命后，1912年底，梁启超自海外归国。1913年初，出任共和党党魁，不久又组织进步党，并任北洋政府的司法总长。1915 年对袁世凯谋复辟帝制婉辞劝阻，进而策动蔡锷组织"护国军"反袁。袁去世后，他又曾参与讨伐张勋复辟的活动。张勋失败后，他曾出任段祺瑞内阁的财政总长。1917 年底，他发表声明退出政界，辞职回天津，深居简出。

1918 年赴欧洲游学。"五四"时期，追求资产阶级新文化，赞同民主与科学。1920 年，支持张东荪与马克思主义者论战。

梁启超最早接触清华，是在 1914 年 11 月来校作讲演。他的讲题为《君子》。引《周易》中乾、坤二象辞："天行健君子以自强不息"，"地势坤君子以厚德载物"以勉励少年学子们树立"完整人格"。他说："乾象言君子自励，犹天之运行不息，不得有一暴十寒之弊。……坤象言君子接物度量宽厚，犹大地之博，无所不载。……"他这次演说对清华优良学风和校风的形成产生了深远的影响。"自强不息，厚德载物"八字逐渐成为清华的校训。同年秋，第一次世界大战爆发，梁启超于 11 月 30 日来清华"假馆著书"，住工字厅西客厅（现藤影荷声之馆），取名"还读轩"，断续住了 10 个月左右。1917 年 1 月 10 日，梁启超应邀再来清华讲演，他这次讲了三方面问题：为人、做事、修学之道。他说：为人之道，心不要为五官四肢之奴隶，"禽兽无心作主，专受五官四肢之支配，故为禽兽；人而不能反省，不能克己，则为自己五官四肢之奴隶矣。身奴于人，尚可拯解，惟自心作五官四肢之奴隶，则不可救药矣"。从 1920 年 12 月 2 日起，梁启超开始在清华系统讲学，讲题为《国学小史》。约 30 小时讲完。他"取讲《墨子》之一部分，略删定之，得六万言，名曰《墨子学案》印行成书"。

1922 年 2 月，他就被聘为清华学校的特别讲师，安排了系统教程，如"五千年史势鸟瞰"（后辑成为《中国历史研究法》之第二部），"中国韵文里头所表现的感情"（共十四篇），"中国学术史"（后成《中国近三百年学术史》一书）。并且对校政开始有所指议。1922 年 3 月，他应清华学生之请为《彻底翻腾的清华革命》（《清华周刊特刊》）写了一篇序言，对校事提出五条建议：1. 改组董事会；2. 组织实务的校友会为学校主体；3. 经费完全独立，由董事会管理，不必再经外交机关之手；4. 缩减留美经费，腾出财力，办成一完备之大学；5. 希望积极地预筹基金，为 18 年（按：即 1939 年）后赔款终了时维持学校生命之预备。1923 年 2 月 11 日，他又应《清华周刊》记者之请，更详尽地谈了他对清华学校发展的各方面的展望和建议。

1925 年秋，曹云祥聘请梁启超任国学研究院研究教授（通称"导师"）。9 月 8 日，梁到院就职，住清华北院。梁启超在研究院所负责之普通讲演课程有"中国文化史""读书法及读书示例""儒家哲学""历史研究法"等；指导学科有"中国文学史""中国哲学史""宋元明学术史""清代学术史""中国史""史学研究法""儒家哲学""东西交通史""中国文学"等多门。

1925 年 9 月，梁启超在《清华周刊》第 350 期上发表《学问独立与清华第二期事业》一文，再一次系统地评说校是，着重谈到清华之设立大学部和国学研究院与中国学术独立之关系。他说："一国之学问独立，须全国各部分人共同努力，并不望清华以独占。但为事势便利计，吾希望清华最少以下三种学问之独立自任：1. 自然科学——尤注重者生物学与矿物学；2. 工学；3. 史学与考古学。"在这篇论文里，他还系统论述了治学法、避免洋八股等问题。

1925 年 9 月 23 日，梁启超开始讲"治史方法"，之后又讲"要籍解题及其读法"，入冬又讲中国文化史社会组织篇，次年春因病而未完成。后又讲"儒家哲学"，编为《儒家哲学》一书。1926 年 3 月，他因肾病，在协和医院动手术，割去一肾。1926 年春，开始讲"读书示例"，同时抱病继续写《中国文化史》。

1927 年上半年，梁启超在燕京大学讲"古书真伪及其年代"。同年 5 月，他已病得无力撰稿，

乃令学生速记并将所讲编为讲义，集为《中国历史研究法补编》一卷。

1928年起，梁启超肾疾加剧。于5月末，"收同学论文评阅竣事，即辞回天津养病"。但仍不肯完全休息，"犹著辛稼轩年谱以自遣"。于1929年1月19日病逝，享年56岁。

梁启超是我国民初以来杰出的学者之一。在我国近代教育与学术发展史上占有重要的位置。1902年，他就在《论教育当定宗旨》一文中指出："要使全国之民皆受教育"，"以养成一种特色之国民，使结团体以自立竞存于列国之间"。他认为，当以"开民智为第一义"，"亡而存之，废而举之，愚而智之，弱而强之，条理万端，皆归本于学校"。曾首倡"道德革命"、"史学革命"、"小说界革命"，主张语文合一，开创新文体。退出政界以后，乃全力从事教育和学术活动，著述极丰。内容包括政治、经济、哲学、法学、历史、新闻、文化艺术、文学音韵、语言、小学、宗教等领域。死后，友人林志钧编辑出版了《饮冰室合集》，共149卷，约700万字。

王国维

王国维（1877年12月—1927年6月）字静安，一字伯隅，号观堂，又号永观，浙江海宁人。国学大师。

1892年（清光绪十八年）考中秀才。1898年到上海，任《时务报》馆书记兼校对，并入罗振玉开办的"东文学社"，学习日、英等国语言文字，及史地、数理化各科。继而醉心哲学，对康德、叔本华、尼采之学皆有所得，对心理学、社会学亦甚喜爱。1903年至1905年先后担任通州（南通）、江苏（苏州）师范学堂教习，讲授"哲学""心理学""逻辑学"等课，著有《静安文集》。《红楼梦评论》一文，开我国用西方文艺哲学观点研究《红楼梦》的先河。1903年撰《论教育之宗旨》，提出：德育、智育、美育"三者并行而得渐达真善美之理想，又加以身体之训练，斯得为完全之人物，而教育之能事毕矣"。是我国教育史上倡导德、智、美、体四育并重的第一人。1907年进京，担任学部图书局编辑，翻译出版了"第一部汉译心理学书"《心理学概论》及《辨学》等著作。期间，他开始从事中国戏曲史和词的研究，著有《曲录》《宋元戏曲考》《人间词话》等。辛亥革命后避居日本，潜心研究甲骨文、金文和汉简，成就惊人。郭沫若说："他的甲骨文字的研究，殷周金文的研究，汉晋竹简和封泥的研究，都是划时代的工作。"1916年回国，在上海为英籍犹太人哈同编撰《学术丛编》，并兼任哈同夫人创办的仓圣明智大学教授。1923年应召到北京，担任逊帝溥仪的"南书房行走"（即教师），食五品俸。1924年底，溥仪被逐出故宫，王国维滞留北京。此时，他已是载誉国内外的国学大师。

1925年，清华学校在成立大学部的同时，亦积极筹办研究院国学门，聘请王国维及梁启超、赵元任、陈寅恪等学术大师为导师。4月，王国维携眷迁居清华园，担任国学研究院教授。

清华国学研究院"以研究高深学术，造成专门人才为宗旨"。其教学分"普通演讲"（即课堂讲授）和"专题研究"（即指导学生进行专题研究）。王国维任经史小学导师，第一年开设的普通演讲有"古史新证""说文""尚书""古金文字"等，第二年又增讲"仪礼"等课。指导学生进行专题研究的范围是：《尚书》本经之比较研究，《诗》中状词之研究，古礼器物之研究，《说文》部首之研究，卜辞及金文中地名或制度之研究，诸史中外国传记之研究，元史中蒙古色目人名之划一研究，慧琳《一切经音义》之反切与切韵反切之比较研究。

"古史新证"一课，是以其前几年发表的《殷卜辞中所见先公先王考》《殷商制度论》《三代地理小记》等为基础，讲述中注入自己的治学方法，从9月开讲到放寒假结束，整整讲了一学期，后来整理成《古史新证》一书，石印行世。该书"总论"中说："吾辈生于今日，幸于纸上之材料外，更得地下之新材料。由此种材料，我辈固得据以补正纸上之材料，亦得证明古书之某部分全为实录，即百家不雅驯之言，亦不无表示一面之事实。此二重证据法，惟在今始得为之。"王国维首创的这种以实证史，又以史证实的古史"二重证据法"，今天看来似无什么新奇，但在当时却是旷古绝唱，不仅使其受业弟子深受教益，培养出一批史学大家；且得到史学界的广为采用，一时间成果斐然，极大地推动了古史研究工作。

王国维在清华国学研究院执教的两年多，正是他精力饱满，学业成熟，著作彪炳之年。他的学术研究，由"耶律文正年谱""长春真人西游记注"而转入"西北地理"和"蒙古史"的研究，致力于四裔（四方边远之地）金石文献的考释，先后完成了《西辽都城虎思斡耳朵考》《书虞商氏所藏散氏盘墨本后》《月支未西徙大夏时故地考》《辽金时蒙古考》《盂鼎铭考释》《克鼎铭考释》《宋代之金石学》《金界壕考》《鞑靼考》《萌古考》《黑车子室韦考》等四十多篇著述。1926年4月，经清华学校校长曹云祥批准，"王静安先生丛书付印五百部"。丛书为《蒙古史料四种校注》，包括：《圣武亲征录校注》一卷，《长春真人西游记注》二卷，《蒙鞑备录笺证》一卷，《黑鞑事略笺证》一卷，附《鞑靼考》一卷，《辽金时蒙古考》一卷，由清华国学研究院印行。清华国学研究院办公室又为他辑订了"清华学校研究院讲义"（油印本一册），汇集了他在清华教学和研究的重要成果。

1927年6月1日，清华国学研究院第二届学生毕业典礼后，下午举行"师生叙别会"，王国维在会上谈论"蒙古杂事甚畅"。晚间看完学生试卷，写一纸遗书藏于怀中。遗书写道："五十之年，只欠一死。经此世变，义无再辱。"翌日晨，到颐和园，自沉于昆明湖，结束了自己的生命。

王国维学贯中西，博大精深，一生著作等身。据1927年的统计，著译之书62种，手批手校之书192种，在哲学、文学、史学、古文字学、考古学，以及美学和教育学诸方面均有重要创见。逝世后，罗振玉编选出版了《海宁王忠悫公遗书》，1940年又有赵万里与王国华合编的《海宁王静安先生遗书》问世，1983年上海古籍出版社又将1940年版本影印发行，书名《王国维遗书》。王国维被誉为我国"新史学的开山"。

曹云祥

曹云祥（1881年4月—1937年2月）字庆五，浙江嘉兴人。教育家。

曹云祥出生于一个基督教家庭。父亲曹子实是一名牧师，在传教布道的同时，热心于行医、办教育，是东吴大学的创办人之一。1892年，曹云祥入上海圣约翰书院学习。1900年，他以优异的成绩毕业，并留校任助教。在圣约翰任教期间，曹云祥参加了由颜惠庆等主编的《英华大词典》的撰写工作，还翻译出版了《商业教本》一书。曾担任上海青年会会长。1904年后，先后任常州武阳中学、宁波益智中学等校教务长，曾任《南方报》英文编辑。1907年，曹云祥考取了由两江总督端方所设的官费留美生，入耶鲁大学求学。在耶鲁就读期间，曹云祥成绩优秀，表现突出，尤长于演说，多次获得各级演讲比赛的一等奖，是耶鲁辩论社会员，还任耶鲁万国俱乐部主席、中国学生会主席。1911年毕业，获文学学士学位。之后，入哈佛大学商学院学习，1914年获工商管理硕士学位，成为中国第一个MBA学位获得者。期间，他曾任《中国留美学生月报》主编，完成了《商业要览》《科学管理之实施》《科学化的事业管理》《德国商战之策略》等书的翻译。

1914 年，曹云祥从哈佛大学毕业后，赴英国伦敦大学经济学院作短期研究。之后，他一直从事外交工作。初任驻英公使馆二等秘书，1917 年升任驻英代总领事。期间，他经常被邀请至商会、工厂演讲，并"常常和英政府交涉，为吾国在伦敦的同胞争些应享的权利"。1920 年，曹云祥任驻丹麦使馆一等秘书兼代办，1921 年任北洋政府外交部参事，任出席华盛顿会议中国代表团副秘书长。1922 年 3 月，任清华学校董事。

1922 年 4 月，清华学校校长金邦正辞职，外交部派曹云祥兼任清华代理校长。10 月，正式署理校长。1924 年 5 月至 1928 年 1 月任校长。曹云祥执掌清华之际，正是清华发展处于改革转折之时。自 1918 年初周诒春辞职后，短短 4 年间，学校"风潮屡起"，经历了学生三赶校长的事件。随着校长人选的频繁更迭，学校校务始终处于极不稳定的状态。长期以来积蓄的各种问题、矛盾得不到积极有效解决，学校教育方针以及长远发展规划的制订更是得不到落实。来自外界的批评以及清华师生的不满意，使得彻底改革校务的呼声持续高涨，师生对曹云祥的到来也寄予厚望。

上任伊始，曹云祥即广开言路，广泛接触师生，并先后成立"调查委员会""协作委员会"，对各种建议"切心考查，详细讨论，采纳妥适之办法，而后施行"。同时对改革的进程及步伐作了充分的考虑，以"听其天然之进化，不得匆骤"为原则，"若求彻底之改良，及完满之结果，非六七年不办"。在调查研究的基础上，曹云祥认为学校亟待改良之处有四大端：改组董事会、改办大学、审定教育方针及长期预算、提高学生程度及选派优秀人才出洋。而在所有应兴应革事务中，改办大学是最根本的问题，学校组织章程、培养目标、课程及学制、教师聘任、管理体制及经费筹划与运行等诸项改革均与之密切相关。曹云祥以改办大学为改革的核心内容，围绕以上相关问题，通过依靠全校师生、清华校友积极参与、聘请教育大家、学术大师对清华教育"应取之方针与应有之计划"予以指导等方式，推动清华改革全面进行。

1923 年 2 月，曹云祥从学校经费方面着眼，提出一个"十八年（1923—1940）计划"，筹划逐步改办大学的具体方案。同年 6 月，聘请教育学博士张彭春任教务长，负责课程及教务改革。同时成立了由张彭春任主席的"课程委员会"，筹划改办大学的具体步骤与措施。1924 年 2 月，学校聘请胡适、范源廉、张伯苓等人为大学筹备顾问。10 月，成立清华学校"大学筹备委员会"。在校内外各种力量的推动下，改办大学的工作加速进行。1925 年 4 月，外交部批准了大学筹委会提出的《清华大学工作及组织纲要（草案）》和《北京清华学校大学部暂行章程》。学校随即按照《纲要》成立了"临时校务委员会"，由曹云祥、张彭春等 10 人为委员。临时校务委员会负责将清华学校改组为大学部、留美预备部和研究院三部分，并决定到 1929 年旧制生全部毕业后，留美预备部停办。1925 年 5 月，大学部正式成立，开始招生。共招收大学普通科一年级学生（称新制生）132 人，报到 93 人，这是清华大学历史上的第一级学生。1926 年，学校取消普通科，将"普通训练"的时间缩短为一年；提早设系，并决定设立 17 个学系；同时规定"大学部本科修业期至少四年，学生毕业后给予学士学位"。清华大学部的成立是清华历史发展的一个转折点，清华的教育和学术独立向前跨了一大步。

在成立大学部的过程中，曹云祥从清华自身长远发展，及其对研究固有中国文化、沟通中西文化所应尽之责任等方面考虑，积极筹办研究院，作为将来设立大学院之预备。因条件所限，当时暂设国学一门。曹云祥对国学研究院的设立高度重视并寄予厚望，"希望研究院中寻出中国之国魂"。因此从一开始，国学研究院在办学宗旨、师资力量、学生资格等方面均确立了较高的要求。它"以研究高深学术、造成专门人才为宗旨"，聘"宏博精深、学有专长之学者"任教授，学员则从大学毕业和"经史小学有根底"的学生中考试选拔。虽然因为各种原因，国学研究院只存在了四年，但它在学术研究、文史人才培养方面取得了突出成就。

在校务管理方面，曹云祥奠定了清华教授民主治校的基础。他长校后，认为清华"素重人治，政出多门"，有因人事变动影响校务执行之弊，决定"改人治为法治"，在改大的过程中，初步建立起了教授民主治校的管理体制。1926年4月15日，清华教职员大会通过的《清华学校组织大纲》规定，校长统辖全校事务，设置评议会、教授会全面参与学校各种重大事项的制定与决策。教授会和评议会的成立，是清华"教授治校"的开始。这一制度对学校快速发展提供了重要的制度保障。

与此同时，曹云祥还十分重视师资队伍建设，先后聘请了梁启超、王国维、陈寅恪、赵元任、李济、吴宓、钱崇澍、钱端升、陈达、朱自清、孟宪承、钱基博、刘崇铉、叶企孙、陈桢、杨光弼、郝更生、温德、杨树达、金岳霖、高崇熙、熊庆来、袁复礼、陈岱孙等一批学术大师及学有所成的青年人担任教职。他们中的很多人长期在学校任教，为清华的发展及我国的科教文化事业作出了重要贡献。与此同时，曹云祥还为改善教师生活待遇作出积极努力。

曹云祥担任清华学校校长期间，实现了将清华由一所留美预备学校改办为完全大学的计划，为其后来的发展奠定了重要基础。叶企孙先生曾指出："应该公平地说，在曹的任期内，清华学校是得到重要的发展的。"然而在此过程中，曹云祥也与校内部分师生产生各种人事、办学理念等方面的矛盾，加之外部环境的变化，1928年1月，曹云祥辞去清华学校校长一职。

离开清华后，曹云祥先后任上海英美烟草公司顾问、中国工商管理协会总干事、中华全国体育协进会董事、中国红十字会秘书长等职。

1937年2月8日逝世，享年56岁。

马约翰

马约翰（1882年10月—1966年10月）福建厦门鼓浪屿人。体育家和体育教育家。

1904年，马约翰考入上海圣约翰大学预科学习，两年后升入本科，攻读了生理、运动生理、体育卫生和医学等学科。1911年在该校毕业，获文学士学位。1911年至1914年在上海青年会夜校执教。1914年秋，应聘到北京清华学校任教。1914年到1919年任体育部助教及化学课助教。因其体育见长，到校三月，即被学校举为北京体育协进会代表，并被推为该会评议员，开始了他献身全国体育事业的活动。1919年5月，作为评选委员会成员，他曾参加在马尼拉举行的第四届远东奥林匹克运动会。1921年和1927年，他参加了在上海举行的第五届和第八届远东奥林匹克运动会。在后一次会上，他出任田径委员会主席兼足球委员会及运动法委员会委员。1926年任清华教授。1926年至1937年，膺任清华学校和清华大学体育部主任。1930年4月，担任中国参加远东运动会的全国选手总教练。1936年，作为中国田径总教练，他参加了在柏林举行的第十一届世界奥林匹克运动会，会后到苏联和欧洲各国考察。1938年至1946年，任昆明西南联大体育部主任。1946年到1952年，任清华大学体育部主任。1949年前后，曾任美国体育研究会会员。1952年全国高等院校院系调整后，担任清华大学体育教研组主任，直到1966年去世。1949年10月和1952年6月，他两度当选为全国体育总会副主席，1956年10月，被遴选为全国体育总会主席。1953年9月，中央人民政府任命他为国家体委委员。1954年9月至1966年10月连任第一、二、三届全国人民代表大会代表。1959年和1965年曾两度膺任第一届和第二届全国运动会总

裁判。

马约翰是一位热忱的爱国主义者。他热爱祖国，热爱青年，誓雪被西洋人蔑称我中华民族为"东亚病夫"之耻。早年的清华学校，每年都要选送数十名青年学生赴美国留学。他认为，这些学生都在相当程度上代表着中国，不能是文弱书生，更不能被外国人讥为"东亚病夫"。所以他很早就主张加强体育教育，增强学生体质。

他的这种思想是前后一贯并身体力行的。他自幼酷爱体育运动，并且终生坚持体育锻炼。在上大学期间，他就是学校足球、网球、棒球和田径等代表队之主力。1905 年，他曾参加上海"万国运动会"，获一英里赛跑冠军。1910 年，参加全国运动会，获 880 码赛跑冠军。他在长期体育训练实践中，根据田径、球类等项运动的特点，编制了数十套徒手操。他认为，动是健康的源泉，要坚持天天动；锻炼要有适当的运动量，要持久，要全面，要多样化，不盲目锻炼。在他的主持下，清华大学体育部确定了体育应"以提倡各种运动、促进生理上的健康、训练身体各部的合作，并使个性有适当表现，同时养成良好品性与习惯为目的"。学校规定，体育课四年都得必修，"体育不及格，不得毕业"。在课外，则采取强迫运动的方式。每天下午四点到五点，所有的教室、实验室、图书馆和宿舍都关闭，促使学生走上运动场去活动。但是，仍有少数躲在树底下看书的学生。他则趋前耐心地说服他们，要他们好好锻炼，日后到外国留学时，有一个强壮的身体。他的说服是成功的，躲在树下看书的学生也去运动了。他还大力提倡体育的普及。一方面要求将体育普及到每一个人，一方面要求把体育的一些基本技术，如跳高、跳远、赛跑、某些球类等，加以普及。他在体育的普及中，特别强调一种体育精神，即"普遍的、活跃的、自动的、勇敢的精神；强调'奋斗到底，绝不松劲'（Fight to the finish and never give in）的精神"。

马约翰在体育理论上也有独到的建树。1919 年到 1920 年和 1925 年到 1926 年，他两次赴美国春田大学进修，写下了他的名著《体育的迁移价值》（*The Transfer Value of Athletics*）。这是他主要的具有代表性的论著。1950 年又在《新体育》上发表《我们对体育应有的认识》一文。他从生物科学和社会科学方面论述了体育的教育作用，有力地说明了体育的价值不仅是锻炼身体，更是培养健康的心灵；身心健康才是体育教育的真正宗旨。他在授课中说："我觉得体育的成功，最重要的在于培养人格，补充教育的不足，教你们注意自己，怎样保护身体，Take care of yourself，培养一种'奋斗！奋斗！奋斗！'的精神。负责任，帮助别人。你看现在事业上比较成功的校友，一大半都是学校里爱好体育的，怪得很，他们功课好，体育也好。所以新同学一来到学校，我就一直跟他们讲 Sportsmanship，Sportsmanship（体育道德），体育是培养人们健全人格最好的工具，美得很，美得很！"人们还经常见到他在操场的跑道上，紧握拳头，举起胳膊，对正在奋力拼搏的学生激动地说："快！快！Do your best！"这种鼓足干劲来源于他关于人生的哲学思想。他说："人之进步，基于竞争，竞争愈烈，进步愈速，此定理也。"人生既是这样，体育比赛当更是这样。通过积年累月的体育比赛，这种思想已成为清华学人的优良传统品质。

解放以后，他认真贯彻毛主席"发展体育运动，增强人民体质"的指示，对提高我国运动水平，作出了重大贡献。以他为首的清华大学体育教研组，按照蒋南翔校长提出的"健康地为祖国工作五十年"的奋斗目标，积极而科学地训练学生，普遍地提高了学生的健康水平，使清华很早就通过了"劳卫制"锻炼标准，并取得了体育比赛的优异成绩。1959 年清华第一次夺得了北京高校田径运动会男子总分、女子总分和团体总分三项冠军。1963 年—1966 年又连续四年夺得三个团体总分第一名，并有少数项目打破国家纪录和接近世界纪录。有 11 人获得体育健将称号。1964年 1 月，欣逢马老来校工作五十年之际，学校师生代表二百余人举行茶会敬致祝贺。蒋南翔校长致辞说："鹤发童颜、步履矫健、精神奕奕的马约翰先生，本身就是提倡体育运动的一个活榜样。他在一个岗位上孜孜不倦地坚持工作了半个世纪"，"成为我国体育界的一面旗帜"。

1966 年 10 月 31 日逝世，享年 84 岁。

周诒春

周诒春（1883 年 12 月—1958 年 8 月）祖籍安徽休宁，生于湖北汉口。教育家。

1903 年上海圣约翰大学毕业，留校任教。1907 年被授予学士学位。同年自费赴美留学，先后获耶鲁大学文科学士和威斯康星大学硕士学位。1910 年返国，1911 年参加清廷留学生考试（相当于科举时代的会试）。授进士，点翰林（当时社会上称这科翰林为"洋翰林"），出任上海复旦公学心理学、哲学教员。辛亥革命后，任南京临时政府外交部秘书，并曾担任孙中山的英文秘书。

1912 年，周诒春任清华学校教务长、副校长。1913 年 8 月，校长唐国安病逝后，他接任校长。周诒春在清华服务前后近 6 年，任校长 4 年多。

着眼于民族教育独立，他最先提出把清华改办成独立大学的计划。1916 年 7 月，他呈文外交部，请逐渐扩充学程，预备设立大学部，并拟出"理想的清华大学建筑图样"。他向北京政府外交部陈述了添办大学的三项理由：第一，"可增高游学程度，缩短留学年期，以节学费"；第二，"可展长国内就学年限，缩短国外求学之期，庶于本国情形不致隔阂"；第三，"可谋善后，以图久远"。最后他归结说："综此三端，皆为广育高材，撙节经费，藉图久远之大计。"为了实现"改大"宏图，他积极进行物质方面的准备。清华园内的"四大建筑"——图书馆、科学馆、体育馆、大礼堂，就是从 1916 年起由他主持擘划并动工兴建起来的。

对于教育学生，他强调"我清华学校历来之宗旨，凡所以造成一完全人格之教育，未尝不悉心尽力"。他"提倡德育，端品励学，增进其自治之基"。他对学生进行爱国思想教育，常说："群策群力，同气同声，以达救国之目的"；"同学当国步维艰之日，均宜存餐风冒雪之志，以苦学自励"，"今日中国，外患纷乘，万事待理，不有人起而任之，将何以为国是，不得不望诸同学"。他教育"游美学生须以学问经济为目的，切不可以学位为目的也"。"择业不当贪货利、骛虚名，亦不可拘于时世之盲论及父兄亲友之成见，当以（一）天性之所近，（二）国家所急需及（三）能造福于人类为权衡。"他教育学生说："社会事业何谓乎？以有余之时间，有余之财力，有余之心思，谋他人之幸福之谓也。"

他还是体育运动的积极倡导者。他认为："同学当具少年峥嵘奋发有为之气，万不可有老暮儇弱之象。"在他任校长期间（特别是中后期），在马约翰等体育教师的辅助下，为后来一直被历代校友引以为骄傲的清华体育奠定了坚实的基础。学校要求学生每天下午四点至五点要走出教室进行体育锻炼（俗称"强迫运动"），就是在他的任内（1913 年）规定的。他在清华任校长时，已开始成为社会上有资望的人物。1914 年，他就是全国体育竞进会的副会长。

1917 年，周诒春遭无端诬陷，被迫辞职。当时校内师生十分气愤，劝周持"止谤莫如自修，未予置辩"的态度。但周以"既遭时忌，愿让贤能，特向外交部辞职"。1918 年 1 月，他终于离开清华。离校那天，"有全体员生拍照纪念，各生均穿制服，擎枪致敬"。

周诒春离清华后，先在天津暂住。入春后，去上海，旋去法国游览。这一年，他的母校上海圣约翰大学举行建校 40 周年纪念，授予他名誉博士学位。

1919 年他任中国华洋义赈总会的华方司库，曾代表赈会到南洋各地向爱国华侨宣传防灾、劝募捐款，"裨益会务尤为显著"。

1921 年后，任中孚银行总经理兼北京分行经理，1924 年任中华教育文化基金会董事，先后主持扩建北京图书馆和创办静生生物研究所的工作。后于 1929 年至 1939 年间以教育界著名人士身份被聘为协和医学院的"托事"之一，并被公推为托事会常务委员会主席。1933 年—1934 年任燕京大学代理校长。他主持"京津防痨协会"以及后来的"国际救济委员会"，京津两地的结核病防治所就是由京津防痨协会创设的。1935 年，出任国民政府的实业部次长。1938 年任贵州省府委员并先后兼农村合作委员会委员长、财政厅长，贵阳花溪清华中学董事长。1945 年后，历任国民政府文官处咨议、农林部长、卫生部长等职。1948 年去香港。中华人民共和国成立后，1950 年回北京。1956 年被增补为第二届全国政协特邀委员。

1958 年 8 月在上海病逝，享年 75 岁。

张子高

张子高（1886 年 8 月—1976 年 12 月）原名张准，又名张芷皋，湖北枝江人。化学家和教育家。

张子高早年到武昌文普通中学堂求学，在这里他接触到了各种新思潮，萌发了"科学救国"的志向。1909 年秋考取了游美学务处的第一批直接留美生。这年 10 月，他同金涛、梅贻琦等 47 人一起赴美留学，先进库兴学院，1911 年改入麻省理工学院化学系，是我国最先专攻现代化学的留学生之一。

他在麻省理工学院学习期间，适逢赵元任、任鸿隽、杨杏佛、章元善等人以"联络同志，研究学术，以共图中国科学之发达"为宗旨，发起组织"中国科学社"。张子高是该社较早的会员，他一面积极参加科学社的各种活动，一面努力学好校中的各门课程。他学习刻苦，成绩优秀，得到其导师国际著名化学大师诺冶士（A. A. Noyes）教授的赏识。1915 年，张子高在麻省理工学院毕业，诺冶士有意留他在自己身边从事研究工作，但他为了实践其"科学救国"的理想，毅然回国。

张子高回国后，从 1916 年到 1929 年，先后在南京高等师范学校（后改为东南大学）、金陵大学、浙江大学等校执教，讲授化学。1929 年，张子高当选为中华教育文化基金董事会编译委员会副委员长和科学教育顾问委员会副委员长，积极开展推广和普及科学知识的活动。这年秋，受清华大学之聘任化学系教授，兼系主任。不久，又被同事们推选为评议会评议员，1931 年担任教务长。他以自己的研究心得和切身体验向学生作"科学之教育的意义"讲座时，强调指出："要求一个社会的进步，就必须人民有相当的科学知识方可。科学知识的来源，由于教育，故欲行新政，必先从教育入手。"这正是他数十年如一日，"诲人不倦"和"严谨治学"的思想动力。

1938 年初，张子高到昆明任教于清华、北大、南开三校合组的西南联合大学。后因家事返回北平，先后任私立中国大学、辅仁大学化学系教授，兼系主任、理学院长，并曾任燕京大学客座教授。1945 年日寇投降，北平光复。张子高应邀参加清华大学接收委员会的工作，从此重返清华执教。清华大学解放后，张子高曾担任清华大学教育工会主席。1952 年，我国高等学校进行院系调整时，他考虑到基础课程对于工科学生的重要性，决定留在清华普通化学教研组工作，担任教研组主任。1958 年负责筹建工程化学系，后任系主任。1959 年春天，73 岁高龄时光荣加入中国共产党。1962 年，被任命为清华大学副校长。他还是第三、四届全国政协委员。

张子高长期在高等学校执教，辛勤耕耘 60 年，为国家培育了一批又一批学有专长的科技人才，桃李遍天下。他在教学中有两个突出特点，一是努力反映最新的科学成就，一是严谨治学。他对每一个教学环节都认真对待，严格要求，注意培养学生的求实精神和一丝不苟的科学态度。20 世纪 50 年代，清华化学教研组的不少教师都曾是他的学生，他们异口同声地说："张老师教的几门化学课，虽都教过几十遍了，但每教一次他都像开新课一样，认真备课，教案书写得非常工整，一丝不苟，听他讲课每次都感到很受教益。"

他对青年一代总是循循善诱，诲人不倦。后来因年高体弱不便担任繁重的教学工作，他便将全副精力用于培养青年教师，对青年教师爱护备至，希望他们尽快成长起来。他常说："全力培养青年是我们老一辈人的责任。'青出于蓝而胜于蓝'也正是我们老一辈人的期望。"他为青年教师的成长日夜操劳，呕心沥血，年轻教师感动地说："张老真是'衣带渐宽终不悔，为伊消得人憔悴'啊！"在他的关心和培养下，化学教研组和工程化学系的年轻教师很快成长起来，出色地完成了学校交给他们的教学和科研任务。

张子高在完成繁重的教学和校行政任务的同时，积极从事化学史的研究，先后在《考古学报》《清华大学学报》等学术刊物上，发表了《从镀锡铜器谈到鋈字本义》《中国古代化学的成就》《六齐别解》《原子分子理论的历史发展》等十多篇论文。1962 年，他利用休假一年的时间，将其中国古代化学史书稿，进行了修订与增补，写成《中国化学史稿（古代之部）》，于 1964 年由科学出版社出版行世。该书系统地叙述了我国在鸦片战争以前对化学工艺和理论方面的发展和成就，是他的代表作。

张子高在研究中国化学史的过程中，对古墨发生了爱好，收藏了近千方古墨，其中不少是明清的名贵古墨，如绘有圆明园双鹤斋八景的"御制诗墨"等。他说："藏墨是我的爱好，也是我的化学史研究的一个小方面。"他发表过多篇研究和考证古墨的文章，曾同叶恭绰、张絅伯、尹润生三位藏墨家联合出版过一本《四家藏墨图录》。1973 年，他把毕生精心收藏的古墨同解放后的有关研究文章，全部捐献给了故宫博物院。这充分体现了他"一心为公"的高尚品德。

"文革"期间，在极端困难的情况下，他仍然坚持着《中国化学史稿（近代部分）》的研究和撰写工作。

1976 年 12 月 11 日逝世，享年 90 岁。

王文显

王文显（1887 年 6 月—1968 年 3 月）号力山，江苏昆山人。剧作家。

1887 年 6 月，王文显出生于香港。1903 年—1906 年在北洋大学堂学习。1908 年考入英国伦敦大学。在校期间，他在文学、语言学、哲学诸科方面均成绩斐然，屡获褒奖。1913 年获得学士学位。大学毕业后，王文显回到中国，跟随财政部驻外财政员陈锦涛赴英国任中国驻欧财政委员。1914 年 4 月，他在伦敦创办出版杂志 *The Chinese Review*，是英国报界公会会员。

1915 年 8 月，王文显回国，任清华学校西文部英文教员兼西文部主任。清华学校是一所留美预备学校，它以"培植全才，增进国力"为宗旨，重视学生全人格教育，提倡德智体三育并重。对于这些办学理念，王文显非常认同。除教学工作外，他积极参与和指导学生的各项课外活动。1916 年 4 月 22 日，校长周诒春向外交部推荐王文显接替自己担任所兼任的教务长一职，称赞他

"学识闳通，才具卓越，堪胜教务长之任"。4月26日，外交部正式任命王文显为清华学校教务长。除负责全校教务工作外，王文显还兼任其他多项工作。1916年10月至1918年8月，王文显担任清华童子军总司令一职，全面负责童子军的训育与组织管理。1917年秋，清华童子军军乐队成立，王文显和马约翰一起担任军乐队教授。此外，他还指导学生演剧、时常带领学生外出进行体育比赛、为多个学生社团做顾问。1920年8月，王文显护送1920级学生赴美留学，除安置学生外，他还花时4个月，行程近6万里，考察了美国各大学教育近况，以期对清华的教育改革有所借鉴。在此期间，他还为即将留美的学生们编写了一本详细而实用的《留美指南》，该书"不仅为一种备览之作，实为美国高级教育上一种详细周到而又切合现状之专书"，于1921年由商务印书馆出版。王文显为清华的教育事业投入了大量心血和精力，校长金邦正称赞他"勤劳卓著"。

1921年6月，清华学生因声援北京8校教职员索薪斗争宣布罢考，遭到学校拟留级处罚的决定。10月，与学生关系处于僵持状态的校长金邦正出席太平洋会议离校赴美，所有校务由王文显兼代。1922年4月18日，金邦正辞职。之后，外交部派曹云祥暂兼代理清华学校校长，并派王文显暂行兼代清华学校副校长（至1922年12月）。1923年6月，张彭春接替王文显担任教务长一职。

1925年后，王文显除长期担任学校校务会议成员、评议会成员，继续参与校务管理外，他将主要精力投入到西洋文学系（后改为外国语文学系）的建设、教学工作以及戏剧创作方面。

1926年，清华学校大学部设立17个学系，王文显任西洋文学系教授、主任。在他的主持下，西洋文学系从一开始就确立了较高的培养目标，即成为博雅之士；了解西洋文明之精神；熟读西方文学之名著，谙悉西方思想之潮流，成为国内高校优秀的外国语言文学方面教授；能够创造今世之中国文学；汇通东西之精神思想而互为介绍传布。为了给学生们提供丰富的精神食粮，王文显还亲自为外文系选购了大量的外国文学方面的书籍，其中包括很多戏剧书籍，"从西洋戏剧理论到剧场艺术到古代和现代名剧的剧本应有尽有"。历届学生从中受益良多。清华外文系曾为我国培养出一大批杰出人才，与其拥有一批像王文显这样的名师，以及高起点、高要求的人才培养目标是分不开的。

1928年，西洋文学系改为外国语文学系，王文显任系主任。在此期间，王文显先后为本科生高年级开设有"英文""戏剧概要""莎士比亚"等课程，为研究生开设"莎士比亚研读"课。同年，清华学生社团——戏剧社成立，学生李健吾为社长，王文显、温德等教师担任顾问，对他们的戏剧表演活动进行指导。

这一时期，王文显本人在戏剧创作与实践方面也取得了巨大成就。1927年，王文显利用学术休假的机会赴美国耶鲁大学，师从著名戏剧大师贝克从事戏剧研究工作。他用英文创作的剧本 *Peking Politics*（《梦里京华》）、*She Stoops to Compromise*（《委曲求全》），于1927年、1929年先后由贝克导演，在耶鲁大学戏剧学院演出，并赢得广泛好评。这两部戏后来在北京、上海等地多次上演。此外，他还创作了 *White Wolf's Trap*（《白狼计》）、*The Go Between*（《媒人》）、*The Chinese Hunter*（《中国猎人》）等英文剧本。清华戏剧社曾多次在王文显的指导下排演过其中的一些剧本。

自执教清华以来，王文显在教书育人的同时，还曾几度担任过学校的领导职务。对于王文显来说，从事校务行政工作并不是他的兴趣所在，他自陈，他的兴趣在于著书立说以及与学生们相接近。但是每当学校需要他来主持行政工作时，他总是尽心竭力去承担，为清华的发展与稳定作出了贡献。同时，他在戏剧研究、教学和创作领域进行了不懈的探索与努力，是中国现代话剧事业的开拓者。在他的影响与培养下，清华校园的戏剧艺术活动蓬勃展开，很多学生对戏剧创作和表演产生了浓厚的兴趣，其中还涌现出如曹禺、张骏祥和李健吾等在戏剧创作或研究方面卓有成就者。他对我国的莎士比亚研究也作出了独特的贡献。

1937 年 "七七事变" 后，王文显转至上海圣约翰大学任教。后赴美国定居。

1968 年 3 月逝世，享年 81 岁。

张奚若

张奚若（1889 年 10 月—1973 年 7 月）字熙若，自号耘，陕西朝邑人。无党派爱国民主人士、政治学家。

张奚若青年时代即抱定救国之志向，参加同盟会，追随孙中山先生从事推翻清王朝创建共和的革命活动。辛亥革命后，他 "深感到没有现代知识或技术，一切都办不到"，乃出国求学。1913 年赴美。1914 年入哥伦比亚大学攻读政治学，1917 年获法学士，1919 年获硕士学位，后游学欧洲。1925 年任北京出版品交换局局长，1927 年任南京国民政府大学院（即教育部）高等教育处处长。1929 年秋到清华大学政治学系任教授，直到 1952 年院系调整。他那渊博的学识、严谨的学风和为人刚正不阿的崇高人格，深为清华师生所爱戴和敬仰。

张奚若在清华大学任教期间，先后讲授过的课程有："西洋政治思想史""西洋政治思想名著选读""柏拉图政治哲学""卢梭政治哲学""西洋政治思想专题研究"等，详细介绍西方政治思想理论。他在教学中认真负责，深入浅出，广征博引，深得师生们的称许。他结合教学，先后发表了《自然法观念之演进》《法国人权宣言的来源问题》《卢梭与人权》学术著作。这些著述，在当时刚刚摆脱封建军阀统治的旧中国，是具有极大进步意义的。

1935 年底，爆发了 "一二·九" 抗日救亡运动。国民党当局对学生们的爱国行动实行镇压。张奚若在《独立评论》杂志上发表了《国事不容再马虎下去了》，把蒋介石说过的这句话，加以引申发挥，批评了南京政府的内政和外交政策，他说："近来的学生运动虽然是发生于反对所谓 '自治' 运动，但这只是一个导火线；它的真正意义是反对政府的恶劣内政和误国外交的。北平许多大学的学生拒绝派代表进京听训，就是对于政府的不信任的一种极明显的表示。我以为这是一个性质很严重、政府不应漠然视之的社会大问题。" 有力地支持了学生的爱国抗日救亡运动。1936 年底，《独立评论》因刊登他的《冀察不应以特殊自居》一文，而被查封停刊。

抗日战争全面爆发后，张奚若从清华到了昆明，在西南联合大学担任政治学系主任，他既教书又育人，经常向其弟子说：学政治学，要有独立的政治见解，抱定为社会服务的宗旨，切不要为了 "作官"；还劝导学生说："你们要了解社会，为正义而申言。"

1938 年 7 月，国民政府在武汉召开国民参政会议，张奚若作为社会贤达被聘为参政员到会议政，他本着 "为社会服务" 和 "为正义而申言" 的宗旨，对国是发表了自己的见解和主张，力砭时弊，对国民党当局多次提出批评。1941 年，鉴于国民党愈来愈腐败独裁，批评得也就更加严厉和尖锐了。有一次，在国民参政会议上，他直言抨击了国民党的腐败和蒋介石的独裁，蒋介石打断他的发言，插话说："欢迎提意见，但别太刻薄！" 张奚若一怒之下拂袖而去，离开会场回了昆明。下次参政会再开会时，他接到了通知信函和路费，当即发出一电报，"无政可议，路费退回！" 从此，再不出席国民参政会。

抗日战争胜利后，在国共两党进行和谈期间，张奚若联合西南联大教授陈岱孙等 11 人联名致

电蒋介石和毛泽东，对国是提出三点建议，其中第一点就是"废除一人独揽作风"。

1946年初，在旧政协召开前夕，张奚若应学生联合会的邀请，在联大图书馆前草坪上讲演，讲题是"政治协商会议应该解决的问题"，其中心则是"废除一党专政，取消个人独裁"，听众达六七千人，在讲到如何医治"中国害的政治病"时，他说：其办法"就是组织联合政府"！在知识界引起巨大反响。

这年7月，民主战士李公朴遇害，记者往访张奚若。他悲愤地说："我对公朴先生被暗杀没有什么话可说，我说的社会人士自然明白——这是政治上很卑鄙的手段，用军警的暴力来威胁政治，是很下等了，再用'暗杀'，这是暴力中下等里最下等的一种，最下等的暴力绝对不能解决政治纠纷，反而使政治斗争益加恶化，而绝对达不到他的目的！"

1947年夏，北京大学学生杨天堂即将毕业，请张老师题字留念。张奚若提笔书写了："为政不在多言一语，真是搔到民族痒处，证以今日之政治宣传，更见古人卓识"相赠，这是他对其弟子的希望，也是对当时国民党政府整日大肆宣传其刚刚出台的所谓"十大施政方针"的有力批评。

1949年6月，新政治协商会议筹备会第一次全体会议在北平召开。参加会议的张奚若提出了新中国国名为"中华人民共和国"的建议，并在全国政协会议上予以采纳。新中国成立后，张奚若历任华北人民政府高等教育委员会副主任，中央人民政府委员、政务院法制委员会副主任，教育部长，对外文化联络委员会主任，第一、二、三届全国人民代表大会代表，中国人民政治协商会议第一、二、三、四届全国委员会常委，外交学会会长等职务，他忠于职守，满腔热情地完成自己所分担的各项工作，并关心国家建设的进展，经常向中外友人谈论新中国成立后所取得的巨大成就，并为此而高兴、自豪。但对工作中的失误和缺点，也决不"三缄其口"。

1957年5月1日，毛泽东主席问张奚若对工作有什么意见，他略思片刻，便将自己平时的感受归纳为十六个字"好大喜功，急功近利，鄙视既往，迷信将来"提了出来。5月13日，中共中央统战部邀请各民主党派和无党派爱国民主人士座谈，"帮党整风"。张奚若在会上，分析了"三大主义"——主观主义、宗派主义和官僚主义的根源，没有提什么具体意见。在15日的座谈会上，张奚若再次被邀发了言，乃将其十六字意见作了具体解说，最后发人深思地说："文化科学发展到今天，应该看得出该怎么办。我想虚心一点，事情还是能办好的。"十六字意见曾受到不公正的批评，但实践证明，他的意见是中肯有益的忠诤之言。

张奚若在1973年7月18日病逝于北京，享年85岁。他毕生从事教育事业和人民外交活动，不辞劳苦，鞠躬尽瘁，为我国社会主义事业作出了重大贡献。

梅贻琦

梅贻琦（1889年12月—1962年5月）字月涵，天津人。教育家。

梅贻琦曾长期在清华大学执教，担任教务长、校长等职，对清华大学的建设和发展，作出了重大贡献。

1909年考取游美学务处招收的第一批庚款留美生，10月赴美留学，翌年入吴斯特理工学院（W. P. I），读电机工程学系，1914年毕业，获工学士学位。是年回国，先到天津青年会工作。1915年，到清华学校任教，先后讲授数学、英文、物理等课程。1926年，被推为清华学校教务长，负责全校的教务，发表了《清华发展计划》《赠别大一诸君》《清华学校的教育方针》等文章，开始展现其办学的思想与才能。

1928 年，梅贻琦被派往美国，担任"清华留美学生监督"。1931 年，梅贻琦应召回国，出任清华大学校长。他接任校长后，先后发表了《就职演说》《关于体育比赛》《关于组建工学院等问题》《大学的意义及学校之方针》《教授的责任》《清华一年来之校务概况》《致全体校友书》《回顾与前瞻》等一系列文章，全面阐发了他的教育思想。他认为："师资为大学第一要素"，"大学之良窳，几乎全系于师资与设备之充实与否，而师资为尤要"。他十分重视教师的主导作用，多次向全校师生讲述"所谓大学者，非谓有大楼之谓也，有大师之谓也"的办学至理，积极延聘国内外著名学者来校执教，团结全校教职员共同致力于学校之发展壮大。中文系主任朱自清深有所感地说："在清华服务的同仁，感觉着一种自由的氛围气，每人都有权利有机会对学校的事情说话。"在梅贻琦的主持下，清华大学充实了师资队伍，增设了工学院，扩充了实验设备和实验室，创办了农业、航空等特种研究所，广泛开展了与国际学术界的联系和交流，还聘请了冯·卡门、维纳、华敦德、哈达玛等国际上第一流的学者来校作长期或短期讲学。他认为："办学校，特别是办大学，应有两种目的，一是研究学术，二是造就人才。"积极倡导学术研究，扩充创办学术刊物；重视体育运动，提倡智育、德育、体育、群育并重。清华大学在短短几年里，办成了一所包括 4 个学院、16 个系、10 个研究部，在国内外颇有影响的著名学府。

1937 年"七七"事变后，学校南迁，先在长沙，后又到昆明。他仍是清华大学校长，且以此身份出任由清华、北大、南开三校组合的西南联合大学的常务委员会的常务委员，主持联大的日常校务工作。他在主持西南联大期间，发表了《大学一解》《抗战期中之清华》《时局与教育》《对战后清华发展之理想》等文章，进一步阐述了他的教育思想。他团结具有不同历史，不同校风的清华、北大、南开三校师生，在政治、经济、物质生活条件都极端艰难的情况下，齐心协力，"为一体，如胶结。同艰难，共欢悦。联合竟，使命彻"（联大纪念碑碑文语）。经全校师生的惨淡经营，联大发展很快，不到三年便成为一所设有文、理、法商、工和师范 5 个学院 26 个学系的著名学府，为国家培养了大批人才。其间，清华大学的农业、航空、无线电等特种研究所也有很大发展，为后来建立农学院和航空工程学系打下了基础。

1940 年，美国吴斯特理工学院授予梅贻琦名誉工程博士学位。

1946 年 10 月，清华大学复员回到北平清华园。梅贻琦于 1940 年曾说过："在这风雨飘摇之秋，清华正好像一个船，飘流在惊涛骇浪之中，有人正赶上负驾驶它的责任，此人必不应退却，必不应畏缩，只有鼓起勇气，坚忍前进。虽然此时使人有长夜漫漫之感，但吾们相信，不久就要天明风定。到那时，我们把这船好好的开回清华园。到那时，他才能向清华的同人校友'敢告无罪'。"他率领清华师生，把这船好好开回了清华园。清华大学复员后，他发表了《复员后之清华》《工业化的前途与人才问题》等文章，详细阐述了他对战后教育事业的设想。到 1948 年 12 月，清华大学已发展为一所设有文、理、法、工、农 5 个学院 26 个学系的全国著名学府。

梅贻琦为人谦和，知人善任。他常以"吾从众"自许，遇事多与有关人员相商后而定。在同人祝贺他在清华服务 25 年的贡献时，他说："清华近些年之进展，不是而亦不能是一个人的原故，是因为清华还有这很多位老同事，同心合力地去做，才有今日。"接着，他将校长比喻为京剧里"正中端坐"、"王冠齐整、仪仗森严、文武将官前护后拥"的"王帽"，他说：其实好戏"并不要他唱"。形象而生动地讲出了广大教职员在办学中齐心合力的重要作用，同时其谦逊品德可见。

梅贻琦对于日本帝国主义对我国的侵略，曾喊出"仇深事亟，吾人宜更努力灭凶夷"，并批评国民党当局"以拥有重兵的国家，坐视敌人侵入，毫不抵抗，诚然勇于内战，怯于对敌，何等

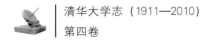
令人失望"。但他对当时风起云涌的学生爱国救亡运动尚不以为然。1935年"一二·九"抗日救亡运动爆发后，他接连发出"告同学书"，劝学生"迅即复课，勿使学业久荒"。1945年昆明爆发反内战争民主的"一二·一"运动后，12月24日他在昆明举行记者招待会阐述事实真相，力斥暴徒行凶杀人暴行。抗日战争期间，梅贻琦加入国民党，1945年5月当选为国民党第六届中央执行委员会委员。

1948年12月14日清华大学解放前夕，梅贻琦离开北平，到了南京。他于1949年去瑞士参加联合国教科文组织的会后，去了美国。1955年由美国去台湾，开始用清华基金筹办"清华原子科学研究所"。1958年，出任台湾"教育部长"，仍主持清华原子科学研究所（后来发展为新竹清华大学）。

1962年5月19日，病逝于台北。享年73岁。

刘仙洲

刘仙洲（1890年1月—1975年10月）原名鹤，又名振华，字仙舟，河北完县人。工程教育家和机械工程学家。

1907年入保定崇实中学，1908年春加入同盟会，同年秋转入保定育德中学。他在同盟会河北支部领导下，印发宣传革命材料，参与组建外围组织"实行会"（后改为"共和会"），并被推选为干事长。武昌起义后，参加燕晋独立、蠡县准备举行暴动和山西太原倒袁运动。为阻止袁世凯派兵南下，他奉命炸毁京汉铁路唐河大桥，只身将两枚自制炸弹绑在桥墩钢架上，但爆炸威力不足未能炸坏。1913年入北京大学预科。1914年8月考取河北省公费生入香港大学机械工程学系，1918年毕业，获"头等荣誉"毕业证书和工程科学学士学位。1918年执教于保定育德中学附设留法勤工俭学高等工艺预备班。1921年任保定河北大学物理教员。1924年8月出任天津北洋大学校长，时年34岁。他大胆改革，调整系科设置，增设机械系、电机系，提倡用汉语讲课，聘请茅以升、石志仁、侯德榜、张含英等著名学者来校执教以代替逐渐离去的外籍教师。他带头少拿薪金（4年少拿5000余元），与教职员工同甘共苦，对我国教育民族化和学术独立起了推动作用。1928年9月辞去北洋大学校长，先后执教于沈阳东北大学和唐山交通大学工学院。1932年8月应聘清华大学机械工程学系教授，以后40多年，一直在清华大学（抗战时期迁昆明与北京大学、南开大学三校合为西南联合大学）任教授，其间，1946年3月赴美考察研究农业机械一年多。1949年后，历任京津高等学校院系调整清华大学筹备委员会主任委员（1952年6月）、清华大学副校长（1952年11月）、第一副校长（1957年1月），还兼任过华北农业建设委员会委员（1949年5月）、华北农业机械总厂顾问（1949年）、河北省人民政府委员（1950年4月）、华北行政委员会委员（1953年1月）、中国机械工程学会理事长（1951年）和副理事长（1954年）、第一至第四届全国人民代表大会代表（1954年至1975年10月）、中国科学院技术科学部委员、常务委员兼机械组组长（1955年6月）。

1955年11月7日，他在清华大学加入中国共产党，是解放初期我国著名学者、专家中较早入党的，在全国知识界引起很大反响。

他是我国著名工程教育家。执教五十多年，诲人不倦，严谨治学，培养了几代工程技术人员，桃李满天下。其主要工程教育思想，是他1920年11月提出的"工读协作制"，即学校附设实习工厂或者工厂附设补习学校，学生在学校求学理，在工厂求实验，把学校和工厂合成一气，把学生和工人备于一身，经济而有效地造就出学理与实验兼优的工程人才。曾拟定"我国工程教育应酌采工读协作制意见书""北洋大学附设工读协作制机械工程学门意见书"。1952 年后担任清华大学副校长和第一副校长近十四年间，不知疲倦地工作，卓有成效地协助校长蒋南翔领导学校取得了较大成就。他参与学校重要决策，积极贯彻加强理论与实际联系的方针、措施，倡导又红又专和严谨学风，敢于直言纠正过头现象，联系和团结一大批老教授，成为清华的稳定因素，在教学和科学研究中发挥了重要作用。1958 年他热烈拥护党提出的"教育为无产阶级政治服务，教育与生产劳动相结合"的教育方针，同年 4 月在《人民教育》上发表《高等教育和生产劳动相结合的几种办法》一文，提出了七种方式，其中一种就是根据"工读协作制"的原则和方法，成立工读班。他积极赞成教育与生产劳动相结合，但主张生产劳动不宜过多，他说："学校总归还是学校，应该以教学为主。"他不赞成 1958 年的"大跃进"和全民大炼钢铁，反对当时许多过头做法，向党组织提出了自己的不同看法。解放前他在我国较早自编中文工科大学教科书，为推动祖国教育的民族化而奋斗。自 1918 年至 1948 年的 30 年中，他先后编写了 15 种大学、中专教科书，如《机械学》《蒸汽机》《内燃机》《机械原理》《热工学》等，为创立和发展我国的机械工程学作出了重要贡献。

他既是一位著名的工程教育家，又是一位杰出的机械工程科学家。半个多世纪以来，他不知疲倦地"读书、教书、写书"，撰写与出版各种书籍二十种，发表论文三十多篇，共三百余万字。他在中国机械工程发明史的研究工作中取得卓越成就，尤其引人注目，是中国机械工程发明史研究的开拓者和奠基人。从事这项研究工作四十余年，已出版《中国机械工程发明史》（第一编）（科学出版社 1962 年）、《中国古代农业机械发明史》（科学出版社 1963 年）等科学专著 3 部，发表论文十余篇，共七十余万字。1970 年在他 80 岁生日那天，他工工整整地写了一份"我今后的工作计划"，并拟定出《中国机械工程发明史》（第二编）共 10 章的写作提纲。

1975 年 10 月 16 日，因患胰腺癌医治无效逝世。临终前在仅靠输液维持生命时，仍用放大镜一字字地阅读文献，用颤抖的手一字字地修改文章，直到最后再也提不动笔为止。

陈寅恪

陈寅恪（1890 年 6 月—1969 年 10 月）江西修水人，历史学家。

1909 年毕业于上海复旦公学，后游学欧美，先后就读于德国柏林大学、瑞士苏黎世大学、法国巴黎大学、美国哈佛大学。在哈佛大学时，习梵文和希腊文，成绩优异，与汤用彤、吴宓一同被称为"哈佛三杰"。1921 年，离美再度赴德，入柏林大学研究院，研究梵文及东方古文字。陈寅恪学贯中西，博古通今，世界各国语文通晓三十多种，英、法、德、俄、西、日等语文外，蒙古文、阿拉伯文、印度梵文、巴利文、突厥文、波斯文、暹罗文、匈牙利文无不精通，甚至一些中亚已不再使用的"死亡"文字也能通晓。吴宓后来说："宓于民国八年在哈佛大学得识陈寅恪，当时即惊其博学而服其卓识。驰誉国内友人，谓'合中西新旧各种学问而统论之，吾必以寅恪为全中国最博学之人'。今时阅十五六载，行历三洲，广交当世之士，吾仍坚持此言，且喜众人之同于吾言。"

陈寅恪 1925 年在德国游学时，应清华国学研究院之聘，于 1926 年 7 月到校担任研究教授。他在清华国学研究院讲演的课有"西人之东方学的目录学""梵文——金刚经"等；指导学生进行专题研究的范围是：年历学（中国古代闰朔日月食之类），古代碑志与外族有关系者之比较研究，摩尼教经典与回纥文译本之研究，佛教经典各种文字译本之比较研究（梵文、巴比利文、藏文、回纥文及中央亚细亚诸文字译本与中文译本之比较研究），蒙古满洲之书籍及碑志与历史有关系者之研究等。其间发表的著述有：《大乘稻芊经随听疏跋》《有相夫人生天因缘曲跋》《须达起精舍因缘曲跋》《童受〈喻鬘论〉梵文残本跋》《元代汉人译名考》《敦煌本唐梵翻对字音般若波罗蜜多心经跋》等，所撰《王观堂先生挽词并序》，"述事详确，造语又极工妙"，为王国维哀挽词中之最佳作；《王观堂先生纪念碑铭》中，阐发思想自由之义谛，以明其志。

1929 年，清华国学研究院结束，陈寅恪改任清华大学历史、中文两系合聘教授。他为本科生及文科研究所研究生常开的课程有："晋南北朝隋史""隋唐史""佛经翻译文学""唐诗校释""禅宗文学""世说新语及魏晋哲理文学""晋南北朝隋唐史研究""隋唐史"等。在授课之余，他精研群籍，史、集部外，并及佛典，而梵文、南北朝隋唐制度则是其研究的重点。

1937 年"七七"事变后，清华大学南迁。他作为清华大学教授相继执教于长沙临时大学和昆明西南联合大学，讲授"晋南北朝史"和"隋唐史"，并为研究生开出"白居易"等课。1939 年春，英国牛津大学聘他为汉学教授，并授予英国皇家学会研究员。暑假后赴香港，拟去英一面讲学一面治疗眼疾。因第二次世界大战未能成行，9 月由香港返回昆明，仍执教西南联大。《己卯秋发香港重返昆明有作》诗中，有"残剩河山行旅倦，乱离骨肉病愁多"之句，表其忧国忧民的爱国心声。1940 年 3 月，去重庆参加中央研究院会议。其时，物价飞涨，生活艰苦，有"淮南米价惊心问，中统银钞入手空"诗句。暑假后，复去香港待机赴英，因战事滞留香港，就任香港大学客座教授。1941 年 12 月，日军侵占香港，陈寅恪辞去香港大学教职闲居，生活十分困难，但拒不接受敌人的"关照"。有一次，日本宪兵队给他送去一些面粉，宪兵们往他屋里搬，他和夫人就往外搬，坚持不收。他闭门读书写书，至次年春校读《新唐书》三遍。1942 年 5 月，由香港经广州湾返回内地，6 月底抵桂林，任广西大学教授。1943 年 8 月，离桂林，年底至重庆，去成都应燕京大学之聘，担任历史教授，同时仍兼任中央研究院研究员。1945 年春，由于生活艰苦，眼疾得不到必要的治疗，双目几至失明。有《五十六岁生日三绝》诗吟其不幸遭遇，第一首写道："去年目疾实已死，虽号为人与鬼同。可笑家人作生日，宛如设祭奠亡翁。"

1945 年 8 月，日本无条件投降，抗日战争胜利结束。陈寅恪闻讯无比欢欣，有《乙酉八月十一日晨起闻日本乞降喜赋》诗，一吐其"闻讯杜陵欢至泣"，"喜心题句又成悲"的心情。是年秋，英国牛津大学复约其往任首席汉学教授，并治眼疾。到英后眼疾治疗无效，于 1946 年 4 月辞去牛津大学汉学教授，去美国就医。这年秋天，由美回国。此时，清华大学已复员回到北平清华园。陈寅恪到北平，执教于清华大学，清华、北大和中央研究院各聘一位助教，帮他查阅资料和抄写书稿。1948 年，被选为中央研究院院士。他反对内战，盼望升平，在《丁亥除夕作》一诗中写道："杀人盈野复盈城，谁挽天河洗甲兵。至德收京回纥马，宣和浮海女真盟。兴亡总入连宵梦，衰废难胜钱岁靴。五十八年流涕尽，可能留命见升平。"诗情哀而意切。

1948 年 12 月，北平临近解放，清华园闻枪炮声，陈寅恪携家人入城暂住，旋即乘机飞南京，复去上海，接受岭南大学的聘请，去广州担任该校历史教授。此后，台湾大学校长傅斯年"屡电催赴台"，梅贻琦亦曾有意介绍他去香港大学，均未从而留在广州岭南大学。1952 年高校院系调整，岭南大学停办，中山大学迁入其校址，陈寅恪从此任教于中山大学。1954 年春，国务院派原在清华担任过他的助教的汪篯专程去广州，接他来京出任科学院哲学社会科学部历史研究所第二所所长，他以"贪恋广州暖和，又从来怕做行政工作"而坚辞不就。1955 年春节，撰春联"万竹竞鸣除旧岁，百花齐放听新莺"。这年被选为中国科学院哲学社会科学部委员。是第二届全国政协委员和第三、四届全国政协常委。

1958 年以后，不再授课，专力于学术著作。"文化大革命"中受到严重迫害，1969 年 10 月 7 日含冤逝世，享年 79 岁。有《隋唐制度渊源略论稿》《唐代政治史述论稿》《元白诗笺证稿》《柳如是别传》《寒柳堂集》等著作行世。

陈　达

陈达（1892 年 4 月—1975 年 1 月）字通夫，浙江余杭人。社会学家、人口问题专家。

陈达 1911 年考入清华学校，在校学习时，他和同班的吴宓、洪深等 20 余名中西文学兼长的同学组成翻译小组，将英文著名书籍译成中文，在《清华周刊》上发表，并经常给《清华周刊》言论栏写稿，从 1914 年到 1915 年，共发表了 25 篇文章。

陈达 1916 年从清华学校毕业。入美国波德仑市里德大学学习外交。1919 年在美国主纂中国学生季报。1920 年获哥伦比亚大学硕士学位，1923 年获博士学位。同年回国，来清华学校任教，讲授现代文化。1924 年，陈达担任《清华学报》主编。

1925 年，陈达应美国纽约某学会之约，偕同在华几位美国人，在中国进行了四个月社会调查。他们调查了上海缫丝厂、开滦矿务公司、天津地毯厂和烟台、武昌、广东等地的工人及农村生活。他将所调查的材料写成报告，在校内作了长篇讲演，题目是"中国社会改造问题"。他还写了《民国十五年国内罢工的分析》一文，呼吁改善工人的生活条件。这篇文章因被京师警察厅扣留而未在《清华学报》上刊登。

1926 年，社会学系成立，陈达被聘为社会学系教授兼系主任。此后，他除了 1929 年曾任内政部统计司司长几个月外，一直在清华大学社会学系任教。抗日战争时期，他随清华南迁，曾任西南联合大学社会学系主任和清华大学国情普查研究所所长。1946 年随清华复员北平，继续任清华社会学系教授、系主任。

陈达长期从事社会学的教学、研究工作，他讲授过"社会学原理""人口问题""劳工问题""现代社会运动""社会立法"等课程。

他在治学方面，坚持实事求是的科学研究态度。他常说："你有一分材料，便说一分话，有两分材料，便说两分话；有十分材料，可以说九分话，但不可说十一分话。"他主张社会学系所用的教材，在可能范围内，应注重我国的材料。因此，他和系里教师利用 9 年时间，在国内报纸上收集资料近 1 000 册，作为研究我国实际问题的参考。他认为社会学不能满足于课堂上传授书本知识，因此常常带领学生跑出书斋，走入农村、城镇，去观察体验现实生活。

他是人口问题专家，较早提出节制生育。他提出生育子女的多少，要看一家的经济状况，取决于父母能给以孩子的抚养费和教育费。他曾与朋友在北京成立节育指导所，创办《人口副刊》，宣传节育知识。1933 年《清华学报》八卷二期刊登了他写的《关于生育节制几种刊物的介绍》。

他作为社会学家，特别着重实地调查研究。在国外考察过日本和朝鲜的劳工状况，南洋和夏威夷华侨的社会生活状况，印度加尔各答地区的农业状况，德国和意大利的工人生活状况，苏联的市镇工人和集体农民的生活状况等。他在清华 29 年中主持和参加过 24 种调查。其中规模大的有两次：一次是抗战时期在云南的人口普查，参加调查工作及联络人员达 1 300 余人，被调查的对象包括昆明环湖区的呈贡县及另外 3 县 1 市 60 万人口。另一次是 1946 年对上海工人生活状况的调查，普查包括工厂 1 682 家、工人 148 926 人；详细调查的对象为 40 种工业的 240 家工厂；对每个

工厂的调查内容，包括工人种类、工作时间、实际收入、工作效率、安全卫生、工会等 12 个项目。

1948 年他入选中央研究院院士。

1952 年院系调整后，他历任中央财经学院教授，中央劳动部劳动干部学校教授和副校长，劳动部劳动保护司副司长，中国人民大学劳动专修科教授。还历任第三、四届全国政协委员，北京市人大代表，国际人口协会副会长，太平洋学会东南亚部负责人。

他的重要著作有《中国劳工问题》《人口问题》《抗日战争和解放战争工人运动史》等。

1975 年 1 月逝世，享年 83 岁。

赵元任

赵元任（1892 年 11 月—1982 年 2 月）江苏武进人，生于天津。语言学家、音乐家。

1910 年 7 月，以第二名被录取为清廷"游美学务处"在北京招考的第二批庚款游美生，赴美国康奈尔大学习数学，1914 年获学士学位，再入该校研究生院学习哲学一年，1915 年考入哈佛大学，1918 年获该校哲学博士学位。

1919 年，28 岁的赵元任即被聘为康奈尔大学物理讲师，越年，应聘到清华学校任物理、数学和心理学讲师。1921 年，再赴美任哈佛大学哲学讲师。1925 年，清华学校增办大学部和国学研究院，33 岁的赵元任被聘为国学研究院研究教授（通称"导师"）兼哲学教授。1929 年，清华国学院结束，赵元任被聘为中央研究院历史语言研究所研究员兼语言组主任。1932 年任清华大学留美学生监督处监督，经一年，再回国，仍在中央研究院历史语言研究所任职。1938 年又赴美国。从 1939 年起，历任美国耶鲁大学访问教授（1939 年至 1941 年）、美国哈佛-燕京学社汉英大辞典编辑（1941 年至 1946 年）、哈佛大学海外语言特训班中文主任（1943 年至 1944 年）。1945年任联合国教科文组织中国代表团代表，1947 年任美国加州大学教授。1948 年当选中央研究院院士。1981 年回国探视，北京大学授予他名誉教授称号。

赵元任具有非凡的语言方面的天赋。1921 年 6 月，他与杨步伟医生结婚后，便一同出国。赵先觅定哈佛大学哲学讲师的职位。1925 年回国后，他在清华国学研究院担任的课程有"方音学""普通语言学""音韵练习""中国音韵学""中国乐谱乐调""中国现代方言"等。还为哲学系讲授"论理学"。并先后去江浙、江西、湖北、广东等地考察方言。从 1922 年至 1948 年，他共发表语言学专著约十四种，论文约二十一篇。1948 年以后，又用英文写了《中国语字典》《粤语入门》《中国语语法之研究》《湖北方言调查报告》等专著。20 世纪 50 年代后期，他曾在台北作"语言问题"的讲演，系统地讲了语言学以及同语言学有关的各项基本问题，讲述了他在语言学研究方面的心得和结晶，讲稿汇集成书，并于 1980 年由商务印书馆再版。此外，他还灌制了许多有关语言方面的唱片，单是中国华中、华南各省方言的录音唱片，就有两千多张。

他不单是一位汉语学家。在外国语方面，据他自己说："在应用文方面，英文、德文、法文没有问题。至于一般用法，则日本、古希腊、拉丁、俄罗斯等文字都不成问题。"他操各国语音同他说汉语普通话和方言一样细致入微。他在关于语言学的讲学或著作中，经常使用一些多由他自己创作的妙趣横生的故事来加深人们的印象。

赵元任是中国语言科学的创始人。关于他在这个领域里的业绩，还在 30 年前，北京大学教授、原西南联合大学中文系主任罗常培先生曾作过这样的评价："他学问的基础是数学、物理学和数理逻辑，可是对于语言学的贡献特别大……近二十年来，科学的中国语言学研究可以说由他才奠立了基石，因此年轻的一辈都管他叫做'中国语言学之父'（Father of Chinese Philology）。"

赵元任在音乐方面被公认为中国近代音乐先驱者之一。在美国留学期间，他一直没有间断过对音乐的钻研。回国任教或任职期间，音乐活动占去他大部业余时间。1936 年他在"百代"唱片公司灌制的（自作自唱）歌曲《教我如何不想他》，至今仍为人喜爱。他谱曲的许多歌词，都是他自己的创作，如《劳动歌》《尽力中华》等。赵元任的音乐作品大部分收在 1928 年上海商务印书馆出版的《新诗歌集》和 1935 年出版的《儿童节歌曲集》里。1981 年 5 月，人民音乐出版社又出版了《赵元任歌曲选集》。

赵元任的知识面和文才是多方面的。远在 1914 年，他与任鸿隽、章元善等十来个留美学生发起组织中国科学社，1917 年就曾写过论文《中西星名考》和《生物界物质与能力代谢之比较》；在清华任教时，还曾为"振兴"学校戏剧社而改译并导演西方幽默剧《三角》（*Triangle*）。由于翻译《阿丽思漫游奇境记》，使他成为研究刘易斯·卡洛尔（Lewis Carroll）的专家。

1960 年退休后，他仍致力于写作，已公开出版者有《语言学跟符号系统》《中国语文法》《白话读物》等。此外尚有《绿信》（*Green Letter*）五册，用给友人书信的形式，记述自己的思想、感情和生活（因写作时经常使用一绿色外夹，因以得名）。他于 1982 年 2 月 24 日溘然长逝，享年90 岁。

戴芳澜

戴芳澜（1893 年 5 月—1973 年 1 月）号观亭，湖北江陵人。真菌学家、植物病理学家。

1913 年清华学校毕业。1914 年赴美国入威斯康星大学农学院学习。1916 年转入康奈尔大学。1918 年 6 月毕业获农学士学位，入研究院继续深造。1919 年因家庭困难，中止学业。回国后，曾先后在江苏省立第一农业学校、天津一家私人农场、广东省农业专门学校、东南大学及金陵大学任教和工作。

1934 年 8 月，戴芳澜应聘任清华大学农业研究所教授，担任病害组主任。应聘前他已在中华文化基金会请准助学金去美国进修，来清华报到后，即赴美国康奈尔大学植物病理系，进修一年。1935 年，回到清华大学工作。清华农业研究所病害组在戴芳澜的主持下，以严谨的科学态度、深入实际、积极开展工作。他们深入北平郊区，河北中部、东部地区开展对农作物、蔬菜、果树等病害的调查，对小麦锈病、线虫病、粟白发病、玉米黑粉病、白梨黑星病、杏叶枯病等 18 种病害作了重点调查。后来，调查范围扩大到河北全省及河南、山西、山东、陕西、内蒙古等地。重点调查病害 53 种，采集制作标本 2 000 余号。同时，把调查研究结果写成论文。他写出《中国真菌杂录六·白粉病菌》《中国真菌名录一·藻状菌》在有关杂志上发表。1936 年，他整理编写的《中国真菌名录》，收集真菌 2 606 种，藻状菌 99 种，子囊菌 677 种，担子菌 1 077 种和半知菌 753 种。

1937 年"七七"事变后，他随清华迁往昆明，农业研究所设在昆明西郊的大普吉村。抗战期中的昆明，交通梗阻，作调查研究十分困难。但病害组在戴芳澜的带领下，严格制订调查计划，对大麦、小麦、棉作、蚕豆、大豆等病害进行抗病育种试验。他们到云南东北部、西部及南部各地调查，共调查普通作物病害 51 种，果树病害 42 种，蔬菜病害 65 种，特用作物病害 56 种，花卉病害 16 种，以及病原菌 200 种。他在云南对菌类进行了多方面的研究，采集菌类标本 3 000 余号，约有一千号标本定名，并将食用菌与毒菌等绘成彩色图四百余幅。

抗战胜利后，他随清华大学复员北平。1946年，农业研究所扩充为农学院。戴芳澜任植物病理系主任。1947年，农学院院长汤佩松赴英国参加国际生理学会会议，戴芳澜代理农学院院长。1948年入选中央研究院院士。

新中国成立以后，清华农学院与北大农学院、华北大学农学院合并，成立北京农业大学。戴芳澜被聘为北京农业大学教授，讲授植物病理学和真菌学。

1953年，戴芳澜兼任中国科学院植物研究所研究员，并任植物病理研究室主任。1956年，真菌植物病理研究室扩建为应用真菌研究所，戴芳澜任所长。主要研究真菌学，还包括植物病理、植物细菌和植物病毒，并涉及医学、林业上与真菌有关的研究。1958年，应用真菌研究所与北京微生物研究室合并成立科学院微生物研究所，戴芳澜任所长。此后，他一直在微生物所从事真菌学的研究，组织编写了《中国经济植物病原目录》。同时，还编写了《中国真菌总汇》和《真菌的形态和分类》两本书。《中国真菌总汇》是我国真菌学的一本经典著作。戴芳澜是我国真菌学的创始人。一生发表学术论文及著作50余篇。他在真菌学的分类学、形态学、遗传学以及植物病理各个方面做了大量的研究，为中国近代真菌学和植物病理学的发展作出了开创性的贡献。

戴芳澜知识渊博，治学严谨，光明磊落，为人正直，热爱祖国。他曾在1950年抗美援朝反细菌战中获国家奖励。1955年被选聘为中国科学院生物学部委员。同年被授予德意志民主共和国农业科学院通讯院士。1956年加入中国共产党。第一、二、三届全国人大代表。他在晚年患有严重的心脏病，仍勤勤恳恳地工作，从事《中国真菌总汇》的撰写工作，1973年1月因突发心脏病去世，享年80岁。

张申府

张申府（1893年6月—1986年6月）名崧年，字申府，以字行，河北献县人。哲学家、爱国民主人士。

张申府受家庭的熏陶，自幼勤奋好学，1917年北京大学数学系毕业后留校任助教、讲师，讲授逻辑和数学，并在校图书馆兼职。20世纪20年代初，即以介绍英国哲学家罗素及其哲学思想而闻名。他在北大期间，结识了陈独秀、李大钊，积极从事新文化运动，常在《新青年》等刊物上发表文章。1918年与陈独秀、李大钊等一起创办了《每周评论》，同时担任该刊和《新青年》的编委。1919年5月，他参加了划时代的"五四"运动；7月又加入"少年中国学会"，并担任《少年中国》的编辑。此后，又加入了"北京工读互助团"。他是"五四"时期的一位风云人物。

1920年初，张申府参与了中国共产党的建党活动。同年底，赴法讲学，任里昂大学中国学院教授。到巴黎后，1921年2月介绍刘清扬加入中国共产党，3月和刘清扬一同介绍周恩来入党。在此基础上，成立了"中共旅法小组"，张申府为负责人。1922年2月，张申府、周恩来、刘清扬等一道由法国转到了德国，经他们的共同努力在柏林成立了中共旅欧总支部，张申府担任总支部书记兼中共中央驻柏林通讯员。1923年底，张申府由德国回到北京。翌年2月，去广州任黄埔军校政治部副主任；同时受广东大学校长邹鲁的聘请，任该校图书馆馆长。这年6月，他辞去黄埔军校政治部副主任职务，不久又辞去广东大学图书馆馆长，由广州去上海。1925年1月，中共"四大"在上海召开，张申府作为代表参加了这次大会。会议中讨论党纲时发生争论，他因而提出退党，经李大钊、赵世炎等人劝说，仍坚持退党。此后，在上海从事翻译和著述，介绍罗素哲学和辩证法。

1927 年后，他为中国的民族独立和人民解放事业做了不少工作，成为著名的爱国民主人士。

1931 年夏，任北平清华大学哲学系教授，讲授"逻辑学""数理逻辑""形上学"和"西洋哲学史"等课。他治学严谨，知识渊博，"差不多有书皆读，尤其是新出版的海外哲学政治论文集、刊物，他是最熟悉的。大概就因为广博了的缘故，所以他的文章，往往是客观的'释'，或是'述'，而少有主观的'作'。他主编的《世界思潮》中，对罗素思想的系统介绍，实是最名贵不过的"。

1936 年 2 月，由于他积极参加和支持"一二·九"抗日救亡运动，被捕入狱。在狱中仍和爱国学生一起进行狱中斗争。这年 5 月出狱，不久被清华大学当局解聘。从此，专门从事华北各界救国会的活动，被推为该会总务长。1937 年"七七"事变后，到南京与"全国救国会"的沈钧儒相遇，成为"全国抗日救国联合会"的一位积极活动者和重要成员，为抗日救亡奔波于南京、上海、武汉、重庆等地。

1938 年 4 月，第一届国民参政会在武汉成立，张申府被聘为参政员。这年 10 月，在国民参政会一届二次会上，被选为第五审察委员会（即教育文化组）委员；11 月，又被推为"全国战时教育协会"理事，致力于抗战教育，在这一时期，他主编了《战时文化》《抗战新闻》等报刊，发表了不少宣传抗战的文章，还在武汉出版了《我相信中国》文集。

1939 年至 1944 年间，为促进国民参政会实行宪政，张申府与张澜、沈钧儒等人一起发起和召集宪政座谈会，以推进民主政治。他猛烈抨击独裁政治，呼吁民主、自由，被推为"宪政促进会"秘书长。

1942 年，张申府加入以抗日、民主、团结为宗旨的"中国民主政团同盟"。1944 年，民主政团同盟改名为"中国民主同盟"，简称"民盟"，张申府被推为民盟中央执行委员兼华北总支部负责人。1945 年 2 月，他与郭沫若、沈钧儒等联合发表《对时局进言》，督促国民党以民主方式组织战时全国政府，主张组成民主联合政府。1946 年 1 月，作为民盟九位代表之一参加旧政协会议，在第一次会上即发言抨击蒋介石的独裁。这年 10 月，他回到天津，目睹国民党政府的腐败与专横，接连发表《时局感言》《时局所见》等文，抨击国民党当局，并呼吁和平。

中华人民共和国成立后，他对祖国和自己走过的历史进行了回顾与反思。他拥护中国共产党的领导，热爱社会主义，一直在北京图书馆担任研究员，从事学术研究工作，从事文献翻译和中外图书采编工作，为图书馆事业作出了贡献。他是第五、六届全国政协委员，中国农工民主党中央顾问。他积极拥护中国共产党十一届三中全会以来的路线、方针和政策，关心祖国的四化建设和统一大业，并做了许多有益的工作。1986 年 6 月 20 日在北京逝世，享年 93 岁。

张申府是一位哲学家，晚年有《所思》《所忆》《张申府学术论文集》《罗素哲学译述集》《张申府散文》等著作行世。

熊庆来

熊庆来（1893 年 10 月—1969 年 2 月）字迪之，云南省弥勒县人。数学家、教育家。

1909 年云南高等学堂预科毕业后升入该校本科，1911 年又考入英法文专修科专攻法文。1913 年，他考取云南省政府选拔的赴欧留学生。这年 6 月，进入比利时的包芒学院（Institute Paumant）预科。第二年，第一次世界大战爆发，比利时国土全部沦陷。熊庆来跟着难民逃离了比利时，途经荷、英辗转到了法国。在颠沛流离中，他不幸染上了肺病。身体失康，不得不放弃学采矿的凤愿，进入巴黎圣路易中学数学专修科，改学数理。1916 年后又就读于格洛诺布尔（Grenoble）大学、巴黎大学、蒙柏里（Montpellier）大学、马赛大学等。1916 年获格洛诺布尔大学高等普通数学证书，1919 年起分别获得各大学的高等微积分、理论力学及理论天文学证书，并获得理科硕士学位，1920 年获得马赛大学的高等普通物理学证书。

1921 年，熊庆来回国。先在云南工业学校和路政学校担任物理和数学教员。半年后，应聘任南京东南大学算学系教授兼系主任，创办算学系，同时还兼任南京高等师范学校教授。当时算学系只有他一个教授，到校后，他既须立刻开出多门课程，又要多方擘划建系工作。白天上课，晚上编写讲义。那时他正患严重的痔疮，不能坐下工作，他只好趴在床上艰难地写作。接连完成了"平面三角""球面三角""方程式论""解析函数""微分几何""微分方程""力学""偏微分方程"等讲义。1925 年，任西北大学数理化系主任。

1926 年，应聘到北京清华学校大学部任算学系教授。开设"近世几何初步""微积分""微分方程""方程式论""高等几何""近世代数""高等分析""分析函数及椭圆函数""微分方程式论""微分几何""理论力学"等课程。

从 1928 年起，熊庆来接替郑之蕃担任算学系主任。1930 年，理学院院长叶企孙休假出国，他受托代理理学院院长一年，并曾一度兼任地理系主任的职务。算学系没有实验室，在教学上比较注意对学生的运算能力的训练。他开出"近代微分几何"新课，传播最新科学知识。他编的教材《高等算学分析》水平很高，内容丰富，逻辑严密，被定为大学丛书，和萨本栋的《普通物理学》、陈桢的《普通生物学》等一起，被认为是当时国内理科方面高水平的中文教科书。

1932 年，轮到他休假，他就再次来到巴黎，从事为期一年的研究深造。熊庆来决定把函数论的研究作为自己研究的对象。他首先证明奈望利纳（Nevanlinna）所引入的函数 $T(r)$ 为逐段解析函数，并在此基础上作成无穷级亚纯函数的一般理论，此理论有二特点：（1）包括所有无穷级亚纯函数与无穷级整函数；（2）就整函数而言，其表达式的精确性同于波莱尔关于有穷级整函数的研究。在此基础上，他写出了博士论文《关于整函数与无穷级的亚纯函数》，先后在《法国学术院每周报告》和维腊教授主编的《算学杂志》上发表，受到了数学界极大的关注。1933 年他获得法国国家理科博士学位。他所定义的无穷级，被国际数学界称为"熊氏无穷级"，又称"熊氏定理"。

1933 年，熊庆来仍然回到清华大学担任算学系主任。他广聘贤能，当时算学系汇集了一批杰出的数学人才，教授中有郑之蕃、杨武之、赵访熊等。还先后邀请著名学者维纳（美国麻省理工学院算学系教授）、哈达玛（巴黎法兰西学院教授、法国国家学术院会员、世界算学会副会长）来校任教、讲学。他注意把清华数学系造成一个学术中心，形成浓厚的学术空气，充实图书期刊，集中一些优秀青年教师加以培养，特别是他"慧眼识罗庚"，当他从《科学》杂志上发现华罗庚的数学天才后，便破例将华罗庚（当时为一位初级中学职员）安排为清华数学系助理，为其创造条件，让其随班听课、做题，不久又破格将华罗庚提升为助教和教员，推荐他到英国剑桥大学深造。华罗庚后来成为世界知名的数学家。对学生的培养他强调"学与思并重"，让学生独立钻研。还教导青年要谦虚，不要骄傲自满。另外，1936 年他还主持创办了《中国数学会会刊》（《数学学报》前身）。

1937 年夏，熊庆来应云南省政府的邀请，担任云南大学校长，对云南大学的发展作出巨大贡献。1949 年夏，国民党政府派熊庆来和梅贻琦等一起去法国参加联合国教科文组织第四届大会。会后，他留居法国。因生活没有着落，只好去当家庭教师。同时，去普旺加烈研究所看书、研究。不久，他患了脑溢血而致半身不遂，右手丧失了写作能力。以后他练习左手写字，投入了函数论的研究，在法国《数学》杂志上发表了多篇学术论文。1956 年，他被法国数学界研究亚纯函数的一个学派推选，执笔撰写了《关于亚纯函数及代数体函数、奈望利纳的一个定理的推广》一书，作为法国数学丛书 *Mémorail des Sciences mathématiques* 中的一本，为数学界所称道。

1953 年，周总理通过严济慈、华罗庚等表示希望他回国，但当时他因病体未愈，无法启行。在此期间，台湾当局曾通过陈立夫等写信邀他赴台，但他回信谢绝了。1957 年 6 月，熊庆来返回祖国，中国科学院数学研究所召开了欢迎大会，他在会上作了诚恳感人的讲话。

熊庆来回国后，任中国科学院数学研究所研究员，并担任所务委员会委员、学术委员会委员、函数论研究室主任等职。在组织领导工作之余，他仍潜心于学术研究，在《科学纪录》《中国科学》《数学学报》等杂志上，发表了近 20 篇论文，并有数篇在罗马尼亚、法国等国的数学期刊上刊载。1961 年全国数学会议后，他倡导组成了北京地区复变函数论讨论会，这个科学集会每两周在熊的寓所开会一次，一直持续到 1964 年。他带着病残之身，在学术上勇于进取，积极参加讨论，有力地推动了函数论研究的开展，培养了新一代的数学研究工作者。

1959 年，熊庆来被选为全国政协委员，1964 年被选为常务委员。

熊庆来一生共发表论文 60 余篇，书籍和讲义 10 余种。

1969 年 2 月 3 日夜，熊庆来因病与世长辞，享年 76 岁。

袁复礼

袁复礼（1893 年 12 月—1987 年 5 月）河北徐水人。地质学家、考古学家。

1915 年清华学校高等科毕业，赴美国留学，先后在伯朗大学、哥伦比亚大学学习。1918 年获哥伦比亚大学学士学位，1920 年获硕士学位，再继续研究一年，于 1921 年 10 月底回国，任北京地质调查所技师，曾在河南渑池县仰韶村参加考古，在南京凤凰山铁矿作勘探槽探示范。1921 年底至 1922 年初，参加成立中国地质学会的筹备工作。1923 年 5 月至 1924 年 8 月，在甘肃省作地质调查。1925 年至 1926 年曾两次参加清华学校到山西省夏县西阴村的考古工作。1926 年任清华学校大学部教授。1927 年 5 月至 1932 年 5 月，参加西北科学考察团赴蒙古及新疆等省做地质和考古工作 5 年。初为团员，后为中方代理团长。1932 年至 1937 年在清华大学任教授兼地学系主任。1937 年 9 月至 1946 年在长沙临时大学和西南联大地质地理气象系任教授。1946 年至 1952年在清华大学地质系任教授兼系主任。1952 年院系调整后，任北京地质学院教授。20 世纪 70 年代初，北京地质学院外迁，改名为武汉地质学院。1978 年任武汉地质学院北京研究生部教授。

袁复礼在地质研究方面作出了卓越的贡献。在地层和古生物采集方面：1921 年冬，他与瑞典人安德生在河南仰韶发掘了新石器时代陶器、石器和骨器，即后来历史学界所称的"仰韶文化"，这对人类社会发展史的研究，有极其重要的意义。1923 年在甘肃省武威县南山，他发现丰富的维宪阶海相化石群，定该层为"臭牛沟层"，第一次确定了我国有下石炭纪上统，相当于维宪期地层，推翻了当时葛利普曾一度想把本溪统作为下石炭纪的设想，并采集到许多新的化石种属。同年又在甘肃永昌县及临泽县找到一些有意义的化石群。1928 年 11 月，在新疆吉木萨尔县三台之南的大龙口内首次采集到七具三叠纪兽形爬行类动物化石，以后三年中又陆续在大龙口等三处发掘出不同时代的中生代爬行动物化石 71 个个体。这些兽形爬行类动物化石的发现，曾在国内外轰动一时，北平《晨报》、天津《大公报》等都在头版刊登新闻报导，德、法、瑞典等国报纸亦纷纷登载消息。这些化石，1938 年经戈定邦博士在德国研究，用德文发表专文，定名为"袁氏三台龙"。他在矿产方面的地质研究及发现有：1921 年参加南京凤凰山勘探工作，1923 年在甘肃省天祝县臭牛沟煤田、永昌炭山堡和红山窑煤田、山丹李家泉煤田进行过地质调查。1927 年曾在内蒙古白云鄂博西南 200 多里的喀托克变质岩内发现铁矿，后又发现白云鄂博东矿区。此两处铁矿解放后都成为包头钢铁公司扩展矿区的基地。他还从事过工程地质方面的工作。例如，1955 年应北京市城建局的邀请，撰写《对修建北京市地下铁道的地质工作的意见》。1956 年应长江水利委员会的邀请，赴长江三峡参加考察，帮助三峡水坝选择坝址及研究防止石灰岩层漏水等工作。

他从事地质教育工作 60 年，先后开设过"普通地质学""地貌学"（曾名"地形学和地文学"）"构造地质及地质测量""制图学""矿床学""岩石学""地史学""地貌及第四纪地质学"等课程。1962 年曾主编《地貌学与第四纪地质学》教材。他诲人不倦，桃李满天下。

袁复礼还是一位热忱的爱国者。1927 年瑞典人斯文赫定到中国向官方提出单独去西北考察时，袁复礼等力主以中国方面为主，联合建立西北考察团。袁复礼参加该团并任代理团长三年。考察成果也以中国为主进行分析处理。为此他曾获瑞典皇家科学院授予的"北极星"奖章。在我国抗美援朝战争初期和西藏和平解放之前，袁复礼曾将自己搜集和珍藏多年的十万分之一的朝鲜中部地形图和二十万分之一的西藏南部及北部地形图，献给了国家。

袁复礼为人正直，学风正派，一向勤奋治学。1938 年 2 月长沙临时大学西迁昆明时，他曾和黄子坚、闻一多、曾昭伦、李继侗四教授一起，参加由二百余学生组成的"湘滇黔旅行团"，徒步去昆明。历时 68 天，行程 3200 余里。他还一路采集各式标本，所获甚众。

袁复礼担任过许多社会职务。曾任河北省第一届人民代表会议筹备委员和代表，河北省第一届政协委员，河北省第一至三届人大代表，河北省人民政府工业厅顾问。还任第三届全国人大代表。

1987 年 5 月 22 日逝世，享年 94 岁。

陈　桢

陈桢（1894 年 3 月—1957 年 11 月）字席山，号协三，原籍江西铅山，出生于江苏省邗江县瓜州。动物学家、遗传学家。

1918 年南京金陵大学农林科毕业，获学士学位，留校担任育种助教。1919 年，赴美留学，入康奈尔大学。翌年春，改入哥伦比亚大学，攻读动物学。1921 年，获硕士学位，继续研究遗传学。1922 年，由美回国，任南京东南大学生物系教授。1924 年，他的《普通生物学》一书，由商务印书馆出版，并开始根据孟德尔-摩尔根学说，利用我国特产金鱼进行遗传研究。1925 年，发表了《金鱼外形的变异》，迈出了以本国生物为研究对象，进行生物遗传研究的坚实步伐。

1925 年夏，陈桢应北京清华学校的聘请，在大学部担任生物学教授一年。1926 年，又回南京东南大学生物系，担任教授兼系主任，并兼任中华教育文化基金会科学教授。1927 年，到北京师范大学任教一年。1929 年，到清华大学，担任生物系教授兼系主任。他一面勤奋执教和主持系务，一面继续进行金鱼遗传方面的研究。他先后讲授过"普通生物学""动物学""遗传学""人类生物学""细胞学""遗传与演化""生物学史和动物学研究"等课程。接连发表了《金鱼按照孟德尔遗传的初次发现》《金鱼的遗传紫色和蓝色》《蚂蚁造巢动作中的带头者和随从者》等论文，奠定了他在动物遗传研究上的领先地位。在他的主持下，清华大学建起了生物馆，有比较齐全和先进的实验室及设备，教学和科研水平都得到长足发展，成为当时国内比较先进的生物系之一。

1937 年 9 月，陈桢随清华南迁，任教于长沙临时大学生物系和西南联合大学生物系。1940 年，鉴于他在动物学方面的杰出贡献，被聘为中央研究院评议会第二届评议员。1943 年，被选为中国动物学会会长。

抗战胜利后，陈桢随清华大学于 1946 年 9 月回到北平清华园，仍担任清华大学生物系教授兼系主任，继续从事动物遗传学的研究。1947 年被聘为北平研究院动物研究所通讯研究员，同年被聘为联合国教育科学文化组织中国委员会第一届委员，1948 年任中央研究院院士及北平研究院学术会议会员。

解放后，他仍为生物系主任，决心与全系师生一起"加紧教学研究工作，进一步为提高其效率而努力"！从这年起，他先后兼任了全国科联计划委员会委员、中国科学院动物标本整理委员会主任委员，并参加了教育部改进中学生物课程标准的工作。陈桢从 1929 年到 1952 年，在清华大学生物系执教 20 多年，担任系主任多年。他教学认真负责，对学生循循善诱，严格要求，为学生们所尊敬。"清华生物系的发展及其所取得的每项成绩，都凝聚着陈桢老师的心血。"这是学生的共同结论。

1952 年，陈桢因院系调整，由清华大学到了北京大学生物系，担任动物学教授。1953 年，中国科学院成立动物研究室，陈桢应聘为研究室主任，负责研究室的组建。1954 年任中国科学院动物图谱编辑委员会主任委员；同时担任了中科院中国科学史委员会委员，"动物学"编辑委员会主任。他团结同人，忘我工作，严谨治学，为我国动物学的发展作出了重大贡献。

20 世纪 50 年代，陈桢的研究由动物行为学转向动物学史，又取得丰硕成果，发表了《金鱼家化史与品种形成的因素》《金鱼家化史》《关于鸟鼠同穴问题》《化石起源》《由毛诗中"螟蛉有子蜾蠃负之"所引起的我国古代昆虫学研究和唯心与唯物两派的见解》等论文。1955 年陈桢被选聘为中国科学院生物学部委员。1957 年，中科院动物研究室扩建为动物研究所，陈桢任第一任所长，后又担任了该所学术委员会主任委员，为该研究所的创建和发展，日夜操劳，作出了贡献。这年 11 月，因甲状腺癌复发与世长辞，享年 63 岁。

吴　宓

吴宓（1894 年 8 月—1978 年 1 月）字雨僧，又字雨生，陕西泾阳安吴堡人。我国近代诗人、学者、比较文学先驱。

吴宓早年就读于三原宏道书院，1911 年由陕西省保送报考入北京清华学堂。在校中各科成绩优秀，尤长于诗文写作，1916 年毕业，各科成绩虽然很好，但因体育没有通过，加之眼疾，留校一年后于 1917 年赴美留学。先入弗吉尼亚大学，一年后转入哈佛大学比较文学系，师从新人文主义大师白璧德，1920 年获学士学位，1921 年获硕士学位。

吴宓于 1921 年 7 月回国，任南京东南大学西洋文学系教授。于执教之余同梅光迪、柳诒徵等人一起创办《学衡》杂志，担任总编辑，至 1933 年。该刊以"论究学术，阐求真理，昌明国粹，融化新知，以中正之眼光，行批评之职事，无偏无党，不激不随"为宗旨。在轰轰烈烈的新文化运动中，他被称为"学衡派主将"。

吴宓于 1924 年 8 月去东北沈阳，任教于东北大学外文系。1925 年 2 月，应清华学校之聘，回母校筹办国学研究院。任研究院主任，主持院务。他认为：要办好研究院，就要"聘宏博精深，学有专长之学者"。研究院先后聘请了王国维、梁启超、赵元任、陈寅恪为研究教授。

吴宓于1926年3月，辞去国学研究院主任，改任大学部西洋文学系教授。1928年，清华学校发展为国立清华大学，西洋文学系改称外国语文学系。吴宓曾数次代理系主任，专心致志地为办好清华大学外文系而尽力，直至1937年学校南迁。

吴宓早在东南大学执教时，即讲授中西诗之比较等课程，开我国比较文学教学和研究之先河。在他的倡导和主持下，清华大学外文系参照美国哈佛大学比较文学系，制定了该系培养方案和课程设置，提出了培养学生成为"博雅之士"的培养目标。他特别重视对学生进行系统的中西文化的知识教育，以求一贯之博通。他认为：只有对中西文化均精通，方可"创造中国之新文学"，故而要求外文系的学生，既要对西方文学和文化具有广博全面知识，也要对中国文学具有相当的修养和研究。他在外文系开设的课程有："西洋文学史""中西诗之比较""英国浪漫诗人""文学与人生""希腊罗马文学"等，为我国培养了第一批比较文学研究人才。

1928年至1934年，吴宓又兼任天津《大公报》文学副刊主编，他在该刊发表文章，阐述自己对新旧文学的见解。他认为："新派之失，在不肯摹仿便思创造，故唾弃旧格律。旧派之失，在仅能摹仿，不能创造，故缺乏新材料。欲救其弊而归于正途，只有熔铸新材料以入旧格律之一法。"这是他对诗词创作的一贯主张。

1937年"七七"事变后，清华大学南迁，吴宓先后执教于长沙临时大学和昆明西南联合大学外文系。1942年，他被教育部聘为"部聘教授"。其间，他继续研究比较文学和英美文学，同时热衷于《红楼梦》研究，常应邀作"红楼"讲演，以"红学家"载誉西南。

1944年9月，吴宓到成都，任于燕京大学和四川大学，不久又任武汉大学外文系教授兼系主任。1949年初，武汉解放前夕，他谢绝友人之劝，没有去美讲学，而毅然决定留在祖国大陆。他说："生为中国人，死在中国土。"赤子之心可见。

1949年底，重庆成都相继解放。吴宓于1950年4月到重庆磁器口的四川教育学院任教。9月间，四川教育学院并入西南师范学院，在北碚建校。自此，吴宓一直执教于西南师范学院，并定居重庆北碚，学校给他定为一级教授，他坚决要求改为二级。他一生最爱读书，尤爱收藏图书。他常引用莎士比亚的名言："书籍是全人类的营养品，生活里没有书籍，就好像大地没有阳光。"1956年，他把珍藏多年的1 000多册外文图书，其中不少是已经绝版或有钱也买不到的珍本，全部无偿地捐献给西南师院图书馆。为了让读者便于阅读，他亲自逐册把书名译成汉文，还撰写了各册的内容提要及作者简介。吴宓讲课深入浅出，语言朴实。

"文化大革命"中吴宓受到迫害，以至双目失明，左腿骨折。但他对这一切均淡然视之，而振兴祖国文教事业之赤诚却终生不衰。1976年因病回原籍陕西泾阳养病。1978年1月17日，含冤逝世，享年84岁。1979年得到平反昭雪，恢复名誉。

金岳霖

金岳霖（1895年8月—1984年10月）字龙荪，湖南长沙人。哲学家。

1911年考入北京清华学校高等科二年级学习，在校3年，学习成绩优秀。读书之外，他还参加各种课外活动：担任过"最高年级学生会"主席、高等科英文班学委会委员、《清华年报》创刊号编委兼经理员等职务；他还参加过科学会、摄影社；还和洪深、陈达等同学以"国学研究会俱乐部"的名义演出话剧《没字碑》《古华镜》等。

1914 年，金岳霖从清华学校毕业，赴美入耶鲁大学教育系，后转入宾夕法尼亚大学学习政治学，1917 年 7 月毕业。1918 年 7 月获哥伦比亚大学硕士学位；1920 年 7 月，获该校哲学博士学位。1920 年 9 月，入美国乔治城大学任教约 9 个月；1921 年 5 月曾因母亲去世回国停留半年。12 月再度出国，先去英国入伦敦大学作重点研究。1922 年 9 月抵德国柏林，1924 年 1 月抵法国巴黎，10 月又去意大利。此时期，他一面观察各国的风土民情，一面写些英文文章在报上发表，一直到 1925 年 12 月回国。

1926 年 2 月至 7 月，金岳霖在北京中国大学任教半年，讲授英文和英国史；9 月，在赵元任的引荐下，被清华学校聘为大学部哲学教授，负责创办清华哲学系。清华学校大学部初创时，系科很不完全，哲学处于有课无系的状态，无一专职教授。金岳霖到校后，着力筹划，并主讲"论理学""西洋哲学史""西洋哲学问题"等课程。他一直任系主任至 1929 年。冯友兰到校后，接替哲学系主任一职，金岳霖则全力从事教学，陆续开设新课程。至 1936 年金岳霖共先后开出"逻辑"（大一）、"知识论"（大三、大四）、"哲学问题"（大四）、"洛克"（Locke）（大四）、"休谟"（Hume）（大四）、"布莱德雷"（Bradley）等课程。此期间，金岳霖的教学和学术研究成果甚丰，从 1927 年 4 月起，他连续在《哲学评论》上发表了《论自相矛盾》《休谟知识论的批评》《知觉现象》《论事实》《范围的逻辑》《关于真假的一个意见》《道、式、能》《现实底个体化》等论文。从 1930 年起，他一直担任《清华学报》的编委，并发表 Internal and External Relations，《思想律与自相矛盾》《释必然》《论手术论》等论文。

抗日战争期间，他随清华大学至长沙、昆明，任长沙临时大学哲学心理教育学系、西南联合大学哲学心理学系教授，并任清华哲学系主任（联大哲学心理学系主任由北大教授汤用彤担任）。当时清华哲学系教授在联大所开课程，除冯友兰外，大都属逻辑方面的，其中一部分沿用清华战前的老课程，其他则是新开课程，如"符号逻辑""逻辑语法""逻辑问题""晚周辩学"等。在抗战时期物质条件十分艰苦的情况下，他的教学、科研工作仍积极开展。1940 年，他的《论道》一书出版，其后撰写了约 70 万字的《知识论》稿本。在联大期间，他除完成教学和专著外，还继续在校内外刊物上发表论文。计有《论不同的逻辑》《势至原则》《归纳总则与将来》《自然》《思想》等。从 1937 年起，他还在《天下》杂志上用英文发表论文若干篇。

抗战胜利后，金岳霖随清华大学复员北上，继续在清华哲学系任教。1948 年，他以惊人的毅力重新完成《知识论》手稿（原稿在抗战期间一次跑空袭警报中丢失）。

解放后他第三次被任命为清华哲学系主任。1950 年 2 月，金岳霖被教育部任命为清华文学院院长。还任"辩证唯物论与历史唯物论教学委员会"（通称"大课委员会"）常委等职。在校务改革、校政建设以及思想改造等运动中，表现得十分积极、热情，常常在校刊或各种聚会上发表感想，谈体会，开展批评与自我批评。

1952 年院系调整中，他随清华哲学系一起调到北京大学，担任该校哲学系主任。从 1955 年起，担任《哲学研究》杂志的编委。1955 年任中国科学院哲学社会科学部委员、常委。1956 年起，正式调到中国科学院，负责该院哲学所的规划筹备工作，任中国社会科学院哲学研究所研究员兼副所长。在此期间，在他繁重的工作之余，仍不断从事学术活动。从 1955 年开始，他先后发表的论文有：《评罗素的所谓追求永恒的真理》《批判实用主义者杜威的世界观》《批判胡适实用主义哲学》《实用主义的认识论批判》《批判唯心哲学关于逻辑与语言的思想（对罗素的批判之一）》《批判梁漱溟的直觉主义》《论真实性与正确性底统一》《对旧著（逻辑）一书的自我批判》《论"所以"》《客观事物的确实性和形式逻辑的头三条基本思想规律》等。在此期间，他还曾先

后出国参加过多次学术会议。1958 年春，他曾作为中国文化代表团成员到意大利、英国、瑞士等国访问，并曾应邀在牛津大学作报告。1979 年被选为中国逻辑学会理事长，热忱支持中国逻辑的研究，并在普及逻辑科学方面做了大量工作。他还是全国政协第二至六届委员，第三届全国人大代表。

1984 年 10 月 19 日逝世，享年 89 岁。

冯友兰

冯友兰（1895 年 12 月—1990 年 11 月）河南唐河人。哲学家。

1918 年毕业于北京大学哲学系。1923 年通过美国哥伦比亚大学博士论文答辩后（翌年获哲学博士学位），回国应聘于河南开封中州大学任教授和文学院院长。1925 年赴广州，任广东大学哲学教授。1926 年春至 1928 年夏，任燕京大学哲学教授。1928 年北伐军控制了北方各省，南京政府派罗家伦为清华大学校长。冯友兰随罗家伦至清华，任教授和清华大学秘书长。此后任哲学系主任（1929 年—1937 年）和文学院院长（1931 年—1937 年）。在此期间，自 1930 年 7 月 11 日至 1931 年 4 月 15 日曾主持校务会议及学校日常工作。抗战时期任西南联合大学教授和文学院院长。西南联大结束时，为西南联大纪念碑撰写碑文。抗战胜利复员后，继续担任清华大学文学院院长和哲学系主任，直至北平和平解放。1948 年 12 月 17 日被清华大学校务会议推举为临时主席，维持学校教学秩序，迎接北平军管会接管清华大学，至 1949 年 4 月。同时任清华大学哲学系教授，至 1952 年院系调整。此后任北京大学教授。1955 年任中国科学院哲学社会科学部委员、常务委员。是第二、三、四届全国政协委员，第六、七届全国政协常委和第四届全国人民代表大会代表。还曾任中国民主同盟中央委员。1982 年 9 月美国哥伦比亚大学授予名誉文学博士。

冯友兰是一位哲学家，从 20 世纪 20 年代起一直从事哲学和中国哲学史的研究，取得了许多重要的学术成果。在 20 年代，他著有《人生哲学》，在分析了中西哲学大量材料的基础上指出：无论是东方哲学还是西方哲学，在人生哲学方面不外乎有三种倾向，一种把自然理想化，向往过去；一种把人的作为理想化，向往未来；还有一种认为，过去已成过去，未来亦难把握，人应该统一自然与人为，在现实的生活中积极追求完美的结果。在 20 年代末和 30 年代前期，他在讲授中国哲学史的过程中，撰写了两卷本《中国哲学史》。在这部书中，他把从先秦到清代的哲学思想的发展分为"子学"和"经学"两个阶段，用现代哲学观点和历史研究方法分析了不同时期、不同流派的哲学家的思想，提出了很多深刻而独到的见解，把中国哲学史的研究工作推进到一个新的阶段，在国内外都产生了较大影响。

在 30 年代后期和 40 年代前期，冯友兰致力于哲学理论的研究和著述，先后写作了《新理学》《新事论》《新世训》《新原人》《新原道》《新知言》，当时合称《贞元六书》。《新理学》主要讲一般与特殊的关系，强调了一般的绝对性。《新事论》是用《新理学》的理论研究当时的实际问题，其中从认识共相（一般）出发，指出中国社会的发展方向是通过产业革命，使中国近代化、工业化。所以，这部书的副题是《中国到自由之路》。《新世训》是讲生活中的处世态度和方法。《新原人》讲人生，把人的种种精神世界概括为四种精神境界，即自然境界、功利境界、道德境界和天地境界，并指出：人可以通过哲学的认识，达到较高的境界，使人生具有更大的意义。《新原道》阐述了中国哲学的主流即是探寻不离人伦日用的最高境界，实现内圣外王的人格，也即"极高明而道中庸"，以此作为中国哲学的基本精神（故英文版书名为《中国哲学之精神》）。《新知言》讲哲学方法论，在分析了一些派别的方法论后，论述了用"负"的方法解决不可思议、不可言说的哲学问题。这六部书探讨了自然、社会和人生的哲学问题，构成为一个比较完整的哲学体系，是中国现代哲学的重要成果。

20 世纪 80 年代以来，冯友兰不顾年高体弱，以全力写作了七卷本《中国哲学史新编》。全书论述先秦诸子哲学、汉代经学、魏晋玄学、隋唐佛学、宋明道学、近代维新和现代革命等七大思潮，并对中国哲学的未来有所展望。与两卷本《中国哲学史》不同的是，《中国哲学史新编》不以哲学家为纲，而以思潮为纲，力求把握思潮和思潮的主题，说明这个主题是一个什么样的哲学问题。由于这个特点，《中国哲学史新编》对于具体问题的分析更加深入，所描绘的中国哲学史的脉络更加清晰。

冯友兰一生著述甚丰，中英文著作超过 700 万言。1985 年—1994 年，他过去的全部著作《三松堂全集》（共 14 卷）由河南人民出版社出版。

在 70 年的学术研究中，冯友兰积累了丰富的治学经验。他认为：涉足于哲学领域，必须有一个好的开端，学习哲学的入手处是逻辑学，学习哲学史的入手处是辩证唯物主义和历史唯物主义。而要真正懂得哲学，则必须懂得哲学的基本问题，在哲学的基本问题中，最重要的就是一般和特殊的关系问题，用中国古典哲学的话说，就是理和事的关系。弄懂了这个问题，其他的哲学问题也就容易理解了。冯友兰在进行哲学研究和分析哲学史的现象时，总是紧紧把握住这个问题，所以总能把十分复杂的哲学问题讲得非常简洁明了，有提要钩玄之功，这一点是中国哲学界公认的。

1990 年 11 月逝世，享年 95 岁。

吴有训

吴有训（1897 年 4 月—1977 年 11 月）字正之，江西高安县人。物理学家、教育家。

1920 年毕业于南京高等师范学校。1921 年赴美入芝加哥大学深造，攻物理学，1925 年 6 月起担任该校助教，1925 年获博士学位。1926 年秋回国，1927 年上半年参与筹办江西大学，1927 年 8 月任南京中央大学物理系副教授、系主任；1928 年 8 月任清华大学物理系教授，1930 年—1931 年先后代理系主任和理学院院长，1934 年任物理系主任，1937 年任理学院院长。1937 年 7 月抗日战争全面爆发后，吴有训继续任西南联合大学教授、物理系主任、理学院院长。1945 年 10 月，任中央大学校长，1948 年底辞职，赴上海交通大学任教。解放前在学术界历任中央研究院院士、评议员、中国物理学会理事长等职。1935 年为德国哈莱（Halle）自然研究者学会会员。解放后，1949 年 5 月至 1951 年 2 月任上海交通大学校务委员会主任，同时兼任华东军政委员会委员、文教委员会副主任、教育部部长等职。1950 年 5 月，任中国科学院近代物理研究所所长。12 月起，调任中国科学院副院长，1955 年任中科院数理化学部委员、主任，并兼任政务院文教委员会委员（1951 年 2 月至 1954 年 8 月）。是中国人民政治协商会议第一届代表、第二届全国政协委员、第三届全国政协常委，全国人大第一、二届代表、第三、四届全国人大常委。曾任中国科联副主席（1950 年—1960 年），中国科学技术协会副主席（1961 年—1977 年），中国物理学会理事长等职。

早在 20 世纪 20 年代，吴有训与美国著名物理学家康普顿（A. H. Compton）教授合作，证实了近代物理学中有名的康普顿效应（亦称康普顿-吴有训效应）。康普顿效应是康普顿在研究伦琴射线（即 X 射线）经过金属、石墨等物质时发生散射后的光谱组成，提出了他的 X 射线量子散射理论，1923 年 5 月发表了论文，但因实验证明不够充分，因此学术界对其理论有异议。吴有训用

实验证实了康普顿的理论，1926年吴有训发表了《在康普顿效应中变线与不变线的能量分布》及《在康普顿效应中变线与不变线的强度比率》两篇论文，进一步证实了康普顿效应。1927年康普顿因发现康普顿效应而获得诺贝尔物理学奖。

吴有训的主要论著，除上面提到的外，尚有：《关于方解石晶体反射的X射线的吸收测量》《康普顿效应和第三级辐射》《由反冲电子散射的X射线的强度》《康普顿效应》《关于康普顿两线之间的强度分布》等50余篇。

吴有训的研究，主要集中在X射线方面，特别是对散射和吸收的研究。解放后，他很关心我国电子、半导体、电子计算机等事业的发展，亲自抓胰岛素的合成研究，关心并从事近代光学的研究，都取得了很好的成绩。

吴有训在教学中，一贯以严谨执教而著称。他认真贯彻"理论与实验并重"和"重质而不重量"的原则。在他代理清华大学物理系主任期间，他强调指出："本系自最浅至最深之课程，均注重于解决问题及实验工作，力矫现时高调及虚空之弊。大学一、二年级功课，为本系基本学程。"他和萨本栋教授同时分别讲授"普通物理学"，在向新生介绍选修这门课的条件时，他说："凡入数、理、化及工程各系学生，均须必修本系所开的大学普通物理。但修习该课程，必须入学考试的物理分数在60分以上者，否则，须受甄别试验，及格的可以注册，不及格的须补读高中物理。"

吴有训在清华大学讲授的主要课程有："普通物理学""近代物理学""光学""中级光学""X射线""实验技术""近代物理实验""中级光学试验"等。他每年的讲课都力求将国内外的最新成果引进教学。他所讲授的"近代物理学"，"注重于近三十年来物理学界对电子及能量子之实验研究及其所得结果之解释，使学者对于当代之原子结构论得窥门径"。所讲"X射线"一课，则是"讨论X线之散射、反射、屈折、吸收诸现象及其与物质构造之关系，对于X射线之发生、应用及线谱亦作详尽之推究"。这些课程的内容及讲授水平，当时在国内均居领先地位。

吴有训一贯积极倡导把学校办成教育中心和科学研究中心，以求国家学术之独立。早在1931年，他在介绍清华大学理学院概况时，强调指出："理学院之目的，除造就科学致用人才外，尚欲谋树立一研究科学之中心，以求国家学术之独立。"在这一思想的指导和影响下，清华理学院各系教师大都比较重视科学研究工作，并且做出了不少成绩，得到国内外科学界的称誉。吴有训对X射线的研究，则是其中最负盛名的成果之一。他曾指导钱三强制作一个玻璃真空系统用以试验金属钠对改善真空度的影响问题，这便是钱三强的大学毕业论文。他指导黄席棠的研究题目为"液体对于X射线之散射"，陆学善的研究题目为"多原子气体所散射X射线之强度"，这些研究，都在吴先生的指导下取得了极佳的成绩。

吴有训在我国高等学校辛勤执教数十年，不论是在清华大学、西南联大，还是在中央大学和上海交通大学，他都竭尽全力，学而不厌，诲人不倦，注意人才的发现和培养，为国家培养了一批又一批高水平的科技人才。他的弟子遍布海内外，其中许多人已是国内国际著名的科学家和学者。

新中国成立后，吴有训长期任中国科学院副院长，对中国科学院的建设以至我国科技事业的发展作出了卓越的贡献。建院初期，他对调整和充实中国科学院的研究力量和布局倾注了心血；他既注重基础理论的研究，也关心新兴技术科学的发展，强调科学研究应为国民经济和国防建设服务。在制订12年科学发展远景规划时，他把握学科发展方向，倡议并参加拟订加速发展新技术的紧急措施，为我国半导体、自动化、电子学、计算机技术的起步，做了大量工作。他十分重视人才的培养。他是科学院研究生委员会主任，从20世纪50年代起，就亲自过问研究生的培养工作。中国科技大学创建后，他带头到学校讲授普通物理学等基础课程。他还非常关心青年科学家的成长。晚年还很关心自然科学史的研究工作。

1977 年 11 月 30 日在北京逝世，享年 80 岁。

李继侗

李继侗（1897 年 8 月—1961 年 12 月）江苏省兴化县人。植物学家。

1921 年毕业于南京金陵大学，获理学士学位。同年，考取清华学校公费赴美留学，入耶鲁大学林学研究院学习，1923 年获硕士学位，1925 年获博士学位。他是获得森林学博士学位的第一个中国人。同年回国，任教于金陵大学。1926 年，任天津南开大学生物系教授。当时，南开大学生物系初创，仅有他一位教授，系里全部课程及各项实验皆由他担任。1927 年，李继侗和他的学生殷宏章一起，用气泡计数法发现了光合作用瞬间效应，经过反复实验，写成《光照改变对光合作用速率的瞬间效应》一文，于 1929 年发表在英国 *Annals of Botany* 43 卷上。30 年后由于西方学者对瞬间效应的研究，人们才注意到李继侗的贡献。李继侗被公认为瞬间效应的最早发现者。

1929 年，李继侗到清华大学生物系，担任植物学教授，先后讲授过"普通生物学""植物生理学""植物解剖学""植物生态学""植物学研究"等课。从 1928 年到 1937 年，发表了《强烈日光对树木幼苗的影响》《气候因素对植物吸水力的影响》《温度与银杏胚的发生》等 10 多篇论文。他的研究"在当时植物生理学上均为新方向，堪称开风气之先"。

1937 年，李继侗随清华执教于长沙临时大学生物系。1938 年初，李继侗和学生一起步行入滇，执教于西南联合大学。李继侗在联大执教 8 年，曾担任生物系教授会主席，大一学生指导委员会、理工设备委员会和建筑设计委员会委员，先修班主任及生物系主任等职务，同时仍为清华研究院生物学部主任。

1946 年 10 月随校复员回北平后，继续担任生物系教授。还担任了学校公费救济委员会主席，校景委员会主席。

1952 年院系调整，李继侗到北京大学生物系，先后开设了"植物生态学"和"地植物学"等课程，创办了我国第一个植物生态学和地植物学专门化组，该组于 1954 年招收研究生。这些学科，当时在植物学领域均属新兴学科。他为北大生物系的成长，作出了重大贡献。从 1952 年至 1956 年，他多次参加和领导了野外植被调查及植物采集，如海南岛橡胶树宜林地综合考察，黄河中游水土保持综合考察，内蒙古草原及黑龙江草原考察等，足迹遍及大半个中国。为理论联系实际提高教学质量，积累了丰富资料。并组织翻译出版了《地植物学研究简明指南》等书。他在北大进行教学和科研的同时，为了推动全国植物生态学和地植物学的研究工作，为农业部举办了我国首次草原讲习班。在他的倡议下，创办了《植物生态学与地植物学资料丛刊》，并任主编。对培养我国植物生态学与地植物学的研究队伍作出了重大贡献。

从 1953 年至 1957 年，他曾兼任中国科学院植物研究所研究员，为该所培养了一批研究生。1955 年任中国科学院生物学地学学部委员、常务委员。参与了我国 12 年科技发展规划的制订，并任中国科学院编译出版委员会委员。

1957 年，为了支援边疆，实现其改造内蒙古草原的宏愿，李继侗率领一部分北大教师去内蒙古大学生物系任教，并担任内蒙古大学副校长。他将北大生物系地植物学专门化组移植过来，建立了地植物学教研室，开出了生态和地植物学方面的基础和专门化课程，进行了内蒙古草原植被

的全面调查研究，还参加了科学院综合考察队对黑龙江流域、宁蒙、甘青的植被考察，对内蒙古大学的创建与发展作出了卓越的贡献。并出版了《植物地理学、植物生态学和地植物学的发展》、《植物生态学》、《植被学说原理》（翻译）、《内蒙古植被》等著作。

李继侗于 1959 年 4 月被选为第三届全国人大代表。1961 年 12 月 12 日病逝于呼和浩特市，享年 64 岁。他去世后，《李继侗文集》于 1986 年 3 月由科学出版社出版行世。

罗家伦

罗家伦（1897 年 12 月—1969 年 12 月）字志希，笔名毅，祖籍浙江绍兴，生于江西省进贤。教育家。

1917 年入北京大学文科学习。在北京大学积极参加新文化运动，1919 年与傅斯年等人一起创办《新潮》月刊，"五四"反帝爱国游行的当天，作为公推的三位学生代表之一到各使馆送递"意见书"，他同段锡朋、傅斯年被称为"三个学生领袖"。1920 年赴美入普林斯顿大学研究文学与哲学，兼及教育。一年后转入哥伦比亚大学研究院，攻研教育哲学及思想史。1922 年起，去欧洲留学于德、英、法等国。1926 年夏回国，任东南大学历史系教授。1927 年，先后任北伐军总司令部参议、总司令部编辑委员会委员长、国民党中央党务学校教务副主任等职。

1928 年 8 月，南京国民政府正式接管清华学校，校名改称国立清华大学，罗家伦受命任国立清华大学第一任校长。他在就职演讲时强调指出："要大学好，必先要师资好。为青年择师……必须以至公至正之心，凭着学术的标准去执行。"又说："研究是大学的灵魂。专教书而不研究，那所教的必定毫无进步。"他说："从今年起，我决定招收女生，男女教育是要平等的。我想不出理由，清华的师资设备，不能嘉惠于女生。我更不愿意看见清华的大门，劈面对女生关了！"他还向全校师生提出了"廉洁化""学术化""平民化""纪律化"的四化办学方向，他说："我们要共同努力，为国家民族树立一个学术独立的基础，在这优美的'水木清华'环境里面，我们要造成一个新学风以建设新清华！"在他任校长期间，清华大学改归教育部管理；裁汰冗员，增聘教授；调整学系，招收女生，结束旧制留美预备部，停办国学研究院，创设与各学系相关联的"科学研究所"；兴建生物馆和学生宿舍，提高本国教师的地位和待遇。经他的努力，为清华大学后来的发展创造了条件。但他作风专断，不尊重师生意见，引起师生的反对，加之当时北方政局动荡，被迫于 1930 年 5 月辞职。

罗家伦于 1931 年出任国民党中央政治学校教务主任，兼教育长。1932 年调任南京中央大学校长，至 1941 年 8 月辞职，前后 10 年。罗家伦到中大后，即宣布了他的治校方针是安定、充实、发展。在他长校期间，中大得到长足发展。

罗家伦 1943 年出任新疆监察使兼西北考察团团长。

1945 年抗日战争胜利后，他历任联合国教科文组织筹备会议代表、南京国民政府驻印度首任大使等职。1949 年去台湾，曾任国民党中央党史编纂委员会主任委员，台湾"考试院"副院长、"国史馆"馆长。1969 年 12 月 25 日，在台湾病故。享年 72 岁。

叶企孙

叶企孙（1898 年 7 月—1977 年 1 月）上海人。物理学家、教育家。

1913 年—1918 年在清华学校学习。在此期间，除认真完成学业以外，利用业余时间钻研天文学与数学。1916 年—1917 年在《清华学报》上发表文章《考正商功》《中国算学史略》，在《清华周刊》上发表文章《革卦解》《天学述略》等。

1918 年，在清华学校毕业，赴美留学。入美国芝加哥大学物理系学习。1920 年入哈佛大学读博士。1921 年，他和导师 W. Duane 及 H. H. Palmer 合作测定普朗克常数值 $h =$（6.556 ± 0.009）$\times 10^{-27}$ 尔格·秒，被物理学界沿用 16 年之久。他独自研究的高压强流体静压对铁、镍、钴磁导率的影响达到当时国际先进水平。1923 年，叶企孙在美国哈佛大学取得博士学位后，从 1923 年 10 月至 1924 年 2 月，在欧洲参观了德、荷、英、法、比五国一些物理研究机构。1924 年回国，在东南大学任教。

1925 年 8 月，叶企孙应聘来清华任教授。1926 年，清华学校成立物理系，他任系主任，当时系里只有教授两人（梅贻琦和叶企孙）。1928 年，清华学校改为国立清华大学，他仍任物理系主任。叶企孙有渊博的学问，懂得德、英、法三种语言，他以科学家的严谨态度从事系的领导工作。他广纳人才，没有门户之见。有意识请非清华毕业的教授来校任课，以吸收他校之长。先后聘请著名物理学家吴有训、萨本栋、周培源、赵忠尧、任之恭等来系任教，为物理系培养人才和科学研究奠定了良好的基础。在教学上，他强调"授学生以基本知识，使能于毕业后，或从事于研究，或从事于应用，或从事于中等教育，各得门径，以求上进。科目之分配，则理论与实验并重，重质而不重量"。每班"人数务求限制之，使不超过约十四人"。规定物理入学考试分数应在 60 分以上，否则需补读高中物理。凡大学一年级"普通物理"成绩不到 75 分以上者不能入物理系。他教的课程有"普通物理""力学""热学""电磁学""光学""分子运动之物质论"。基本概念讲得非常清楚，直到学生明白为止，并吸收国外最新研究成果和发挥自己的见解。著名原子能科学家钱三强说："至今我们这些老学生们谈起来，仍觉得叶先生的独创性的教课给我们留下的印象是很深刻的。"叶企孙还重视实验课，规定"学生选修实验课的学分，不得少于理论课的二分之一"。他组建了物理系的 7 个实验室和金木工厂及图书室，还从德国请到一位技术精湛的技工来制作实验仪器。他组建了理科研究所物理学部，包括 X 射线、无线电、光学、磁性等研究室。他在《清华学报》上发表了论文《清华学校大礼堂之听音困难及其改正》，并指导研究生在光学、磁学等方面进行研究发表论文。物理系当时成为全国学术中心之一，培养出了大批优秀科学家。叶企孙既重视基础科学，又重视应用科学，并亲自动员优秀的物理系毕业生到应用科学领域工作。1929 年清华理学院成立，叶企孙由教授会推选任院长，一直到 1937 年。他明确提出，以研究科学为中心，以求中国学术独立。他为了使清华大学在短期内，跻身于名大学之林，为理学院延聘了一批学术造诣较高的教授。

1930 年 9 月他休假到德国哥廷根大学、柏林大学等进修一年。1931 年 9 月，由于代理校务翁文灏请事假，叶企孙代行校务 3 个月。

叶企孙不仅是一位科学家、教育家，而且是一位富有正义感的爱国者。在抗日时期他提出，理学院的研究，要配合时代需要，物理系学生研究的"赤内光线照相""方位测量器的制造及试验"等均可应用于军事侦察。1937 年"七七"事变后，清华大学决定南迁，叶企孙在设于天津的清华大学办事处负责清华师生南下的转站工作。他从熊大缜（原为清华物理系助教，后到冀中抗日根据地工作）处了解到根据地极端缺乏技术人才和迫切需要各种作战物资，就劝说一些高校学生和技术人员到冀中根据地参加工作，并借用清华经费万余元购买医药、医疗器械、电台元件、炸药原料等运送到冀中根据地。他后来还与根据地人员保持联系，1939 年 1 月以"唐士"为笔名

在《今日评论》上发表文章《河北省内的抗战概况》，介绍冀中根据地人民艰苦斗争的情况。

1936 年至西南联大期间，叶企孙先后担任清华大学特种研究事业筹划委员会主席、清华大学研究所委员会主席，积极组织筹划清华大学特种研究所相关工作。1941 年 9 月至 1943 年 7 月在重庆中央研究院任总干事，后又回西南联大和清华，1945 年任西南联大理学院院长。在 1945 年"一二·一"运动中，叶企孙代理联大常委会主席，他亲自主祭"一二·一"牺牲的四烈士，主持组织法律委员会处理与惨案有关的控诉事件，伸张正义，保护学生。1948 年任中央研究院院士、评议员。

1948 年，北平解放前，叶企孙拒绝有关方面南逃的邀请，毅然留下迎接解放。1949 年 5 月，叶企孙受命担任清华大学校务委员会主席（1950 年 3 月改为主任委员），主持校务。

1952 年院系调整，叶企孙调入北京大学物理系任教授、金属物理及磁学教研室主任、校务委员会委员，1955 年任磁学教研室主任，讲授"固体物理""铁磁学""固体物理中的几个量子力学问题"等课程，还开过"大气光学""大气电学"等边缘学科新课程，直到"文化大革命"前夕，虽年近 70 高龄，仍亲自讲课，指导研究生。

从 1954 年起，叶企孙还兼任中国科学院自然科学史研究委员会副主任，筹办了科学院自然科学史研究室。1955 年任中国科学院数学物理学部委员、常委。多次参加国家科学技术发展规划的讨论和制订工作，曾主持编写 1956 年—1967 年科学技术发展规划 56 项（基础科学）物理学部分中的磁学分支科学规划。还曾担任《自然科学小丛书》（北京出版社出版）的副主编。

叶企孙是第一届全国政协代表，第一、二、三届全国人大代表。他还是中国物理学会创始人之一，曾担任副会长、会长、理事长等职。

叶企孙为人正直，品格高尚。他终生独身，身边只有一位男性工友为他做饭。生活简朴，他的钱多数资助给他的学生与周围有困难的同志，他深得物理学界的尊重与爱戴。"文革"中，由于冤案的株连，竟被拘捕一年多，使他身心健康受到极大摧残，于 1977 年 1 月 13 日含冤病逝。享年 79 岁。"文革"后得到平反昭雪。

朱自清

朱自清（1898 年 11 月—1948 年 8 月）原名自华，字佩弦，祖籍浙江绍兴，生于江苏省东海县。文学家、教育家、诗人、学者。

1916 年两淮中学（扬州中学）毕业，并考入北京大学预科，1917 年考入北京大学哲学系，1919 年他积极参加"五四"新文化运动，加入"新潮社"，开始创作，1920 年 5 月在北京大学提前毕业，暑假后到浙江省杭州第一师范教书，1921 年加入了文学研究会。1921 年至 1924 年他历任扬州江苏省立第八中学、上海吴淞中国公学、台州浙江省立第六师范、温州浙江省立第十中学、宁波浙江省立第四中学、上虞白马湖春晖中学的国文教员，并曾任江苏省立第八中学教务主任。这期间，著有使其成名的长诗《毁灭》与长篇散文《桨声灯影里的秦淮河》。与刘延陵、叶圣陶、俞平伯创办《诗》月刊，这是我国新文学运动史上第一个诗刊。并和周作人、俞平伯、叶圣陶、郑振铎等人合作出版了诗与散文合集《雪朝》《踪迹》。在这五年的中学国文教学上，他和叶圣陶合作写了许多关于国文教学的著作。那时期几乎每一个中学生都读过他的文章、他的书而终身得到益处。

1925 年秋朱自清受聘于北京清华学校大学部任教授。1926 年 3 月 18 日，为抗议段祺瑞执政府的卖国行径，朱自清和清华师生一同进城，参加集会、游行、请愿，亲眼目睹了"三一八惨案"这一历史惨剧，事后，以极端悲愤的心情，写成《执政府大屠杀记》及《哀韦杰三君》二文。1928 年秋，朱自清和杨振声一起拟定清华中文系的课程，其中规定：大一、大二的"英文"都是必修。三、四年级的"西洋文学概要""西洋文学各体研究""中国文学研究""当代比较文学及新文学习作"等课程也都是必修。选修课程中又有"西洋文学专集研究"。在当时，这是国内第一个把新旧文学、中外文学联合在一起的大学中文系的课程。这期间，他写了著名的散文《荷塘月色》，并继《踪迹》后，集成《背影》一集付印。1930 年秋，朱自清任清华大学中文系代理主任。在中文系的发展上，他力主办系的"科学化""现代化"的原则，坚持革新，认为大学的使命是："批判的接受旧的文化，创造并发展新的进步的文化"，并亲自讲授"中国新文学研究"课程，受到同学的热烈欢迎，他的讲稿被称为"先驱者的足迹"。朱自清并认为：学习和研究新文学，中文系必须走"中外文合系"的路子，学好外文，"设置中外文学互选课"，研究外国思潮，做中外文学的"横通"和"兼通"的工作，"沟通融会中西文化"。朱自清 1931 年 8 月赴英国，在伦敦大学攻读语言学及英国文学，1932 年初他漫游法、德、荷兰、瑞士、意大利等 5 国，当年 7 月回国，9 月任清华大学中文系主任，1935 年兼任清华大学图书馆主任，1936 年辞去兼职。这期间，完成散文集《你我》《欧游杂记》《伦敦杂记》稿及《宋诗钞略》《诗文评钞》两书，编选《新文学大系》丛书中的《诗集》。1937 年 7 月，抗日战争全面爆发，朱自清赴长沙任临时大学中文系教授会主席，继而担任昆明西南联合大学中文系主任。1939 年寒假，因健康原因，辞去联大中文系主任职务，并曾赴成都休假一年。1941 年秋回昆明，专门从事教学与研究。1946 年 5 月清华大学复员北平，朱自清复任中文系主任。朱自清在清华大学执教二十余年，由于教学的需要，他开展古代文化的研究，自汉字、汉语语法、经史子集、诗文评、小说、歌谣之类，以及外国历史文学，无不涉猎研究，"注意新旧文学与中外文学的融合"，并把研究的成果，应用到教学课程上。他先后讲授的课程有："国文""中国新文学研究""新文艺思潮""中国文学史""中国文学批评""古今诗选"，等等。他是一位有精湛研究和贡献的学者。他不只注意到学术的高度和深度，更注意到广度。他写作《经典常谈》，用语体文写《古诗十九首释》，编中学国文课本，并和叶圣陶合著《精读指导举隅》《略读指导举隅》，都是为了文化的普及。

1946 年 8 月 18 日，朱自清在成都各界人士举行的李公朴、闻一多烈士追悼会上，置个人安危于度外，报告闻一多生平。1946 年 10 月朱自清回北平清华园，担任"整理闻一多先生遗著委员会"召集人。这期间完成《语文零拾》《语文影及其他》《论雅俗共赏》《标准与尺度》等书的写作，又和叶圣陶、吕叔湘合作编纂高中程度适用的《开明文言读本》。1947 年 2 月 22 日和俞平伯、许德珩等联名发表《保障人权宣言》，抗议警宪以清查户口为名，午夜闯入民宅，肆行搜捕。1947 年底，朱自清将闻一多的关于如何办好清华大学中文系的建议稿"联缀成篇"，题为《调整大学文学院中国文学外国文学二系机构刍议》，和他自己写的《关于大学中国文学系的两个意见》，在《国文月刊》上同时发表。1948 年 6 月 18 日，签名抗议美国扶日政策并拒绝领取美国面粉宣言。1948 年 7 月 9 日签名抗议北平当局"七五"枪杀学生。1948 年 8 月 12 日，朱自清为穷困所病倒不幸去世，终年 51 岁。毛泽东在《别了，司徒雷登》一文中称赞说："朱自清一身重病，宁可饿死，不领美国的'救济粮'。""我们应当写闻一多颂，写朱自清颂，他们表现了我们民族的英雄气概。"

潘光旦

潘光旦（1899 年 8 月—1967 年 6 月）字仲昂，江苏宝山人。社会学家和优生学家。

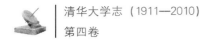

潘光旦于1913年考入清华学校，他勤奋好学，乐于助人，成绩优秀，课外活动的爱好也是多方面的。1916年，因体育活动时摔伤了腿，结核菌侵入伤处，不得不锯掉了右腿，酿成一生残疾。1922年7月，赴美留学。先在纽约汉普夏州哈诺浮镇达茂大学插班三年级读生物学，1924年毕业获学士学位。后又入哥伦比亚大学攻读动物学、古生物学、遗传学，1926年获硕士学位，其间，他对优生学产生了浓厚兴趣。

1926年秋，潘光旦由美回国，到1934年，先后或同时在上海政治大学、东吴大学、光华大学、大厦大学、暨南大学、复旦大学、沪江大学等校任教，讲授"心理学""优生学""家庭问题""进化论""遗传学"等课程。他一面认真执教，一面辛勤笔耕，曾兼任上海《时事新报》副刊《学灯》与《书报春秋》的主编，上海英文版《中国评论周报》的编辑，及主编《优生月刊》《华年》周刊等刊物，发表了大量有关优生和家庭问题的文章，并出版过《优生概论》《中国之家庭问题》《日本德意志民族性之比较的研究》《读书问题》《画家的分布、移植与遗传》等专著，以优生学及家庭问题专家蜚声海内外。

1934年8月，潘光旦应聘到清华大学社会学系任教。在清华除讲授"优生学""家庭问题""西洋社会思想史"外，又逐步开出了"人才论""家庭演化""儒家之社会思想"等课程。从1934年至1937年，先后出版的专著有：《近代苏州的人才》《明清两代嘉兴之望族》《家谱学》《人文史观》《民族特性与民族卫生》等。从1936年1月起兼任清华大学教务长。

1937年"七七"事变后，潘光旦随清华南迁，先在长沙临时大学历史社会学系任教，并兼任校注册组主任，后在昆明西南联合大学担任历史社会学系教授，1938年1月兼任联大教务长至10月，1940年、1945年曾任代理教务长，1943年起任社会学系主任。先后出版了《中国伶人血缘之研究》《优生概论》《自由之路》等书。这期间，他放弃了走"中间道路"的幻想，开始接受中国共产党的领导。1941年秋，参加中国民主政团同盟。1944年中国民主政团同盟改名为中国民主同盟，潘光旦当选民盟中央常委，并任民盟云南支部委员，参加创办和编辑民盟机关刊物《民主周刊》。在反内战争民主的"一二·一"运动中，潘光旦积极参加联大教授会的各项活动，支持和参加民主运动。

1946年10月，潘光旦随清华大学回到了北平，继续执教于社会学系，1947年兼任社会学系主任、图书馆馆长。这时，他仍笔耕不辍，在《观察》《新路》《世纪评论》等报刊上发表了不少文章，并出版了《政学罪言》一书。

解放后，他努力学习马列主义，改造思想。1949年潘光旦任清华大学校务委员会委员，继续任社会学系主任、图书馆馆长。1950年当选民盟清华大学区分部主任委员。1951年完成了恩格斯的《家庭、私有制和国家的起源》的译注工作。1951年春，响应政务院的号召，前往苏州、无锡、吴江、常熟等地参观土改运动，在参观过程中撰写了《谁说江南无封建？》等文章，分别发表在《人民日报》《光明日报》《新观察》等报刊上，后汇集成《苏南土地改革访问记》，于1952年由三联书店出版行世。

1952年院系调整后，潘光旦到中央民族学院任教授，一直从事少数民族历史的研究，曾多次去少数民族地区进行调查访问。1953年完成了《开封的中国犹太人》（前编）的著作，这是研究我国犹太人历史的第一部专著。他还翻译了恩格斯的原著《玛尔克》。从1949年到1957年，他一直是民盟中央常委、民盟总部宣传委员和文教委员，为文教和统战工作尽心尽力，作出了贡献。

1967年6月10日在北京病逝，享年68岁。

闻一多

闻一多（1899 年 11 月—1946 年 7 月）原名家骅，又名亦多，在清华学校读书时名多，湖北
浠水人。诗人、学者、民主战士。

1910 年到省城武昌，入两湖师范附属高等小学读书。次年，辛亥革命爆发，离校回家。第二
年春，又回到武昌，先后就读于民国公校和实修学校。同年，考入北京清华学校。他勤奋好学，
"好文学及美术，独拙于科学，亦未尝强求之"。他的古典文学修养和文采，深为同学们所赞佩，
曾先后担任《清华周刊》《清华学报》的中文编辑。

1919 年，他和清华学校同学一起积极参加了"五四"运动。后来，他在回忆这段历史时说：
"'五四'时代我受到的思想影响是爱国的、民主的，觉得我们中国人民应该如何团结起来救国。"

"五四"以后，他投入了社会改良和新文化运动。1920 年 4 月，发表了《旅客式的学生》一
文，批评清华学生中一些人的贵族腐败习气，表达了改良社会、改良清华的热烈愿望。同年 7 月，
作新诗《西岸》，9 月发表于《清华周刊》，这是他生平发表的第一首新诗，抒发了先进青年对光
明的追求与向往的心情。从此，他以一位新诗歌的开拓者、探索者和热情奔放的新诗人形象，出
现在清华学生诗坛，先后发表新诗二十多首，被同学们誉为"诗人兼革新家"，并且说："他的革
新偏重在诗的方面。"

1921 年 6 月，在闻一多正积极迎接毕业考试的日子里，北京爆发了以李大钊为首的 8 校教职
员的索薪斗争。闻一多因坚决参加声援这一斗争的"同情罢考"，被学校当局罚以"留级一年"。
因此，他到 1922 年 5 月才毕业，于 7 月赴美留学。

闻一多在美国，先后就读于芝加哥美术学院和珂泉科罗拉多大学，努力攻研美术，并继续从
事新诗创作。他常对人说："诗人主要的天赋是爱，爱他的祖国，爱他的人民。"在《忆菊》一诗
中，他写道："我要赞美我祖国的花！我要赞美我如花的祖国！"在此思想指导下，1923 年 9 月，
他的第一部诗集《红烛》出版问世。

1925 年，闻一多因不堪美国的种族歧视，加之爱国思乡心切，提前结束学业回国。暑假后，
任教于北京艺术专门学校，任教务长。1926 年参加了北京《晨报副刊》的编辑工作，在《诗镌》
创刊号上发表了《文艺与爱国——纪念三月十八日》一文，热情歌颂"三一八"死难烈士，并着
重声明："我希望爱自由、爱正义、爱理想的热血要流在天安门，流在铁狮子胡同，但也要流在
笔尖，流在纸上。"从此，他笔耕愈勤。1928 年 1 月，他的第二部诗集《死水》出版，奠定了他
在我国诗坛的地位。这年 3 月，《新月》杂志创刊号出版，闻一多是该刊三位编辑之一。他在编辑
《诗镌》和《新月》期间，对新诗创作和新诗格律理论作出了重要贡献。

在此前后，闻一多曾任教于上海吴淞国立政治大学、南京第四中山大学、武汉大学和青岛大
学。1932 年秋，闻一多到清华大学中文系任教授，除了讲授一年级的"国文"外，还讲授"王维
及其同派诗人""杜甫""先秦汉魏六朝诗"等课程。一年后，他在给友人的信中说："我近来最
痛苦的是发现了自己的缺陷，一种最根本的缺陷——不能适应环境。因为这样，向外发展的路既
走不通，我就不能不转向内走。在向内走的路上，我即得着很大安慰，因为我证实了自己在这向
内的路上，很有发展的希望。"所谓"转向内走"，即在他感到参加"大江社"和"新月社"等所
谓"向外发展的路"走不通时，希图另寻一条救国道路，于是钻进书斋，转向从事中国古典文学
的研究，特别是对于《唐诗》《楚辞》的研究。此时，他已成为一位深沉的学者。

1937 年"七七"事变后，清华大学南迁，闻一多随校到长沙临时大学、昆明西南联合大学任教，他和同学们一起，由长沙步行至昆明。西南联大文学院先设于蒙自，闻一多在这里住在一座小楼上，整天伏案工作，潜心治学，不涉时事，极少下楼，被同事戏称为"何妨一下楼主人"。

但是，到了抗战后期，祖国苦难深重的严酷现实，蓬勃开展的青年运动，深深地激发了他满腔的爱国赤诚。面对国民党的腐败独裁，他拍案而起，走出书斋，加入了变革社会的斗争行列。他大声疾呼："现在只有一条路——革命！"1944 年，经吴晗介绍，他加入了中国民主同盟，被选为民盟云南支部委员，1945 年被选为民盟中央执行委员，并任《民主周刊》的编委（后为社长）。从此，他更积极地投身于民主运动，成为著名的民主斗士！

闻一多为了探求救国救民的真理，在共产党人的帮助下，孜孜不倦地阅读《共产党宣言》等马克思主义著作，思想发生了新的飞跃。他说："我现在思想豁然开朗了，过去我只晓得抽象的爱国，不知爱什么国，甚至错误地认为'国家主义'就是爱国主义。现在我才知道'国家主义'是反动的，爱国只能爱新民主主义的国，现在为新民主主义而奋斗，将来为社会主义，共产主义而奋斗！"

1945 年"一二·一"运动中，他始终与爱国进步学生站在一起，英勇斗争，走在游行队伍的最前列。1946 年 7 月 15 日，他不顾国民党特务的恐吓，在李公朴殉难经过报告会上，发表了著名的《最后一次演讲》，横眉怒对国民党特务的手枪，庄严宣布："我们不怕死，……我们随时像李先生一样，前脚跨出大门，后脚就不准备再跨进大门！"下午，他又出席了《民主周刊》社为李公朴被特务杀害举行的记者招待会，会后，在回西仓坡宿舍的路上，惨遭特务枪杀，时年 46 岁。毛泽东、朱德 17 日致唁电表示"至深悲悼，先生为民主而奋斗，不屈不挠，可敬可佩"。毛泽东在《别了，司徒雷登》一文中称赞说："闻一多拍案而起，横眉怒对国民党的手枪，宁可倒下去，不愿屈服。""我们应当写闻一多颂，写朱自清颂，他们表现了我们民族的英雄气概。"

1948 年，朱自清等人集其主要著作辑为《闻一多全集》，共 4 册 8 集，由开明书店出版。

黄子卿

黄子卿（1900 年 1 月—1982 年 7 月）广东梅县人。化学家。

1919 年考入清华学校，1922 年 6 月毕业。1922 年 9 月入美国威斯康星大学，主修化学，1924 年毕业，获理学士学位。随即转入康奈尔大学，于 1925 年获理学硕士学位。同年 9 月入麻省理工学院化学系，攻读博士学位。后因公费到期，1927 年 12 月结业回国。1929 年 9 月受聘为清华大学化学系教授。1934 年 6 月再度赴美。1935 年获麻省理工学院哲学博士学位。同年仍回清华大学执教。他为大学生讲授"物理化学"等课程，为研究生讲授"统计力学""热力学""溶液论"等课程，并克服了重重困难，建立了电化学研究的实验设备，开始从事溶液理论的探索研究。

1937 年，随清华大学先至长沙后至昆明，任长沙临时大学和西南联合大学教授。黄子卿等在极端艰苦的条件下，紧随化学科学的世界步伐，从事国内化学教育事业，培养了一批蜚声中外的中国化学家。

1945 年抗战胜利后，他随清华北返，继续执教。1948 年应美国加州理工学院之聘，第三次赴美，任该校客座教授，作结晶学之研究。1949 年 7 月回国，继续在清华任教。

1952 年全国高等学校进行院系调整，他被调至北京大学化学系任教授，同时担任物理化学教研室主任。

1923 年他参加旅美学生组织的"中华化学会"。1932 年中国化学会在南京成立，他是其早期会员之一。在该会 1941 年至 1943 年的各年选举中，他曾连续三届被选为理事。以后从 1951 年开始，再次当选为该会第十七、十八、十九届常务理事和第二十届副理事长。1955 年 6 月被遴选为中国科学院物理学数学化学学部委员、常务委员，1981 年任化学部委员。同年任国务院学位委员会第一届学科评议组成员。

1953 年黄子卿参加九三学社，历任九三学社中央委员和中央常委。

新中国成立以来，他曾任全国政协第二届至第五届委员会委员。

他的一生，精专物理化学，尤长于电解质溶液理论研究，精测水的三相点数据，被确定为国际实用温标的基本参考数据之一。著有《物理化学》《电解质溶液理论导论》《非电解质溶液理论导论》等。他毕生从事化学教育和学术研究事业，不遗余力地培养人才，桃李满天下，堪称我国物理化学的一代宗师。

1982 年 7 月逝世，享年 82 岁。

钱端升

钱端升（1900 年 1 月—1990 年 1 月）上海人。法学家，教育家。

1919 年清华学校毕业，赴美国插入北达科他州立大学四年级读政治学，1920 年获该校文学士学位，同年入哈佛大学，1922 年获文学硕士学位，1924 年获哲学博士学位。1924 年秋来清华学校任教员，1925 年任教授，讲授"世界史""比较政治"，1926 年任政治学系教授，在此期间曾在《清华周刊》上发表《清华学校》《政治学》等文章。1927 年—1929 年任南京中央大学政治系副教授（该校当年最高职称）。1930 年—1934 年再任清华大学政治学系教授，在此期间，撰著了《德国的政府》一书。1934 年任天津《益世报》主笔，因撰写社论笔锋触及对日妥协派，被迫离去。1934 年 9 月至 1937 年再度任南京中央大学教授，曾于 1936 年—1937 年代理法学院院长。1937 年任北京大学教授，受南京政府派遣和胡适、张忠绂赴美、法、英等国宣传抗日一年。1938 年—1946 年任西南联合大学政治学系教授，讲授"宪法""近代政治制度""极权政府""中国政府"等课程，并于 1943 年撰著了《战后世界之改造》一书。1946 年随北京大学回北平，任教授。1947 年 10 月应邀赴美任哈佛大学客座教授约一年，在此期间，编著了《中国政府与政治》（英文本）一书。1948 年 11 月回到北平，不久被推为北京大学法学院院长。1949 年 1 月北平解放后，仍任北京大学法学院院长、教授。1952 年调任北京政法学院院长、教授。

1952 年以后，他的主要精力转到新中国的法制建设和外交事务活动。1954 年他被邀请作为第一届全国人民代表大会宪法起草委员会的顾问，参加了中华人民共和国第一部宪法的起草工作。他是第一届全国人大代表、第一届全国人大法案委员会副主任委员，第六届全国人大常委、第六届全国人大法律委员会副主任委员，第一、三、四届全国政协委员，第二、五届全国政协常委。新中国成立之初，他就担任中国人民外交学会副会长和中国对外友协副会长，1952 年任世界和平理事会理事，1955 年率团参加印度第 42 届科学大会，在新德里就中国的新宪法作了主题报告。他还历任中国政治法律学会副会长、中国法学会副会长、中国政治学会名誉会长、外交部法律顾问、外交部国际问题研究所顾问。1981 年加入中国共产党。

他长期从事政治学和法学的教育和研究。主要著作还有《法国的政府》《比较宪法》（合著）

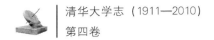
《民国政制史》（主编）等。此外，他还写了不少文章，有学术性的，有介绍情况的，也有评论国内外时事乃至谴责国内外反动势力的文章。在临解放前的二三内年还为《观察》杂志写过多篇政论文章，抨击国民党的法西斯统治。主要论文有《治外法权问题》《论华北大势——兼送黄委员长南行》《评中华民国宪法草案》《孙中山先生的宪法观念》《政治活动应制度化》《论官等官俸》《统一战线·人民政权·共同纲领》《开展政治学研究的重要意义》等。

1990年1月21日逝世，享年90岁。

王　力

王力（1900年8月—1986年5月）字了一，广西博白人。语言学家。

王力幼年家境贫寒，刻苦自学，1924年经亲友资助，入上海南方大学学习，第二年转入上海国民大学。1926年考入清华国学研究院。1927年留学法国，1931年获巴黎大学文学博士学位。1932年回国，任清华大学中文系专任讲师，1935年任清华大学中文系教授，抗战时期随清华到长沙、昆明，任长沙临时大学、西南联合大学中文系教授，1946年后到中山大学、岭南大学任教，并曾任中山大学及岭南大学文学院院长。1954年后任北京大学教授，并担任中国文字改革委员会委员、副主任，国家语言文字工作委员会顾问，中国科学院哲学社会科学部委员，中国语言学会名誉会长，中国音韵学研究会名誉会长，北京市政协第二、三届委员和第四、五届常务委员，全国政协第四届委员和第五、六届常务委员等职。

王力是我国现代语言学的奠基人之一，又是著名的教育家、诗人和翻译家。他在五十多年的学术活动中，写了近千万字的学术论著，其中专著四十多部，论文二百余篇。他对汉语语音、语法、词汇的历史和现状，都进行了精深的研究。他的研究工作既继承了我国古代语言学的优良传统，又充分吸收了国外语言学的研究成果。在传统语言学向现代语言学发展的过程中，作出了卓越的贡献。他在20世纪30年代写的《中国文法学初探》《中国文法中的系词》《中国音韵学》，40年代写的《中国现代语法》《中国语法理论》《汉语诗律学》，50年代写的《汉语史稿》，60年代写的《中国语言学史》和他主编的《古代汉语》等著作，涉及汉语研究的各个领域，大都具有开创的性质，在国内外产生了深远的影响。他的不少著作被译成日、英、法、俄、捷克等文字在许多国家出版。"文化大革命"期间，他受到种种摧残迫害，但只要有一点可以利用的时间，他就坚持研究工作。在此期间，他写了《诗经韵读》《楚辞韵读》《同源字典》。他说："一息尚存，研究工作就不能停止！"粉碎"四人帮"以后，他心情舒畅，耄耋之年，仍然坚持每天工作八小时，对《汉语史稿》进行了全面修订，写成《汉语语音史》《汉语语法史》《汉语词汇史》。此外还有《清代古音学》《康熙字典音读订误》以及未完成稿《古汉语字典》等。他表示："要用我的余生把我知道的东西写出来，留给子孙后代，献给这个伟大的时代。"他在一首诗中写道："漫道古稀加十岁，还将余勇写千篇。"

他在语言学的普及工作方面也成绩斐然。他早年写过《希腊文学》《罗马文学》，翻译过二十多部法国文学作品。解放后，他为汉语规范化，为推广普通话，为制定汉语拼音方案，为普及诗词格律知识，为普及古汉语知识，写了大量深入浅出、立论严谨的文章和读物，深受读者欢迎。

王力毕生从事教育工作，为国家培养了大批语言学人才。20世纪30年代他在清华中文系讲授"语言学""语音学""中国音韵学概要"等课程。40年代在中山大学创办了语言学系，50年代到北京大学后，又主持了中文系汉语专业的工作，开设了一系列新的语言学课程，并培养了一批又一批的研究生。他对待学生和中青年教师，在学术上严格要求，在个人关系上，则一向诚恳谦和，宽厚待人。他一贯坚持学术民主，从不把自己的观点强加于人。他说："我应该尊重别人的研究成果，我应该鼓励我的学生持不同意见。如果墨守师说，学术就没有发展了。"他经常花费很多时间，为学生、教师以及校外的同志审阅文稿，热心支持新生力量，大力奖掖后学。他的优良学风，高尚品德，受到学人的普遍赞誉。

王力毕生追求进步，热爱祖国。1924 年在上海学习时，因参加学生运动，反抗黑暗势力，被学校除名。抗日战争期间，他又写了大量文词犀利、痛诋时弊的杂文。解放后，他努力学习马列主义、毛泽东思想，坚决拥护中国共产党，坚持社会主义道路。他在 20 世纪 50 年代初期曾被选为广东省人民代表，广州市人民政府委员。到北京后，又长期担任北京市和全国政协委员，以无党派民主人士身份积极参加社会活动，在促进祖国统一事业中做了不少有益的工作。1985 年，在他 85 寿辰之际，他将山东教育出版社出版的《王力文集》二十卷的全部稿酬十余万元捐献出来，设立"北京大学王力语言学奖金"。

1986 年 5 月 3 日逝世，享年 86 岁。

陈岱孙

陈岱孙（1900 年 10 月—1997 年 7 月）原名陈总，福建闽侯人。经济学家。

1900 年 10 月 20 日，陈岱孙出生于福建省闽侯县一个"中落的旧官僚家庭"。祖父陈宝璐是进士，曾在翰林院供职。伯祖父陈宝琛则为宣统帝师。陈岱孙少年时代在家乡接受了九年半的传统私塾教育，打下了较为坚实的文史功底。1915 年考入福州名校英华中学三年级，以两年半的时间读完了四年的课程。

1918 年夏，陈岱孙赴上海，参加清华学校在上海组织的插班生考试，考入高等科三年级。正是这一次上海之行，对陈岱孙的人生道路产生了深远的影响。那是在紧张的考试结束之后，陈岱孙去黄浦滩散步，当要步入公园时，草地上立的"华人与狗不许入内"的牌子使他惊呆了，"只觉得似乎全身的血都涌向头部。"强烈的民族意识和一腔爱国情怀由此萌发。

1919 年"五四运动"的爆发，促使陈岱孙进一步思考中华民族何以积贫积弱的原因。在参加了游行、请愿、宣传活动后，他意识到，富强是中国的当务之急，因而产生了"经济救国"的志向。1920 年夏，陈岱孙从清华学校毕业，同年秋，赴美留学，进入威斯康星州立大学经济系学习。1922 年取得文学学士学位，并以出色的成绩获得金钥匙奖。同年 9 月，陈岱孙进入哈佛大学研究院经济系学习，选择财政金融作为研究方向。哈佛四年是陈岱孙"专业知识最迅速长进的时间"，他发奋苦读，终日沉浸于图书馆。除了攻读经济学专业书籍外，还常常阅读社会科学、哲学、历史等名著，不断完善自己的知识结构。1926 年，陈岱孙的博士论文《麻萨诸塞州地方政府开支与人口密度的关系》通过答辩，获得哈佛大学哲学博士学位。之后，他赴欧洲游学。

1927 年 1 月，陈岱孙回到祖国。9 月，他应聘母校清华学校任经济系教授，先后担任"经济学概论""财政学""经济学说史"等课程的教学工作。此时的清华，正值改办大学不久。于 1926 年成立的经济系，无论从师资、教学还是课程设置等方面来说，都还处于起步阶段。1928 年，陈岱孙担任经济系主任。上任伊始，他一边投身于繁重的教学工作，一边致力于经济系的建设与发展。在学生培养方面，陈岱孙认为，"治学如筑塔，基础须广大，然后层层堆建上去，将来总有合尖之一日，学经济学欲求专门深造，亦应先奠广基"。因此，经济系鼓励学生不仅要注重"本

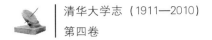
系课程的基础"，而且应注重诸如政治、历史、哲学、心理、算学等知识的基础。在他的倡导和主持下，经济系逐步确定了"理论、事实及技术三者兼重"的培养目标。在师资队伍建设方面，他相继聘请了蔡可选、萧蘧、余肇池、赵人儁等教授来校执教，师资力量不断加强，已开设的课程达 20 多门。经过几年的发展，经济系规模逐渐扩大，学生人数在众多院系中，仅次于土木工程学系。

1929 年，根据当时颁布的大学组织法，清华开始形成校、院、系三级组织结构，成立文、理、法三个学院，陈岱孙就任法学院院长，同时成为教授会、评议会、校务会议成员，开始参与校务管理，为清华大学的建设和发展作出了贡献。

1932 年，陈岱孙服务清华已满 5 年，获得学术休假一年的机会，赴英法等国进行学术研究，主要是为其写作《比较预算制度》一书收集各国预算制度方面的研究材料，收获颇丰。期间，他还以专家身份随中国代表团参加了在伦敦召开的国际经济货币会议，以及在加拿大拜佛城举行的太平洋学会双年会。

1937 年 7 月初，陈岱孙和校长梅贻琦及浦薛凤等教授接到赴庐山参加蒋介石召开的国是问题谈话会的邀柬。7 日，"七七"事变爆发。几天后，陈岱孙等人南下赴会。等回到北平时，平津地区已全部沦陷。面对近在咫尺的清华园，陈岱孙有家却不能回。在城内与校务会议同人开完会、商定学校前途大计后的第二天，他冒着危险，义无反顾地奔赴南京、长沙、昆明，追随学校南迁、西迁。而令他痛心的是，1932 年他利用学术休假的机会，为写作《比较预算制度》一书搜集的大量资料以及两三年内陆续写下的手稿无法带走，"只可当它已毁于炮火"。

在西南联大期间，陈岱孙除了承担"经济概论""财政学"等课程的教学外，还担任联大经济系主任、法商学院院长（代理）、清华大学法学院院长等职，主持经济系教学管理、参与联大校务管理等工作。在异常艰苦的条件下，他与其他师生们一道，坚守着教育、学术阵地，为国家培养了众多优秀学子。在此期间，陈岱孙发表了四十余篇文章，他愤怒声讨日寇的侵略行径，并着重论述了在抗战条件下经济工作的各种问题，为支持抗战积极建言献策。

1945 年 8 月 15 日，日本投降。不久，联大就作出于 1946 年夏秋间复校的决定，由三校各自派出先遣人员接管、修葺平津校舍。陈岱孙于 1945 年 11 月先期回到北平，任清华大学保管委员会主席，组织并主持接管、修葺校舍的工作。他带领 30 多名工作人员，开始了紧张而艰难的交涉与修复工作。经过 10 个月的艰苦努力，完成了返校师生的安置与秋季学期开学的准备工作。

1946 年清华复员后，陈岱孙继续担任清华大学法学院院长、经济系主任。1948 年清华园解放前夕，他挺身而出，和进步师生一道坚决抵制国民党政府将学校南迁的计划，坚持留在北京，迎接清华大学的解放和新生。1949 年 5 月 4 日，清华大学校务委员会成立，陈岱孙任常委。1950 年兼任校工会主席。

1952 年院系调整后，陈岱孙历任中央财经学院第一副院长、北京大学经济系主任、国务院科学规划委员会经济学组副组长、中华外国经济学说研究会理事长、《经济科学》杂志主编。是第二至五届全国政协委员，第六、七届全国政协常委。

陈岱孙虽然后来离开了清华，但他一直关心母校的发展。自 1981 年清华校友总会恢复活动以来，陈岱孙先后担任副会长、名誉会长。1984 年，他被聘为经管学院首批名誉教授。

陈岱孙对马克思主义政治经济学、资产阶级古典政治经济学和庸俗经济学深有研究，专于外国经济思想史。著有《从古典经济学派到马克思》、主编有《政治经济学说史》等著作。

1997 年 7 月 27 日逝世，享年 97 岁。

施　滉

施滉（1900 年—1934 年初）曾用名赵大，云南洱源县人。革命英烈。

1916 年考入北京清华学校，编入 1924 级。他勤奋好学，各课成绩优秀；同时又热心公务，乐于助人，深得同学们的爱戴。1919 年，施滉和清华同学一起，积极参加了划时代的"五四"运动，在 6 月 3 日的游行宣传时被捕入狱。现实的斗争使他认识到民族的危机、社会的黑暗，增强了积极寻求救国道路的决心。他认为要救我中华，必得改良社会，"现在社会（是）不良的社会，是有病的社会。我们要想为社会谋幸福，我们就要变不良的社会、有病的社会为无病的、健康的社会"。

"五四"运动后，施滉和冀朝鼎、徐永煐等人一起，抱着寻求救国真理的赤诚心愿，组织了一个进步学生团体"唯真学会"。该团体的宗旨是："本互助和奋斗的精神，研究学术，改良社会，以求人类底真幸福"。他们提出了"八不"，即不抽烟、不喝酒、不嫖、不赌、不讲假话等，以"真理所在即趋附之"作为行动纲领。在"劳工神圣"新思想的影响推动下，他们成立了"工读团"，并借了一间教室作为工场，每人每天到这里劳动一小时，从事印信封、信纸等活动。他们还在清华校园西北角一片叫"西园"的荒地上开荒种菜，《清华周刊》报导说："吾校西园，荒地数十亩，历来荒废，无人过问。近有同学多人，邀约同志，前往开垦，或建茅舍，或凿山穴，或饲鸡禽，或养家畜，……诸同学筚路蓝缕，为世前驱，勤苦耐劳，以身作则，化除智识劳动阶级，其必得源于此也。"为了体验和了解工农民众的生活和思想状况，他们经常到学校附近的"驴车夫"、"洋车夫"等劳苦大众吃饭和休息的处所，同他们交谈。1920 年"五一"劳动节前夕，编印了一期《劳动声》，向附近工农劳动人民散发，介绍宣传劳动节的由来和意义。施滉还和一些同学一起去山东德州灾区，进行社会调查和救灾活动，更深刻地认识到了中华民族的苦难。施滉在担任《清华周刊》编辑时，负责"国情报告"专栏，经常发表文章揭露当时社会的黑暗，针砭时弊，引导同学们关心国家兴亡。

1923 年，施滉和冀朝鼎、徐永煐等人在"唯真学会"内成立一个"超桃"的秘密核心组织，施滉被推为"领袖"，挑起了率领大家为实践其救国心愿努力探索的担子。他们针对当时流行的"教育救国""科学救国"等思想，提出了"政治救国"的主张，决心通过政治斗争来改造社会。1924 年 2 月 9 日，施滉、徐永煐等人作为"唯真学会"的代表，在广州拜见了孙中山。孙中山热情地同他们谈了二三个小时，他说："我们应当为多数谋幸福，为真正没有幸福的人谋幸福。简单说来，就是替最下级的人民谋幸福。"听说他们要去美国留学，便向他们说："以前求学，美国最好，因为美国比较谋的是多数人的幸福。现在则不然，比较上谋多数的幸福的乃是俄国。"在广州他们还见到了李大钊，得到了李大钊的亲切关怀，从此与李大钊建立了联系。

1924 年秋，施滉在清华学校毕业后赴美留学，入美国斯坦福大学攻读东方史，1928 年获硕士学位。他在硕士论文中对孙中山的革命经历和三大政策进行了研究。在这期间，施滉在华侨中积极从事反帝爱国运动，参加了当时由美国共产党领导的"反帝大同盟"的活动，结识了不少美国朋友。1927 年，他加入共产党，是清华留美学生中最早的一批共产党员之一，曾担任美国共产党中国局第一任书记。施滉为了团结、壮大反帝力量，同加拿大、古巴等地的共产党和工人建立了联系，并亲自到古巴，从事工运和在华侨中开展反帝斗争及建党活动。1929 年去苏联，在少共国际工作。

1930年，施滉回到了阔别多年的祖国，中共中央根据工作的需要，把他留在中央翻译科工作。他愉快地接受了这一任务。不久，又遵照党的派遣，去香港做海员工会的秘书工作，不到一个月被捕入狱。在狱中，他表现了共产党人的崇高气节和优秀品质，敌人的种种酷刑和威逼利诱都丝毫没能动摇他的革命意志。他在给妻子的一封信中写道："你若被捕，打你，你不理他，他自然没办法。"施滉就是这般蔑视敌人的。出狱后，先到上海做了短时期的工会工作，后被派到北方，任中共河北省委委员和宣传部长，不久任中共河北省委书记。他以在北平艺专教书为掩护，秘密开展革命工作。1933年冬，施滉在北平艺专和13位同志一起开会时，被叛徒出卖而不幸被捕，先是关押在北平狱中，后解至南京。在狱中，他坚贞不屈，英勇斗争。1934年初，在南京雨花台壮烈牺牲，时年34岁。

施滉为了党和人民的事业献出了自己的生命，人们是不会忘记他的。1949年4月，清华大学解放后的第一个校庆日，原清华1924级的老校友为他在旧图书馆门厅正面墙壁上，建立了一个纪念碑，上面镶着他的铜像，刻着他的革命简历，还刻着这样的诗句：

他是清华最有光荣的儿子，

他是清华最早的共产党员，

他为解放事业贡献了生命，

施滉的革命精神永垂不朽！

梁思成

梁思成（1901年4月—1972年1月）广东省新会人。建筑学家、建筑史学家、历史建筑保护专家、建筑教育家。

1915年—1923年就读于北京清华学校。1924年赴美留学，1927年获宾夕法尼亚大学建筑系硕士学位。1927年—1928年入哈佛大学美术研究院学习。1928年9月回国，任沈阳东北大学教授，创办建筑系并任系主任。1931年—1946年担任中国营造学社研究员和法式部主任。1941年担任中央研究院研究员。1946年任清华大学教授，创立建筑工程学系并任系主任。1946年11月至1947年6月，应美国耶鲁大学之聘赴该校讲学，并考察战后美国现代建筑教育。1947年1月至6月，任联合国大厦设计委员会顾问。1947年5月接受美国普林斯顿大学荣誉文学博士学位。翌年3月，被遴选为中央研究院院士。中华人民共和国成立后，梁思成在继续担任清华大学教授和建筑系主任的同时，一直以高度热情参加各项建设工作。1959年加入中国共产党。曾当选为第一、二届全国人大代表及第三届全国人大常委，第一届全国政协代表，第三届全国政协常委，第一、二、三届北京市政协副主席。历任北京市都市计划委员会副主任，北京市城建委员会副主任，中国建筑学会副理事长，中国科学院技术科学部委员，中国建筑科学研究院建筑理论与历史研究室主任等职。

梁思成在建筑学，特别是中国建筑史与历史建筑保护科学研究方面，成绩斐然。他以科学方法与实物遗构为基础，建构中国建筑史学体系，使中国建筑史得以跻身世界建筑史之林。他用毕生精力对中国古代建筑做开拓性研究。早在学成归国之初，他在东北大学授课时，就着手沈阳东陵古建筑测绘考察。20世纪30年代起，又对华北等地区古建筑进行大量而系统的调查研究。1932年4月，他对蓟县独乐寺山门和观音阁作了测绘，发表了《蓟县独乐寺观音阁山门考》。这是中国人第一次用科学方法对中国古代建筑进行较详细研究的成果。其后他对宝坻、正定、大同等地的古代建筑作了大量的调查研究，写出了《宝坻县广济寺三大士殿》《正定调查纪略》《大同古建筑调查报告》等十余篇论文和报告。1934 年，在这些丰硕成果的基础上，他编著了《清式营造则例》一书，第一次将繁杂的中国古建筑构造和形制作了科学整理和分析，对清代建筑的各部分做法与制度作了较详细介绍与论述，之后，又通过对宋《营造法式》的系统研究，对中国古代建筑的造型与结构体系作了科学而系统的阐释。

1937 年全面抗战开始之后，梁思成和刘敦桢等带领营造学社成员由北平辗转迁至四川南溪县李庄。他在身患重病的情况下，仍然克服种种难以想象的物质困难，带领学社研究人员，在困境中坚持西南古建筑考察与中国建筑史研究。1944 年，在林徽因、莫宗江、卢绳等人协助下，梁思成撰写完成了《中国建筑史》，第一次按中国的历史发展，将各时期建筑，从文献到实物，从城市规划、宫殿、陵墓到寺庙、园林和民居作了详尽阐述，并对各时期建筑特征作了分析、比较。这些建筑史学建构性论述与分析远远超越了之前由外国人对中国建筑的研究水平。

梁思成也是中国历史建筑保护学科的开创者，早在 20 世纪 30 年代，他就拟定了曲阜孔庙的修葺计划与故宫文渊阁楼面的修缮计划。在抗战胜利前夕，为了大反攻的需要，他负责了"战区文物保护委员会"中国古建筑目录的编写工作。1948 年，他又撰写了《北平文物必须整理与保存》一文，后来更热情参与北京城及其他城市的保护工作，积极著文、演讲，给中央领导同志写信，翻译《苏联卫国战争中被毁地区之重建》一书，并亲身投入保护事业，北海团城在他的建议下得以保存与保护，就是一个典型例子。他还深入浅出地提出了历史建筑保护的一些理论，如他主张的古建筑保护应该"整旧如旧"的主张，以及，要做到使古建筑"延年益寿"，而不是令其"返老还童"的观念，都是具有重要理论指导意义的历史建筑保护思想，为新中国文物建筑保护事业奠定了重要理论基础。

梁思成还十分注重城市规划与发展及旧城保护方面的工作。梁思成是中国近代城市规划事业的推动者，早在 1930 年，他就与张锐合作完成《天津特别市物质规划方案》，这是继南京《首都规划》后，首次通过竞赛，由中国建筑师完成的规划设计。50 年代初，他以极大的政治热情，参加北京市城市规划工作，对北京市的城市规划和建筑设计提出了很多重要建议。他与夫人林徽因撰写了《城市规划大纲》序，积极倡导现代城市规划理论。1950 年，他与陈占祥合作，在"关于中央人民政府行政中心区位置的建议"中，提出了发展新区、保护旧城的思想，积极为首都未来建设献计献策。在《关于北京城墙存废问题的讨论》中，又提出了保护北京城墙的主张，可惜这些卓越的见解，未被采纳。

新中国建立以后，梁思成始终没有忘记创造新建筑的理想，没有停止对建筑创作理论的探索。他先后发表了《中国建筑的特征》《中国建筑发展的历史阶段》《中国建筑与中国建筑师》诸文，热情介绍中国建筑，论述建筑创作主张。他是建国初期几项重大工程的主持人与设计者，参加了国徽的设计和人民英雄纪念碑、扬州鉴真和尚纪念堂等建筑的设计工作。他力图从建筑的比例、权衡、色彩等方面去总结中国传统建筑的特点以便用到新的创作中去，对建筑设计的民族形式进行了可贵的探索。梁思成先后著书 5 种，发表学术论文 60 多篇，150 万字。以梁思成为第一完成人的项目"中国古代建筑理论及文物建筑保护的研究"，于 1987 年获国家自然科学一等奖。

梁思成还是新中国一些建筑学学术团体的创建者与组织者之一，如对中国建筑学界产生重大影响的中国建筑学会和《建筑学报》，就是他与其同道汪季琦等人投入极大精力，于 1953 年共同努力正式促成的。

梁思成不仅是一位驰誉海内外的建筑学家，也是一位建筑教育家。他十分重视建筑人才培养，先后创办了东北大学建筑系与清华大学建筑工程学系。在清华大学建筑系成立依始就明确指出所谓"建筑"的含义不只是一座房屋，而包括人类一切的体形环境，清华大学"建筑"课程就以造就这种广义的体形环境设计人为目标；提出了包含建筑学、市乡计划学、造园学、工业艺术学和建筑工程学的学科构成和教学体系构想；他强调理工与人文结合，批评人文教育缺乏的"半个人的世界"，直到今天，这些思想仍是清华建筑教育的重要理论基础。梁思成自 1946 年起终身执教于清华大学，数十年如一日，为国家培养了大量高素质的建筑人才，桃李满天下。

梁思成于 1972 年 1 月 9 日病逝，享年 71 岁。

蔡方荫

蔡方荫（1901 年 4 月—1963 年 12 月）字孟劬，江西南昌县人。土木工程学家。

1920 年 9 月考入清华学校学习，1925 年毕业赴美国留学，入美国麻省理工学院学习建筑及土木工程，1927 年获学士学位，1928 年获硕士学位。之后曾任纽约普亨建筑公司设计工程师，1930 年秋应梁思成邀请回国任东北大学工学院建筑系教授，1931 年夏至 1940 年夏在清华大学土木系任教授，1934 年至 1935 年代系主任一年，1936 年夏至 1937 年夏休假出国去欧洲及美国考察，回国后，继续在长沙临时大学和昆明西南联合大学任教授，1938 年春至 1940 年夏任土木系主任，1940 年秋至 1944 年秋任江西中正大学教授兼工学院院长，1944 年冬辞去院长职务专任教授，1946 年秋兼任江西省立工业专科学校土木系教授和善后救济总署江西分署工业技正兼顾问，直到 1949 年南昌解放。1949 年夏至 1950 年冬任南昌大学校务委员会第一副主任兼工学院院长，1950 年春兼任江西省人民政府委员兼文化教育委员会委员，1950 年 12 月至 1952 年 12 月任中央重工业部顾问工程师负责太原重型机械厂结构设计工作，1951 年冬定为特级工程师。1953 年至 1955 年 2 月任中央第二机械工业部工程师，兼任铁道部武汉长江大桥技术顾问委员会委员、铁道部铁道研究所铁路工务技术委员会委员。1956 年 1 月至 1963 年 12 月任建筑工程部建筑科学研究院副院长兼总工程师。

蔡方荫早年曾参加多种学术团体，积极参与学术活动。1928 年加入中国工程师学会任纽约分会书记一年，回国后曾先后任江西分会和南昌分会副会长。解放后，1951 年参加北京欧美同学会任理事。同年 5 月参加筹备建立中国土木工程学会，他为发起人之一。1956 年 12 月任中国土木工程学会第二届理事会副理事长。

还任全国政协第二届和第三届委员。1955 年选聘为中国科学院技术科学部委员。1957 年参加九三学社。

蔡方荫在高等院校任教 20 年，在教学与科研两个方面取得了重要成就。他于 1946 年 8 月至 1947 年 9 月出版《普通结构学》专著（上、中、下三册），这是根据他在清华大学期间讲授此课的经验写成的。他在任教过程中，早已感到结构学教学中所采用的美国教科书不论在内容、体系、取材和分章方法等方面都存在很多不足之处，因此历年讲授的讲稿都是按自定的系统写成的，并不断补充新的内容，有的是自己研究的成果，有的是对原有方法的改进。此书注重理论与实际相结合，选编了 132 个例题及习题。书中对铁路及公路桥梁的论述均按我国当时交通部公布的新规范和标准进行。这部书出版后，很快被许多大学采用为教科书，改变了过去在结构力学与设计教学方面一直采用英、美教材的局面。

蔡方荫的其他专著还有：《钣梁之理论与设计》《变截面刚构分析》。在建工部建筑科学研究院任职期间潜心从事结构应用理论方面的研究工作，完成《变截面刚构分析续编》和《装配式楔形杆铰接框架》等著作。

在学术贡献方面，他分析和总结了国内外常用一般刚构分析的各种"力矩一次分配法"，并提出更简化实用的方法，同时提出了计算变截面梁（柱）的"I_0/I 图矩面积法"来计算各挠曲常数，并编制成常用挠曲常数的计算图表。在对横梁为桁架的刚构分析方面，提出了简便而实用的"柱顶力矩作用"和"桁架跨变影响"两项准则，简化成按一般刚构分析方法进行计算，能获得与"最小功法"和"冗力法"同样精确的结果。在国外发表论文二十余篇，在国内发表三十余篇。

蔡方荫创办《土木工程学报》，他一直担任编委会主任，在他领导编委会工作的十年间，《土木工程学报》结合中国建设的需要，既重视理论水平的提高，也致力于促进先进技术的应用与发展，使《学报》成为在土木工程界具有指导作用的刊物。从 1954 年《土木工程学报》创刊一卷一期发表《刚构常数与刚构分析》到 1964 年十卷一期发表他最后一篇遗作为止，他把自己的心血倾注于学报，为我国土木工程科学事业的发展作出了突出的贡献。

蔡方荫严谨勤奋的治学态度，和对同学循循善诱的师情，得到同学们的敬佩和爱戴。刻苦钻研和创新精神，使他在学术上不断取得新的成绩，坦诚率直而又不乏幽默的性格，使他和同事、同学具有更好的亲和力。他在土木工程系发展和良好学风形成的过程中，作出了积极的贡献。

1963 年 12 月 13 日逝世，享年 62 岁。

庄前鼎

庄前鼎（1902 年 3 月—1962 年 7 月）字开一，江苏青浦（今属上海市）人。机械工程学家。

1924 年毕业于上海南洋大学（今为上海交通大学）机械科。1925 年考取清华学校公费赴美留学，1926 年获美国康奈尔大学机械工程硕士学位，1928 年又获美国麻省理工学院化学工程硕士学位。毕业后在该校任助理研究员，并在化工厂和发电厂任工程师。1932 年归国后，先后任清华大学教授、机械工程学系主任、西南联合大学教授、航空工程学系主任、航空研究所所长等职。新中国成立后，历任清华大学机械工程系教授、动力机械系主任，中国机械工程学会常务理事、副理事长，《机械工程学报》总编辑。中国民主同盟盟员。北京市第二届人民代表大会代表。庄前鼎毕生精力从事于工程教育和科学研究工作，为祖国培养大批专门人才、发展科技事业作出很多贡献。

1932 年，他领导创建了清华大学机械工程学系，任系主任，主持系馆基本建设，制订教学计划，聘请教师，还亲自授课。经过夜以继日的努力，短短几年间，机械工程学系初具规模，在物质建设方面，机械工程馆内设有相当完善的热工试验室，装有各种热机及成套发电设备，航空馆内设有航空试验风洞，另有金、木、锻、铸实习工场。在教师配备方面，先后聘请到知名教授刘仙洲、王士倬、李辑祥、汪一彪、冯桂连等，及美国航空专家华敦德博士。该系内分为三组：原动力工程组、机械制造工程组、航空工程组。庄前鼎讲授过"热力工程""原动力厂设计""兵器学"等课程，他治学严谨，讲课深入浅出，条理清晰，富于逻辑性和启发性。在他的领导下，全系教师团结合作，对学生学习严格要求，使学生具有扎实的基础和灵活运用所学知识、理论联系实际的能力，培养了一批优秀学生。在抗战期间，为了支持抗日，他曾主持研制防毒面具，送给抗日前线使用。

1936 年底清华大学航空研究所筹备委员会成立，他任副所长，他领导机械系航空组教师在南昌设计建造了一座 15 英尺口径的航空试验风洞（当时是远东最大的一个）。1938 年他先后任西南联大机械工程学系主任、航空工程学系主任，同时任清华大学航空研究所所长。1939 年清华航空研究所迁昆明，他领导研究所克服人力、物力、财力种种困难，在昆明白龙潭建立了 5 英尺口径回气式航空试验风洞，配备了各种测量仪器和仪表，既开展了航空动力学、机翼模拟试验、机型性能试验、飞机结构材料研究以及高空气象测定等方面的试验研究，又充实了航空系教学内容，提高了教学质量，历届毕业生成为国家航空事业及高校的骨干力量。他著有《国立清华大学航空研究所工作报告（1937 年至 1945 年）》，总结了清华航空研究所九年的工作。

1946 年，他随清华大学返回北平，任机械工程学系教授，积极投入了机械工程学系的恢复工作。1948 年休假赴美学术研究一年。在美期间，他从我国以大米为主食，大豆为重要农产品出发，研究改进大米、大豆的加工，以保持大米的营养成分，提高大豆的营养价值，用英文写成《健康米》一文。

1949 年他回到清华，8 月起代理机械工程学系主任。1952 年院系调整后，他任清华大学动力机械系主任。他和系里的教师一道，为培养新一代动力机械人才，加紧编译教材，进行教学改革，探索新的教学方法，为动力机械系的建设和发展作出了重要贡献。他在繁忙的授课、指导研究生和行政工作的同时，从 1956 年开始，深入研究了中国煤的分类方法，创造性地提出燃料特性系数，作为衡量动力资源可燃矿产的质量指标，所撰写的论文《煤的特性的揭露及其在工业上的应用》和《燃料特性系数在动力资源的可燃矿产领域中的作用及其应用》，是中国燃料分类方面的一大突破，引起国内外重视和好评。还著有《应用空气动力学》《兵器学》《煤的分类法》等。

1962 年 7 月 2 日逝世，享年 60 岁。

雷海宗

雷海宗（1902 年 6 月—1962 年 12 月）字伯伦，河北永清人。历史学家。

1902 年，雷海宗出生于河北省永清县一个中农家庭，父亲雷鸣夏为当地基督教中华圣公会牧师。雷海宗自幼勤奋好学。1917 年入北京崇德中学学习。1919 年考入清华学校，插班高等科二年级。在五四运动的影响下，雷海宗开始树立起强烈的爱国思想。

1922 年夏，雷海宗从清华学校毕业，赴美留学，入芝加哥大学主修历史学，副科学习哲学。1924 年，雷海宗入该校研究院历史学研究所攻读博士学位。留美期间，雷海宗十分珍惜求学的机会，"日以继夜的读书研究，不问外事"，而且还常常规劝其他留学生应当努力学习，不要受外界的干扰。1927 年，雷海宗获哲学博士学位，其博士论文《杜尔阁的政治思想》以扎实的外语功底和开阔的研究视野，深得导师、著名历史学家詹姆斯·汤普逊的赞赏，该论文充分显示出他作为一个青年史家的才华和卓越见识。

1927 年，雷海宗回国，任南京中央大学史学系副教授、教授、系主任，兼任金陵女子大学历史系教授和中国文化研究所研究员。他在讲授西洋史课程的同时，还以史学家应兼通中外、改造旧史学为己任，研究和讲授中国史。期间，他介绍翻译了意大利哲学家克罗奇的史学理论《克罗奇的史学论——历史与记事》，发表了对汉译《世界史纲》的书评。1931 年，雷海宗任武汉大学史学系和哲学教育系合聘教授，讲授欧洲通史课程，发表了《殷周年代考》《孔子以前的哲学》等文。雷海宗在《殷周年代考》一文中，吸取相关学科的研究成果，采取新的综合推理的方法，根据温带人类的生理和平均寿命，得出"《竹书纪年》所纪周元为公元前 1027 年，盘庚迁殷为公元前 1300 年，当为可信之历史记录"的重要结论。《孔子以前的哲学》一文则被认为是一篇"功力深厚、具有开拓性质的长篇学术论文"。

　　1932 年 8 月，受清华大学历史系主任蒋廷黻之邀，雷海宗回母校任教。当时的清华历史系，正在蒋廷黻的带领下，开拓创新，积极实践他所倡导的"中外历史并重""历史与其他社会科学并重""考据与综合并重"的办学理念。这些理念与雷海宗的治学主张是一致的。雷海宗到清华后，先后开设的课程有："史学方法""中国上古史""欧洲中古史""中国通史""秦汉史""西洋史学史""史学名著选读"（与孔繁霱、刘崇鋐、张荫麟合开）等，课程种类多，范围涉及中、西史，通史，断代史，史学理论等。雷海宗以其广博的知识、扎实的中西历史功底、深刻的史学思想、过人的勤奋以及认真负责的态度，出色地完成了教学任务，深受学生好评，很多课程都给学生们留下了深刻难忘的印象。他面向全校学生开设的"中国通史"课，"打破传统的王朝体系，以时代的特征为标准，结合重大历史事件和整个中国历史发展的进程与演变，来划分中国历史的各个阶段"，不仅使人耳目一新，而且对培养学生宏阔的历史见识与敏锐的学术眼光大有裨益。为了配合教学，他常常工作到凌晨三四点，编选了 7 册共 930 页的史料，以《中国通史选读》为名，作为铅印讲义发给学生，材料系统完整，内容极其丰富，该书至今仍具有重要的参考价值。教学之外，雷海宗还潜心研究。期间，先后发表《皇帝制度之成立》《中国的兵》《无兵的文化》《断代问题与中国历史的分期》《世袭以外的大位承继法》《中国的家庭制度》《汉武帝建年号始于何年》等论文及多篇书评。

　　1937 年 7 月，抗日战争全面爆发。本已被批准出国休假进行学术研究的雷海宗，告别妻女，随清华一路南迁、西迁，任长沙临时大学、西南联合大学历史社会学系、历史学系（1940 年 5 月，历史社会学系分为历史、社会学两系）教授，1940 年担任历史学系、师范学院史地系主任（之前曾与刘崇鋐轮流替换担任），1946 年任文学院代理院长。自 1943 年起，他还当选为清华评议会成员。繁忙的校务行政工作，并没有影响到雷海宗的教学、研究和政论写作。联大期间，他依旧开设多门课程，有"中国通史""西洋中古史""西洋近古史""罗马帝国制度史""秦汉史""中国近世史""西洋史学史"等。他的很多课仍然受学生欢迎，被认为"在解放前旧大学，讲授历史课，能达到这样炉火纯青使人百听不厌的程度，可以说是罕见的了"。在学术研究方面，雷海宗在原来已发表论文的基础上加以修改、增补，将之合编为《中国文化与中国的兵》一书，于 1940 年由商务印书馆出版。还先后发表了《雅乐与新声——一段音乐革命史》《全体主义与个体主义与中古哲学》《古代中国外交》《司马迁的史学》《中国古代制度》等学术论文。

　　雷海宗具有强烈的爱国主义思想。为了宣传抗战，雷海宗投入大量精力从事政论性文章的写作。1940 年，雷海宗和林同济、陈铨等在昆明创办《战国策》半月刊，先后出版了 17 期。1941 年又在重庆《大公报》开辟《战国》副刊，出版了 31 期。雷海宗还为《当代评论》半月刊撰写了大量社评。作为一名爱国知识分子，除了"执笔"为中国的抗战事业尽力外，雷海宗还义不容辞地承担了 9 期美军译员训练班的培训工作，前后长达两年多时间。先后十余次为驻昆明的美军演讲，为他们编写全套"中国史"小册子。1943 年至 1944 年中国抗战最艰苦的岁月，美国洛克菲勒基金会曾邀请雷海宗等学者赴美讲学，以改善生活，雷海宗却以现在是学校最困难时期，西南联大需要他而婉言拒绝了这一邀请。

　　抗战胜利后，1946 年，清华、北大、南开三校复员。雷海宗继续担任清华大学历史学系主任，并在冯友兰赴美讲学期间代理文学院院长一职。他在教学、研究之余，继续关心国内外形势

和政局的发展，撰写了大量时政性文章。1948年1月，主办《周论》（周刊），共出版两卷43期。1948年年底，雷海宗拒绝"南飞"，毅然决定留下来迎接解放。

1949年9月，雷海宗辞去历史学系主任一职，从事世界史的教学工作。新中国成立后，他认真学习马克思主义，努力转变政治立场和世界观。

1952年院系调整后，雷海宗任南开大学历史系教授、世界史教研室主任，讲授世界上古史、世界近代史和物质文明史等课程。雷海宗为南开大学历史系的世界史学科建设和人才培养付出了大量心血。同时，他还十分关注中学历史教学工作，为《历史教学》杂志撰写了一系列通俗易懂的教学参考性文章。1957年，雷海宗被错划为"右派"。此后，他的健康急剧恶化。身处逆境，雷海宗仍然关心国家大事，精心译注、指导学生。1961年末，雷海宗的"右派"问题得到改正。1962年，他克服病痛，乘着三轮车坚持为学生上课，直至难以行动为止。

雷海宗编著有《中国通史》《中国通史选读》《西洋通史》《西洋通史选读》（30年代前期）、《中国文化与中国的兵》《世界上古史交流讲义》（解放后教育部审定）等。

1962年12月25日逝世，享年60岁。

赵忠尧

赵忠尧（1902年6月—1998年5月）浙江诸暨人。核物理学家。

1920年—1925年先后就读于南京高等师范学校数理化部和东南大学理科化学系。1925年，赵忠尧毕业于东南大学化学系。同年，清华学校成立大学部，聘请东南大学物理系教授叶企孙来清华任教。由于赵忠尧在东南大学学习期间物理成绩优秀，并且在担任叶企孙助教时工作踏实、表现良好，深得叶企孙的青睐，于是便邀其与另一学生施汝为一同前往清华任教。初到时，赵忠尧担任助教，后任物理系教员，负责实验课，并与其他教师一起，为大学的物理实验室制备仪器。在清华任教期间，赵忠尧还充分利用时间，不断提升自己的业务能力。他一边教学，一边补充大学物理系的必修课程，还和学生们一起学习德文、法文。为了进一步深造，赵忠尧决定自筹经费出国留学。

1927年，赵忠尧赴美留学，进入加州理工学院研究生部，师从著名物理学家、1923年诺贝尔物理学奖获得者密立根（R. A. Millikan）教授，进行实验物理研究。1929年，他和英、德的几位物理学家同时独立地发现了硬 γ 射线通过重元素时，除了康普顿散射和光电效应引起的吸收外，还存在着反常吸收。为进一步研究反常吸收机制，他开展了硬 γ 射线散射的研究，并首先观察到硬 γ 射线在铅中还会导致产生一种特殊辐射。这是人类在历史上第一次观测到直接由反物质产生和湮没所造成的现象的物理实验，对于物理学界接受量子电动力学理论贡献巨大。这些结果先后发表在《硬 γ 射线的吸收系数》、《硬 γ 射线的散射》的论文中。1930年，赵忠尧获加州理工学院博士学位。之后，赵忠尧在德国哈勒（Halle）大学从事研究工作。

1931年"九一八"事变的爆发，使正在国外进行研究工作的赵忠尧为祖国的命运深感忧心和焦虑，他"决心尽速回国"，希望"把大部分时间用在教学和科研上，并尽一切可能探索为国效劳的道路"。1932年，赵忠尧回到清华大学，任物理系教授。赵忠尧回国之时，中国的核物理研究还是空白。他在国内首次开设了核物理课程，并主持建立了中国第一个核物理实验室，在极为简陋的条件下进行了一系列研究工作。他和物理系的同事一起，用盖革计数器进行 γ 射线、人工放射性和中子物理的研究工作，研究论文《硬 γ 射线与原子核的相互作用》《Ag、Rh、Br核的中子共振能级的间距》相继发表在英国《自然》《中国物理学报》等杂志上。在此期间，赵忠尧讲授的课程有"电磁学""光学""量子力学""镭放射学"等。

在教学科研之余，赵忠尧还思考着如何用自己的知识报效祖国。他抱着工业救国的良好愿望，结合自己出国数年积累的经验，联合叶企孙、施汝为、张大煜等友人，自筹资金创办了"长城铅笔厂"。他们不以营利为目的，希望"小则可以发展实用科学，大则创办国产工业，以此作为从事实际生产，为国出力的起点"。在克服了工艺技术、经营管理以及政局动荡等方面的困难之后，铅笔厂坚持到抗战胜利。解放后，该厂改建为"中国铅笔厂"，"长城牌"铅笔改名为"中华牌"，工厂得到很大发展。

1937 年"七七"事变之后，赵忠尧携全家南下，担任云南大学理化系"中英庚款"讲座教授。1938 年任西南联合大学物理学系教授。在战时艰苦的条件下，除努力教学之外，赵忠尧还与张文裕教授从事宇宙线方面的研究工作。1945 年冬，应中央大学校长吴有训邀请，赵忠尧离开西南联大，担任中央大学物理系主任。

1946 年夏，赵忠尧受中央研究院委派赴比基尼岛参观美国的原子弹试验，并受委托在美国购买研究核物理用的器材。加速器是开展核物理研究必需的设备，而当时提供的经费十分有限，不可能购买到任何完整的设备。经与友人商议，赵忠尧决心自行设计一台规模较小但结构比较先进的高气压静电加速器，只在美国购买国内难以买到的部件、进行加工，然后运回国配套组装。在此后的两年里，赵忠尧先后在麻省理工学院电机系静电加速器实验室、华盛顿卡内基地磁研究所、麻省理工学院宇宙线研究室等科研机构学习研究静电加速器相关知识和技术，设计、采购、加工加速器所需部件，多方奔波，费尽心力。他曾在几个加速器、宇宙线实验室义务工作，以换取学习与咨询的方便，同时也换得了一批代制的电子学仪器和一些器材。此外，他还定制了一套多板云雾室。在完成设备订购任务之后，赵忠尧在加州理工学院的核反应实验室进行了近两年的核物理研究工作。

1949 年中华人民共和国成立后，赵忠尧即开始作回国的准备工作。在冲破重重困难和阻挠后，1950 年 11 月，赵忠尧终于回到祖国。回国后，赵忠尧积极为发展新中国的科学事业而努力。他参与中国科学院近代物理研究所的创建，主持建立了我国第一个核物理研究室，利用带回的加速器部件先后于 1955 年和 1958 年建成了我国最早的 700keV 和 2.5MeV 高气压型质子静电加速器，为我国核物理、加速器和真空技术的研究打下了基础，培养了一大批实验人才。1956 年起，赵忠尧历任中国科学院物理研究所副所长、中国科学院原子能研究所副所长，中国科技大学教授、近代物理系主任，中国科学院高能物理研究所副所长。1955 年被选聘为中国科学院物理学数学化学学部委员、常委。是第三至第六届全国人大常务委员会委员。

赵忠尧为发展我国核物理和高能物理研究事业、为培养我国原子能事业和高能物理的研究人才作出了重要贡献。

1998 年 5 月 28 日逝世，享年 96 岁。

萨本栋

萨本栋（1902 年 7 月—1949 年 1 月）字亚栋，号仁杰，蒙古族，福建闽侯人。物理学家、电机工程学家、教育家。

萨本栋自幼受到良好的家庭教育和初等教育，"颖悟绝人，能为群儿率"。1913 年以优异的成绩考取清华学校，与闻一多、罗隆基等同为辛酉级。清华自建校始，便以"培植全材、增进国力为宗旨"，确立了"进德修业、自强不息"的教育方针，重视对学生"完全人格"的培养。萨本栋在清华九年的求学生涯，是其为人、为学品格养成的重要时期，也是其自觉实践清华办学理念的重要阶段，这对他日后的人生道路与选择产生了深远的影响。在学习方面，他努力勤奋，常达废寝忘食之境地，各科成绩优良。他深受清华重视体育锻炼风气的影响，培养了对体育的兴趣，成为年级网球队的主力，多次代表学校参加校际比赛。他参加了童子军军乐队，成为一名鼓手，还担任过军乐队队长，组织和领导军乐队的各项活动。各种课外活动，锻炼了他办事的能力，也培养了他热心公益、团结协作的精神，深得同学们的尊重与喜爱。同时，他在读书之余没有忘记关心国家民族的命运。"五四"运动中有他勇敢的身影；1921年4月发生的以北京大学李大钊为首的"北京八校教职员索薪团"的索薪请愿得到了他和同学们的积极响应，他们举行"同情罢考"以示声援，并在面临开除学籍的情况下也毫不退缩，坚持"无罪可悔"，最终延期一年留洋。

1922年7月，萨本栋告别清华园，赴美留学，就读于斯坦福大学工学院电机工程系。一学期下来，他和另外两名同学就以极佳的成绩令"彼校人士已刮目相待"。1924年7月，萨本栋以优异的成绩获得学士学位，毕业论文《长途交流电线之计算法》发表于该年6月《清华学报》第一卷第一期。之后，萨本栋进入伍斯特工学院学习，1925年获伍斯特工学院电机工程师学位；又转习物理，1927年获该校理学博士学位。1927年—1928年，萨本栋应聘为伍斯特工学院研究助理及西屋电机制造公司工程师。在这期间，萨本栋先后在美国电气工程师学会学报（*Trans. AIEE*）上发表了《关于空气中的火花的研究》及《三相系统的非平衡因素》两篇论文，学术水平受到同行瞩目。

1928年8月至1937年7月，萨本栋受聘于母校，任清华大学物理系教授。在清华期间，他先后讲授"大学普通物理""电磁学""无线电学""应用电学实验"等本科课程以及研究院课程"向量与电路论"，并从事电路和无线电方面的科研工作。他认真教学，在上每一堂课前都要做充分的准备工作，在课堂上总是以洪亮的声音吸引着学生们的注意力，注重实验演示，使他们在接受知识的同时感到"上他的课是一件很快乐的事"；他对学生既严格又爱护，考试多而严，平时则给学生充分的发问机会。根据教学积累的经验，萨本栋编写了《普通物理学》及《普通物理学实验》两本教材，先后于1933年和1936年由商务印书馆出版发行。这两部书是首次用中文正式出版的大学物理教材，一问世便被各大学选用，获得高等教育界的普遍赞赏。1940年，《普通物理学》被教育部正式颁定为大学教材，在国内流行使用十多年。该书对中国大学物理教学产生了深远的影响。

1935年8月，萨本栋利用学术休假的机会，应邀赴美担任俄亥俄（Ohio）大学电机系客座教授。1936年8月，他将讲授的应用并矢方法解决电路的计算和分析加以总结，在美国电气工程师学会学报上发表了论文《应用于三相电路的并矢代数》，引起国际电工理论界的强烈反响，被认为是开拓了电机工程的一个新研究领域。在此基础上，他又汇进了同类问题的其他研究心得，并加以系统整理，用英文写成专著《并矢电路分析》，于1939年在美国出版。

萨本栋在清华大学任教的9年，正是清华物理系迅速发展的时期。在叶企孙及萨本栋、吴有训、周培源、赵忠尧等这些学有所成、有志于献身物理学事业的年轻教授们的共同努力下，短短几年的时间，物理系就在学术研究、人才培养等方面取得了很大的进步，"成为全国学术中心之一"。而萨本栋则被叶企孙誉为"在清华物理学系创造了值得纪念的功绩"。

此一时期，也是萨本栋研究工作取得突出成就的时期。他一生共写了20多篇研究论文，其中有

15 篇是在这一时期完成的。特别是在研究电路、电机工程以及真空管性能方面，取得了丰硕成果。他创造性地将并矢方法和数学中的复矢量应用于解决三相电路问题，深得物理学界前辈的推崇。

在教学、研究工作之外，萨本栋还关心学校事务，被教授会推举为校评议会评议员，参与学校管理，成为教授会中的少壮派。在为维护清华民主治校传统，在"九一八"事变国难之时积极参加清华大学教职员公会对日委员会的各项爱国活动中，以及学校的各种专门委员会，都能看到他尽职尽责、辛勤奔波的身影。

1937 年 7 月，萨本栋被南京国民政府任命为国立厦门大学校长。不久，厦门大学就受到日本侵略军的严重威胁。1938 年 1 月，萨本栋带领厦门大学师生克服重重困难，将学校内迁至长汀。在他的主持下，厦门大学逐渐形成了"勤奋、朴实、严谨、和睦"的良好学风，校务蒸蒸日上，一跃成为东南著名学府，被李约瑟称为"加尔各答以东最佳学府"。

1944 年 6 月，萨本栋赴美讲学，任麻省理工学院和斯坦福大学访问教授，并在多所大学做报告、演讲。其中关于交流电机学问题的讲授最具特色。之后，他用英文撰写成专著《交流电机基础》，提出许多新的论点和论据，"言前人之所未言"。该书于 1946 年在美国出版，受到英、美等国科学界的高度评价，被誉为物理学、电机学巨著。

1945 年 9 月，萨本栋回国，任中央研究院总干事，兼物理研究所所长。1947 年 8 月，被推选为联合国教科文组织中国委员会常务委员，1948 年入选为中央研究院院士。

萨本栋是中国物理学会创始人之一，1932 年—1937 年担任学会的会计和秘书。1932 年，他编的《物理学名词汇》出版。1945 年—1947 年任学会副理事长。

1949 年 1 月 31 日逝世，享年 47 岁。

周培源

周培源（1902 年 8 月—1993 年 11 月）江苏宜兴人。物理学家、教育家、社会活动家。

1924 年于清华学校毕业，1926 年春获美国芝加哥大学理学士学位，同年冬获该校理科硕士学位，1928 年获美国加州理工学院博士学位。1928 年、1929 年先后赴德国莱比锡大学、瑞士苏黎世工业大学从事科学研究。1929 年回国任清华大学物理学系教授，1936 年至 1937 年利用清华教师学术休假的机会，赴美国普林斯顿高等研究院参加爱因斯坦领导的广义相对论讨论班，1937 年回国后随清华南迁，任长沙临时大学、西南联合大学物理学系教授，1943 年再次利用休假赴美国在加州理工学院、美国国防委员会战时科学研究与发展局、海军军工试验站从事科学研究，1947 年回国继续任清华大学物理学系教授。1949 年 5 月任清华大学教务长，1950 年任清华大学校务委员会副主任，仍兼教务长。1952 年院系调整后历任北京大学物理系教授、北京大学教务长、副校长、校长、党委副书记。1952 年加入九三学社，1959 年加入中国共产党。1955 年任中国科学院数学物理学化学部委员、常务委员，1978 年任中国科学院副院长，1981 年任中国科学院主席团成员。

他是一位很有成就的物理学家。长期从事物理学基础理论中难度最大的爱因斯坦相对论引力论和流体力学湍流理论的研究和教学。20 世纪 30 年代发表《爱因斯坦引力论中引力方程的一个各向同性的稳定解》等论文，在引入各向同性的条件下求得静止场的不同类型的严格解。他研究并基本证实了广义相对论引力论中"坐标有关"的重要论点。在宇宙论方面，证实了在各向同性的条件下引力场方程本身即可给出均匀的与各向同性的"弗里德曼"宇宙的度规张量，从而使

"弗里德曼"宇宙度规表达式的求解大大简化。1940年发表《关于Reynolds求似应力方法的推广和湍流的性质》论文，在国际上首次提出需要研究湍流的脉动方程，并用求剪应力和三元速度关联函数满足动力学方程的方法建立起普通湍流理论。曾获1942年教育部自然科学一等奖。1945年发表《关于速度关联和湍流脉动方程的解》一文，成为湍流模式理论的奠基之作。20世纪50—60年代合作求得均匀各向同性湍流在后期衰变运动中的二元、三元关联函数及其在早期衰变的近似解。70年代提出湍流理论的准相似条件。80年代合作以平面湍射流为例子，用逐级迭代法求出平均运动与脉动方程的联立解。他关于湍流基本理论的研究获1982年国家自然科学二等奖。

他是一位教育家。他从事高等学校的教学和领导工作数十年，在发展国家的教育事业、培养众多的科学人才方面成绩卓著，贡献突出。他的不少学生已成为国际上的著名学者。他讲授过力学、理论力学、电力学、理论物理学引论、量子力学、相对论等课程。

"文化大革命"期间，他根据周恩来总理的指示，1972年10月6日在《光明日报》上发表《对综合大学理科教育革命的一些看法》，阐述基础理论的教学和研究的必要性和重要性，批驳了"理向工靠""理工不分""以校办工厂代替实验课教学""按产品划分、设置专业"等取消和削弱理科的倾向，态度鲜明地坚持基础理论研究，抵制"四人帮"刮起的取消基础理论研究的歪风。他大力支持和指导年轻教师开展科学研究，在担任北京大学副校长和校长期间，支持并亲自组织领导研制成功了华光型计算机激光汉字编辑排版系统，引发了我国印刷术的重大革新。他到90岁后还在带研究生，还在亲手演算，还在科学上有新思想、新发展、新贡献，这在古今中外科学家中也是罕见的。

他是一位国内外久负盛名的社会活动家。他曾担任中国物理学会理事长、名誉理事长，中国力学学会副理事长、名誉理事长，国际理论与应用力学联合会理事，中国科学技术协会副主席、主席、名誉主席，中国国际科技促进会会长，中国人民外交学会副会长，中国人民争取和平和裁军协会会长，中国波兰友好协会会长，九三学社中央副主席、主席、名誉主席，第一至四届全国人大代表、第五届全国人大常委、第三、四届全国政协常委、第五至七届全国政协副主席。他在组织领导工作中表现出高超的才干，与国内外科学界、教育界和社会各界有着广泛的联系和影响。他曾数十次代表中国科学技术界出席国际会议、参加与科学技术界有关的国际活动或率团商谈科技人员交流培养和国际科学合作事宜，对发展国际科技合作、推进国际学术交流作出了重要贡献。1980年6月美国普林斯顿大学授予他荣誉法学博士学位，1980年和1985年两次获得美国加州理工学院授予的"具有卓越贡献的校友奖"。

他是一位赤诚的爱国主义者。20世纪40年代他休假去美国进行学术研究时，美国移民局通知他可以加入美国籍，在祖国危难深重的时刻，他殷殷在怀的是与祖国同难共命，毫不犹豫地拒绝了入籍美国。他为人谦和、坦诚，度量宽宏，性格豁达，平易近人，对下级、对学生特别和善且关怀备至，对自己则要求严格。生活简朴，作风民主，谦虚谨慎，深为国内外各界人士所崇敬。

1993年11月24日在北京逝世，享年91岁。

施嘉炀

施嘉炀（1902年9月—2001年12月）福建福州人。水力发电学家、工程教育家。

1915年，施嘉炀以优异成绩考入清华学校。在清华学习期间，他在德、智、体各方面全面发展，特别是对体育锻炼一直保持了浓厚的兴趣，擅长田径百米跑、跳远、跳高等项目，曾在校运动会上获得第一名。1923 年毕业，赴美留学，入麻省理工学院机械工程系学习。1925 年获机械工程学士学位，1926 年获电机工程学士学位。1927 年获美国康奈尔大学土木工程硕士学位。1928 年获美国麻省理工学院机械工程硕士学位。施嘉炀在美留学 5 年，一共获得三个专业的四个学位。这为他日后献身中国工程教育事业奠定了坚实的基础。此外，他还以优秀的跳高成绩成为 MIT 校田径代表队中唯一的中国学生。

1928 年，施嘉炀学成回国，任清华大学市政工程系教授。年底，清华大学董事会在南京召开，会上决定撤销清华大学市政工程系。消息一出，遭到清华师生的普遍反对。清华教授会公推施嘉炀为代表，赴南京外交部谒见清华董事会的董事们，据理力争，后来董事会终于同意恢复市政工程系。1929 年，学校将市政工程系改设为土木工程系，暂属理学院（1932 年隶属于新成立的工学院）。1930 年，施嘉炀任系主任。建系初期，施嘉炀除承担大量教学任务外，还主持了土木工程系的专业课程设计、教师添聘、创建实验室等管理工作。根据社会需要，土木工程系决定先"培养当时最需要的铁路工程、道路工程、水利工程和市政卫生工程四项工程师"，并确定了"前三年务求广阔"、"后一年力求精细"的课程编制原则。之后几年内，施嘉炀陆续主持创建了水力、材料、道路、市政卫生工程等四个实验室；其中水力实验室设备先进，与德国最新的水力实验室的设备相当，除可进行模型试验外，还设置了水轮发电机试验台，还在户外另建 80 米长的试验槽，以供船舶模型试验和流速仪校正之用。在施嘉炀的主持下，土木系的师资力量也在不断增强，相继聘请了陶葆楷、张泽熙、蔡方荫、张乙铭、张任、吴柳生等一批教授来系任教。

1933 年，施嘉炀首先用中文编写了"水力学实验"教材，这在当时普遍采用英文教材的情况下算是一个创举。

1934 年—1935 年，施嘉炀利用学术休假的机会到德国参加了治黄模型试验，后来又到柏林皇家水工试验所进修、到德国南部的卡尔斯鲁厄大学的水工实验室考察。

施嘉炀还担任了清华大学评议会评议员、工务委员会主席等职务，参与学校的行政管理，负责监修了化学馆、生物馆、机械馆以及图书馆的中部和西部的扩建工程。1933 年初，他与庄前鼎、浦薛凤代表教职员公会对日委员会亲赴前线慰劳抗日战士。

1937 年 7 月抗日战争全面爆发后，清华、北大、南开三校南迁，组成长沙临时大学，后又西迁至昆明，组成西南联合大学。1938 年 1 月，施嘉炀被任命为西南联大工学院院长。在战时各种条件非常困难的情况下，他组织教职员工，使西南联大工学院教学活动很快恢复。除了正常的授课以及学校行政管理工作外，施嘉炀还利用自己的专业知识为抗战事业服务。1938 年，为了开发云南省水力资源，为当时的抗日战争大后方提供电源，联大工学院与资源委员会及云南省经济委员会合作组织了"云南省水力发电勘测队"，施嘉炀负责指导勘测队的工作。两年内共勘测云南省境内的金沙江、澜沧江、怒江、南盘江及伊洛瓦底江的 26 条支流的水力资源，并选择易于开发的水电站站址。1942 年，施嘉炀又受云南省经济委员会的邀请，负责设计与监修腾冲叠水河（3 000 千瓦）、大理下关（300 千瓦）和喜洲万花溪（200 千瓦）等三座小型水电站。与此同时，施嘉炀还任昆明附近的石龙坝水电站扩建工程的顾问。由于抗日战争期间不易得到钢管，他提出就地取材，设计一种能够承受 16 米水头的木质引水管道，发电后情况表明设计合理，运行性能良好。

1945 年 8 月，日本无条件投降，同年 10 月，施嘉炀等人随同梅贻琦校长由昆明回到北平接收清华大学。1947 年，施嘉炀利用学术休假的机会，到美国考察新建的大型水电站、田纳西河流域的综合利用规划、哥伦比亚河流上的梯级水电站、密西西比河流的治河经验。1948 年冬，回到

北平迎接清华大学的解放。

1949 年 5 月，清华大学新校务委员会成立后，施嘉炀继续担任工学院院长。1951 年兼任新成立的水利工程学系主任。1952 年院系调整后，水利工程系和水力发电工程系合并成立水利工程系，施嘉炀任水文及水力利用教研组主任。在此期间，他为水文专修科编写了《陆地水文学》《水文预报学》《治河工程》教材，亲自讲授，并为本科生讲授"水能学"。1955 年，学校派遣施嘉炀等人到苏联莫斯科动力学院进修，学习苏联的教育制度以及有关的新专业，并到列宁格勒水电设计院学习苏联的水能规划与设计，1957 年回到清华大学。1958 年他提出把"水能学"课程改造为"水利资源综合利用"，并到湖北、浙江、广西考察水电站、防洪堤防、航运工程，收集大量第一手资料，编写出我国第一部《水资源综合利用》教材，并亲自讲授。他还曾就长江三峡水库正常蓄水位问题进行多年研究，向有关部门提出意见。20 世纪 70 年代初，施嘉炀已达古稀高龄，但仍和青年教师一起参加各种开门办学活动，为工农兵学员编写通俗易懂的"水库工程"等讲义，并亲自讲课与辅导。

"文化大革命"结束后，已年近八十岁的施嘉炀对工作投入了巨大的热情。他和水电界人士共同发起成立中国水力发电工程学会，1980 年当选第一任理事长，大力开展学会工作并创办《水力发电学报》；主持编纂《水力发电知识丛书》。他根据我国水利水电事业的发展，不断进行调查研究、收集资料，在原来编写的《水资源综合利用》教材内容基础上，又补充了中国洪涝灾害及其防治措施、抽水蓄能电站建设等内容，该书终于在 1996 年正式出版发行。

施嘉炀是清华大学历史上连续服务年限最长的教授，也是清华大学工科教学的开创人之一，他为国家培养了几代水利水电科学技术与工程建设人才，桃李满天下。

施嘉炀于 1956 年加入中国民主同盟，是北京市第一届人大代表，北京市第二届至第四届政协委员，第五届和第六届政协常委。

2001 年 12 月 23 日逝世，享年 100 岁。

顾毓琇

顾毓琇（1902 年 12 月—2002 年 9 月）字一樵，江苏无锡人。美籍华裔电机工程学家。

1915 年，顾毓琇考入清华学校。在清华求学期间，顾毓琇在学业上不断取得进步的同时，思想上、兴趣爱好等各个方面也得到充分发展。他积极参加五四运动；义务为校役夜校当教员、为灾区农民分发赈粮、放款；虽然倾向于学习理工，但深受新文化运动的影响，翻译、创作了大量文学作品，充分展示了他在文学艺术方面的才华。1921 年清华文学社成立，顾毓琇和梁实秋、闻一多、朱湘等同为该社成员；1923 年初，他应郑振铎、沈雁冰之邀加入新文学运动中影响最大的文学社团之一——文学研究会。同年，顾毓琇写的剧本《孤鸿》在《小说月报》上发表，中篇小说《芝兰与茉莉》被列为文学研究会丛书，由上海商务印书馆出版。毕业离校前夕，他还自编自导了三幕剧《张约翰》，由 1923 级同学在学校大礼堂公演，后该剧本刊载于《文艺评论》。6 月，顾毓琇从清华学校毕业。在清华求学八载，顾毓琇充满感激："清华给了我方方面面的教育：精神上的，身体上的，智力上的。"

1923 年 8 月，顾毓琇赴美留学，入麻省理工学院电机工程系学习。为使自己能够成为一名"有能力的"工程师，他不但总是如期完成规定的学习任务，而且还提前修习下一学年的部分课程；除了电机工程课之外，他"还学习了热工程、水力学、建筑学以及更多的机械修理课程"。

1925 年，顾毓琇顺利获得理学士学位。1926 年，顾毓琇获硕士学位，期间，他发现的《四次方程通解法》，是基础数学领域的一个突破性成果，在美国《数理杂志》上发表。1928 年，顾毓琇加入美国电机工程学会，并以优异的成绩成为麻省理工学院电机工程系第一位获得博士学位的中国学生，其博士论文《电机的瞬变分析》中使用了后来被称为"顾氏变数"的变数坐标，被认为是学术上的一个突破。留美期间，顾毓琇仍然保持着对戏剧创作的热情，先后编导过《荆轲》《琵琶行》《项羽》《国殇》等多幕历史剧。这些历史剧蕴含着强烈的现实关怀，反映了顾毓琇的爱国主义情怀，在中国留学生当中产生了一定影响。他是中国话剧事业的开拓者之一。

1928 年 2 月起，顾毓琇先后在美国西屋及通用公司任工程师。

1929 年 2 月，顾毓琇回国，担任国立浙江大学工学院电机科教授兼主任。1931 年 1 月，任国立中央大学工学院院长。

1932 年 8 月，顾毓琇回母校任教，担任清华大学电机系教授兼系主任至 1935 年，1933 年起担任工学院院长。此时，清华电机系、工学院刚刚建立。在他的主持下，电机系在学生培养、师资队伍建设、系馆及实验室建设等方面得到较快发展。电机系的教学宗旨、课程设置、教材选择等方面均采用美国麻省理工学院电机系的模式，基本学科与专门知识都偏重于学术方面；系里先后聘请了章名涛、倪俊、任之恭（与物理系合聘）、李郁荣、赵有民，以及美国数学家、控制论的创始人维纳（与数学系合聘，自 1935 年起任教一年）等著名教授执教。1935 年，电机工程馆落成，顾毓琇主持建设了电机、真空管制造、高电压等多个实验室。这些新建的实验室拥有先进的仪器设备，为师生们的教学科研创造了良好的条件。短短几年时间，电机系共开出电力和电讯两方面的课程约 45 门。

在顾毓琇担任工学院院长期间，也正是华北危机日益严重之时。作为一名爱国知识分子，他撰文大声疾呼："国难日亟，平津垂危，我们从事于教育事业的人，都应该有深刻的觉悟。我们应该平心静气地想：怎样可以尽我们最大的努力，来挽救中国的危局。"提出"工程与国防民生有极密切的关系。我们主张工程国本化，俾使工程学术来尽量帮助国家解决国防和民生的问题"。他自觉地担负起了一名工程教育学者对国家抗战事业所负的那份责任。作为工学院院长，顾毓琇组织校内师生以及社会力量，在机械系主任庄前鼎、化学系教授李运华等人的密切合作下，于 1933 年初研制成功 6 500 多具防毒面具，提供给国民政府军事委员会北平分会，以供华北地区抵抗日军侵略之用。1936 年底，应绥远省主席傅作义的请求，在顾毓琇负责组织协调，以及汪一彪、张大煜、毕正宣的负责下，1937 年 2 月，清华大学成功赶制防毒面具 10 000 具，顾毓琇亲自送至在绥远的部队。自 1934 年始，清华就开始陆续筹备农业、航空、无线电、金属、国情等特种研究所，它们是以应用为主的学术研究机构，旨在为国家的抗战事业服务。顾毓琇参与了航空研究所、无线电研究所的创办，并兼任所长。1936 年冬，顾毓琇和理学院院长叶企孙共同承担并顺利完成了将清华重要图书和科学仪器秘密转移到汉口的艰巨任务。1937 年 4 月，顾毓琇已通过学校规定的连续工作满 5 年即可学术休假的申请，打算赴欧洲考察，因全面抗战爆发而放弃了这个计划。9 月 10 日，顾毓琇作为清华代表之一，参与长沙临时大学筹备委员会的工作。

1938 年，顾毓琇以无党派人士身份参加国民政府，任教育部政务次长、战时教育委员会主任委员。1940 年兼任国立音乐学院首任院长。1944 年 8 月后先后任中央大学校长、上海市教育局局长、国立政治大学校长等职，并兼任上海交通大学、中央大学等校教授。

1950 年，顾毓琇移居美国。先后就任麻省理工学院客座教授、宾夕法尼亚大学终身教授，并被聘为美国国家科学院理论及应用力学委员会委员。同时参加多种国际学术团体。1972 年，获美国电机及电子工程师学会（IEEE）授予的兰姆金质奖章，并被宾夕法尼亚大学授予名誉博士学位。1979年后，先后被上海交通大学、西安交通大学、西南交通大学、北方交通大学、东北工业学院和西北电讯学院等校聘为名誉教授。2000年被聘为清华大学名誉教授。一生著述丰厚，涉猎甚广，除电机工程专业方面的论著外，还创作了大量的散文、小说、戏剧、诗词、音乐等文学艺术作品，对佛学也有研究。2000年，辽宁教育出版社出版《顾一樵全集》16册。

2002年9月9日逝世，享年100岁。

李辑祥

李辑祥（1903年10月—1975年5月）又名筱韩，陕西西安人。机械工程学家。

1917年至1925年在清华学校中等科和高等科学习。1925年赴美学习。1927年获美国密歇根大学机械工程学士学位，次年获硕士学位。1929年回国，在沈阳冯庸大学任教授。自1930年至1934年先后在南京、安庆、芜湖等地从事工程技术工作，曾任国民政府建设委员会设计委员，东方大港工程师兼总务科长，中央大学机械系教授，安徽省建设厅技正，江南铁路公司正工程师等职务。

1934年8月受聘为清华大学机械工程学系教授。1935年因系主任庄前鼎教授另有调任，李辑祥代理系主任职务。"七七"事变后，随清华南迁长沙、昆明，1937年10月至1938年1月任长沙临时大学机械工程学系教授会主席（相当系主任），1938年7月至1946年任西南联合大学机械工程学系主任（其间1940年6月至1941年因身体不适由孟广喆代理一年），在此期间，讲授机械设计制图、机械设计原理、水力机械设计、工业管理等课程，并指导吴仲华完成了《渐开线正齿轮之干涉与同时接触之对数》的论文。1946年随清华复员回北平，继续任机械工程学系教授、系主任，他领导该系进行恢复和建设工作。该系恢复了原有的热工实验室和金工厂，新设了金属实验室及汽车实验室，开出了一些新的实验；新聘了机械制造与汽车方面的教师，从而开出了过去未能开出的"汽车工程""制造方法""工具设计以及金属及热炼""高等铸工"等选修课程；1948年增设机械制造工程组。1949年进行学年度休假。后因患有多种疾病，1951年病休。1952年9月至1953年暑期任图书馆主任，后因病辞职，仍回机械制造系任教授，兼干部班班主任。

1960年清华大学筹建农业机械系，李辑祥被任命为系主任。新成立的系和动力机械系合署办公，李辑祥与动力机械系系主任庄前鼎再次合作，共同主持系务工作。1962年7月庄前鼎逝世，李辑祥兼任动力机械系主任，直至"文化大革命"爆发。这一期间他充分显示出教育管理的才能，治学严谨，勤于职守，关心团结全系教师和科室人员，特别注意与党组织配合协调工作。他的业绩和经验受到学校领导重视。他和系总支书记蒋企英合写的《我们是怎样配合进行工作的》一文刊登于《前线》杂志1963年23期。

李辑祥热爱祖国、热爱共产党、热爱教育事业。1962年加入中国共产党。是北京市第二至四届政协常委。李辑祥一生勤奋操劳，虽然患有肝包囊、肺结核、糖尿病等多种疾病，但他始终保持良好的精神状态，顽强地与疾病作斗争，长期坚持工作。即使在"文化大革命"期间受到冲击时，也从不表现出悲观失望情绪。他的坚强意志深受全系教职员的钦佩。

1975年5月因病去世，享年72岁。

汤佩松

汤佩松（1903年11月—2001年9月）湖北浠水人。植物生理学家。

1903 年 11 月，汤佩松出生于湖北省浠水县一个书香之家。父亲汤化龙为清光绪进士，曾留学日本法政大学，清末著名立宪派人士。优越的家庭条件，使汤佩松自幼养成了顽皮不羁的性格。1917 年，汤佩松考入清华学校。1918 年，父亲汤化龙在加拿大被暗杀。家庭的突然变故，促使汤佩松"猛醒"，他开始思考人生的目的和价值，决心学好本领，以知识、智慧去报效祖国和人民。从此，汤佩松努力学习，全面发展，不但全部功课优良，而且体育成绩突出，成为清华学校历史上为数不多获得"全能"奖的体育运动员之一。

1925 年，汤佩松从清华学校毕业，赴美入明尼苏达大学农学院学习。在学习了一学期后，他发现农学院的课程范围过窄，于是在暑假后正式转到文理学院，主修植物学，辅修化学及物理学。1927 年冬，汤佩松以全校第一名的成绩（全优）毕业于植物系，获文学士学位。本科毕业之后的半年，他没有立即进入研究院学习，而是选修了一些感兴趣的课程。

1928 年夏，汤佩松进入美国约翰·霍普金斯大学攻读博士学位。这个时期是他进入科研生涯的开端，也是其学业上的一次重要转折。在他的博士论文"湿度和通气对小麦种子在水中萌发的影响"中，应用了"生理过程中多因素相互作用"的观点，而明显不同于当时一般使用单因子分析。这是后来他关于呼吸代谢多条路线及其与其他生理过程相互作用关系（代谢多条路线）观点的萌芽。1930 年夏，汤佩松获得博士学位。之后赴哈佛大学工作，并于 1930 年和 1931 年暑假两次到马萨诸塞州海滨小镇伍兹霍尔的海洋生物研究所做普通生理学研究。这是一个举世闻名的研究机构，每到夏季名家云集，汤佩松在那里结识了许多生物学界的大师，包括多位诺贝尔奖获得者。这里举办的各类专题报告会、学术讨论会，以及师生之间、学生之间的讨论，各种思想碰撞产生的火花，都深深地影响了他，促使他决定将细胞及植物的呼吸和光合作用能力学研究作为终身从事的事业。在哈佛大学工作期间，汤佩松首先证明了细胞色素氧化酶在植物中的存在；同期，还提出了测定活体细胞色素氧化酶与氧亲和力（Km 值）的汤氏公式。

1933 年 8 月，汤佩松放弃在美国的优厚条件，毅然回国，任武汉大学生物系教授。他除教授生物化学课外，在我国第一次开设了普通生理学课程，建立了第一个普通生理学实验室。他开始进行"细胞呼吸动力学"课题的研究。在对呼吸代谢途径进行探讨的工作中，汤佩松和他的同事发表了 7 篇论文。1937 年底，在抗日战火将蔓延到武汉时，汤佩松接受了筹建贵阳医学院的任务，并任生化系主任。

1938 年 9 月，汤佩松在完成贵阳医学院的筹备工作之后，应母校之邀，任清华大学农业研究所教授。农业研究所于 1934 年成立，分虫害、病害两组。1938 年迁昆明后，增设植物生理组，由汤佩松负责。在接受清华聘请时，汤佩松向梅贻琦校长提出了他工作的目标和方向，即开发云南地区的自然资源，为后方经济和农业服务；在此基础上，为战时和战后国家储备及培养一批实验生物学人才。汤佩松实现了自己的诺言。

在他的带领和努力下，植物生理组从"家徒四壁""孤家寡人"开始，很快就建立起一支富有朝气、团结协作的研究队伍，在生物化学、生物物理、生理（及形态）等方面展开研究工作。在进行理论研究的同时，研究组亦十分重视为地方经济发展和抗战事业服务，开展了对云南植物资源，特别是油类植物资源的调查以及利用研究；研究利用植物生长素处理桐、茶、桑、木棉等的加速生长，并制成十余种生长素；用秋水仙素处理植物细胞内染色体，使之增加变成多套型；工业重要原料丙酮发酵之促进及医药必需品乳酸菌的制造；受中国红十字会之托，承担了调查及计划改良中国军队之膳食及营养的任务等。在此期间，虽然条件所限，汤佩松无法对呼吸代谢进行系统研究，但他仍发表了 3 篇有意义的论文和 1 本著作，其中与王竹溪用热力学概念分析了水分进出细胞过程的规律，被国际公认为植物生理学中的一个重要理论贡献。更值得一提的是，在云南的八年，汤佩松通过植物生理组为中国实验生物学储备和培养了一批优秀人才。据不完全统计，在植物生理组工作、学习的成员先后有 40 多人，他们在战后大多成为各自学科的栋梁之材。1942 年、1945 年两次到大普集（1940 年后植物生理组所在地）访问的英国著名科学家李约瑟对汤佩松的贡献曾高度评价："在大普集……汤佩松建立了普通生理研究室，尽管房屋都是由泥砖和木料建成的，但设备不差。更重要的是他使许多青年科学家聚集在他周围，在一种认真的气氛中进行工作。"

1946 年，清华大学在原有的农业研究所基础上成立农学院，汤佩松任院长。在与国内一些著名农学院办学特色相比较后，汤佩松决心要将清华农学院办成"中国农学界的 PUMC（当时的北京协和医学院）"，"既是一个高级的教学机构，又是一个致力于生物科学研究的基地"。为此，他在农学院学系设置及教师延聘、学生招考名额安排及培养方针制订、教学仪器设备订购等诸多方面投入了大量精力和心血。1948 年，汤佩松当选为中央研究院院士。

1949 年 9 月，华北高等教育委员会决定将清华、北大、华大三校之农学院合并，成立农业大学。之后，汤佩松历任北京农业大学教授、校务委员会副主任，中国科学院植物生理研究所研究员，北京大学生物系植物生理教研室主任，中科院植物研究所所长、名誉所长。1955 年选聘为中国科学院生物学部委员。还是中国植物学会理事长，第三届全国人大代表，第五、六届全国政协委员。

1951 年，汤佩松与阎龙飞首先在菠菜叶绿体中发现了碳酸酐酶；1956 年与吴湘钰发现水稻幼苗硝酸还原酶的适应形成；之后提出了高等植物呼吸代谢多条路线的论点，并扩展到太阳能的生物学转换等方面。撰有《光合放氢——太阳能利用的生物力能学》《植物线粒体中电子传递途径的改变和调节——再论呼吸代谢多条路线》《光合作用机理研究进展情况》等论文。以他为第一完成人的"光合膜的结构与光能分配及转化效率的研究"获 1987 年国家自然科学二等奖。

汤佩松是我国植物生理学的奠基人之一。

2001 年 9 月 6 日逝世，享年 98 岁。

夏　翔

夏翔（1903 年 12 月—1991 年 11 月）字振鹏，原名德龙，江苏丹阳人。体育教育家。

1922 年毕业于常州省立第五中学，1926 年毕业于东南大学体育科。夏翔从小对体育发生浓厚的兴趣，经过悉心钻研和艰苦锻炼，终于有成。1921 年，他在南京举行的江苏省分区运动会上，一举夺得 100 码跑、120 码栏和撑竿跳高三项冠军，个人总分第一。后来入东南大学体育科学习，曾在 1923 年的华东运动会和 1924 年的全国运动会上获撑竿跳高第一名。1923 年、1925 年、1927 年，作为中国代表队的选手，他参加了第六、第七、第八届远东奥林匹克运动会。

1926 年，夏翔从东南大学毕业后，当时曾有几个学校要聘他去任体育教师。为了报答母校的培育之情，他最后选定回母校（江苏常州省立五中）任体育主任。

1933 年，夏翔应马约翰之请到清华大学体育部任职。从此，他便终生服务于清华，由助教而讲师，而教授，而体育教研组（室）副主任、主任。

到校后，他很快便成为马约翰的得力助手。当时清华体育部人手不多，他和其他体育教师一样，除大量的正课外，还分担了各种体育队的业余训练工作，他分担的项目是田径、游泳、篮球等。1936 年，中国参加柏林第十一届世界奥运会的田径、篮球代表队曾安排在清华园集训，夏翔也是教练之一，并被推选为中国体育考察团的成员一起赴会，会后到德、奥、捷、匈、丹麦、瑞典以及印度等国考察体育事业，取得了一些好的经验，也看到了我国体育和先进国家之间的差距。

抗日战争期间，夏随清华南迁，先在长沙，后到昆明。此期间工学院的体育全由他一人承担。当时无论是教学条件和生活条件都很艰难，有一时期几乎天天都有空袭警报。在一无操场，二无器材的条件下，用租得的几亩地开辟篮球场，有些体育设施则向社会上租借，经过艰苦奋斗，坚持了体育正课。

1941 年，夏翔由马约翰荐举，由清华资助赴美国进修，在春田（Spring Field）大学学习研究，于 1943 年获该校硕士学位，他还参加了该校举办的暑期夏令营，担任教学工作。由于太平洋战争正激烈进行，他没能按时回国，就留美作进一步的研究。1944 年，他入艾奥瓦（Iowa）大学研究部进修二年，1945 年，又到哥伦比亚大学教育学院进修一年，专攻体育卫生学，进一步充实了体育理论修养。

1946 年，他从美国归来，正值清华自昆明复员迁回北平。开学前他和体育部同人一起积极进行体育设备、场馆的设计和检修工作，开学后，除了教学和课外辅导工作之外，他还被委以参与清华课外体育运动委员会的工作。1947 年，任体育部教授。

解放后，在校领导的关心和支持下，夏翔协助马约翰领导体育教研组，齐心协力，使清华体育教学和活动又得到了新的迅猛发展，除体育正课外，大力开展群众性体育锻炼，并大力加强体育代表队的工作。使清华很早就通过了全市和全国的"劳卫制"锻炼标准，并培养出一批优秀运动员。在 1953 年举行的解放后第一次校运动会上，打破 9 项解放前的纪录。体育教研组以蒋南翔校长提出的"争取健康地为祖国工作五十年"为基本口号，在开展群众性体育锻炼的基础上努力提高，到 1965 年为止，在北京市 21 项比赛中，获得 16 项冠军、5 项亚军、篮球打入市甲级队；有 11 人获得体育运动健将称号。

1966 年马约翰教授逝世。1966 年、1976 年至 1986 年，夏翔任清华体育教研组（室）主任，领导清华体育又有新的发展。夏翔在做好学校工作的同时，还兼任了多项社会工作。他先后担任的工作有：第二至五届北京市人大代表和北京市第三届政协常委、北京市第四至七届政协副主席，并历任北京市体育运动委员会副主任、中华全国体育总会副主席、中国田径协会副主席、游泳协会副主席。1975 年以后，先后任中国奥林匹克委员会副主席、中国体育科学学会常务理事、全国体总北京市分会副主席。在此期间他还被选为新中国第一批田径、游泳、滑冰等项的国家级裁判，担任过多次全国和国际田径比赛的总裁判，并多次被选派带队到苏联、法国、南斯拉夫、日本、芬兰等国家参观考察或比赛；1983 年，国家体委授予他"体育运动荣誉奖章"。1987 年，他代表我国到意大利罗马出席国际田径联合会成立 75 周年纪念会，并在会上接受了国际田联颁予的"国际田径元老功勋奖"。

夏翔同时是我国优秀的体育科学家和理论家之一，一生撰有《运动对于生理的影响》《几点游泳常识》《越野跑》《对举办体育大会的几点意见》《怎样做好运动会的裁判工作》《青少年是攀登世界体育高峰的生力军》，以及《运动生理学》《田径运动裁判法》等论著多种。

1991 年 11 月 25 日，夏翔在北京病逝，享年 88 岁。

王达成

王达成（1905 年 5 月—1989 年 3 月）原名王道行，山西省柳林县人。中共清华地下组织第一

任支部书记。

1926年毕业于燕京大学经济系，同年9月加入中国共产党。这年11月，到清华学校图书馆任职员，从事党的秘密工作，组织了清华第一个中共党支部，任支部书记。从此，清华有了中国共产党的秘密组织。在他领导下，不到几个月党员便由原来的3人发展到7人。他们与国民党左派一起从事国民运动，成为学生爱国运动的骨干力量，在他主持下，不管环境如何险恶，党内坚持理论学习，学习《共产党宣言》《资本论》《共产主义ABC》和蔡和森的《社会发展史》。他同时兼任中共北京西郊区委的宣传委员，在其帮助指导下，香山慈幼院的地下党员有所扩大发展，建立了中共香山慈幼院支部，加强了中共北京西郊区委的力量。

1927年"四一二"政变后，王达成被党派往山西，以国民党左派身份从事党的地下工作，筹划改组国民党山西省党部。不久被阎锡山当局逮捕入狱，关押在山西第一监狱。在狱中坚贞不屈，秘密串联，组成政治犯支部，后中共党组织派人打入监狱，正式成立中共支部，王达成任支部书记。他在监狱中，组织难友学习他翻译的《辩证唯物主义与历史唯物主义》，团结难友与敌人进行了不屈不挠的绝食斗争，直到胜利，表现了共产党人的崇高气节和大无畏的革命精神。

1932年出狱后，经党组织同意回到家乡柳林镇，进行党的秘密革命活动。他深入农家，访贫问苦，培养了一批工农积极分子，组成农民协会，并恢复了被破坏的共产党基层组织。1934年后，历任陕北神府地区中共陕北特委特派员、中共神府地区工委书记、中共西北工委组织部副部长、中共陕北省委组织部部长、中共山西东征工作委员会组织科科长、陕甘宁边区党委组织部部长。他对陕甘宁地区的建党工作和干部培养作出了贡献。

1938年5月，中国共产党晋西南区委员会成立，王达成任区党委组织部部长，为党培养了大批优秀干部。1939年12月，在中共晋西南区党委代表大会上当选为党的"七大"代表。这时山西的阎锡山背信弃义掀起反共高潮，制造了"晋西事变"，他率领一批干部边自卫边转移，胜利撤抵目的地——晋西北。这批干部后来都是抗日根据地的骨干力量。1940年后，历任中共晋西北区党委组织部部长、中共中央晋绥分局组织部部长、分局财经委员会副主任、晋绥行署秘书长等职务，对晋绥地区的建设，争取抗日战争的胜利，支援解放战争，作出了重要贡献。

1949年后，王达成历任陕甘宁边区政府秘书长、西北军政委员会秘书长、西北军政委员会工业部部长和工业部党组书记、西北财经委员会副主任。1954年底，任国家纺织工业部副部长、党组成员。他到职后，为发展我国纺织工业，解决人民的穿衣问题，日夜操劳，呕心沥血，作出了不可磨灭的贡献。1956年，出席了党的第八次全国代表大会。在"文化大革命"期间，王达成受到林彪、"四人帮"的诬陷迫害，身心受到摧残。在逆境中他始终相信党，坚持原则，表现了一个老共产党员可贵的革命品质。

王达成于1978年底恢复工作，仍任纺织工业部副部长。1980年9月，改任纺织工业部顾问。1982年底离职休养。他在任纺织工业部副部长和顾问期间，非常重视纺织科技人才的培养，大力创办纺织教育事业，同时积极关注我国纺织机械工业的发展。他坚持立足于国内制造纺织工业所需要的各类纺织机械。在20世纪60年代发展粘胶纤维时，80年代初建设上海金山和江苏仪征等化纤基地时，为研制抽丝成套设备，他经常深入现场，同工人和技术人员一起调查研究，了解检查工作。他不顾年迈，奔波于上海、郑州、兰州、西宁等地，参加现场会和协调解决有关问题，使一万五千吨涤纶抽丝成套设备的技术攻关项目顺利完成，受到国务院的嘉奖。在去世前重病期间，仍时时关怀着纺织机械企业的技术改造和发展新型纺织机械。

王达成于1989年3月31日晨在北京逝世，享年84岁。"在六十多年的革命生涯中，无论在敌人的监狱中，或在党内受到不公正待遇时，他始终保持了对共产主义的崇高信念，对党忠心耿耿。他不折不扣地执行党的方针政策，在革命战争和社会主义建设中，都埋头苦干，勤奋工作，作出了重大贡献。"

庞薰琹

庞薰琹（1906 年 6 月—1985 年 3 月）笔名鼓轩，江苏常熟人。艺术家、艺术教育家。

1906 年 6 月，庞薰琹出生于江苏常熟一个书香世家。他自幼就表现出对色彩、绘画的浓厚兴趣。1921 年，庞薰琹考入上海震旦大学预科。两年后，进入医学院学医。1925 年，庞薰琹离开震旦大学，决心弃医学习美术。

1925 年 8 月，庞薰琹远赴法国巴黎学习绘画艺术。到巴黎后，正逢举办 12 年一次的"装饰艺术与现代工业博览会"，博览会上陈列的各种家具、服装、日用品以及各种机器、各式建筑风格所展现出来的美，深深吸引了他的目光，使他"有生以来第一次认识到，原来美术不只是画几幅画，生活中无处不需要美"。从那时起，他对建筑以及一切装饰艺术，开始发生兴趣。他决定去巴黎高等装饰美术学院学习，然而当时这所学院不收中国学生。于是，庞薰琹进入叙利恩绘画研究所学习绘画。经过一年多的努力学习，庞薰琹的艺术修养和绘画水平有了很大提高。1927年，他来到巴黎的艺术活动中心——蒙巴尔拿斯，在格朗德·歇米欧尔研究所学画。那里良好的艺术氛围，以及与中国画家常玉、德国诗人艾许·庚德、法国艺术批评记者马尔古等人的交往，都对庞薰琹的绘画学习与创作产生了重要影响。与此同时，庞薰琹也在不停思考该如何去走自己的艺术之路。当他看到日本在巴黎举办高水平的画展时，当法国权威艺术批评家建议他要对自己祖国的艺术有研究时，促使他决心回到祖国，"从那种土壤里长出芽的，也只能在同样土壤上生长、开花、结果！"

1930 年，庞薰琹回到上海。因一时找不到合适的工作，他即返回家乡常熟，开始埋头研读中国绘画史和画论，并写下了一组关于艺术见解的随笔，1932 年发表于《艺术旬刊》。同时，他拿起中国笔墨，用传统笔法画人物画，并在油画方面继续探索如何表现"民族性"与"装饰性"的问题。这时期，他画出了《自画像》《屋顶》《绿樽》等一批作品。1930 年秋，庞薰琹返回上海，参加"苔蒙画会"。1931 年，庞薰琹先后在上海昌明美术学校、上海美专等校任教；成立了画室，从事艺术创作，并开始从事商业包装及广告设计。同年，发起组织新兴美术团体"决澜社"。1932 年 9 月，庞薰琹举行了第一次个人绘画展览会，展出作品 70 余幅。同年 10 月，第一届"决澜社"画展展出。在上海的六年间，庞薰琹一直没有固定的职业，为了艺术事业、为了"决澜社"的发展，历经了种种艰难和挫折。但是他"失业不失志"，坚守住了一个艺术家应有的气节。

1936 年 9 月，庞薰琹应邀前往北平国立艺术专科学校图案系任教，开设"商业美术课"。期间，他创作了表现反侵略主题的水彩画《无题》，参加第二次全国美展。1937 年"七七事变"爆发，庞薰琹离开北平，返回上海。同年秋，北平艺专在江西庐山复校，庞薰琹赴赣，将所开"商业美术课"改为"抗日宣传画课"。不久学校又转至湖南沅陵，与杭州国立艺专合并。

1938 年初冬，庞薰琹从艺专辞职，前往昆明。受陈梦家、沈从文等人的鼓励，他开始研究古代装饰纹样，并绘著《中国图案集》四册。1939 年秋庞薰琹进入中央博物院筹备处工作。期间，他收集、整理了数十册、近万种历代装饰纹样。1939 年 12 月，受中央博物院委派，庞薰琹和中央研究院历史语言研究所芮逸夫二人赴贵州考察西南少数民族民间艺术，采集苗族服饰及工艺品 400 多件。这次考察，为他日后的创作积累了丰富的素材。

1940 年末，庞薰琹随博物院撤至四川李庄，后转赴四川省立艺专任教。1942 年，庞薰琹还兼任重庆中央大学等校教授。期间，他创作了《贵州山民图》（系列）《盛装》及白描《带舞》（系列）等一批作品，并多次举办个人画展；补充绘制了《中国图案集》；设计创作的《工艺美术集》获教育部二等奖。此外，他还积极参加成都的民主运动，加入"全国文艺界抗敌联合会成都分会"，并以"鼓轩"笔名撰写百余篇小品文，发表在由成都地下党领导的《华西晚报》副刊《艺坛》上。

1946 年，庞薰琹在抗战胜利后回上海之前，曾与教育家陶行知畅谈了创办一所工艺美术学校的设想，虽未能实行，这却成为他后来创办中央工艺美术学院的一个思想基础。1947 年，庞薰琹任广东省立艺专绘画系主任兼中山大学师范学院教授。1948 年，庞薰琹拒绝了美国驻华大使司徒雷登想请他赴美任教、定居的邀请。之后，庞薰琹携全家返回上海，他与进步人士一道为迎接上海解放，在美术界做了大量工作。

1949 年 6 月，庞薰琹赴京参加第一届全国文代会。之后，他被任命为杭州艺专教务长兼绘画系主任，不久该校改名为中央美术学院华东分院。

新中国成立后，国家对工艺美术事业高度重视，1950 年即提出成立工艺美术学院的计划。庞薰琹以高度的责任感和热情投入到工艺美院的筹备中。1952 年，国务院采纳庞薰琹的建议，将中央美术学院和中央美术学院华东分院两校的实用美术系合并，作为筹建中央工艺美术学院的基础，庞薰琹任该系研究室主任。1953 年 6 月，庞薰琹撰写了《对于筹备工艺美术学院的建议 中央工艺美术学院筹备计划草案》。他还担任全国民间美术工艺品展览筹委会副主任，和实用美术系教师组成民间调查小组赴苏、皖、浙等地调查民间工艺美术情况，并成功组织筹办了全国民间美术工艺品展览会。年底，他发表《巩固民间美术工艺的成就》等文章，宣传介绍民间美术工艺。1954 年，庞薰琹任中国工艺美术代表团团长，赴苏联举办中国工艺美术展览，期间，他考察了苏联工艺美术生产和教育的情况。1956 年，中央工艺美术学院筹委会成立，庞薰琹参与负责具体筹建工作。11 月，中央工艺美术学院举行建院典礼，庞薰琹以副院长的身份在大会上做学院建设情况的报告。1957 年，庞薰琹被错划为"右派"，撤销副院长职务。在逆境中，庞薰琹并没有消沉，他开始默默潜心研究中国历代装饰艺术。从 1959 年起，他开始为装潢系开设传统装饰绘画课程；并以顽强的毅力、严谨的治学态度完成了《中国历代装饰画研究》初稿，该书于 1982 年出版，成为中国美术史研究的一部重要的填补空白之作。

1976 年粉碎"四人帮"后，庞薰琹重获精神解放。他不顾年事已高，到全国各地去讲学、写生，开始水墨画创作，精心培养研究生。1979 年，学校宣布为他恢复政治名誉。1980 年，庞薰琹加入中国共产党，恢复中央工艺美院副院长职务。他积极推动学院的教学工作。1983 年 11 月，"庞薰琹画展"在中国美术馆举行，展出包括油画、水彩、工笔、水墨、白描、速写等作品 101 幅，这是庞薰琹自解放以来的第一次画展。

庞薰琹曾任全国美协常务理事，著作有《图案问题的研究》《庞薰琹画辑》《工艺美术设计》《中国历代装饰画研究》《论工艺美术》《就是这样走过来的》等。

1985 年 3 月 18 日逝世，享年 79 岁。

陶葆楷

陶葆楷（1906 年 10 月—1992 年 2 月）江苏无锡人。土木工程与环境工程学家。

1920 年考入清华学校，1926 年毕业。同年赴美留学，先在密歇根大学，后在麻省理工学院学习。1929 年获麻省理工学院土木工程学士学位。1929 年至 1930 年入哈佛大学卫生工程学系学习，获卫生工程硕士学位，并于是年暑假参观纽约、华盛顿、芝加哥等城市的给排水工程。1930年至 1931 年在德国柏林理工大学进修，寒假参观柏林的给水厂及污水处理厂，其后又前往法国、荷兰、比利时和英国考察。1931 年回国，受聘于清华，任清华大学土木工程学系教授。1935 年编写了我国给水工程方面最早的一本中文教科书《给水工程》，满足了教学的需要。他讲课中实行重点教授，逻辑性强，层次分明，生动有趣，学生欢迎。他积极建立卫生工程实验室。为做细菌试验，他到协和医院去学习，写了水分析实验讲义。在每个实验后面，他都列有几个要求学生回答的思考题。学生做完实验后，要写出报告，以加深对实验的理解。于教学之外，他还步入社会，做城市卫生工程的实际工作。他主动与协和医学院公共卫生系主任合作，在北平东城区设立一个公共卫生事务所，其中的环境实验由清华大学负责，包括水井改良、厕所改建、垃圾处理和食品卫生等。上述合作研究成果，陶葆楷曾有一篇详尽的报告刊登在清华土木工程学会会刊上，美国土木工程师学会的 *Civil Engineering* 杂志，也有一篇报导北平的水井改良。1936 年夏他向学校告假半年，赴南京卫生署任高级工程师，在江宁县做农村环境卫生工作。陶葆楷作为中国代表参加国际联盟 1937 年在爪哇举行的远东国家农村卫生会议，中国代表在会上的报告中的环境卫生部分，是由陶葆楷撰写的。以上实际经验，经他去粗取精地加工，逐步反馈到理论教学中去，使课程内容更加生动和丰富。

抗战后，1940 年 8 月，陶葆楷任西南联大工学院土木工程学系主任。除继续讲授"给水工程"外，还开设"下水工程卫生工程实验""水力学""工程测量""军事卫生工程"等课。他同时用中文编写《下水工程》和《军事卫生工程》两门教材。

抗战胜利，1946 年清华大学复员回到北平后，陶葆楷除继续担任土木工程学系主任外，还任工学院代院长（1946 年 8 月至 1948 年 7 月）。他协助梅贻琦校长突破种种困难，尽力扩充工学院，增设了建筑工程学系和化学工程学系，加上原有的土木、机械、电机和航空 4 系，工学院达到了 6 个系的规模。

1948 年 9 月至 12 月，陶利用教授休假一年的机会，赴美国哈佛大学研究。1949 年 1 月至 6月，任台湾大学土木工程学系教授。1949 年 7 月毅然返回大陆，任广州岭南大学土木工程学系教授。1950 年 7 月至 1952 年 7 月，任北京大学土木工程学系教授。1952 年 8 月全国院系调整，陶葆楷调回清华大学任教授，并历任土木工程学系给水排水教研组主任、土木工程学系副系主任和系主任。1960 年土木、建筑两系合并为土木建筑系，陶葆楷与梁思成同为系主任，直至"文化大革命"爆发。陶葆楷主持了土木系内工业与民用建筑、工业与民用建筑结构、给水排水与采暖通风等专业的建设，对各项教学环节的完善和实验室的建设倾注了大量心血。他从 20 世纪 50 年代中期就着手进行暴雨强度分析方法及计算公式的研究，提出了适应于我国条件的暴雨公式，编写了"暴雨强度分析方法"，经国家基本建设委员会批准，被收入设计规范，并自 1975 年在全国试行。

为了适应我国环境保护事业发展的需要，经陶葆楷倡议，于 1977 年在清华大学建立了我国第一个环境工程专业。1981 年，陶葆楷以七十五岁高龄，不辞辛苦，四处奔走呼吁，在国家环保局支持下，成立了由清华大学和中国环境科学研究院合作的环境工程研究所，陶葆楷任所长，为环境工程学科研究开创新局面打下了基础。

陶葆楷长期从事给水排水和环境工程的教学和研究，是我国现代给水排水工程教育的创始人之一。他从教 60 年，为人师表，桃李满天下。他的许多学生早已是我国土木工程、市政工程和环

境工程方面的领导干部或学术、技术带头人。他一生谦虚谨慎，平易近人，极其热心扶植和帮助中青年干部和教师。为表彰他对环境教育事业的贡献，清华大学环境工程学系于1986年特设立陶葆楷奖学金。

陶葆楷还曾任许多重要职务：第六届全国政协委员，第四、五届北京市政协委员，中国土木工程学会常务理事、名誉理事，中国土木工程学会给水排水学会顾问，中国环境科学学会常务理事、顾问，环境工程学会顾问，北京市人民政府给水排水顾问组组长，九三学社中央常委、北京市常委，九三学社中央参议委员会常委等。因他在市政工程及环境教育事业中作出的卓越贡献，国务院环境保护委员会、国家教委特向他颁发了荣誉奖状及证书。

陶葆楷撰有论文《城市雨水道设计雨量公式的研究》《臭氧在水处理中应用》等，编著《给水工程学》《军事卫生工程》，合编《排水工程》等。

陶葆楷1992年2月16日在北京逝世，享年86岁。

李广田

李广田（1906年10月—1968年11月）号洗岑，曾用笔名黎地、曦晨等，山东邹平人。现代散文家、诗人。

自幼家境贫寒，读完县城师范讲习所后在家乡小学任教。第一次大革命时，在山东第一师范学校读书，加入共产主义青年团，与朋友组织书报介绍社，因介绍鲁迅、郭沫若的书籍及苏联作品，被捕入狱。北伐军打到济南，方被释放。后考入北京大学外语系学英、日、法文。1930年前后开始发表诗和散文。1935年北大毕业后，回济南中学任教。这时期的作品有：《创作论》《汉园集》《画廊集》和《银狐集》。1937年抗战全面爆发，随济南初级中学流亡，经河南、湖北到四川，在国立六中任国文教员。沿途目睹了高涨的抗日救亡运动，接触了一些地下党员，思想有了很大进步。他在学生中传播进步思想，为国民党政府所痛恨，被解聘后到叙永西南联大分校教书。1939年出版散文集《雀蓑记》。1941年到昆明西南联大任教，开始用马列主义观点讲授文学理论，并参加各种进步的文艺活动，与闻一多、朱自清来往密切。这期间出版散文集《回声》《灌木集》，诗论集《诗的艺术》。1945年"一二·一"惨案发生，参加游行示威及为四烈士出殡等活动。1946年，李公朴、闻一多的被害，提高了他的政治觉悟，坚定了斗争意志。这时期出版了短篇小说集《金坛子》等。1946年秋，到天津南开大学任教，在反饥饿、反内战运动中站在进步学生一边，发表指斥国民党法西斯暴行的讲话，遭到国民党通缉后，1947年经朱自清介绍，转清华大学中文系任副教授，出版长篇小说《引力》。1948年任中文系教授。同年加入中国共产党。同年出版散文集《日边随笔》，文艺短论《文学书简》和《文学枝叶》。1948年12月清华园解放，1949年任清华大学中文系主任。是年7月，参加第一次全国文艺工作者代表大会，当选为全国文联委员、理事。1951年任清华大学副教务长，还负责编《闻一多选集》《朱自清选集》并写序。同年出版散文集《西行记》。1950年出版文艺评论《论文学教育》。1952年调云南大学任副校长，后任校长、昆明作家协会副主席。1956年当选为中共第八次全国代表大会候补代表，列席党的"八大"。同年出版《散文三十篇》。1958年出版诗集《春城集》。他还致力于少数民族文学的整理与研究，出版了叙事诗《阿诗玛》《线秀》及各民族诗选《金花银花献给毛主席》《一滴蜜》等，并担任影片《阿诗玛》的文学顾问。1962年还发表《花潮》《山色及其它》《或人日记抄》等散文。"文化大革命"中受到迫害，1968年11月于昆明含冤去世，享年62岁。1978年平反昭雪。

香港文学研究社出版了《李广田选集》。之后，《李广田散文选》《李广田文集》等作品集相继出版。2010 年，《李广田全集》（6 卷）由云南人民出版社出版。

孟昭英

孟昭英（1906 年 12 月—1995 年 2 月）河北乐亭人。电子学家、物理学家。

1906 年 12 月 24 日，孟昭英出生于河北乐亭县一个偏僻乡村。3 岁丧父，在长兄的帮助下，得以完成小学、中学至大学二年级。后长兄生意破产，无力供他上学，孟昭英靠贷金、工读和奖学金得以继续学习。艰苦的生活培养了他努力勤奋的品格。1928 年，孟昭英从燕京大学毕业，获学士学位，并以优异的成绩获得斐陶斐（ΦΤΦ）荣誉学会金钥匙奖。毕业后留校任助教兼读研究生课程，1931 年获硕士学位并被提升为讲师。1933 年，孟昭英获得美国洛克菲勒基金资助，到美国加州理工学院攻读博士学位。在波泰盼柯（G. Potapenko）教授指导下，他在写作博士论文《利用巴豪森-库尔茨效应产生厘米电磁波》的工作中研制成功振荡波长仅 1 厘米的真空管，创造了最小真空管和产生最短微波波长的世界纪录。论文在美国无线电工程师学会（IRE）洛杉矶分会上宣读，当地新闻媒体对此项成果予以了报道。1936 年获博士学位。

1936 年，孟昭英学成回国，任燕京大学副教授，讲授无线电及电子学方面的课程。他是国内较早开设这类课程的学者之一。

1937 年 7 月，中国物理学会计划在杭州召开学术年会，孟昭英从北平赶到天津，等船南下。正逢"七七事变"爆发，会议被取消。在天津，他遇到也准备南下的吴有训、周培源、赵忠尧等清华大学物理系教授，在了解到北平情况后，只身从天津随清华大学南下到长沙，并在由北大、清华、南开联合组成的长沙临时大学任教。在长沙，他还建立了一个业余无线电台，教部分学生掌握无线电收发报技术。

1938 年起，孟昭英任清华大学无线电研究所教授，同时兼西南联大物理系教授。在孟昭英和任之恭（所长）、范绪筠、叶楷等教授的指导下，在无线电研究所担任助教和进行研究工作的先后有林家翘、毕德显、戴振铎、王天眷、陈芳允、慈云桂、张恩虬等，他们后来都成为国内外著名科学家。在此期间，孟昭英克服各种困难，完成了三极管射频放大器线性调幅的研究工作。此项成果发表于 1940 年美国无线电工程师学报（PIRE）上，受到国际同行的关注。

1943 年，孟昭英利用学术休假的机会，应邀赴美国加州理工学院担任客座教授，兼做研究工作。在那里，他和同事们完成了在微波波导中精密阻抗测量的工作，该项成果获得专利。1944 年，孟昭英转到麻省理工学院的辐射实验室，加入美国政府战时研究项目"超短波"的研究。他担负了 10 厘米波段雷达系统中发送-接收开关（T. R. Box）的研究课题，其要求是使雷达只用一副天线就能实现发送很强的微波脉冲后随即可以接收微弱的反射波信号。孟昭英以其深厚的电磁波、气体放电和元素放射性等基本理论知识和实验研究技能，很快完成了任务。孟昭英的这项贡献在当时深得美国雷达工程界的赞许。在那段时间内参加该辐射实验室工作的中国科学家们为反法西斯战争的胜利贡献了力量。在此期间，他还与两位助手合作完成了关于微波波谱学课题的实验研究。他们的论文《氧的毫米波吸收谱》发表后引起了较大的反响，他们开创的实验技术与方法后来广被采用。此文对后来蓬勃发展的波谱学起到早期开创的作用。

1947 年，孟昭英放弃美国优厚的待遇和优良的工作条件，毅然回到祖国，任清华大学物理系教授。而在等待回国期间，他想方设法筹集美金为清华大学购置了一批建立无线电电子学实验室

必要的元器件和仪器仪表，并托运装船运回北京。他为物理系和电机系电信组开设"电磁波和电子器件"课程，开创了我国开设微波电子学课程的先河。之后，他还为物理系开设了"无线电学""电波学"等课程，并充实仍在续建的电子学实验室，为学生开出了十多个以计时电路、脉冲电路和微波为主的实验项目。

1952 年院系调整后，清华大学成立无线电工程系，孟昭英任系主任。他全身心地投入到无线电系的建设工作中。为了改变国家发展电子工业与军用电子装备所急需的真空电子器件几乎全部依赖进口的现状，1953 年无线电系增设电真空专业，孟昭英兼电真空教研组主任，他在充实教材、增建实验室和培养师资方面开展了一系列卓有成效的工作，使清华大学的电真空专业得到迅速发展。之后，无线电系又设立了半导体专业。

1955 年，孟昭英当选为中国科学院技术科学部委员。1956 年，孟昭英应邀参加了国家《1956—1967 年全国科学技术发展远景规划》，并担任电子学组副组长。同年，参与筹建中科院电子学研究所。1956 年年底，孟昭英参加了中科院组织的代表团赴苏联和东欧国家进行科学考察。在繁重的教学工作、科研组织工作之余，孟昭英没有放弃科研工作，他先后在《清华大学学报》上发表论文《五极管电阻电容耦合放大器的设计原理和步骤》《电子注管的多重调制法》，和同事一起翻译出版了《无线电基础》《电子管》等专业著作和教材，出版了《电磁振荡和电磁波》等专著。

1957 年，孟昭英被错划为"右派"。在逆境中，他仍然坚持完成了教材专著《阴极电子学》一书。

1979 年，孟昭英的错划"右派"得到改正，他的一级教授职务和学部委员称号先后得以恢复。恢复工作以后，孟昭英任物理教研组教授。他把主要精力放在人才培养和国际学术交流方面。他多次率代表团赴美考察和出席会议，为中美科技交流做出了贡献。1984 年，清华大学恢复物理系。孟昭英参加了"谐振电离光谱学"研究组。指导激光单原子探测技术研究，推动了清华大学激光单原子探测技术重点实验室的建设，取得多项重要研究成果，并指导了多名博士生。

此外，孟昭英曾任西安电子科技大学和北京理工大学名誉教授、中国电子科技大学兼职教授；中国电子学会理事和科普委员会副主任、中国真空学会名誉理事、中国电源学会名誉理事长、《科技导报》主编、中国电子学会科普丛书主编等。是九三学社中央参议委员会委员、北京市第五、六届政协委员。

1995 年 2 月 25 日逝世，享年 89 岁。

章名涛

章名涛（1907 年 7 月—1985 年 1 月）祖籍浙江宁波，生于北京。电机工程学家。

1924 年上海圣约翰中学毕业。同年，入英国杜伦大学（University of Durham）阿姆斯特朗学院（Armstrong College）攻读电机工程。1927 年以第一名的成绩获工程科学学士学位。由于成绩优异，学校给他颁发了可到任何工厂工作的证书。毕业以后，章名涛到英国曼彻斯特（Manchester）茂伟（MV）电机制造厂实习，同时在曼彻斯特工业大学夜校攻读学位。1929 年完成了《长输电线上行波理论》的科学论文，获硕士学位。接着他又到英国林肯 Ruston Hornsby 柴油机厂实习，同时准备攻读博士学位。但因父病重，于 1929 年 12 月匆匆回国。

1930 年，他受聘于浙江大学电机系任副教授。翌年赴上海亚洲电气公司任工程师。

1932 年秋，章名涛应当时清华大学工学院院长顾毓琇的邀请到清华大学筹建电机系，并被聘为教授。抗日战争全面爆发后，随校南迁，先后任长沙临时大学、昆明西南联合大学教授。1942 年任联大电机工程学系主任。抗战胜利以后，章名涛应邀到上海接收电车公司。在上海两年多的时间里，他目睹了国民党的腐败，于 1948 年 9 月，愤然离开上海北上，回到了阔别已久的清华园。1949 年 5 月，任电机工程系系主任。

1953 年他加入中国民主同盟，曾任民盟北京市委员会委员。他是第四至六届全国政协委员。1955 年被选聘为中国科学院技术科学部委员、常务委员、电工学科组组长。他曾任中国电机工程学会常务理事，《高等学校自然科学学报》电工、无线电、自动控制版主编等职，他还是清华大学校务委员会委员。1956 年他参加了我国十二年科学技术发展远景规划的讨论和制定，并担任电工学科规划方面的负责人。

章名涛从 1942 年起先后担任西南联合大学和清华大学电机系主任近 20 年，为电机系的建设和发展作出了重要贡献。章名涛十分重视电机系各学科的发展，根据国家工业建设的需要，安排有培养前途的青年教师主攻新的学科方向。他对当时新的专业方向，如高电压技术、量测技术、自动控制技术等的建设与发展都做了精心的安排。这些学科方向有些后来逐步建立了新的教研组，为培养适应我国电力工业发展需要的人才奠定了基础。章名涛还十分重视电机系的科学研究工作，他认为提高师资水平是提高教学质量的关键，而对师资水平起重要作用的是教师的科研水平。在制定国家十二年科学技术发展远景规划的同时，他确定了清华大学电机工程学系在科学研究方面的两个主攻方向：一个是大电力系统中高压、输电及主要设备的制造问题；另一个是有关工业企业的自动化和远距离控制问题。在章名涛的具体领导下，使清华电机系在国内各高等院校同类型的系中长期以来一直处于第一流水平。

章名涛非常重视全系科学作风的培养。他经常教育学生治学应该严谨，为人应该清正。在他的影响下，全系形成严格认真的教学作风，对青年教师更要求他们从基本训练做起。1992 年 4 月，老校友朱镕基副总理在祝贺电机系建系 60 周年时写道：四十多年前，母校电机系主任章名涛教授在一次会上对我们讲过这样一段话："你们来到清华，既要学会怎样为学，更要学会怎样为人。青年人首先要学'为人'，然后才是学'为学'。为人不好，为学再好，也可能成为害群之马。学为人，首先是当一个有骨气的中国人。"当时这一席话，深深地打动了每一个同学的心，使大家终生难忘，对学生的健康成长产生了积极的影响。

章名涛先后讲授过电工原理、应用电子学、微分方程、直流电机、交流电机、输配电工程、发电厂、电磁测量、电机设计、电机电磁场等多门课程。他讲课以重视基本概念及理论分析严谨而著称。章名涛多年主讲交流电机，曾编写"交流电机""电机设计"等讲义。1962 年，学校安排他休假一年，专门编写电机学教材。这本由章名涛担任主编的《电机学》（上、下册）于 1964 年由科学出版社出版。该书本着少而精的原则，着重阐明物理概念，深入浅出，与过去国外教材相比，在理论概念的阐述和分析方法上都具有独到之处，是具有特色的我国第一部电机学教科书。科学出版社还曾将这部书推荐为国际交流的优秀图书。该书在国内各高等学校和电机工程技术界广泛使用，从 1964 年至 1977 年印数达 30 多万册，得到国内外赞誉。

20 世纪 30 年代，章名涛发表的有关电机电磁理论的论文约十余篇。主要有《磁场线图略论》《凝电器电动机》《同期感应电动机》《同步机在周期性振荡中的阻尼系数》《评兰司道夫著直流电机》《单相感应电动机之理论及"张量"分析》《税格电动机》等。第一次系统的将"张量"分析在电机理论中的应用引入我国的电机工程界，对我国电机理论的发展作出了积极贡献。其中《评兰司道夫著直流电机》一文对当时权威性的美国教材进行了评论，指出其错误之处。他还不断将国外有关电机电磁方面的重要论文介绍给国内读者，如关于电机漏抗、同步电机双反应理论等方面的多种论文。1977 年合作翻译在国外刚问世的《异步电机中谐波磁场的作用》（*Harmonic Field Effects in Induction Machines*）一书，在翻译中纠正了原著理论推导或印刷错误三百余处。该译著 1982 年获机械工业出版社优秀图书二等奖。早在 1964 年，章名涛针对提高研究生教学水平的需要，为研究生讲授了新课"电机电磁场"，并编写了教材，在校内油印出版了国内第一本《电机的电磁场》。1976 年在已毕业的研究生肖如鸿的帮助下，他在身患重病的情况下以顽强的毅力整理编写了这部 40 万字的书稿，并于 1988 年由机械工业出版社出版。

1985 年 1 月 9 日，章名涛在重病十余年后，终因肺炎不治而病逝，享年 78 岁。

赵九章

赵九章（1907 年 10 月—1968 年 10 月）生于河南开封，原籍浙江吴兴。气象学家、地球物理学家。

1925 年考入浙江工业专科学校电机系（浙江大学工学院前身）学习三年。1933 年清华大学物理系毕业，获理学士学位，留校担任助教。次年 10 月考取清华庚款公费留学，先到南京中央研究院气象研究所在竺可桢指导下做出国前的气象实习和初步研究工作，写出了我国分析东亚气团的第一篇论文。

1935 年 7 月，赵九章在德国柏林大学 H. Von Ficker 和 A. Defant 教授指导下攻读动力气象学、高空气象学和动力海洋学。1937 年完成论文《关于信风带的热力学的研究》，1938 年获博士学位。同年回国，任昆明西南联合大学地质地理气象学系、航空工程学系副教授，1939 年任教授。同时为清华大学航空研究所研究员，先后讲授"理论气象学""大气物理学""高空气象学"等课程，并编写出我国第一本动力气象学讲义，为我国培养了首批气象科学人才。

1941 年，赵九章兼任四川重庆北碚中央研究院气象研究所研究员，同时任气象学会理事。1944 年，受竺可桢推荐担任气象研究所代理所长。这期间，发表了《非恒态吹流理论之研究》论文。

1946 年 1 月，受中央研究院委派，赵九章到伦敦参加国际气象会议，之后赴美国讲学、访问。1946 年 12 月回国，1947 年 1 月任中央研究院气象研究所所长，同时还担任中央大学气象系教授。气象研究所从四川迁回南京后，他多方延聘人才，集合了一批地震、地磁方面的研究力量，进行了关于东亚气团、锋面、天气系统、东亚大气环流等方面的研究。

赵九章于 1950 年 6 月任中国科学院地球物理研究所所长。1951 年任中国气象学会理事会常务理事，1959 年任理事长，1958 年任中国地球物理学会理事长。1958 年，兼任中国科学技术大学地球物理系主任。是第一届全国人大代表，第二、三届全国人大常委，第二届全国政协委员，第三届全国政协常委，九三学社第四届中央委员会委员。他曾多次率团赴苏联、波兰、瑞典等国访问或参加国际学术会议，对中外文化科学技术交流作出了贡献。1955 年 5 月被选为中国科学院生物学地学部委员。1956 年曾参加制定我国科学技术发展规划的工作。

赵九章毕生致力于我国科学事业，在大气科学、地球物理和高空物理方面取得重要研究成果。在气团分析、信风带热力学、大气准定常活动中心、有关带电粒子和外层空间磁场的物理机制等方面的研究是奠基性的。

他是我国地球科学物理化和新技术化的先驱。他把数学、物理学及新技术引进气象和地球物理的研究，建立和发展了我国动力气象、大气环流、数值天气预报和云雾物理等学科。经他建议，1950年建立了我国的联合天气分析预报中心和联合资料中心，使我国的数值天气预报研究工作迅速接近国际水平。在其指导和参与下，画出了我国自己分析的第一张北半球天气图。他带领青年同志做成水银气压表，研制浮杆目测仪、测波望远镜、海浪波谱分析仪，在青岛建立了海浪观测站。与顾震潮一起，开展了我国的云雾物理研究工作。20世纪50年代末期，又开展了我国空间物理学和空间探测技术方面的研究，为创建我国空间科学和探测技术作出了贡献。他还参与了我国核武器、导弹试验中大气科学与高空物理学的研究，为研制中国的人造卫星作出了重要贡献。

他发表论著近三十篇，主要的有《中纬度带状大气环流之稳定度》《十年来中国气象学研究的进展》《太阳风、外空磁场及低能带电粒子探测之进展》《地球高层大气及外空间的几个问题》《高空大气物理学》（上册，主编）等。他关于近地空间环境的研究获1987年国家自然科学三等奖。

1968年10月26日在北京逝世，享年61岁。

赵访熊

赵访熊（1908年10月—1996年11月）江苏武进人。数学家。

1908年，赵访熊出生于江苏省武进县一个工商业地主家庭。1922年考入清华学校。在清华学习的六年间，赵访熊全面发展，不仅数理化、英语成绩优秀，跳级一年，而且他还培养了广泛的文体爱好。

1928年，赵访熊以优异成绩毕业，赴美国麻省理工学院电机系学习。在麻省理工学院期间，赵访熊的学习成绩同样出色，成为全年级选出的5名荣誉生组的成员之一，按规定，他可以不听课，只参加考试，可以更多地自由选学其他系的课程。他感到电机工程课中数学原理未讲明白，为进一步搞清有关数学理论，又选学了不少数学系课程。大学毕业时，导师给赵访熊一个关于电磁场强度的理论性课题，该课题要用到的数学知识多，他圆满完成了这个课题，受到导师赞赏。他的论文经导师推荐，发表在美国《数学物理学报》上（1931年第10卷）。这是赵访熊涉足应用数学研究的第一篇学术论文。

1930年，赵访熊从麻省理工学院毕业，获学士学位。同年，被哈佛大学研究院录取为研究生，这成为他一生从事数学教育与研究的转折点。哈佛大学数学系名师云集，为赵访熊的数学学习提供了良好的条件，也为他日后从事数学研究打下坚实的基础，他各门功课成绩优秀，1931年获哈佛大学研究院数学硕士学位。

1933年，赵访熊收到时任清华留美学生监督赵元任的通知，希望他回国，为清华大学算学系助一臂之力。面对母校的召唤，赵访熊毅然中断学业，返回祖国，他被学校聘为专任讲师。1935年被聘为教授。曾讲授"高等微积分""高等几何""微分几何"等多门数学课，还受聘到北京大学数学系讲授"微分几何""黎曼几何"等课程。自1937年起，赵访熊还担任电机系"微积分"课程的教学任务。

1937年"七七事变"爆发，赵访熊随学校先后迁至长沙、昆明，在那里度过了八年多艰苦岁

月。在联大期间，赵访熊一直承担着算学系、电机系两系的教学任务，先后讲授"微分方程""高等微积分""运算微积""矢量分析""复变函数论"等课程。1943年6—11月，赵访熊担任西南联大理学院数学系主任兼师范学院数学系主任。他还多次被评选为清华评议会成员。1944年至1945年在昆明兼任战地服务团英文报刊特约编辑及战地服务团第二招待所华语教员，昆明译员训练班英文会话教员，赵访熊为中国的抗战事业贡献了自己的一份力量。

1946年学校复员后，赵访熊回清华大学任教授，并代理数学系主任一年。1947年11月起，休假一年赴美国麻省理工学院数学系做研究工作。1948年回国。1952年加入中国民主同盟。

1952年院系调整，清华大学成为多科性工科大学。赵访熊因长期担任工学院电机系"微积分"课程的教学工作，对理工科数学教学有丰富的经验，学校希望他留在清华。他愉快地服从安排，担任高等数学教研组主任及基础课委员会副主任。赵访熊一边领导组织制订"高等数学"教学大纲，同时还要为青年教师讲课示范，帮助他们学习苏联教材，掌握教学要求，使教学迅速走上轨道。1956年，赵访熊到苏联列宁格勒大学和莫斯科大学进修计算数学并从事研究。1958年回国后，他参与创办计算数学专业，担任工程数学力学系副主任兼计算数学教研组主任，曾讲授"计算方法"课并指导计算数学研究生，为培养我国第一批计算数学专业人才作出了贡献。与此同时，赵访熊在计算数学研究方面也取得许多成就。从20世纪50年代初到1966年，他先后在《数学学报》《中国科学》《清华大学学报》等学术刊物上发表十多篇学术论文，其研究成果主要是线性方程组数值求解、高次方程求根和结合实际问题的数值方法。在线性方程求解，除了斜量法，还有差分方程法和列表计算法。在高次方程求根方面，他给出了能求出高次代数方程全部根的"路斯表格法"，该方法便于在计算机上计算又不存在收敛性问题，比常用的各种迭代法求根优越。对林士锷提出的解高次方程"劈因子法"，他给出了收敛性理论证明，因此这个方法也称为"林士锷-赵访熊法"，这是求高次方程根的有效方法。此外，他还给出求复根的牛顿法、复系数高次方程解法以及判断代数方程在单位圆外根的个数的方法。赵访熊的研究工作注意与生产实际结合，很多问题都是工程技术人员向他求教时提出的。

1962年—1966年赵访熊担任清华大学副校长，负责全校基础理论的教学工作。

赵访熊还为我国高等工科数学教育付出了巨大心血。1949年，他编写出版了我国第一本理工科大学微积分教材。之后又编写出版了《微积分及微分方程》《高等数学》《高等数学参考书》等教材。1961年，他担任了全国工科院校高等数学教材编审委员会副主任，先后主持制定了全国工科专业高等数学和工程数学教学大纲、教学基本要求及教材建设规划，并审定出版了一批工科数学教材。

1974年，赵访熊赴山东胜利油田地质调查指挥部参加开门办学，一边培养工农兵学员，一边还承担了"石油地震勘探数学处理软件"的科研项目。该项合作研究成果"石油地震勘探数字处理软件"获1978年全国科学大会成果奖。

1978年12月，赵访熊再次担任清华大学副校长。1980年兼任应用数学系主任，他为该系的恢复和发展作出积极努力。1981年，以他为博士生导师的计算数学博士点成为国内第一批博士点。此外，他还先后担任校务委员会副主任、国务院学位委员会学科评议组成员、中国数学学会计算数学分会理事长、《数学学报》编委、《应用数学与计算数学》编委会主编等职，及民盟第四、五届中央常委、中央参议委员会常委和北京市委副主任委员，第三届全国人大代表，第五、六届全国政协委员。

1996年11月29日逝世，享年88岁。

黄文熙

黄文熙（1909 年 1 月—2001 年 1 月）江苏吴江人。岩土工程学家。

1929 年，黄文熙毕业于中央大学土木工程系，获工学士学位。在中央大学留校任助教一年半之后，到上海慎昌洋行建筑部任结构设计员。工作期间，黄文熙已崭露出在结构设计方面的才华，他先后承担了几座混凝土建筑与钢结构建筑的设计任务，创造了设计框架结构的力矩直接分配法，被时任领导称誉为"有解决困难的特殊能力"。

1933 年，黄文熙考取清华大学第一届留美公费生，专业为河工。按照相关规定，清华安排黄文熙先在国内参观实习一年，并指定著名水利工程学家李仪祉、沈百先作为他的导师。之后，黄文熙参观了长江、黄河、淮河以及陕西等地的水利工程，对国情有了初步的了解。1934 年 9 月，黄文熙赴美入艾奥瓦大学学习。1935 年初，他转入密执安大学，师从铁木辛柯（Timoshenko）和金（King）两位教授学习力学和水工结构。同年 9 月，获得硕士学位，并因成绩优秀而被授予斐陶斐荣誉奖章，被批准攻读博士学位。他仅用一年半的时间就完成了题为《格栅法在拱坝、壳体和平板分析中的应用》的博士论文。论文受到导师和答辩委员的赞赏，当时的《底特律日报》和《密执安日报》都发表专文，赞扬他"是密执安大学多年来才华最出众的学生"，"在结构与水利工程两个领域中取得了杰出的成就"。为此，密执安大学授予他"雪格麦赛艾"荣誉奖章。1937 年 1 月，黄文熙获博士学位后，在美国垦务局实习半年，并到美国十几个大坝建筑工地参观考察。这段实习经历，使黄文熙"深切体会到对大坝工程设计与施工技术深入研究与认真参加实践的重要性"。

1937 年，黄文熙接受中央大学邀请，于抗日战争爆发前夕回国。由于该校已内迁，他先后在杭州浙江水利局和西安东北大学临时工作。1937 年 12 月，黄文熙任中央大学水利系教授和系主任，他为土木系和水利系学生开设土力学课程，并筹建了土工实验室，这在国内高校均属创举。此外，他还先后兼任水利部水利讲座、中央水利实验处特约研究员、水工实验室主任等职。抗日战争胜利后，随校迁返南京。20 世纪 40 年代，黄文熙不顾身患重病，坚持教学和科研工作，进行了农田灌水法、挡土墙土压力研究、水工建筑物土壤地基的沉降量与地基中的应力分布等方面的研究，多次受到当时水利部的嘉奖。

1949 年后，黄文熙先后任南京大学、南京工学院、华东水利学院教授，兼任南京水利实验处处长，为建国初期我国的水利水电建设做了大量的工作。

1955 年，黄文熙当选为中国科学院技术科学部委员。1956 年加入中国共产党。同年，他参加制定我国科技发展十二年远景规划。

1956 年起，黄文熙任清华大学水利系教授，兼任水利部水利科学研究院副院长。1958 年，水利部、电力工业部和中国科学院所属的三个水利水电科研单位合并成立了水利水电科学研究院，他仍任副院长，领导学术工作。在他的带领下，水科院在科研机构设置、设备、学术队伍建设等方面有了很大发展，研究成果和研究水平不断提高，成为国内水利水电研究的权威机构。黄文熙本人也结合工程实验作出了许多带有开创性建设性的研究成果。他引进和推广了许多先进技术，如砂井预压法加固软土地基，用反滤法和减压井防止渗透破坏，用补偿基础原理建造不用桩基的水闸，用就地浇筑混凝土防渗墙阻止砂砾地基的地下渗漏等。结合我国水中填土坝和水坠坝的大量兴建，他对坝体填土的特性、坝体孔隙水压力的估算及施工特点，从理论和试验上予以分析验证，丰富和推广了这一具有中国特色的筑坝技术。他也积极参与了黄、淮、海和大西南、三峡等国家重大水利水电工程的咨询工作。在土力学方面，他所创议的振动三轴仪及其试验方法，已为国内外广泛采用，并已成为常规的动力试验手段。

1978年，黄文熙以近古稀之年担任清华大学水利系土力学教研组主任。在此后的20余年，他将全部精力投入到清华大学岩土工程的学科建设和人才培养中。面对因"文化大革命"造成的我国土力学学科远远落后于国际先进水平的现实，黄文熙开始了重建土力学学科的工作。他从组织学术梯队、培养人才入手，亲自给青年教师授课，组织指导中年教师的研究方向；招收第一批研究生，选派研究生出国深造。随后，他为教研组确定了以土的本构关系为今后研究的主攻方向，组织队伍开展研究，并建成了20世纪80年代初国内在仪器设备和土工试验技术方面最先进的土工实验室。在他的指导下，土的本构关系研究课题组经过多年努力，建立了"清华弹塑性模型"，做了大量的验证工作，也用于实际工程的计算分析，受到国内外同行的推崇。这一科研成果于1987年获得了国家自然科学三等奖。1984年，黄文熙亲自率团到西欧、日本、美国考察，促进指导清华建成了国内功能最完善的土工离心模型试验装置。此外，他还组织专人进行渗水力模型试验，支持对旁压仪试验的理论研究，大力开展水力劈裂试验和机理研究，积极支持土工合成材料在水利工程中的应用。在这一时期，黄文熙还为我国培养了一大批岩土工程的优秀人才。他所指导的岩土工程硕士、博士学科点，是清华大学建立的第一批硕士、博士点。黄文熙对学生严格要求，他指导的第一个博士生的毕业论文受到一致好评，成为岩土工程界博士论文的典范。

黄文熙历任中国水利学会副理事长、中国水力发电工程学会副理事长、中国土力学及基础工程学会理事长。是第三届全国人大代表，第二、第三届全国政协委员。代表作有《格栅法在拱坝、壳体和平板分析中的应用》《水工建筑物土壤地基的沉陷量与地基中应力分布》《砂基和砂坡的液化研究》《土的弹塑性应力—应变模型理论》等。著有《水工建设中的结构力学与岩土力学问题》，主编《土的工程性质》。

黄文熙是我国土力学学科的奠基人之一，新中国水利水电科学研究事业的开拓者之一。

2001年1月1日逝世，享年92岁。

张岱年

张岱年（1909年5月—2004年4月）字季同，别名宇同。河北献县（今沧县）人。哲学家。

1909年5月23日，张岱年生于北京。父亲张濂是清末进士，1907授职翰林院编修，民国时曾当选为众议院议员。张岱年三岁时随母亲回乡居住，并接受私塾教育。1920年母亲去世后，张岱年回到北京继续上高小。1923年考入北平师范大学附属中学。在初中阶段，张岱年就表现出对哲学的浓厚兴趣，常常思考宇宙人生的一些重大问题。他高一时写的《评韩》一文，被老师称赞为"大学三年级学生的论文亦不过如此"。

1928年，张岱年考取清华大学，后因故退学。之后，他考入北平师范大学教育系。在师大读书期间，他将大部分时间用于自学，一面研读中国古典哲学、中国哲学史方面的著作，一面在长兄张申府的引导下阅读西方哲学名著。张岱年对英国新实在论哲学严密的逻辑分析方法甚为称赞，并注意加以吸收，逐渐形成了他注重严密"分析"的治学方法。与此同时，他通过阅读恩格斯的《费尔巴哈论》、列宁的《唯物论与经验批判论》等著作，对辩证唯物论与历史唯物论的基本原理十分信服，认为马克思主义哲学唯物论是当代最有价值的哲学。这一时期，张岱年先后在《大公报·世界思潮》上发表《谭理》《论外界的实在》等多篇哲学论文，引起学术界的关注。

1933 年，张岱年毕业于北平师范大学。在清华大学哲学系教授冯友兰、金岳霖的推荐下，张岱年任清华大学哲学系助教，讲授"哲学概论"课程。1934 年暑期，因父丧忧伤影响健康，张岱年辞去清华教职。1936 年，张岱年回到清华哲学系继续任助教，讲授"哲学概论""中国哲学问题"两门课程。在此期间，他先后发表《辩证唯物论的人生哲学》《论现在中国所需要的哲学》《哲学上一个可能的综合》等多篇论文，涉及中西哲学史的论述、马克思主义哲学的阐述、哲学理论问题的分析以及对于文化问题的见解等方面。与此同时，自 1935 年起，张岱年集中精力专门研究中国传统哲学，于 1936 年夏著成 50 余万字的《中国哲学大纲》，这是中国近代第一本系统论述中国哲学范畴的专著，受到冯友兰、张荫麟等学者好评。张岱年所授"中国哲学问题"一课即是以该书稿为讲授内容。

1937 年"七七事变"爆发后，张岱年滞留北平。但是，他与一批同样滞留在北平城内的学者们，如陈垣、邓以蛰、张子高等，秉守民族气节，坚持闭户深居，不与敌伪来往。1943 年起，张岱年任私立中国大学哲学教育系讲师、副教授。抗战期间，张岱年虽然过着清贫艰难的生活，但他抱着对抗战必胜的信念，相继完成《哲学思维论》《知实论》《事理论》《品德论》四部书稿。这些书稿是他在 20 世纪 30 年代中期提出的唯物主义、分析方法和道德理想相互结合的见解的进一步发展与具体化及体系化。抗战胜利后，1946 年清华大学复员，张岱年应邀回清华任教，任哲学系副教授。他代赴美讲学的冯友兰讲授"中国哲学史"，并讲授"哲学概论""孔孟哲学""老庄哲学"等课程。在教书育人的同时，张岱年也在关心国家的前途命运。1947 年 5 月，在"反饥饿、反内战"运动中，面对来访的学生，张岱年发出了"今天内战的性质，是买办阶级反人民的残暴战争，知识分子无论如何应该作抗议的表示"的呼声，坚决支持学生运动。

1948 年 12 月，清华园解放。张岱年以极大的热情迎接新中国的到来。1949 年春，张岱年在清华率先开讲"辩证唯物论"课程。1950 年，张岱年为全校讲授"辩证法""新民主主义论"等大课，并受学校派遣到中国人民大学听苏联专家讲授"马列主义基础"及辩证唯物主义。期间，他还任北京师范大学兼职教授，讲"新哲学概论"，到辅仁大学讲授"辩证唯物论与历史唯物论"。当时的张岱年"每周奔驰于四校之间，工作非常紧张，但是精力充沛，不感疲劳"。1951 年，张岱年任清华大学教授。

1952 年，全国高校进行院系调整，清华大学哲学系调入北京大学，张岱年任北大哲学系教授。1954 年，北大哲学系在新中国成立后首次重开"中国哲学史"课程，张岱年讲授汉至清代的中国古代哲学。此后，张岱年不再讲授哲学理论课，专门从事中国哲学史的教学和研究。这期间，他先后发表《论王船山的唯物论思想》《张横渠的哲学》等论文，以及出版了《中国唯物主义思想简史》《中国伦理思想发展规律初步研究》等著作。1957 年，张岱年被错划为"右派"。1958 年，他的著作《中国哲学大纲》以"宇同"的笔名出版。1972 年，他参加了《中国哲学史》教科书的编写工作。

"文化大革命"结束后，年届七旬的张岱年加倍努力工作，在人才培养、学术研究等方面取得了很大成就。自 1978 年起，张岱年担任北大哲学系中国哲学教研室主任，并为研究生开设"中国哲学史史料学""中国哲学史方法论"课程。1981 年，张岱年被教育部批准为首批博导，次年，开始培养博士研究生。1980 年起，兼任中国社会科学院哲学研究所兼职研究员。1985 年，清华大学思想文化研究所成立，张岱年兼任所长。1993 年起兼任清华大学人文社会科学学院顾问，并为清华大学哲学系的复系重建及发展倾注了很多心血。这一时期，他出版了《中国哲学发微》《中国哲学史史料学》《中国哲学史方法论发凡》《求真集》《真与善的探索》《文化与哲学》《中国伦理思想研究》等多部著作，并发表了大量学术论文。进入 20 世纪 90 年代，张岱年围绕"价值观与新道德建设""中国传统哲学的基本问题与基本派别""中国文化与中国哲学的优秀传统的分析""中国文化与中国哲学发展的前景"等问题发表了一系列文章，主要有《论价值的层次》《中国文化的改造与复兴》《中国古代的人学思想》《中国古代唯物主义的理论形态及其演变》《中国哲学基本问题辨析》《论中国哲学发展的前景》等。

张岱年是中国民主同盟盟员。1983 年加入中国共产党。曾任中国哲学史学会会长、名誉会长，中华孔子学会会长。主编《中国大百科全书·哲学卷》（中国哲学史）《中华的智慧》《中国唯物论史》《孔子大辞典》等。1997 年，《张岱年全集》（370 余万字、8 卷本）出版，记录了张岱年自 20 世纪 30 年代至 90 年代 60 多年的思想历程。

2004 年 4 月 24 日逝世，享年 95 岁。

吴　晗

吴晗（1909 年 8 月—1969 年 10 月）原名吴春晗，字辰伯，号梧轩，浙江义乌人。历史学家、社会活动家。

1927 年，吴晗考入杭州私立之江大学预科，一年后转入上海中国公学大学部，不久即北上，到燕京大学图书馆工作。1931 年考入清华大学历史系，专攻明史。1934 年毕业后留校任教，讲授"明史""明代社会"等课程。当时他在胡适、蒋廷黻等师长的指导下，朝着把自己训练成"能整理明代史料的学者"的道路"逐步走去"，写有《胡惟庸党案考》《胡应麟年谱》等。同时他也流露出强烈的爱国思想，1931 年"九一八"事变后，他在给胡适的一封信中，猛烈抨击南京国民政府是"党国领袖卖国，政府卖国，封疆大吏卖国"，"翻开任何国任何朝代的史来看，找不出这样一个卑鄙无耻丧心病狂的政府"。

1937 年，吴晗应云南大学校长熊庆来之请到云南大学任教授。在云南大学任教三年，吴晗除了讲授"明史"课以外，还写了许多关于明史研究的文章，如《明代之粮长及其他》《投下考》《记明实录》《明代汉族之发展》等。

1940 年夏，吴晗转到西南联合大学任教，讲授"中国通史"，这期间吴晗的思想发生较大的转变。1943 年 7 月，吴晗加入中国民主政团同盟（1944 年改为中国民主同盟），并任民盟云南支部青年委员，主编《民主周刊》，1944 年当选民盟中央委员。他从此接受中国共产党的影响、积极从事爱国民主运动，成为坚强的民主战士。他以历史题材的杂文为武器，向国民党反动派"投枪"，发表《论贪污》《三百年前的历史教训》等文章，揭露国民党的黑暗统治。在 1945 年"一二·一"爱国学生运动中，他始终与进步学生在一起，站在斗争最前列。当蒋介石发表《告昆明教育界书》后，他立即在《民主周刊》上发表《论"一二·一"惨案与纪纲》一文进行批驳。李公朴、闻一多被害时，他正在上海，冒着生命危险参加了李、闻烈士追悼会并发表演说，写了《哭公朴》《哭一多》等悼文，痛斥国民党特务暴行。

西南联合大学结束后，吴晗返回北平，任清华大学历史系教授，继续讲授"中国通史"，1946 年 10 月任北平民盟主要负责人。在反饥饿、反内战的爱国学生运动中，他和进步学生并肩战斗。他的住宅——清华旧西院 12 号，成了中共地下组织、民盟、民主青年同盟的秘密活动据点。他主持发表民盟北平临时工委抗议美军强奸北大女学生沈崇罪行的宣言，还发表了《论南北朝》、《驳蒋介石》等文章。1948 年 8 月中旬，国民党在北平大肆逮捕爱国学生和民主人士，在地下党组织敦促和安排下，他离开北平赴解放区。11 月到达河北省平山县西柏坡党中央所在地，受到毛泽东、周恩来的接见。1949 年 1 月，北平和平解放，吴晗返回北平，参加接管清华大学，任北平军管会驻清华大学代表，后并任清华大学历史系主任、文学院院长，校务委员会常委、副主任委员等职。

1949 年 12 月，吴晗当选为北京市副市长，主管北京市的文教工作。他认真贯彻执行中央和市委的有关规定，组织力量对中小学教材进行修改，以提高中小学教学质量。同时，为培养中小学师资，筹建了北京师范学院、北京教师进修学院、北京函授大学等。此外，他还倡议出版谈迁的《国榷》，主持标点《资治通鉴》和改绘杨守敬的《历代舆地图》，发掘定陵等。

吴晗另一方面的重要工作，就是担任北京市民盟主任委员的职务。任民盟第一、二届中央常务委员、第三届中央副主席。此外，他还兼任全国青联副主席，北京市文教委员会主任、北京市中苏友好协会副会长，《新建设》杂志编委会主任，第一届全国政协委员、第二、三届全国政协常委、第一、二、三届全国人大代表，北京市第一至四届政协副主席，中国科学院哲学社会科学部委员，中国历史学会第一届理事会理事、北京市历史学会会长、中国科学院历史研究所第二所指导委员等职。

1957 年，吴晗加入中国共产党。1959 年 6 月，吴晗响应毛泽东的建议，写了《海瑞骂皇帝》一文，发表在《人民日报》上，之后又写了《海瑞》《清官海瑞》《海瑞的故事》等文章，宣传海瑞敢说真话的精神。后来又应京剧演员马连良的约请，编写了《海瑞罢官》的历史剧。《海》剧上演后，得到了公众的好评。

1965 年 11 月 10 日，姚文元在《文汇报》抛出《评新编历史剧〈海瑞罢官〉》一文，诬陷吴晗的《海瑞罢官》是"替右倾机会主义分子喊冤叫屈"，是"反党反社会主义的大毒草"。不久，吴晗和邓拓、廖沫沙一起被打成"三家村反党集团"。1968 年 3 月被逮捕入狱，1969 年 10 月 11 日含冤去世。1979 年平反昭雪，恢复名誉。

吴晗一生著述颇丰，代表作有《朱元璋传》《投枪集》《灯下集》《春天集》《海瑞罢官》《明史简述》《朝鲜〈李朝实录〉中有关中国史料》等。

费孝通

费孝通（1910 年 11 月—2005 年 4 月）江苏吴县人。社会学家、人类学家、民族学家和社会活动家。

费孝通自幼生长于一个重视学校教育的家庭。父亲费璞安曾创办吴江县第一所中学，母亲杨纫兰曾创办蒙养院（即幼儿园）。1923 年，费孝通入东吴大学附属一中，1928 年入东吴大学医预科。读完两年医预科后，受当时革命思想的影响，费孝通的思想有了改变，他认识到学医"只能治一人之病，学好社会科学才能治万人之病"，决定弃医学习社会科学。

1930 年秋，费孝通离开家乡来到北平，转入燕京大学社会学系。1932 年 9 月，美国芝加哥大学社会学教授派克应邀到燕大讲学。他鼓励社会学系的师生们走出书本和校园，深入到老百姓实际生活当中去做实地调查的社区研究方法，对费孝通产生了很大影响。1933 年，费孝通从燕京大学毕业。在老师吴文藻的建议和介绍下，他考上清华大学社会学及人类学系的研究生，跟随俄籍教授史禄国从事体质人类学研究。在史禄国的精心培养和严格训练下，费孝通在清华打下了影响其一生的学术工作的基础。在此期间，他写出了分析朝鲜人的体质类型和分析中国人的体质类型两篇论文，以优异的成绩毕业，并考取公费留学的资格。1935年暑假，费孝通遵照史禄国的指导，偕同爱人王同惠前往广西大瑶山（今金秀瑶族自治县）从事人体测量和社会调查工作。该年冬，费孝通和王同惠在瑶山迷路失事，王同惠不幸遇难，费孝通负伤。1936年，费孝通根据王同惠的调查资料整理编成《花蓝瑶社会组织》一书，由商务印书馆出版。之后，费孝通在返回家乡养病期间，对吴江县庙港乡开弦弓村进行了社会调查，这次调查的资料成为他后来博士论文的基础。

1936年夏天，费孝通赴英国伦敦经济学院留学，师从著名社会学家马林诺斯基学习社会人类学。1938年，费孝通根据开弦弓村的调查资料写成毕业论文，并获得伦敦大学哲学博士学位。该论文 Peasant Life in China（中文名《江村经济》）于1939年在英国伦敦出版后，产生了较大影响，曾被国外许多大学的社会人类学系列为学生必读参考书之一。导师马林诺斯基称赞该书"将被认为是人类学实地调查和理论工作发展中的一个里程碑"。

1938年10月底，费孝通回到正在进行抗战的祖国，就聘于吴文藻主持的云南大学社会学系，任副教授（1941年任教授）。在中英庚款的资助下，费孝通开始在昆明附近禄丰县人白厂村（费孝通称之为禄村）进行社会调查。1939年，云南大学成立与燕京大学协作的社会学研究室，费孝通一边上课，一边带领年轻的研究队伍采取社会人类学实地调查的方法，对云南的农村、工厂、少数民族地区的各种不同类型的社区进行研究，形成了《禄村农田》《易村手工业》《玉村农业和商业》等调查报告，其中前两份报告于1943年出版。1943年6月，费孝通应美国政府邀请赴美访问，历时一年。访美期间，在太平洋学会的资助下，费孝通将社会学研究室的研究成果编译成 Earthbound China、China Enters the Machine Age 两书在美国出版。

1944年9月，费孝通任西南联大法商学院社会系讲师，1945年任清华大学教授。同年，费孝通在潘光旦的介绍下，加入中国民主同盟，积极投身于抗日民主运动。他与其他学者发表声明，撰写文章，抨击蒋介石的独裁统治。1946年冬，为避免受到政治迫害，费孝通远赴英国伦敦访问。1947年春返回北平，继续在清华大学任教。这期间，他整理出版的著作有《生育制度》《乡土中国》等，译著方面有马林诺斯基的《文化论》、斐斯的《人文类型》、梅岳的《工业文明的社会问题》等。此外，还写了许多结合时事的文章，在国内各刊物发表。其中收集成小册子出版的有《初访美国》《重访英伦》《内地农村》《乡土重建》《美国人的性格》《皇权和绅权》《民主、宪法、人权》等。

1949年5月4日，清华大学新校务委员会成立，费孝通任常委。他先后负责清华大学公共必修课程、教育工作者筹备委员会等工作，担任清华大学副教务长，为这一时期清华的发展和建设作出了贡献。他还作为民盟代表出席了中国人民政治协商会议第一届全体会议。

1950年起，费孝通参加了国内民族工作，并参与中央民族学院的筹建工作。1951年6月，担任中央民族学院副院长。还先后担任中央人民政府民族事务委员会副主任，国务院专家局副局长等职。参加了贵州地区民族识别工作，人大常委会组织的少数民族社会历史的调查工作等。期间出版有《我这一年》《大学的改造》《兄弟民族在贵州》《话说呼伦贝尔》等著作。

1957年，费孝通被错划为"右派"。1959年，费孝通为了配合当时中印、中阿、中巴的划界工作，从事搜集有关地区的民族、地理等英文资料，编成八册《资料汇编》。1972年起主要在中央民族学院从事翻译工作。他与吴文藻、谢冰心一起翻译了海斯、穆恩、韦兰合著的《世界史》，韦尔斯的《世界史纲》。

1978年，费孝通任中国社会科学院民族研究所副所长。1979年，他受中共中央委托主持中国社会学学科重建工作，任中国社会学研究会会长。1980年，任中国社会科学院社会学研究所所长。其间，他出访美国、加拿大，广泛了解国外社会学发展现状，为培养国内社会学师资，组织编写教材，筹建专业教育和研究机构付出了大量心血。1982年后，他将主要精力用于社会学实地调查。先后对我国西北、西南、长江三角洲等地区进行了大量实地调查，代表民盟中央向中共中央和国务院提出了许多既符合当地实际、又具有全局意义的重要发展思路与具体建议。1985年，创建了北京大学社会学人类学研究所，1987年创办了中国社会与发展研究中心。这期间，他出版了《访美掠影》《民族与社会》等著作，陆续发表了《小城镇大问题》《三访江村》等多篇文章。1992年，他汇集近10年的研究成果，出版了《行行重行行——乡镇发展论述》，该著作1994年获全国高等学校首届人文社会科学研究优秀成果社会学一等奖、1999年获国家社会科学基金特别荣誉奖。

费孝通曾任第一届全国人大代表，第七、八届全国人大常委会副委员长，全国政协第一届全体会议代表，政协第三、四届全国委员会委员，第五届全国委员会常务委员，第六届全国委员会副主席；民盟中央副主席、民盟中央主席、民盟中央名誉主席。他在担任全国人大、全国政协以及民盟中央领导职务期间，积极参加国家政治生活，参与党和国家大政方针的协商。他把领导工作与学术研究、社会活动密切结合起来，通过开展区域发展战略研究，进行"国是咨询"，将参政议政工作提高到一个新的水平。

费孝通1980年荣获国际应用人类学会该年度马林诺斯基纪念奖，1981年获英国皇家人类学会赫胥黎纪念奖章，1988年获美国"大英百科全书奖"，1993年获日本亚洲文化大奖，1994年获该年度菲律宾拉蒙·麦格赛赛"社会领袖奖"，1998年获"霍英东杰出奖"。此外，还先后获得英国伦敦经济政治学院授予的荣誉院士、澳门东亚大学社会科学博士、香港大学文学博士等荣誉。1999年至2004年相继出版的《费孝通文集》（16卷本），收集了他从早年至2004年间绝大部分著述，是其一生重要学术成就的集中展现。

2005年4月24日逝世，享年95岁。

华罗庚

华罗庚（1910年11月—1985年6月）江苏金坛人。数学家、教育家和社会活动家。

1925年金坛县立初中毕业后，考入上海中华职业学校学习。1926年因缴不起膳费辍学，帮父亲开杂货铺，并自学数学。1929年到金坛初中任庶务会计，同年冬患伤寒病半年，左腿致残，仍自修数学，写数学论文，1930年在上海《科学》杂志发表了《苏家驹之代数的五次方程式解法不能成立之理由》，受到清华大学数学系主任熊庆来教授的赏识，经熊推荐，1931年8月到清华大学数学系任助理，同时旁听进修数学专业全部课程，自学了英文、德文、法文，在国内外数学杂志上发表了十多篇论文，破格由助理（职员）提升为助教（1933年）、教员（1934年）。1936年夏由清华大学推荐，中华文化教育基金会保送，被派往英国剑桥大学深造，在一个世界著名的数论学家小组工作，攻读了大量文献资料，又在英、法、苏、德和印度的数学杂志上发表了18篇论文。抗日战争爆发后，他爱国心切，1938年离开英国回到祖国昆明，任西南联合大学数学系教授。在生活清贫、环境不安定、遭受日本飞机轰炸的条件下，埋头研究数学和进行数学教学，先后写了二十多篇数学论文，完成了名著《堆垒素数论》。1946年春应邀访问苏联，著有《访苏三月记》。9月应邀前往美国，先后任普林斯顿高等研究院研究员、伊利诺大学数学教授（终身聘约）。1948年3月入选中央研究院院士。新中国成立后，他响应祖国召唤，于1950年1月离开美国返回祖国，途经香港时写了《给留美同学的一封公开信》（1950年3月11日新华社播发），信中说："梁园虽好，非久居之乡"，我们"应当早日回去"，"为我们伟大祖国的建设和发展而奋斗"。3月16日回到清华大学数学系任教授。1951年1月，政务院任命华罗庚为即将成立的中国科学院数学研究所所长。1955年任中国科学院数学物理学化学部委员、副主任。1958年兼任中国科技大学副校长兼数学系主任。1978年3月任中国科学院副院长，1979年兼任中国科学院应用数学研究所所长。1979年6月加入中国共产党。

他是中国自学成才世界闻名的杰出数学家。仅有初中毕业学历，全靠勤奋自学，在纯粹数学和应用数学方面达到很高的造诣和取得了很大的成就，成为中国解析数学、典型群、矩阵几何学、自守函数论和多复变函数论等很多方面的创始人和开拓者。上世纪30年代在英国剑桥大学发表了著名的《论高斯的完整三角和估计问题》和关于"塔内问题"的研究成果，国际数学界称为"华氏定理"，英国数学大师、"塔内问题"权威哈代说"我的著作把它写成是无法改进的，这回我的著作非改不可了"。华罗庚在西南联大的油灯下，写成了被国外数学家视为经典的《堆垒素数论》，获当时教育部第一届学术审议会议自然科学一等奖。爱因斯坦从普林斯顿发来专函："你此一发现，为今后数学界开了一个重要的源泉"。40年代他在美国的研究范围扩大到多复变函数论、自守函数论和矩阵几何，美国数学家狄锐克·莱麦尔说他"掌握了20世纪数论的至高观点"，高度评价他发现并纠正了欧洲数学家范·德·瓦尔登和欧·Schleie在1928年的一项证明中的一个错误。1957年1月他的论文《典型域上的多元复变数函数论》应用了前人没用过的方法，获我国首届自然科学一等奖。1958年出版专著《多复变数函数论中典型域的调和分析》。他的研究成果被国际数学界命名的，除"华氏定理"外，还有"布劳威尔-加当-华定理"、"华-王（元）方法"。1960年发表《运筹学》论文，开始把数学理论和生产实践相结合，筛选出了以改进工艺问题的数学方法为内容的"优选法"和处理生产组织与管理问题为内容的"统筹法"（简称"双法"）。他坚持二十多年，足迹遍及26个省、自治区、直辖市，亲自演讲，组织数以百万计的工人、农民、战士和工程技术人员，使"双法"得到广泛的普及和推广，取得了节约能源、增加产量、降低消耗、缩短工期等显著经济效益。1977年他的"铁塔统筹和汽车节油"实验获中国科学院一等奖，1978年推广"双法"小分队被评为先进集体。毛泽东主席曾两次写信给他："壮志凌云，可喜可贺"。"你现在奋发有为，不为个人，而为人民服务，十分欢迎"。20世纪80年代他不顾年老体弱，重新追忆写出了《计划经济大范围最优化数学理论》一书。他一生留下二百多篇学术论文、十部专著，其中八部在国外翻译出版，有些已列入经典著作之列。由于他卓越的科学成就，先后被选为美国科学院外籍院士和第三世界科学院院士，法国南锡大学、美国伊利诺大学、香港中文大学授予荣誉博士学位，及联邦德国巴伐利亚科学院院士。他的名字被列为美国芝加哥科学技术博物馆中当今88个数学伟人之一。

他不仅是一位杰出数学家，还是一位著名教育家。他一直把教学和科学研究结合在一起。在清华大学任教时，讲的课都是当时数学领域的新课题，如"抽象代数学""解析数论""连续群论""方阵"等，并且都是结合自己的研究成果讲授的。到科学院后，仍然把科学研究和教学结合起来，发现和培养了大批出色数学人才，有的已成为国内外知名学者。他教育引导有方，对学生热情指导、严格要求，带领学生一起攻关。理论联系实际是他重要的教育思想，为了使数学理论为群众掌握用于工农业生产，他写了《优选法平话及其补充》和《统筹方法平话及其补充》，让工人能懂、会用、见成效，逐步推广"双法"，培养了一大批为国民经济服务的科技队伍。他是新中国中学生数学竞赛的创始人，1956 年 5 月在京津沪汉四大城市首次组织了数学竞赛。专门为中学生深入浅出地写了《从杨辉三角谈起》等读物。在《中国青年》等报刊上发表了《聪明在于学习，天才由于积累》等三十多篇文章，引导青少年热爱科学，用科学的方法学习科学，这句名言成为无数青年的座右铭。

他还是一位著名社会活动家。他是第一届至第六届全国人大常委会委员。1985 年 4 月当选为第六届全国政协副主席。还历任中国民主同盟中央常委、副主席，中国数学会理事长，中国优选法统筹法与经济数学研究会会长，中国科学技术协会副主席。还访问过苏、英、美、法、德、瑞典、印度等国，进行科学文化学术交流。

1985 年 6 月 3 日，他带领一批中年业务骨干赴日本进行学术交流，6 月 12 日在向日本数学界作学术报告的讲坛上，当讲完最后一句话时，心脏病突发，抢救无效逝世，实现了他"最大希望就是工作到生命的最后一刻"。享年 75 岁。

钱锺书

钱锺书（1910 年 11 月—1998 年 12 月）字默存，号槐聚，笔名中书君。江苏无锡人。学者、作家。

1910 年 11 月，钱锺书出生于江苏省无锡县一个书香世家。父亲钱基博是一位学贯古今，文史兼治，渊博而会通的学者，1925 年至 1926 年曾任清华学校大学部国文教授。钱锺书出生后即过继伯父名下，由伯父抚养。1919 年伯父去世，他由父亲直接管教。钱锺书开蒙很早，3 岁左右开始识字，除五六岁时曾入秦氏小学、私塾念书外，余时跟随伯父和父亲读书，"经、史、'古文'而外，有《唐诗三百首》，心焉好之"。并喜欢读《三国演义》等通俗小说。1919 年进无锡东林小学。在东林小学期间，钱锺书开始大量接触林纾翻译的西洋小说，并激发了他对学习外国语言的兴趣。1923 年，钱锺书先后考入教会学校苏州桃坞中学、无锡辅仁中学学习。在中学阶段，钱锺书英文水平提高迅速，并在父亲的严格要求和指导下，博览群书，精研写作，打下了坚实的国学基础。

1929 年，钱锺书考入清华大学外国语文学系。清华大学良好的学习氛围，图书馆丰富的藏书，以及外文系阵容强大的师资队伍，为钱锺书的学业进步提供了良好的条件。在清华四年，钱锺书以超强的悟性与记忆力、过人的勤奋、渊博的知识、优异的学习成绩，给师友们留下了深刻的印象。在专业学习以外，钱锺书继续研读中国古典文学。期间，他先后在《清华周刊》《新月》《大公报》等报刊上发表了多篇书评、读书札记、旧体诗等作品。此外，他还曾担任《清华周刊》编辑及英文副刊主编，以及 1933 级年刊英文主任编辑。清华大学成为钱锺书学术生涯的起点。

1933 年夏，钱锺书从清华大学外文系毕业。之后，他在上海光华大学外文系任教两年。期间，还曾任英文《中国评论周报》编辑委员，先后发表过《中国文学小史序论》《论复古》等十多篇文章。1934 年，钱锺书的旧体诗集《中书君诗》出版。

1935 年，钱锺书考取第三届中英庚款公费留学。8 月，赴英国入牛津大学英文系学习。1937 年夏，钱锺书从牛津大学毕业，获 B. Litt. 学位，其论文《17 世纪及 18 世纪英国文学里的中国》分三次发表于英文《图书季刊》上。之后，他赴法国巴黎大学研究法国文学。1938 年夏，面对日

益恶化的欧洲局势，钱锺书决定结束留学生涯，携妻女回国。

1938 年 10 月，钱锺书抵达昆明，任西南联合大学外国语文学系教授。钱锺书在联大任教期间，承担了"大一英文""大二英文"及高年级选修课"文艺复兴时代文学""现代小说"等课程的教学工作。他的博学、勤奋与敬业，受到了学生们的欢迎与爱戴，有学生回忆到："钱先生引导我们进入西方文学研究的殿堂"。1939 年暑假，钱锺书回上海探亲。因已在湖南蓝田国立师范学院任国文系主任的父亲钱基博思子心切，希望钱锺书就任师范学院英文系主任一职。为照顾父亲，钱锺书辞去联大教职，赴蓝田就任。在蓝田的两年间，钱锺书除了教学工作外，整天埋头读书、写作，并开始写作《谈艺录》，还将由沪赴湘途中写的旧体诗结集名为《中书君近诗》，编印成册。钱锺书从上海到蓝田的旅途体验及在蓝田生活的经历，则成为他日后创作长篇小说《围城》的重要素材。

1941 年 6 月，钱锺书返回上海，拟再回西南联大任教，并于 10 月间接受了联大外文系的聘请。然而不久，太平洋战争爆发，上海沦入日本人魔掌，钱锺书不得不滞留上海。除了在震旦女子文理学院任教外，为了生计，他还曾做过家庭教师以补贴家用。面对艰难的生活，钱锺书怀着对抗战必胜的信念，潜心著述，"只待熬过黎明前的黑暗，就想看到云开日出"。1941 年 12 月，钱锺书散文集《写在人生边上》出版。1944 年开始创作长篇小说《围城》，同时修改补订《谈艺录》。1945 年 8 月抗战胜利。1946 年起，钱锺书先后任暨南大学外语系教授、南京中央图书馆英文总纂等职。1946 年 2 月，他的长篇小说《围城》开始在《文艺复兴》月刊连载，引起广泛反响；6 月，短篇小说集《人·兽·鬼》由开明书店出版。1947 年 6 月，长篇小说《围城》由晨光出版公司出版，并在后来多次再版。1948 年 6 月，用文言文写成的文学评论集《谈艺录》由开明书店出版。

1949 年新中国成立前夕，钱锺书举家北上，重返清华园，任清华大学外文系教授。1950 年 8 月，钱锺书参加中共中央毛泽东选集英译委员会毛选翻译工作，前后历时两年多。1952 年，全国高校进行院系调整，钱锺书调至北京大学文学研究所（后归属中国科学院社会科学部，改称中国科学院文学研究所）任研究员，主要从事古典文学研究。1958 年，钱锺书编选的《宋诗选注》由人民文学出版社出版。1966 年"文化大革命"爆发后，钱锺书被定为"资产阶级学术权威"，备受磨难，但他并没有放弃学术研究。1972 年从"五七干校"回京后，在艰苦的条件下，钱锺书开始整理历年学术笔记，著成文史批评巨著《管锥编》。"文化大革命"结束后，钱锺书的学术著作、文学作品受到国内外广泛关注和重视。1979 年，《管锥编》（四册）由中华书局出版（1982 年，《管锥编增订》出版）。该书自从问世之后，立即受到中外学术界的重视，1993 年荣获第一届国家图书奖。1984 年，《也是集》、《谈艺录》（补订本）出版。1985 年，《七缀集》出版。此外，小说《围城》多次再版发行，并被译成多国文字。2001 年，生活·读书·新知三联书店出版《钱锺书集》10 种 13 册，比较全面地呈现了钱锺书的学术思想和文学成就。

1982 年至 1993 年，钱锺书任中国社会科学院副院长。是第五、六届全国政协委员，第七届全国政协常委。

1998 年 12 月 19 日去世，享年 88 岁。

刘 达

刘达（1911 年 2 月—1994 年 4 月）曾用名刘成栋，黑龙江肇源人。教育家。

1935 年，刘达考入北平辅仁大学。在校读书期间，作为辅仁大学学生会代表，他积极参加"一二·九"运动并参与了领导工作。以后参加了"中华民族解放先锋队"，任区队长，并在"东北抗日救国联合会"中担任常委，进行抗日的宣传工作和东北难民工作。1936 年初加入中国共产主义青年团，同年 5 月转入中国共产党。

1937 年夏，刘达赴延安中央党校学习，年底由中央组织部派往北方局晋察冀分局从事抗战工作，曾任晋察冀分局一分区、五分区地委常委兼组织部长，北岳区党委秘书长、地委书记兼政治部主任，以及冀晋区党委委员兼城工部长等职。在抗日战争期间，参加了开辟雁北抗日根据地的工作，深入发动群众，进行"反扫荡"、"反蚕食"、"反摩擦"斗争，为争取抗日战争的胜利而浴血奋斗。1945 年 9 月，刘达被派往东北，参加巩固东北根据地的工作，先后担任中共中央东北局秘书处长兼东北军区参谋处长、陈云的秘书等职。1946 年 4 月哈尔滨市解放，被任命为市长，全力投入政权巩固和建设、发展生产、支援解放战争的工作，为我党制定城市工作的有关政策，探索了宝贵经验，为夺取解放战争的胜利作出了重要贡献。

1948 年，刘达奉调创办东北农学院，任院长兼党委书记，不久兼任东北森林工业总局局长。1955 年调中央林业部任副部长、党组成员，主管森林工业，并仍兼东北农学院院长。1958 年调东北林学院任院长兼党委书记，期间，曾当选为中共黑龙江省委委员，并兼任当时新建的黑龙江大学校长。他为我国农林业人才的培养做出了显著的业绩。1963 年，刘达调中国科技大学任党委书记。"文化大革命"期间，他始终坚持真理，实事求是。1972 年恢复工作，继续担任中国科技大学党委书记和革委会主任。1975 年调任国务院国家标准计量总局局长，其间对"四人帮"掀起的"反击右倾翻案风运动"进行了抵制和斗争。

1977 年 4 月 29 日，刘达由党中央派到清华大学，担任党委书记和革委会主任。1978 年 6 月，革委会建制取消，刘达兼任校长。当时的清华大学，正值经历十年"文化大革命"动乱之后，冤假错案堆积如山，教学、科研几乎停顿，加上受"两个凡是"的影响，许多问题得不到正确解决，满目疮痍，百废待举。刘达以一个彻底唯物主义者的气概，力主排除各种阻力和干扰，毅然冲破当时"两个凡是"的束缚，拨乱反正，纠正冤假错案。他认识到"清华是一个具有优良传统和强大凝聚力的集体，只有依靠清华，才能办好清华"，秉着实事求是的原则，迅速恢复了"文化大革命"中被错误处理的原学校领导干部的职务，并大胆起用优秀中青年干部。在深入调查研究的基础上，推翻了 1969 年 1 月的所谓《坚决贯彻执行对知识分子"再教育"、"给出路"的政策》的假经验、1973 年的"三个月运动"（即"反击右倾复辟思潮"）以及 1975 年批判刘冰等四同志给毛主席的信等几个关系全校、影响全国的大案；对"文化大革命"期间立案审查的 1 120 人也逐个进行了复查，作了书面结论，落实了政策。而这些重大问题的解决，都是在 1978 年 12 月党的十一届三中全会前进行的。进入 1979 年，以刘达为首的校党委根据中央精神，对 1957 年的"反右"运动、1959 年的"反右倾"运动中的问题等历史老案逐个进行了复查，一些重大的冤假错案陆续得到解决，使学校安定下来，教职工的思想亦逐步稳定。

与此同时，刘达立即开始学校的恢复整顿工作。1978 年，刘达针对清华在"文化大革命"期间违背教育规律办学所造成的种种弊端向邓小平汇报，提出要从清华实际出发，对各方面工作进行调整。邓小平听后着重指示："办学校要按学校工作规律办事"。为此，在刘达的带领下，依靠干部及教职工，清华大学开始各方面的整顿工作。首先，对学校的规模和布局进行调整，恢复教学科研正常秩序。先后将绵阳分校、水利系三门峡基地、大兴团河农场、西山林场撤销，部分人员撤回学校。陆续恢复各系教研组，成立基础课教研部，积极进行教师调配、实验室恢复整顿等工作。同时，针对清华是"文化大革命"中的"重灾区"这一实情，刘达提出要控制学校规模，适当削减招生人数，先实行一段休养生息的政策。因此，1978 年进行的 77、78 两届招生，清华本科生只招了 2 000 人左右，以后每年本科生也大体稳定在这个规模上，没有大的起落，为学校教学质量的提高起到了重要的作用。其次，改善学校教职工队伍结构，提高教师业务水平。"文化大革命"期间，清华大学教职工队伍极度膨胀，学校根据实际情况，广开门路，妥善安置，先后将 1 000 多人调离清华，整个教职工队伍中教师比例提高。同时，安排因"文化大革命"耽误了大学完整训练的年轻教师"回炉"进修，积极邀请海外学者来校讲学，并派遣教师赴海外留学。1978 年，清华大学恢复职称评定，首批提升 18 名教授。这些措施，为教师业务水平的不断提高创造了有利条件。第三，加强学科建设，增加理科、经济管理学科和文史学科，先后建立了应用数学系、物理系、经济管理系等，把清华大学逐步从多科性工业大学发展成为以工科为主的综合大学。这期间，他还扩大了对外交流，率团先后访问了美国、荷兰等地，与国外一些著名大学和研究所建立了联系。经过一系列的调整，学校各项工作走上了正轨。

1980 年，刘达代表学校党委在"文化大革命"后第一次党代会上，正式提出要把清华大学建设成为"高水平的中国式的社会主义大学"的奋斗目标。1982 年，以刘达和党委书记林克为核心的领导班子明确提出"必须把培养人作为根本任务，建设好教育、科研两个中心，实行教学、科研、生产三结合"的新时期清华大学的办学指导方针，为清华大学的进一步发展奠定了良好的基础。

为使清华大学校领导班子适应革命化、年轻化、知识化、专业化的要求，刘达从学校各项事业长远发展出发，于 1982 年和 1983 年，主动要求退居二线，先后辞去党委书记和校长的职务，担任清华大学名誉校长。但他仍一直关心着全国教育和清华大学的工作。1985 年初，他建议学校领导给党中央写了《清华大学近几年工作简况》的报告，得到党中央总书记胡耀邦肯定的批示并建议发给全国党政军高级干部阅。他在担任全国人大常委会委员期间，还到全国不少省市的穷困地区去考察中小学的办学情况，有时还亲自去听课，并向中央领导同志作汇报。

刘达是中共十二大代表，第六届全国人大常委及教科文卫委员会委员。

1994 年 4 月 28 日逝世，享年 83 岁。

钟士模

钟士模（1911 年 7 月—1971 年 5 月）原名钟子范，浙江浦江人。电机工程和自动控制工程学家。

幼年家庭贫困，小学时常半耕半读或在家务农。1923 年考入浙江建德第九中学，在免费和提供食宿的师范讲习科学习。毕业后，做过三年小学教师。约在 18 岁那年，过继给家境富有的叔父为子。1929 年进入上海大同中学高中部。1932 年考入上海交通大学，学习电机工程。1936 年毕业获工学士学位，到清华大学任电机工程学系助教。抗战后，他随校南迁，任长沙临时大学助教、昆明西南联合大学助教、教员、讲师。1943 年取得学校资助留美资格，是年秋辗转缅甸、印度到美国，入麻省理工学院电机工程学系攻读博士学位，完成题为 *Investigation of the Causes of Negative Damping of Synchronous Machines*（《同步电机出现负阻尼的原因研究》）的博士学位论文，用新的思路研究了同步电机出现负阻尼（即产生自振荡现象）的原因，得到了比前人要全面得多的结果，受到教授们的好评。1947 年获博士学位。

钟士模 1947 年回国，任清华大学电机工程学系副教授，一年后晋升为教授。中华人民共和国成立后，历任清华大学教授、基本电工教研组主任、工业企业电气化教研组主任、自动学与远动学教研组主任、电机工程学系副主任、自动控制系主任、校务委员会委员等职。还历任中国自动化学会副理事长、国际自动控制联合会理论委员会委员、全国高等学校电工专业教材编委会主任兼电工学及电工基础教材编审组组长、国家科委自动化学科组副组长、《自动化学报》主编、高等学校学报（电工、无线电、自动控制版）副主编等。钟士模 1952 年加入中国民主同盟，1956 年加入中国共产党，曾当选为中共清华大学委员会候补委员、委员。自 1954 年起，连续几届当选为北京市海淀区人大代表。被推荐参加 1956 年全国先进工作者代表会议。

他长期从事电机工程、自动控制的教学和科研，是中国自动控制学科和自动控制教育的开拓者之一。20 世纪 50 年代，根据国家经济建设和发展尖端国防技术的需要，他受命创建我国第一个自动学与远动学专业和自动控制系。与钱学森等科学家合作组办了中国第一个自动化进修班。参与筹建了中国自动化学会。致力于建立紧密结合中国实际的自动化学科和教学体系，培养了大批自动化技术人才。他先后讲授过"电路理论""电机学""电力拖动""过渡过程分析""自动控制原理""自动控制系统"等课程。他非常注意研究学生的"学"，掌握学生的实际水平和认识规律，取得了很好的教学效果，受到学生们的普遍赞誉。1961 年他总结自己贯彻"少而精"原则的经验，为全校讲员作了题为"提高讲课质量的几个问题"的报告，受到热烈欢迎。

他主持与组织对自动控制及计算机领域的一系列重大项目的研究，取得了许多重要成果。20 世纪 50 年代起至 60 年代，组织自动控制系师生研制成功我国高等院校第一台大型通用电子管计算机、我国第一台三自由度飞行模拟实验平台和改进型的由 16 阶模拟计算机控制的电动试验平台（我国自己研制的几种新型号歼击机的驾驶仪就是在这个平台上完成试验的）、我国第一台 6 阶非线性小型模拟计算机（小批量生产的产品曾在波兰国际博览会上展出）、我国高校第一台全晶体管通用数字计算机。他还非常重视自动控制学科的基础研究。1956 年他与童诗白、郑维敏合作，完成脉冲调节器的研究，具有相当高的学术水平。1960 年他在率团参加国际自动控制联合会第一次世界大会（莫斯科）归国后，立即组织自控系的青年教师分组对刚刚兴起的最优控制理论、自寻最优控制、不变性原理等开展学习和研究，并将这些先进的控制原理和方法用于科研项目中，取得很好效果。1964 年由他主持的研究小组，系统地开展了不变性原理在控制系统中应用的研究，理论上和应用上都取得有价值的结果。

1971 年 5 月 11 日因心脏病突发抢救无效逝世，享年 60 岁。

陈省身

陈省身（1911 年 10 月—2004 年 12 月）浙江嘉兴人。美籍华裔数学家。

1911 年 10 月 28 日，陈省身出生于浙江嘉兴。1920 年，陈省身考入浙江秀州中学高小一年级，正式接受初等教育。1922 年秋，他随父母移居天津。1923 年春插班考入天津扶轮中学就读。当时的陈省身就以数学成绩突出而深受老师的喜爱。1926 年，陈省身考入南开大学理学院，受教于数学系主任姜立夫，接受了四年严格的学术训练。

1930 年，陈省身以优异的成绩毕业于南开大学，获理学学士学位。同年，考入清华大学研究院理科研究所算学部读研究生。因当年算学部只有陈省身一位研究生在读，学校决定将其暂改聘为助教。1931 年，陈省身开始研究生学习。20 世纪 30 年代初的清华算学系，规模不大，但办学经费充裕，师资力量强，学术氛围浓厚。特别是在师资队伍方面，拥有熊庆来（系主任）、郑之蕃、杨武之、孙光远等一批名师，陈省身在此环境中求学，受益良多。在清华学习期间，陈省身在孙光远指导下学习投影微分几何，并在《清华大学理科报告》上发表了《具有一一对应点的平面曲线对》的论文。与此同时，陈省身充分利用一切学习机会不断扩大自己的知识视野。1932年，德国几何学权威、汉堡大学教授 W. 布拉施克来华讲学，在北京大学开设"微分几何中的拓扑学问题"系列演讲，陈省身每次都进城听讲，认真做笔记，同时还阅读了大量的有关论文。此外，北京大学教授江泽涵来清华讲授拓扑学课程，德国汉堡大学教授施佩纳等在北大的讲课，都对陈省身以后的学术道路产生了重要影响。1934年夏，陈省身以 11 门主课中 10 门"超等"、毕业论文"超等"的成绩从清华大学毕业，获理学硕士学位，他的硕士论文次年发表于日本《东北数学杂志》上。硕士毕业后，陈省身如愿申请到去德国汉堡大学公费学习的机会。

1934 年 10 月，陈省身来到德国汉堡大学数学系，跟随布拉施克研究几何。在布拉施克指导下，陈省身写成《关于网的计算》论文，并于 1935 年秋完成论文《2r 维空间中 r 维流形的三重网的不变理论》。布拉施克对陈省身出色的学习成绩与研究能力非常满意，主动要求校方破格给予他博士资格考试，《2r 维空间中 r 维流形的三重网的不变理论》被用作博士论文。1936 年 2 月，陈省身以总评"优秀"的成绩获得汉堡大学博士学位。

1936 年 9 月，陈省身到巴黎大学从事研究工作，师从国际几何大师 E. 嘉当。在巴黎 10 个月，陈省身一共完成 3 篇研究论文，学到了嘉当微分几何的精髓，奠定了他日后成功的基础。

1937 年，陈省身回到祖国。当时抗日战争已全面爆发，他即赴长沙任长沙临时大学算学系教授，讲授"微积分"和"高等几何"课程。1938 年初，陈省身随学校迁往昆明，任清华大学、国立西南联合大学算学系教授，先后讲授"高等几何""微分几何""微分方程""黎曼几何""网几何""拓扑学"等课程，并为硕士生开设李群、圆球几何学、外微分方程等，还与华罗庚、王竹溪联合举办李群讨论班，培养了许多优秀学生，包括严志达、王宪钟、吴光磊、王浩、钟开莱等。在此期间，他还潜心学术研究，发表了十多篇论文。其中，论文《关于投影正规坐标》《关于克莱因空间的积分几何》《迷相曲面几何》先后在美国杂志《数学纪事》上发表。

1943 年 7 月，陈省身应美国普林斯顿高级研究所邀请前往美国。同年 10 月，陈省身完成《关于闭黎曼流形高斯-博内公式的一个简单证明》的论文，发表于次年的《数学纪事》上。他首创通过在切向量丛的球面丛上的运算获得证明的内蕴方法，不仅证明了几何学中一个极其重要而困难的定理，更重要的是创造了研究整体几何的崭新方法。1945 年 9 月，陈省身在美国数学会夏季大会上作了题为"大范围微分几何若干新观点"的演讲，系统阐述了他继承 E. 嘉当发展起来的纤维丛的理论方法，引起学术界强烈反响，被称之为"这表明整体微分几何新时代的到来"。同年 10 月，完成论文《埃尔米特流形的示性类》，其中提出了现在称之为"陈类"的不变量，为整体微分几何奠定了基础。

1945 年 12 月，陈省身起程返国。1946 年 4 月，抵达上海，任中央研究院专任研究员，并参加中研院数学研究所筹备处的工作，任筹备处代理主任。1947 年 3 月，陈省身任清华大学数学系教授。同年 7 月，中研院数学研究所成立，陈省身任代理所长，培养了吴文俊、廖山涛等一批新的拓扑人才。1948 年，陈省身当选为中央研究院院士。

1948 年年底，陈省身接受普林斯顿高级研究所邀请赴美，担任"维布伦讨论班"主讲人。1949 年夏，担任芝加哥大学数学系教授。1950 年，陈省身应邀在美国坎布里奇举行的第 11 届国际数学家大会上做题为"纤维丛的微分几何"的演讲，大范围微分几何由此得到世界上的公认。

在芝加哥大学近 11 年间，陈省身"复兴了美国的微分几何，形成了美国的微分几何学派"，同时还培养了 10 名博士。1960 年，陈省身受聘加州大学伯克利分校。陈省身在该校任职约 20 年，使其成为几何和拓扑研究的中心，并培养出 31 名博士。1981 年，陈省身任美国国家数学研究所首任所长，1984 年任名誉所长。

陈省身始终关心祖国的发展。1972 年，中美两国关系刚一解冻，他就回国访问，此后又多次回到祖国访问、讲学，为中国科学事业的发展、优秀人才的培养和引进，以及推进美国与中国学者的学术交流做出重要贡献。他表示："我的最后事业也在祖国"，"我要为中国数学的发展鞠躬尽瘁，死而后已。"1984 年，陈省身任南开数学研究所首任所长，为该所的建设和发展倾注了全部心血。1994 年当选为中国科学院外籍院士。2004 年获首届邵逸夫数学奖。

陈省身在国际上享有极高的学术声誉。1961 年，当选美国科学院院士。1963 年当选为美国人文与自然科学院院士。1975 年获美国国家科学奖，1983 年获美国数学会斯蒂尔奖，以表彰他的"整个数学工作所产生的长期影响"。1984 年，陈省身因"对整体微分几何的深远贡献，影响了整个数学"而获 1983—1984 年度国际沃尔夫数学奖。1987 年，当选为纽约科学院终身名誉院士。他是巴西科学院、意大利比洛里塔那科学院通讯院士，意大利林琴科学院、法国科学院外籍院士，印度数学会、伦敦数学会荣誉会员，英国皇家学会外籍会员等。是第三世界科学院创始成员。2004 年 11 月，国际小行星中心将 1998CS2 号小行星命名为"陈省身星"。

陈省身还是南开大学、浙江大学、纽约大学石溪分校、柏林工业大学、香港科技大学名誉博士，香港中文大学名誉法学博士，芝加哥大学、汉堡大学名誉理学博士，瑞士联邦理工大学名誉数学博士，清华大学、北京大学、中国科技大学等校名誉教授。

陈省身发表论文 150 余篇。专著有：《不具位势原理的复流形》、《微分几何讲义》（与陈维桓合著）、《陈省身论文选集》（四卷）等，编有《整体几何和分析的研究》、《整体微分几何的研究》等。

2004 年 12 月 3 日逝世，享年 93 岁。

钱伟长

钱伟长（1912 年 10 月—2010 年 7 月）江苏无锡人。力学家、应用数学家、教育家、社会活动家。

1912 年 10 月，钱伟长出生于一个家境贫寒的书香世家。自幼受到良好的传统文化教育，文史根底扎实。1931 年考入清华大学，因优异的文史成绩受到文学院陈寅恪、杨树达等教授的青睐，被认为是难得的人才。然而，在他入学不久，"九一八"事变爆发，爱国的热情促使他决心走"科学救国"的道路，他想"弃文学理"申请进入物理系学习。当时的清华物理系以要求严格著称，淘汰率很高，而钱伟长入学时的数理化及外语成绩很差，他想转入物理系的愿望并不是轻易能够达到的。尽管一再遭到系主任吴有训的拒绝，钱伟长毫不气馁，在他的执着要求下，吴有训终于同意他试读一年，同时提出"如果数理化三门课有一门不到 70 分，就转系回文学院"。钱伟长克服了重重困难，不但在物理系留了下来，而且还在四年后考取了研究生。在物理系四年本科及两年研究生的学习期间，钱伟长在吴有训、叶企孙等名师的培养和指导下，在数理化方面打下了宽广的基础，"学到了一整套自学的科学方法和严肃的科学学风"，为今后的科研教学工作打下了一个坚实的基础。而且，还大大提高了他对科学学术的认识，"如饥似渴地追求着科学发展

的国际轨迹"。

与此同时，钱伟长在体育教授马约翰的鼓励与指导下，从一个身体瘦弱、对运动一无所能的学生，成长为清华大学多种项目体育代表队的队员，不但在身体健康和体育竞技方面得到锻炼，而且还培养了顽强的意志，这一切为他日后能够面对挫折、磨难而不丧失信心和斗志"给予了有力的保证"。

1935年，钱伟长参加了"一二·九""一二·一六"等抗日救亡大游行，参加了清华大学南下自行车宣传队，加入了民族解放先锋队等进步组织，为抗日救亡奔走呼号。

1939年，钱伟长考取第七届庚子赔款留英公费生。1940年8月赴加拿大多伦多大学应用数学系，在J.L.辛祺（Synge）教授指导下研究板壳理论，1942年获加拿大多伦多大学博士学位。1942年至1946年，在美国加州理工学院和喷射推进研究所，与钱学森、林家翘、郭永怀一起，在T.冯·卡门（von Karman）教授的指导下从事航空航天领域的研究工作。在海外留学、工作期间，钱伟长已取得一些突出科研成果，如他关于板壳问题内禀统一理论是国际上第一次把张量分析用于弹性板壳问题上的成果，提出的浅壳理论的非线性微分方程组，在国际上被称为"钱伟长方程"，这一工作被认为是"划时代的工作"。

1946年，钱伟长回到祖国，任清华大学机械系教授，1947年—1948年兼燕京大学、北京大学教授。此一时期，内战已经爆发，钱伟长一家的生活陷入极度困难的境地。他也萌发过去美国工作的念头，但当到美国领事馆填写申请表时，在最后一行有"若中美交战时，你是否忠于美国？"钱伟长明确填写了"NO"。他与清华师生们一道坚守母校，迎接解放。

1949年，新中国成立，清华大学进入新的历史纪元。钱伟长满怀热情地投入到清华大学的发展和建设事业中。他承担了繁重的教学工作和行政工作，同时参加各种社会活动。1949年5月，任新成立的校务委员会常委；1950年兼任副教务长。1952年，任院系调整清华大学筹备委员会副主任委员、清华大学教务长，1956年任清华大学副校长，主要负责学校的教学、科研工作。在学习苏联教育经验的过程中，钱伟长对组织制订改革教学计划及教学大纲、进行教学行政工作改革付出了很多心血。为了深刻了解苏联高等学校教学的特点，他还亲临教学第一线，承担了一学年的大学普通物理的教学工作。1954年起，钱伟长参加了中国科学院学术领导机构——秘书处的工作；并任国务院科学规划委员会委员，参与制定了我国《1956—1967年科学技术发展远景规划》。之后，他积极参与筹建中国科学院力学研究所，并兼任副所长；在他和钱学森等科学家的倡导和指导下，高教部和中科院合作，在清华大学设立工程力学研究班和自动化进修班，并亲自担任班主任，为我国培养了一批高级航空航天和火箭技术人才。

1953年，钱伟长参加了新中国第一部宪法的起草工作。1955年，选聘为中国科学院物理学数学化学学部委员，1956年当选波兰科学院院士。期间，发表科学论文20篇，出版了《我国历史上的科学发明》《弹性力学》（合著）、《弹性柱体的扭转理论》（合著）等著作。他提出的"圆薄板大挠度理论"，是国际上首次成功地用系统摄动法处理非线性方程的工作，1956年获国家科学奖二等奖。

1957年，钱伟长被错划为"右派"。1980年，钱伟长的"右派"问题得到改正。

1977年以后，随着国家各项工作逐步转入正轨，钱伟长重新获得科学工作的权利。已年近七旬的他，"奔驰前进，力图夺回久已逝去的美好岁月"。他到全国各地为高校教师、研究生以及各部委研究所、设计科研人员举办学术讲座，"将讲坛搬到了全国"；在中外杂志上发表学术论文上百篇，出版了大量著作，多次参加国内外科学研讨交流活动。1979年完成的"广义变分原理的研究"，获 1982 年国家自然科学奖二等奖。在繁重的教学科研工作之余，他还多次到全国各地进行考察访问，为当地的发展建言献策。

1983 年起任上海工业大学校长、上海大学校长，1984 年任上海应用数学和力学研究所所长，继续为中国的教育、科研事业贡献着力量。

钱伟长还曾任国务院学位委员会第一届学科评议组成员，中国力学学会第一、二届副理事长，中国中文信息学会第一、二届理事长，《应用数学和力学》主编，《简明不列颠百科全书》中英联合编审委员会中方委员。是中华人民共和国香港特别行政区基本法起草委员会委员，澳门特别行政区基本法起草委员会副主任委员，民盟第五、六、七届中央副主席，第五届全国政协常委，第六、七、八届全国政协副主席，第一、四届全国人民代表大会代表。

2010 年 7 月 30 日逝世，享年 98 岁。

王遵明

王遵明（1913 年 5 月—1988 年 5 月）祖籍江西鄱阳，生于南昌。铸工学家、球墨铸铁专家。

1935 年夏，他以全班最优秀成绩毕业于清华大学物理学系，获理学士学位，留校担任助教。经过"一二·九"抗日救亡运动，国家民族的危亡，引起了他的思考，他想：要抵御日本的侵略，必须有枪炮，造枪造炮就要有钢铁。于是，他萌发了攻研冶金学的念头。1935 年考取清华留美公费生，1936 年秋，赴美留学，到麻省理工学院学习冶金，曾兼任研究助教。他用了两年半的时间，完成了题为《铝硅合金的球化》博士论文。1939 年，获博士学位。他情系中华，认为："科学家要精忠报国"，乃毅然决定回国。有人说他"这是愚忠"，他说："只要是忠于祖国，愚点何妨！一个科学家没有理由不忠于抚育自己的祖国"。"人，应当忠诚于自己的土壤！"是他常说的一句话。他于 1940 年启程回国。1941 年秋，应母校清华大学的聘请，到昆明担任清华金属研究所副教授，1942 年任教授，同时兼任滇北矿务局顾问工程师，至 1946 年。这一时期，他对"锑锌高电势合金"的研究和试验做出了成果。并且不辞辛劳深入厂矿，指导解决生产上的实际问题。抗日战争胜利后，他随清华大学于 1946 年 10 月回到北平清华园，担任机械工程学系教授。解放后，他先后执教于清华大学机械工程学系、冶金系，曾担任过热处理铸造焊接及压力加工教研组主任、副系主任等职务。还曾是全国第二、三、四、五、六届政协委员，中国铸工学会副理事长、金属学会理事、稀土学会理事，还曾兼任抚顺矿务局的顾问工程师、铁道研究院的学术委员。

他具有广泛深入的金属学知识和精湛的理论修养，毕生不倦地致力于球墨铸铁、蠕墨铸铁、可锻铸铁及低合金高强度铸钢等方面的研究，对金属球化和孕育理论有独到见解，提出了球化理论的"暂时化合物说"，并提出孕育作用可能是由铁水中含氧决定的（后由研究生用试验证实了"显著孕育依赖于脱氧过程"）。制造球墨铸铁需要一种球化剂——镁，他采用铜镁、镍镁、铅镁等多种合金作为球化剂，经过无数次的试验，于 1950 年首次试验成功。为了让这项成果尽快用于生产，1951 年 7 月，他到抚顺机电厂指导生产球墨铸铁；1952 年，他赶往东北抚顺，举办"球墨铸铁研究班"。经过他的辛勤执教，培训出一批技术能手，使这项成果很快大规模地应用于生产。生产了球墨铸铁的机车缸套、机床零件等，最大件达 1.2 吨。以球铁代钢，成本可下降 50%～80%。为此，东北重工业部授予他"特等模范"的嘉奖。《东北日报》发表了题为《科学工作者的道路》社论，赞扬他深入基层，理论联系实际，用理论解决生产中的实际问题作出的贡献。球墨铸铁的成功，在生产上产生了巨大效益，为国家创造了财富，他受到人们的敬重，被誉为"中国球墨铸铁王"。1975年，天津一家工厂发现从日本进口的一批机床的材料性能达不到密烘铸铁的技术指标，寄来的技术标准也不符，工厂派人来京求助于王遵明，他忙了两天两夜，查找了大量资料，证明是材质上的问题。经过工厂的据理力争，日方不得不承认其货质量不合格，而以设备总价的40%赔偿我方损失。他常向学生说：一个真正的科学工作者，只有把他的事业与祖国的命运连在一起，才能成为一个名副其实的科学家。

他从事教育工作数十年，十分重视铸造人才的培养。他讲授过"金相热处理""铸工""铸造合金"等课程，讲课理论联系实际，深入浅出，生动活泼，深受同学欢迎。他主持创建铸工专业，筹建铸工实验室、组织教学并编写教材，呕心沥血，在短短的七八个月时间内编写了45万字的"铸造合金"讲义供全国有关高校参考。著有《铝硅合金的球化》《球墨铸铁》等专著。他积极指导研究生。20世纪80年代为清华大学铸造专业培养出了第一位博士生。他还十分关心中青年教师的成长，亲自指导他们的学习和研究工作。他严谨的治学方法、严肃认真的教学态度、对年轻人满腔热情循循善诱、生活上平易近人、深入实际、言传身教，给年轻教师留下了深刻印象和深远影响。

他于1988年5月12日病逝北京，享年75岁。

张　维

张维（1913年5月—2001年10月）北京人。力学家。

张维5岁起入小学就读，接受了完整的初级、中等教育。1929年，考入唐山交通大学土木工程系，主修结构工程。1933年毕业后在陇海铁路实习，1934年4月回到母校唐山交通大学，任结构力学与结构工程助教。

1937年，张维考取第五届中英庚子赔款公费生，留学英国，在帝国理工学院土木工程系A.J.S.皮帕尔（Pippard）教授指导下学习，一年后即获帝国理工学院文凭（DIC）。1938年7月到柏林高等工业学校土木工程系工程力学教研室，在F.特尔克教授指导下进行壳体理论的研究。1942年2月，任柏林高等工业学校工程力学教研室助教，从事教学与科研工作，完成了隧道应力分析与弹性波石油勘探等项研究。1944年10月，他以优秀的成绩通过论文答辩，获得工学博士学位。他在论文中利用特尔克导出的方程，采用渐近方法与贝塞尔函数，在国际上最先解决了圆环壳受任意旋转对称载荷作用下的应力状态求解问题。1945年10月去瑞士埃舍尔-维斯机械厂任研究工程师，从事旋转机械中的叉管、圆盘叶片的研究工作，同时等待回国的时机。1946年6月，张维和家人历经千辛万苦终于回到祖国，先后受聘于同济大学、北洋大学。

1947年，张维受聘于清华大学，任机械工程学系教授，与钱伟长分担全校的力学课程教学。

1948年12月清华园解放后，张维满怀喜悦投身于迎接新中国的到来。他积极参加学校组织的各项政治学习和活动，思想觉悟不断得到提高，"从内心拥护共产党，看到了新诞生的人民共和国前途光明"。从1951年起，由于高校院系调整和学校发展的需要，张维除了教学外，开始担任行政管理工作。1952年2月，任清华大学校务委员会秘书长，之后担任三校（清华、北大、燕京）建设委员会工程处负责人，1954年任清华大学工程委员会主任，为三校和清华的基本建设作出了贡献。

1952年院系调整结束后，张维担任土木工程系主任，在如何结合中国实际来运用苏联教育经验方面，他进行了有益的探索。1956年9月，张维任副教务长。1956年—1966年、1978年—

1984 年两次出任清华大学副校长，长期主管学校的教学与科研工作。此外，他还担任校学术委员会主任、校党委常委、校务委员会副主任等职务。为清华大学的教学、科研及研究生培养事业做出了积极贡献。20 世纪 50 年代中期，清华大学紧跟世界先进科学技术发展的趋势，开始筹建一系列新技术专业。1957 年，张维参加了由高教部与中国科学院合作在清华大学举办的工程力学研究班的培养工作。1958 年，参与筹建工程力学数学系，并任第一任系主任。他的办学理念，即工程力学是介于基础科学和工程技术之间的一门技术科学或工程科学（Engineering Science），工程力学本身的发展，要走科学与技术相结合、理论与实践相结合的道路，对清华大学工程力学系和力学学科的发展壮大起到了重要作用。

张维多年致力于工程力学的教学与科学研究工作。他讲授过"理论力学""壳体力学""结构力学""材料力学""弹性力学"等课程，为国家培养了几代科技人才。在科研学术方面，他积极推广应用轻型薄壳结构和普及壳体理论知识，并做了大量有益的开创性工作。20 世纪 50 年代率先在清华大学焊接车间屋顶设计与施工中应用柱形薄壳屋顶。结合我国工程实际，20 世纪 60 年代后一直从事锥壳、斜锥壳、圆环壳的应用理论基础研究。他还针对工程实际需要对圆环壳对称与非对称载荷下的一般解、非线性解、屈曲、后屈曲进行深入研究，并特别关注圆环壳的应用研究。1984 年，他指导研究生得到了任意非对称载荷下圆环壳和弯管在薄壳精度范围内的精确解。他领导课题组对"旋转薄壳体振动的转点"问题进行研究，提出了一组新的解函数，可以一致有效展开奇异无矩解，解决了长期以来未能解决的一个难题。著作有《壳体理论入门》，主编《壳体结构文汇》、世界力学名著译丛等，担任《机械工程》《电机工程》两部大型手册的编委会副主任，发表有关壳体理论论文十余篇和工程教育与科技政策论文二十余篇。"固体力学重点学科建设与高水平博士生规模培养"获第二届国家普通高校优秀教学成果特等奖，他是获奖人之一。合著论文《旋转薄壳自由振动中的转点问题》于 1992 年获国家教委科技进步一等奖。

张维先后多次参加我国科技发展远景规划的制订工作。1956 年参加制订我国 12 年科学技术发展远景规划，任土木工程组组长；1962 年参加制订 10 年科学发展规划，任力学规划组副组长；1978 年又参加 8 年科学技术发展规划的制订工作，任理论和应用力学组常务副组长，为我国科技发展作出重要贡献。

1952 年参加中国民主同盟。1956 年加入中国共产党。

1955 年选聘为中国科学院技术科学部委员。1980 年当选瑞典皇家工程科学院外籍院士。1994 年当选为第一批中国工程院院士。

张维除了长期承担清华大学的教学、科研及行政管理工作外，还为促进我国高等工程教育的发展与国内外学术交流作出了贡献。新中国成立初期，他就着手建立全国统一的力学教学大纲，自 1962 年起，长期兼任教育部工科力学教材编审委员会主任，主持制定我国高校工科力学教学基本要求与大纲，编审了一大批基础力学教材，为提高我国工程力学教学水平作出了积极贡献。张维于 1964 年当选为第三届全国人大代表。还曾任北京市第七届人大代表，第六、七届全国政协委员，国务院学位委员会委员及力学学科评议组组长，中国科协书记处书记和副主席，中国力学学会副理事长，中国土木工程学会副理事长，中国教育国际交流学会副会长，中国发明学会副会长等职。1972 年当选为联合国教科文组织执行局委员，1985 年任世界工程师组织联合会副主席，中国拉丁美洲友好协会理事。还曾任国家科委理论与应用力学学科组常务副组长、防护工程专业副组长等职。

1983 年，张维兼任深圳大学首任校长。他不顾古稀之年，一年八次往返于深圳、北京之间。

为了聘请国内外知名专家到深圳大学任职、任教，他不辞劳苦，不避寒暑，多次登门求贤，使许多专家为之感动；他率先对学生实行勤工助学制度，对教职工聘任、系科设置、教学计划等实行了一系列改革；他为深圳大学的创建和发展作出了贡献。

2001年10月4日逝世，享年88岁。

蒋南翔

蒋南翔（1913年10月—1988年5月）江苏宜兴人。无产阶级革命家、马克思主义教育家和我国青年运动的著名领导者。

他在中学时代就积极参加爱国活动，"九一八"事变后，随镇江中学生请愿团赴南京要求国民党政府出兵抗日。1932年考入国立清华大学中文系，进校后不久相继参加了进步的读书团体"三三读书会"和"社会科学研究会"，还参加了共产党领导下的"社会科学家联盟"（简称"社联"），积极进行爱国活动。1933年10月加入中国共产党。1935年下半年，当选为清华学生刊物《清华周刊》总编辑和清华大学暑期同学会主席，积极传播进步思想，推动清华同学进行抗日救亡活动。同年8月，任清华地下党支部委员兼团支部书记，不久接任党支部书记，并任北平市西郊区党委委员。他是"一二·九"运动的重要领导人之一，起草了清华大学救国会《告全国民众书》，痛陈华北危机，吼出："华北之大，已经安放不得一张平静的书桌了！"这一悲愤呐喊，表达了华北学子的共同心声，振聋发聩，成为传诵久远的名句，对唤起全国爱国学生奋起抗日救亡产生过重要作用。

抗日战争时期，他历任中共北方局青委委员、长江局青委委员、全国学联党团书记、南方局青委书记、中央青委委员兼宣传部长等职。他在党中央正确路线的引导下，分别在老一辈无产阶级革命家周恩来、刘少奇、任弼时和彭真等的直接领导下，长期从事青年工作，卓有建树。1937年7月，抗战全面爆发，他在济南、南京组织平津流亡同学会，开展群众工作。9月奉命北上山西，在北方局协助刘少奇编党内刊物《斗争》，还主编《动员报》，宣传八路军抗战事迹。翌年，他在武汉筹备和主持召开了第二次全国学联代表大会，主编《战时青年》杂志，并和杨学诚共同创建"武汉青年救国团"。1939年又奉调去重庆，领导《战时青年》半月刊，并主编《新华日报》青年副刊《青年》；还列席周恩来主持的南方局文委会议，参加重庆八路军办事处的工作与活动。1941年1月，"皖南事变"后，奉命撤回延安，负责研究国民党统治区的青年运动，写了不少关于青年工作的文章和调查报告。1942年，他积极参加了延安的整风运动，对后期出现的"抢救运动"大胆地提出了批评意见。1945年3月，他对这场运动进行了认真而实事求是的总结和反思，并写成一份《关于抢救运动的意见书》，直接交给刘少奇送达党中央，对审干中采取群众斗争方式的错误与危害、知识分子工作中的偏向，以及应吸取的经验教训，都作了详尽的分析，表现出共产党员坚持真理的勇敢与坦诚。

抗战胜利后，他先任中共辽北分省委委员兼宣传部长，创办了《辽北群众》杂志；以后相继担任中共中央东北局书记彭真的秘书、哈尔滨市委常委兼宣传部长、市教育局长、东北局青委书记、东北局党报委员会秘书长；他还创建了哈尔滨市青年干部学校（后改名为东北青年干部学校），兼任校长，为东北根据地建设培养了一批青年骨干。他在东北工作期间，正确执行党的知识分子政策，坚决反对在学校推行"贫雇农路线"，争取了大批知识青年。

1949年1月，他到中共中央青委工作，担任中国新民主主义青年团筹委会副主任。在全国第一次团代会上作《关于中国新民主主义青年团团章的报告》，并当选为团中央副书记兼组织部长。后任团中央书记处书记，主持创办了《中国青年报》。

1952 年底，他出任解放后清华大学的第一任校长，开始了他从事新中国教育事业的光辉生涯。翌年 9 月，兼任北京市高校党委书记，1955 年 6 月，任中共北京市委常委。1956 年 6 月当选为清华大学党委书记。从 1960 年 1 月到 1966 年 6 月全国发生"文化大革命"时止，他先后担任国家教育部副部长与党组副书记、高教部部长和党组书记、党委书记，仍兼任清华大学校长和党委书记。他在清华大学工作期间，坚持学习苏联教育经验要与我国实际相结合，努力贯彻党的教育工作方针，积极探索适合中国国情的社会主义办学道路，总结了"真刀真枪"的毕业设计，实行教学、科研、生产三结合，建设"三联基地"等经验，在高校产生了积极的影响。他重视最新科学技术的发展，率先在清华大学创建了原子能、自动控制等一批新技术专业和学科，使清华大学迅速成为全国第一流的多科性工业大学。他爱护和关怀青年学生，重视对学生的马克思主义教育和政治思想工作，首创学生政治辅导员制度，提出"争取健康地为祖国工作 50 年"的口号，促进了德智体全面发展。他重视教职工队伍建设，从政治上和生活上爱护和关心教职工，提出"要争取团结百分之百的教师"和"各按步伐，共同前进"的主张，亲自介绍刘仙洲教授入党，发表《共产党是先进科学家的光荣归宿》的文章，在知识界引起巨大反响。他要求党员教师和干部，"政治和业务两个肩膀挑担子"（俗称"双肩挑"），同党外专家结合，实现"两种人会师"，为清华培育了一支新老结合、又红又专的教师队伍和干部队伍。他提出著名的"三阶段、两点论"的观点，继承和发扬了清华大学各时期的优良传统和优良学风。蒋南翔在清华大学任校长 13 年半，表现出超群的治校才能。在他领导下，清华大学的规模与水平有很大发展和提高。到 1966 年 6 月，教职工由 1953 年 1200 余人增加到 5300 多人；在校本科生超过万人规模，比 1953 年增长二倍半；在其任职期间，清华大学毕业生达 18000 余人，为国家培养了大批优秀人才，同时提供了许多重大科研成果。此外，校园面积由解放初期的 92 公顷增加到 212.5 公顷，建筑面积由 10 万平方米增加到 43 万平方米，学校面貌大为改观。蒋南翔的治校成就为日后清华大学的发展打下坚实的基础。

他在教育部、高教部担任领导职务期间，主持起草了《教育部直属高等学校暂行工作条例》（简称《高校六十条》）、《全日制中学暂行工作条例（草案）》（简称《中学五十条》）、《全日制小学暂行工作条例（草案）》（简称《小学四十条》）三个工作条例，先后经中央审议通过。这三个条例系统地总结了新中国成立以来学校教育工作正反两方面的经验，具有鲜明的中国社会主义教育的特色，为有中国特色的社会主义教育体系的形成奠定了良好的开端。他还领导了高等教育的调整和改革，为我国研究生教育的开创，理工农医教材的建设，高等学校的科学研究，以及国防尖端科学技术专业和学科的建设，都作出了重要贡献。

在"文革"期间，他受到长期的残酷迫害。面对百般凌辱和诬陷，他毫不畏惧，公开阐明自己的正确观点，与林彪、江青反革命集团进行针锋相对的斗争。

粉碎"四人帮"后，蒋南翔复出。1977 年任天津市委书记、市革委会副主任兼市科委主任，倡议建立南开中学"周恩来纪念馆"，并积极建议尽快恢复高等学校统一招生考试。1978 年任国家科委常务副主任，担任全国科学大会秘书长，为制订全国科学技术发展规划和第一次全国科学大会的召开，做了大量的组织领导工作。1979 年 2 月，应全国几十所高等院校领导联名向中央要求，由邓小平提名，蒋南翔被调任教育部长兼党组书记。他重返教育战线，坚持党的实事求是的思想路线，力排干扰，拨乱反正，领导了高等教育的恢复、调整与改革开放，提出"充实加强小学、整顿提高初中、调整改革高中、大力发展职业教育"的方针，推动了普及小学教育和中学教育结构改革。他还主持起草《中华人民共和国学位条例》，经五届人大常委第 13 次会议通过，在我国首次建立了学位制度。这些工作使在"文化大革命"中遭到极度破坏的教育事业得到了恢复和发展。

1982 年 4 月，蒋南翔在教育部退居二线，任教育部顾问。同年 8 月，出任中共中央党校第一副校长，主持常务，协助校长王震领导党校工作。他遵照党中央指示，致力于党校教育正规化建设，为此而殚精竭虑，进行了卓有成效的探索和实践，并主持创办了中央党校理论刊物《理论月刊》，不仅对中央党校，也对全国各级地方党校的改革和建设，起了重要的指导和推进作用，使党校事业大大前进了一步。他为党校教育正规化建设鞠躬尽瘁，1986 年 1 月，主持全国省级党校校长座谈会，在会议过程中突发心脏病，住北京医院。他在主持党校工作期间，仍十分关心国家的普通教育事业，倡议和参加创建了中国高等教育学会，当选为第一任会长，还主持创办了《中国教育报》。

他是中共"七大"候补代表，八届中央候补委员，十一、十二届中央委员，第一届全国政协委员（一届四次全会增选为常委），一、二、三届全国人大代表，五届全国人大常委。

1988 年 1 月，他病情恶化，确诊胃癌晚期；5 月 3 日，在北京溘然长逝，享年 75 岁。

蒋南翔毕生致力于青年运动和党的教育事业，他在教育战线辛勤耕耘三十余年，形成了比较系统的教育思想，诸如：关于创造性地坚持德智体全面发展和因材施教的思想；关于集中力量办好重点大学，建设"教育中心和科学研究中心"，依靠自己的力量培养第一流人才的思想；关于学习外国经验要"同中国实际相结合"，取诸家之长，"走自己的路"的思想；关于对历史经验，要批判地继承，在清华提出"三阶段、两点论"的思想；关于重视教育质量，坚持高等教育要"根据需要和可能，在保证质量的前提下，积极而稳步地发展数量"的思想；关于尊重教育规律，坚持以教学为中心，实行"教学、科研、生产三结合"的思想；关于重视基础与能力训练的思想，用"干粮与猎枪"的比喻形象地说明学校要给学生以长远起作用的东西；关于重视教师在教育中的主导作用，提出"团结百分之百的教师"和实行"双肩挑"的思想；关于"提倡重教重职，两个车轮相辅而行"，"办好学校要依靠教师和职工两支队伍"的思想；关于"党是发动机"，"发动机不能漏气"，要加强学校党的建设和党的领导的思想；等等。

蒋南翔一生发表了大量文章与讲话，已出版的有《坚持社会主义的教育方向》《党校教育正规化的探索与实践》等书，丰富了我国教育理论宝库。1998 年，《蒋南翔文集》由清华大学出版社出版。

钱三强

钱三强（1913 年 10 月—1992 年 6 月）生于浙江绍兴，原籍湖州。核物理学家。

1932 年考取清华大学物理系。1936 年在吴有训指导下，以优异的成绩完成了"在真空条件下钠的金属表面对真空程度的影响"的毕业论文。毕业后在北平研究院物理研究所作助理员。1937 年赴法国留学，在法国巴黎大学镭学研究所居里实验室伊伦·居里教授和法兰西学院原子核化学实验室弗雷德里克·约里奥教授领导下进行原子核物理的研究工作，一直到 1941 年。1940 年获法国国家博士学位。1942 年转法国里昂大学物理研究所进行研究工作，并指导学生作毕业论文。1943 年至 1948 年作为法国国家科学研究中心的副研究员、研究员和研究导师，在法兰西学院原子核化学实验室和巴黎大学镭学研究所居里实验室进行研究工作,并指导研究生。1946年曾获法国科学院亨利·德巴维奖金。1948年回国,任清华大学物理系教授,讲授原子核物理学,同时任北平研究院原子学研究所所长。1948年12月清华园解放后,他继续任清华大学物理系教授,1949年11月任物理系主任。1950年后,历任中国科学院计划局局长、中国科学院近代物理研究所副所长、所长、中国科学院学术秘书处秘书长、中国科学院副秘书长、第二机械工业部副部长、原子能研究所所长等职。1954年加入中国共产党。1978年任中国科学院副院长兼浙江大学校长。1955年被遴选为中国科学院数理化学部委员。还曾任国务院学位委员会副主任委员、中国科协副主席、中国物理学会理事长、中国核学会名誉理事长、第一、三、五届全国人大代表、全国政协第一、六、七届常委。

钱三强是著名的原子核物理学家。他的主要科学成就是:

1938年至1939年间,曾与伊伦·居里合作,研究铀与钍受中子打击后,得到的镧(半衰期3.5小时)的同位素,它们的β射线谱是一样的,说明它们是同一种放射性同位素,也就是铀与钍裂变后得到同样的裂变产物。这个实验在当时支持了对1938年底发现的裂变现象的解释。

1946年至1947年间,曾与何泽慧、沙士戴勒、微聂隆合作,发现铀的三分裂和四分裂现象,约每三百个裂变中有一个三分裂,上万个裂变中有一个四分裂。约里奥教授认为,这个工作是第二次世界大战后三年中,他的实验室里第一个重要的工作。

1947年至1948年,他对三分裂现象给以合理的解释,他根据实验,用图解的方法,经过精细的计算,得出能量与角分布等关系,从实验和理论两个方面,对三分裂现象做了全面的、详尽的比较与论述。后来物理学界的实验进一步证明:从第三裂片的同位素质量谱、射程、发射角度都说明钱三强认为裂变前瞬间形哑铃状的核物质,其中间部分即形成第三裂片的观点符合新的实验证据,也与用电子计算机的计算结果相符合。钱三强的解释经过20多年的考验,已为各国物理学界所公认。

钱三强在法国学习和研究期间,取得了卓越的成绩。当他在1948年决定回国时,居里夫妇在他的鉴定书上写道:"我们可以毫不夸张地说,近十年来,在到我们实验室实习并在我们领导下工作的同一代科学家中,他是最优秀的。"

钱三强是我国原子能科学事业的创始人。1949年中国科学院成立时,即成立了新中国第一个核科学研究机构——中国科学院近代物理研究所(后改名为原子能研究所),他任副所长,从1951年起一直任该所所长(同时兼任清华大学物理系教授,后为名誉教授)。他和副所长王淦昌、彭桓武等一起,艰苦创业,自力更生建立起一批仪器设备,全面筹划提出发展我国核科学的第一个五年计划,明确以原子核物理研究为中心,同时进行放射化学、宇宙线、理论物理、电子学等领域的研究。并通过科研实践,有计划地培养人才。吸引了一大批有造诣、有理想、有奉献精神的核科学技术专家,从美国、英国、法国、德国、苏联、东欧和国内各大学、研究单位来到所里。作为所长,钱三强知人善任,精心组织,团结全所人员通力合作,攻克一个又一个理论和技术难关。1958年,我国第一个重水型原子反应堆和第一台回旋加速器先后建成;静电加速器、中子谱仪、零功率装置、磁镜型绝热压缩等离子体实验装置等近50台件重要仪器设备相继建成运行。以钱三强为首组建的这个基地,在我国核工业建设和发展过程中,起到了"老母鸡"的作用,在全国逐渐派生出一系列核科学研究机构,培养出大批日后成为核工业战线科研与生产主力军的优秀人才。1960年,钱三强又接受第二机械工业部党组的委托,在所内适时地组织对热核反应机理进行探索研究,为氢弹研制做了一定的理论准备。这是使我国成为世界上从原子弹到氢弹

发展速度最快的国家的一个重要原因。

钱三强还为中国科学院的组建和发展作出了重要贡献。他曾主持中国科学院计划局工作，与各方面科学家共同协商拟定研究工作方案，组织调查全国自然科学研究机构和全国科技力量及其分布情况。在此基础上，进行了科研机构调整，聘请知名学者为中国科学院科学顾问和争取国外学者回国等一系列重要工作，为确定中国科学院的办院方针和全院科学事业的发展提供了条件。此后，他长期参与中国科学院的领导工作（任副院长），为全院工作的决策，特别是组织和调动院内力量支持原子能事业的发展，加强学术领导，开展国际学术交流，恢复学部活动等方面，作出了重要贡献。

1992 年 6 月 28 日逝世，享年 79 岁。

黄 诚

黄诚（1914 年 5 月—1942 年 4 月）号幼山，河北安次人。革命英烈。

1928 年 14 岁时考入邻县永清存实中学，1930 年秋转学北平第四中学，为初中三年级插班生。1932 年暑假因参加爱国活动，反对日本侵略，被学校开除。同年秋以优异成绩考取天津北洋工学院预科。1934 年夏，考取北平清华大学地学系。入学不久，黄诚参加了进步学生团体"现代座谈会"。1935 年 3 月，"现代座谈会"被迫解散后，黄诚又加入了由地下党领导的秘密群众组织——"北平民族武装自卫委员会"。从此，黄诚同地下党组织有了接触，并经常得到党组织的指导和教育，对抗日救亡的认识不断提高，行动也愈加坚决了。

1935 年 6 月，《何梅协定》出笼后，整个华北处在"亡国无日"的惊恐之中，广大学生都在为国家民族的命运担忧。这年秋天，黄诚先后被推选为清华学生自治会干事会主席、救国委员会主席，挑起了领导同学们开展抗日救国活动的重担。12 月初，在黄诚等人的主持下，清华全体学生举行会议，讨论抗日救亡事宜。会议通过了"通电全国反对一切伪组织、伪自治"的决议，并决定联络各校同学向政府请愿。12 月 9 日，"一二·九"抗日救亡运动爆发了。清华救国会在游行队伍中散发的《告全国民众书》喊出了华北学生的共同呼声："华北之大，已经安放不得一张平静的书桌了！"

黄诚作为总领队组织率领清华同学参加了"一二·九""一二·一六"两次抗日游行。1936 年 1 月，他参加了中国共产主义青年团。2 月，在清华大学加入中国共产党。在此之前，他曾代表清华救国会参加了"平津学生联合会"成立大会，被选为平津学联领导成员。

1936 年 2 月 29 日拂晓，四百多名武装军警闯入清华园，手持"黑名单"搜捕爱国学生，遭到广大学生的坚决反击。黄诚等抗日救亡运动积极分子均被列入了"黑名单"。傍晚，又有五千多军警来清华抓人，同学们在救国会的组织下早已作了戒备，名列"黑名单"的学生均有组织地躲避起来。这天夜里，黄诚和姚依林一起隐避在冯友兰教授家中，面对乌云密布的漫漫长夜，他深信光明就在前头，当夜赋诗一首表达献身革命的决心。

"二二九"反逮捕斗争之后，黄诚同清华救国会的其他成员一起，又组织清华同学参加了"三三一"和"六一三"游行示威。暑假期间，学校以"违反校规，不知改悔"为由将黄诚等 4 位救国会委员开除学籍，另有 13 人受到记大过处分。黄诚等被处分的同学在压迫下毫不畏缩，他们一面向学校当局进行说理抗争，一面用自己的切实体验，呼吁"师生合作，一致救亡"。他在《让我们做最末一次被开除的学生吧！》一文中，以铿锵感人的词句写道："我是被开除了，我不留恋，我不懊悔，一切都是为了救亡，我要永为救亡而奋斗！可爱的朋友们，我是离开了，不过我相信，在同一方向的斗争中，共同工作的基础上，我们是永远相聚着"。

这年9月，在地下党组织和进步教授吴承仕等人的协助下，黄诚转学到中国大学，就读于国文系。10月10日，北平学联在燕京大学召开代表会，确定今后学联工作的原则，黄诚被推选为北平学联主席，同时还担任了中共北平学联党团书记，同王文彬、孙世实等人一起担负起北平学联的领导工作，北平各校的救亡运动更加蓬勃开展起来。

1937年1月，黄诚被捕入狱。在狱中，他一面保持了同狱外中共北平学委和北平学联的联系，一面组织狱内难友进行了机智勇敢的斗争。经地下党组织和社会各界人士的营救，于3月中旬获释。

"七七"事变，北平沦陷后，中共北平市委指定由蒋南翔、杨学诚和黄诚等人负责接收各校学生中共产党员的组织关系，组织各校学生的撤离。8月底，黄诚和许多青年学生一起登上平津恢复通车后的第一趟火车离开北平。

黄诚经天津、济南、南京，10月初至武汉，与中共中央长江局取得联系后，同谢云晖、刘烈人、朱光等一同以全国救国会代表的名义去刘湘部队作抗日救亡的统战工作。1938年春，黄诚又到了新四军，先在陈毅指挥的一支队工作，同陈毅同志朝夕相处，建立了深厚的革命友谊。不久调到军部，担任军政治部秘书处处长、政治部秘书长。他在艰苦的战斗生活中和战士们同甘苦，"无时无刻不求上进"。他领导军直单位，机要材料由他负责，一些重要文件由他草拟。还抽出时间给部队干部讲政治课，进行政策和理想教育。

1941年，在国民党反动派背信弃义制造的"皖南事变"中，黄诚不幸被俘，被关押在上饶集中营。他和所有的革命战士一样，坚贞不屈，大义凛然，还在狱中组织了党支部，领导难友同敌人进行了英勇斗争。他托人带出一信中说："军败被拘，生死莫卜。几年来从事于抗战，无愧于心。我绝不因斧钺在前而变初衷。假如就这样死了，则求仁得仁复何怨。"1942年4月23日，黄诚在被押解去福建途中，被特务杀害，时年28岁。陈毅同志在得悉黄诚遇害后，以沉痛而敬佩的心情赞誉道："黄被俘不屈，志量可佩。"并赋诗以志哀思："松冈明月魂如在，记取铁窗仍多情；临难铮铮风骨好，皖山不负夜台行。"

曹本熹

曹本熹（1915年2月—1983年12月）上海人。化学工程及放射化工学家。

曹本熹于1934年9月至1938年8月在清华大学化学系学习（最后一年在西南联大），毕业后至1942年12月在昆明任清华大学农业研究所研究助理、西南联大助教和昆明利滇化学公司助理工程师；1943年6月至1946年6月到英国伦敦大学帝国学院化工系读研究生并获博士学位；1946年10月回国，历任清华大学化工系副教授、教授、系主任；1953年9月至1962年12月任北京石油学院教授、副院长；1963年1月调到第二机械工业部先后任部专业总工程师、生产局副局长、科技委副主任等职。

美国发动侵朝战争后，他积极响应抗美援朝的号召，在清华大学举办石油培训班，并组织化工系师生负责朝鲜战场作战油料的化验工作，消除了战场上用油的混乱现象，有力地支援了抗美援朝战争。为适应国家需要，他提出清华大学化工系要致力于石油、煤炭项目的研究和把化工系的培养重点转到石油方面的建议。1952年，院系调整时，清华大学成立了石油工程学系，他任系

主任。

1953 年，国家决定筹建北京石油学院，他担任该院筹建处副主任。筹建之初，没有校舍、实验室、图书馆和教学人员，他夜以继日地工作，调来了教授、讲师、实验人员。他和其他同志一道，建起了北京石油学院，并担任教授、教务长和副院长，负责教学与科研工作。他治学严谨，为使学生获得扎实的业务知识，各专业均开设选修课程；他带研究生，不仅要求学生掌握专业知识，而且要求掌握科学的治学方法；他选用教员，始终坚持"欲用先育"的原则，使之既保证良好的教学质量，又使教师队伍很快成长起来。北京石油学院为我国石油工业的发展培养了大批科技人员，许多毕业生成为全国各大油田和石化企业的技术骨干，他为我国石油工业的发展与振兴作出了重大贡献。1950 年，曹本熹加入民盟。1956 年加入中国共产党。

1963 年 1 月，他奉命调到二机部从事核燃料的科研与生产技术工作。20 世纪 60 年代，领导了制造六氟化铀用括板冷凝器的中型试验，参加领导了大型生产线的试生产，解决了电解、氟化、冷凝等主要技术关键，为大量生产扩散厂原料创造了条件。70 年代，推动了流态化技术在铀化工生产中的应用，使二氧化铀生产四氟化铀以及六氟化铀还原为四氟化铀的氢还原装置，成功地应用于生产，更由于采用了独特的催化剂，使还原装置能长期连续生产，超过当时国外文献报导的类似装置只能连续生产几天的水平。

在热核聚变材料锂同位素方面，他参加并领导了由中国科学院上海有机化学研究所与二机部有关单位协作进行的萃取法研究试验工作，先后找到三种分离系数较高的萃取体系，其中杂氮菲体系的分离系数超过了当时国外文献报导的最好水平，该体系还为实现无汞害分离锂同位素提供了可能。与此同时，还领导了乏燃料后处理溶剂萃取工艺研究，使我国的核燃料后处理工艺达到了当时国际先进水平。

曹本熹卓有成效的研究与技术开发，为我国核武器的研制与生产作出了重要贡献。他于 1980 年当选为中国科学院化学部委员。他还曾当选为第三、四、五届全国人民代表大会的代表。

他一生谦虚谨慎，治学严谨，处处严格要求自己，受到广大核科技人员的崇敬。1983 年 12 月 25 日在北京逝世，享年 68 岁。在他逝世后，当时核工业部的领导称赞他："精神感人，堪为楷模"。他的遗体献给了医学研究单位，仅有的两万元存款捐给了中国老年委员会和月坛街道用于兴办老年和残疾人福利事业。

杨学诚

杨学诚（1915 年 8 月—1944 年 3 月）又名奇山，湖北黄陂人。革命英烈。

1927 年考入武汉一中，三年后进入湖北省立高中，后转入武昌职业中学就读，直到 1934 年卒业。他热爱自然科学，埋头读书，对学业孜孜不倦。做一个自然科学家，是他对未来的憧憬。

1934 年，杨学诚考入清华大学物理系。他一头扎入书本，可以说完全是一个安分守己的"正统派"好学生。然而，一年以后，到 1935 年暑假，情形就有些不同了。因为那时正是丧权辱国的《何梅协定》签订之后，当时人们怀着极沉痛的心情描绘了那时情景："爱国有罪，冤狱遍于国中；卖国有赏，汉奸弹冠相庆。"这股猖獗的时代逆流，使素来埋头用功的杨学诚，也不能不卷进这剧烈动荡的政治激流之中，再也不能毫无反应地"安心读书"了。日军铁蹄，踏碎了祖国河山，也踏碎了杨学诚的心。他觉醒了！

数月之后，他满腔热血地参加了"一二·九""一二·一六"两次游行示威和翌年一月的南下扩大宣传，回校后又参加了"中华民族解放先锋队"，积极地从事抗日救亡的宣传和组织工作。他由一个儒雅书生变成了一位疾恶勇斗的战士。

1936年2月29日宋哲元派军警进校搜捕进步同学。地下党支部书记蒋南翔首先被捕，接着北平学联秘书长姚依林和清华民先队纠察队长方左英相继被捕。杨学诚闻讯后，立即组织了爱国同学三四十人，与军警一番搏斗之后，三人获救。之后，杨学诚还把蒋南翔隐藏在自己屋里，并安全护送他转移。不久，因河北高中学生郭清在狱中不堪酷刑而于3月9日惨死狱中，北平学联发动和组织了"三三一"抬棺游行，以示对国民党政府的严重抗议。在这次斗争中，会前背着一口空棺材跑到北大三院去开会的是杨学诚，会后抬着棺材在景山大街上领头冲锋陷阵的也是杨学诚。1936年5月，他在清华大学加入了中国共产党，11月任支部书记。

1937年4月，杨学诚被选为北平学生的代表，和中共北平市委书记黄敬、民先队总队长李昌等，随刘少奇和彭真到延安参加党的一次重要大会——1937年5月中共全国代表会议。会上他聆听了毛泽东所作的《中国共产党在抗日时期的任务》的报告和对抗日民族统一战线的论述，增强了他对党的任务、路线、方针和政策的领会。在这次会上，杨学诚和李昌也发了言，反映了北方革命学生的思想情绪和存在的一些问题。后来毛泽东在《为争取千百万群众进入抗日民族统一战线而斗争》的结论中，详细地解答了他们提出的问题，大大鼓舞了他们的斗争士气。杨学诚回到北平后，担任了中共北平学委委员和西城区委书记。

不久，七七事变，平津失陷。作为平津流亡学生工作的领导者之一，杨学诚先后建立和领导了济南和南京的平津同学会工作，最后于九月初到达武汉，担任中共长江局青委委员。以后湖北省委成立，他担任省委青委书记，负责创立和领导了湖北的青年救国团，开展了轰轰烈烈的青年抗日运动。

1938年8月，湖北省委派他去鄂中工作。当时那里只有十几个党员，基础很薄弱，此后在陶铸和他的领导下慢慢发展壮大，创立了近百人的抗日武装，开辟了以应城、京山为基地的抗日游击区。后又组建了新四军豫鄂游击支队，参与领导建设鄂豫边区抗日根据地。在鄂中六年艰苦卓绝的工作，是他革命生涯中最光辉的部分。他在这个战斗岗位上，先后担任过中共鄂中特委书记、中共鄂中区党委组织部长、代书记、中共豫鄂边区党委常委、组织部长兼社会部长、新四军鄂皖兵团政治委员以及豫鄂边区行署副主席、党团书记等职，对新四军五师和鄂豫皖抗日民主根据地的创建、发展和巩固，作出了重要贡献。

杨学诚勤于学习，善于思考，把理论学习和实际斗争紧密结合起来。在那战斗频繁的动荡环境里，经常伴随他的是两只满装书籍和文件的铁皮木箱。每当深夜，人们经常看到他在一盏油灯的昏暗灯光下，手不释卷地努力学习。他起草文件、撰写文章或工作总结时，总要反复思考，从内容到文字，都要仔细推敲。他常对同志们说："写文章好像蜜蜂酿蜜，只有经过认真酝酿，才能酿出好蜜。"他真是文如其人，文章和工作，都同样严谨。1941年曾在中共中央党刊《共产党人》上发表《给各地组织工作者的一封信》。

杨学诚为了民族和人民的解放事业，一心扑在工作上，真正做到了"国而忘家"、"公而忘私"。他家境寒微，父亲早故，家中只有贫苦的寡母和年幼的弟妹，一家人经常绝粮断炊，挣扎在饥饿线上。杨学诚在鄂中边区工作，离家不远，但他仅回家探望过慈母和弟妹们一次，更无钱接济他们。连年征战，使他积劳成疾。1943年初，他从鄂南返回江北，已是身患多种疾病，但仍抱病坚持工作。战友们曾多次劝他休息一段时间，他却说："我这支蜡烛，不要求点得时间长，只要求点得亮。"严重的肺病，使他卧床不起。正当他在大悟山中养病时，1944年3月6日，平

汉线各据点日军出扰大悟山南北地区。3月7日杨学诚随军转移，越过高岭大悟山以北时，病已垂危，经竭力抢救，已无力回天，于同日下午7时40分，在大悟山北麓高家洼病逝，时年29岁。

彭桓武

彭桓武（1915年10月—2007年2月）湖北麻城人。理论物理学家。

1915年10月6日，彭桓武出生于吉林省长春县。父亲彭树棠，曾赴日本早稻田大学学习法政。后参与延吉等县主权的对日交涉，奉派吉林，历任延吉、长春等地的地方官职。彭树棠爱国，富有理想，为官清廉，这些品质对彭桓武日后的人生道路产生了深远的影响。

彭桓武很早就显示出在数学方面的天赋。虽然自幼体弱多病，学校教育时常被迫中断，但他自学能力很强，学业从未间断。在上中学以前，他就阅读了大量的中国文史典籍。到初三学习物理时，他对自然科学产生了浓厚的兴趣。从此，探索自然的奥秘成为他不断向自己提出挑战的动力。在断断续续的中学阶段，彭桓武虚心向老师请教，自学了大学物理、立体解析几何、英文等课程，同时还阅读了汤姆逊的《科学大纲》、达尔文的《物种起源》等课外书籍。

1931年，彭桓武以优异的成绩考入清华大学物理系。进入清华后，彭桓武即参照学校公布的各系、各年级授课时间表，根据繁简、深度和近期远期之间的关系，统一选择安排了四年所应修读的课程，制定出自己四年所应达到的目标。除了课堂学习以外，他还注重与不同年级、学系同学之间的相互交流、学习，不断扩展自己的知识面，从中受益良多。在对自然科学投入极大热情的同时，彭桓武还广泛阅读了中国先秦诸子、西方哲学、心理学等方面的书籍。在良师的精心栽培和鼓励下，在自己的勤奋努力下，彭桓武的学业不断进步。1935年本科毕业后，他又考取清华研究院理科研究所物理学部的研究生，继续在导师周培源的指导下从事广义相对论的研究。在清华6年，彭桓武的身心得到全面发展，特别是他从吴有训、叶企孙先生那里学到的"物理学终究是一门实验科学"，以及从周培源先生那里学到的"理论联系实际"是正确的方向等这些对物理学的认识和治学方法，对其后来的学术成长产生了重要影响。1937年7月抗日战争全面爆发，清华研究院停办，彭桓武不得不中断学业，辗转远赴云南大学理化系任教。

1938年秋，彭桓武考取中英庚款留学。9月，赴英国入爱丁堡大学理论物理系，跟随著名物理学家、量子力学创始人之一玻恩学习。1940年，他以固体理论方面的论文《电子的量子理论对金属的力学及热学性质之应用》，获哲学博士学位。1941年8月，经玻恩推荐，彭桓武前往爱尔兰都柏林高等研究院，在由波动力学创始人薛定谔任所长的理论物理研究所做博士后。期间，他和同事海特勒合作进行介子理论方面的研究，发展了量子跃迁理论，用以处理核碰撞中产生介子的过程，得出了能谱强度，并根据它首次解释了宇宙线的能量分布和空间分布。这就是名扬国际物理学界，以作者哈密尔顿、海特勒、彭桓武（Hamilton，Heitler，Peng）三人姓氏缩写为代号的关于介子的HHP理论。1943年8月，彭桓武重返爱丁堡大学，担任卡内基研究员，和玻恩等合作进行场论的研究。1945年夏，他以场论方面的论文《量子场论的发散困难及辐射反作用的严格论述》获得爱丁堡大学科学博士学位。同年，彭桓武因关于场的量子力学和统计力学的一系列探索性工作而与玻恩共同获得爱丁堡皇家学会的麦克杜格尔-布里斯班奖。8月，彭桓武又到都柏林高等研究院理论物理研究所任助理教授两年，继续作场论中用生成函数方法表示波函数的研究工作。彭桓武在爱丁堡与都柏林两地从事理论物理研究长达九年时间，在导师玻恩、薛定谔及同事海特勒等著名物理学家的指导与共同合作研究中，他的工作能力和对学术问题的见识与判断能力逐步提高，同时也以自己的创造性劳动对共同的研究工作作出了重要贡献，获得了他们的高度评价。

1947 年底，彭桓武怀着满腔爱国热情回到祖国。1948 年 1 月，他赴云南大学担任物理系教授，为学生开设了物性论、高等电磁学课程，和教师们讨论量子力学，同时开始了关于核力的研究工作。1948 年，彭桓武当选为皇家爱尔兰科学院院士。

1949 年 5 月，彭桓武回到母校，任清华大学物理学系教授。先后开设普通物理、量子力学等课程，并招收理论物理的研究生。1950 年，彭桓武协助钱三强等科学家参与创建中国科学院近代物理所，并任研究员。1952 年 10 月院系调整后，彭桓武离开清华大学，兼任北京大学物理系教授。1953 年 4 月，任中科院近代物理研究所副所长。1955 年 10 月，彭桓武参加了由钱三强带领的实习团去苏联学习反应堆理论。1956 年秋，他和黄祖洽等合作，在物理所举办了为期一年的反应堆理论和计算数学训练班，学员近 20 人。他还帮助清华大学工程物理系第一次开设反应堆理论课，为北京大学技术物理系开设反应堆理论与核工原理课程。彭桓武为中国的原子能事业培养了大批青年人才。1961 年 4 月，彭桓武任第二机械工业部九所副所长，开始从事核武器研究。他对中国的原子能科学事业做出了许多开创性的组织和探索工作，对中国核武器的理论设计工作作出了杰出贡献。同时，在解决这些问题的过程中，他注意培养和造就了一批优秀的年轻科学工作者。1972 年，彭桓武回中国科学院任高能物理研究所副所长、研究员。1978 年 5 月，任中科院理论物理研究所所长，1983 年改任名誉所长。

彭桓武在国内外发表论文 30 余篇。1982 年，由于对原子弹、氢弹设计原理中的物理力学、数学理论问题取得突出成果作出了重要贡献，他领衔和其他同事一起获得了国家自然科学一等奖。1995 年，彭桓武获何梁何利基金科学与技术成就奖。1999 年获得"两弹一星功勋奖章"。2006 年 6 月 13 日，经国际天文学联合会小天体命名委员会批准，将我国科学家发现的、国际永久编号为第 48798 号小行星，正式命名为"彭桓武星"。

彭桓武是第一至三届全国人大代表，第五届全国政协委员。1955 年选聘为中国科学院物理学数学化学学部委员、常委。

2007 年 2 月 28 日逝世，享年 92 岁。

常　迵

常迵（1917 年 2 月—1991 年 8 月）字季高，出生于河南省开封市，祖籍北京市房山县。无线电工程学家和信息科学家。

他从青年时代就立志报国，追求进步。1935 年，考入北京大学物理系，积极参加了"一二·九"学生爱国救亡运动。翌年，他转到清华大学电机工程学系就读，1940 年毕业于西南联合大学电机工程学系，获工学学士学位，1945 年获美国麻省理工学院硕士学位，1947 年获美国哈佛大学博士学位。同年回国后，任清华大学电机工程系副教授，1950 年任教授，1952 年后历任无线电基础教研组、无线电发送设备教研组、电视教研组主任等，1956 年任无线电工程学系副系主任。1975 年起在自动化系任教，担任自动化科学与技术研究所所长，并领导筹建了信号处理与模式识别教研室，设立了模式识别与智能控制专业博士点以及博士后流动站，任博士生导师。由于他在学术和教育工作方面的卓越成就，1980 年当选为中国科学院技术科学部委员，并于 1981 年、1985 年先后受聘担任国务院学位委员会第一、二届学科评议组（自动化组）成员。

他长期从事无线电技术领域的研究和教学工作，在信号与系统、天线理论和发送技术等方面，都有精深的研究并获得创造性的成果。他重视给学生打好扎实的专业理论基础，及时吸收国外最新科技成果，结合中国国情，提出设立"信号与系统"和"高频电路"课程，并编著有特色的教材《无线电信号与线路原理》，在国内产生很大影响，培养了一大批无线电技术领域的骨干。1981年以来，他一直担任中国电子学会电路与系统专业委员会主任委员，并组织了一系列全国性学术会议和国际学术会议，对推动这一学科的发展作出了历史性的贡献。

上世纪70年代末期，他敏锐地注意到信息科学的迅速发展，不失时机地领导建立了研究机构，并进行了大量卓有成效的研究工作，其中广义拉德梅克函数系理论和信号重构理论及其应用等研究成果达到国际先进水平，受到国内外同行的高度评价。他领导的"地球物理信号处理与识别方法及应用"科研项目获1991年国家教委科技进步一等奖。他是最早在我国倡导和开展模式识别研究的学者之一。1980年至1986年期间，他连续担任两届中国自动化学会模式识别与机器智能专业委员会主任委员。他多次出席国际模式识别学术会议，做了大量工作，使我国于1982年被正式接纳为国际模式识别学会（IAPR）成员，他也被推举为该学会主席团成员。他担任清华大学智能技术与系统实验室学术委员会主任，还兼任北京大学视觉与听觉信息处理实验室学术委员会顾问等许多重要学术领导职务。他积极参与国家科技发展规划的制订，积极组织国内同行联合进行重大自然科学基金项目的研究工作，推动学术交流。

他一直亲自主持清华大学模式识别与智能控制博士点的建设，在工作中高标准、严要求，以国际先进水平为目标，培养出几十名高质量的博士和硕士研究生，积累了一整套立足本国培养高层次专门人才的重要经验并在全国推广。他所领导的导师组被评为1986年北京市教书育人先进集体，他主持的博士点的研究生教育工作在1989年荣获首届全国高等学校教学优秀成果国家级特等奖。

为了表彰他对教育和科学事业作出的突出贡献，他于1986年被授予全国教育系统劳动模范称号，并获"人民教师"奖章；1990年又获得中国科学院荣誉奖章。

他还曾担任中国自动化学会荣誉理事，中国电子学会荣誉会员及理事，中国图像与图形学会的理事长，北京市政协常委，民盟中央常委、参议委员会常务委员等职。

他撰有《广义拉德梅克函数》《有关沃尔什函数应用的几个问题》等论文。

他忠诚祖国、热爱人民、热爱社会主义，1983年加入中国共产党，实现了他多年的夙愿。

他博学多才，学风严谨，德高望重，为人师表。由于年事已高又工作繁忙过度，他在1987年12月因患脑血栓而偏瘫。但他在与疾病进行顽强斗争的同时，更加珍惜有限的时光，继续坚持工作，躺在病榻上著书立说和研究问题，坐在轮椅上出席重要的学术会议。

1991年8月8日，他在北京逝世，享年74岁。

张 仃

张仃（1917年5月—2010年2月）原名张贯（冠）成，字黉然，笔名它山。辽宁黑山县人。艺术家、艺术教育家。

张仃自幼就表现出在绘画方面的天赋，四五岁时即开始自学中国画。1931年"九一八"事变之后，张仃流亡北平求学。1932年，他考入北平北华美术专科学校国画系。在学习绘画期间，深受国破家亡之痛的张仃，逐渐将艺术视野转向社会现实，以漫画为武器，创作、发表了一批揭露社会黑暗，反对内战，要求抗日的漫画作品，希望"为拯救祖国和民族的危亡贡献出自己的力量"。1934 年，张仃加入北平左翼美术家联盟。9 月，因参加进步运动被捕，被解送苏州反省院。1935 年出狱后，张仃开始了自由撰稿人和职业漫画家的生活。1936 年，他的《年午夜》、《一将功成万骨枯》等多幅漫画作品入选全国第一届漫画展。1937 年"七七事变"爆发后，张仃参加了由叶浅予领队的抗日漫画宣传队，在《救亡漫画》《抗敌漫画》等杂志上发表了《日寇空袭平民区域的赐予》《收复失地》等作品。同年 10 月，张仃来到武汉，参加了全国漫画界抗敌协会战时工作委员会。是年冬，他代表该会到西安筹建西北分会。

1938 年，张仃带领抗日艺术队，到陕北榆林地区和内蒙古宣传抗日。之后，他奔赴延安，任教于鲁迅艺术文学院美术系。1940 年，张仃来到重庆，与张光宇计划出版《新美术》杂志，因"皖南事变"，未能实现。他将携带的反映解放区军民生活的作品发表在叶浅予在香港主编的《今日中国》上。1941 年，张仃自重庆回到延安，在延安"文艺界抗敌协会"从事创作。1942 年 5 月，张仃参加了"延安文艺座谈会"。"文抗"解散后，他调至青年艺术剧院任美术导师，教授舞台美术。后又调至五省联防军政治宣传部任美术组长，负责军队成果展览设计和各项美术工作。1945 年，张仃加入中国共产党。1946 年，随军到张家口，任教于晋察冀华北联合大学美术系平津学生班；后到哈尔滨，任《东北漫画》《东北画报》《农民画刊》等主编，从事漫画、年画、招贴画创作。1949 年春，张仃参与鲁迅艺术文学院复校工作，任美术部副主任。同年进京，奉命编辑《三年解放战争》大型画册。

在抗日战争和解放战争时期，张仃注重从丰富的民间艺术中汲取创作营养，不断开拓新的艺术境界，以宣传画、装饰画、舞台美术、服装设计和大生产运动展示等实用艺术设计，有力地配合了时局的需要，发挥了文艺的重要作用，活跃了解放区人民大众的文化生活。

新中国成立，张仃出色完成了一系列新中国形象的艺术设计工作，其中包括负责全国政治协商会议美术设计，全国政协会徽设计；负责中华人民共和国开国大典美术设计，天安门广场大会会场设计，中南海怀仁堂、勤政殿的改造设计；全国政协会议纪念邮票等新中国第一批纪念邮票设计等。他领导中央美术学院国徽设计小组参与国徽设计，提出以天安门为主体的创意设计方案，为国徽设计作出重要贡献。

自 1951 年起，张仃多次担任总设计师，领导完成了德国莱比锡国际博览会中国馆、巴黎国际博览会中国馆等大型国际博览会和专题展览会的展陈设计任务，向世界生动展示了新中国在社会、政治、经济、文化等方面的发展，传播了中国文化，塑造了新中国形象。

与此同时，张仃积极投身于开创新中国的艺术教育事业。1949 年，张仃参与接管国立北平艺专。之后，北平国立艺专改建为中央美术学院，张仃任实用美术系主任、教授。在此期间，他陆续调入一批著名画家，使得基础课以及装潢、陶瓷等专业师资力量大增。同时，张仃还聘请民间艺人张景祜（泥人张）、汤子博（面人汤）、路景达（皮影路）来校，为之建立了工作室，配合教学并为社会服务。在张仃的主持下，短短几年内，实用美术系在课程设置、教材的充实以及师资队伍建设等方面有了很大提高，为社会众多领域输送了大量展示专业设计人才。

1954 年，张仃任中央美院中国画系党支部书记。是年，正值美术界围绕中国画问题展开大讨论。张仃也在思考中国画的继承与改良问题。他与李可染、罗铭赴江南进行中国水墨画写生，历时 3 个月，这是新中国成立后最早成立的国画写生组。他们的写生作品在北京展出后引起很大反响，对当时和其后的中国画坛产生了较大影响。之后，张仃还从理论上、艺术实践上对将西方现代艺术形式和中国民间传统艺术相结合，从而创造新的国画现代形式进行了不懈的探索。

1957 年 10 月，张仃担任中央工艺美术学院第一副院长，主管教学工作。他一方面继续完善学院创办初期确立的办学理念，一方面按照国家经济建设和文化建设的发展需要以及艺术设计教育的规律，探索、创建新中国艺术设计教育体系和思想。为配合教学与社会的需要，1958 年，张仃和张光宇创办了新中国第一本工艺美术期刊《装饰》杂志。1959 年，张仃主持开设壁画专业。同年，张仃任美术组长参加新中国成立十周年十大建筑工程设计。

1966 年"文化大革命"爆发，张仃受到迫害，一度下放到农村劳动改造。1974 年他因病获准回京，病居香山农舍期间，开始焦墨写生和创作。

1979 年 5 月，张仃担任中央工艺美院院长。他一边主持工作恢复学院的秩序，一边组织和调动师生创作和研究的积极性，迅速将学院从停滞的状态带入一个新的发展时期。在此阶段，他还先后为著名动画片《哪吒闹海》作美术总设计；主持首都国际机场壁画工程，并为其创作巨幅壁画《哪吒闹海》，为长城饭店创作《长城万里图》、北京西直门地铁站创作《燕山长城图》等壁画，开拓了中国壁画的新兴时代。并先后在北京、香港举办画展。

1984 年离休后，张仃开始将全部精力投入到焦墨山水画的创作中。这一时期，创作出《蜀江碧》《天梯》《老雪凝千古》等一大批焦墨国画作品。1997 年后，张仃由于健康原因，无法再亲临自然写生，毅然停止了作画，转而从事书法创作。

1999 年，中央工艺美术学院并入清华大学。张仃依然关心和支持学校的事业发展，欣然应邀复出担任学院绘画系第一工作室博士生导师。2010 年 1 月 20 日，清华大学成立张仃艺术研究中心。

张仃曾任中国文联委员、中国美术家协会常务理事、美协全国壁画工作委员会主任委员、国务院学位委员会学科评议组召集人、中国工艺美术家协会副理事长，黄宾虹研究会会长等职，荣获文化部颁发的首届造型表演艺术创作研究成就奖等多项荣誉。多次举办个人作品展览。出版有《张仃水墨山水写生》《张仃焦墨山水》《张仃画集》《张仃漫画》《被迫谈艺录》《它山画语》等。

2010 年 2 月 21 日逝世，享年 93 岁。

吴仲华

吴仲华（1917 年 7 月—1992 年 9 月）生于上海，祖籍江苏苏州。工程热物理学家。

1935 年考入清华大学机械系；1937 年"七七"事变后，随清华南迁长沙，和同班大部分同学一起入交通兵辎重兵学校学习一年多，并在机械化部队短期服役；1939 年回昆明西南联合大学机械工程学系继续学习；1940 年毕业并留机械系任教。1944 年吴仲华通过清华大学公费留美考试，入美国麻省理工学院研究院学习内燃机，1947 年获科学博士学位。1947 年后任美国航空咨询委员会所属的路易斯喷气推进研究中心研究员；1951 年任美国纽约市布罗克林理工大学机械系教授。1954 年夏，绕道欧洲经苏联回国，1955 年任清华大学动力机械系教授，1956 年任副系主任，领导创建燃气轮机专业，担任燃气轮机教研组主任，以后又建立了热物理专业。并参与指导热能动力装置的研究生，还指导兄弟院校的进修教师。他治学严谨，十分重视工程的基础理论，亲自编写《工程流体力学》教材，讲授工程流体力学，并举办工程热力学讲座。在清华大学工作期间，还兼任中国科学院的工作，1956 年清华大学与中科院合作建立动力研究室，他任研究员、室主任。1957 年被选聘为中国科学院技术科学部委员。1958 年兼任中国科技大学物理热工系主任。1960 年动力研究室并入中科院力学研究所，他任副所长，1962 年由清华大学调入中国科学院。1978 年任国家科委工程热物理学科组组长，领导制定了全国工程热物理学科发展规划。同年创建中国工程热物理学会，任理事长，并创办《工程热物理学报》，任主编。1980 年创建中国科学院工程热物理研究所，任研究员、所长，后任名誉所长。1980 年加入中国共产党。1981 年当选中科院主席团执行主席。他还是第三届全国政协委员，第六、七届全国人大常委，中国机械工程学会、航空学会、力学学会的副理事长。

他是杰出的工程热物理学家。上世纪 50 年代初期，他创立了叶轮机械三元流动理论，被国际学术界称为"吴氏通用理论"，所建立的方程被称为"吴氏方程"。这一理论，在国际上被广泛采用于各种叶轮机械的设计中。后来又提出了使用任意非正交曲线坐标与相应的非正交速度分量的基本方程组，澄清了文献中的一些混淆概念，纠正了一些错误方程，并领导编制了一整套电子计算机程序。他的理论在国际上被广泛成功地应用于先进航空发动机的设计中。他领导编制的亚、跨、超声速计算方法和计算程序，在国内广泛推广，并成功地应用于我国航空发动机的改型设计，为我国航空发动机的发展作出卓越贡献。他还提出了燃料和空气各种混合比下所形成的燃气热力性质的计算公式，编制了独具特色的燃气热力性质表，被广泛采用。此外，对航空燃气轮机、冲压式喷气推进机及燃气-蒸汽轮机联合循环、热电并供等的热力性能、参数选择、发展形式进行了研究，为中国燃气轮机及高效率节能动力的发展作出了贡献。他的"燃气轮机的研究"和"叶轮机械三元流动通用理论及其发展"，分别获 1956 年和 1982 年国家自然科学二等奖。他的主要著作有《径向平衡条件对轴流式压气机和透平的应用》《轴流式、径流式、混流式亚声速和超声速叶轮机械三元流动通用理论》等。

1992 年 9 月逝世，享年 75 岁。

吴冠中

吴冠中（1919 年 8 月—2010 年 6 月）笔名荼，江苏宜兴人。艺术家、艺术教育家。

1919 年 8 月 29 日，吴冠中出生于江苏宜兴一个农民家庭。1932 年，他以优异的成绩考入江苏省立无锡师范学校。1934 年考入浙江大学附设工业学校电机科。1935 年夏，吴冠中参加全省大中学生暑期军训时，与国立杭州艺术专科学校学生朱德群相识，受其影响，前往杭州艺专参观，心灵受到强烈震撼，决心放弃就业前景广阔的工科专业，而去学习前途未知却充满魅力的绘画艺术。

1936 年，吴冠中考入杭州艺专预科。杭州艺专由画家林风眠创办，是当时国内著名艺术学府，它以"介绍西洋艺术，整理中国艺术，调合中西艺术，创造时代艺术"为办学宗旨，汇集了吴大羽、潘天寿、李超士等一批著名画家在此任教。从头学起的吴冠中格外珍惜学习的机会，无论课上课下，他都将全部精力投入到绘画学习当中。1937 年抗日战争全面爆发，是年冬，杭州艺专被迫开始不断搬迁，吴冠中也随着学校从江西到湖南（期间杭州艺专与从北方迁来的北平艺专合并为国立艺专），后再迁至云南、四川重庆等地。虽然一路颠沛流离，历经磨难，但是吴冠中并没有放弃对所挚爱的绘画艺术的追求，在常书鸿、关良、潘天寿等名师的指导下，他的绘画水平不断进步，为日后的进一步提高打下了坚实的基础。1942 年，吴冠中从国立艺专毕业。不久，他受聘于重庆大学建筑系担任助教。工作之余，吴冠中全力学习法文。

1946 年，吴冠中以美术类各科总分第一的成绩考取中法交换公费留学生。1947 年 7 月赴法国留学，进入巴黎国立高等美术学校，先后师从杜拜、苏弗尔皮等教授学习油画。每天除了在校上课外，吴冠中不是去卢浮宫美术史学校听课，便是到各大博物馆、画廊、画展参观，晚间则到法语学校补习或赶到画室画人体速写。暑期，他还节衣缩食去意大利、瑞士等国参观。他一面利用一切时间和机会去观摩、吸纳、学习西方绘画艺术，同时也在思考、探索着自己的艺术之路。

经过一年多的学习与生活，原本希望在法国奋斗的吴冠中思想逐渐发生变化，他认识到："这个社会，这个人群与我不相干"，"踏破铁鞋无觅处，艺术的学习不在欧洲，不在巴黎，不在大师的画室；在祖国，在故乡，在家园，在自己的心底。赶快回去，从头做起。"1950年夏，吴冠中放弃可以继续在巴黎学习的机会，义无反顾地回到祖国。

1950年秋，吴冠中任中央美术学院讲师，教素描。在当时的历史环境下，他的一些教学观点及艺术主张，如强调自我感受、情感独立、形式法则等与主流观点相背离，曾一度受到批评和不被理解，苦闷中他开始由人物画转向画风景画，藏情于景。

1953年，吴冠中在清华大学建筑系副主任吴良镛的推荐下，任清华大学建筑系副教授，教素描和水彩画。教课之余，吴冠中在继续探索自己的艺术创作之路。以往他只重视油画，对水彩不够重视，为了教好课，他在水彩上下功夫，尝试将水彩与以往学过的水墨结合，受到好评。在清华的三年，吴冠中心存感激："建筑系像一把伞，庇护了我这个风雨独行人。"

1955年秋，吴冠中调往北京师范大学美术系任教，并参与北京艺术师范学院的筹建。1956年，以北师大美术系与音乐系为基础组建的艺术师范学院成立，吴冠中任油画教研室主任。1960年，北京艺术师范学院改制为北京艺术学院，油画系成立吴冠中工作室。在此期间，他先后奔赴浙江绍兴、富春江、雁荡山、山东大鱼岛、江西井冈山、瑞金、山西洪洞、海南岛等地写生，并创作了大量作品。1961年，吴冠中与董希文、邵晶坤一起到西藏写生，创作油画《扎什伦布寺》《拉萨龙王潭》《西藏佛壁》等，并在拉萨和北京举办了三人写生展。1964年，北京艺术学院建制取消，吴冠中调至中央工艺美术学院任教。同年，吴冠中为人民大会堂创作大幅油画风景《井冈山》及《北国春晓》《春雪》《青松红日》等油画作品。"文化大革命"爆发后，吴冠中到农村劳动，接受"再教育"。1972年，他开始在劳动间隙作画，创作了大量以农村生活为题材的作品。1974年，吴冠中开始创作水墨画。1977年，他为中国革命历史博物馆创作完成巨幅油画《长江三峡》，该作品成为他的代表作之一。

1978年3月，中央工艺美院举办"吴冠中作品展"，这是吴冠中自1950年回国后的首次个展。展览期间，他为师生作了《在绘画实践中洋为中用、古为今用的体会》的学术演讲，听众近千人。1979年，吴冠中当选为中国美术家协会常务理事。

伴随着改革开放带来的思想领域的解放，吴冠中不仅可以真正心情舒畅地作画，而且他所倡导的"在油画中探索民族化、在水墨中寻求现代化"、绘画的"形式美""抽象美"等观点，以及大量的艺术创作实践，引起越来越多的社会关注，促进了中国现代美术的发展。

1999年，中央工艺美术学院正式并入清华大学，更名为清华大学美术学院，吴冠中又重归清华，成为清华美术学院教授。

自20世纪80年代以来，吴冠中在国内外举办了一系列大型个人作品展，其作品产生了广泛而深远的影响。其中代表性的展览包括1988年在新加坡国家博物馆，1992年在英国伦敦大英博物馆，1993年在法国巴黎塞纽奇博物馆，1997年在中国台北历史博物馆，2002年在中国香港艺术馆，2009在中国美术馆等。1999年文化部主办了"吴冠中艺术展"。他还将精心挑选出来的作品无偿捐赠给中国美术馆、中国历史博物馆、故宫博物院、台北历史博物馆、香港艺术馆、上海美术馆、浙江省博物馆、鲁迅博物馆，以及大英博物馆、法国塞纽奇博物馆、新加坡博物馆、美国波士顿博物馆等，共计 360 余幅画作。

吴冠中先后出版文集《东寻西找集》《风筝不断线》《望尽天涯路》《画外音》《我读石涛画语录》《吴冠中谈美》《横站生涯五十年》《我负丹青》《吴冠中文丛》等 40 余种。出版画集《叛逆的师承——吴冠中》、《中国近现代名家画集——吴冠中》、《生命的风景——吴冠中艺术专集》、《耕耘与奉献——吴冠中捐赠作品集》、《吴冠中全集》等约 70 余种，展现了他巨大的艺术成就和漫长的艺术探索历程。

1991 年，吴冠中被法国文化部授予"法国文化艺术最高勋位"。2001 年文集《画外话·吴冠中卷》获人民文学出版社第三届人民文学奖，文集《吴冠中谈美》获中国新闻出版总署第七届全国优秀青年读物奖。2002 年当选为法兰西学院艺术院终生通讯院士；2003 年荣获文化部造型表演艺术创作研究成就奖。2006 年被香港中文大学授予文学荣誉博士。

2001 年，由吴冠中和著名物理学家李政道倡导、发起的"首届艺术与科学国际作品展暨学术研讨会"在中国美术馆和清华大学举行，在科学和艺术界引起了巨大反响。2010 年 1 月 20 日，清华大学成立吴冠中艺术研究中心。

2010 年 6 月 25 日逝世，享年 91 岁。

汪家鼎

汪家鼎（1919 年 10 月—2009 年 7 月）重庆人。化学工程学家。

1937 年，汪家鼎考入重庆大学化工系。1938 年转入西南联大化工系，1941 年毕业并留校任助教。大学期间，汪家鼎在傅鹰、高崇熙、刘仙洲等名师的认真教学和严格训练下，不但打下了扎实的专业基础，而且培养了他自学的能力和独立思考的精神，这对他后来的教学、科研工作产生了重要影响。

1944 年，汪家鼎赴美国进入麻省理工学院化工系学习，从事流态化技术的研究。1945 年 6 月获得化学工程硕士学位，后留校任研究助理。

1946 年初，汪家鼎回到祖国，历任西南联大化工系专任讲师、重庆大学化工系副教授、南开大学化工系副教授、教授。1952 年院系调整，汪家鼎调任天津大学化工系教授兼副系主任。在此期间，他承担了大量的教学任务，先后讲授过"化工原理""工业化学计算""化工热力学""窑炉与干燥设备""制碱工学"等十余门课程。

1952 年，汪家鼎加入中国民主同盟。1956 年加入中国共产党。

1956 年，国家号召向科学进军，并研制"两弹"，清华大学受命发展核能的教学与科研工作。1957 年，汪家鼎奉调进入清华大学，与滕藤、朱永赞一起承担筹建核化工专业的任务。自 1958 年起，汪家鼎历任工程物理系和工程化学系以及化学工程系教授、副系主任、系主任、校学术委员会副主任等职，他为我国的核化工技术、学科发展以及人才培养做出了杰出贡献。

汪家鼎的工作进入了一个全新的领域，开始了边学习边探索的新的历程。他与滕藤、朱永赞在认真研究苏联核化工的教学计划后，决定在清华建立天然放射性物质工艺学、人造放射性物质工艺学和轻同位素分离三个专业，同时开展教学和科研，在实践中成长，以任务带动科研。他们认识到，核燃料后处理是一项国际上极其敏感的高度保密技术，单凭一些文献资料是办不好这个专业的，必须结合国家国防建设的需要，开展科学研究，才能在促进国家核科技发展的同时，培养出高水平的人才。1958 年，汪家鼎首先提出了"萃取法核燃料后处理工艺与设备"项目，并参加领导了项目的实施，系统研究了萃取分离铀-钚-裂变元素、纯化钚工艺全流程的各个步骤和环节；研制了适用于强辐照和遥控的主体设备"抽压脉冲液流搅拌混合澄清槽"，提出了放大设计方法；研究成果为国家作出放弃"沉淀法"、采用"萃取法"的重大决策提供了技术基础。1964年至1966年在工业部门的全面协作下，汪家鼎领导并参加了该项目的"热"室建设，完成了从元件溶解到取得合格钚-239产品的全流程"热"试验。这项成果为我国第一座核燃料后处理工厂建设提供了可靠的设计基础和运行依据，使我国核燃料后处理工艺一举达到当时的国际先进水平，并培养了我国第一代核燃料后处理科技及工程人才，为我国核工业建设作出了突出贡献。1978年，汪家鼎获"全国科技大会奖"、1988年获"献身国防科技事业荣誉奖章"、1997年获何梁何利科学进步奖。

在科研方面，汪家鼎坚持理论、工艺和装备紧密结合的研究思想，不断开拓新的研究领域，取得了丰硕的学术成果。20世纪60年代初，他系统开展了脉冲筛板萃取柱中两相流动特性的研究，对国际上通用的Pratt公式提出了重要的修正，奠定了脉冲筛板萃取柱的设计基础。20世纪70年代后期，他指导开展柱式萃取设备内液液两相传递现象的研究，提出并创制了"分散-聚合"型脉冲筛板柱的新结构，建立了萃取设备性能的系列研究方法，总结了萃取设备优化设计及放大规律，对于从基本原理出发进行柱式萃取设备设计的工作做出了重要贡献。这些成果已广泛应用于工业实践，取得了重大经济效益和社会效益，并于1987年、1996年、2008年先后获国家教委科技进步二等奖和教育部优秀成果一等奖（自然科学类）。20世纪80年代中期，他领导并完成了"络合萃取法处理工业含酚废水新工艺研究"课题，筛选了具有协同效应的混合型络合萃取剂，提出了萃取除酚新工艺，达到国际先进水平，并付诸工业实施，该成果获得1993年国家科技进步二等奖。他还十分关注化工领域的国际研究动向，把握学术前沿，在国内率先领导开展了超临界萃取、双水相萃取、膜萃取等新分离方法的研究工作。

汪家鼎担任清华大学化工系主任近20年。在他的带领下，化工系逐步确立了化学工程、高分子化工、生物化工的学科基本布局，使清华大学化学工程学科成为国家重点学科，高分子材料成为材料学国家重点学科的组成部分。

20世纪80年代至90年代，汪家鼎作为项目负责人，在国家自然科学基金委员会的支持下，组织清华大学等6所高校及科研单位承担化学工程学科"六五""七五"及"八五"的重大基础研究项目，推动项目进展，取得优异的成绩，为我国化学工程学科的发展打下了坚实的基础。1987年，汪家鼎倡议并领导筹建了由清华大学等4所大学组成的化学工程联合国家重点实验室，并担任重点实验室第一任主任，1994年获"国家重点实验室先进工作者"称号。

汪家鼎从教60余载，悉心培养了一大批在我国化学工程的学术界、教育界和产业界发挥重要作用的优秀人才。

1980年，汪家鼎当选为中国科学院化学部委员。1993年当选为国际溶剂萃取会议（常设）委员。曾兼任中国化工学会副理事长（1980年—1993年）、中国核学会常务理事、国家自然科学基金委员会委员、国务院学位委员会第一和第二届学科评议组成员、中国化工图书编审委员会副主任、《化工学报》编辑委员会主任等职。

20世纪80年代初，汪家鼎与国内化工专家一起，倡导召开了全国第一届化学工程学术交流会；作为发起人，促成了中美第一次化学工程会议。1995年，共同组织完成了"发展中的中国化工前沿"报告，对我国化学工业和化工学科的发展起到了重要的指导作用。1999年，组织国内萃取领域的专家学者赴巴塞罗那参加国际溶剂萃取会议并成功申请到2005年国际溶剂萃取会议在北京的举办权，实现了国际溶剂萃取会议在中国首次举办。

汪家鼎发表《液-液萃取脉冲筛板塔中两相流动特性的初步研究》等论文 40 余篇；领衔编写了科普读物《溶剂萃取》；作为主编之一，与国内化工专家一起编著了《化学工程手册》和《溶剂萃取手册》；参与《化工百科全书》的编审工作。

2009 年 7 月 30 日逝世，享年 90 岁。

高景德

高景德（1922 年 2 月—1996 年 12 月）陕西佳县人。电机工程学家、教育家。

1941 年，高景德以优异成绩被保送至西北工学院电机系学习，1945 年毕业后入西安西京电厂工作。1947 年应聘到北京大学工学院任教。在此期间，他受地下党的影响，参加了地下党的外围组织——"讲师助教联合会"，参加进步学生运动，并于 1948 年 12 月北平解放前夕加入了中国共产党，积极投身各种政治活动，迎接解放。

1951 年，高景德作为国家选派的首批赴苏联学习的留学生，前往苏联列宁格勒加里宁工学院电机系攻读副博士学位，1956 年以"应用于远距离输电系统中的凸极同步电机的研究"的论文，被破格授予技术科学博士学位，成为我国第一位在苏联获得博士学位的学者。

1956 年回国，任清华大学电机系教授，还先后担任清华大学科学研究处处长、校党委常委、科研生产处处长等职。1961 年，高景德参与了由教育部副部长、清华大学校长蒋南翔主持的《教育部直属高等学校暂行工作条例（简称高校六十条）》的起草工作。1978 年任副校长（1980 年兼任研究生处处长），1983 年 5 月至 1988 年 10 月任校长。1980 年当选中国科学院技术科学部委员，还历任国务院学位委员会委员和学科评议组成员，中国电机工程学会副理事长，中国电工技术学会理事长，第三届全国人民代表大会代表，第七、八届全国政协常委，民盟中央常委，国家科委电工组组员。

高景德在电机工程领域是一位功底深厚而又多有建树的科学家。他所领导的研究集体在学术和科技上取得了一系列突出成就。他开拓并系统发展了电机复数分量理论和电机动态过程理论；创造性地研究了串联电容引起的交流电动机自激的课题；开辟了电力系统线性与非线性最优控制的研究领域，从而发展了电力系统控制理论及其应用技术；提出了电机多回路理论；发展了电机参数辨识及测算的新方法；发展了电力系统过渡过程数字仿真的新方法并建立和不断完善电力系统物理模型实验室，对我国同类实验室的发展起了带头作用。上世纪 80 年代末，他又领导了电力系统及大型发电设备安全控制和仿真国家重点实验室的建设；还具有预见性地开拓并推动了电力电子新学科的研究和发展。他在理论上的创见、新的研究方向和研究领域的开拓，不仅为清华大学电工学科的发展起到了极其关键的作用，而且推动了我国电工学科的发展。先后著有《同步电机理论及其运行方式的分析（复数分量法）》（1957 年），编著有《交流电机过渡历程及运行方式的分析》（1963 年），合著有《串联电容引起的电动机自激》（1978 年）、《电机过渡过程的基本理论及分析方法》（上、下册）（1982 年、1983 年）等著作，后一著作曾获得 1983 年度全国优秀科技图书一等奖。发表过电机及电力系统方面的研究论文几十篇，主编《电力系统动态模拟论文集》。以他为第一完成人的"电机及电力系统过渡过程分析和控制"获 1987 年国家自然科学二等奖。

高景德是清华大学唯一的跨电机与电力系统两个专业的博士生导师，他几十年如一日勤恳耕耘在教学第一线，对我国高等教育事业，特别是学位制度的建立和研究生教育的发展做出了重要贡献。20 世纪 50 年代，他担任清华大学科研处第一任处长，主持学校的科研、生产、研究生、设备实验室等方面的工作。由他主持制订的研究生培养计划，不仅使清华大学为国家培养了一批高层次人才，而且对我国研究生制度的进一步发展产生了重要影响。高景德本人在我国电力系统领域的高层次人才培养方面也作出了卓越贡献，由他直接指导的第一批研究生有的已成为中科院院士。80 年代以来，他先后培养了近 30 名博士。在他的指导下，我国第一位工学女博士获得了开创性的研究成果。

1985 年，高景德被选为电气与电子工程师学会会士（IEEE Fellow）。

高景德在担任清华大学校长期间，与学校其他领导一起，明确提出"要努力争取在 90 年代把清华大学办成一所具有中国特色的、现代化的、世界先进水平的社会主义大学"的奋斗目标。在发展规模和提高水平的关系上，在党委的支持下，高景德明确提出"着重提高，在提高中发展"的办学指导方针，进行了涉及本科专业设置、教学内容、教学方法、教学管理制度等旨在提高教学质量的系统性改革，初步建成了以工科为主体的包括工科、理科、文科和管理学科的高质量培养人才的综合性大学。在学科专业调整方面，自 1984 年起，清华大学成立经济管理学院，恢复理学院及生物科学与技术系、化学系、中文系，成立了社会科学系，学校初步形成以理工为主、兼有经济管理和人文社会科学的学科格局。在教学上，形成了本科—硕士生—博士生以及继续教育等一套比较完整的多层次人才培养体系，建立了服务于人才培养和经济建设的科研基地。特别是在他的倡议和主持下，1984 年，清华大学在全国率先成立了研究生院和继续教育学院，并在研究生招生、培养、管理等方面进行了系统的改革，使在校硕士和博士研究生的培养规模大幅度提高。同时逐步探索并积累了一套多模式培养研究生的途径，使学校进入成批培养高层次人才的新阶段。此一时期，在高景德和其他校领导的共同努力下，清华大学的科研工作也开创了新的局面。学校明确了面向社会主义建设主战场，以应用研究为主体，基础研究及技术开发为两翼的发展格局。逐步形成了以核能工程、微电子技术、计算机集成制造系统（CIMS）为中心的三大国家重点项目和研究基地；组织起来并通过竞争，使"七五"攻关等一大批科研任务得到落实；争取到世界银行贷款，组建了一批跨学科的国家重点实验室。

1988 年，高景德离任清华大学校长岗位后，依然为我国教育和科技事业的发展奋斗不止。他担任了清华大学学位评定委员会主席，继续关注并指导着学校研究生教育的发展；还担任多个学术团体的负责人等社会职务。作为全国政协常委和民盟中央常委，他对我国的科教兴国事业积极建言献策。1993 年，他和苏步青等著名科学家向第八届全国政协会议递交提案，对推动"211 工程"的实施发挥了作用，对我国高等教育事业的发展产生了意义极为深远的影响。

1996 年 12 月 24 日逝世，享年 74 岁。

钱　宁

钱宁（1922 年 12 月—1986 年 12 月）浙江杭州人。水利工程学家、泥沙专家。

1943 年毕业于重庆中央大学土木系，留校任助教。1946 年夏随校迁回南京，经考试获美国提供给中华农学会的农田水利奖学金，1947 年 4 月赴美，1948 年 4 月获艾奥瓦大学硕士学位，1948 年秋转伯克利加州大学从师于 H. A. 爱因斯坦教授。1951 年 8 月获加州大学博士学位，博士论文为《推移质平衡输沙率的研究》，毕业后留校任工程研究所助理研究工程师、副研究工程师，主要从事泥沙研究。1951 年暑期开始参加美国东部部分留学生串联争取回国的斗争，1955 年 6 月冲破美国移民局的阻挠回到祖国。同年 9 月任中国科学院水工研究室研究员，1956 年参加制订国家科学发展 12 年远景规划并起草有关章节。1958 年 2 月中科院水工室合并到水利水电科学研究院河渠所，1958 年任中苏技术合作项目之一"黄河下游河床演变和河道整治的研究"的中方工作组副组长。1962 年任水利水电科学研究院河渠所副所长。1964 年任第一届全国泥沙培训班（由他倡导，水科院和南科所等单位联合举办）副主任。1965 年任修改治理黄河规划工作组的基本资料、基本规律研究组副组长。1966 年 6 月"文化大革命"开始，受到诬陷批斗。1970 年 10 月下放到山西省忻县地区水利局，进行了山西原平县阳武河灌区沉沙池模型试验（后获山西省科学大会授予的科技成果二等奖），1971 年秋任治理滹沱河的地区治河指挥部工程组组长。1973 年 3 月调清华大学水利系任教授，1977 年 8 月任该系泥沙研究室主任。1978 年 10 月，在他和其他同志推动下，中国水利学会泥沙专业委员会在郑州成立，他被推为执行副主任。并任《泥沙研究》杂志主编。1979 年发现患肾癌。1980 年 3 月河流泥沙国际学术讨论会在北京召开，他为论文评审委员会主任和大会主席之一，并代表中国学者在大会上提出在我国成立"国际泥沙研究培训中心"的倡议，得到与会外国学者的响应。同年 11 月，当选为中国科学院技术科学部委员。1984 年 7 月被选为北京"国际泥沙研究培训中心"顾问委员会副主任和《国际泥沙研究》杂志（英文版）主编。

他是毕生研究黄河并作出重大贡献的著名泥沙专家。他说："我的心始终没有离开黄河"，"有着像黄河这样河流的中国，理应在泥沙研究领域里走在世界的前列"。1955 年刚回国不久就参加考察黄河，以后又 8 次查勘黄河，走遍中游的陇东、陕北、内蒙古、晋西北的 7 个地区 30 多个县及整个下游。他多次参加修订治理黄河规划，指导郑州花园口、陕西武功两处大模型泥沙试验，主持完成《三门峡水库建成后下游河床演变及河道整治》的总结报告，并参加 1964 年周恩来总理主持的治黄会议，在会上作"三门峡水库建成前后水库上下游的河床演变及增建泄流排沙措施后情况的预估"的汇报。他首先倡导的河南小浪底水库留粗排细的运行方式被设计单位采用。1965 年他与周文浩合著的《黄河下游河床演变》一书由科学出版社出版，该书阐述的黄河下游河道自然演变规律，为防洪治河提供了重要依据。他主持研究 20 年获得的"集中治理黄河中游粗沙来源区"的突出成果，从黄河中游 43 万平方公里的水土流失区中，找到了来沙量占 80% 的 10 万平方公里的粗泥沙产区，被确认是治黄认识上的一个重大突破，1982 年获国家自然科学二等奖。除黄河外，他还指导解决钱塘江口、长江葛洲坝水利枢纽等泥沙问题的试验研究。1983 年起，他参加了长江三峡工程的可行性研究阶段的论证工作，担任泥沙专家组顾问，组织清华大学泥沙研究室完成了三峡工程兰竹坝河段、重庆河段的泥沙冲淤模型试验研究，并提出了确定三峡工程设计水位的建议，得到领导部门的重视和好评，在癌症晚期，抱病和其他同志合作完成了《长江三峡枢纽工程的几个泥沙问题》的论文。他具有开拓精神和出色的组织才能，提出不应只由水力学或流体力学的观点去研究泥沙，而应结合水文、地理、地质、地貌等学科去研究河流泥沙，走跨学科道路发展泥沙科学，他同时指导几个科研单位的研究工作，多次成功地组织重大泥沙问题的科技攻关。他结合黄河特点进行了 30 多年的高含沙水流的物理性质、运动机理及生产中的应用的研究，处于世界领先地位。

他还是教书育人的楷模和优秀的共产党员。他倡导推动组织了三次全国泥沙培训班（1964 年、1978 年、1982 年）和国际泥沙培训班（1985 年），不仅担负了大量教学组织工作，还亲自讲授泥沙运动基本理论和河床演变课，讲课内容丰富，条理清楚，生动具体，深入浅出，经常把大量工程实践和自己的研究体会结合进去。他为水利界的科研设计单位、水利院校、水文站培养了数百名泥沙工作的骨干和传播泥沙知识的种子。在病中还指导培养了多名博士生和硕士生。他十分关心学生的全面发展和健康成长，既教书又教人。1979 年他在癌病中递交了入党申请书，宣布自己在马克思主义科学真理中找到了归宿，1981 年 6 月被批准加入中国共产党。1981 年 10 月对清华水利系申请入党的同学作了"历尽沧桑获得的一个真理"的讲话，深深打动同学们的心。校内许多单位相继播放他的讲话录音，并发表在《中国青年报》上。他以乐观主义精神和惊人的毅力与死神抢时间。在重病中完成的科学专著《泥沙运动力学》（与万兆惠合著）、《河床演变学》（与张仁、周志德合著）由科学出版社分别于 1983 年、1987 年出版，前者获 1983 年全国优秀科技图书一等奖。此外，他还有 3 部翻译著作，发表了近百篇科学论文。他常说："我剩下的时间不多了，要在有限的时间里多做些工作"。1985 年获北京市劳动模范称号，1986 年被中共北京市委表彰为优秀共产党员，获全国五一劳动奖章。他生命不息，奋斗不止，直到 1986 年 12 月 6 日逝世，享年 64 岁。

李传信

李传信（1926 年 11 月—2005 年 10 月）湖南醴陵人。教育家。

1926 年 11 月 22 日，李传信出生于湖南醴陵富里村。自 5 岁起开始念初小。抗战全面爆发后，李传信一度失学，1939 年起先后考入县立简易师范学校、湘东初级中学、衡山明德中学学习。1944 年夏，日寇占领湖南，李传信流亡至昆明，考入西南联大先修班。1945 年秋，进入西南联合大学电机系学习。期间，他积极参加进步学生运动。抗战胜利后，李传信随清华大学复员，升入电机系二年级学习。1948 年 11 月，李传信离校赴华北解放区，同年在河北泊镇华北局城工部加入中国共产党，从此投身党的事业，一生矢志不渝。

1949 年初，李传信随中共北平市委回城参加接管工作，同年秋回清华大学继续学业。1950 年夏在清华大学电机工程系毕业后，9 月，由北京市委派至北京师范大学任专职党总支副书记。1953 年 2 月，任北京市高校党委干事。

1953 年 12 月，李传信调回清华大学无线电系工作。他在孟昭英先生的指导下开始学习电真空专业知识，担任部分教学工作，并任党支部书记，同时担任助理系主任。自 1956 年 6 月起至"文化大革命"前，历任无线电系党总支书记、校党委常委、副系主任、系主任等职，对该系的建设和迅速发展作出了重要贡献。在主持无线电系工作期间，他从国家的需要出发，团结干部，组织队伍，实干苦干，将无线电系从单一学科发展成为包含电视、通讯、雷达、微波、半导体、激光、电子物理、电真空等多个学科，通过自力更生、艰苦奋斗，建成了一系列教学和科研实验室。他重视根据国家发展和国防建设需要选择学科研究方向，在其带领下，全系教职工与有关部门紧密合作，研制成功一系列有重要影响的科研成果。在教师队伍建设上，他既重视带头人的培养，又重视团队精神的形成。在人才培养上，他重视培养学生正确的世界观和人生观。在教学工作中，他重视打好理论基础，同时重视组织学生参加社会实践、参加实验室建设和科学研究实践，让学生在实践中培养能力、增长才干。这期间，无线电系为国家培养了一大批急需的新兴学科技术人才，为我国的国防建设、经济建设和新兴学科的发展，作出了贡献。

"文化大革命"开始，李传信受到不公正待遇，辗转于江西鲤鱼洲农场、四川绵阳清华大学分校等地。1969 年底，无线电系的绝大部分被迁往四川绵阳分校。"文化大革命"结束后，李传信多次向学校党委反映，在中央有关领导的支持下，终将无线电系从四川绵阳迁回清华园，这使清华电子信息学科得以恢复发展，避免了分离隔裂，对清华大学以后的发展起到了重要作用。

1978 年 2 月，李传信恢复党的组织生活，恢复工作，同时参与主持全校的教学工作，同年 5 月，担任清华大学教务处处长。1979 年任无线电系主任、教务长、校党委常委。

从 1982 年起，李传信担任学校的领导工作，先后任校党委副书记、副校长，1984 年 2 月，任校党委代理书记，1984 年 7 月至 1988 年 9 月任校党委书记。学校刚刚从"文革"的严重破坏中恢复过来，进入调整、改革、整顿、提高的阶段。他大刀阔斧地开展工作，使清华积极克服"文化大革命"破坏所造成的困难，逐渐进入快速发展的轨道。他为整顿教学秩序，进行教学改革，提高教学质量做了大量工作，以他为第一完成人的"本科教学管理改革"获 1989 年全国高校优秀教学成果国家级优秀奖。经名誉校长刘达建议，1985 年 3 月，由其主持撰写的《清华大学近几年工作简况》上报中央，中共中央总书记胡耀邦作了肯定的批示，并建议印发给全国党政军高级干部阅。在主持校党委工作期间，李传信与校长高景德一起，明确提出了"要努力争取在 90 年代把清华大学办成一所具有中国特色的、现代化的、世界先进水平的社会主义大学"的奋斗目标，还进一步明确了"一个根本（培养人）、两个中心（教育中心和科学研究中心）、三方面结合（教学、科研和社会实践相结合）"及"着重提高，在提高中发展"的办学指导思想，以及学校要建成以工科为主的高水平综合大学的发展目标。他总结学校长期形成的传统，凝练出"严谨、勤奋、求实、创新"作为清华的学风。他一贯强调加强学生全面素质的培养，强调教师在加强学生思想教育中的责任和作用。同时继续加强学校党的建设和思想政治工作，在整党、抵制社会错误思潮、班子和队伍建设方面进行了有成效的工作，为学校的改革、发展、稳定作出了重要贡献。在其任职期间，学校先后组建经济管理学院、理学院和人文社会科学有关系所，初步形成了以工科为主体的包括工科、理科、文科和管理学科的高质量培养人才的综合性大学学科布局。1984 年，清华大学在全国率先大力发展研究生教育，成立研究生院和继续教育学院，形成了本科—硕士生—博士生以及继续教育等一套比较完整的多层次人才培养体系。他还大力推动学校科研、技术开发和对外开放，想尽一切办法购置学校发展用地。这为学校以后建设综合性、研究型、开放式大学奠定了坚实的基础。

李传信十分重视传承清华的优良传统。1987 年，清华恢复成立校史编委会，李传信任主任，积极推动校史研究和校园文化建设。他参与策划了为母校 70 周年立石纪念，由他和校友共同拟定"清芬挺秀，华夏增辉"的碑文镌刻于巨石之上，立于工字厅前。他还直接领导组织清华英烈碑的建立和闻一多先生雕像的建立。雕像旁刻下的闻一多先生的名言"诗人的主要天赋是爱，爱他的祖国，爱他的人民"，是他查阅闻一多先生的有关材料精心选择的。

1988 年后，李传信任校务委员会副主任，协助党委和行政做了许多工作，还曾任中国电子学会第一、二届常务理事，北京市高等教育学会副会长。是 1985 年中共全国代表会议代表、中共十三大代表。

2005 年 10 月 11 日逝世，享年 79 岁。

艾知生

艾知生（1928 年 12 月—1997 年 7 月）湖北汉阳人。杰出的思想政治教育领导者。

1934 年至 1943 年，艾知生在湖北武昌、恩施等地读小学和初中。1943 年至 1946 年 7 月，在

四川长寿县（现重庆市长寿区）读高中。

1946年10月，艾知生考入清华大学电机工程学系，1947年转入土木工程学系。在校读书期间，他认真学习马克思主义理论著作，阅读进步报刊，自觉接受党的教育，积极投身于共产党领导的进步学生运动，先后参加了"一二·一"烈士殉难一周年纪念会、抗暴运动、反饥饿、反内战等爱国民主运动。1948年4月，在清华大学参加地下党的外围组织——"民主青年同盟"并任分部干事，同年7月加入中国共产党，9月任工学院三四年级党支部书记。艾知生积极主动地完成了地下党组织交给的各项工作任务，并经历了"七·九游行"学运高潮和"八·一九"大逮捕等斗争的锻炼和考验。在迎接北平解放的地下斗争中，他积极组织学生开展护校和宣传工作，发挥了重要作用。清华园解放后，艾知生参与筹建全国高校第一个新民主主义青年团基层组织的工作，1949年3月，担任校团总支副书记，1949年9月任校党总支宣委。

1950年11月，艾知生从土木系毕业后留校，担任中共清华大学总支部副书记。从1951年2月至1966年6月，任清华大学党委副书记，并先后兼任党委宣传部长、马列主义基础教研组副主任、哲学教研组主任、党委办公室主任、共青团清华大学委员会书记等职，长期主管学校的宣传、理论和学生思想政治教育工作。

艾知生坚持党的实事求是的思想路线和群众路线，一切从实际出发，创造性地开展工作，自觉宣传和贯彻党的路线、方针、政策，巩固和加强马克思主义的思想阵地。1953年9月，艾知生兼任马列主义基础教研组副主任。面对师资、教学经验缺乏等困难，艾知生要求政治理论课教师深入学生群众，既辅导学习理论又亲自做学生的思想工作。他自己也身体力行，不但讲授"马列主义基础"、"哲学"等课程，还和学生建立广泛联系，针对学生的实际思想问题，做宣传教育工作。清华的思想理论教育收到了好效果，并逐步形成了一种好的传统，与他的努力是分不开的。

1958年，艾知生兼任清华大学团委书记一职，并负责代表学校与教学工作配合，协调全校有关学生全面发展的各个方面的工作。为了深入做好学生的思想政治工作，1953年，清华大学首创政治辅导员制度。在贯彻和不断完善这一制度的过程中，艾知生做出了积极的贡献。他和学校其他领导一道多次研究落实政治辅导员制度的具体措施，包括辅导员的选拔、培养、编制和生活待遇等各个方面。1958年到1960年期间，由于政治活动频繁，一些政治辅导员负担过重，影响了自身的全面发展。艾知生看到这种情况后，在党委工作会议上提出这个问题，引起了党委重视，促使各方面采取措施，使政治辅导员得以健康成长。艾知生还善于从实际出发，创造性地探索工作新途径。1958年以前，由于学校对运动员的学习与体育锻炼缺乏统一安排，顾此失彼，既影响学习，体育成绩也上不去，比赛成绩不稳定。为了解决这一矛盾，艾知生经过反复思考，建议由学校集中百名体育和百名文艺骨干人才，统一安排学习和课外活动，建立单独的党团支部，由学校和团委直接领导，和基层班级协同统一安排好学习和课外活动，这一建议得到蒋南翔校长的肯定，称之为"两个集体"。由于这些措施的实行，自1959年至"文化大革命"前夕，清华大学在北京高校田径运动会上一直名列前茅，学生文艺社团的演出水平也大为提高，在学生中起到了示范带头作用。更为重要的是，从体育代表队、文艺社团中涌现出一大批全面发展的优秀人才，毕业后，他们在各条战线上做出了出色的贡献。

在"文革"期间，艾知生曾受到残酷迫害。他坚决抵制和反对林彪、"四人帮"一伙的倒行逆施，表现了一个真正共产党员的坚强党性。1972年1月至1973年11月任校革委会副主任，兼任团委书记（至1973年3月）。

粉碎"四人帮"以后，艾知生以旺盛的精力勤奋工作。1977年起，他先后担任清华大学水利系三门峡基地领导小组组长、清华大学核能技术研究所领导小组副组长、中共核能技术研究所委员会副书记、书记等职务。在核能技术研究所处于极端困难的情况下，他以不畏艰难的勇气和扎实有效的工作，为该所端正方向、稳定队伍、走出困境、再攀高峰做了不懈的努力，发挥了重要作用。1979年6月，担任清华大学党委副书记。1980年6月，兼任清华大学副校长，以后又协助校长主持日常工作。在学校拨乱反正、恢复教学秩序、推动教育改革、提高教育质量、加强科学研究以及加强学校党的建设和队伍建设等方面的工作中，他呕心沥血，付出了艰辛的劳动。

艾知生在清华的三十多年中，作为学校的重要领导成员之一，为清华大学建设、改革和发展，为社会主义建设人才的培养，为探索和总结我国高等教育的规律和经验，做出了重要贡献。

1983年8月起，艾知生任国务院副秘书长、国务院机关党组成员、党组副书记，负责联系文化、教育、宣传、卫生等部门，做了大量认真细致的政务工作。1985年4月，任广播电视部部长、部党组书记。1986年1月任广播电影电视部部长、部党组书记。他认真贯彻执行党的基本路线和改革开放政策，紧紧围绕党中央的战略部署和中心工作，积极发挥部党组集体领导的智慧和力量，全力推进广播电影电视事业的发展和繁荣，对全国广播电视事业的快速发展，社会影响的日益扩大，电影事业的进步和发展，做出了重要贡献。1994年4月，任中共中央宣传思想工作领导小组副组长。1997年4月，被推选为中国广播电视学会会长。

艾知生是中共第十二届中央候补委员，第十三、十四届中央委员。

1997年7月20日逝世，享年68岁。

第二节　清华英烈

现把已收集到的51位清华英烈的事迹编写简介于下。他们是在大革命时期、土地革命战争时期、抗日战争时期、解放战争时期以及解放初期的剿匪斗争中，为民族解放和人民民主革命而英勇献身的。由于资料来源的局限，及部分史料需要深入考证，可能还有英烈被遗漏，留待今后加以增补。

按牺牲时间先后为序（括号内的数字为页码）：

韦杰三（120）	施滉（120）	顾衡（120）	沈崇海（120）	张甲洲（121）
邓维熙（121）	何懋勋（121）	孙世实（122）	陶守文（122）	岳岱（122）
熊大缜（122）	王鉴览（123）	纪毓秀（123）	祁延霈（123）	袁时若（124）
彭国珩（124）	袁永懿（124）	张凤阁（125）	齐振铎（125）	陈定达（125）
凌松如（125）	解树魁（126）	吴新之（126）	杨光洼（126）	黄诚（127）
阎裕昌（127）	李冠英（127）	姚名达（127）	李忍涛（128）	杨学诚（128）

韦杰三（1903年春—1926年3月21日）广西蒙山人。1919年始，先后入广州培英中学、东南大学附中、吴淞中国公学学习。1923年因家境贫寒休学，回家乡蒙山县立中学任英语和音乐教员，曾发动师生上街演讲，宣传反帝爱国和打倒封建军阀。1924年入上海大学英国文学系，1925年积极参加了"五卅"反帝爱国运动，上街演讲、募捐。过后上海大学被当局强令解散。1925年秋，清华学校增设大学部，韦杰三以优异成绩被录取为大学本科一年级新生。他待人谦和，学习刻苦，关心国事，勇于抨击不合理现象。1926年3月，日本纠合英美等八国借口"大沽口事件"向北洋政府发出通牒，提出撤除大沽口国防设施等无理要求，激起全国民众的义愤。3月18日，韦杰三和同学们参加了天安门前的"反对八国通牒国民示威大会"后，到段祺瑞执政府所在地游行请愿，遭到血腥屠杀。韦杰三连中四弹，医治无效，于21日牺牲，时年23岁。同学们将烈士遗骨与"三一八"诸烈士合葬于圆明园，又在校园里树立起一根大理石断柱作纪念碑。纪念碑旁的石铭上镌刻着烈士临终遗言："我心甚安，但中国快要强起来呀！"

施　滉（1900年—1934年初）简介见本章第一节人物小传。

顾　衡（1909年6月—1934年12月4日）字屏叔，号孟方，化名翟大来，江苏省无锡人。1923年进东南大学附中学习。1926年，在第一次国共合作时期由同学介绍加入了国民党。同时，为了寻找救国的道路，参与组织进步组织"大地社"。1927年9月考入"国立第四中山大学"（1928年4月改名为中央大学）数学系。1928年5月，日军侵占济南，制造了"五三"济南惨案。南京学生上街演讲，控诉日本帝国主义的罪恶，南京国民政府禁止反帝爱国演讲，把城门关紧。顾衡和同学们从小火车道冒险出城，到下关一带宣传。社会现状使顾衡对国民党感到失望，同时看到科学救国的路是走不通的，他毅然脱离国民党，放弃了喜爱的专业，去寻求救国的新路。1929年应邀来北平任农事讲习所教员（该校由华洋义赈会创办，清华大学、燕京大学、香山慈幼院共同管理，1930年3月12日改名为"新农农业学校"）。工作之余，他参与创办《现代中学生》杂志，并任主编。1930年10月在清华大学加入中国共产党。入党后在清华过组织生活，并担任清华校工夜校教员。1931年应邀赴安徽省太和县师范学校任教，并从事党的地下工作。数月后，去农村从事党的地下工作，曾任太和县委书记。1933年调任中共南京特支书记，后又任市委组织部长。在白色恐怖的中心，他不避风险艰苦工作，使南京党的组织迅速得到恢复和发展。1934年南京地下党遭到严重破坏，顾衡不幸被捕，他坚贞不屈，在法庭上严词申斥国民党反动派，同年12月4日英勇就义于南京雨花台，时年25岁。

沈崇诲（1911年6月—1937年8月19日）江苏江宁人。1928年考入清华大学土木工程学系。在校期间学习刻苦，生活俭朴，酷爱体育运动。曾是校足球队、垒球队队员，还是华北足球队、北平棒球队选手，多次代表所在球队参加竞赛，获得冠军。因踢球拼命，勇猛异常，得名"沈傻子"。1932年大学毕业后因就业困难，赴绥远教育厅当"额外科员"。此时正值"九一八"事变后民族生死存亡的关头，他满怀爱国热情，认为空军在国防上非常重要，乃于12月20日，冒着大雪，赶到北平，投考中央航空学校第三期，被录取。次年2月赴航校入伍，入轰炸科学习。毕业后留校任飞行教官，后调到空军第二大队第九中队任中尉分队长。1937年卢沟桥事变，抗日战争全面爆发。8月13日，日本调动陆海空三军在上海强行登陆，沈崇诲所在第二大队奉命出击，轰炸日军第三舰队及日军在杨树浦码头堆集的军火。连日作战，曾投弹引爆杨树浦码头上日军堆放的弹药，并重创敌舰数艘。8月19日，沈崇诲与战友陈锡纯一同驾机随队出击，中途所驾飞机发生故障，渐渐脱离机群。其余飞机轰炸后返航时又发现大批敌舰，但已无弹可投。此时沈崇诲、陈锡纯驾机开足马力，冲向最大的敌舰"出云号"，重创敌舰，二人以身殉国。沈崇诲时年26岁。

张甲洲（1907年7月1日—1937年8月28日）又名张进思，黑龙江巴彦人。1928年考进北京大学预科，一年后升入本科物理学系，并在北大加入中国共产党。1930年考入清华大学政治学系。在中共清华支部领导下，积极参加各种进步活动，完成党组织交给的任务。曾先后担任中共西郊区委书记、中共北平市委宣传部长。"九一八"事变后，对日寇侵占我东北三省义愤填膺，于1932年4月离校赴东北抗日，在家乡巴彦县组织抗日游击队，任总指挥。他广泛团结各方爱国力量，队伍得以发展壮大到500多人，成为该地区成立最早、规模最大的一支抗日队伍。后改编为中国工农红军第36军江北独立师，张甲洲被任命为师长。1933年受中共满洲省委派遣，化名张进思到下江开辟敌占区秘密工作，在富锦中学任教员，后又有了教务主任、校长、伪富锦县公署教育股股长等公开身份。他利用讲台向学生传播抗日爱国思想，启发爱国青年走上革命道路。利用公开身份作掩护，为抗日游击队提供情报，供应药品、武器、弹药等物资，成为中共满洲省委在三江地区的地下工作负责人。1937年8月28日，奉党组织命令撤离富锦去抗日部队途中和敌人遭遇，不幸中弹牺牲，时年30岁。

邓维熙（1914年—1938年）笔名微曦、微西、江离、江愁，江西南城人。1928年就读于江西赣州私立幼幼中学，1931年入南昌私立心远中学。他酷爱文学，在初中、高中期间曾在赣州、南昌的文艺刊物上发表新诗、散文和小说多篇，还翻译过一些外国文学作品。他曾主编过南昌的文艺刊物《细雨》和南昌《国民日报》的副刊《银铃》。1934年考入清华大学中国文学系，后转到外国语文系。他认为：中国要富强，就要向各发达国家学习，学习世上一切对我们有用的东西，所以他改学外国语文系。1935年冬，他积极投身"一二·九"抗日救亡运动。12月9日，参加示威游行，16日又与同学们一道用血肉之躯冲开铁的城门，参加了在城里举行的抗日救亡市民大会和会后的游行示威。1936年3月31日，为悼念惨死于狱中的抗日爱国学生郭清，邓维熙和清华同学进城到北大三院参加追悼大会，会后举行了抬棺游行，遭到军警殴殴、逮捕，被关进陆军监狱。在狱中，他和难友们饱受磨难，但坚贞不屈，与敌人进行了坚决斗争，这年5月被营救出狱。他身心受到严重伤害，遂回原籍江西南城养病。1938年，日军侵犯江西，南城沦陷，邓维熙奋起反抗日军暴行，惨遭杀害，时年24岁。

何懋勋（1917年7月6日—1938年8月28日）又名何方，江苏扬州人。1935年从扬州中学毕业后，考入天津南开大学经济系。他爱好文艺，擅长演讲，在校期间曾组织"白云诗社"，出版诗集。他学习成绩优异，思想进步，积极参加了"一二·九"学生爱国运动，并加入"中华民族解放先锋队"。抗战全面爆发后，他进入由南开大学与北大、清华合组的长沙临时大学读书，继续发挥特长开展多种形式的抗日宣传活动。1937年11月，上海、太原先后沦陷，他响应中国共产党的号召，投笔从戎，北上抗日。1938年3月经武汉八路军办事处介绍，赴鲁西北抗日根据地参加抗日救亡工作，任青年抗日挺进大队参谋长。他和政治部主任阎戎一起在挺进队内部建立了政治工作制度，给队员讲解中国共产党的"抗日救国十大纲领"、毛泽东的《论持久战》和当时的国际国内形势等，挺进队队员的政治觉悟迅速提高，在此基础上发展了一批民先队员，建立了党的外围组织——民先队部。1938 年 8 月，鲁西北抗日武装为配合保卫大武汉，组织了济南战役，挺进队全体同志坚决要求参战。出征时，何懋勋慷慨表示："报国之夙志，斯得酬矣！"他奉命率青年抗日挺进大队进驻齐河坡赵庄前线做战地宣传工作。8 月 28 日凌晨，遭到日伪军突然袭击，在血战中，寡不敌众，英勇牺牲，时年 21 岁。

孙世实（1918 年—1938 年 10 月 23 日）江苏吴江人。1935 年考入清华大学经济学系。他关心国事，热心公益活动，曾担任"十一级经济学会"总务，学生会干事会干事、消费合作社经理。1935 年"一二·九"运动爆发后，积极投身于抗日救亡运动的洪流，加入了"中华民族解放先锋队"，尔后加入中国共产党。1936 年秋，被清华学生代表会推举为北平学联的代表，后担任北平学联党团成员，成为一位积极能干、深受同学们拥戴的学生领袖。1937 年"七七"事变后，遵照党组织的指示到湖北武汉。1938 年 3 月参加在武汉召开的全国学联第二次代表大会后，在全国学联工作。之后任湖北省青委书记，兼任湖北省民先队队长。1938 年武汉沦陷前夕，中共湖北省委指示他撤往鄂西。撤退时，受湖北省委钱瑛委托，他负责照顾身患重病的原燕京大学党支部负责人李声簧。10 月 23 日，他们所乘坐的新升隆轮途中遭到日机轰炸。当新升隆被炸时，他找到一块大木板，先把李声簧放在大木板上，使李得以脱险，而他自己不幸在空袭中牺牲，时年 20 岁。

陶守文（1915 年—1939 年 1 月）女，北京人。1934 年从北师大女附中毕业，以优异成绩考入清华大学物理学系。她勤奋苦读，成绩优良，温文尔雅，热心公益，到校不久便被选入清华学生代表会。1935 年"一二·九"运动爆发后，她立即投入到抗日救亡运动中去，先后参加了"一二·九"、"一二·一六"的游行示威，不久加入了"中华民族解放先锋队"。为营救在"三三一"抬棺游行中被捕的同学，她积极参加各种救援工作。在援绥抗日运动中，她积极参加为前方将士赶制棉衣的活动。还义务为学校附近的民众识字班教课，进行抗日救亡宣传等活动。1937 年"七七"事变后，北平沦陷，清华大学南迁，她为照顾寡母而留在北平，借读于私立中国大学。在中共地下组织领导下，担任北平民先妇女大队第三分队长，继续进行秘密的抗战宣传、募捐等活动。1938 年 11 月初，因一位被捕的民先队队员招供，其身份暴露，不幸被捕。在狱中遭受严刑拷打，身患重病，但自始至终坚贞不屈。1939 年 1 月经人保释狱外就医，不久便与世长辞，时年 24 岁。

岳 岱（1917 年—1939 年 5 月），河北静海人。1930 年至 1936 年在天津南开中学读书。1936 年考入清华大学电机工程学系。他家贫好学，为人耿直，发奋读书，成绩优异。他关心国家兴亡，积极参加学生救亡活动，是"一二·九"运动中的积极分子。1937 年"七七"事变爆发，日本帝国主义发动全面侵华战争，岳岱投笔从戎，到山西参加山西青年抗敌决死队三纵队，走上武装抗日的战场（当时参加了中国共产党）。1939 年 5 月，日军九路围攻长治，部队转移，留下一些游击小组狙击敌人。岳岱主动要求留下参战。在一次战斗中，他身负重伤，不幸牺牲，时年 22 岁。

熊大缜（1913 年—1939 年 7 月）又名大正，原籍江西南昌，生于上海。1931 年考入清华大学物理学系，1935 年毕业留校任助教，兼任叶企孙院长的秘书。他是物理系有名的高才生，聪明敏捷，长于实验，曾从事制造赤内光线照相胶片的研究，在军事侦察上极有价值，在当时国内尚属创举。1937 年北平沦陷，清华南迁，他随叶企孙留在天津，负责学校仪器的迁运工作。此时清华已派他出国深造，但为了拯救民族危亡，他放弃出国，推迟结婚，毅然投笔从戎。1938 年 4 月经介绍到冀中吕正操部队参加抗日，始任冀中军区印刷所所长，7 月升任军区供给部部长。他组建技术研究社，吸收了一批技术人员，用土办法研制成功高级烈性黄色炸药；又筹建总供给部兵工厂，专门制造手榴弹、地雷、迫击炮及炮弹等用于武装部队；还通过各种渠道，利用叶企孙筹集的捐款，向冀中根据地输送了大批医药、器械、电台元件及各种军需物资，为冀中抗战作出了不可磨灭的贡献。1939 年春根据地除奸运动中，由于工作上的失误，熊大缜被错误审查，7 月不幸被错杀，时年 26 岁。1986 年，中共河北省委经过调查，做出了"关于熊大正（缜）问题的平反决定"，为他彻底平反昭雪，恢复名誉，按因公牺牲对待。

王鉴览（1917 年—1939 年 9 月 15 日）山东金乡人。1930 年考入金乡县里仁初级中学。1933 年以优异的成绩考取山东省立高级中学。他的中学时代，适逢"九一八"事变爆发，日本帝国主义对我国的侵略日甚一日，中华民族危在旦夕。他积极参加了校内外的学生爱国救亡活动。1935 年高中毕业后，考入清华大学地学系。与广大爱国师生一起投身"一二·九"运动。"一二·九""一二·一六"两次爱国游行后，参加"平津学生南下宣传团"，深入民间，传播抗日和革命的道理。1936 年春，加入中华民族解放先锋队。同年 5 月在清华大学加入中国共产党。1937 年"七七"事变后，根据组织的安排，回家乡参加抗日，发动群众建立抗日自卫武装。1937 年 8 月至 1938 年 5 月，任中共山东省金乡县工作委员会委员、负责人。1938 年 5 月至 1939 年 5 月，任中共金乡县委书记。1939 年 5 月至 9 月，在苏鲁豫区湖边地委工作，任宣传队编导。1939 年 9 月 15 日，在湖西"肃托"事件中牺牲，时年 22 岁。1941 年春，中共湖西地委根据中共中央《关于湖西肃托事件的决定》，追认他为革命烈士。

纪毓秀（1917 年—1939 年 10 月 6 日）女，又名纪雨秀，江苏宿迁人。1935 年考入清华大学电机工程学系，后转入外国语文系。到校不久，就在中共地下党员的带领下，投身到抗日救亡运动的洪流，参加了"一二·九""一二·一六"大游行。不久参加"中华民族解放先锋队"，任清华大队队委，同时担任清华学生会委员，是一位深受同学爱戴的学生领袖。1936 年 5 月，加入中国共产党。1937 年春，离开学校到太原，参加薄一波领导的"牺牲救国同盟会"的工作，是牺盟会发起成立的"青年抗敌救亡先锋队"中的得力骨干之一。抗日战争爆发后，接受组织的调动，奔赴抗日前线，到山西沁县抗日决死一纵队政治部工作，兼任妇女队的领导工作。1938 年下半年，调回牺盟总会，任总会常委、组织部部长、党组成员，兼管武装工作。她热情联系和帮助同志，为扩大抗日武装，建立政权，做了大量工作，被誉为"山西三大妇女领袖"之一。在极端艰危的环境下，她不计个人得失，坚持不懈地工作，出色地完成了党交给她的革命任务，终于积劳成疾。在重病中仍以顽强的毅力拼命地工作，1939 年秋，在牺盟总会撤离所在地陕西秋林镇时病情恶化，10 月 6 日不幸逝世，时年 22 岁。

祁延霈（1910 年—1939 年 11 月）又名祁天民，字霈苍，满族，山东济南人。1929 年考入清华大学地理学系。在校期间勤奋学习，三年级时在《清华周刊》文史专号上发表二万余字的论文《帕米尔史地考》。积极参加社会活动，曾担任校地理学会总务股长，还是校学生会民众教育科的成员和平民学校的教员。1933 年毕业后受聘到中央研究院历史语言研究所工作，参与了著名的殷墟第十至第十二次的发掘工作。1937 年 8 月随历史语言研究所迁往长沙。在此听了八路军驻湘办事处代表徐特立的演讲，思想上深受教育，毅然决定舍弃自己心爱的事业，于 1937 年冬奔赴延安，被分配到陕北公学第二期第九队学习，是年底加入中国共产党。1938 年春天被党组织派往新疆工作（当时我党和新疆督办盛世才建立抗日统战关系，选派一批干部去新疆工作），改名祁天民，任新疆学院秘书兼教育系主任。他同林基路等三位共产党员把新疆学院办成了"抗大第二"，引起盛世才的恐慌，1939 年春被调到偏远落后的哈密地区任教育局长。他以顽强的革命毅力投入工作，在不到一年的时间里办起了 27 所公立小学，使区内学龄儿童入学率达到 60%。还和其他共产党员一起从事抗日的宣传工作和组织工作，为团结各族人民抗日救国作出了贡献。1939 年 11 月在组织销毁新疆旧币时因受寒而患伤寒病，住院医治无效，不幸以身殉职，时年 29 岁。1946 年延安中央党校确认其为烈士。1982 年国家民政部正式追认其为革命烈士。

袁时若（1910 年—1939 年 12 月 10 日）又名阮志刚，山东临沂人。1929 年加入中国共产党，后因被国民党通缉而与中共党组织失掉联系。1931 年考入清华大学外国语文系，在校时参加了"中华民族解放先锋队"。1936 年毕业后到山东省威海中学任教，利用讲台向学生灌输革命思想，在学生中发展了一批民先队员。1937 年 10 月，日本侵略军占领山东德州，中共山东省委派人到威海，与袁时若等人酝酿成立了"中华民族解放先锋队威海卫地方队部"，他任队长，统一领导威海卫的抗日救亡活动。1938 年 1 月，袁时若重新加入共产党。威海起义后，成立了"山东人民抗日救国军"第三军第一大队，他留在大队部工作，并改名阮志刚，不久调到胶东军政学校任教员。1938 年 8 月以后，任胶东文化联合社编委会委员、胶东文化界救国协会常委和《文化防线》杂志主编，对胶东地区的文化建设作出了重要贡献。1939 年 2 月，担任中共胶东特委机关报《大众报》社社长和总编，他不畏艰难，勇挑重担，在动荡的战争环境中出色地组织了出报工作。12 月，日寇扫荡我南掖根据地。10 日，报社在转移过程中遭遇敌人包围，他身先士卒，掩护同志们突围，不幸胸部中弹，壮烈牺牲，时年 29 岁。

彭国珩（1915 年—1940 年）又名彭永年，江西吉安人。1935 年考入清华大学物理学系。他勤奋好学，乐于助人，先后被同学推选为清华学生自治会监察委员会委员、救国委员会委员。"一二·九"运动中，积极参加各项抗日救亡活动，表现突出，1936 年后担任救国委员会副主席、主席。同年加入中国共产党。11 月曾带领清华学生组成的"绥远抗战前线服务团"赴绥远前线进行救护等服务工作。1936 年 12 月，受祖国危亡的召唤，他改名彭永年，离校从军，到山西"特别军训班"受训。1937 年春结业后，任山西国民兵军官教导团第八团政训处干事，不久代理政训处长，为开展抗日游击战训练民兵。"七七"事变后，由中国共产党领导的山西青年抗敌决死队成立，彭国珩于 1938 年初调任决死队二纵队司令部秘书长，不久改任二纵队五总队一大队政治部主任，曾率部参加韩信岭伏击战。这年夏秋之交调任二纵队政治部宣传科长，1939 年 6 月，二纵队进行整编，任山西第六专署保安旅政治部主任。这年冬，阎锡山顽军突向决死队发起袭击，制造了"十二月事变"，彭国珩和旅长张文昂一起率保安旅官兵进行了自卫还击，在八路军晋西支队支援下，粉碎了顽军的进犯。后为牵制北犯之敌，保安旅转移到晋西北。他在决死队数年间，为了抗日，出生入死转战于山西各地，与战士同甘共苦，深得民众的爱戴。1940 年春，彭国珩奉命由临县去延安学习，行军路上不幸牺牲，时年 25 岁。

袁永懿（1911 年—1940 年 4 月）又名于公，原籍贵州修文，生于北京。1930 年由北平汇文中学考入辅仁大学，1933 年转入清华大学历史学系，1935 年毕业。后到天津南开中学任教。1936 年进入南开大学经济研究所。"七七"事变后，毅然投笔从戎，南下抗日，并参加了抗日民族解放先锋队。后经中共西安八路军办事处介绍，到山西五台山八路军随营学校学习，1937 年底结业后被派往徐州，参加"平津流亡学生同学会"的工作。1938 年 2 月到山东滕县"善堌农民抗日训练班"任军事教员，并组建了滕县历史上第一支共产党领导下的抗日武装"抗日义勇队"，任队长，5 月任鲁南人民抗日义勇队第一总队第二大队队长。他作战勇敢，指挥有方，曾率部进行了在官桥岗头山袭击日寇军车等数十次战斗，屡建战功。1938 年秋加入中国共产党。同年冬，山东纵队成立，他被任命为纵队参谋处作战科科长。他对党忠诚，文武兼备，出色地完成了各项任务，并影响和鼓励其弟妹走上革命道路。在 1939 年 8 月的"肃托"中袁永懿被错误审查，1940 年 4 月在沂南县被错杀，时年 29 岁。1985 年 1 月，中共山东省委组织部为之平反昭雪，恢复名誉。

张凤阁（1909 年—1940 年 6 月 6 日）字季苏，河北获鹿人。1931 年考入清华大学历史学系。在校期间积极参加各种进步学生活动，并接受了马克思主义理论的熏陶，在担任《清华周刊》社会科学栏目编辑期间，发表了《形式逻辑与辩证法的比较》《中国现代文化的冲突和批判》等文章，旗帜鲜明地宣扬马克思主义。1932 年初参加了"反帝大同盟"，1933 年加入中国共产党。1935 年毕业后到邢台（顺德）第四师范学校任历史教员。1936 年初到山西，参加山西"牺牲救国同盟会"的工作。1937 年冬，他被任命为山西青年抗敌决死队一纵队政治部秘书长，1939 年夏，任决死队三纵队 197 旅政治部主任。1939 年 12 月，抗日战争由战略防御转入战略相持阶段，国民党掀起第一次反共高潮，阎锡山在山西发动了"十二月事变"，张凤阁所在的 197 旅旅长赵世铃叛变，张凤阁被捕，关押进阎锡山顽军第八集团军司令孙楚的岩山监狱。在狱中受尽折磨，但他坚贞不屈，进行了顽强斗争。1940 年 6 月 6 日，被杀害于山西阳城县秋川河附近。时年 31 岁。1979 年 12 月，经山西省委决定，在阳城县的太岳烈士陵园举行了"十二月事变"死难烈士遗骨安放仪式，并树碑纪念。

齐振铎（1916 年 2 月 20 日—1940 年 7 月 20 日）又名何宜之，蒙古族，北京人。1934 年由北师大附中考入清华大学地理学系地质学组。在校时刻苦学习，积极锻炼身体，立志"读书救国"。1935 年，积极参加"一二·九"抗日救亡运动，在参加"一二·九""一二·一六"两次大游行后，又参加了平津学生南下扩大宣传团的活动，回校后参加了"中华民族解放先锋队"。1937 年 8 月北平沦陷，清华南迁，齐振铎留在北平进行秘密抗日斗争，是北平民先队负责人之一，并兼民先队市民大队队长。其间加入中国共产党。1938 年 11 月，北平党组织遭到破坏，他失去了组织关系，遂离开北平到天津，继续从事地下抗日斗争，并重新加入中国共产党。不久改名何宜之，到冀东游击区参加抗日游击队。1939 年初，担任第一支队政治部宣传科科长。这年秋末冬初，转到平西抗日根据地从事救亡活动。1940 年夏，又由平西回到冀东，任十二团中共党总支书记，7 月转战到遵化县的东娘子庄。7 月 20 日在下连队检查工作时，遭遇日寇袭击，率战士奋勇抗击，不幸中弹负重伤后牺牲，时年 24 岁。解放后，党和政府在唐山市的冀东烈士陵园里为之立碑纪念。

陈定达（1902 年 8 月—1940 年 10 月 2 日）字三才，江苏昆山人。1916 年考入清华学校，1920 年毕业后赴美国留学，入吴斯特理工学院攻读机电学。1924 年获理科学士学位，之后到美国西屋电气公司实习。回国后于 1927 年在上海创设北极电气冰箱公司，任总经理、副总裁，兼任中国通惠机器公司常务董事。又历任上海联青社社长、清华同学会会长等职。曾参加发起组织"中国工程师学会"。陈定达关注民生，热心社会福利事业。1932 年"一二·八"日军侵犯上海，他联络爱国志士多人，以技术协助军队构筑防御工事，出钱出力，贡献良多。1937 年抗日战争全面爆发，上海沦陷，权奸当道，他出于激愤和爱国忠忧，参与策划刺杀汪精卫，并为此不吝财帛，广征线索。不幸机密泄漏，于 1940 年 7 月 9 日被汪伪 76 号特工人员逮捕，后被押解到南京。汪伪对其威逼利诱，许以电政司司长一职，遭严词拒绝，最后又要他写一份悔过书即可释放，他回答说："吾无过，何悔之有？""国贼人人得而诛之。"同年 10 月 2 日在南京雨花台从容就义，时年 38 岁。

凌松如（1913 年—1940 年 12 月 22 日）又名凌则之，四川屏山人。1934 年考入清华大学物理学系，后转入社会学系。到校不久便被推选为学生会代表。在1935年"一二·九"抗日爱国运动期间积极活跃，参加"一二·九""一二·一六"两次大游行后，曾与同学组织清华自行车队南下宣传抗日，并抵南京进行反对"聆训"（听蒋介石训话）的宣传活动。1936年2月参加了"中华民族解放先锋队"，不久任民先队清华大队大队委、大队长。5月加入中国共产党。1936年冬，他投笔从戎，改名凌则之，到太原参加山西军政训练班。1937年"七七"事变后，参加山西青年抗敌决死队，曾任决死队一纵队第一总队第三大队第九中队指导员、第三总队第三大队指导员。1939年春，调任第一纵队办公室秘书，不久任第三总队政治部主任。9月在一次反扫荡战斗中，率部与日寇激战竟日，终因部队伤亡过重，不幸被俘。在狱中坚贞不屈，顽强斗争，后来越狱逃出虎口，于10月返回部队，继续担任政治部主任。"十二月事变"后，任决死队一纵队第25团政委。1940年8月，在著名的"百团大战"中，率部队赴太行区参加正太路破袭战，他身先士卒，机智勇猛，出色完成任务。12月，日军对我太行根据地进行疯狂大扫荡，凌松如率25团在武乡县担任阻击任务，接连打退敌人多次进攻，22日在与敌人浴血奋战中不幸中弹，壮烈牺牲，时年27岁。

解树魁（1913年—1941年）又名解占柏，山东堂邑人。1935年9月考入清华大学地学系。"七七"事变前在清华大学加入中国共产党。"七七"事变后，同平津流亡学生一起到鲁西北，在堂邑县办宣传队，训练与组织民团和群众，开展救亡活动。1938年秋调鲁西一地委任民运部长，兼任动委会主任。同年冬天开始组织武装，成立聊博堂边的先遣纵队第五大队。1939年秋调任四地委民运部长，开辟茌（平）阿（东）聊（城）一带工作。他性格温和，工作耐心而有毅力，对党对同志皆甚忠实，很受群众爱戴。1941年任鲁西军区武装部科长，因布置扩军任务回四地委时，被专署所留，任茌平县县长。当我军发动小马庄战役时，被敌包围，单身与敌英勇搏斗，至最后一粒子弹时自尽，壮烈牺牲，时年28岁。

吴新之（1913年—1942年1月24日）山东栖霞人。1934年9月考入清华大学电机工程学系。"七七"事变前在清华大学加入中国共产党。曾参加"一二·九"学生运动。1937年9月，受党组织派遣参加国民党第三集团军"政训人员训练班"。10月结业后，到山东聊城堂邑发动群众，组建抗日武装。与当地爱国青年一起，组成了"第一游击大队"，先后任一中队队长、指导员。1938年1月，成立山东第六区游击司令部十支队。游击大队改为十支队机枪营，任教导员。1938年8月，十支队进行整编，任二团政治主任，随部队去泰西开辟大峰山抗日根据地。聊城失守后，以十支队为基础，组建了筑先纵队，任二团政治副主任，后任独立团政治主任。1940年6月，八路军一二九师新八旅组建后，独立团编为二十三团，他调任二十二团政治主任。1942年1月24日，在曲周吕洞崮反日军"扫荡"作战中，中弹牺牲，时年29岁。

杨光泩（1900年7月14日—1942年4月17日）原籍浙江吴兴，生于上海。1916年考入清华学校，1920年毕业后赴美国留学，先后就读于科罗拉多大学和普林斯顿大学，1924年获国际公法哲学博士学位。随后出任中国驻美公使馆三秘，乔治城大学中文教授等。1927年应聘回母校清华任教授，不久去南京外交部情报司任职。其后曾任中国驻英国伦敦总领事及驻欧洲中国特派员、上海《大陆报》总编辑等职。1938年出任中国驻菲律宾马尼拉总领事。此时正值日本帝国主义发动侵华战争。他受命于危难之秋，对日寇暴行切齿痛恨，为维护民族尊严不顾酷暑，四处演讲，宣传抗日，募集捐款，深得广大华侨的敬重。1941年12月7日，日军偷袭珍珠港，挑起太平洋战争。不久，菲律宾首都马尼拉陷入日军包围之中。一些国家的外交人员纷纷撤离马尼拉，驻菲美军远东军司令麦克阿瑟撤退前，在自己的专机上为杨光泩等8名中国外交人员预留了座位。

马尼拉华侨界人士也纷纷劝杨光泩等人离开，可他们谢绝了好意，表示："身为外交官员，应负保侨重责，未奉命令之前，绝不擅离职守！"1942 年 1 月日军侵占了马尼拉。日本驻马尼拉副领事与杨光泩会晤，要求中国驻马尼拉总领事馆承认汪精卫伪政府，遭到严辞拒绝。敌人恼羞成怒，将杨光泩等 8 名外交官逮捕入狱。杨光泩等人在狱中虽遭百般凌辱，严刑折磨，仍大义凛然，宁死不屈，表现出崇高的民族气节。4 月 17 日，日本宪兵司令宣布将杨光泩等 8 人处以死刑，并秘密杀害于马尼拉华侨义山，杨光泩时年 42 岁。1947 年 7 月 7 日，烈士的忠骸被空运回国，同年 9 月 3 日安葬于南京中华门外菊花台烈士陵园。旅菲华侨在烈士殉难处也建立起纪念碑和纪念祠堂，以作永久纪念。

黄　诚（1914 年 5 月 16 日—1942 年 4 月 23 日）简介见本章第一节人物小传。

阎裕昌（1896 年—1942 年 5 月 8 日）又名门本中，北京人。1919 年来清华学校当工友，在工作中勤学苦练，业务能力不断提高，1928 年到物理学系实验室工作，后被提升为仪器管理员，负责物理课的实验表演。他为人厚道，工作勤恳，手艺高超，深得师生好评。"七七"事变后，清华园被日军占据，他留清华园担任"清华平校保管委员会"的保管员。他对日寇的野蛮暴行无比义愤，曾冒着生命危险同日本兵据理抗争，保护学校财产。他想方设法避开敌人的监视，将物理实验室的贵重稀有金属"镭"转移到家中，再送往天津交与叶企孙，使之得以安全运至昆明，在西南联大的教学科研中发挥作用。1938 年春，他先是在天津帮助叶企孙办理清华师生南撤之事，后经叶企孙指引，与中国共产党地下工作人员取得联系，参加了支援抗日游击队的秘密工作。8 月，阎裕昌经保定到冀中抗日根据地，改名门本中，参加抗日部队。他常置个人生死于度外，来往于平津保之间，帮助清华、燕京等校人员到抗日根据地去工作。先在冀中军区技术研究社任技师，是研究社主要成员之一，研制炸药、手榴弹、地雷等武器，后到河北唐县、安平县等地从事军工生产，为根据地生产了大量的武器弹药，成绩卓著。1942 年春，阎裕昌不幸被日军俘虏，面对敌人的威胁利诱，严刑拷打，他意志坚定，威武不屈，表现出高度的民族气节。这年 5 月 8 日，在安平县武莫营村被日军杀害，时年 46 岁。

李冠英（1911 年—1942 年 5 月）又名李松霄，河北武邑人。1932 年考入清华大学土木工程学系。1935 年积极参加"一二·九"抗日救亡运动，成为一名出色的中华民族解放先锋队队员。曾被推选为清华大学学生会干事会干事，分工负责民众教育工作，兼任民众学校校长。1936 年夏加入中国共产党。1937 年 6 月毕业，拟赴山西同蒲路从事铁路工程技术工作，尚未到职，"七七"事变爆发，遂回家乡河北武邑联络本县回乡青年学生，参加"青年抗敌义勇军团"，被委为宣传处长，后担任政治部主任。1938 年 6 月，在他和八路军代表陈元龙的共同努力下，"青年抗敌义勇军团"改编为"八路军青年游击纵队"，划归八路军一二九师建制，此时李冠英改名李松霄，担任青纵二团政治处主任。不久，他遵从党的委派，出任武邑县战委会主任，1939 年 2 月，被全县民众公推为武邑县第一任民主政府县长，领导全县军民艰苦奋斗，出色地完成了抗日和生产各项任务。1940 年春，任冀南五专署专员，为创建冀南抗日根据地作出了贡献。1941 年夏，赴太行中共北方局党校学习。1942 年 5 月，在反击日寇大扫荡的战斗中，英勇牺牲于太行山下，时年 31 岁。

姚名达（1905 年 3 月 23 日—1942 年 7 月 7 日）字达人，号显微，江西兴国人。中学毕业后勉从父命学医，因实喜好文学，乃弃医考入上海南洋公学国学专修科攻读，1925 年考入清华国学研究院，师从梁启超，专攻史学，著章实斋等诸家年谱。1929 年应上海商务印书馆之聘，担任编辑和特约撰述，编印《万有文库》，著《目录学》《中国目录学史》《中国目录学年表》等，为我国史学和现代目录学研究作出了卓越的贡献。1933 年夏在上海创办女子书店，编印《女子文库》《女子月刊》，以提倡妇女解放。1934 年还同时兼任复旦、暨南大学教授。1935 年与上海文化界人士联名发表《我们对于文化运动的意见》《上海文化界救国运动宣言》。"七七"事变后，京沪相继沦陷，姚名达携家人返回江西，仍致力于研究中国史学史。1940 年 10 月，应国立中正大学校长胡先骕的邀请任中正大学研究部研究教授，后为文史系教授。1942 年 6 月，浙赣战事发生，日军侵扰赣中腹地，他激于义愤，奋起组织国立中正大学"战地服务团"，任团长，率团员 30 余人奔赴前线。7 月 7 日夜，于新干县石口村突遇敌骑，姚名达拼尽全力与敌搏斗，力毙敌寇一人后，不幸中弹，以身殉国，时年 37 岁。1987 年国家民政部追认其为烈士，1990 年江西师大建烈士纪念亭——显微亭，以资纪念。

李忍涛（1904 年—1943 年 10 月 28 日）云南鹤庆人。1926 年从清华学校毕业后赴美留学，入弗吉尼亚军校学习。1929 年毕业时因名列前茅被保送到德国留学，专攻理化科学和军事化学。1931 年学成回国，任军官学校留德预备班上校主任。1932 年 2 月 8 日军政部防化学兵队成立，李忍涛任上校队长，拟定了学兵队的教育训练计划。他成为中国防化兵种的创始人。1937 年 8 月 13 日，日军大举进攻上海，李忍涛率学兵队重创江湾日海军陆战队司令部，因功擢升少将，其后兼任川南清乡指挥官和军委会外事局高参，并晋升中将。1943 年 2 月，奉命率学兵总队炮兵第一、二两个团参加中国远征军。他以化学兵总队中将总队长兼军事委员会外事局高级参谋身份，赴印度视察出国参战部队，配合史迪威打通中印公路；协调中美关系，共同打败法西斯。10 月 28 日乘机返国复命，飞至缅北上空，突遭日机伏击，不幸壮烈牺牲殉国，时年 39 岁。当时重庆当局以为是飞机触山坠毁。直到 1984 年，在一份日军档案中查出有"1943 年 10 月 28 日，在缅北上空击落中国飞机一架，上有中国化学兵司令官"等记载，李忍涛为国殉难的真相水落石出。

杨学诚（1915 年 8 月 8 日—1944 年 3 月 7 日）简介见本章第一节人物小传。

戴荣钜（1918 年 7 月 10 日—1944 年 6 月 17 日）江苏镇江人。1939 年从贵州铜仁国立第三中学毕业后，考入西南联大地质地理气象学系。时值日本帝国主义在中国大地上肆虐，戴荣钜满怀一腔爱国热情，毅然决定弃学从军，报效国家。他于 1942 年 1 月离开联大报考空军，被录取为空军军官学校第 15 期驱逐科学员，毕业后赴美国接受飞行训练，回国后在中国空军第五大队任飞行员。1944 年 5 月，日军集结 20 多万兵力，分三路由北向南推进，向湖南的长沙、衡阳等地发起大规模攻势，中国军队奋起抵抗，长衡会战开始。6 月中旬，敌军向长沙守军发起猛攻，17 日，戴荣钜所在五大队奉命出动 P-40N 机 12 架，掩护 4 架轰炸机出击长沙外围敌炮兵阵地，在长沙上空与敌机遭遇，发生激烈空战，击落敌机 3 架。戴荣钜所驾驶的飞机在战斗中受创，他爱惜飞机，不愿跳伞，驾驶受伤的飞机返航，不幸坠落于长沙以西安化县境内的丛山中，机毁人亡，壮烈牺牲。时年 25 岁。

齐学启（1900 年—1945 年 3 月 13 日）湖南宁乡人。1915 年考入清华学校，1919 年参加了"五四"爱国运动。1923 年毕业后赴美留学，先入德克萨斯州立理工及农业学校就读，一年后考入诺维琪军校学习骑兵。1929 年初回国，到清华大学担任军训教官一学期，9 月任教于湖南大学。不久改入军界，任团长。1932 年"一·二八"淞沪战役中，齐学启率部协助十九路军英勇抗击日寇保卫上海。不久任上海保安处第二团团长。1934 年夏离开军队，应聘执教于浙江大学。1937 年"七七"事变后，重返军营，仍担任团长，随军转徙于鄂湘黔各地。1942 年日军侵入缅甸，应盟国的要求，中国组织远征军入缅甸配合英军作战。齐学启任第 66 军新编 38 师少将副师长，率部于 3 月 27 日进入缅甸，4 月中旬取得入缅远征的第一次大捷——仁安羌大捷。5 月奉命率领所属 113 团掩护第 5 军等中国远征军的转进，在运送伤病员回师部的途中不幸遭遇日寇，身负重伤后被俘，囚于仰光。南京汪伪政权派人前去劝降，威逼利诱，无所不用，但齐学启不为所动，大义凛然，表现出崇高的民族气节。1945 年 3 月 8 日被变节者刺杀，伤及内脏，于 13 日逝世。时年 45 岁。抗战胜利后，其遗体由缅甸运回云南，后运至长沙。1947 年春，安葬于长沙岳麓山原长沙临时大学校园内。1989 年，茔墓得以重新修复。

缪　弘（1926 年 12 月—1945 年 8 月）江苏无锡人。抗战初期正读初中，曾在沦陷后的上海和北平读书，饱尝颠沛流离之苦。因不满其汉奸父亲的卖国求荣，不堪沦陷区生活的苦闷，于 1942 年 5 月离家出走逃亡到重庆，8 月进入重庆南开中学学习。1943 年夏以优异成绩考入西南联大外国语文学系。他性格文静，爱好文学，多才多艺，是联大文艺社社员。1944 年，政府号召知识青年参军抗日，缪弘怀着对日本侵略者的仇恨和一腔报国之志，保留学籍报考了翻译人员训练班。1945 年 4 月入译员训练班受训，毕业后编入降落伞兵第八队第二分队任翻译员，先后在云南宜良县等地服务，不久调到空军陆战队（又名中美联合突击队），接受跳伞训练。7 月随伞兵部队空降到广西柳州。1945 年 5 月，驻广西的中国军队开始向日军发起全面反攻，7 月底打响了收复平南县境内丹竹机场的战役。缪弘所在的空军陆战队配合第十三军某师作战，8 月 2 日跳伞占领军事要点，至 3 日全面打败守敌，收复丹竹机场。在战斗中，缪弘手持卡宾枪进入阵地前列，进抵蒲阳岩时，被敌弹击中，伤势过重，不幸牺牲。时年尚不足 19 周岁。抗战胜利后，于丹竹附近建立中美阵亡将士墓，立碑纪念。西南联大纪念碑上题名纪念缪弘等在抗战中从军及牺牲的学生，联大文艺社编辑出版了《缪弘遗诗》以作纪念。

潘　琰（1915 年 10 月 17 日—1945 年 12 月 1 日）女，又名潘虹，江苏徐州人。1934 年考取江苏省立徐州女子师范学校。"七七"事变后，离开学校到军医院做救护工作。1937 年底，到安徽寿县参加第五战区的"抗战青年干部训练团"，训练结束后作为第五战区第十一集团军学生军的一员，参加了津浦南段的保卫战。1939 年初，随部队撤退到湖北宜昌，不久学生军解散，潘琰以优异成绩考入湖北省立第一女子师范学校。这年夏天加入中国共产党。她出色地完成党组织交给的各项任务，被国民党列入"黑名单"。1940 年夏，奉命转移到恩施。这年冬天，改名潘虹，到重庆进手工业纺织人员训练班，结业后到川北乐至县教村民纺棉花，还利用一切机会教农家孩子念书识字，与当地群众建立了深厚的感情，有歌赞曰："蜀北家家忆潘虹。"1944 年，考入昆明西南联大师范学院文史地专修科。到校后一面努力学习，一面积极参加进步学生的各种活动。抗战胜利后，积极投入到反对内战，争取民主的各项活动中。1945 年 12 月 1 日，50 多名国民党军人和便衣特务闯进师院校园，向同学们大打出手，潘琰带领同学们与之抗争，凶恶的敌人竟将两颗手榴弹投向人群，潘琰胸部中弹，仍奋力抢救同学，又被敌人用石头击倒在地。经抢救无效不幸牺牲。临终时她用微弱的声音呼喊着："同学们，团结呀！"时年 30 岁。为"一二·一"四烈士之一。

李鲁连（1927 年—1945 年 12 月 1 日）原籍浙江嵊县，生于青岛。因父亲在交通部门任职，服务地点常有调动，加之日本帝国主义的侵略，李鲁连从小就随父亲到过很多省份。1939 年考进昆明南菁中学，此后相继就读于云南、西康、湖南、贵州等地的七所中学，但从未耽误过学习，各科成绩一直名列前茅，还曾在西昌"五四"青年节演讲比赛中夺得全西康第一名。1945 年高中毕业考进西南联大师范学院数理化专修科，到校后学习更加用功，原本对时事政治不甚关心，但目睹国民党当局的独裁腐败，特别是 1945 年 11 月 25 日国民党军队武装干涉联大等四校联合召开的反对内战、呼吁和平的时事晚会后，他猛醒了，愤怒了，毫不迟疑地积极投入到昆明爱国学生反内战、争民主的运动中去。12 月 1 日清晨，他在日记中写道："国民党使用如此手段，可谓到了末路矣！""几天的罢课，所得的代价是'血'和'汗'。我希望昆明的民众应该觉醒了。"12 月 1 日上午武装暴徒进攻联大师范学院，李鲁连和同学们一道，奋起抵抗，不幸被特务投掷的手榴弹炸伤，在送往医院的途中又遭特务拦路毒打，为反内战、争和平献出了年轻的生命，年仅 18 岁。为"一二·一"四烈士之一。

钟青援（1920 年—1945 年 12 月 22 日）原名钟汉光，广西陆川人。1938 年广州知行中学高中毕业，参加大学招生考试后，即回到家乡参加抗日救亡活动。1938 年底，得知已考取西南联合大学，不愿马上离开抗日活动搞得热火朝天的家乡，当即给西南联大去信申请休学一年，继续投入陆川的抗日斗争，曾任陆川县动员委员会战时工作团编辑组负责人，陆川县战时教育工作团教师，同时任陆川中学历史教师。1940 年春加入中国共产党。同年夏，离开陆川，到西南联大复学，入法商学院政治学系一年级，在四川叙永分校上课。到西南联大后因党的"转地不转党"的规定，未能接上党的关系。但仍积极发挥共产党员的作用。他思想进步，文笔锋利，是校内较有影响的《流火》壁报社的主要撰稿人和编辑之一。1941 年暑假后，叙永分校结束，转到昆明，由政治系转入中文系二年级学习。1942 年 1 月，西南联大学生开展了有名的"倒孔运动"，钟青援和进步师生一道积极参加了这次斗争。这年暑假后，他离开西南联大，转学到广西的中山大学中文系三年级。在中山大学，他积极开展各种革命活动。1944 年夏，在中山大学毕业，回到陆川，在博白中学担任语文教师。他曾率领数十名博白学生参加抗日武装起义，起义队伍被编入博白县民主抗日自卫军的青年支队。1945 年 6 月，重新入党。抗战胜利后被派在博（白）廉（江）边境的武工队。同年 12 月 22 日，博廉武工队在博白县大坝乡被国民党军队包围，钟青援在突围战斗中英勇牺牲，时年 25 岁。1951 年广西省民政厅正式批准为革命烈士。

杨　潮（1900 年 5 月 8 日—1946 年 1 月 11 日）原名杨廉政、杨廉正，号九寰。笔名羊枣、朝水、易卓、潮声、杨丹荪。湖北沔阳人。1913 年，以杨廉正名考入清华学校中等科学习，后离校。易名杨九寰考入唐山工业专门学校机械科。1921 年，交通部所辖各校改组成立交通大学，机械科并入交通大学上海学校，他来到上海，1923 年毕业，任职于上海京沪、沪杭甬铁路管理局。1933 年初，加入中国左翼作家联盟，开始从事革命文艺工作。同年加入中国共产党。1934 年，任"左联"宣传干事，翻译《马克思论文艺》在"左联"刊物上发表，还以杨丹荪的笔名翻译《今日之苏联国》一书，全面介绍世界上第一个社会主义国家。他热情讴歌"一二·九"爱国学生运动，抨击政府的卖国投降政策，要求停止内战，成立抗日联合政府。1935 年至 1936 年，在广西师专任教。1937 年 6 月，到塔斯社上海分社工作，撰写了大量军事评论和国际政治方面的文章。抗战全面爆发后，和范长江等筹备"中国青年新闻记者学会"，并加入胡愈之发起的"文化界救亡协会"，协助于伶等人组织抗日戏剧活动，是抗战初期救亡戏剧运动的组织者之一。1938 年上海沦陷，留在上海坚持斗争。1939 年，离沪去香港，任《星岛日报》记者。后因报道皖南事变真相，遭国民党当局迫害，退出报社。此时，苏德战争爆发，发表《希特勒侵苏的前途》《决定人类命运的大战》等评论，以精辟的分析，得出德国法西斯必败的结论。1941 年 9 月，参与创办民盟机关报《光明报》。后转赴衡阳等地，撰写大量的评论文章揭露国民党积极反共、消极抗战的行为，宣传共产党的主张。1945 年 7 月，被国民党特务逮捕，特务头目要他写反省书，并劝他加入国民党，被他严词拒绝。1946 年 1 月 11 日于杭州狱中牺牲，时年 46 岁。5 月 19 日，上海各界人士举行了杨潮追悼大会。

闻一多（1899 年 11 月 24 日—1946 年 7 月 15 日）简介见本章第一节人物小传。

王　昊（1920年—1948年7月）又名王筱石，云南澄江人。1941年考入西南联大政治学系，在校期间积极参加抗日救亡活动。1942年参加中共地下组织领导的"五九读书社"，1945年加入"新民主主义者联盟"（地下党外围组织）。同年夏，大学毕业后，曾在云南省建设厅水利测量队工作，不久到《云南日报》任记者，是筹办地下刊物《中国周报》的负责人之一。1945年"一二·一"惨案及1946年李公朴、闻一多惨遭国民党特务暗杀后，王昊十分悲愤，积极撰文并组织报导文章，揭露国民党反动派的卑劣行径。1947年春，根据中共云南省工委的指示，到缅甸仰光隐蔽，并担任中共仰光支部办的中文《人民报》编辑工作，这年7月加入中国共产党。1947年底，为配合解放军的战略反攻，王昊等人奉命由缅甸秘密回国，到滇东南参加发动游击战争，与滇南地下党会合组织了一支农民武装，并到达弥勒西山，参加了西山武装起义，建立敌后根据地。之后，奉命到高头甸小学任教，以教师身份为掩护从事革命活动，在一次敌军围剿中被捕，受尽酷刑始终未暴露身份。出狱后到昆明找到党组织，被派往滇南地区任中共建水县支部书记，进行农民的组织发动工作，为武装暴动做了大量艰苦细致的工作。1948年7月30日率农民武装攻打敌人太和乡政府时受挫，撤退时为救援战友，与敌人展开战斗，终因寡不敌众，身负重伤，英勇牺牲，时年28岁。1981年国家民政部正式批准王昊为革命烈士。

钱泽球（1920年—1948年10月10日）上海人。抗战全面爆发时刚高中毕业，上海沦陷后，参加青年抗日救亡宣传队，辗转到香港。1940年考入西南联大机械工程学系。在联大期间以勤工俭学维持艰苦的生活，同时联合同学为抗日救亡奔走不辍。1944年夏从联大毕业后，积极投身于西南的爱国民主运动。1945年日寇投降后回到上海，1946年11月去关岛，在为南京政府供应物资的关岛储整处工作。当时国内内战再起，国统区反蒋反美的群众运动风起云涌。钱泽球情绪激昂，立意回国参加斗争，遂于1947年3月回国，5月经北京大学中共地下组织同志介绍到东北解放区参加革命工作。不久被派往敌占区长春从事秘密工作，在国民党新一军汽车修理厂任"少校技术员"。他说服修理厂厂长宁奋兴配合他搜集长春地区的军政情报、部队防区和兵力布置、作战计划等，提供给解放军，1947年10月还策划完成了炸毁敌人军火库的任务。为了迅速取得第一手情报资料，他把工作重点转移到搜集国民党谍报队的情报工作上，使解放区领导对敌人的行动计划了如指掌，为长春的解放作出了重要贡献。1948年，为策动国民党军队起义，他通过关系深入到国民党军队里，担任团的政治指导员，不久身份暴露。4月2日，当他回解放区联络工作后返回长春的当晚，不幸被捕。他在狱中坚持斗争，英勇不屈，经组织多方营救未果。1948年10月10日长春解放前夕，惨遭国民党特务活埋，时年28岁。

曾庆铨（1924年—1948年10月12日）广东兴宁人。在兴宁县立第一中学读书时，参加了进步群众组织"三四读书会"，阅读了《大众哲学》等进步书刊，参加了宣传抗日、民主等活动。1942年考入西南联大经济学系，在校期间，参加进步社团"冬青社"，继续学习革命理论，积极参加党领导下的各项革命活动。1944年7月响应党的进步学生到农村去的号召，放弃学业，到思普地区从事革命斗争，以在磨黑中学任教的名义，巧妙地利用课堂和各种场合，宣传革命理论和共产党的政治主张。1946年6月加入中国共产党，任磨黑中学支部组织委员，发展了党员和"民青"成员八十余人，使思普地区成为我党在滇南的重要基地之一。内战爆发后，根据形势的发展，曾庆铨于1947年5月回到昆明，担任昆明市东区区委委员兼金江中学党支部委员，后调任西区区委委员和求实中学教务主任，继续发展壮大革命力量，参加领导昆明的学生运动。1948年4月，被中共云南省工委派任思普特别支部副书记，又回到磨黑中学从事革命斗争，6月后负责特支工作。1948年9月，他组织率领民兵伏击夺取一批敌人的军火未果，被地方武装头子张孟希诱捕。他拒绝了特支准备劫狱营救他的计划，宁愿牺牲自己，以保存革命力量，表现出一个共产党员的崇高品格和英雄气概。10 月 12 日，被敌人秘密杀害于磨黑镇班底河边。时年 24 岁。

钟泉周（1919 年—1949 年 2 月 17 日）浙江镇海人。1938 年入国立重庆二中，立志"科学救国，造福人类"。1941 年考入西南联大电机工程学系。他勤奋学习，成绩超群，并热心公益，乐于助人，曾被工学院全体同学选为"斋委"负责人，不遗余力地为同学们的伙食、生活服务。1944 年底，参加"中国民主青年同盟"，积极投身于民主运动，四处奔走担任联络工作，与何东昌等同学办《燎原》《神曲》壁报，宣传进步思想，并积极组织一些朋友学习毛泽东的《新民主主义论》等著作。1945 年毕业后，应聘到重庆国立中央工业专科学校任教。他将西南联大的民主传统带到工专，和进步教师共同创办了《科学时代》杂志社。1946 年到上海市公交公司保养场担任电工技术员。1948 年 7 月在上海公交系统的民主选举中，他当选为新员工福利会理事长，在中共地下党的领导下，全心全意为工人群众谋福利、求解放，与反动派展开了面对面的斗争。1949 年，为了反抗反动统治，保障职工的权益和生活福利，他和王元、顾伯康等人一起领导公交公司工人举行了"反饥饿"大罢工，代表工人与公司当局进行谈判，领导工人坚持斗争，被反动当局视为眼中钉。同年 2 月 16 日遭特务逮捕，次日在审讯中，他义正词严质问敌人："我是为广大员工谋福利的，何罪之有？"下午 6 时慷慨就义，时年 30 岁。

吴国珩（1921 年 7 月—1949 年 4 月 6 日）又名吴汉平、吴开寿，祖籍江苏江都，生于扬州。1941 年考入西南联大经济学系。在联大中共地下党员的帮助下，参加了进步同学组织的读书会，学习《大众哲学》等进步书刊，积极投身于学生的爱国进步活动。1942 年 1 月参加"倒孔"运动后，休学到昆明郊区宜良县狗街中学教书。1943 年 9 月回联大复学，转入历史学系学习。家庭对他以断绝经济供给的手段企图迫使他放弃参加进步活动，未能动摇他的革命意志，反而使他毅然和家庭脱离关系。在"一二·一"惨案后，他担任联大罢课委员会宣传股负责人，积极写文章揭露国民党屠杀学生的罪行。1946 年 5 月加入中国共产党。1946 年秋离开联大到昆明求实中学任教，以教员身份为掩护担任地下党组织的联络员，开展"助学运动"。1947 年 9 月后化名吴汉平转移到昆明市郊金江中学任教，在教学中向学生宣传革命思想。1948 年 7 月，国民党政府停办金江中学，他又化名吴开寿转移到滇南建水县建民中学任教。1949 年 3 月初，受中共滇南工委派遣，到起义后的个旧县云南锡矿厂警卫队担任特别支部书记，领导部队进行武装斗争，曾伏击歼敌一个侦察排。3 月底率部队进驻金平县马鞍底镇休整，进行军政训练，并组织干部战士做群众工作，深受各族人民的拥护。4 月 5 日午夜，部队转移时遭国民党部队的包围袭击，在突围时吴国珩不幸牺牲，时年 28 岁。1986 年 12 月，云南红河哈尼族瑶族自治州人民政府确认其为革命烈士。

江文焕（1919 年 12 月 25 日—1949 年 4 月中旬）又名江涵，浙江衢县人。1943 年考入西南联大外国语文学系，因筹措路费等原因逾期到校，旁听半年，离校到彝族地区当教员。1944 年秋返回联大复学。在联大期间积极参加学生运动。1946 年 5 月西南联大结束，江文焕随校复员到北京大学读书。参加了 1946 年 12 月的反美抗暴运动和 1947 年 5 月 20 日的反饥饿反内战游行。在校担任《罢课委员会通讯》的编辑。1947 年暑假后离开北大，决心到解放区参加革命，因病未能成行，遂回家乡养病。1947 年 9 月到浙江江山县中任英语教员，在此结识中共闽浙赣区党委城工部党员高展，决定留在国民党统治区从事地下斗争。同年 11 月加入中国共产党，不久，任中共江山县中党支部书记。他利用教员身份向学生传播革命思想，发展党员，壮大组织，还大胆开展了统战工作。1948 年 10 月被派回家乡衢县继续开展地下斗争，不久任中共衢州中心支部书记，领导衢州地区各县城工部党的工作。1948 年底全国解放战争形势迅猛发展，为配合解放大军南下，江文焕在上级党组织领导下，积极准备组建游击队，建立游击根据地，开展武装斗争。不幸于 1949 年 1 月 23 日被国民党衢州绥靖公署特务逮捕。在狱中面对种种酷刑志坚如钢、宁死不屈，还鼓励难友们坚持斗争。1949 年 4 月中旬被活埋于衢州东门郊外，时年 30 岁。

黄竞武（1903 年 6 月 10 日—1949 年 5 月 17 日）字敬武，江苏川沙（今属上海市）人。1916 年考入清华学校，1924 年毕业后赴美留学，先后就读于安抵克大学和哥伦比亚大学，1929 年毕业获经济学硕士学位。是年秋回到上海，担任上海盐务稽核所会计，1931 年后任安徽蚌埠稽核所所长等职。抗战全面爆发后，到重庆任中央银行稽核专员。1941 年参加中国民主同盟，任民盟总部组织委员会委员、国外关系委员会委员，为发展民盟组织，联络海外人士而辛勤工作，还一度担任周恩来与美国人士会谈时的翻译。1945 年抗战胜利后，回上海筹组民盟上海市组织，并加入成立不久的民主建国会。1946 年 8 月当选为民盟上海市支部临时工作委员会执行委员，参与领导上海盟员反内战、争民主的斗争，力劝其父黄炎培与国民党一手操办的"国民大会"划清界限。1947 年 10 月国民党政府宣布民盟为"非法团体"而取缔后，他参加了民盟上海市组织转入地下的工作。1948 年 11 月又任民主建国会临时干事会常务干事，负责组织工作。他临危受命，不辞辛劳与艰险，积极参与领导民盟与民建的工作，掩护上海中共地下人士，争取上海工商界支持反蒋斗争。1949 年春，为迎接解放军渡江，他积极收集国民党政府的金融情报；苦口婆心地劝说许多工商界和科技界人士留下来为新中国服务。还发动民主党派利用社会舆论制止国民党政府偷运黄金去台湾的计划，使其未能全部实现。并利用关系开展对国民党军队的策反工作，使"税警团同意在条件许可时即可弃暗投明"。正当紧要关头，不幸于 5 月 12 日被保密局特务逮捕，受尽酷刑，被拔掉了所有的手指甲，他横眉冷对，宁死不屈，5 月 17 日惨遭活埋，时年 46 岁。上海解放后，上海市人民政府追认其为烈士。

齐　亮（1922 年 11 月 7 日—1949 年 11 月 14 日）又名陈世荣、齐燕生等，河北蠡县人。1938 年考进设在重庆的南开中学，加入了中国共产党。1941 年考入西南联大中国文学系。后经上级党组织的指示，与马千禾、何功楷组成中共地下支部。1944 年起担任联大学生自治会理事会的常务理事，他组织社团，出版壁报，改善伙食，团结同学，做了大量工作，并代表联大参加昆明市学联，被推选为主席，成为一位公认的学生领袖。曾主持联大 1944 年纪念"五四"活动，1944 年 12 月 25 日护国纪念日以及昆明 1945 年纪念"五四"等大型纪念活动和游行，使昆明学运走向高潮。1945 年 8 月从联大毕业后，被云南省工委派往滇南农村开展工作，先到石屏，后到元江县一个彝、傣民族杂居的偏僻山村，化名陈世荣办起了一所小学。他克服了人生地不熟、语言不通的困难，在这里宣传革命道理，发动群众，培养骨干力量。1946 年春又被滇南工委派作巡视员，到磨黑、磨江一带开展工作，发展党组织，完成了滇南地区党的联络网络，为以后创建革命根据地打下了基础。1946 年 6 月，中共南方局调齐亮到重庆办事处工作，他化名齐燕生，在中共四川省委领导下负责学生运动工作。1947 年 8 月调任中共重庆北区工委书记，以志达中学英语教师身份为掩护。因叛徒出卖，重庆党组织遭破坏。1948 年 9 月齐亮转移到成都温江中学教书，暂时隐蔽。又被叛徒追捕，于 1949 年 1 月与妻子一同在成都被捕，押回重庆，关在"中美合作所"的渣滓洞监狱，在狱中他同难友们一起进行了英勇斗争，曾写了一份"支部工作纲要"供难友学习。1949 年 11 月 14 日，在重庆解放前夕被国民党特务秘密杀害于"中美合作所"，时年 27 岁。

刘国铉（1921 年 4 月 7 日—1949 年 11 月 27 日）四川泸县人。1936 年考入成都建国中学。他参加同学们的读书会，阅读《大众哲学》等进步著作，积极参加抗日救亡活动。1940年入西南联大经济学系学习。来联大后，他积极参加社团、壁报活动，团结进步同学，开展爱国抗日活动，1941年参加了中国共产党，还利用假期回家带回中共南方局对昆明学运的指示。1944年联大毕业后，他拒绝了家人要他留学美国的安排，根据党组织工作的需要，到云南陆良县工作，担任陆良中学代校长职务。在这里宣传抗日，发展革命力量，为以后开辟滇、桂、黔边区打下了基础。抗战胜利后，调回重庆，以四川省银行经济研究所资料室工作的公开职业为掩护，在中共南方局领导下从事青年工作，是"陪都青年联谊会"、"青年民主社"的领导成员，并参加了中国民主同盟，还直接与重庆大学等学校的知识分子、青年学生建立联系，组织了悼念李公朴、闻一多的活动。1947年重庆市委机关报《挺进报》出版，刘国鋕为其筹集经费、提供稿件、弄来电台，还担负了部分发行工作。6月参与组织了"六一社""新民主主义青年社"，不久担任中共沙磁区特别支部书记，领导学运工作。1948年初组织领导了重庆大学等校学生的抗英游行示威。1948年4月，因叛徒出卖而被捕，关押在"中美合作所"渣滓洞监狱，后转移到白公馆。面对敌人的酷刑，坚贞不屈；面对敌人的软化利诱和亲属的规劝，他斩钉截铁地说："要我脱离共产党，办不到！"在得知中华人民共和国成立后，还与难友们秘密制作了一面五星红旗。就在重庆即将解放前夕，于1949年11月27日被国民党特务秘密杀害，时年28岁。小说《红岩》中的刘思扬的原型就是刘国鋕。

荣世正（1923年11月—1949年11月27日）四川达县人。1943年考入西南联大电机工程学系。在校期间努力学习，成绩优秀，积极参加进步同学主办的各种社团活动，和同学们一起相互研讨国内外形势。1945年参加了党的外围组织"中国民主青年同盟"。抗战胜利后，响应党组织的号召，离开联大回到家乡，任教于达县女子中学，并参加中国共产党，入党后积极从事党的地下工作。1946年秋，受党组织派遣转移到开县，通过关系到开县中学任教，利用教师身份为掩护从事革命工作。他学而不厌、诲人不倦，待人谦逊，受到师生的尊敬。他以自己坚定的信念和模范作用感染、熏陶青年。1948年初荣世正担任中共开县工委组织委员。他培养和团结了一批进步师生，为党组织的发展准备了骨干，并发展了一些党员，参与领导了开县城厢区群众的"三二九"反饥饿运动，领导了开县中学进步学生竞选学生会取得胜利和反对校方贪污的斗争。1948年6月，由于叛徒的出卖，荣世正在开县中学不幸被捕，关押在重庆"中美合作所"的渣滓洞监狱。在狱中，他团结难友，热心助人，同大家一起进行各种形式的斗争。1949年11月27日被敌人杀害于渣滓洞，时年26岁。

陈月开（1923年—1950年5月12日）又名陈海，祖籍广西苍梧，生于越南，抗战全面爆发后回国定居昆明。1943年考入西南联大历史学系。1945年加入"中国民主青年同盟"，积极参加学生爱国运动。1945年夏改名陈海，到云南昭通中学任教，1946年10月加入中国共产党。1948年转移到昆明南菁中学任教，继续从事革命工作。7月被捕入狱，在狱中机智顽强与敌斗争，严守党的机密，后被保释出狱。出狱后被中共云南省工委派往祥云参加开辟滇西游击根据地的工作。他深入发动群众，组织"农抗会"，为武装斗争作准备。1948年12月到楚雄哨区，担任哨区"三抗联防总队"指导员，1949年5月任哨区人民政府主席。1949年10月，中共滇西地委派陈海深入"滇西关禄段护路总队"做瓦解争取马超群部的工作，经过艰苦的工作，"西护总队"宣布起义，被整编为"中国人民解放军滇桂黔边纵队暂编总队"，陈海任政治委员。他出色地完成了党交给的任务，为滇西人民解放事业作出了重要贡献。1950年1月被任命为中共楚雄县委委员、楚雄县县长。他虽身患哮喘病，却不分昼夜为党和人民工作，与劳动群众同甘共苦，深得楚雄人民的爱戴。为配合解放军进驻西南，帮助各区完成征粮送粮、迎军支前任务，他带头下乡工作。1950 年 5 月 8 日，在一次反革命武装叛乱中被匪徒抓捕，12 日惨遭杀害，时年 27 岁。

万家义（1928 年 10 月 9 日—1950 年）湖北汉阳人。1948 年秋考入清华大学经济学系，在校期间加入"新民主主义青年联盟"，1949 年 2 月北平和平解放后，积极参加了学校组织的进城宣传活动。3 月转入新民主主义青年团，随后报名参加了中国人民解放军第四野战军南下工作团一分团。4 月中旬开始接受正规的军事训练和政治理论课程的学习，4 个月后离京南下。9 月初，一分团举行毕业典礼，万家义被分配到广西柳州地区。后被组织上抽调到雒容工作队，负责筹办干部培训学校，并主管校务管理工作。他按学校的办法进行管理，工作认真负责，抓紧学习之余，开展丰富多彩的文体活动，把学校办得十分活跃。干部培训学校结束后，调任雒容县团委副书记。他注意团结周围同志及地方干部，工作积极肯干，生活俭朴，深得同志们的好评，于 1950 年 5 月加入中国共产党。1950 年 4 月至 5 月间，由于解放军大部队继续南进海南岛，地方武装力量又较单薄，国民党残匪与地方反动武装勾结起来乘机作乱，6 月 25 日雒容县委决定组织万家义等十多名县干部参加的武装工作队到各乡镇发动群众，配合解放军进行清匪反霸。当队伍行至江口镇附近时，突遭土匪袭击，万家义在战斗中失踪，于 7 月 16 日发现已被国民党残匪杀害，时年22 岁。

陈虞陶（1922 年 6 月—1950 年 7 月）字叔初，云南平彝人。1941 年自云南省立曲靖中学高中毕业后曾应聘至普珀两级小学任教，1944 年考入西南联大师范学院文史地专修科。1946 年西南联大结束，陈虞陶转入昆明师范学院史地系本科读书。1948 年 8 月弃学回乡，投入火热的革命斗争。他积极寻找党组织，于 1949 年 2 月参加革命工作。由于表现突出，同年 9 月加入中国共产党。1949 年 12 月 9 日云南宣布和平解放，陈虞陶参加了平彝县接管旧政权的工作。1950 年 4 月，地主恶霸组织土匪暴乱，陈虞陶被派往参加剿匪，当我六支队将恶霸赶跑后，陈虞陶写信说服因不明党的政策，也逃逸在外的恶霸的胞弟尹烈珍返乡，并带动一些胁从分子放下武器回乡生产，既孤立了最反动的土匪头子，又挽救了大部分胁从分子。最后少数敌人被全部歼灭。1950 年 5 月东山区土匪暴乱，县委调他任东山区副区长，他临危受命，愉快地接受了任务，迅速赶赴东山区报到，发动群众征粮和围剿土匪。7 月，土匪围攻东山区政府，由于敌众我寡，区政府全部人员被击散，分头突围。陈虞陶在夹马石不幸被捕，惨遭杀害，时年 28 岁。

第三节　人物简介

选择清华建立和发展过程中，各个时期、各个方面、各院（系所）中影响较大的 499 人编写人物简介，从各个侧面反映清华大学的发展和成就。人物简介中的基本信息和事迹截至 2010 年底，在此之后，不少人在职务、职称（如中科院院士、工程院院士）上有变化，在教学、科研工

作中有新成就（如获奖、专利），都只能在今后续修校志时加以补充，特此说明。

按姓名汉语拼音字母的先后为序，括号内的数字为页码。

安继刚（138）　　白　净（139）　　白洪烈（139）　　白雪石（139）　　毕树棠（140）

边肇祺（140）　　蔡君馥（141）　　蔡祖安（141）　　曹宝源（141）　　曹必松（142）

曹起骧（142）　　岑章志（142）　　常沙娜（143）　　陈　来（143）　　陈　希（144）

陈　旭（144）　　陈丙珍（144）　　陈蒂侨（145）　　陈皓明（145）　　陈吉宁（146）

陈梦家（146）　　陈明哲（146）　　陈南平（147）　　陈难先（147）　　陈丕璋（148）

陈清泰（148）　　陈士骅（148）　　陈舜瑶（148）　　陈体强（149）　　陈天权（149）

陈新民（149）　　陈信义（150）　　陈晔光（150）　　陈永麒（150）　　陈肇元（151）

陈仲颐（151）　　承宪康（151）　　程　宏（152）　　程　京（152）　　程建平（153）

程民德（153）　　程慕胜（153）　　迟　群（154）　　崔福斋（154）　　戴世光（154）

戴猷元（155）　　邓　卫（155）　　邓以蛰（155）　　丁晓青（156）　　董　铎（156）

董介平（156）　　董树屏（157）　　杜庆华（157）　　段学复（157）　　段占庭（158）

范崇澄（158）　　范敬宜（158）　　范钦珊（159）　　范守善（159）　　范维澄（160）

方崇智（160）　　方岱宁（160）　　方鸿生（161）　　方惠坚（161）　　费维扬（161）

冯　远（162）　　冯冠平（162）　　冯景兰（163）　　冯俊凯（163）　　冯新德（164）

冯仲云（164）　　冯重熙（164）　　傅家骥（165）　　傅水根（165）　　高　沂（166）

高崇熙（166）　　葛庭燧（166）　　龚　克（167）　　顾秉林（167）　　顾夏声（168）

关肇邺（168）　　关志成（169）　　过增元（169）　　韩　凯（169）　　韩景阳（170）

韩英铎（170）　　郝吉明（170）　　何　礼（171）　　何东昌（171）　　何建坤（172）

何介人（172）　　何增禄（172）　　何兆武（173）　　贺克斌（173）　　贺美英（173）

洪　谦（174）　　洪朝生（174）　　洪先龙（175）　　侯祥麟（175）　　胡　健（176）

胡鞍钢（176）　　胡东成（176）　　胡和平（177）　　胡启立（177）　　胡显章（177）

华成英（178）　　黄　光（178）　　黄　眉（179）　　黄克智（179）　　黄美来（179）

黄圣伦（180）　　黄世霖（180）　　黄万里（180）　　惠宪钧（181）　　霍秉权（181）

江　亿（181）　　江作昭（182）　　蒋洪德（182）　　蒋廷黻（182）　　蒋孝煜（183）

金　兰（183）　　金　涛（183）　　金　涌（184）　　金邦正（184）　　金国藩（184）

金希武（185）　　金兆熊（185）　　井　田（185）　　井文涌（186）　　康克军（186）

邝宇平（186）　　雷圭元（187）　　雷志栋（187）　　李　昌（188）　　李　欧（188）

李　强（188）　　李　星（189）　　李伯重（189）　　李焯芬（190）　　李成林（190）

李道增（191）　　李恩元（191）　　李国鼎（191）　　李恒德（192）　　李家明（192）

李建保（193）　　李景汉（193）　　李龙土（193）　　李丕济（194）　　李润海（194）

李三立（194）　　李寿慈（195）　　李思问（195）　　李惕碚（195）　　李宪之（196）

李相崇（196）　　李学勤（196）　　李亚栋（196）　　李衍达（197）　　李砚祖（197）

李艳梅（198）　　李酉山（198）　　李志坚（198）　　李卓宝（199）　　梁　朋（199）

梁晋文（199）　　梁尤能（200）　　林　克（200）　　林　泰（201）　　林徽因（201）

林家桂（202）　　林家翘（202）　　林文漪（202）　　凌瑞骥（203）　　刘　冰（203）

刘崇铉（203）　　刘崇乐（204）　　刘光廷（204）　　刘桂林（204）　　刘桂生（205）

安继刚（1938年—　）天津人。研究员，中国工程院院士。中共党员。1954年考入清华大学机械制造系，1955年转入工程物理系实验核物理专业，1959年毕业。1958年提前抽调至工程物理系210-2教研组任教，1970年调到清华大学试验化工厂，曾任核研院核技术研究室主任，任清华大学核研院应用核技术所所长。博士生导师。曾在美国费米研究所做访问学者。曾任核学会同位素分会及核电子学与探测技术分会副主任委员。

是核技术应用专家、国内充气电离室领域主要开创者，为反应堆及军用、民用核仪表发展做出贡献。在费米研究所研究自熄流光室（SQS室）工作机制及性能，获重要成果。"八五"期间主持总体技术并发明气体阵列探测装置，研制成功中国首套加速器集装箱检测系统。"九五"期间发明钴-60集装箱检测系统，达到该领域国际前沿，装备海关、码头，并出口国外。"十五"期间发明集装箱CT检测系统，为公共安全提供更有效检测手段。近年结合国家需求指导研制轿车垂直透视检测系统（已用于北京奥运会）、钢板板型（截面）测量系统（凸度计）及高精度DR/CT检测系统等，在核技术前沿继续奋力工作。获国家技术发明二等奖、北京市及教委科技进步一等奖、中国专利金奖、香港国际发明展唯一大奖和"九五"攻关重大成果奖以及发明创业特等奖等，2006 年被评为中国"当代发明家"。出版著作 3 部，发表论文 70 余篇，获权中国发明和国际专利约 20 项。讲授"电离辐射探测学"课程数十载，编著教材近百万字，培养博士生 20 余名、硕士生 10 余名。

　　白　净（1956 年—　　）女，满族，辽宁营口人。教授。中共党员。1981 年毕业于吉林大学物理系。1981 年至 1984 年就读于美国德雷赛尔大学获硕士学位和博士学位。1985 年至 1987 年在该校生物医学科学与工程学院任副研究员与助理教授。1988 年回国任教于清华大学电机系。历任应用电子学及电工学教研室副主任、生命科学与工程研究院副院长、生物医学工程研究所所长。博士生导师。还任国务院学位委员会生物医学工程学科评议组召集人、国家自然科学基金委员会生命科学部和医学科学部专家咨询委员会委员、国家重大科研仪器设备研制专项专家委员会委员等。获国家杰出青年科学基金，是教育部"长江学者奖励计划"特聘教授、美国电气和电子工程师协会会士（IEEE Fellow）、美国医学与生物工程院院士（AIMBE Fellow）、国际医学与生物工程院院士（IAMBE Fellow）。

　　长期从事生物医学工程学的教学与研究，在医学影像、生理系统模型、远程医疗等方面作出了贡献。承担了 83 项科研项目，主讲了 7 门专业课，指导了博士生 46 名、硕士生 72 名，出版和参编专著 10 本，获 PCT 专利 5 项、中国专利 51 项，发表学术期刊论文 300 多篇，获国家技术发明二等奖、国家教委科技进步二等奖、青年科技奖、国家自然科学优秀中青年专项基金、霍英东基金、国家教委首批跨世纪优秀人才培养计划、国家"百千万人才工程"首批入选者、全国优秀科技工作者、教育系统巾帼建功标兵、北京市优秀教学成果一等奖、清华大学"一二·九"优秀青年教师一等奖、清华大学"良师益友"等荣誉。

　　白洪烈（1936 年—　　）浙江温州人。高级工程师，研究员。中共党员。1954 年入清华大学机械制造系学习。1958 年提前毕业并留校工作。曾任校办厂党总支、党委及产业党委书记，第六至九届校党委委员，校生产处、产业管理处处长，校产业管委会副主任，清华大学企业集团副总裁等职。

　　长期从事校办产业党政管理工作，开拓创新，作出积极贡献。主持进行校办厂体制与功能的调整，加强实践教学的管理，使金工教学实习于 1988 年被评为校一类课，1989 年获国家教学优秀成果奖。率先倡导把单一的"金工实习"扩展为金工与电子工实习、工程技术操作选修课（工级考核）、勤工助学劳动、课外科技活动等多种实践教学内容，形成"多层次、全方位、一条龙"的实践教学模式，在全国高校中得到推广。发表《多层次、全方位努力开拓新型的实践教学基地》（获高等工程教育研究会优秀论文二等奖）和《试论高等学校校办工厂产业结构的调整》等论文。多年负责并参与学校科技产业的运营与管理，直接参与清华大学首家上市公司——同方股份公司的组建和运营并担任公司首届董事。退休后仍继续从事校办产业的管理运营，直接参与全国高校科技产业管理体制改革的试点与清华控股公司的组建，为全国高校起到了很好的示范作用，被学校评为清华大学"老有所为"先进个人。其间发表《试论我国高校科技产业》《创办大学科技园加速高技术产业化》等论文。2008 年后任清华老科协副会长。

　　白雪石（1915 年—　　）原名白增锐，北京人。副教授。1932 年师从花鸟画家赵梦朱先生，研习没骨花鸟画。1935 年师从梁树年先生研习山水画。1953 年于北京第四十八中学任美术教师。1958 年到北京艺术师范学院美术系任教。1964 年调入中央工艺美术学院任教。1979 年出席中国文联第四次代表大会，1980 年北京山水画研究会成立任首任会长。是中国美术家协会会员。任第七至十一届全国政协委员。

1973 年起，数次赴广西桂林漓江两岸徒步写生，开始"漓江山水系列"作品的创作，并深入研究探讨艺术表现手法与审美意识的有关问题。先后创作出一批既源于生活又高于生活、清新明丽、秀逸劲拔、具有鲜明艺术个性和蕴含时代精神的作品，达到神形兼备、我有我法的境界，被誉为"白派山水"。主要作品包括，应邀为全国政协、国务院等部门绘制巨幅作品和为国家领导人出访赠送绘制作品：全国政协《云海松涛》，钓鱼台国宾馆《漓江山影》，人民大会堂《长城》，中南海接见厅《千峰竞秀》《千峰竞秀万木争春》《古塞春晖》，国务院紫光阁《云壑松声》《千峰竞秀》。中联部《城长春不尽》《千峰竞秀》，新华社《江作青罗带》。《长城脚下幸福渠》（合作）、《饮马太行》等作品被中国美术馆等单位收藏。先后在中国内地和香港以及日本、新加坡、美国等地举办个人作品展数十次。主要专著、画集：《写意山水技法》《荣宝斋画谱·白雪石绘山水部分》《白雪石画选》《中国现代名家画谱·白雪石》《当代中国画大师选集·白雪石画集》《白雪石现代山水画集》《中国近现代名家画集·白雪石》等二十余种。2001 年，北京市文联、北京市美协、北京画院联合举办"白雪石艺术研讨会"，高度评价其艺术成就。享受国务院政府特殊津贴。

毕树棠（1900 年—1983 年）名庶滋，号树棠，笔名犹民、忧民、民忧等，山东文登人。1920 年毕业于济南省立第一师范学校。1921 年到清华学校图书馆工作，1953 年调入建筑系资料室。

在图书馆长期从事期刊阅览和总务管理，全心全意为读者服务，撰写大量中外书刊介绍，向读者通报出版界的消息和世界文坛动态。边工作边自学，熟悉英语、法语、德语、拉丁语、俄语等多国语言，被清华师生誉为"活字典"，得到很多清华名教授的礼遇，深受校友季羡林等读者的敬重。抗战期间留守北平，负责战时学校图书馆的保管工作。抗战胜利后受命制订整理图书馆工作计划，带领同仁进行艰难的图书的查找、点收、整理及馆舍的恢复工作，主持从北平二十多家单位收回书刊二十多万册，为抗战胜利后图书馆的恢复工作作出突出贡献。1947 年应朱自清之约为中国文学系开设"小说选"课程。1949 年作为中国作家协会首批会员，应邀出席全国首届文学艺术者代表大会，受到周恩来等党和国家领导人的接见。20 世纪 50 年代以后，应梁思成之邀到建筑系资料室工作，提携后学，经常帮助师生翻译资料。学识渊博，埋头苦干，为图书馆的建设作出了贡献。

20 世纪 20 年代开始登上文坛，散文发表在《宇宙风》《晨报副刊》等刊物上；30 年代应吴宓之约为《大公报》文学副刊撰写书评和外国文学介绍；1940 年出版散文《昼梦集》，翻译出版了《贼及其它》《不测》《一夜之间》《君子之风》《密西西比河上》等；2008 年清华大学图书馆内部出版了所遗译著《圣·罗南之泉》。

边肇祺（1933 年—　　）上海人。教授。中共党员。1955 年交通大学电机系毕业。1957 年清华大学电机工程系高电压技术专业研究生毕业，留校任教。其间曾于 1982 年至 1983 年赴美国普渡大学电机系做访问学者。历任自动化系信息处理与模式识别教研组副主任、模式识别国家重点实验室学术委员会主任、中国计算机学会人工智能及模式识别专业委员会副主任、北京市人民政府专家顾问、《自动化学报》责任编委和国际《模式识别》杂志编委等职。博士生导师。

多年从事电工学、信息科学方面的教学与研究。在国内首先为研究生开设"统计模式识别""形式语言和句法分析""智能技术专题"等课程，主编的教材《模式识别》出版后被其他院校和研究所广为选用。1989 年所在的"模式识别与智能控制"博士点获全国高校教学优秀成果奖国家级特等奖，是主要得奖人之一。指导博士生 9 名、硕士生 18 名。在"地震勘探信号处理识别方法及其应用"科研项目中，完成了模式识别方法相关课题，1993 年该项目获国家教委科技进步一等奖和国家自然科学四等奖。主持在国内首创的"CAFIS指纹自动识别系统"的研制，提出和实现了独创的指纹图像处理和比对方法。1991年该系统在北京市投入运行，成为公安系统打击刑事犯罪的有力武器，获北京市科技进步一等奖和国家科技进步二等奖。参与翻译《机器识别方法与系统》等专著，撰有《地震剖面层状构造的特征抽取和描述方法》等论文二十余篇。曾任《中国大百科全书》自动控制、系统工程卷中"模式识别和人工智能"分支编写组副主编。

蔡君馥（1927年—   ）女，天津人。教授。1951年毕业于清华大学营建学系，1954年清华大学建筑系研究生毕业。1955年任教于清华大学。历任中国建筑学会建筑物理委员会委员，建筑技术教研组主任、建筑系副系主任。博士生导师。1982年至1983年为美国亚利桑那州立大学建筑学院访问学者，并在南加州大学及洛杉矶大学等学术单位做太阳能建筑与生土建筑学术讲座。

长期从事建筑设计、建筑构造及建筑物理、建筑热环境方面的教学、设计及研究工作。1958年任国庆工程中央科技馆设计工程主持人。1965年任国内首次应用的加气混凝土拼装大板实验楼设计及工程主持人。1974年至1976年任陶粒混凝土样板实验建筑及轻板多层住宅建筑研究项目负责人，负责唐山建筑震害调查工作，主编并出版《唐山市多层砖房震害分析》。1981年以来集中在建筑热环境、太阳能建筑、建筑节能、建筑与气候等方面的研究工作，是本学科的开拓者，作出突出贡献。主持并参加的被动式太阳能建筑设计、北京市农村太阳能试点工程和太阳能示范工程研究项目，曾两次获北京市科技进步二等奖及建筑学会优秀论文奖。1990年主持完成国家自然科学基金项目"居住建筑节能设计理论与方法"，获国家教委科技进步奖，经专家评议认为，该项成果对我国新建住宅的节能设计及现有住宅的节能改造有重要指导作用。指导的硕士生获得优秀硕士生论文成果奖。主编专著《住宅节能设计》获建设部第二届全国优秀建筑科技图书二等奖。还发表《太阳房热舒适性分析》《未来建筑的热环境与气候设计》等论文二十余篇。1983年获全国及北京市三八红旗手称号。

蔡祖安（1932年—2007年）上海人。教授。1953年清华大学动力机械系毕业，留校任教。历任燃烧学教研组主任和内燃机教研组主任等职务。曾任校学术委员会委员，北京汽车工程学会理事、组织委员会与教育委员会委员，中国内燃机学会燃烧、节能、净化专业委员会委员。

长期从事内燃机的教学和研究。为汽车工程系内燃机专业开设过"内燃机专业概论""内燃机燃烧学""内燃机测试技术以及内燃机设计计算"等课程。1960年代表微型汽车设计工作队（全国先进集体）出席全国教育和文化、卫生、体育、新闻方面社会主义建设先进单位和先进工作者代表大会。1984年至1985年作为访问学者在加拿大国家研究院机械工程研究所从事内燃机多维燃烧模型及模拟计算程序的研究。在研制三角活塞式旋转发动机的过程中，和工程化学系合作研制成功真空热压氮化硅的密封件，防止了气缸型面的震纹，保证了气缸型面和密封件的使用寿命。为提高发动机的热效率，促进车用柴油机直喷化，多年来从事直喷式柴油机燃烧系统匹配、放热率计算和放热规律分析以及燃烧过程的模拟计算等研究。指导硕士生8名、博士生1名，并与英国帝国理工学院合作联合培养博士生1名。发表《直喷式柴油机放热规律的计算》和《直喷式柴油机燃烧模型的探讨》等论文。协助江西拖拉机厂在不变动现有生产工艺装备的前提下，研究改进了柴油机的涡流燃烧室，达到了降低排气烟度的生产要求。还从事国产载重车应用甲醇代用燃料的技术开发研究，完成国家科委下达的甲醇代用燃料应用的科技项目。

曹宝源（1930年—2010年）天津人。教授。1952年河北省师范学院体育系毕业，到清华大学体育教研组任教，历任体育教研室副主任、主任，校务委员会委员。曾任北京市高校体育教学科研委员会副主任、中国大学生篮球协会教练委员会主任、全国高校手球协会副主席、中国高等教育学会体育研究会理事长。多次担任北京市大学生篮球代表队教练。对篮球运动有着深刻的见解，形成一套独到的篮球队建队思想，指导的清华大学学生男子篮球队屡获佳绩，其中男篮一队在1965年、1966年连续两次获得北京市篮球甲级联赛冠军，先后战胜过13个省市的青年队甚至成年队，创造了业余队战胜专业队的赛绩。曾被评为北京市优秀教练员、国家教委直属14所工科院校优秀教练员。撰有《论高等学校篮球队课余训练》等文章。所撰《体育教学与教学管理》被评为北京市普通高校优秀教学成果一等奖。

曹必松（1946年— ）江苏泰兴人。教授。1970年毕业于清华大学工程物理系，留校在试验化工厂工作，1978年至1981年在清华大学工程物理系攻读硕士学位。1981年起一直在物理系工作。其间于1986年至1989年攻读日本东京大学博士，获工学博士学位。1995年至1996年任日本筑波电子技术综合研究所客座研究员，1997年至1999年任美国德克萨斯州超导中心客座研究员。

长期讲授"金属物理"和"电子显微学"等课程。1991年起一直担任超导电子学研究方向学科带头人，从事超导物理、超导电子学器件及其应用的研究，任超导电子学研究中心主任。2002年在国际上首次研制成功GSM1800移动通信基站用的高温超导滤波系统，2004年研制成功第一台适合于我国CDMA移动通信基站应用的高温超导滤波器系统，并将该超导滤波器系统应用于中国联通CDMA移动通信基站获得成功，实现了高温超导在中国通信领域的首次应用，2005年在北京建成我国第一个高温超导移动通信应用示范基地。2006年将自主研发的超导滤波技术与社会资金结合，成立了综艺超导科技有限公司，任总经理兼总工程师。2010年研制的超导滤波系统实现了规模商业应用，是中国高温超导研究25年后首次实现面向终端用户的规模商业应用和产业化。研究成果2007年被评为信息产业重大技术发明（全国十项之一），2008年获教育部技术发明一等奖，2009年获国家技术发明奖二等奖，同年被评为"中国高等学校十大科技进展"。先后合作发表学术论文一百九十多篇，获授权发明专利10项。

曹起骧（1930年— ）江苏苏州人。教授。中共党员。1948年至1951年在交通大学学习，1955年获苏联莫斯科汽车学院机械工程师学位。同年回国到清华大学机械工程系任教。1956年应邀参加国家十二年科学发展远景规划。历任国务院学位委员会学科评议组成员、校学位评定委员会委员兼金属材料及热加工分委员会主席、校学术委员会委员、《清华大学学报》编委等职。博士生导师。

长期从事锻压设备及工艺的教学、科研工作，在国内率先发展了塑性成型云纹法模拟技术，居国内领先地位。研究项目中"F-FG和FG密栅云纹版的研制"获国家科委发明二等奖和三等奖，"云纹法的应用研究"获北京市和机械部科技成果奖、国家教委科技进步二等奖和三等奖，"云纹图像自动处理系统的研究"处于国际领先水平，"七五"攻关项目"云纹法在大型支承辊锻造工艺中的应用研究"通过机电部鉴定，处于国际先进水平。研究成果"高温耐热栅"获发明专利，并成功进行了"面外云纹法三维形体曲面相位法无接触全场检测和CAM系统"研究。"八五"攻关任务"管板质量控制研究"获黑龙江省科技进步一等奖。负责的国家自然科学基金重点资助项目经验收被评为国际先进水平。共发表学术论文百余篇，专著5本，其中《密栅云纹法原理及应用》获清华大学优秀教材一等奖，并列入"中国优秀科技图书要览"，《云纹法工程应用及图像自动处理》获国家教委科技进步二等奖。共指导博士生20名、硕士生16名，开设了研究生学位课程，获校教学工作优秀二等奖。享受国务院政府特殊津贴。

岑章志（1946年— ）浙江慈溪人。教授。中共党员。1968年毕业于清华大学工程力学数学系，曾在山西临汾西郭煤矿、平阳钢铁厂和临汾地区勘探设计院工作。1978 年回清华大学攻读研究生，1981 年留校工作，1984 年在清华大学获固体力学博士学位。曾先后赴意大利米兰工业大学和奥地利 INSBRUCK 大学合作研究。曾任工程力学系副系主任和系主任。1997 年起历任校长助理、总会计师。2001 年起任副校长。博士生导师。曾兼任中国高校实验室管理研究会理事长、国际学术期刊 *Computers，Materials & Continua* 主编、*Journal of Pressure Vessel Technology* 副主编。

任副校长期间，先后分管财务、实验室与设备、审计、房地产、校办产业，为提高工作效率并增加透明度、明晰校办企业产权关系、完善现代企业制度和推动科技成果产业化，参与组织和实施了会计委派制、学校财务信息网络化管理和规范校办企业管理体制改革。

主要从事有限元、边界元及其耦合方法的研究，用于结构弹塑性分析、软化和稳定性分析、极限和安定分析、流固耦合分析、动力特性分析。先后参加和负责国家自然科学基金重大项目和面上项目、攻关项目以及来自工业部门的应用研究项目，发表学术论文 250 篇，曾获国家科技进步二等奖 1 项和部委科技进步奖 9 项。主讲"计算力学""板壳理论""应用连续介质力学""计算固体力学""边界积分方程-边界元法"等课程，指导硕士生 12 名、博士生 23 名。

常沙娜（1931 年—　）女，满族，浙江杭州人。教授。中共党员。1945 年至 1948 年在甘肃敦煌跟随父亲常书鸿学习敦煌历代壁画艺术。1948 年赴美国波士顿美术博物院美术学院学习。1950 年回国，1951 年调清华大学营建学系工艺美术教研组任教。在林徽因指导下，为北京特种工艺品景泰蓝进行创新设计，并为新中国成立后首次在北京召开的"亚洲及太平洋区域和平会议"设计具有民族特色的礼品。1953 年调中央美术学院任教。1956 年中央工艺美术学院成立，在染织美术系任教。1981 年任副院长。1983 年至 1997 年底任院长、院学术委员会主任。1999 年起在清华大学美术学院任教。是中共十二、十三大代表，第七至九届全国人大代表，第九届全国人大常委，第八、九届全国人大教科文卫委员会委员，中国美术家协会副主席，中国国际文化交流中心理事，欧美同学会副会长及留美分会副会长，首都第一届女教授联谊会会长。曾任国务院学位委员会学科评议组成员、中华全国妇女联合会执行委员。

从事教学五十年，培养了一批艺术设计的中坚力量。从 20 世纪 50 年代开始，先后参加了"十大建筑"的人民大会堂外立面及宴会厅、民族文化宫、首都剧场等重点工程的建筑装饰设计。1997 年香港回归，主持并参加设计了中央人民政府赠香港特区政府的纪念物"永远盛开的紫荆花"雕塑。2006 年参加人民大会堂北大厅修建后的装饰设计——墙面浮雕装饰"春夏秋冬"。主要代表著作：合著《敦煌藻井图案》《敦煌壁画集》，编著《敦煌历代服饰图案》《常书鸿、吕斯百画集》《常沙娜花卉集》《中国敦煌历代装饰图案》，主编《中国现代美术全集·织绣印染卷》，另有清华大学美术学院编纂的中国现代艺术与设计学术思想丛书《常沙娜文集》等。1960 年获全国文教战线三八红旗手称号，1982 年被中华全国妇女联合会授予全国三八红旗手称号。

陈　来（1952 年—　）字又新，浙江温州人。教授。中共党员。1976 年毕业于中南矿冶学院地质系；1981 年北京大学哲学系研究生毕业，1982 年获哲学硕士学位，1985 年获哲学博士学位，师从张岱年、冯友兰。曾任北京大学哲学系教授。博士生导师。2009 年起任清华大学国学研究院院长。任校学术委员会副主任、哲学系教授。并担任中国哲学史学会会长、中国朱子学会名誉会长、冯友兰研究会会长、教育部社会科学委员会委员、全国古籍整理规划小组成员等。兼任香港科技大学、武汉大学、复旦大学等多所高校兼职教授，并先后客座于美国哈佛大学，日本的东京大学、关西大学，香港中文大学，香港科技大学，台湾中央大学等著名学府。学术领域为中国哲学史，主要研究方向为儒家哲学、宋元明清理学、现代儒家哲学，其研究成果代表了目前本领域的领先水平。代表著作有《陈来学术论著集》12 卷。多种著作与论文被译为英文、日文、韩文等。1991 年被国家教委、国务院学位委员会授予"做出突出贡献的中国博士学位获得者"称号，1992 年获国家级有突出贡献中青年专家称号。

陈　希（1953 年—　）福建莆田人。研究员。中共党员。1975 年入清华大学化学工程系学习，1982 年获得硕士学位后留校工作。曾任校团委军体部部长，校团委副书记、书记，党委学生工作部副部长、部长。1985 年任校党委常委并当选共青团中央委员。曾赴美国斯坦福大学进修。1992 年回国后任化学工程系党委副书记。1993 年起历任校党委副书记、常务副书记，并兼任校体委主任、校工会主席。2002 年至 2008 年任校党委书记、校务委员会主任。2008 年任教育部党组副书记、副部长。2010 年任中共辽宁省委副书记。是中共第十六、十七届中纪委委员。

在校学习期间，德智体全面发展，学习优秀，曾数次获北京高校田径运动会 100 米冠军，1982 年被授予"清华大学模范运动员"称号。担任党政管理工作后，坚持党政工作和业务工作"双肩挑"，正确处理好政治和业务的关系。担任校党委书记期间，坚持社会主义办学方向，强调"有所为、有所不为"，团结师生推动学校各项事业又好又快发展；重视加强新时期大学生思想政治工作，强调"拥护党、拥护社会主义，服务祖国、服务人民"的思想政治教育工作前提；重视学生就业引导工作，号召同学"立大志、入主流、上大舞台、干大事业"，为培养中国特色社会主义事业的合格建设者和可靠接班人作出积极贡献；重视体育工作，强调"体教结合""体魄与人格并重"的教育观。发表《按照党的教育方针培养拔尖创新人才》《改革创新，构建研究型大学的人才培养体系》《坚持政治辅导员制度创新，培养"又红又专"的骨干人才》《变革时期我国大学体育的组织与管理》《坚持"育人至上"和"体魄与人格并重"的体育观》等重要理论文章。获共青团北京市委颁发的"五四"奖章、共青团中央颁发的"五四"奖章。先后被评为北京市劳动模范、全国优秀党务工作者。

陈　旭（1963 年—　）女，河北保定人。教授。中共党员。1981 年考入清华大学无线电电子学系，1986 年本科毕业并留校任教。1989 年、2005 年分别获硕士学位、博士学位。1989 年起历任电子系研究生工作组副组长、组长，系党委副书记、书记。1996 年至 1997 年曾赴加拿大拉瓦尔大学物理系做访问学者。2005 年任校学生工作指导委员会副主任。2006 年起历任校党委副书记、副校长、校党委常务副书记。社会兼职主要有中国真空学会法人、秘书长，全国党建研究会高校党建研究专业委员会副主任委员，中国大学生体育联合会副主席、射击分会主席。

一直从事超高真空技术、质谱分析和检漏技术等方面的研究和教学工作。在四极质谱分析和应用、超灵敏度检漏及实时校准等方面取得了多项成果。负责、参加了近 20 项科研项目，获得部委级二等奖 2 项、三等奖 1 项，发表论文四十余篇。长期讲授"真空技术"课程。获清华大学优秀教学成果奖 1 项。

长期负责思想政治工作和高等教育管理工作。担任校领导后，先后分管过学生思想政治教育、安全稳定、人事人才、体育、基层组织和干部队伍建设、离退休工作、对口支援以及党委常务工作等。重视调查研究和理论思考，在基层党建、学生思想政治工作、人才队伍建设等方面发表论文多篇。重视高层次人才队伍建设，积极引进海内外杰出人才，加强与杰出人才的沟通和服务工作。曾被评为北京市优秀青年教师。2002 年获教育部青年骨干人才支持计划资助，被评为北京市优秀思想政治工作者；2005 年被评为北京高校优秀德育工作者。

陈丙珍（1936 年—　）女，江苏无锡人。教授，中国工程院院士。1959 年毕业于莫斯科门捷列耶夫化工学院，1962 年在该校获科学技术副博士学位。曾在北京石油学院任教。1972 年起在清华大学化学工程系任教。博士生导师。曾在美国卡内基梅隆大学化工系做访问学者，在丹麦技术大学及瑞士苏黎世工学院作访问教授。学术兼职有国际学术期刊 *Computers & Chemical Engineering* 编委以及《中国化学工程学报（英文）》副主编等。曾担任第 8 届国际过程系统工程会议组委会主席。是第七至十届全国人大代表。

20 世纪 60 年代初从事汽-液分离过程传质动力学研究，其应用成果"舌型浮阀塔板研究"获 1978 年全国科学大会奖。1976 年起从事化工系统工程的教学及科研工作，不少创新性成果在工业实践中得到了应用，主要有：在国家"九五"攻关项目中，解决了大型石化装置在线优化的关键问题，实现了从离线优化到在线优化的技术跨越；开发出具有自主知识产权的乙烯工业裂解炉模拟优化工程化软件；为复杂过程系统的故障诊断等发展了具有逻辑推理、定性决策和定量计算功能的化工智能系统；提出了考虑灵敏度要求的换热网络优化综合方法以及全厂能量系统集成的数学模型和求解策略，在炼油厂节能改造中效益明显。获国家科技进步三等奖 1 项、省部级奖 12 项。1985 年以来共发表论文二百五十余篇。指导博士、硕士生及博士后三十余名。专著有《石油化工企业生产优化管理》，译著有《控制论方法在化学及化工中的应用》《工业节能技术手册》第 3 分册等，参与撰写全国教材《化工系统工程》。

陈蒂侨（1937 年— ）女，重庆人。教授。1957 年成都体育学院毕业到清华大学工作。曾任体育教研部副主任、校工会体育部部长、中国关心下一代工作委员会幼儿基本体操促进会副会长、北京市体操协会竞赛委员会副主席、国家级社会体育指导员。国际级体操裁判。

所指导的本校学生竞技体操、艺术体操代表队多次获北京市高校比赛的团体冠军和个人全能、单项冠军。发表有关体育教学、群众体育、体质研究等论文多篇。创编了十余套中青年、老年健美操。协助中国老年人体协开展老年健身活动，在全国 23 个省、自治区、直辖市培训骨干，推广自编自创的健身球保健操。在近十届全国健身球操比赛中担任总裁判长。研究幼儿心理和生理，创编了十几套幼儿基本体操，是我国幼儿基本体操普及和提高的倡导者之一。2009 年率领的中国幼儿体操代表团获首届世界大众体操比赛银奖。合著《中国幼儿基本体操》《幼儿基本体操教材教法》《幼儿基本体操教师指导用书》"中国《3—6 岁儿童健身方法》100 例"丛书等。1995 年合作开发的"大学生体育合格标准"管理系统软件（BTTS）获国家科技成果奖。2010 年获清华大学关心下一代工作委员会"真情奉献奖"。1993 年起享受国务院政府特殊津贴。

陈皓明（1947 年— ）上海人。教授。中共党员。1964 年入学清华大学冶金系金属材料专业，1970 年毕业留校。从事半导体砷化镓单晶生长、气体激光器研究等功能材料教学工作。1973 年起在固体物理研究班学习和研究，参加红宝石单晶生长（火焰法）和绝缘衬底外延硅膜研究。1975 年起从事激光器研究，研制成功氮分子激光器和染料激光器并用于协和医院皮肤病研究和化工反应的过程研究。1979 年赴丹麦哥本哈根大学和丹麦国家实验室留学两年，研究方向为带电粒子（离子、电子）与表面的相互作用过程和机制。回国后在现代应用物理系任教，设计和建成固体物理教学实验室。历任物理系副主任、主任，研究生院常务副院长。曾任全国工程硕士教学指导委员会副主任，全国学位与研究生教育学会秘书长，北京市学位委员会委员，清华大学校务委员会委员，清华大学学位评定委员会副主席，国家"863"计划新材料专家委员会委员、光电子主题专家组长。现任国家"973"计划新材料领域咨询专家组专家。

科研方面以新型功能薄膜材料和先进表征技术研究为方向，如高密度垂直磁记录薄膜、相变型可擦洗光盘材料。自行设计和研制成功扫描隧道显微镜、原子力显微镜、扫描荧光光谱仪、衰减全反射谱仪等多种科学仪器，获发明专利 12 项。发表学术论文五十余篇，参与编写《近代物理新进展》《固体物理研究方法》等著作。2009 年至 2010 年参与和领导清华大学地学学科筹建的规划和建设工作，取得生态学学科博士授予权和大气物理学学科硕士授予权。2005 年获国家级教学成果特等奖，2009 年获国家级教学成果一等奖，曾获国家级教学成果二等奖 3 项。

陈吉宁（1964 年—　）吉林梨树人。教授。中共党员。1981 年入清华大学土木与环境工程系学习，1986 年毕业获学士学位，同年入清华大学环境工程系攻读硕士学位。1988 年赴英国布鲁耐尔大学生物化学系攻读博士学位，1989 年入英国帝国理工学院土木系攻读博士学位，1993 年获博士学位。1992 年 12 月起英国帝国理工学院作博士后，1994 年任帝国理工学院助理研究员。1998 年作为清华大学"百人计划"引进人才到环境科学与工程系工作，先后担任副系主任、系主任。博士生导师。2006 年任副校长，分管财务、实验室与设备等工作。2007 年任常务副校长兼秘书长，分管学科规划与建设、研究生教育、基金会、档案馆、附属学校、附属医院、产业等工作。任国家环境咨询委员会委员、国家环境保护部科学技术委员会副主任、中国环境科学学会副理事长，中国土木工程学会水工业分会理事长等职。

长期从事环境系统分析方面的研究工作，致力于将系统分析的方法和工具应用于环境工程、规划、管理和政策研究，特别是如何解决复杂环境问题的综合性评估及其中的不确定性问题。组织、承担和参与了多项国家攻关、重大专项、基础研究以及国际联合科研项目。发表论文 200 余篇，编写和合编多部专著，注册软件和专利 10 余项。先后获得教育部科技进步奖一等奖、环境保护科学技术奖一等奖、建设部华夏建设科学技术奖一等奖等奖励。

陈梦家（1911 年—1966 年）笔名陈漫哉，浙江上虞人。教授。1931 年毕业于中央大学法律系。曾到青岛大学、芜湖广益中学任教。1934 年考取燕京大学研究生院研究生，师从容庚专攻中国古文字学，1936 年毕业后留校任教。1937 年至 1952 年在长沙临时大学、西南联合大学、清华大学中国文学系任教，讲授"古文字学""《尚书》通论""现代中国语言学"等课程。其间于1944 年赴美国芝加哥大学讲授古文字学，1947 年游历英国、法国、丹麦、荷兰、瑞典等国，为中国考古研究搜集了一批数量可观的中国古铜器珍贵资料。同年秋季回到清华大学任教。1948 年参与筹建清华大学文物陈列室。1952 年起任中国科学院考古研究所研究员、《考古学报》编委、《考古通讯》副主编等。

早年以诗作知名，是后期新月派的重要诗人，《诗刊》重要撰稿人。20 世纪 30 年代初发表的《诗的装饰和灵魂》为新诗理论名篇，后陆续出版《梦家诗集》《陈梦家作诗在前线》《铁马集》《梦家存诗》。1935 年加入考古学社，转而致力于古文字学和古史年代学研究，60 年代开始汉简研究和历代度量衡研究。是我国现代著名的古文字学家、考古学家。他从研究古代宗教、神话、礼俗而治古文字，再由研究古文字而转入研究古史及考古学。在古文字学领域的贡献主要集中在对甲骨文、殷周铜器铭文、汉简和古代文献的综合研究方面。著有《古文字中之商周祭祀》《西周年代考》《殷墟卜辞综述》《六国纪年》《西周铜器断代》《武威汉简》《汉简缀述》《老子今释》《海外中国铜器图录》《〈尚书〉通论》《美帝国主义劫掠的我国殷周铜器集录》《白金汉所藏中国铜器图录》《中国铜器的艺术风格》等，曾负责《居延汉简甲乙编》的编纂工作。1957 年发表《慎重一点"改革"汉字》和《关于汉字的前途》，不赞成废除繁体字实行简化字，及汉字拉丁化，被划为"右派"。"文化大革命"中惨遭迫害，自缢身亡。

陈明哲（1935 年—　）广东东莞人。教授，研究员，主任医师。1959 年毕业于北京医学院医疗系。曾赴美深造，其间任美国西部心脏病研究所研究员，加州大学客座教授，屋仑激光研究室副主任。在北京医科大学第三医院工作。博士生导师。曾任该院内科主任兼心内科主任、血管医学研究所所长，该院副院长、院长。历任中华医学会心电生理与起搏分会常务委员、中国光学会激光医学分会主任委员、中华医学会激光医学分会主任委员及中国光学会常务理事，北京大学激光医学研究所所长。2001年起历任清华大学医学院副院长、清华大学酒仙桥医院院长、清华大学第一附属医院（华信医院）院长。香港中文大学伟伦教授，香港大学名誉教授。

1987年在国内率先开展的激光冠状动脉成型术，获得北京市和卫生部科技进步三等奖。1989年在国内首次成功进行经皮血管腔内斑块旋切术。1990年开始进行经皮冠状动脉内支架植入术的实验和临床应用研究。先后获得并主持国家"七五""八五""九五"攻关项目，以及卫生部重点项目、国家自然科学基金、国家教委基金等项目。1988年被评为卫生部有突出贡献的科学技术专家，1990年被评为全国卫生系统优秀回国人员，并获得国家教委和国家科委授予的"全国高等院校先进科技工作者"称号。先后获得北京市、卫生部、国家科委、国家教委的一等奖、二等奖、三等奖和自然科学三等奖。在国内外发表论文二百余篇，出版专著二十余本。1991年起享受国务院政府特殊津贴。已培养博士生34名、硕士生5名，指导博士后1名。

陈南平（1923年—2001年）江苏常熟人。教授。九三学社社员，中共党员。1947年清华大学机械工程学系毕业，留校任教。历任机械系副主任、金属热处理教研组主任、冶金系副系主任、金属材料教研组主任、材料科学研究所副所长。博士生导师。还历任中国机械工程学会常务理事兼材料专业学会理事长，亚太地区材料强度评价会议副主席、主席，机械系统金属材料及热处理专业委员会副主任，西安交通大学金属材料强度国家重点实验室学术委员会副主任，国家自然科学基金委员会金属材料组评审员，国家科委发明委员会冶金组评审员等职。

长期从事金属材料专业的教学和科研工作。20世纪50年代组建金属学热处理专业（后改为金属材料专业）。讲授"金属学""新金属材料""冶金质量分析""机械零件失效分析""精密合金"等课程，并围绕物理冶金、失效分析等开展科研工作。研制的2500℃高温拉伸试验机获全国科学大会奖。协助工厂先后解决了几百吨坦克焊条钢的锻轧开裂问题，控制可伐合金中铝、硅含量以稳定其膨胀性能，铁道桥梁用高强螺栓的滞后断裂问题等。细晶可伐合金获国家发明三等奖。以后的研究主要在环境断裂和磨损方面，氢致开裂机理研究曾获国家教委科技进步二等奖。"文化大革命"前培养研究生8名，学位制度建立后，培养了博士20名、硕士8名。出版专著有《机械零件失效分析》、"机械产品失效分析丛书"中的《脆性断裂失效分析》等。是自然科学学科发展战略调研报告《金属材料科学》的主撰稿人。发表论文百余篇。

陈难先（1937年—　）浙江余杭人。教授，中国科学院院士。民进会员。1962年毕业于北京大学物理系。1962年至1980年任教于北京钢铁学院。1980年至1986年在美国进修和工作，并于1984年获宾夕法尼亚大学电气工程与科学博士。1986年开始历任北京科技大学教授、应用物理所副所长及北京科技大学副校长，1987年开始任国家"863"计划功能材料专家组组长、专家委常委。1997年底任科技部国家"863"新材料模拟设计实验室主任。2000年任清华大学物理系教授。曾任中国材料学会和中国物理学会理事、国家"863"计划专家顾问组成员和监督委员会副主任。是第八至十一届民进中央副主席，第六至八届全国政协委员，第八届政协常委，第九、十届全国人大教科文卫委副主任。

20世纪80年代从事石墨插层化合物光学性质研究（PRL1984），随后进行应用物理逆问题研究，得到的比热逆问题的普遍解（PRL1990），推广和统一了爱因斯坦解与德拜的解。关于黑体辐射逆问题的解已用于天体物理。所提出的晶格反演方法已用于稀土金属间化合物、金属-陶瓷界面以及 EAM 方法。曾获 1981 年美 CDC 公司技术发明奖，1991 年北京市优秀教师奖，1993 年国家自然科学二等奖，1994 年国际理论物理中心（意大利）资深研究员奖，1990 年、1994 年、2001 年国家"863"计划重要贡献奖，香港理工大学 2001 年杰出华人学者奖，2003 年国家"973"计划五周年先进个人奖，2007 年何梁何利科技奖，2008 年中国科学院金属所李薰讲座奖。

陈丕璋（1932 年—1992 年）浙江慈溪人。教授。中共党员。1953 年毕业于清华大学电机工程系，留校任教，1964 年研究生毕业。曾任电机工程系电机教研组主任及副系主任、校学术委员会委员。博士生导师。曾任北京市政府专业顾问、中国电机工程学会大电机专业委员会副主任委员、电工技术学会电机专业委员会委员、电工技术学会教育委员会副主任委员、北京电机工程学会副秘书长和常务理事及国际大电网会议中国电机委员会委员等职。

长期从事电机电磁场及电机节能等方向的教学与科研工作，在国内电机领域负有盛名。著有《电机节能技术》等 3 部著作，其中《电机电磁场理论与计算》获全国优秀科技图书一等奖。在国内外发表论文三十余篇，培养博士及硕士生十余人。曾获国家科技进步三等奖 3 项，国家自然科学四等奖 1 项，省、部级奖 7 项及其他奖励十余项。被中国电机工程学会评为电机工程优秀科技工作者，并被北京市多次评为节能节电先进工作者及星火计划有贡献的科技人员等。

陈清泰（1937 年—　）河北丰润人。高级工程师，研究员，教授。中共党员。1962 年毕业于清华大学动力机械系汽车专业，留校任教。在读期间曾任学生政治辅导员、校学生会副主席、学生文工团党支部副书记、校团委学习劳动部副部长，毕业时获优秀毕业生金质奖章。1970 年进入第二汽车制造厂，先后任产品设计工程师、产品设计处处长、总厂总工程师。1984 年后历任第二汽车制造厂厂长、东风汽车公司总经理兼任东风汽车联营公司总经理、神龙汽车公司董事长。1992 年起历任国家经济贸易办公室副主任，国家经济贸易委员会副主任、党组副书记，国务院发展研究中心党组书记、副主任。1997 年兼任中国货币政策委员会第一届委员。是中共十三大代表，第九届全国政协委员，第十届全国政协常委、经济委员会副主任。现为中国发展研究基金会副理事长、中国上市公司协会会长、国家信息化专家咨询委员会委员、国家能源专家咨询委员会委员、中国科学院创新基地建设专家组成员。受聘为国家行政学院、南开大学、中欧工商管理学院兼职教授。2000 年至 2008 年兼任清华大学公共管理学院院长。1988 年被评为首届全国优秀企业家，获全国首届经济改革人才奖。2000 年与吴敬琏等一起获孙冶方经济科学论文奖。出版专著《国有企业走向市场之路》和《自主创新和产业升级》等。

陈士骅（1905 年—1973 年）字孝开，河北安新人。教授。民盟盟员。1925 年赴德国留学，1932 年在慕尼黑工业大学毕业，获"国家特许工程师"学位，到德国国家铁路局任职。1934 年回国，历任西北农林专科学校副教授、同济大学教授兼土木系主任、北京大学教授兼北洋大学北平分部教授、北京大学土木系主任、代理工学院院长和教务长。1952 年院系调整后到清华大学，先后担任水利工程系教授、土木工程系代理主任、副教务长、副校长和图书馆馆长。曾任民盟北京市支部委员、市委委员、常委、副主任和中央委员会委员。历任北京市第一至四届人大代表、北京市第四届政协委员。为学校的教学改革、培养师资和提高教学质量作了积极贡献。毕生致力于水利工程的教学，讲授过"水利学""水工学""水文学""治河工程""河港工程""桥梁工程""农田水利""水利土壤改良"等课程。于本门学科之外，还擅长书画，写旧体诗。

陈舜瑶（1918 年—　）女，福建福州人。1936 年入清华大学土木工程学系学习。1937 年 12 月在长沙临时大学加入中国共产党。1938 年至 1939 年在延安中央党校学习。1940 年至 1946 年在中共中央南方局宣传部、统一战线委员会文化组和南京中共代表团工作。1947 年任哈尔滨市女中校长、中教局长，后在哈尔滨市委宣传部工作。1949 年后历任东北团委宣传部副部长、部长、副书记。1953 年任清华大学副教务长，1956 年起历任清华大学校长助理、党委副书记。1961 年后任中共中央西北局宣传部副部长、甘肃省革委会政治部副主任、省委宣传部副部长。1981 年后历任中央书记处研究室室务委员、顾问。第一、三届全国人大代表，第七届全国政协委员。

在清华大学期间，分管教学工作和宣传工作，努力贯彻党的教育方针，结合学校实际学习苏联教育经验，积极进行教学基础建设和教学改革，推动教育与生产劳动相结合，培养学生德智体全面发展，加强教师的思想政治工作，为学校的建设和发展作出重要贡献。

陈体强（1917 年—1983 年）福建闽侯人。教授。1939 年毕业于西南联合大学政治学系。毕业后获清华大学聘书，留校任西南联合大学行政研究室助理研究员，完成多个研究课题，著作《英国行政法》由商务印书馆于 1947 年出版；之后出任国民政府考核委员会总干事、外交部条约司的科长等职。1944 年考取教育部留英公费研究生，1945 年至 1948 年在英国牛津大学攻读国际法。其博士论文以《关于承认的国际法：英国与美国的实践》为名于 1951 年由伦敦史蒂文森父子有限公司出版，此书得到国际学界的高度评价，被誉为国际法名篇并被许多大学列为国际法必读书目之一。1948 年回国，在清华大学政治学系任教。1950 年起历任中国人民外交学会编译委员会副主任兼研究部副主任，人民政协法制组副组长，中国政治法律学会常务理事兼副秘书长。1956 年以后在国际关系研究所、国际法研究所和国际问题研究所从事国际法研究工作。1980 年当选中国国际法学会副会长，与王铁崖一起任《中国国际法年刊》首任主编。1981 年任外交学院教授并兼任北京大学教授、外交部法律顾问、国务院学位委员会委员。1983 年当选中国人民政治协商会议全国委员会委员兼法制组副组长，同年在英国剑桥会议上被选为世界性的国际法学会联系会员。联合国筹建国际刑事法庭基金会时，追授陈体强 1986 年度"杰出国际法奖"，以表彰他为国际和平与正义所作的贡献。还著有《中国外交行政》《英国行政法论》等专著，合译《奥本海国际法》。

陈天权（1937 年—　　）江苏海门人。教授。1959 年毕业于北京大学数学力学系。毕业后至 1989 年在内蒙古大学数学系任教。其间于 1979 年至 1981 年为美国纽约大学柯朗研究所和约翰·霍普金斯大学力学系的访问学者。博士生导师。1989 年调入清华大学应用数学系任教。历任国务院学位委员会学科评议组成员、国家自然科学基金委员会学科评议组成员、中国数学会常务理事、第三届数学天元基金学术领导小组成员。《数学学报》《应用泛函分析》《工程数学学报》等刊物的编委。

长期从事高等数学的教学和研究，讲授过"高等代数""数学分析""概率论""实变函数""泛函分析""气体运动原理"等课程。指导培养了博士生 6 名、硕士生十余名。专于"泛函分析及其应用""无分子混沌假设的非平衡态统计力学"。主要著作有 *A non-equilibrium statistical mechanics without the assumption of molecular chaos*、*Hilbert-Enskog-chapman Expansion Method in Turbulent Kinetic Theory of Gases*，*I. II.* 等。1986 年获国家级有突出贡献中青年专家称号。

陈新民（1912 年—1992 年）安徽望江人。教授，中国科学院院士。民盟盟员。1935 年毕业于清华大学化学系。1941 年考取清华大学公费留美生，赴美国入麻省理工学院冶金系学习。1945 年获博士学位。1946 年回国，曾任北洋大学教授。1948 年任教于清华大学化学工程系。1949 年后任校务委员会委员兼秘书长。1952 年赴长沙筹建中南矿冶学院，为第一任院长。1979 年任中南矿冶学院常务副院长，1984 年任名誉院长。曾任国务院学位委员会评议组成员、中国金属学会冶金过程物理化学学会副理事长、中国有色金属学会常务理事。第五至七届全国政协委员，曾为

湖南省人大常委会副主任、民盟中央常委。

长期致力于冶金过程物理化学特别是热力学和动力学方面的科学研究工作，并在国内外发表了十几篇重要科研论文，对我国冶金过程物理化学的学术发展卓有建树。主编《火法冶金物理化学》《冶金热力学》等书，担任过"物理化学""非铁冶金学""冶金过程物理化学""冶金热力学""电化学"等十几门课程的教学工作，先后培养了一批博士生及硕士生。

陈信义（1946年—　）吉林长春人。教授。中共党员。1970年本科毕业于吉林大学物理系，1981年该校理论物理专业研究生毕业，获硕士学位，留校任教，1985年获该校博士学位。1986年到北京大学技术物理系作博士后研究。1988年博士后出站后分配到清华大学现代应用物理系基础物理教研室。1994年到1996年在美国布鲁克海文国家实验室作访问研究。社会兼职为北京物理学会常务理事，北京高校物理教学研究会秘书长。

主讲"大学物理""物理学导论"和"量子力学"等公共基础课。曾任基础物理教研室主任，是"大学物理"课程负责人，2003年"大学物理"入选首批国家精品课程，对全国工科物理教学起到了示范和辐射作用。2008年获国家级高等学校教学名师奖。研究领域为自旋电子学，加速器驱动次临界装置和微观核多体理论等。发表论文多篇。

陈晔光（1964年—　）江西乐安人。教授。1983年毕业于江西大学生物系，1986年在该校获动物学硕士学位，1990年获美国福特汉姆大学细胞生物学硕士学位，1996年获美国爱因斯坦医学院博士学位。2000年至2002年在美国加州大学河滨分校任教。2002年起任清华大学生物科学与技术系教授。历任生物科学与技术系副系主任、生命科学学院副院长、生物膜与膜生物工程国家重点实验室主任等职务。是教育部"长江学者奖励计划"特聘教授，获国家杰出青年科学基金。兼任中国细胞生物学学会副理事长、国家重大科技基础设施建设中长期规划（2011—2030）编制工作专家组成员、国家自然科学基金委员会生命科学部专家评审组成员和重大研究计划专家组副组长、*Cell Research*和《中国细胞生物学学报》副主编、*J Biol Chem*、*Biochem J*、*International J. Biochem Cell Biol*、*Experimental Cell Research*和*Open Biology*等国际期刊编委等职务。

长期从事细胞生物学的研究与教学工作，揭示了调控Wnt信号转导的新机制，发现了维持胚胎干细胞自我更新以及TGF-β信号受多层面调控的分子机制，其中"调控动物胚胎中胚层形成的一种新机理"成果入选"中国高等学校十大科技进展"。作为通讯作者在*Science*、*Cell Stem Cell*、*Nat Cell Biol*、*Proc Natl Acad Sci. USA*、*Blood*等国际期刊发表七十余篇研究论文，主编的研究生教材《分子细胞生物学》入选"十一五"国家级规划教材。先后获得何梁何利科技进步奖、中国青年科技奖、教育部自然科学二等奖，入选国家"百千万人才工程"，享受国务院政府特殊津贴。

陈永麒（1936年—　）湖北沙市人。研究员。中共党员。1955年郑州电力工业学校毕业。1956年到清华大学工作并在中央广播电视大学物理系业余进修，于1961年毕业。历任清华大学试验化工厂技术员，核能技术研究所高级工程师、实验工厂厂长，清华大学电力电子厂厂长，并兼任中国电工技术学会电力电子学会理事。

长期从事半导体器件与电力电子装置研究和生产工作，组织研制成功KG系列高频晶闸管及KK系列快速晶闸管和中频淬火电源多种产品，填补多项国内空白，获得国家科技进步三等奖、国家教委科技进步一等奖、三等奖各1项，并取得较大的经济效益和社会效益。担任实验工厂厂长和电力电子厂厂长以来，通过深化改革狠抓质量管理，使得生产利润连年快速提高，1993年利润达千万元，在全校校办厂系统获得利润总值、利润增长幅度、利润绝对增长值和人均创利四项第一。主持研制并投产的 KG200A，KG400A 高频晶闸管以及 KK500A，KK800A、KK1000A 快速晶闸管，8kHz250kW 中频淬火电源等多项产品，成为行业中质量信得过的名牌产品，为我国电力电子器件行业的发展作出重要贡献。1990 年获国家教委先进科研工作者称号。

陈肇元（1931 年— ）浙江宁波人。教授，中国工程院院士。中共党员。1952 年毕业于清华大学土木工程学系并留校任教。历任土木系副主任、主任。博士生导师。任中国土木工程学会第四至七届常务理事和第七届副理事长，其间发起成立并长期任职于学会的教育工作委员会，任高强混凝土工作委员会主任，防护工程学会副理事长、国务院学位委员会土木类学科评议组成员，任中国工程院土水建学部第三、四届主任。

科研工作紧密结合各时期工程发展需要，新中国成立初期研究竹结构取代部分钢木材料；20世纪六七十年代从事防护工程结构研究，是国内最早研究爆炸冲击波模拟压力加载的室内装置、结构材料与构件的快速变形性能、防护工程设计方法、冲击波作用下地面房屋倒塌过程与堆积模拟的专家之一，并取得显著成果。20 世纪 80 年代至今，针对工程结构安全性与整体牢固性不足以及使用寿命短的现状，在国内引领研究与推广现代高强与高性能混凝土技术与混凝土结构耐久性设计方法，并积极批判工程建设中盲目追求速度和大型公共建筑设计脱离功能要求和崇洋倾向。曾作为主要编写人书写相关设计与施工技术规范标准十余种。共撰写论著多部、研究报告约300 篇。在校讲授多种工程结构类课程，曾指导博士生 12 名、硕士生 15 名。1984 年获国家级有突出贡献中青年专家称号，先后获北京市、国防科工委、国家人防委授予的先进科技工作者称号或表彰。

陈仲颐（1923 年— ）台湾台北人。教授。台盟盟员，民盟盟员。1945 年毕业于上海圣约翰大学土木工程系。1945 年至 1948 年在台湾省公共工程局任职。1950 年获美国乔治亚理工学院研究院工学硕士学位。1951 年回国在燕京大学任教。1952 年起在清华大学水利工程系任教，曾任土力学实验室主任。历任中国建筑学会地基基础学术委员会副主任、中国土力学基础工程学会副理事长、国际土力学基础工程学会非饱和土专门技术委员会委员、第十届亚洲土力学基础工程学术会议技术委员会主席。还历任第六届全国政协委员，第七、八届全国政协常委，台盟中央副主席，中国和平统一促进会理事，北京市第七、八届政协副主席，北京市台盟主任委员。是土力学与基础工程方面的专家和优秀教师，1989 年获全国优秀教师称号。合著《土力学与基础工程》《土力学》等，主编的《基础工程学》获 1992 年全国优秀科技图书一等奖。长期担任台盟的领导工作，为促进我国海峡两岸统一和国际交流做了大量有益的工作。

承宪康（1937 年— ）江苏武进人。教授。中共党员。1954 年考入清华大学机械制造系铸造专业。在读期间曾任政治辅导员。1959 年毕业后留校工作。历任校体育代表队党支部书记、团总支副书记、书记，机械系分团委书记，校团委副书记，机械系副主任，统战部副部长，校长办公室主任，校务委员会副秘书长、秘书长，清华校友总会常务干事、总干事、副会长等职。

任机械系主管教学工作的副系主任期间，组织教师进修，恢复教学实验室，主持制订"文革"后新的机械系五年制本科教学计划。曾讲授"铸铁熔炼""有色金属熔炼"课程。在校团委工作期间，从事学校政治辅导员的管理工作和体育代表队的思想政治工作，参与起草学校有关辅导员工作的重要报告。长期在校机关从事党政管理工作，在统战部工作期间，密切联系群众，深入调研，正确反映群众利益。在校长办公室和校务委员会工作期间，汇编了学校的规章制度，恢复出版《清华一览》。

主持校友会工作期间，积极联系海内外广大校友，组建各地校友会；推动清华校友总会与中断多年的海外校友组织恢复联络，同台湾新竹清华大学校友会建立联系；负责《清华校友通讯》的编辑出版工作，该刊被广大校友誉为"精神家园"；与老校友保持长久密切联系，以细致周到工作赢得海内外众多知名校友的信任；经多方努力，清华校友总会和清华校友基金会成为全国高校最早经民政部批准的社会团体，并成功开办清华校友基金会外汇账户；与李传信同志一起努力推动、竭力争取，使《清华校友通讯》成为当时全国高校唯一具有正式刊号在国内外发行的校友杂志。此外，为重建二校门做了大量深入细致的工作；为清华校友奖助学金工作的发展作出贡献，亲自起草"一二·九奖学金""蒋南翔奖学金""光华奖学金"等奖学金条例多项。1993年起享受国务院政府特殊津贴。1997年获"北京市优秀教师"称号。

程　宏（1922年—　）安徽歙县人。教授。1944年北京大学工学院机械工程系毕业，留校任教。1952年到清华大学任教，曾任内燃机教研组主任。任中国汽车工程学会常务理事、中国内燃机学会理事、中汽学会技术委员会委员、中汽学会发动机分会主任委员、北京内燃机学会副理事长、北京市政府专业顾问。曾任国际汽车工程学会联合会大会分组会主席。

长期从事汽车发动机理论与设计的教学及研究工作，专长内燃机工作过程及循环模拟计算的研究。20世纪50年代开始建立汽车工程专业时，担负发动机专门化全部5门专业课的讲授及试验教学，译出两课程的教材并出版，50年代后期开始进行培养研究生工作。60年代初完成了全国统编教材《汽车拖拉机发动机原理》。1977年之后在担任内燃机教研组主任期间，领导和组织教研组教师开辟了几个专题，分头开出研究生课程并培养研究生，指导硕士生13名，编写出版了《汽车发动机原理》教材，介绍近期国外内燃机发展的最新情况及有关基本概念，内容新且有特色，受到中国汽车工程学会及国内广大读者的好评。在中汽公司支持下，倡议并组织引进了国外计算机辅助设计程序，并致力于运用，同时译出《内燃机的热力学和空气动力学》。还做了大量的技术咨询及顾问工作，为此在有关会议上所作的发言及刊出的个人论文有十余篇。

程　京（1963年—　）安徽安庆人。教授，中国工程院院士。民建会员。1983年毕业于上海铁道大学电气工程系。1992年获英国史查克莱大学司法生物学博士学位。先后在英国史查克莱大学、阿伯丁大学，美国宾夕法尼亚大学从事博士后研究。曾任宾夕法尼亚大学研究助理教授，美国Nanogen公司首席科学家和AVIVA Biosciences公司技术总监。1999年起任教于清华大学。历任生物芯片研究开发中心主任、生物芯片北京国家工程研究中心主任。博士生导师。现任 *IET-Nanobiotechnology*、*Journal of Association for Laboratory Automation* 和 *Human Mutation* 杂志编委、国家"863"计划生物和医药技术领域专家组专家、发改委国家生物产业发展咨询委员会专家，全国生物芯片标准化技术委员会、中国医药生物技术协会生物芯片分会、中国医院管理学会临床检验专业分子诊断技术与质量管理分会主任委员。获国家杰出青年科学基金，是教育部"长江学者奖励计划"特聘教授，并入选国家"千人计划"。

从事基础医学和临床医学相关生物技术研究，在生物芯片的研究中有重要建树和创新。主持研制生物芯片类产品及配套仪器共60余项，获国内外发明专利各38项、医疗器械注册证29项、欧盟CE认证证书27个，获批临床诊断类生物芯片行业标准6项、国家标准5项。实现国产生物芯片类产品向欧美等发达国家的批量出口，销售收入7亿元。培养研究生48名，其中博士26名。主编中英文著作各4部，发表SCI论文115篇，SCI他引3000余次。获国家技术发明二等奖、何梁何利科技创新奖、谈家桢生命科学创新奖、求是杰出青年成果转化奖、中国青年科技奖、中国留学人才归国创业腾飞奖和中央组织部、人事部、中央宣传部、教育部、中央统战部、科技部联合授予的留学回国人员成就奖。

程建平（1964年—　　）安徽休宁人。教授。中共党员。1981年入清华大学工程物理系学习，1986年本科毕业获学士学位，留校任教。1991年该系研究生毕业，获硕士学位。1992年起历任工程物理系党委副书记、党委书记兼副系主任，2003年任系主任。2006年任校监察委员会主任，校党委副书记、纪委书记。2007年兼任校机关党委书记。2009年起任清华大学副校长，分管财务、固定资产、继续教育、实验室设备、审计等工作。博士生导师。曾在德国国家同步辐射研究中心做访问学者。兼任中国核能行业协会副理事长，中国同位素与辐射行业协会副理事长，中国核学会副秘书长、中国核学会辐射防护分会副理事长，教育部高等学校核工程类专业教学指导委员会秘书长等职。

长期致力于核技术应用、辐射防护与环境保护等方面的科学研究、学科建设和人才培养工作，参与或主持国家"九五""十五""十一五"核技术应用、辐射防护与环境保护相关攻关项目，参与德国国家同步辐射研究中心的TESLA、欧洲核子中心的LHCb国家自然科学基金重大国际合作项目、美国布鲁克海文国家实验室的RHIC-STAR国家自然科学基金重大国际合作项目和韩国汉城大学暗物质测量等国际合作科研项目，并主持中国锦屏地下实验室建设。作为工程物理系辐射防护与环境保护二级学科负责人，结合实际开展蒙卡和天然辐射与人类生活、核技术在海洋科学中的应用等研究，为该学科迅速恢复和发展作出重要贡献，在"辐射防护与保健物理""辐射与人类生活"等课程建设方面取得了一系列成果，出版《电离辐射防护与辐射源安全》《环境与辐射》等专著。曾获得国家技术发明一等奖、高等学校科学技术进步一等奖、中国发明专利金奖、北京市高等教育教学成果一等奖。2005年获得北京市优秀共产党员荣誉称号。

程民德（1917年—1998年）江苏吴县人。教授，中国科学院院士。民盟盟员，中共党员。1940年毕业于浙江大学数学系，1942年获浙江大学理学硕士学位。1947年至1949年在美国普林斯顿大学研究院学习，获博士学位。1950年回国，在清华大学数学系任教。1952年院系调整后，任北京大学数学系教授、数学研究所所长。曾任国务院学位委员会学科评议组成员、中国数学学会副理事长、北京市数学学会理事长、《数学年刊》副主编等职。

长期从事数学与应用数学的教学和研究，是中国多元调和分析研究的先驱，专长调和分析、函数逼近论、华尔希分析和信息处理。1949年证明多重三角级数球形求和唯一性定理；20世纪50年代开展函数逼近论研究，取得比较深入的结果；70年代从事华尔希分析和图像信息处理的研究，在应用数学方面取得了突出的成果；80年代以来进行近代多元调和分析的研究。发表《多重三角级数的唯一性》《多元函数的非整数次积分与三角多项式逼近》等论文20余篇，合著《图像识别导论》，主编"现代数学丛书"。

程慕胜（1937年—　　）女，广东中山人。教授。1959年北京外国语学院英语系毕业，曾在加拿大多伦多大学进修，毕业后在北京广播学院外语系任教。1972年调入清华大学，历任外语系系主任、校务委员会委员、校学位评定委员会委员兼外语分会主席、校国际学术交流委员会委员等职，并兼任高等学校大学外语教学研究会副会长、北京高教学会大学英语研究会理事长。是北京市第七至九届政协委员。

外语教学研究领域有"普通语言学""历史语言学""英语历史""英语语音学""英语写作""辞典学"等。是《英汉科学技术辞典》的总审校。对英语教学进行改革试验，并根据自身实践提出改进意见，在《光明日报》发表《学英语，不用国际音标行不行》《小学英语不宜用国际音标》等文章。指导硕士论文二十多篇。退休后仍在外语系任教，并参加清华"一条龙"大、中、小学英语教学改革项目，包括审定教材，在英语语音理论与实践方面培训清华附小的英语老师。2002年起参加北京市人民政府外事办公室下属市民讲外语活动组委会顾问团工作，并于2009年荣获北京市人民政府颁发的"特殊贡献奖"。

迟　群（1934年—　）山东乳山人。1951年参加中国人民解放军。1956年加入中国共产党。曾任中国人民解放军8341部队政治部宣传科副科长。1968年7月随首都工人毛泽东思想宣传队进驻清华大学。曾任校党委副书记、书记，校革委会副主任、主任并曾兼任国务院科教组副组长。在江青、张春桥、姚文元的直接指挥下，有预谋、有组织地进行反革命煽动，诬陷、迫害党和国家领导人以及干部群众，构成积极参加反革命集团、反革命煽动罪、诬告陷害罪。被开除党籍、公职，1983年11月2日北京市中级人民法院开庭宣判，判处其有期徒刑18年、剥夺政治权利4年。

崔福斋（1945年—　）江苏连云港人。教授。中共党员。1970年毕业于清华大学工程物理系，曾任河北吴桥压缩机厂技术负责人。1981年到清华大学工物系任教，1984年获博士学位，是该系第一位博士。历任材料物理实验室主任、生物材料研究室首席专家、再生医学与仿生材料研究所所长。博士生导师。其间于1989年在完成荷兰FOM所两年的博士后研究工作后回国，1998年在美国麻省理工学院材料中心作访问学者。历任国家"863"计划新材料领域23专题组组长、中国生物材料委员会委员、中国生物材料学会副理事长、国家再生医疗器械国家工程实验室主任、国际 *Biomedical Materials* 杂志主编及 *Tissue Engineering* 等六个SCI国际杂志编委。

长期从事生物材料的研究与开发工作，在骨牙生物材料的机理研究以及生物材料表面改性等方面取得多项开创性重大研究成果，在国际生物材料学界有显著影响。领导的课题组基于矿化纤维机理的研究，开发出新一代骨缺损修复材料——纳米晶胶原基骨修复材料，获国家SFDA注册证，该材料的骨缺损修复效果接近自体骨，已被成功应用于治疗骨缺损患者三万余例。近年来，首次在脑组织工程的研究中观察到植入材料对于脑组织的修复效果，被国际同行誉为该领域的开创者。2007年当选为美国医学与生物工程院Fellow，是大陆当选的第一位Fellow。2008年被国际生物材料学会（IUS-BSE）选为Fellow。"纳米晶磷酸钙胶原基骨修复材料"获国家技术发明二等奖（第一获奖人）；获授权国家发明专利35项，美欧专利各1项。已培养博士26名，被评为清华大学第一届"良师益友"。

戴世光（1908年—1999年）湖北江夏（今武昌）人。教授。民盟盟员。1931年毕业于清华大学经济学系，1934年考取清华大学公费留美生，1936年获美国密歇根大学数理统计学硕士学位。1937年在美国哥伦比亚大学研究"经济统计学"，并赴美、法、德等国家统计局研究国情普查统计。1938年回国后，任职于清华大学国情普查研究所、西南联合大学经济学系、清华大学经济学系，从事人口统计研究工作，讲授统计学相关课程。曾任国情普查研究所统计组组长。1952年院系调整后，历任中央财经学院、中国人民大学教授，中国统计学会第一届副会长。

专于统计学。20世纪30年代起，着手研究人口统计和国情普查方面的问题，曾多次参加云南省一些市、县的人口普查和农业普查，主持云南环湖（滇池）市、县人口普查与农业普查的统计研究工作，完成《云南户籍示范》（参与）、《人口普查选样研究》等，及数十篇统计调查报告与论文，这些成果为奠定中国现代人口统计理论作出贡献。40年代在《新路》上发表《论我国今后的人口政策》一文，提出社会革命、工业革命及人口革命的呼吁，主张控制中国人口增长，明确提出应将节制生育作为基本国策。1980年发表的论文《国民收入统计方法论》对中国国民经济核算科学具有重要贡献。在统计学术思想上，认为现代统计科学，即数理统计学，是以概率论数学理论为基础的一门应用数学。其长篇论文《马克思主义哲学是统计科学应用的理论基础》和教材《应用经济统计学——控制偶然性，探索必然性数量特征》是其统计哲学思想的两部代表作。此外，还著有《外国经济统计指标方法评介》，撰有论文《积极发展科学的统计学 为我国四个现代化服务》《国民收入经济核算理论的发展》等。

戴猷元（1945 年— ）江苏宜兴人。教授。中共党员。1968 年清华大学化学工程系毕业并到锦西化工总厂工作。1979 年考入清华大学化学与化学工程系化学工程专业研究生，1981 年毕业，1982 年获工学硕士学位，留该系任教。历任系党委学生组长，系党委副书记兼化工教研组主任，副系主任、系主任，校学术委员会委员等职。博士生导师。1998 年任清华大学副秘书长兼北京清华工业开发研究院院长。还历任全国化工类及相关专业教学指导委员会主任，中国化工学会常务理事，中国化工学会化学工程专业委员会副主任委员，《化工高等教育》《化学工程》《膜科学与技术》等杂志编委会副主任等职。

长期讲授校一类课"化工原理"，科研方面的重点是萃取分离过程的新工艺和新方法研究，培养硕士、博士生及博士后五十多名。研究成果"络合萃取法处理工业含酚废水技术"获国家科技进步二等奖，其他教学科研成果获省部级科技进步奖及教育教学奖 19 项，授权发明专利 25 项，在国内外科技刊物上发表论文四百余篇，编写出版《化工概论》《化工原理》《环境化学导论》《有机物络合萃取技术》《有机废水萃取处理技术》《新型萃取分离技术的发展及应用》《有机物络合萃取化学》《膜萃取技术基础》《耦合技术与萃取过程强化》等教材和著作十余本，参编《溶剂萃取手册》《膜技术手册》。任北京清华工业开发研究院院长期间，提出并总结了研究院"孵化成果、孵化企业"的双孵化模式，在推动学校科技创新和成果转化方面做出了成绩。1994 年获国家级有突出贡献中青年专家称号。

邓　卫（1966 年— ）四川宜宾人。教授。中共党员。1989 年毕业于清华大学建筑系获学士学位，1994 年毕业于清华大学经济管理学院获工学硕士学位。本科毕业后留校工作。历任建筑学院学生政治辅导员、团委书记、党委学生工作组组长、党委副书记，校党委宣传部部长、新闻中心主任，校党委常委，马克思主义学院直属党总支书记、党委书记，清华大学党校副校长。2009 年起任校党委副书记、校务委员会副主任。还担任中国可持续发展研究会常务理事、中国城市经济学会理事、中国房地产及住宅研究会理事、北京城市科学研究会理事等职。

任校党委副书记期间分管宣传、校园文化、校史研究等工作。长期致力于城市规划的经济论证、建设项目可行性研究、住房问题与住房政策研究，著有《建筑工程经济》《城市经济学》《住宅经济学》等著作。曾获宝钢教育基金全国高校优秀教师奖、北京市优秀党建与思想政治工作者、"清华之友"优秀教师奖等多项奖励。

邓以蛰（1892 年—1973 年）字叔存，安徽怀宁人。教授。民盟盟员。1907 年留学日本，在东京宏文学院、早稻田中学学习，1911 年回国。1917 年赴美国纽约哥伦比亚大学学习哲学，特别着重于美学。1923 年回国后，历任北京大学哲学系教授、系主任，厦门大学教授。1928 年至1937 年任清华大学哲学系教授。1937 年学校南迁时因病滞留北平。1943 年至 1945 年任中国大学文学院院长、教授。1945 年任清华大学哲学系教授、校保管委员会委员。1952 年院系调整后任北京大学哲学系教授。

曾开设"西洋哲学史""哲学概论""伦理学""美学""中国美学史""西洋美学史"等课程，系统讲授中西方艺术理论与艺术史。在艺术理论、中国画论、书法理论等方面有很高成就，学术界与宗白华并称"南宗北邓"。其美学思想的形成，受到了黑格尔、克罗齐、温克尔曼等人的很大影响，坚持艺术—审美超功利性原则。认为艺术不是模仿自然的结果，而是性灵的表现，是通过自然来表现心灵的精神内容，所以艺术家进行创作必须冲破"自然"的"难关"，才能"达到一种绝对的境界"。抗战胜利后，为应对欧美博物馆和大学收藏研究中国艺术品的劲势，与梁思成等发起成立了清华大学中国艺术史研究委员会。1950 年组建清华大学文物馆，任综合研究室主任。1962 年把家中珍藏多年的邓石如书法篆刻精品和大量古版手抄书籍全部捐献国家，受到文化部的嘉奖。著有《艺术家的难关》《画理探微》《六法通诠》《辛巳病馀录》《书法之欣赏》《中国艺术之发展》《关于国画》等；后人编有《邓以蛰全集》。

丁晓青（1939 年—　）女，江苏睢宁人。教授。中共党员。1962 年清华大学无线电电子学系毕业，获优秀毕业生金质奖章，留校任教。博士生导师。为 IEEE Fellow 和 IAPR Fellow。

长期不懈地致力于图像处理、模式识别研究。在文字和文档识别研究中，以汉字微结构算法首先突破了困难的汉字识别问题，主持研制的 THOCR 多体印刷汉字识别系统，联机和脱机手写汉字识别综合集成系统，英、汉、日、韩东方文字文档识别，几近空白的民族文字蒙藏维哈柯与汉英混排文档识别，以及原文重现文档智能全信息化等，均达到国际领先水平，在国内外实现产业化推广，为我国信息化发展做出贡献。在计算机视觉研究中，主持研发关系国家安全的 TH-ID 人脸识别、笔迹鉴别等多模生物特征身份认证识别系统，在国际重要人脸识别 FAT2004 评测中获"全面最优人脸验证算法奖"，在世界权威 FRVT2006 评测中达国际领先水平，已在全国各出入境口岸使用，实现产业化和国内外推广使用。先后获国家科技进步二等奖 3 项、三等奖 1 项；北京市科学技术一等奖，教育部科技进步一等奖 2 项，教委等部市科技进步二等奖 7 项；"七五"科技攻关重大成果奖，95'全国电子十大科技成果奖及"863"计划先进个人等。长期从事教学和科研工作，教授研究生"数字图像""数字信号处理"课程，提出了模式识别信息熵理论，培养博士生约 50 名，发表论文 550 余篇，合著关于汉字识别和笔迹鉴别的专著 2 本，授权发明专利24 项。

董　铎（1934 年—　）江苏丰县人。研究员。中共党员。1960 年毕业于清华大学工程物理系，留校任教。历任核能技术设计研究所室主任、核能技术设计研究院副总工程师。博士生导师。

20 世纪 60 年代参加清华大学屏蔽试验反应堆的设计、建造和运行，是该堆的主要设计者之一。70 年代参加高温气冷堆的设计与研制，并参与铀铋堆熔盐堆及船用压水堆的技术开发。80 年代中期起一直从事"一体化自然循环"压力壳式低温核供热堆的研究开发工作，作为主要负责人之一，参与领导建成了世界上首座投入运行的、具有固有安全性的 5 兆瓦低温核供热堆，并参与领导了低温堆的供热、发电、制冷和海水淡化等综合利用研究，获国家教委科技进步特等奖和国家科技进步一等奖。参与研制的新型水力控制棒获国家发明二等奖。1990 年以来参与领导国家重点项目 200 兆瓦低温核供热工业示范堆的设计研制。1991 年获国家"七五"科技攻关先进个人奖。

董介平（1929 年—　）北京人。高级技师。中共党员。1950 年燕京大学职工中专毕业后留该校实习工厂任技工。1952 年院系调整调入清华大学金工厂工作。曾任机械系铸工实验室实验员、机械厂铸工车间技工、车间主任、校工会副主席、校工会工人技师交流协会理事长等职。

长期研制开发技术含量高、生产工艺复杂、经济效益高的合金铸铁，使其成为校办厂的拳头产品，作出积极贡献。20 世纪 50 年代开发了球磨铸铁产品，生产了锅驼机上的曲轴和连杆，在当时技术上处于国内领先。60 年代开发了耐磨铸铁，使自动仪表车床主要附件的凸轮，上机使用

2 万小时磨损量不到 0.01mm（当时国内为 1200 小时，国外为 1 万小时），超过了国外水平。1984 年以后又开发了冷激合金铸铁，为国内汽车厂生产了凸轮轴、挺杆、摇臂等配套产品，多年供不应求。同时，重视教学实习工作，认真落实教学计划，要求带学生实习的工人注意言传身教，为人师表，耐心培养学生，多次受到学校表扬。

董树屏（1909 年—2000 年）辽宁沈阳人。教授。中共党员。九三学社社员。1934 年毕业于中央大学机械系，到清华大学任教。曾在国外进修一年多，1948 年获美国康奈尔大学研究院荣誉学者称号。1949 年后历任清华大学热力发电教研组主任、动力机械系副主任、校工会副主席、校务委员会委员、电力部科技委员会委员、中国机械工程学会动力工程学会副理事长、中国动力工程学会名誉理事长、北京市电机工程学会电站建设专业委员会副主任委员、北京机械工程学会及北京能源学会顾问、九三学社第五至七届中央委员、中央参议委员会委员。

长期从事热能工程及能源系统分析方面的教学与科学研究工作，专于热力发电厂设计、锅炉原理及热能转换和利用。重视理论联系实际，能够吸取生产过程中的活跃因素，促进教学与科研。1957 年至 1958 年参与主持建设清华大学试验电厂，使清华大学成为国际上建有发电厂的两所大学之一，并在电厂的实际设备上开展了沸腾燃烧和煤的综合利用的试验研究，开创了高等学校热能动力专业理论学习与电厂生产实际结合的先河。1965 年主持建立蒸汽-燃气联合循环动力装置，进行了示范性试验研究。1983 年在北京主持召开首届"国际流化床燃烧及应用技术学术会议"。为热能工程专业的人才培养倾注了大量心血，晚年仍坚持指导研究生。在国内外学术会议上发表论文多篇。曾获国家教委"老有所为精英奖"及其他荣誉证书。著有《热力发电厂》和《热能转换及利用》等书。

杜庆华（1919 年—2006 年）浙江杭州人。教授，中国工程院院士。中共党员。1940 年毕业于交通大学机械系，1948 年获美国斯坦福大学机械工程硕士学位，1949 年获哈佛大学航空工程硕士学位，1951 年获斯坦福大学博士学位。同年回国任北京大学教授。1952 年起到清华大学任教。历任工程力学研究班副班主任、工程力学系副主任。博士生导师。曾任中国力学学会和中国航空学会常务理事，北京力学学会副理事长、理事长，《固体力学学报》主编等职。先后任上海交通大学、西安交通大学、浙江大学教授，南京航空航天大学名誉教授。曾任边界元法国际组织 ISBE 的学术委员、国际杂志《边界元工程分析》的编委，多次担任国际边界元会议的顾问委员会成员。

长期从事工程力学教学与研究。出版力学专著 6 部，其中《材料力学》教科书曾长期被许多工科院校采用。指导博士生 40 名、硕士生 45 名。在板壳力学、弹塑性力学和计算力学领域作出重要贡献。曾多次主持国家科委和自然科学基金的重大项目，取得重要成果。在工程中边界元法方面的研究成果获得国家教委科技进步一等奖和二等奖，在此领域召开全国、国际或双边学术会议共十余次。2004 年获何梁何利科技进步奖。

一生致力于教育事业。1956 年与钱学森、钱伟长、郭永怀、张维等共同创建工程力学研究班，为我国培养了近 300 名工程力学教学和科研骨干人才，他们毕业后在我国力学科学发展中发挥了重要的作用。参加的"固体力学重点学科建设与高水平博士生规模培养"获第二届国家普通高校优秀教学成果特等奖。晚年对学术不端现象予以严厉抨击。

段学复（1914 年—2005 年）陕西华县人。教授，中国科学院院士。民盟盟员，中共党员。1936 年毕业于清华大学算学系。1936 年至 1940 年在清华大学算学系任教。1939 年考取庚款公费留英生。1940 年去加拿大多伦多大学数学系作研究生，1941 年获硕士学位。1941 年去美国普林斯顿大学数学系作研究生，1943 年获博士学位。1943 年至 1945 年在美国普林斯顿大学数学系作博士后、研究助理。1945 年至 1946 年为美国普林斯顿高等研究院数学部研究人员。1946 年回国，任清华大学数学系教授，1947 年起兼任系主任。1952 年院系调整后，任北京大学数学（力学）系和数学研究所教授、系主任、学术委员会主任。曾是中国数学会常务理事，国务院学位委员会学科评议组成员。

长期从事代数学的研究和教学。在有限群的模表示论特别是指标块及其在有限群和有限复线性群的构造研究应用方面以及代数李群、有限 p 群研究方面取得重要成果，并将有限群论应用于军事科学研究，为国防建设作出贡献。撰有论文《关于 p 群的一个定理》等。主编《1984 年北京国际群论讨论会文集》（英文）等。

段占庭（1937 年—　）湖南新化人。教授，中共党员。1960 年毕业于大连工学院，到清华大学工程化学系任教。历任分离工程研究室主任、天然再生资源工程研究中心主任、化学工程与应用化学研究所副所长等职。博士生导师。

长期从事化学工程的研究与教学，讲授过分离过程原理与进展等课程，指导研究生二十余名。能深入实践、坚持科技为经济服务，有活跃的学术思想和创新精神。在分离工程方面作出重大贡献。1965 年创制的"浮动喷射塔板"使精馏塔生产能力提高 50%，是国家科委十六项重大科研成果之一。1978 年研究成果"新型塔板"获全国科学大会奖。作为第一获奖人的研究成果"斜孔塔板"获 1981 年国家发明四等奖、"加盐萃取精馏制无水乙醇"获 1985 年国家发明三等奖和日内瓦国际发明奖等。1999 年研究成果"复合斜孔塔板"获国家技术发明三等奖。2000 年"新型斜孔塔板"获香港国际发明展览会金奖。1990 年被国家教委、国家科委授予"全国高校先进科技工作者"，1992 年获国家级有突出贡献中青年专家称号。发表论文有《斜孔塔板的研究和工业应用》《萃取精馏及其进展》《汽化与冷凝结合的真空蒸馏》等。

范崇澄（1937 年—　）江苏无锡人。教授。1953 年考入清华大学无线电工程系，1957 年提前留校任教。历任电子工程系电子物理与器件教研组副主任、系学术委员会主任及学位分委员会副主任、校国际学术交流委员会副秘书长、中国通信学会光通信委员会副主任等职。博士生导师。是美国光学学会会士（Fellow，OSA）。

20 世纪 50 年代从事微波技术、微波电子器件与微波电子学方面的教学与科研工作，负责兆瓦级大功率行波管及大功率正交场前向波放大器高频系统的总体设计工作。70 年代末转入导波光学领域，开出专业课"导波光学"，合作编著出版同名教材，获电子部教材二等奖，至今仍被列为中国科学院合肥物质科学研究院等单位博士生招生考试参考书目。科研工作包括高速、大容量波分复用系统与掺铒光纤放大器、拉曼放大器的理论、设计、计算机模拟和工程应用，光纤光栅，光纤非线性及其对策，光波导理论等。先后负责或参与国家"863"计划通信主题首个子课题"2.4G 波分复用＋光纤放大器光纤传输实验系统"、国内首个"4×2.5Gb/s 波分复用实验系统"、国家"863"计划"九五"攻关重大项目"8×2.5Gb/s SDH 波分复用实验系统"、邮电部重大科技发展项目"广州-汕头国产 8×2.5Gb/s SDH 波分复用实验系统"，以及学校"985"一期信息学科重点攻关项目"高速宽带密集波分复用光纤网络"等，成果达到或接近国际先进水平。2007 年应邀在全球光通信领域最重要的国际会议 OFC 上做全体大会报告，成为该会议自 1975 年首次召开以来获此荣誉的首位中国人。发表光纤通信及相关领域的学术论文及报告百余篇。

范敬宜（1931 年—2010 年）江苏苏州人。教授。中共党员。1951 年毕业于上海圣约翰大学，后到东北日报社工作。1954 年到辽宁日报社工作，曾任部主任、副总编辑。1958 年被错划为

"右派"，"文化大革命"中被下放到辽宁省建昌县农村，后调该县农业办公室从事农村调研工作。1984 年任文化部外文出版局局长兼党组书记。1985 年"右派"问题得到改正。1986 年起任经济日报社总编辑。1993 年至 1998 年任人民日报社总编辑。是政协第八届全国委员会经济委员会副主任、中共十三大代表、第九届全国人大常委会委员、教科文卫委员会副主任委员。2002 年被清华大学聘任为教授并出任新闻与传播学院首任院长。

任院长期间，提出"面向主流、培养高手"的办学理念，坚持马克思主义新闻观教育；亲自为学生上课，开设了"马克思主义新闻观""新闻中的文化""评论与专栏写作""记者素养与采编艺术"等多门课程；主持学院重大学科建设，担任校级研究机构马克思主义新闻学与新闻教育改革研究中心主任；特别重视新闻人的文化素养，言传身教，造就了一批风华正茂的新闻后备军，为清华大学新闻与传播学院师生及中国新闻教育事业留下了一笔非常宝贵的财富，深受广大师生爱戴。主要著作有：《敬宜笔记》《总编辑手记》《范敬宜文集（新闻作品选）》《范敬宜文集（总编辑手记）》《范敬宜文集（新闻教育文选）》等。

范钦珊（1937 年—　）江苏如皋人。教授。1956 年考入清华大学机械制造系，1959 年转入工程力学研究班，1962 年毕业，获清华大学毕业生优良奖状，1960 年提前留校任教。曾作为访问学者公派到荷兰 Delft 大学，从事非线性屈曲理论与应用研究。博士生导师。教育部工科力学课程教学指导委员会副主任、基础力学课程指导组组长。是南京航空航天大学钱伟长讲座教授，南京工业大学特聘教授、力学部主任。

长期从事"非线性屈曲理论与应用""反应堆结构力学""结构疲劳寿命"等方面的研究，科研成果应用于火电、核电和风力发电工程等领域。在国内外发表论文八十余篇。获国家科技进步二等奖 1 项，全国优秀科技图书奖 1 项，省部级科技进步一等奖 1 项、二等奖 2 项，全国高校自然科学二等奖 1 项。从事"材料力学""工程力学"等本科生教学工作。在高等教育的岗位上工作五十余年，共为八千余名本科生授过课，培养硕士生和博士生 30 名。

退休以后在北京和南京等地带领一批年轻教师开展研究型教学，始终站在教学第一线，每年为 200 多名本科生全程授课。取得了一些为学校、老师和同学们都认可的成果。每年还在全国各地做二十余场关于研究型教学的理念、内容、方法与技术的报告和示范教学。出版教材、专著与译著三十余部。获国家级优秀教学成果一等奖 1 项、二等奖 2 项，北京市优秀教学成果一等奖 3 项，全国优秀教材一等奖 1 项、二等奖 2 项，国家精品教材 1 项。首届国家级高等学校教学名师奖获得者。享受国务院政府特殊津贴。

范守善（1947 年—　）山西晋城人。教授，中国科学院院士。1970 年毕业于清华大学并留校任教，1973 年至 1975 年在清华大学固体物理研究班学习，1981 年清华大学研究生毕业，1982 年获理学硕士学位。毕业后一直在清华大学物理系任教。1984 年至 1986 年在麻省理工学院、1993 年至 1994 年在哈佛大学做访问学者。现任校学术委员会副主任、清华-富士康纳米科技研究中心主任。2010 年当选第三世界科学院院士。

长期从事新型功能材料的制备与物性研究，近十余年的研究方向集中在纳米尺度材料的科学与技术，主要研究方向为碳纳米管的生长机理、可控合成与应用探索。在深入揭示和理解碳纳米管生长机理的基础上，实现了超顺排碳纳米管阵列、薄膜和线材的可控与规模化制备，研究并发现了碳纳米管材料独特的物理化学性质，基于这些性质发展出了碳纳米管发光和显示器件、透明柔性碳纳米管薄膜扬声器、碳纳米管薄膜触摸屏等多种纳米产品，部分应用产品已具有产业化前景，实现了从源头创新到产业化的转换。已发表 SCI 论文百余篇，部分研究成果发表在 *Sci-*

ence 和 *Nature* 等国际权威学术期刊上。部分研究成果曾被列入中国十大科技新闻、科技部十项基础研究成果和"中国高等学校十大科技进展"。1999 年获教育部首届长江学者成就奖二等奖。指导的博士生学位论文有 2 篇入选全国优秀博士学位论文。

范维澄（1943 年— ）湖北鄂州人。教授，中国工程院院士。中共党员。1960 年考入中国科学技术大学，学习工程热物理，毕业后留校任教。其间曾于 1979 年赴英国帝国理工学院进修两年多。1991 年起任火灾科学国家重点实验室主任，历任系主任、副校长。2003 年受聘于清华大学，任公共安全研究院院长、工程物理系安全科学与技术研究所所长。现任国务院学位委员会"安全科学与工程"学科评议组召集人、国务院应急管理专家组专家、国家减灾委专家委委员、教育部安全工程教学指导委员会副主任、住建部城市建设防灾减灾专家委员会主任、北京市应急委专家顾问、国家自然科学基金委"非常规突发事件应急管理研究"重大研究计划指导专家组组长、亚太公共安全科学技术学会主席、（中国）公共安全科学技术学会理事长、中国工程热物理学会副理事长、中国消防协会副会长。曾任国家中长期科技发展规划战略研究"公共安全科技问题"专题报告执笔组成员、科技部"十一五"公共安全领域科技发展规划专家组组长。曾在国务院全国应急管理工作会议上作大会讲座，在中共中央政治局集体学习会上作专题讲座。主要研究领域：公共安全的监测监控、预测预警、人员疏散、应急管理的理论与技术及其综合集成；火灾动力学演化与防治技术；燃烧与火灾过程的理论模型与数值模拟。获国家科技进步一等奖 1 项，二等奖 2 项；国家级教学成果一等奖、二等奖各 1 项；安徽省重大科技成就奖、全国五一劳动奖章。

方崇智（1919 年— ）安徽安庆人。教授。1942 年毕业于中央大学机械工程系。1949 年获英国伦敦大学哲学博士学位，同年回国，在北京大学任教。1952 年到清华大学任教。历任汽轮机及自动化教研室主任、热工量测及自动控制教研室主任、工业仪表及自动化教研室主任、高等工业学校仪器仪表类专业教材编审委员会副主任委员等职。博士生导师。

长期从事工业过程自动化的教学和科研工作。20 世纪 50 年代在我国开创了过程控制的学科方向，培养出第一批生产过程自动化专业的人才。80 年代致力于"自动控制理论及应用"学科的建设及工业生产过程故障诊断的研究，1992 年获国家教委科技进步一等奖。先后指导培养了一批博士生和硕士生。编著教材《热工过程自动调节》《过程辨识》等，并在国内外期刊上发表论文四十多篇。享受国务院政府特殊津贴。

方岱宁（1958 年— ）福建永安人。教授。中共党员。1978 年至 1986 年南京工业大学攻读机械工程专业本科与硕士，1986 年留校任教。1989 年至 1995 年先后在以色列 Technion 理工学院航空航天系攻读博士、Tel-Aviv 大学和美国马里兰大学做博士后和研究助理。1995 年回国到清华大学工程力学系任教。2000 年获国家杰出青年科学基金，2002 年教育部"长江学者奖励计划"特聘教授，历任破坏力学（应用力学）教育部重点实验室主任、固体力学研究所所长、工程力学系党委副书记。2010 年调任北京大学教授。先后担任过中国力学学会副理事长，亚太材料力学协会副主席，中国仪器仪表学会试验机分会主席，国家自然科学基金委"近空间飞行器的关键基础科学问题"重大研究计划专家组副组长，国家大飞机专家咨询组成员，NSFC"十一五""十二五"《力学学科发展研究报告》调研组组长，中国力学学会"力学学科发展"调研组副组长。还担任《ASME 应用力学》等 4 个国际学术杂志副主编和 5 个国内学术期刊副主编，是《国际应用力学学报》等 7 个国内外学术杂志编委。近 20 年来一直致力于先进材料宏微观力学、电磁固体力学、轻量化材料与结构设计与制备技术等方面的研究与教学工作。先后获国家自然科学二等奖 2

项，教育部自然科学一等奖 2 项和技术发明一等奖 1 项，并获得国家发明专利 20 项。指导毕业博士 22 名、硕士 18 名，其中 2 名博士生论文入选全国优秀博士学位论文。

方鸿生（1932 年—2010 年）上海人。教授。中共党员。1953 年毕业于东北工学院，1956 年北京钢铁学院研究生毕业后到清华大学工作。先后在机械系、材料系任教。博士生导师。曾任美国卡内基梅隆大学材料与冶金系客座教授。曾是美国金属学会及美国冶金学会会员，曾任金属学会材料学会常务理事、相变学术委员会主任委员，中国兵工学会材料学会理事，国家重点推广计划贝氏体钢研究及推广中心主任等。

他是国际上两大类空冷贝氏体钢之一——锰系贝氏体钢的发明人和代表人物，也是国际上贝氏体相变扩散学说重要代表人之一。发明以廉价锰、硅、铬为主要合金元素的锰系空冷贝钢系列材料十多种；创立钢中空冷获各类贝氏体的新合金化途径，有自主知识产权；创立适应于大生产的成套技术，空冷自硬，可免除淬火或淬回火，高性能、低成本、高效益、省能源。2007 年以来又发明第二代锰系空冷贝氏体钢——淬火贝氏体钢。所发明的多种新型空冷贝钢系列材料性能优异，低成本，污染少，并已稳定地用于汽车、工程机械、煤炭及矿山、铁路运输、海港码头、固体物料输送等工业领域的大生产。在我国的钢铁、机械、交通运输等行业中取得显著经济效益及社会效益。在理论研究方面，领导的研究团队多年来形成较系统、有特色的贝氏体相变学术体系，国内外具有重要影响。曾获国家发明二等奖以及省部级科技进步一等及二等奖多项，获杜邦科技创新奖、中国专利发明创造金奖等重要奖励十余次，科技成果鉴定 20 项，获国内外专利 15 项。出版《贝氏体相变》等专著 3 部，发表论文 300 余篇。

方惠坚（1933 年—　）浙江杭州人。研究员。中共党员。1950 年入清华大学土木工程学系，1953 年任首批学生政治辅导员，1955 年毕业留校任教。历任土木系教学秘书、团总支书记、校团委副书记、校党委监委委员。1977 年后历任党委学生部部长、外事办公室主任、土木与环境工程系党委书记、校党委常委、研究生院副院长、教务长，1985 年任副校长，1988 年任校党委书记、校务委员会副主任。是第八届全国人大代表，中共十四大代表。兼任全国高校设置评议委员会副主任、高等学校本专科教学评估专家委员会副主任、霍英东教育基金会顾问委员会委员、茅以升科技教育基金委员会副主任、北京市高等教育学会副会长等职。

长期从事学校党的建设、政治思想工作及高教管理工作。在学生部工作期间，恢复学生辅导员制度，建立学生思想工作和管理工作体系。参加大学毕业生分配改革试点，取得经验，在全国推广。参加筹建研究生院，建立研究生管理工作体系，改革研究生招生，试行推荐加考试、择优录取的办法。提出大学生录取研究生后可先到厂矿企业工作二到五年，再回校读研究生。在主持党委工作期间，党政密切配合，坚持社会主义方向，抵制社会错误思潮，学校工作制度化、规范化，使学校在稳定中发展。清华大学 1993 年获"党的建设和思想政治工作先进高等学校"称号，1995 年获北京市"优秀基层党委"称号。与校长张孝文共同提出争取到 2011 年把清华大学建设成为世界一流的具有中国特色的社会主义大学的奋斗目标。1995 年被国家教委、人事部评为全国教育系统劳动模范，是北京市优秀基层党委书记。

退休后继续参与学生和教工党课教育、校史教育工作，参与校史编写工作。出版《清华工作五十年》《长卷一页——在清华当书记的前前后后》等著作，合著《蒋南翔传》《中国高等教育发展与改革》等书，合编《清华大学志》《双肩挑》《清华之魂》等书，发表论文百余篇。

费维扬（1939 年—　）浙江平湖人。研究员，中国科学院院士。中共党员。1963 年于清华大学工程化学系毕业并留校工作。曾到英国 Bradford 大学化工系进修。曾任国家重点化学工程联合实验室副主任。博士生导师。现任中国生态经济学会副理事长、中国生态经济学会循环经济专业委员会主任、中国化工协会理事、英国皇家化学会理事、《中国化学工程学报》主编、《化学工程》副主编、*IEC Research* 顾问委员会委员和 JCBT 的编委等。

长期从事化工分离科学和技术的研究和教学工作。针对能源、资源和环保等领域国民经济建设的迫切需要，在萃取、吸收等传质分离设备的数学模型、设计放大和性能强化等方面进行了系统的研究。例如，采用计算流体力学（CFD）模拟与先进测试技术（如 LDV 和 DPIV 等）相结合的方法，深入研究液-液两相流的传递现象，并对一些化工难题进行故障诊断，提出了多种改进分离设备性能的有效途径，推动了过程强化和国外引进技术的消化吸收和再创新。近年来，面对全球气候变化的严峻挑战，开展了 CO_2 捕集新技术的研究。研究成果曾获国家技术发明奖、国家科技进步奖和国家专利创造发明金奖各 1 项，省部级科技进步奖 14 项，发明专利 9 项，获奖项目年经济效益逾亿元。发表论文二百余篇，指导博士生和硕士生三十余名，参加编写的主要著作和手册有《液-液萃取过程和设备》《溶剂萃取手册》《石油化工设计手册》和《中国大百科全书·化工卷》等。

冯　远（1952 年—　）江苏无锡人。教授。中共党员。1980 年，浙江美术学院中国画专业研究生毕业留校执教，历任教研室主任、教务处长、副院长。博士生导师。1999 年，调任文化部教育科技司司长，积极贯彻执行教育体制改革，制定高等艺术教育评估体系，大力发展社会艺术教育。2001 年任文化部艺术司司长，促进各艺术门类创作生产，策划实施"国家舞台精品工程""国家重大历史题材美术创作工程"，设立"二十世纪中国美术收藏奖励基金"和"京昆艺术专项扶持基金"。2004 年任中国美术馆馆长，积极推行内部管理体制改革，开展公共教育服务和对外美术交流。2005 年任中国文联副主席、党组成员、书记处书记、中国美协副主席，带头深入生活，加强创作研究，组织策划"中华文化走出去"活动，主持实施"中华文明历史题材美术创作工程"。2008 年起受聘任清华大学美术学院名誉院长，策划实施首届北京国际设计三年展，筹组中国艺术设计学会，担任大型国家项目《中国工艺美术全集》执行主编。是第十一届全国政协委员。

长期从事中国画创作及理论研究，作品多以反映历史题材和现实生活内容为主，代表作品有《秦隶筑城图》《屈赋辞意》《世纪智者》《今生来世》等。主要论著有《东窗笔录》《重归不似之似》《人的艺术和艺术的人》等百余万字。出版有作品集、论文集、专著、教材多部。作品曾入选国内历届重大美术展览，获金银铜奖及优秀奖达二十余项次；大量作品赴欧美日韩等国展出，并被国内外美术馆、博物馆收藏；曾赴法国、日本、奥地利、新加坡、美国等举办个人作品展并讲学、考察访问。获优秀教师、国家级有突出贡献中青年专家称号，享受国务院政府特殊津贴。

冯冠平（1946 年—　）江苏武进人。教授，研究员。中共党员。1964 年至 1970 年在清华大学精密仪器及机械学系本科学习，毕业后留校工作。1978 年至 1982 年在该系攻读研究生，获硕士学位。历任研究室主任、精密仪器系副系主任、科技处处长、校长助理、校务委员会副主任。其间曾分别赴美国和德国进行科研访问工作。1984 年、1989 年先后被破格提升为副教授、教授。1998 年起任深圳清华大学研究院常务副院长、院长。1993 年至 1998 年任科技处处长。主管学校科技工作期间，策划成立了中国第一个市校合作科技开发基金——广东-清华科技创业基金，探索大学与地区科技、经济合作的新途径，推进了清华大学科技成果产业化的力度和成效。先后获得国家、省部级科技成果奖励 13 项，其中国家科技进步奖、国家技术发明奖 4 项，获日内瓦国际发明银奖，被国家教委、科委授予"全国高等学校先进科技工作者"称号，被国家教委和人事部授予"做出突出贡献的回国留学人员"称号。发表论文 70 多篇，SCI 收录论文 9 篇，EI 收录论文 28 篇。培养博士生 16 名、硕士生 6 名，申请专利 22 项。1991 年起享受国务院政府特殊津贴。

1995 年创建深圳市清华传感技术公司（深圳力合高科有限公司的前身），重点转化"石英晶体力传感器"，2003 年该项目获得国家发明二等奖，迄今累计出口近 50 亿元人民币，形成了一个拥有自主知识产权的新技术群，成为世界上此类产品的五大制造商之一。1996 年参与主导创办了全国第一家高校与地方政府合办的研究院——深圳清华大学研究院，累计孵化企业 600 多家，创办投资了 180 多家企业，投资近 100 多家高科技公司，培育了 14 家上市公司，任职期间，账面净资产增长了 126％。研究院多次受到胡锦涛、温家宝、李长春、陈至立、路甬祥等党和国家领导人的赞扬。连续两届被评为"中国创投界十大风云人物"，获"广东省十大创新人物"称号、深圳市"市长奖"。

冯景兰（1898 年—1976 年）字淮西，河南唐河人。教授，中国科学院院士。北京大学肄业。1918 年留学美国科州金城矿冶学院学习矿山地质，获得矿山工程师称号。1921 年入哥伦比亚大学地质研究院，1923 年获得地质硕士学位。同年回国任教于中州大学，曾任矿物地质系主任。1929 年到北洋大学任教授。1933 年至 1952 年任清华大学地学系（西南联合大学时期为地质地理气象学系）教授，曾任系主任。其间于 1943 年至 1945 年兼任云南大学工学院院长及采冶系主任。1952 年起任教于北京地质学院。曾任中国地质工作计划指导委员会委员，参与新中国地质工作的全面规划。还曾任黄河规划委员会地质组组长。

一生走遍我国的东北、西北、华北、西南、华南和中原广大地区，做了大量基础地质工作。在矿床学的普查勘探，尤其是有色金属的普查勘探，有着丰富的实践经验。早年在两广区域调查中，提出了"丹霞地形"命名，后为国内、国际地学界承认，至今仍在沿用。主要著作和论文有《探矿》（多次再版）、《开封附近的砂堆》《河北昌平金矿》《山东招远金矿》《川、康、滇铜矿表生富化的证据》《川、康、滇铜矿概要》《两广地质概要》《陕北地质概要》《矿床学原理》（合编）。晚年提出"成矿封闭的基本概念"，并著有《关于成矿控制及成矿规律的几个重要问题的初步探讨》。从事地质科学教育数十年，讲授"矿床学""工程地质学""地貌学""石油地质学"等，为国家培养了地质人才。1956 年分别出席全国和北京市先进工作者代表大会。

冯俊凯（1922 年—　　）天津人。教授。1945 年毕业于中央大学机械工程系，1949 年获美国堪萨斯大学机械工程硕士学位。回国后任教于北京大学。1952 年到清华大学任教。历任热能工程系教研组主任、系学术委员会主任、校学术委员会委员、煤清洁高效燃烧国家重点实验室学术委员会主任。博士生导师。曾任内蒙古电力学院荣誉教授、东北电力学院兼职教授、劳动部锅炉压力容器安全技术委员会委员、华中理工大学煤燃烧国家重点实验室学术委员会主任等职。

长期从事热能工程的教学及科学研究工作，开创锅炉专业，系统地开出了"蒸汽发电厂""锅炉设计""锅炉运行""锅炉安装""煤粉制备"等十余门课程。指导博士生 13 名、硕士生 2 名。1950 年代初独自设计出中压电站锅炉；1980 年代以来在使热能工程专业与国外著名大学建立联系方面做了大量工作。先后主持两届国际煤燃烧学术会议并当选会议主席。参加机械工业部 1983 年批准的 JB/Z　201—83"电站锅炉水动力计算方法"的制订，负责"锅炉水循环中停滞及倒流的校验方法的研究"，获机械工业部集体二等奖。著作有《锅炉设备》上下册、《锅炉原理及计算》第一版及第二版、《锅炉水自然循环原理、计算及试验方法》（获国家教委科技进步二等奖）等。其中《锅炉原理及计算》长期作为国内本专业的核心教材，先后获机械工业部高等学校机电类优秀教材一等奖、国家级教学成果奖二等奖。

冯新德（1915 年—2005 年）江苏吴江人。教授，研究员，中国科学院院士。1937 年毕业于清华大学化学系。先后执教于云南大学、中央工专（重庆）和浙江大学（遵义）。1945 年考取清华大学公费留美生，1946 年入美国印第安纳州诺脱丹大学研究院，1948 年毕业获博士学位。1948 年回国任清华大学化学系教授。1952 年院系调整后历任北京大学化学系教授、高分子教研室主任。曾任中国科学院北京化学研究所研究员、感光化学研究所研究员，中国石油化工总公司技术顾问。

长期从事高分子化学的研究和教学。研究高分子化学基础理论，特别是烯类自由基聚合方面，内容涉及氧化还原引发体和反应机理，烯类接枝聚合和反应机理，非共轭双烯类自由基和负离子环化聚合，烯类光敏引发聚合，特别是含胺及其他给电子体的光敏引发和机理。在正离子聚合方面，有四氢呋喃为主体的开环聚与共聚合和反应机理以及有关嵌段共聚合等。又研究功能高分子，涉及光敏高分子以及生物医用高分子（包括抗凝血材料、高分子药物和生物活性高分子等）。共发表中、英文论文百余篇，著有《高分子合成化学》等。

冯仲云（1908 年—1968 年）江苏武进人。1926 年考入清华学校大学部，1927 年"四·一二"政变，4 月底李大钊等烈士被害后，于 5 月 1 日加入中国共产党。"四·一二"政变后，在清华支部与上级一度失去联系的情况下，仍坚持斗争。暑假期间曾与朱理治等一起在北京西郊开展农运工作。1928 年 1 月接替朱理治担任中共清华支部书记，1929 年清华支部与上级恢复联系，党员由六七人发展到二十余人。1930 年 2 月调中共北平市委，主办党的文艺刊物《展望》。同年 4 月在参加北京市工人、学生代表"五一"劳动节筹备会后，被警察逮捕，在狱中坚持斗争，9 月从狱中逃出，10 月赴哈尔滨从事党的地下活动。"九一八"事变后历任中共东北反日总会党团书记，中共满洲省委秘书长，东北抗日联军第三军政治部主任兼中共珠河中心县委宣传部部长，中共北满省委书记，东北抗日联军第六军政治部主任、第三军政委。1949 年后曾任松江省人民政府主席兼哈尔滨工业大学校长。1952 年出任北京图书馆馆长，1954 年至 1968 年任水利部、水利电力部副部长兼华东水利学院院长，是中共八大代表，第一至三届全国人大代表。1955 年获毛泽东主席颁发的"八一勋章"和一级"独立自由勋章"。"文化大革命"中被迫害致死，1977 年党中央予以平反。

冯重熙（1930 年—　　）辽宁辽阳人。教授。1953 年清华大学无线电工程系毕业，1955 年该系研究生毕业，留校任教。历任通信教研组主任、无线电电子学研究所副所长、电子工程系副系主任。博士生导师。曾任中国电子学会通信学分会副主任、中国通信学会理事、中国电子学会理事、北京电信通信学会副理事长、电子部军事通信和导航技术专业组成员、机械电子工业部通信专业标准化技术委员会委员、国家发明奖励评审委员会电子仪器仪表评审组委员、国家自然科学基金委员会电子学学科评审组成员、北京市人民政府专业顾问团顾问、《通信学报》编委会副主任、美国 IEEE 高级会员等职。

长期从事通信领域的教学和科研工作，是我国数字通信传输技术研究的开拓者之一。1964 年在国内首次研制成功八路脉码调制终端设备，成为当时数字通信技术发展的重要标志。1974 年完成我国第一台可视电话编码设备。1978 年完成了欧规标准的 PCM 终端与 120 路数字复接设备的研制。以上成果 1978 年获全国科学大会奖。负责军用增量调制数字终端机全国统一设计并获 1981 年国防科工委三等奖，合作研究成果"二次群数字微波通讯系统"1985 年获国家科技进步二等奖，"模型法码速调整数字复接技术及其复接器""减小抖动正码速调整技术及其新型复接设备"分别获 1987 年和 1990 年国家发明二等奖。还获得国家教委科技进步一等奖 1 项，电子部的科技进步一等奖 2 项、二等奖 4 项，光华科技基金一等个人奖。1985 年受电子部科技委和通信司的委托组建清华大学专用集成电路联合实验室，出任主任，设计出我国第一批用于光纤通信的四种专用集成电路，经国外加工后已商用。1989 年组建北京华环电子有限公司任董事长兼总经理，实现科技成果向市场转化为工业产品。长期在教学第一线工作，讲授"无线电基础""放大原理""多路通信原理""专用集成电路"等课程。指导研究生三十余名。发表论文六十余篇，其中获中国通信学会优秀论文一等奖 2 篇、二等奖 3 篇。专著有《增量数字电话终端机》《现代数字通信技术》。

傅家骥（1931 年—　）辽宁沈阳人。教授。中共党员。1955 年于清华大学毕业并留校任教。1961 年在苏联列宁格勒工程经济学院获苏联经济科学副博士学位。回国后在清华大学机械工程系企业管理教研组任教。1978 年任经济管理工程系筹备组副组长、副系主任，1985 年后任经济管理研究所所长。博士生导师。兼任国务院学位委员会管理学科评议组成员、国家教委管理工程专业教学指导委员会副主任委员兼技术经济组组长、机械部高等工科院校技术经济教学指导组组长、中国青年科学家奖终审委员会管理学科组组长、中国设备管理协会常务理事、中国投资学会常务理事、中国技术经济研究会副理事长等。

长期从事技术经济学、技术进步、技术改造、设备更新、技术创新的教学和研究，负责并完成部委以上重要项目 15 项，其中设备更新研究获国家科技进步三等奖、国家教委科技进步二等奖；技术创新研究获教育部科技进步一等奖；1997 年获得国家优秀科技工作者称号。倡议组织国家自然科学基金"八五"重大项目"中国技术创新研究"课题并任负责人。是清华大学经济管理学院技术经济博士点（重点学科）的创立人和学科带头人。指导博士生 22 名、硕士生三十余名。主编著作有《工业技术经济学》（获国家教委优秀教材一等奖、国家图书奖）、《技术创新学》（获北京市哲学社会科学一等奖）、《技术经济学》（获全国经济和企业管理干部教育优秀教材奖）、《技术经济概论》《工业企业技术改造项目经济评价方法教程》《价值工程在产品设计中的应用》《工程师经济分析与决策》《技术创新——中国企业发展的道路》（获全国高等学校人文社科研究优秀成果二等奖和北京市社科二等奖）等教材和专著。

傅水根（1945 年—　）江西峡江人。教授。中共党员。1970 年毕业于清华大学汽车拖拉机专业，留校任教。其间曾于 1984 年作为访问学者被国家教委派往英国伯明翰大学留学两年，获授名誉研究员，任留学生和访问学者党支部书记和学联会副主席。历任清华大学金工教研室主任、基础工业训练中心主任，兼任机械厂厂长。连续三届任教育部高等学校机械基础课程教学指导委员会副主任委员。曾任国际现代工业培训学术会议学术委员会主席。为国内多所大学的兼职教授。

讲授"机械制图""机械制造工艺基础""Manufacturing Engineering"等 8 门本硕课程。主编国家"十五"规划教材《现代工技术训练》、北京市"十五"重点精品教材（第二版）和国家"十一五"规划教材（第三版）《机械制造工艺基础》《机械制造实习》《高中通用技术》系列教材、《探索工程实践教育》、第六届国际现代工业培训学术会议论文集（英文版），译著 2 部，主审教材二十多部。系统研究工程实践教育，发表相关论文一百五十余篇，应邀做学术报告二百余场。主持完成国家自然科学基金和横向技术合作项目十余项，研制成功数控旋转电加工机床、汽车离合器超速试验机、十二工位数控激光淬火机床、游泳训练水上牵引系统、体质智能化测试系统和数控旋转超声波加工机床等，获发明专利 3 项，发表科研论文 42 篇。指导博士生 2 名、硕士生 4 名。

主编的《特种加工——电、声、光部分》获全国首届教育优秀音像出版物一等奖，主编的《机械制造工艺基础》（第三版）获评全国大学出版社优秀教材一等奖；先后获得北京市优秀教师、宝钢教育基金全国高校优秀教师、北京市教育创新标兵、北京市高等学校教学名师奖和国家级高等学校教学名师奖。主持申报的"机械制造实习"获国家级精品课程，主持申报的创建国内领先的工程训练教学示范中心获北京市教学成果一等奖、国家级教学成果二等奖，主持申报的清华大学基础工业训练中心获评国家级实验教学示范中心，主持申报的工程训练系列课程教学团队获评国家级优秀教学团队。1993年起享受国务院政府特殊津贴。

高　沂（1914年—　　）山东沂水人。1938年加入中国共产党。曾任安吴青年训练班队长、西北青年战地工作团团长、延安青年艺术剧院支部书记、中共辽宁省委组织部科长。1949年后历任东北人民政府民政部处长、办公厅副主任，中共中央书记处第二办公室研究员，中共中央交通工作部副处长。1957年任清华大学校长助理，1959年任党委第二副书记，1962年至1965年任副校长兼党委副书记。1964年后历任高等教育部副部长，北京师范大学党委副书记、代理书记，教育部副部长、党组副书记，兼任中国联合国教科文组织全国委员会主任，教育部顾问。是第六届全国政协委员。

在清华大学工作期间，分管行政后勤、校办工厂和党的统战工作，对推进学校教学、科研、生产三联基地的建设，保障教职工和学生的工作、学习和生活条件，对学生进行克勤克俭的校风教育和民兵训练，以及学校的发展和建设，作出了积极贡献。重视知识分子工作，同知识分子交朋友，关心他们的工作和生活，还亲自为教师讲授政治经济学课程。

高崇熙（1901年—1952年）字仲明，河北雄县人。教授。1919年考入清华学校，1922年毕业后赴美留学，入威斯康星大学化学系，1926年获博士学位。同年回国，任清华学校大学部化学系教授，1928年任系主任，邀请当时国内著名的化学家张子高、萨本铁、黄子卿等3人到化学系任教，为化学系的发展奠定了坚实的基础。抗日战争期间，任教于西南联合大学，1946年随清华大学复员回到北平，继续担任清华大学化学系主任。

在清华大学执教25年，为化学馆的筹建倾注了大量心血。讲授过"定量分析化学""高等无机化学""稀有元素化学""无机制备""有机合成"等课程，培养和造就了许多优秀的化学工作者，其中不少人后来成为我国化学、化工界的学术带头人。在科研方面，涉及无机合成和分析、有机合成和分析、化工生产等领域，在无机合成领域中有重大发现。1949年前后从事过硬质玻璃的研制，取得突破性成果。1950年筹建了北京新华试剂研究所并担任所长，该所后来成为我国最大的化学试剂生产企业，满足了当时国家对化学试剂的需求。为我国化学试剂与硬质玻璃的生产作出重要贡献。

葛庭燧（1913年—2000年）山东蓬莱人。教授，研究员，中国科学院院士。九三学社社员。1937年毕业于清华大学物理学系，1940年获燕京大学理学硕士学位。1941年赴美留学，1943年获美国加州大学伯克利分校博士学位。曾在麻省理工学院光谱实验室和辐射实验室及美国芝加哥大学金属研究所工作。1949年回国。1950年至1952年任清华大学物理学系教授和中国科学院应用物理研究所研究员。后历任中国科学院金属研究所研究员、副所长，中国科学院数学物理学部常委，中国科学院合肥分院副院长和党组成员，固体物理研究所研究员、所长、名誉所长。曾被邀为联邦德国马普学会金属研究所物理所访问教授，被法国大学部聘为法国里昂国家应用科学学院的客座教授，并当选法中交流学院通讯院士。曾任中国物理学会理事和内耗与超声衰减专业委员会主任委员、中国金属学会理事。是第三、五、六届全国人大代表，曾任九三学社中央常委。

第二次世界大战期间，在美国进行不可见紫外光源的光谱学研究，参加过曼哈顿原子弹计划、关于微波雷达的发射和接收开关研究工作，获得奖章、奖状和专利。后来主要进行金属的内耗和力学性质的研究，实验研究成果奠定了滞弹性内耗的基础，国际上把他创制的研究内耗用的扭摆称为"葛型扭摆"，把他首次发现的晶粒间界内耗峰称为"葛氏峰"。发表论文一百多篇，编写出版了《声发射》《全息照相与无损检验》和《磁粉探伤基础》等书。"金属的内耗与金属的力学性质的研究"和"位错内耗与范性形变机理的研究"先后获国家自然科学二等奖和三等奖。

龚　克（1955 年—　）湖南长沙人。教授。中共党员。1978 年就读北京工业学院，1982 年毕业。1986 年获奥地利格拉茨技术大学博士学位，1987 年回国到清华大学做博士后并任教。先后担任电磁场与天线教研组副主任，微波与数字通信国家重点实验室副主任、主任，电子工程系副主任、主任，研究生院副院长兼培养处处长，宇航技术研究中心主任，科技处处长。1999 年至2006 年任清华大学副校长，先后分管科研、国际合作与学术支撑体系建设工作。2004 年起兼任信息学院院长。曾任清华信息科学与技术国家实验室（筹）主任。2006 年调任天津大学校长。俄罗斯宇航科学院外籍院士。任世界工程组织联合会（WFEO）副主席以及 WFEO 信息与通信委员会主席，中国科协常委，中国电子学会和中国通信学会副理事长，工信部通信科技委常委，国家"863"计划 7 领域专家委员会委员，第十一届全国人大代表。

担任清华大学副校长期间，致力于学校科研和国际合作事业的重点突破和跨越发展，强调自主创新和学术道德建设，积极探索科研机制体制改革，推动在航天、生命、信息等领域的战略布局和综合性发展，完成"985"一期建设，并大力倡导和推行了学生国际培养计划。

长期从事电波与无线通信技术的教学与研究开发工作。曾参与和主持数字无绳通信系统，无线接入设备与技术，微波点对多点农村通信系统，蜂窝通信及室内通信的无线信通特性，小型多天线技术，微纳星技术试验卫星和中国数字电视无线传输标准等项目的研发，获得过国家技术发明二等奖和北京市科技进步一等奖等。

顾秉林（1945 年—　）吉林德惠人。教授，中国科学院院士。中共党员。1965 年入清华大学工程物理系学习，1970 年毕业留校工作。1973 年至 1975 年、1978 年至 1979 年在清华大学固体物理研究生班学习。1979 年赴丹麦奥胡斯大学深造，获博士学位。历任清华大学近代物理研究所所长、物理系主任、理学院副院长、高等研究中心副主任、校长助理兼研究生院院长等。2001年任副校长，兼任软件学院院长、教育研究所所长。2003 年任校长。历任国务院学位委员会委员及物理学与天文学学科评议组召集人、国家科学技术奖励委员会委员、中华环保联合会副主席、中国微米纳米技术学会理事长、全国高校教学研究会理事长、北京市科协主席等职。是全国政协常委。获日本早稻田大学、俄罗斯圣彼得堡财经大学和英国拉夫堡大学名誉博士学位，法国里昂中央理工大学荣誉博士学位勋章，日本东北大学客座教授、丹麦奥胡斯大学名誉教授。是第三世界科学院院士、瑞典皇家工程科学院外籍院士。

长期致力于物理学和材料科学的研究和人才培养，在凝聚态物理方向取得了许多重要成果，荣获何梁何利科技进步奖、国家自然科学奖二等奖、国家级教学成果一等奖、中国高校自然科学奖一等奖、宝钢教育基金优秀教师特等奖等多项奖励，曾被国家教委和人事部授予"做出突出贡献的回国留学人员"称号，被人事部评为国家级有突出贡献中青年专家。

任校长期间，与学校党政领导班子一道，结合中国国情，积极探索世界一流大学建设规律，凝练出"厚基础、重实践、求创新"的育人特色，强调"顶天、立地、树人"的科研宗旨，提出大学之道"育人为本、学术为魂、大师为先、责任为重"，倡导"人文日新"。在他的主导和支持下，清华大学首创"新生研讨课"和"实验室科研探究课"，实施"清华学堂人才培养计划"；加强基础研究，并大力加强与重点行业、部门和地区的科研合作、自主创新；注重海内外高层次人才的引进和青年教师的培养，把"人才强校"作为学校发展的核心战略，实施了一系列队伍建设和人事改革措施；推动建立学生国际培养体系，开展学科国际评估，主持全球大学校长峰会形成"清华共识"。学校出色完成"三个九年，分三步走"总体战略第二个九年"重点突破，跨越发展"的战略任务，学科综合实力、教育教学质量、科研创新能力、师资队伍水平、社会服务水平、文化传承创新能力、国际声誉和影响力等全面提升，在创建世界一流大学的进程中迈出了关键步伐、取得了突出成绩。

顾夏声（1918年— ）江苏无锡人。教授，中国工程院院士。九三学社社员。1941年于交通大学土木工程系毕业后，曾任教于大同大学、交通大学。1946年赴美留学，1948年获美国得州农工大学卫生工程硕士学位。同年在美国Rutgers大学任研究助理，后在美国芝加哥水泵公司任工程师。1949年回国，先后任教于北方交通大学、北京大学。1952年院系调整调入清华大学，先后在土木工程学系和环境工程系任教。博士生导师。曾任给排水教研组副主任、主任，环境工程教研组主任。还是国家教委环境工程教材委员会主任委员，建设部给水排水与环境工程教材编审委员会主任，北京市政府给水排水工程顾问，建设部《土木建筑大辞典》编委会常务编委、该辞典设施环保卷主编，《环境工程手册》编委会主任，中国环境科学学会高级会员等。

长期从事废水生物处理的教学与研究。在高浓度有机废水厌氧生物处理、高浓度硫酸盐废水处理、难降解有机废水处理、氧化塘技术和生物除磷等方面的研究成果，有的达到国际先进水平，有的被列入国家环保最佳技术。曾获国家教委科技进步一等奖和国家科学技术委员会三等奖等。研究解决的高效低耗厌氧生物处理反应器工程设计和运行的关键技术，在全国推广应用，并取得显著经济效益和环境效益。为我国市政工程和环境工程造就了一批学术带头人和高级专家，共培养博士生二十多名。撰写著作7本，发表论文百余篇。

关肇邺（1929年— ）广东南海人。教授，中国工程院院士。中共党员。1947年至1948年在燕京大学理学院学习，1948年至1952年在清华大学建筑工程学系、营建学系学习，1952年毕业留校在营建学系任教。博士生导师。1981年至1982年在美国麻省理工学院做访问学者。任首届世界华人建筑师协会常务理事。

在梁思成教授的指导和影响下，在现代建筑和中西古典建筑的历史及理论方面有深厚的基础，50年代末主持设计清华大学主楼，在当时大学建筑中有一定影响。近50年来，在科学研究和建筑艺术创作上均有重大成果。理论方面，广泛涉猎中外建筑理论并借多次出访之机进行调研和学术交流，发表论文、译著等40篇（册）；培养硕士生22名、博士生13名。实践方面，结合建筑设计任务和竞赛进行建筑创作，探索富有我国特色又具时代特征的新建筑。在创作中重视建筑的教化作用，作品大多为文化教育类建筑，准确地把握建筑的性格，在平易的外形中寓有深刻的思想内涵并注重与环境的结合，不突出个体而致力于整体的完善与和谐。在对学生的教学中和多次与外国建筑师的交流、演讲中以自己的设计讲解中华文化的核心价值观是"和"。在其数十项已建成的建筑设计中，有6项入选中国建筑学会新中国成立60年来优秀建筑大奖，2项获得国家优秀建筑设计金奖，16项获省部级一等、二等优秀设计奖。在埃及亚历山大图书馆设计方案国际竞赛中获国际建协授予的特别奖，是我国建筑师首次在重大国际竞赛中的获奖项目。所设计的北京大学图书馆建筑在华人建筑师协会首次评选中获奖。2000年获首届梁思成建筑奖，2010年获选中国文学艺术界联合会第9届造型表演艺术成就奖。

关志成（1944 年—　）满族，吉林图们人。教授。中共党员。1970 年清华大学电机工程系本科毕业后留校工作。曾任校电工厂车间副主任、高电压实验室主任。1978 年至 1984 年在清华大学脱产读研究生，成为我国第一位高电压技术方向博士。曾在英国曼彻斯特理工学院做访问学者一年半。回国后仍任教于清华大学，历任高电压教研室主任，电机工程与应用电子技术系分党委副书记、书记。1993 年任校长助理兼人事处处长，1994 年至 1999 年任副校长。1999 年至 2010 年任校务委员会副主任，2002 年至 2010 年兼任清华大学深圳研究生院院长。曾任中国电工技术学会副理事长、理事长、名誉理事长，中国电机工程学会副理事长，高电压技术专委会副主任，《清华大学学报》《高电压技术》编委会副主任，《中国电机工程学报》《高压电器》《电工与能源新技术》《电力系统装备》等期刊编委，中国科协委员，联合国教科文继续工程教育主任教席。是 Fellow of IET。

任副校长期间，分管国际交流合作、继续教育、校园信息网络建设、大学与企业合作等方面工作。研究方面，"沿染污介质表面放电研究"项目获国家自然科学三等奖，"高压合成绝缘子"项目获国家科技进步二等奖，此外获省部级科技奖励二十余项。发表学术论文四百余篇，其中三大检索收录论文二百余篇，是《中国电气工程大典》输变电工程卷主编。已指导博士后 11 名，培养博士三十余名、硕士三十余名。是第 14 届 ISH、第 12 届 ACED 和第 19 届 GD 三个大型系列国际会议的主席。1991 年被国家教委、国务院学位委员会授予"做出突出贡献的中国博士学位获得者"称号，1996 年获国家级有突出贡献中青年专家称号，2008 年被评为"深圳市十佳校长"。

过增元（1936 年—　）江苏无锡人。教授，中国科学院院士。中共党员。1959 年毕业于清华大学动力机械系，留校在工程力学数学系任教。曾任热物理教研组主任。博士生导师。1979 年至 1981 年获洪堡研究奖金在联邦德国慕尼黑工业大学从事科研工作，1989 年任联邦德国斯图加特大学访问教授，1993 年任美国密歇根州立大学访问教授，并被授予"国际教授"称号。曾任清华大学工程力学系工程热物理教研室主任、研究生院副院长、机械工程学院院长，中国工程热物理学会副理事长，传热传质学会主任、国务院学位委员会学科评议组组长、"863"航天领域专家委员会委员、国际传热传质中心执行委员，国际传热大会常务理事和中国首席代表。现为美国机械工程师协会会士，《传热和传质》《微尺度热物理工程》和《国际多相流》等国际学术刊物编委。

长期从事传热学、热力学、热等离子体、传热强化与优化、火积和热质理论等方面的教学和研究工作。已出版专著《热流体学》《电弧和热等离子体》《场协同原理与强化传热新技术》和《对流传热优化的场协同理论》，发表论文逾 200 篇。指导博士生 40 余名。1995 年"对流问题中的热阻力和热绕流"成果获国家自然科学三等奖，2004 年"基于场协同理论的传热强化技术及其应用"成果获国家科技进步二等奖。

韩　凯（1925 年—　）天津人。1944 年夏参加康庄地区中共地下党领导的抗日活动。1945年 11 月加入中国共产党。在解放战争中，曾任康庄地区工人纠察队中队长、指导员，冀察省委城联部平绥铁路工人大队副政委，南口地区工会副主任。新中国成立后曾任张家口铁路分局机务段党总支书记、政治处副主任、北京铁路局政治部青年工作部部长、共青团北京市委组织部长、团市委机关党委书记、团市委副书记等职。1972 年调到清华大学试化厂任党委副书记、革委会副主任。1977 年后任清华大学政治部负责人、校党委常委、党委组织部长、校党委副书记、纪检领导小组组长等职，主要分管干部、组织工作。组织清查"四人帮"在清华的帮派骨干；调整、选拔、配备校系两级工作机构及领导班子；复查和落实干部政策，以及调整教职工工资等工作，取

得了较大的成绩。1980年调离清华大学，任北京市总工会主席。

韩景阳（1955年— ）女，河北定兴人。研究员。中共党员。1978年考入清华大学自动化系，1982年本科毕业并留校工作，1989年在清华大学自动化系获硕士学位。1982年起先后任校团委学习劳动部副部长、部长，校团委副书记，研究生团委第一任书记，研究生院思想教育科科长。1990年后历任校工会副主席、常务副主席，北京市教育工会兼职副主席，校党委组织部副部长，校机关党委常务副书记。2002年起任校党委常委、校机关党委书记，并先后担任宣传部部长和组织部部长。2006年任校党委副书记、校务委员会副主任兼校工会主席，2009年兼任纪委书记和监委主任。

多年从事党政管理工作，在学校的学生工作、党的组织、宣传、工会、统战和纪检监察等领域积极工作，并结合实践对相关理论进行深入研究。作为子课题的负责人，分别参加教育部重大委托课题"历史新起点——改革开放30周年高校哲学社会科学发展研究"，和中国高教学会"十一五"教育科学研究规划课题"高等教育党建理论与实践研究"，其研究成果受到上级和社会的重视，多次受邀在重要会议上进行主题发言，《高校党建工作的启示》等多篇文章分别获奖。《红色网站的启示》一文发表在《中国教育报》头版头条，引起较大反响。主编《高校党的建设研究》（获得2009年北京市社会科学理论著作出版基金资助），是《新中国高等学校党建理论与实践研究》副主编，参加编写《在党的旗帜下成长——大学生党课教程》《大学德育新探》等。获得清华大学先进工作者、优秀党建与思想政治工作者、"清华之友"优秀青年教师一等奖、北京市爱国立功竞赛标兵和北京市教育工会模范工会主席等荣誉。

韩英铎（1938年— ）辽宁沈阳人。教授，中国工程院院士。中共党员。1962年和1966年分别于清华大学电机工程系本科和研究生毕业。1965年起任教于清华大学。曾任电机工程系副系主任、电机工程与应用电子技术系主任。博士生导师。1980年至1982年、1986年在德国埃尔兰根大学做访问学者，获德国工程科学博士学位。曾任中国电机工程学会常务理事、北京电机工程学会副理事长，现任电力电子工程研究中心主任。

长期从事电力系统及其自动化及大功率电力电子技术在电力系统中的应用领域的教学与科研工作。讲授"电力系统稳定""输电系统最优控制"等课程，在复杂互联电力系统的频率稳定分析与控制、输电系统最优控制及协调控制、输电系统优化规划等领域做出多项贡献。近十多年主要致力于柔性交流输电系统技术、电能质量控制技术及广域动态安全监测（WAMS）与控制技术的研究，取得一系列行业标志性成果。所领导的团队继与河南省电力公司合作研制成功中国首台万千乏级新型静止无功发生装置（±20Mvar-STATCOM）后，又分别与上海电力公司及中国南方电网公司等合作研制成功±50Mvar和±200MvarSTATCOM。与企业合作研发的电力系统广域动态安全监测系统已为国内电网广泛采用，2008年与中国南方电网公司合作成功实现的多直流协调区域电力系统间低频振荡广域阻尼闭环控制成为世界首例。曾获国家级教学成果特等奖1项，国家科技进步奖及国家发明奖4项，中国电力科学技术一等奖4项。发表论文180余篇，合著著作2部。已培养博士、硕士70余名。

郝吉明（1946年— ）山东梁山人。教授，中国工程院院士。中共党员。1970年毕业于清华大学给水排水工程专业，留校任教。1982年获清华大学核环境工程硕士，1984年获美国辛辛那提大学环境工程博士学位，同年回清华大学任教。曾任环境科学与工程系副主任、主任。是教育部"长江学者奖励计划"首批特聘教授。现任环境科学与工程研究院院长、清华大学学位评定委员会副主席。兼任教育部环境科学与工程教学指导委员会主任、国家环境咨询委员会委员、中国环境与发展国际合作委员会委员、世界工程组织联合会工程与环境委员会委员、中国环保产业协会副会长、中国环境科学学会副理事长、北京市人民政府参事。

研究领域为能源与环境、大气污染控制工程。主持全国酸沉降控制规划与对策研究，为确定我国酸雨防治对策起到了主导作用；建立了城市机动车污染控制规划方法，推动我国机动车污染控制进程；深入开展大气复合污染特征、成因及控制策略研究，发展了特大城市空气质量改善的理论与技术方法，推动我国区域性大气复合污染的联防联控。作为领衔专家，领导完成《第 29 届奥运会北京空气质量保障措施》，获国务院批准。在国内外学术期刊发表论文 200 余篇。获国家科技进步一等奖 1 项、二等奖 2 项，国家自然科学二等奖 1 项。主讲国家级精品课程，已培养博士34 名、硕士四十余名。获国家级教学成果一等奖 2 项，获国家级高等学校教学名师奖。

何　礼（1921 年—1986 年）原名何维登，四川郫县人。中共党员。1934 年由辅仁大学转学至清华大学心理学系，学习至 1937 年。是清华学生救国委员会委员，积极参加"一二·九"学生爱国运动，作为清华学生救国会代表参加北平学联，任学联常委。1936 年 2 月参加党的外围团体"新兴语言联盟"，同年 6 月加入中国共产党。1937 年"七七"事变后，在中共中央长江局领导下在南京、武汉从事抗日救亡工作，并协助蒋南翔创办《战时青年》等刊物。1938 年调延安中央青委工作。1939 年起，历任中共云南省工委青委书记、中央青委干部科科长、延安中学副校长、哈尔滨大学副校长。1949 年后，历任团中央学生部部长、少年部部长、《中国少年报》首任社长、中华全国青联常委、全国政协第一届委员。1953 年至 1954 年，历任清华大学政治辅导处主任、校工会主席、学校基本建设委员会副主任、附设工农速成中学校长。任工农速成中学校长期间，认真贯彻"实事求是，稳步前进"教学方针，亲自动员优秀大学毕业生到工农速成中学任教，以充实师资。此后历任教育部高教司司长、教育部政策研究室主任等职。20 世纪 80 年代，参与编撰《一二九运动史要》。

何东昌（1923 年—　）浙江诸暨人。1941 年入西南联合大学航空工程学系，1944 年在西南联合大学参加发起组织党的外围组织"民主青年同盟"，1946 年毕业。1947 年加入中国共产党。曾任西南联大"民主青年同盟"第一支部执行委员、云南剑川蒙化中学教员、北洋大学助教、清华大学党支部委员。1948 年任石景山钢铁厂接收工作组员。1949 年至 1966 年历任清华大学党总支副书记、书记，校党委书记，政治辅导处副主任，校党委第二书记，校党委副书记，还先后任工程物理系主任、校委会副秘书长、教务处长、试验化工厂厂长等。其间曾于 1950 年兼任燕京大学党总支书记。

他是蒋南翔校长领导教学工作的得力助手，对贯彻党的教育方针，团结知识分子，推进学校的改造、发展和建设，探索适合我国国情的社会主义高等教育作出重要贡献。1953 年协助蒋南翔创立政治辅导员制度，多年来培养了一支又红又专的政治工作队伍。20 世纪 50 年代学苏时主张"学习苏联一定要从中国实际情况出发，不能生搬硬套"。尊重和关心老教授，与蒋南翔一起介绍刘仙洲入党，在知识界引起很大反映。组织选拔优秀学生，推行因材施教，加速培养德智体全面发展的人才。协助蒋南翔创办高新技术学科专业，主持创办工程物理系，设立我国最早的原子能专业，自力更生建造试验原子反应堆，为国家培养出一批急需的高新技术人才。协助蒋南翔总结和推广教学、科研、生产三结合的经验，参与制订"高校六十条"。讲授过马列主义哲学课和力学课。

1972 年至 1973 年任党委副书记，主管教改工作，贯彻周恩来总理关于批极"左"思潮和加强基础理论的指示，调研和调整工农兵学员的教学计划，增加业务理论课学时和半年文化补习，开办固体物理等四个研究班，为"文化大革命"中毕业的新教师组织业务培训。1973年冬被迟群错误批判为"资产阶级复辟势力代表人物"，1977年清华党委予以平反，恢复党委副书记职务。1978年至1982年任副校长。协助校长刘达拨乱反正，调整学校布局，整顿教学秩序，实行"一个根本、两个中心、三方面结合"的办学方针，为推进学校的改革、建设和发展作出重要贡献。1982年后历任教育部部长、党组副书记，国务院学位委员会副主任、主任，中央广播电视大学校长，全国高等自学考试委员会主任，国家教委副主任、党组书记。还曾任中共第十二届、十三届中央委员，中央纪律检查委员会委员，第五届全国人大代表，第八届全国政协常委，国家科委原子能规划组成员，中国物理学会党组成员、副秘书长，中国高教学会会长、名誉会长。

何建坤（1945年— ）河北安平人。研究员，教授。中共党员。1964年考入清华大学工程物理系，1970年毕业后留校，在清华大学试验化工厂（后更名为核能技术研究所）工作。1978年至1981年在职攻读管理科学与工程专业硕士学位。1983年起任核能所副所长、常务副所长、党委书记等职，1991年起任核研院常务副院长。1994年起任校秘书长、副校长，1999年至2007年任常务副校长，其间于2005年至2006年兼任经管学院院长。2008年后任低碳能源实验室主任和低碳经济研究院院长。主要社会兼职有国家气候变化专家委员会副主任、中国能源研究会副理事长、中国可持续发展研究会副理事长、中国节能与清洁生产学会副会长、中国产学研合作促进会副理事长、中国核工业行业协会副理事长、北京能源学会会长、北京市气候变化专家委员会主任等职。曾任北京市人大常委会委员。

在担任副校长和常务副校长期间，主要分管人事和行政管理工作，并兼任秘书长，协助校长在制定并实施学校发展规划、加强队伍建设、推进人事制度改革和管理体制改革等方面发挥了重要作用。主要学术领域为能源系统工程与应对气候变化，曾任国家"973"计划相关项目首席科学家，支撑计划重大项目负责人，"863"计划能源领域专家委员会成员。研究成果获国家科技进步二等奖和三等奖各1项，省部级一等奖3项，二等奖4项。发表学术论文150多篇。

何介人（1928年—1992年）河北昌黎人。1948年入清华大学物理学系学习。同年10月加入中国共产党。历任清华大学党委保卫工作组组长、第一科科长、党委保卫部部长、党委武装部部长、党委办公室主任、校长办公室主任、教务处副处长、校党委常委兼党委宣传部长等职。1983年任经济管理工程系党委书记，1984年任经济管理学院党委书记、常务副院长。

长期从事党政管理工作，一贯认真贯彻党的方针政策，坚持原则，服从工作需要，忠于职守，团结协作。在负责过的安全保卫、武装、宣传、教务、校办等各个方面工作均作出积极贡献，打下了好的工作基础。20世纪80年代后参与创建并主持经济管理学院的工作，对经管学院的建设和发展作出重要贡献。

何增禄（1898年—1979年）浙江诸暨人。教授。1919年考入南京高等师范学校，学习物理。1922年任天津南开大学物理系助教，1926年返回南京继续学习，1927年获东南大学理学士学位，同年到清华大学物理学系任教。1929年赴美留学，在美国加州理工学院研究高真空技术，获科学硕士学位，后在美国罗彻斯特大学研究光学。1933年回国，先后任教于浙江大学、山东大学，曾任浙江大学物理系主任。1952年在浙江大学创建了我国第一个光学专业，为培养我国光学人才作出了贡献。曾任中国物理学会杭州分会理事长。1955年起任清华大学教授。其间于1958年至1959年在苏联杜波那高能粒子研究所工作，回国后任工程物理系教授。

20世纪30年代在高真空技术方面、真空泵多嘴系统的建立及抽速系数的计算等方面取得成就。1949年又在光学理论上提出了光程改变引起频率改变的理论，说明开普勒效应及"红移"现象是特殊情况。在清华大学工程物理系任教期间，曾讲授"真空技术"课程，指导和培养青年教师和研究生，参与并指导核物理实验室的建设，进行"火花室"（测量粒子径迹）的研究。

何兆武（1921 年—　　）湖南岳阳人。研究员。1943 年西南联合大学历史学系毕业。1943 年至 1946 年在清华大学研究院哲学部、西洋文学部学习，后曾任教于台湾大学法学院、湖南第十一中学。1949 年入华北人民革命大学政治研究院学习一年。后任中国科学院、中国社会科学院历史研究所研究员。1985 年后任职于清华大学思想文化研究所，任近现代西方思想文化研究室主任。曾兼任中美文化交流委员会中方交换访问美国学者、美国哥伦比亚大学访问教授、中国社会科学院世界史研究所特约研究员、德国马堡大学客座教授。

先后参加了侯外庐主持的《中国思想通史》《宋明理学史》《中国近代哲学史》《中国思想史纲》等著作的撰写，同时致力于翻译西方经典著作，其中多种被收入商务印书馆出版的"汉译世界学术名著丛书"。其译著力求忠实于原著，有些进行了较多的集注工作。20 世纪 80 年代以来致力于西方历史哲学和史学理论的译介和研究，所做的工作代表了当前我国历史学一个重要的新领域。讲授过"西方思想史""中国思想史""史学理论"等课程。指导研究生 2 名。著有 *An Intellectual History of China*《历史理性批判散论》《历史与历史学》《当代西方史学理论》等，译有利玛窦的《中国札记》、帕斯卡尔的《思想录》、康德的《历史理性批判》，卢梭的《论科学与艺术》《社会契约论》，罗素的《哲学问题》《西方哲学史》《论历史》、李约瑟的《中国科学思想史》、沃尔什《历史哲学导论》、柯林武德《历史的观念》、波普尔《历史主义的贫困》等经典著作。还从事编纂校定工作，撰有论文、杂文及译文多篇。

贺克斌（1962 年—　　）河北献县人。教授。中共党员。1985 年、1987 年和 1990 年在清华大学分别获得环境工程学士学位、硕士学位和博士学位。留校任教。历任校国际合作与交流处处长、研究生院常务副院长。曾在丹麦技术大学、美国哈佛大学和英国利兹大学留学。还任国际清洁交通技术委员会委员、亚洲城市清洁空气行动中心理事会理事、中国能源研究会理事、国家"863"计划重大项目"重点城市群大气复合污染综合防治技术与集成示范"总体专家组副组长、国家自然科学基金委学科评审组成员、中国学位与研究生教育学会秘书长、全国工程硕士教学指导委员会秘书长等。获国家杰出青年科学基金，是教育部"长江学者奖励计划"特聘教授。

长期从事大气污染控制理论与技术的研究与教学工作，主要研究方向为细颗粒物 PM2.5 与大气复合污染、流动源污染以及源排放与城市群复合污染等。获国家自然科学奖二等奖、国家科技进步奖二等奖和 9 项省部级科技奖励。入选"区域复合大气污染与控制"创新团队带头人。发表学术期刊论文 160 多篇，被 SCI 收录 76 篇。出版《大气颗粒物与区域复合污染》等专著 4 部。指导了博士生 16 名、硕士生 20 名，其中 1 名学生论文入选 2007 年全国优秀博士学位论文。

贺美英（1937 年—　　）女，四川金堂人。教授。中共党员。1956 年入清华大学电机工程系学习，曾任学生政治辅导员，1963 年毕业留校，曾任校团委学习劳动部部长、校团委副书记。1978 年后历任自动化系党委副书记、书记、校党委常委。1986 年起任校党委副书记。1988 年至1994 年兼任分管学生思想政治工作及工会工作的副校长。1993 年兼任党委组织部部长、校工会主席。1995 年至 2002 年任校党委书记。1997 年至 2002 年任校务委员会主任。曾任清华大学教育基金会理事长、清华校友总会副会长、校史编辑委员会主任等。是中共北京市第七届委员会委员，中共十五大代表、大会主席团成员，第十五届中纪委委员，第十届全国政协委员。曾兼任北京市高校党建研究会会长、北京市高等教育研究会副会长、北京市高等院校德育研究会副理事长、全国党建研究会常务理事、教育部学科发展与专业设置专家委员会主任委员等职。

在长期实践中积累了大量工作经验，掌握了开展思想政治工作的基本规律。分管全校学生思想政治工作期间，发扬学校优良传统，从新时期实际出发，开拓了坚持德育第一、加强社会实践和校园文化建设、全员开展学生思想教育的新局面。任校党委书记期间，主持党委讲政治、抓大事，概括出了"抓改革、抓思想、抓班子、抓基层、抓队伍"的工作思路，在全校深入开展了新时期共产党员标准讨论和"双学（学习邓小平理论、学习党章）活动"，经广泛讨论概括出了清华大学党组织四方面的光荣传统，健全并坚持了各级领导班子、党组织的理论学习和组织生活制度，加强干部队伍和青年学术骨干队伍建设，培养了大批后备干部，制定了党组织工作职责的一系列文件以及教职工党员、学生党员的若干行为规范。与行政班子密切配合推动一流大学建设，深化教育教学、学科布局、人事制度、管理体制、后勤社会化等多方面的改革，并通过深入院系调研、开展教育思想大讨论、干部"三讲"教育、全校师生"两弹一星"精神教育、清华精神的讨论与弘扬等，为学校建设提供强大精神动力和思想保证。任职期间，校党委被中组部授予"全国先进基层党组织"称号，学校被中组部、中宣部、教育部党组授予"1993—1998年党的建设和思想政治工作先进高等学校"称号，连续三次被评为北京市"党的建设和思想政治工作先进普通高校"，被首都精神文明建设委员会授予"首都创建文明单位示范点"，被中央精神文明建设指导委员会评为"全国精神文明建设工作先进单位"。本人被授予"依靠教职工办好学校的先进党委书记、校长"称号和"首都劳动奖章"。在《求是》《中国高教研究》《光明日报》等重要报刊上发表《为祖国现代化培养高素质、创造性人才》《必须明确政治思想工作的指导方针》等论文六十余篇。

洪　谦（1909年—1992年）又名洪潜，号瘦石，安徽歙县人。教授，研究员。1926年至1927年曾在清华国学研究院旁听一年，师从导师梁启超和助教梁廷灿。1934年获维也纳大学哲学博士学位，留该校哲学研究所工作。1936年至1937年在清华大学哲学系任教。1941年至1945年在西南联大外文系任教授。抗战胜利后应英国牛津大学新学院邀请任研究员。1948年回国任武汉大学哲学系教授兼主任。1952年起任北京大学教授兼外国哲学史教研室主任、外国哲学所所长。曾兼任英国牛津大学客座研究员、日本东京大学客座教授。曾任中国现代外国哲学研究会名誉理事长，中国社会科学院哲学研究所兼任研究员。

一生致力于逻辑经验主义哲学的研究。20世纪40年代其论文合辑为《维也纳学派哲学》一书，首次把维也纳学派的逻辑实证论介绍到中国。50年代合编的《哲学史简编》成为当时广泛采用的哲学史通俗读物和基本教材，发表《应该重视西方哲学史的研究》，强调西方哲学史的重要性，介绍马赫、休谟的哲学思想及贡献。后来主要从事编辑、翻译工作，以给学生提供系统的西方哲学史原始资料，同时追踪新动向。一生曾编、译、著有关外国哲学著作多种，《现代物理学中的因果律问题》《石里克和现代经验主义》等多部著作先后在奥地利、英国、美国、荷兰等国发表，并译成中文，香港三联书店以名为《逻辑经验主义文集》出版。还在国内出版了《逻辑经验主义》等多部著作，主编《西方古典哲学原著选辑》《西方现代资产阶级哲学论著选辑》《现代西方哲学论著选辑》等。1984年被维也纳大学授予荣誉博士学位。

洪朝生（1920年—　　）北京人。教授，研究员，中国科学院院士。1936年入清华大学电机工程学系学习，1940年毕业于西南联合大学电机工程学系，留校任教。1944年考取清华大学公费留美生，1945年赴美留学，1948年获美国麻省理工学院物理学博士学位。1951年至1952年任清华大学物理学系教授。此后任职于中国科学院，曾任物理研究所副所长，低温技术实验中心主任、名誉主任。曾任国际制冷学会A1/A2委员会副主席、国际低温工程委员会委员、中国物理学会副理事长、中国制冷学会常务理事兼第一专业委员会主任等职。

1950 年在美国发现半导体锗晶体中的杂质能级导电现象。1953 年开始在中国科学院物理研究所筹建低温物理实验室。领导建立了国内最早的氢、氦液化系统。首先在国内开始低温和超导的实验研究。1980 年负责组建了中国科学院低温技术实验中心，致力于低温工程技术与低温物理的研究与发展工作。发表了《氧化物阳极的热电子发射》《锗在低温下的电阻率与霍尔系数》等学术论文。

洪先龙（1940 年—　　）浙江临海人。教授。中共党员。1964 年清华大学工程力学数学系毕业后留校，先后在工程力学数学系、计算机科学与技术系任教。博士生导师。曾任计算机设计自动化教研组主任。IEEE Fellow，*IEEE Transaction on CAS* 副编辑，亚洲及南太平洋地区设计自动化会议常务执行委员会委员。

长期从事数字系统设计自动化，特别是集成电路计算机辅助设计技术的教学和研究工作。主持和参加了国家"六五""七五""八五"重点科技攻关项目集成电路计算机辅助设计一级、二级、三级系统的研制。作为二级系统（KIND 系统）的总设计师，主持和参加了该系统的研制，获国家教委科技进步一等奖、国家经委重大技术开发奖和国家科技进步二等奖。20 世纪 80 年代后期，作为副总设计师参加了三级系统的开发，其成果从功能上可与引进的国外 CAD 系统相比，并在十几个单位得到了应用，获机电部科技进步一等奖、国家科技进步一等奖。此外还获得部委级科技进步奖十余项，为发展我国集成电路辅助设计技术作出了重要贡献。在对集成电路布图算法进行深入研究的同时，致力于以性能优化为目标的布图算法和数字系统高层次综合算法方面的研究。在国内外学术会议及学术刊物上发表论文三百余篇，出版《计算机辅助电路分析——算法与软技术》《大规模集成电路计算机辅助设计》等专著 5 部。1990 年获国家级有突出贡献中青年专家称号。培养博士生和硕士生各三十多名。

侯祥麟（1912 年—2008 年）曾用名侯波，广东汕头人。研究员，教授，中国科学院院士，中国工程院院士。民盟盟员。1935 年毕业于燕京大学化学系，考取上海中央研究院化学研究所研究生。曾在西南运输处炼油厂、光华化学公司、兵工署运输处炼油厂工作。1938 年加入中国共产党。1945 年赴美国，1948 年在卡内基理工学院获博士学位，发起留美中国科学工作者协会西部分会并任常务干事，组织动员留美人员回国。1949 年任职于麻省理工学院。1950 年回国，到清华大学任教，组建燃料研究实验室，开设研究生课。1952 年起历任中国科学院大连石油研究所研究员，石油工业部技术司副司长，石油科学研究院副院长、院长。在此期间，使中国炼油技术接近当时世界水平，并实现了石油产品立足于国内。领导解决了中国喷气燃料的特殊技术问题，晚年应温家宝总理邀请主持国家重大课题——中国可持续发展油气资源战略研究。1978 年起历任石油工业部副部长，石油工业部科技领导小组副组长、科技委员会主任委员，中国石油化工总公司技术经济顾问委员会首席顾问、常务副主任，国务院学位委员会委员，国家科委发明评选委员会委员，中国科学院第一届主席团成员，中国石油学会第一、二届理事长。参与提议成立中国工程院。是中共十二大代表，第五、六届全国政协常委，曾为北京市人大代表。在国内外刊物发表论文多篇。主编出版《中国页岩油工业》《中国炼油技术》《中国炼油技术新进展》英文和中文版，参与主持《英汉石油大辞典》《中国大百科全书化工卷》，出版《我与石油有缘》等书籍。1996 年获何梁何利科技成就奖并把奖金用于设立侯祥麟基金，奖励对炼油科技有创新的年轻学者和学生。2005 年中国工程院、中国科学院、中国石油、中国石化公司做出"关于向侯祥麟同志学习的决定"，号召全国科技界和石油石化系统向他学习。2006 年被中央组织部授予"全国优秀共产党

员"称号。

胡　健（1920年—2000年）原名傅尚篆，曾用名傅一放，河南新安人。1937年2月参加新安县教育救国协进会活动。"七七"事变后，在新安地区参加青年抗日宣传队。1938年1月参加山西青年抗敌决死队第二纵队随营学校。同年7月加入中国共产党。先后任决死队二纵队五团政治工作队队员、中共山西汾西县委青委书记、保德县委青委书记、晋绥二分区青联主席、河曲县抗联主任、兴县县委宣传部长、中共晋绥分局青委委员、政策研究室研究员、晋绥青干校教育长。新中国成立后任中共川北区（省）青委书记、团川北区工委书记、川北人民革命大学副教育长、川北区体委主任、川北区人代会常委，西南团校教育长，中央团校第一副教育长，团中央第二届委员。1954年任中国青年代表团成员，出访民主德国与苏联。1955年参加中共中央直属高级党校学习。1956年调入清华大学任党委副书记，并兼任监委书记、组织部长、人事处长、绵阳分校党委书记，分管组织、干部、纪检、人事及绵阳分校建校工作，为学校党的组织建设、干部队伍建设和教职工队伍建设做了许多重要工作，作出积极贡献。1972年任校党委副书记，1976年任校革委会副主任。1977年以后负责学校基建修缮工作。离休后任校关心下一代工作委员会顾问。著有《白话诗稿》。

胡鞍钢（1953年—　）浙江嘉善人。研究员、教授。中共党员。1982年在河北矿冶学院获工学学士学位，1985年在北京钢铁学院获工学硕士学位，1988年在中国科学院自动化所获工学博士学位，1991年至1992年在美国耶鲁大学经济学系从事博士后研究。1988年至2000年在中国科学院生态环境研究中心工作，曾任国情分析研究室主任。曾先后在美国哈佛大学、日本早稻田大学和世界银行等大学和研究机构担任访问学者。1996年被清华大学21世纪发展研究院聘为双聘教授、博士生导师，2000年调入清华大学公共管理学院任教，担任中国科学院—清华大学国情研究中心主任。获国家杰出青年科学基金。兼任国家"十二五"规划专家咨询委员会委员、国家减灾委专家咨询委员会委员、中国经济50人论坛成员、北京市人民政府专家咨询委员会委员等。

他是国内外享有盛誉的中国国情研究专家和学术带头人，主要研究领域为中国经济发展与发展政策，曾出版各类中英文专著、编著图书60余本，发表学术论文近300篇。主持编辑出版的《国情报告》专供省部级领导参阅，迄今已发行1 000余期。曾获得复旦光华管理学杰出贡献奖、国家科技进步三等奖、中国科学院科技进步一等奖等奖励。在中国国情分析和经济发展等领域已发展出较为系统的理论和观点，形成了自己独特的学术研究特点。所撰写的报告多次受到党中央、国务院领导批示，多次参与国家长远规划制定和部门咨询，为高层决策提供了重要的参考，也产生了广泛的社会影响和巨大的社会效益。

胡东成（1946年—　）江苏常州人。教授。中共党员。1965年考入清华大学电机工程系学习，1970年毕业留校工作。1983年由国家公派赴德国慕尼黑工业大学学习。曾先后担任自动化系电子学教研组副主任、主任，自动化系副主任、主任，校研究生院常务副院长兼校学位评定委员会副主席。1999年至2004年任清华大学副校长，此后继续担任校务委员会副主任、校学术委员会副主任、校国际学术交流委员会副主任和继续教育学院院长等职。博士生导师。其间当选为国际继续工程教育协会第一副主席、中国继续工程教育协会副理事长等。是北京市第八至第十届政协委员。

长期以来从事电子技术与自动控制方面的教学和科研工作，以及教育行政管理工作，1989年作为"电子学课程建设与改革"主要成员获国家级优秀教学成果特等奖，1991年被国家教委和人事部授予"做出突出贡献的回国留学人员"称号，被国家教委和人事部评为全国教育系统劳动模范并被授予人民教师奖章，同时获北京市优秀教师称号。

任副校长期间，主管国际合作与交流、文科建设与发展、继续教育与远程教育、校园信息化建设等工作。1998 年起任继续教育学院院长十余年，对学院进行了体制机制的重大改革与创新，此后又通过提出一系列重要理念思路，并不断强化规范管理、质量控制、优化创新等工作，使继续教育出现了蓬勃发展的大好局面，增强了对社会的贡献、对学校的回报和对教育教学改革的推动。

胡和平（1962 年—　）山东临沂人。教授。中共党员。1980 年入清华大学水利工程系学习，1986 年本科毕业并留校任教。先后担任水利工程系团委副书记，系党委学生工作组副组长、组长，系党委副书记。1990 年清华大学水利水电工程系硕士研究生毕业，获硕士学位。1992 年赴日本东京大学土木工程系攻读博士研究生，1995 年获博士学位，同年在日本 INA 公司河川计划部工作。1996 年回到清华大学水利水电工程系工作，任水文水资源研究所所长、副系主任。2000 年任土木水利学院党委书记。2002 年起历任校党委组织部部长、教务处处长、人事处处长兼人才资源开发办公室主任。2006 年 2 月任副校长，9 月任校党委常务副书记兼组织部长、副校长。2007 年 3 月任校党委常务副书记、副校长。2007 年 12 月任校党委常务副书记。2008 年 12 月任校党委书记。2009 年 3 月任校党委书记、校务委员会主任。

本科学习期间曾获北京市"三好学生"、清华大学"三好学生"、优秀毕业生等称号。在日本留学期间任东京大学中国留学生学友会会长。在校工作以来，主要学术研究领域在水文模型、水资源规划与利用、灌溉排水、陆面过程、防洪减灾和水利发展战略等方面，共获国家科技进步二等奖 2 项，省部级科技进步一等奖 2 项，中国水利学会优秀论文一等奖 1 项。出版论著 2 部，在国内外杂志及国际会议上发表学术论文百余篇。担任中国国家灌排委员会副主席、国际灌排委员会（ICID）环境影响工作组主席、北京水利学会副理事长、中国水利学会农田水利专业委员会副主任等学术职务。担任中国高等教育学会薪酬管理研究分会理事长。

胡启立（1929 年—　）陕西榆林人。1946 年入北京大学物理系学习，1948 年 4 月加入中国共产党。1951 年北京大学机械系毕业留校，任北京大学党委常委、团委书记。1956 年至 1966 年先后任全国学生联合会主席，驻捷克布拉格国际学生联合会书记处书记、副主席，共青团中央书记处候补书记。"文化大革命"中受迫害。1972 年至 1977 年任中共宁夏回族自治区西吉县委副书记，固原地委副书记，自治区党委办公厅主任。1977 年任清华大学党委副书记、校革委会副主任，1978 年 4 月任副校长，分管落实政策、行政管理及外事工作，同年 5 月任校工会筹备委员会主任，为恢复工会组织和学校对外开放等作出积极贡献。1978 年至 1980 年调任共青团中央书记处书记、全国青年联合会主席。1980 年至 1982 年任中共天津市委书记、市长。1982 年至 1987 年任中共中央办公厅主任，中央书记处书记、中央政治局委员。1987 年至 1989 年任中共中央政治局委员、常委，中央书记处书记。1991 年至 1993 年任机械电子工业部副部长、党组成员。1993 年任电子工业部部长、党组书记。2001 年起任中国宋庆龄基金会主席、中国福利会主席。是中共第十二至十四届中央委员，第三、五、六、七届全国人大代表，第五届全国政协常务委员，第九届全国政协副主席。

胡显章（1939 年—　）浙江温州人。研究员。中共党员。1957 年考入清华大学机械制造系，1963 年毕业于精密仪器及机械制造系光学仪器专业，留校任教。主讲过"仪器设计基础""智能仪器与系统"等课程，参与计算机集成电路设备研制，从事科技史研究与教育研究。在精密仪器及机械制造系历任教工团总支书记、班主任、级主任、学生政治辅导员、教研组副主任、教务科长、副系主任等。1982 年所组织的"学风教育展览"在全校产生积极影响。1983 年任校教学改革试点组长，在推进启发式教学、开展因材施教和培养学生主动学习精神、自学能力、创新意识以及政治思想教育等方面做了系统尝试，1984 年试点组获北京市模范集体称号。1987 年赴美国国家标准技术研究院参与纳米定位技术研究，1989 年回校任精仪系党委书记。1991 年至 2002 年任校党委副书记，2002 年至 2005 年任校务委员会副主任。曾兼任校美育委员会主任、校软科学研究中心主任、人文社会科学学院院长、传播系主任、新闻与传播学院常务副院长、21 世纪发展研究院副院长、清华大学国家大学生文化素质教育基地主任等。曾任校文科工作领导小组副组长、文科工作委员会副主任，参与清华文科恢复建设领导工作。退休后任新闻与传播学院顾问委员会顾问，文化素质教育基地顾问，中俄文化研究与交流中心主任，中俄战略合作研究所和亚洲研究中心学术委员会主任，关心下一代工作委员会副主任、主任，清华园老龄大学校长等职。

主要社会兼职先后有：国家教委艺术教育委员会委员，教育部高校文化素质教育指导委员会副主任、顾问，全国教育科学规划领导小组成员、高等教育学科评议组组长，北大-清华-高等教育出版社联合组建的大学文化研究与发展中心轮值主任、学术委员会常务副主任，中国高等教育学会素质教育研究会顾问以及多所高校名誉教授或兼职教授。

主要研究方向为高等教育和大学文化研究。编著并出版《先进文化建设中的大学文化研究》、《自强不息 厚德载物——清华精神巡礼》《世纪清华 人文日新——清华大学文化研究》等十余部著作，发表《全面认识教育的任务和功能》《大学要重视文科教育》《赋予文化素质教育持久的生命力》《发展科学的大学理念，蕴育积极的大学精神》《唤醒文化自觉，培育大学创新文化》《大学应充分发挥文化融合的功能》《提高文化自觉，促进大学文化传承创新》等论文百余篇。主持或参加多项国家及部委课题，获国家级教学成果一、二等奖各 1 项，北京市教学成果一等奖 1 项。

华成英（1946 年—   ）女，生于天津。教授。1970 年毕业于清华大学电机工程系，留校任教于自动化系。曾长期担任电子学教研组主任、现代电子技术实验室主任，是首届国家级精品课程"电子技术基础"课程负责人和"控制工程"国家级优秀教学团队带头人。此外，还担任全国高等院校电子技术研究会理事长、北京市电子学会专业委员会副主任委员、北京市高教学会电子线路分会副理事长等社会兼职。

主要教授电子技术基础及其相关实验课，遍及清华大学六个院系，万余名学生。主持国家"九五"重点科技项目、教学指导委员会立项项目及清华大学"211"工程项目、"985"电子技术基础教学项目等。此外还参加了我国成人高等教育、中央广播电视大学有关课程的建设工作，并从事电子技术和微机应用方面的科学研究工作，完成科研项目 20 余项。自 2001 年以来，主编出版的教材共 13 种，600 多万字。代表著作有：高等教育出版社出版的《模拟电子技术基础》第三、四版，分别为高等教育"九五"国家教委重点教材、面向 21 世纪课程教材和普通高等教育"十五"国家级规划教材、北京市精品教材，被 260 余所高等院校选用；《模拟电子技术基础试题库》为国家"九五"科技攻关重点项目成果；《模拟电子技术基础》《数字电子技术基础》为教育部高教司成人高等教育规划教材；以及由清华大学出版社出版的《模拟电子技术基本教程》为普通高等教育"十一五"国家级规划教材。与此同时，获国家级教学成果二等奖 1 项、北京市教学成果一等奖 2 项、北京市精品教材 1 项、清华大学教学成果一等奖 2 项、清华大学优秀教材一等奖和特等奖各 1 项、清华大学实验成果一等奖 1 项，以及其他各种教学成果奖共 10 余项；获得第三届国家级高等学校教学名师奖、第三届北京市高等学校教学名师奖、北京市优秀教师称号，清华大学"教书育人"奖、"良师益友"奖和"优秀教师"奖等个人奖 10 项。

黄　光（1918 年—2008 年）原名支连珠，河北定州人。1938 年 2 月参加革命。1939 年 3 月加入中国共产党。曾任晋察冀边区唐县区长、县委敌工部长、县委书记、定县市委书记、九地委宣传部长。1949 年后任湖南省湘潭地委宣传部长、湖南省委工业部副部长、北京市委工业生产委员会副主任、北京市化工局党委书记、革委会主任。1977 年 4 月来清华大学任党委副书记、革委会副主任。协助党委书记刘达进行拨乱反正，分管清查"四人帮"在清华的帮派骨干；落实干部政策，组织解放干部；重组校系两级领导班子和校机关职能部门；恢复教学秩序等方面工作，取得显著成效。1978 年调任中共北京市委副秘书长兼办公厅主任、市顾问委员会委员等职。

黄 眉（1913 年—1998 年）湖南衡山人。教授。民盟盟员。1935 年清华大学电机工程学系毕业。1936 年至 1937 年在德国柏林工业大学进修。1941 年至 1946 年间两度任重庆大学电机系教授。1946 年后任清华大学电机工程学系教授，1952 年起任该系发电教研组主任，1956 年至 1966 年任副系主任，分管教学工作，为提高教学质量及稳定教学秩序做了大量工作。

长期从事发电厂及电力系统的教学与科研工作，是我国较早的电力工程专家，为发电厂及电力系统专业的建立作出重要贡献。曾任电力部科学技术委员会委员、中国电机工程学会顾问、《电》杂志顾问、电力部发电专业教材编审委员会主任委员等职，参与过我国许多电力工程的技术决策。20 世纪 50 年代曾发表《架空钢芯铝线力学分析》等论文，解决了户外配电装置的母线设计问题。60 年代编著有《发电厂及变电站电气部分》教材。70 年代编译出版了《励磁系统文集》等著作。

黄克智（1927 年— ）江西南昌人。教授，中国科学院院士。中共党员。1947 年毕业于中正大学土木系。1948 年任教于清华大学土木系。1949 年至 1952 年攻读研究生，1952 年清华大学研究生毕业，留校讲授力学。曾在苏联莫斯科大学数学力学系进修。历任工程力学研究所所长、校学术委员会主任，国家教委工程力学专业教学指导委员会主任委员，中国力学学会副理事长，《力学学报》主编，国际断裂学会常务理事、副主席，远东与大洋洲断裂学会主席等职。2003 年当选俄罗斯科学院外籍院士。

参与、创始和领导力学系建立了一支多学科、高水平、老中青相结合的固体力学学科团队，该团队的"固体力学重点学科建设与高水平博士生规模培养"获全国普通高等学校优秀教学成果特等奖。在固体力学领域有专著与教材著作 7 部、学术论文近四百篇。在板壳理论、塑性力学、断裂力学、相变力学、应变梯度塑性力学（微米尺度）、纳米力学、可伸展电子元件的力学等领域中做出重要贡献，获奖 50 余项，其中有国家、部委与国际科技奖励 34 项，含国家自然科学二等奖 3 项、三等奖 2 项，美国机械工程师学会（ASME）Melville，MaGrattan，Zamrik 杰出论文奖。2004 年获清华大学首届突出贡献奖。在压力容器领域制定了我国管壳式换热器管板强度设计方法，可以大幅度地减薄大直径管板的厚度，节省原材料，大大减少在加工工艺中的困难，列入我国国家标准，比法、美等国类似的规范早 5 年以上，20 年来已广泛应用于我国 12 个工业部门和上千个企事业单位。关于圆柱壳大开孔的"半个多世纪来瞩目的重要难题"的理论解曾 3 次获美国 ASME 杰出论文奖，据此提出的"圆筒径向接管开孔补强设计的分析法"考虑工况齐全，适用参数范围宽，精度高，已列入我国国家标准。共培养研究生 77 名，其中 2 名已当选中国科学院院士，3 名学生论文入选全国优秀博士学位论文。1993 年被国家教委、人事部评为全国教育系统劳动模范。

黄美来（1936 年— ）浙江黄岩人。教授。中共党员。1949 年 6 月参加革命，任乡人民政府文书。1954 年入清华大学动力机械系学习，曾任学生政治辅导员，1960 年毕业留校。在清华大学从事哲学教学与研究工作。历任哲学教研室主任、社会科学系副主任、校学术委员会委员。

1990年调人民日报社工作，任理论部副主任、《人民论坛》杂志第一副总编、人民日报社高级职称评审委员会委员、中国历史唯物主义学会副会长。

因政治课教学优秀、理论联系实际，1964年在全国高等学校中等学校政治理论课工作会议上做大会发言，被中宣部领导表扬为优秀政治教师典型，《人民日报》发表了介绍文章。1978年后曾多次获学校教学优秀奖、教学改革成果奖、优秀教材奖。主编《马克思主义哲学原理》《现代西方哲学思潮评述》《科学的理论 行动的指南》《学习社会主义理论，坚定社会主义信念》等书；发表《评绝对自由观》《社会主义制度具有强大的历史活力》《怎样认识现代资本主义》等近百万字的理论文章。

黄圣伦（1934年— ）浙江鄞县人。研究员。中共党员。1950年入清华大学化学工程系学习，曾任首批学生政治辅导员。1953年毕业到北京石油学院任教，历任校团委书记、系党总支书记、校刊主编等。1970年参与筹建华东石油学院炼油厂，任厂生产组组长，承担生产装置的设计和全厂生产总调度。1978年调入清华大学。先后担任化学与化学工程系党委副书记、书记，校党委宣传部部长、组织部部长、副书记、常务副书记。曾兼任校纪委书记、校工会主席。社会兼职有：第四届全国教育工会副主席、第二届北京高校党建研究会副会长等。

认真贯彻党的方针政策，围绕学校的中心任务，积极改革创新，为加强学校的思想政治工作、党组织建设、干部队伍建设、工会教代会建设以及廉政建设等作出贡献。在高等学校中多次介绍工作经验。被授予"全国优秀工会工作者""北京教育系统关心下一代优秀党建工作者"称号，并被评为"北京教育系统德育工作先进工作者""北京市党史工作先进工作者"。发表《努力加强高校领导班子建设》《加强党的领导，充分发挥工会和教代会作用》《加强党建研究，促进党建工作》等论文十余篇。主编的《党的旗帜高高飘扬——中国共产党清华大学基层组织的奋斗历程》获"北京教育系统关心下一代优秀读物奖"。1993年起享受国务院政府特殊津贴。

黄世霖（1933年— ）生于上海。教授。中共党员。1950年入东北工学院，1953年赴莫斯科汽车机械学院汽车系学习，1957年获学士学位，1959年获副博士学位。1960年到清华大学任教。历任汽车试验室主任、汽车研究所副所长、汽车碰撞试验国家重点实验室主任、名誉主任，中国汽车工程学会汽车安全技术分会主任委员、名誉主任委员。

长期从事工程信号处理技术研究、汽车安全性研究和安全技术在重大军工领域的拓展应用。1985年"信号处理在工程中的应用"获国家科技进步三等奖。后来发展了车载便携式多功能数据采集和分析处理系统，在国内有近百个用户，多次在国际学术会议上发表论文；率先开展了汽车主动和被动（碰撞）汽车安全性研究，填补了我国空白。1996年项目获得机械工业部和汽车行业科技进步一等奖，1997年获国家科技进步二等奖。完成了多个车型的安全性改进设计工作，应用车型累计近100万辆；将碰撞安全性设计的理论和技术拓展应用于"神舟"号载人飞船宇航员着陆冲击防护和海军水下非接触爆炸舰员抗冲击防护，取得了重大成果，应用于"神舟"5号到"神舟"8号载人飞船，提高了飞船返回舱宇航员着陆冲击安全性能，得到航天集团多次表彰。开展水下非接触爆炸舰员损伤防护技术研究，得到海军装备研究院的表扬，并获军队科技进步一等奖。出版学术专著《工程信号处理》《汽车碰撞与安全》，获国家科技进步奖（2项）、汽车行业科技进步一等奖等16项奖励。已指导博士生和硕士生四十多名。

黄万里（1911年—2001年）上海人。教授。1932年唐山交通大学毕业。1933年考取公费赴美国留学，1935年在康奈尔大学获土木工程硕士学位。1936年在爱奥华大学学习，1937年在伊利诺伊大学获工程博士学位。1938年回国后曾任全国经济委员会水利处技正、四川省水利局工程师、甘肃省水利局局长兼总工程师等职。新中国成立后历任东北水利总局顾问、唐山铁道学院教授。1952年起到清华大学水利工程系任教，曾任水文学教研组主任。

长期从事水力学、水文学、水利规划及治河工程的教学与研究。为本科生讲授"工程水文学"等课程，为青年教师、研究生讲授"概率论"等课程。编著有《工程水文学》《洪流估算》。撰写论文有《论治理黄河的方略》《连续介体动力学最大能量消散率定律》等。20世纪50年代提出黄河泥沙问题尚未解决，三门峡水库的规划、设计是错误的，会造成库区泥沙淤积和渭河洪涝，反对修建三门峡大坝。事实证明，三门峡水库因泥沙严重淤积而不得不改建和改变运用方式。改革开放后，关注黄淮海平原开发、南水北调和长江三峡工程。基于对长江卵石输移量的估计和对三峡高坝的质疑，多次向国家决策部门提出反对长江三峡工程的意见，表现出一个老科学家的求真精神。1998年长江特大洪水以后，带病重返讲台给教师、研究生讲课，讲稿集成长文《水经论丛——治水原理》。未正式出版的书稿有《治水吟草》和其学生集资付印的《黄万里文集》。弥留之际，还亲笔遗书，关心长江中下游的防洪安全。

惠宪钧（1932年— ）蒙古族，内蒙古赤峰人。1947年2月参加中国人民解放军。1948年加入中国共产党。历任战士、警卫员、政保队区队长、连指导员、团政治处干事、参谋、作战股长、师作战科长。1960年至1961年在石家庄步兵学校学习。在部队期间由于作战勇敢和领导建设部队积极努力，先后立三等功7次，评为五好干部4次，领导的连队被树为全师标兵。1968年7月随首都工人毛泽东思想宣传队进驻清华大学。曾任校党委副书记、校革委会副主任兼政工组组长。1975年8月和10月先后两次与刘冰、柳一安、吕方正联名写信给邓小平副主席转呈毛泽东主席，揭发当时清华党委书记迟群的严重问题，被指为"诬告信"，并被隔离批斗。1978年清华大学党委予以平反。1979年后任校务处处长、基建修缮处处长、总务长并曾兼任校工会副主席、街道办事处党委书记。是北京市第四次、第五次党代会代表，海淀区第七至十届人代会代表，区第八、第九届人大常委会副主任。在分管全校后勤工作期间，勤勤恳恳，积极参与提出并贯彻高校后勤"优质服务，服务育人"的方针。主动为学校教学、科研、生产及师生员工生活服务。在后勤改革、培养学生、建设文明校园等诸多方面，为学校作出积极的贡献。1989年获全国及北京市优秀教育工作者称号。1988年获全国优秀工会积极分子称号。

霍秉权（1903年—1988年）字重衡，湖北鄂城人。教授。民盟盟员，中共党员。1929年毕业于中央大学物理系，1934年毕业于英国剑桥大学研究院。1935年任清华大学物理学系教授，在国内首先制成威尔逊云室，并发表论文两篇，开设"原子核物理"课程。抗日战争时期任西南联合大学物理学系教授。1946年任清华大学物理学系主任。当时学校遭受日本侵略者的洗劫后，教具设备损失90%以上，学校经费又极紧张，但至1948年该系已建立和恢复的实验室有普通物理、电磁学、光学、近代物理、无线电5个实验室和X光研究室，还有机工工场。1948年任教务长。1949年后历任东北工学院长春分院、吉林大学教授，郑州大学教授、副校长，河南省科学院副院长，河南省第四届政协副主席和第五届人大常委会副主任，民盟中央委员和河南省委副主任委员。是第三、第五届全国人大代表。

江 亿（1952年— ）北京人。教授，中国工程院院士。中共党员。1969年至1973年在内蒙古四子王旗插队，1973年至1977年在清华大学建筑工程系暖通专业学习，1977年至1978年在二机部504厂工作，分别于1982年、1985年清华大学硕士毕业、博士毕业。博士毕业留校任教。历任空调教研室副主任、建筑技术科学系主任、建筑学院副院长、清华大学建筑节能研究中心主任。曾于1988年至1989年作为访问学者在英国建筑研究院工作。是国务院能源咨询专家委员会成员、国家气候变化专家委员会成员、建设部科技委委员，并担任中国制冷学会副理事长、全国暖通空调委员会副理事长、中国城市科学研究会副理事长等多项专业学会职务，还是国际气候变化研究评估报告写作组成员、IEA（国际能源组织）ECBCS（建筑与社区节能）合作项目理事会成员（中国代表）。

目前主要从事建筑节能领域的研究工作。主持编写每年的《中国建筑节能发展研究年度报告》，并获国家级科技发明二等奖 2 项："溶液式带有全热回收的模块化空气处理装置及其系统""适用于西部干燥地区的间接蒸发冷水机研发与应用"；国家科技进步二等奖 2 项："建筑节能模拟分析平台 Dest 及其应用""集中供热系统的热力学和动力学特性的在线识别和优化控制"。另获省市部各级科技进步一等奖 4 项，二等奖 6 项，分别涉及地铁热环境模拟与控制、苹果和大白菜的产地储藏、建筑热环境随机分析、绿色建筑和集中供热热网调节等领域。拥有发明专利 70 项，发表科研论文 150 余篇。

江作昭（1921 年— ）江西婺源人。教授。九三学社社员，中共党员。1944 年毕业于中正大学土木系，1946 年起任教于清华大学。曾于 1949 年至 1952 年参军南下，参与武汉及广州解放的军管工作。曾任建筑材料教研组主任、材料科研所副所长。博士生导师。还历任校学位评定委员会委员兼材料系分委会主席，国务院学位委员会学科评议组成员，中国硅酸盐学会常务理事、特陶专业委员会副主任，北京市硅酸盐学会副理事长。

长期从事非金属材料的教学与研究。1959 年负责组建建材与制品专业。至"文化大革命"已培养本科生 6 届和研究生 6 名。1970 年起改为从事无机非金属材料专业教学及高技术陶瓷科研。1983 年起作为主要学术带头人主持建立无机非金属材料博士点，该博士点被评为国家重点学科。指导博士后 1 名，培养博士生 5 名、硕士生 12 名。20 世纪 80 年代在国内率先提出结构陶瓷复合相弥散强化增韧的重要技术路线。主持研究成功复合氮化硅陶瓷刀具，比传统硬质合金刀具寿命与工效大幅度提高，对难加工材料切削加工有重大突破。继又参与研制成功高耐磨高韧性新型复合氮化硅陶瓷刀具，水平居国际前列。主持研究成功国家"六五"科技重点攻关项目及国家自然科学基金"七五"重大项目。曾赴日、美参加国际学术会议宣读论文，1990 年应邀赴美密歇根大学讲学。获国家教委"从事高校科技工作 40 年成绩显著"荣誉证书。1984 年起获国家发明二等奖、国家科技进步二、三等奖及部委级科技进步二、三等奖和日内瓦 16 届国际发明展览会镀金牌奖等 6 项。发表论文约 30 篇，获发明专利 2 项。

蒋洪德（1942 年— ）湖南长沙人。教授，中国工程院院士。中共党员。1965 年毕业于清华大学动力机械系燃气轮机专业。1981 年毕业于中科院研究生院，1982 年获硕士学位。2004 年起任教于清华大学。近五十年来一直从事汽轮机与燃气轮机核心技术研究、产品设计与产业化应用。主持研究开发了理论先进、程序可靠、系统配套、具有完全自主知识产权的多级汽轮机全三维设计体系，开启了全三维设计技术在我国汽轮机行业的大规模应用，推动了我国汽轮机行业设计理论与方法的更新换代，将我国火电站汽轮机热力性能提高到当代国际先进水平，为我国燃煤电站节能降耗做出重大贡献。近十年来主要从事重型燃气轮机核心技术自主研究和产业化，曾任国家重型燃气轮机打捆招标团技术顾问、国家"973"计划燃气轮机项目首席科学家。2008 年发起和组建产学研用结合的燃气轮机与煤气化联合循环国家工程研究中心，主持具有自主知识产权的国产重型燃气轮机研发设计工作。

蒋廷黻（1895 年—1965 年）湖南邵阳人。教授。1912 年自费赴美，先后入密苏里州派克学堂和俄亥俄欧柏林学院学习，1916 年获庚款津贴资助，1918 年毕业获文学学士学位。1919 年入美国哥伦比亚大学研究院，师从新史学派代表人物之一海斯教授，1923 年获哲学博士学位。旋即回国，任教于南开大学历史系，开始致力于中国近代外交史研究。1929 年受清华大学校长罗家伦之邀，出任历史学系教授及系主任，讲授"近代中国外交史"等课程。这一时期，历史学系的学术建制和研究工作受其史学及教育思想影响甚巨，形成了考据与综合并重、中国历史与外国历史并重、史学与其他人文社会科学并重的研究风气以及多档案、多语言、多视角的研究特色。同时其本人的史学研究亦进入鼎盛期，成为以新史学研究中国近代史的开创者之一。1932 年《独立评论》创刊，为该刊编辑及主要撰稿者。1935 年弃学从政，历任国民政府行政院政务处长、驻苏大使、联合国善后救济总署中国代表及行政院善后救济总署署长、国民政府驻联合国常任代表。其间与吴景超等人创办《新经济》半月刊。1961 年任台湾驻美国"大使"。1965 年退休，同年在美国纽约去世。有《近代中国外交史资料辑要》（上、中）、《中国近代史》《蒋廷黻选集》1～6 册、《蒋廷黻回忆录》《中国近代史论集》等著作行世。

蒋孝煜（1931 年—　 ）浙江吴兴人。教授。中共党员。1952 年毕业于清华大学机械工程系。1954 年赴苏联列宁格勒工业大学作研究生，1958 年获技术科学副博士学位。回国后任教于清华大学动力机械系、农业机械系、汽车工程系。曾任拖拉机教研组主任。博士生导师。1978 年后任校学术委员会委员兼秘书长。还曾担任校教师职称评审委员会委员、汽车工程系学术委员会主任等职。1992 年被聘为国务院学位委员会学科评议组成员。

长期从事汽车拖拉机设计制造的教学和研究。培养出博士生、硕士生三十余名。其中一名被国家教委、国务院学位委员会授予"做出突出贡献的中国博士学位获得者"称号。主持的科研项目"齿轮传动动态性能的研究""SIMS 声强测量系统的研制、推广及在控制汽车噪声中的应用"，达到国际先进水平，分别获 1989 年及 1993 年国家教委科技进步二等奖。在国内外发表论文六十余篇。著有《有限元法基础》。

金　兰（1927 年—　 ）湖南长沙人。教授。中共党员。1949 年毕业于清华大学电机工程学系，留校任教。1952 年公派赴苏联莫斯科动力学院留学，1956 获电机工程副博士学位。1957 年回到清华大学，先后任教于自动控制系、计算机科学与工程系。曾任计算机科学与工程系副主任、计算机技术研究所副所长等职。博士生导师。1984 年至 1987 年在美国麻省理工学院和宾州州立大学担任客座教授。1989 年起担任美国加州大学 Fresno 分校计算机科学教授。曾担任国务院学位委员会学科评议组成员、中国计算机学会理事兼普及委员会主任等职。

他是我国最早从事计算机科学技术研究与教学的学者之一，20 世纪五六十年代负责并参加了多种型号模拟计算机、数字积分机及教学计算机的研制工作，处于国内先进水平。其中"112 型"小型晶体管数字计算机设计思想先进，性能良好，曾小批量生产。20 世纪 70 年代末期以后，在国内率先进行并行处理及分布式计算机系统的研究工作。主持并完成了"THUDS 分布式计算机系统"等国家"六五"科技攻关项目，该项成果获 1987 年国家教委科技进步二等奖。提出的静动混合互连网络结构在国际上获得好评。培养博士生 5 名，指导硕士生 7 名。编著或合编《并行处理计算机结构》《计算机组织与结构》两本教材，都曾被国内大学作为计算机科学和计算机工程专业教科书。发表学术论文 80 余篇，为发展我国的分布并行计算机技术作出了贡献。

金　涛（1888 年—1970 年）字甸卿，浙江绍兴人。教授。九三学社社员。1909 年由游美学务处选派第一批赴美学习，入康奈尔大学学习土木工程，1911 年学成回国。历任铁道部铁路工程师，北宁、平绥铁路局工务处处长。30 年代作为主要编撰者创编《平绥技术会刊》，促进了国内铁路技术交流和国外新技术引进。1945 年任教于北京大学。1950 年任清华大学土木工程学系兼职教授。1952 年院系调整调入清华大学土木工程系任教授，1953 年至 1956 年任图书馆馆长。曾任九三学社清华大学支社主任委员、北京市分社副主任理事，是九三学社第二届、第三届中央候补委员，第四届中央委员。是中国土木工程学会主要发起人之一，曾任学会筹委会副主任委员、学会常务理事。

金　涌（1935 年—　）满族，北京人。教授，中国工程院院士。中共党员。1959 年苏联乌拉尔工学院化工系毕业，到天津大学化工系研修班学习。1960 年在中国科学技术大学任教。1973 年后任教于清华大学化学工程系。曾任反应工程教研室主任、化学工程研究所副所长。博士生导师。历任北京市人民政府专家顾问团顾问，中国颗粒学会常务理事，国务院学位委员会化学工程学科评议组召集人，德国 *Chem. Eng & Tech* 杂志顾问，北京化工大学、哈尔滨工业大学、西安交通大学等校兼职教授。

长期从事化学工程教学、研究与技术创新开发工作，成就卓著。在湍动流态化工程基础研究和新型湍动流化床反应器的开发方面有创造性成果，在指导苯酐、丙烯腈、醋酸乙烯、三聚氰胺反应器设计和工程实践中达到国际先进水平，效益突出。在近代循环流态化、气固超短接触反应器的研究中，处于国际领先水平，发表了一系列有国际影响的论文，用于石油催化裂解再生技术、新型催化合成反应器开发过程，申请专利三十余项，并用于旋流床节能干燥、重力掺混、密相气力输送、大型移动床径向重整反应器设计粉体技术等，获得重大经济效益。发表论文四百余篇，出版专著 5 册。主持的研究成果"新型塔形内构件流化床反应器"1987 年获国家发明二等奖，1996 年获国家科技进步二等奖。获全国优秀教师奖、全国五一劳动奖章、全国优秀博士学位论文指导教师（2 次），还曾获得部委级科技进步二等奖（3 项，主持），三等奖（3 项，参与）。1990 年获国家级有突出贡献中青年专家称号。2006 年获美国化学工程师协会（AIChE）讲座教授奖。指导博士生 10 名、硕士生 5 名。

金邦正（1887 年—1946 年）字仲番，安徽黟县人。1909 年 9 月由游美学务处录取径送赴美留学，入康奈尔大学学习森林学，1914 年获林科硕士学位，同年回国，任安徽省立第一农业学校校长，同时任安徽省森林局局长，后任北洋政府外交部参事。1920 年 8 月至 1922 年 4 月任清华学校校长。

担任校长期间，对于学校学科设置主张"于校中学科，力求完备，并将使自然科学之程度加高。俾吾校同学之习实科者，亦能不劣于文科生，而插入美国大学三年级"。

1921 年 6 月 11 日清华高年级学生（1921 级和 1922 级）因支援北京八校教师索薪斗争，举行了"同情罢考"。金因协同清华学校董事会压制学生，罚全体参加罢考的学生留级一年、推迟出洋，而引起学生强烈反对。1921 年秋开学时，全体学生相约拒不出席其召集的开学典礼。10 月 13 日作为出席太平洋会议的中国代表团随员赴美，校务由教务主任王文显代理。学生会去信"请其不必作卷土重来之梦想"。被迫辞职后转入实业界和银行界，曾任秦皇岛耀华玻璃公司经理等职。

金国藩（1929 年—　）浙江绍兴人。教授，中国工程院院士。1950 年毕业于北京大学工学院后留校任教。1952 年到清华大学，先后在机械制造系、精密仪器及机械制造系任教。曾任精密仪器与机械学系系主任和机械工程学院院长、国家自然科学基金委员会副主任、教育部科学技术委员会常务副主任、世界光学委员会副主席。博士生导师。现为仪器仪表学会名誉理事长、美国光学学会与国际光学工程学会会士。

长期从事光学仪器与光学信息处理的研究工作，是中国计算全息技术和"二元光学"研究的开拓者，将"光学信息处理"课程首次全面引入国内，是体全息光学存储技术研究的引领者。20世纪60年代负责完成"三坐标光栅劈锥测量机"的研制，打破封锁并为国防建设作出贡献；70年代末率先应用计算全息图技术检测非球面和制作凹面光栅，促进企业技术进步；80年代后期跟踪前沿，开拓光计算技术研究新领域；90年代抓住新方向，开展"二元光学"研究独树一帜；90年代后期至今，立足创新，引领体全息光学存储技术研究健康发展。曾经荣获国家技术发明二等奖2项和国家科技进步三等奖1项等。已培养了40名博士，其中2名学生论文入选全国优秀博士学位论文，编译著作《计算机制全息图》《二元光学》《信息光学基础》和《激光测量学》等，发表论文400余篇，申报国家发明专利70余项。

金希武（1910年—1979年）回族，辽宁开原人。教授。九三学社社员，中共党员。1929年至1933年在唐山交通大学、交通大学学习，获机械工程学士学位。1933年至1934年任教于清华大学。1934年至1935年在美国克提斯莱特航空工业专门学校学习，获工程师称号。1936年至1937年在美国密歇根大学研究院学习，获硕士学位。1939年至1941年在清华大学航空研究所任副教授。1941年任西南联合大学航空系教授。1942年在湖南洪江陆军机械化工程学院任教授。1946年任资源委员会沈阳机车车辆公司协理。1950年后任清华大学机械系教授，曾任金属切削加工教研组主任、副系主任，精密仪器及机械制造系主任、系学术委员会主任委员等职。北京市第二至五届政协委员。

他是我国高校机械制造工艺与设备专业教学与研究的先驱。20世纪50年代结合中国实际积极学习苏联先进教育经验建立了金属切削加工机床与工具专业和相关实验室。带领青年教师建立了一系列新的课程，完善了从讲课、实验、课程设计到毕业设计等教学环节，指导青年教师开出了"工具机""工具学""机床和公差与技术测量"等新课，并编著有关课程的讲义，合作编写了《公差与技术测量》教材，为这些课程的系统化奠定了基础。在教学之外，领导开展了机床振动、劈锥铣床、劈锥测量机、精密测量和公差标准等方面的科研工作。1963年作为中国标准化代表团成员出席社会主义国家标准化国际会议，指导的"四项公差标准"研究组的研究成果在会上受到各国代表的赞许并被接纳，为国际专业标准的制定作出贡献。

金兆熊（1937年—　）安徽屯溪人。研究员。中共党员。1957年至1963年在清华大学工程物理系学习，其间兼任学生政治辅导员三年，1963年留校任教。历任校党委组织部干事、教研组党支部书记、教研组主任、离心分离研究室主任，工程物理系党委书记、系主任等职。博士生导师。

长期从事原子能科学与技术中的同位素分离科研、教学工作。曾作为负责人负责并完成国家科技攻关项目有关课题、专题等十余项，在铀同位素离心分离技术研究方面取得多项研究成果，先后获国家级和部委级科技成果奖11项，在全国有关专业学术会议上发表论文二十余篇。1985年因在国防军工协作中成绩显著，被国防科工委、国家计委、国家经委、国家科委授予先进个人称号。1990年被国家教委、国家科委授予全国高等学校科技先进工作者。所领导的研究室获全国高校科技工作先进集体。1992年获国家级有突出贡献中青年专家称号。因在人才培养、科技成果转化等方面的杰出成绩，2004年获首届清华大学突出贡献奖。在新中国成立60周年之际入选"首都教育60年人物专栏"。

井　田（1919年—　）陕西子长人。1935年9月参加革命工作。1935年加入中国共产党。抗日战争与解放战争中历任军委总供给部政治处副青年干事，前敌总指挥部二局和军委二局译电员、研究员、股长、业务主任、副科长，冀察晋大军区司令部二局一办副主任、主任兼第三科科长，第四野战军司令部二局一处处长。新中国成立后任军委工程学校办公室主任。1950年至1954年在马列学院学习。1954年至1958年任公安部队干部部任免处长、中华造船厂副厂长。1958年入上海交通大学学习。1960年任上海船舶工业专科学校校长。1971年任六机部宜昌地区指挥部副指挥长。1973年任六机部第九设计院党委副书记、革委会副主任。1978年调任清华大学党委常委、副校长，分管行政、基建、财务等方面工作。对后勤机构、体制和管理的改革及后勤干部和职工队伍的建设做了大量工作，作出积极贡献。1981年调任国家机械委人事教育局局长。

井文涌（1935年— ）满族，北京人。教授。中共党员。1961年毕业于清华大学土木建筑系给水排水工程专业。在读期间曾担任学生政治辅导员。毕业后留校工作，先后担任教研组党支部书记、系党委副书记、研究室副主任、环境工程研究所副所长等职务。1984年在陶葆楷教授指导下，参与创建了清华大学环境工程系，并担任第一任系主任；建设和发展了清华大学环境工程学科，是我国第一个环境工程国家重点学科；1987年兼任环境工程研究所所长，1993年兼任环境工程设计研究院院长。还兼任国家环境保护局顾问、国际科联环境问题委员会（SCOPE）中国委员会委员、国际水质协会中国委员会副主席、中国环境科学学会副理事长、中国环境战略研究中心特邀研究员。现仍担任国家环境保护部科学技术委员会委员、国家环境保护部战略环境影响评价专家咨询委员会委员、中国环境科学学会顾问、中华环保联合会理事、国杰老教授科学技术咨询开发研究院院长。参加和组织了国家"七五""八五"环境保护科技攻关项目和中国环境保护技术政策的编写工作。指导研究生8名。1989年获全国优秀教师称号，2002年获第六届地球奖。合著《环境学导论》，获1987年国家教委优秀教材一等奖；主编《当代世界环境》。

康克军（1956年— ）河北定县人。教授。中共党员。1978年入清华大学工程物理系学习，1982年、1984年和1988年分别获学士学位、硕士学位和博士学位。1984年起在清华大学工程物理系工作。1989年至1991年赴德国电子同步加速器研究所做高级访问学者。曾任工程物理系核技术研究所副所长、所长，工程物理系副系主任、系主任。博士生导师。曾受学校委派兼任同方威视技术公司总经理、董事长。现任粒子技术与辐射成像教育部重点实验室主任。2004年起任清华大学副校长兼科研院院长。是教育部"长江学者奖励计划"特聘教授。现任中国核学会副理事长、中国体视学学会理事长。

长期从事辐射成像教学与科研工作。1988年设计并研制成功我国第一台实验工业CT系统。担任"大型集装箱检测系统"国家攻关项目专题和产业化负责人，取得多项重大科技创新成果，以"同方威视"命名的大型集装箱检测系统系列化产品大量装备中国和世界各国海关口岸，成为反走私和反恐的高科技武器，获得巨大社会经济效益，获2003年度国家科技进步一等奖。为解决大型装备的检测问题，经过长期不懈努力，所负责的大型装备缺陷辐射检测技术与系统的研究取得成功，满足了国家重大需求，获2010年度国家技术发明一等奖。获国家教委、国务院学位委员会授予的"做出突出贡献的中国博士学位获得者"称号、中国科协"求是"杰出青年奖、中国发明专利金奖、"首都劳动奖章"、全国先进工作者等多项荣誉和奖励。

担任分管科研的副校长以来，在改进科研管理、转变科研理念、规范科研机构、提升科研水平、推动成果转化、保护知识产权、弘扬学术道德等方面做出重要贡献。

邝宇平（1932年— ）广东台山人。教授，中国科学院院士。1955年北京大学物理系毕业，随后在兰州大学物理系任教至1979年。1979年至1982年在美国康奈尔大学做访问学者。回国后借调到清华大学物理系。1984年正式调入。博士生导师。全国TeV物理工作组的发起和领导人。

在重夸克偶素物理方面，首次建立重夸克偶素强子跃迁的合理模型和系统计算方法、含组分夸克量子化的 QCD 多极展开的量子场论形式及含耦合道效应的强子跃迁普遍理论。作了不少预言，其中十多个已陆续被国际的实验所证实。在 TeV 物理方面，给出了有重要应用价值的等价定理的正确表述和严格的普遍证明，纠正国外原有定理表述及证明的错误，并由之及所发展的幂次法则首次给出在 LHC 及 e＋e-直线对撞机上探测电-弱对称自发破缺机制灵敏度的全面分析，提出在 LHC 上通过 WW 散射来对 Higgs 玻色子反常耦合进行与模型无关的普遍探测的新方法及在 LHC 上检验无 Higgs 模型的有效方法，已被 LHC 的实验组采纳进行实验。发表 *Predictions for Hadronic Transitions in the bb System*、*On the Precise Formulation of the Equivalence Theorem* 等论文。论文被他引超过 3000 次。1989 年获首届吴有训物理奖。培养博士生 11 名、硕士生 10 名，指导博士后 6 名。

雷圭元（1906 年—1989 年）曾用名雷曾憙、雷奎元、雷悦轩、雷龙，曾用笔名雷澱湖、E.E、雷憙，上海松江人。教授。民盟盟员，中共党员。1921 年考入北平艺术专科学校中学部，后升入图案系接受高等教育。1927 年毕业留校任教，后受林风眠邀请到杭州艺术专科学校任教。1929 年至 1931 年到法国留学，半工半读，在巴黎画室学画并研究染织美术和漆画工艺。回国后先后在杭州艺专、四川省立艺术专科学校任教。曾任杭州艺专实用美术系主任兼教授会副主席、图案系主任，校务委员会委员。1950 年任中央美术学院华东分院教授、实用美术系主任。1953 年为筹建中央工艺美术学院，调到北京任中央美术学院实用美术系副主任。1956 年中央工艺美术学院成立，任副院长、院学术委员会副主任。历任中国美协常务理事、全国文联理事、民盟学院支部委员会主任委员、民盟北京市委员会委员等。是第三届全国人大代表、第四至六届全国政协委员。

20 世纪 50 年代曾担任中国工艺美术展览团团长，去匈牙利、捷克斯洛伐克、瑞士、芬兰等主持展览工作并参观考察；带领学院师生参加新中国成立十周年北京十大建筑中的人民大会堂、历史博物馆、军事博物馆、民族文化宫、钓鱼台国宾馆等建筑的装饰设计；参与《装饰》杂志的创刊、编辑工作。1947 年著作《新图案学》被国民政府教育部定为大学用书。另有主要著作《工艺美术技法讲话》《新图案的理论和作法》《怎样画图案》《图案基础》《中国图案作法初探》《敦煌莫高窟壁画》《中外图案装饰风格》等。1960 年被评为中央工艺美术学院、北京市文教群英会先进工作者（新中国成立十周年北京十大建筑美术设计工作），并作为代表分别出席全国教育和文化、卫生、体育、新闻方面社会主义建设先进单位和先进工作者代表大会。

雷志栋（1938 年—　）湖南澧县人。教授，中国工程院院士。中共党员。1960 年清华大学水利工程系河川枢纽专业本科毕业，1965 年清华大学水能利用研究生毕业，留校任教。历任水利工程系农田水利与水资源教研组主任、水利水电工程系主任、系学术委员会主任、土木水利学院学术委员会主任。兼任中国水利学会第七、第八届理事会理事、第九届理事会副理事长等。

几十年来长期从事教学和科研工作。参与讲授"水资源概论""水资源利用"及"土壤-植物-大气连续体（SPAC）"等本科生和研究生课程，1988 年出版我国第一部《土壤水动力学》专著，至今仍是国内相关领域研究生的重要参考教材。1979 年起，承担和参加国家科技攻关、"973"计划、自然科学基金、省部级项目 20 余项，涉及水循环及四水转化、水资源评价利用、灌溉节水等。1991 年始，二十多年坚持在新疆塔里木河流域开展研究，提出了干旱区绿洲以耗水为中心，考虑社会经济发展与生态保护相协调的水资源配置思路和方法等，具有创新性和重要的应用价值。作为主要成员参与中国工程院的西北水资源、江苏沿海综合开发、新疆水资源及浙江沿海与海岛综合开发四项重大咨询项目，作出了积极的贡献。获国家科技进步二等奖 2 项（同时为省部级科技进步一等奖），省部级科技进步二等奖 5 项，部级优秀科技图书一等奖 1 项。主编专著 1

部、参编 2 部，发表论文 150 余篇。2010 年当选为中国工程院土木、水利与建筑工程学部主任。

李　昌（1914 年—2010 年）曾用名雷骏随，土家族，湖南永顺人。1933 年在同济大学高中部加入共青团，1934 年团组织被破坏，流亡北平，就读华北中学。1935 年考入清华大学。积极参加"一二·九"运动，1936 年参加平津学生南下宣传团，集体发起成立"民族解放先锋队"（简称"民先队"），任民先队清华大队长。4 月重新加入中国共产主义青年团，5 月转入中国共产党，任清华党支部组织委员，8 月被选为民先队总队长，1937 年 2 月在北平召开的民先队第一次全国代表大会上被选为中华民族解放先锋队全国总队长，还任民先队总队部党团书记。抗战爆发后民先总队部先后撤至太原、西安、武汉和延安等地。1938 年任中共中央青年工作委员会委员，曾任中共中央青委组织部部长、中华青年团体联合办事处副主任等职。1943 年任中共兴县县委副书记。1944 年后任中共豫鄂边区礼山县委书记、豫鄂边区党委秘书长、枣阳中心县委书记、中原民主建国大学教育长。1946 年任晋察冀野战军第四纵队政治部主任。1949 年后任中共北京市青委书记、团委书记、青年团华东团委并上海市团委书记，青年团中央书记处书记。1953 年起历任哈尔滨工业大学校长兼党组书记，对外文化交流委员会副主任、党组书记兼第二外国语学院院长，中国科学院副院长、党组书记、学部主席团执行主席等职。1956 年被选为中共第八届中央候补委员，1979 年在十一届四中全会上被补选为第十一届中央委员。1982 年被选为中纪委书记。1985 年被选为中顾委委员。为第一届全国人大代表、第五届全国人大常委、第四届全国政协常委。曾任中国自然辩证法研究会双文明建设研究所所长。还被选为中国地区开发促进会名誉会长、哈工大和同济大学名誉教授、哈工大人文社会科学学院名誉院长。

在担任科学院领导职务时，国务院批准建立科学院农业现代化实验区，曾提出发展农村经济的以社会主义现代化为首，农林牧副渔行业多种经营和产供销一条龙为两翼的飞鸟型模式，得到一些地区的采用。1980 年在中央工作会议上提出建设社会主义精神文明的建议，得到主持会议的邓小平同志采纳，中央尔后确定开展社会主义双文明建设运动。

李　欧（1918 年—1991 年）四川秀山人。教授。民盟盟员，中共党员。1941 年燕京大学数学系毕业，同年考取该校物理系研究生，并兼任数学系助教。不久到北平高等工业学校及四存中学任教。1945 年抗战胜利后，又回燕京大学任教。1952 年到清华大学数学教研组任教，曾任高等数学教研组副主任、基础课教学委员会委员、应用数学系副主任、清华大学工会副主席、北京市民主青年联合会委员、北京市人大代表、民盟北京市委副主任委员、民盟中央委员、民盟清华支部主任委员、民盟清华大学委员会主任委员、中国数学会北京分会副主席。

长期从事高等数学的教学和研究，为清华大学数学课程的建设和应用数学系的恢复发展做出重要贡献。十分注意研究教学方法，1989 年获北京市普通高等教育教学成果奖。参加编写（1964 年）和改写（1985 年）的《高等数学》教材获 1987 年部委级优秀教材奖。长期担任民盟清华组织的领导工作，为贯彻党的统一战线方针做了大量工作。一直要求加入中国共产党，党组织考虑他正担任民盟领导职务而劝他留在党外工作。1991 年 11 月突发心脏病去世后，被党组织破例追认为中共党员。

李　强（1950 年—　　）黑龙江五常人。教授。中共党员。经历过"文化大革命"下乡，恢复高考后，1978 年至 1985 年在中国人民大学国际政治系学习，获法学学士学位、硕士学位，毕业后留校任教。曾任社会学系主任。博士生导师。1999 年调入清华大学，筹建清华大学社会学学科，2000 年清华大学社会学系复建，任系主任。2003 年起任清华大学人文社会科学学院院长。任国家信息化专家咨询委员会委员、教育部社会科学委员会委员、卫生部顾问、民政部顾问等多种社会职务。

在清华大学从事社会学研究与教学。研究领域为：社会分层与社会流动、城市社会学、社会结构与社会问题、应用社会学、贫困问题等，获得多项学术奖励。其中，论文"我国城市农民工的劳动力市场"获中国社会学会 2000 年学术年会优秀论文一等奖，专著《生命的历程：重大社会事件与中国人的生命轨迹》于 2001 年获北京市第六届哲学社会科学优秀成果二等奖，专著《社会分层与贫富差别》于 2002 年获教育部全国高等学校人文社会科学研究优秀成果一等奖，专著《我国失业下岗问题对比研究》于 2002 年获北京市第七届哲学社会科学优秀成果二等奖，论文"中国外出农民工及其汇款之研究"于 2004 年获《社会学研究》百期优秀论文奖，主编教材《应用社会学（第二版）》于 2005 年获北京市教育委员会"北京高等教育精品教材证书"，专著《农民工与中国社会分层》于 2006 年获第四届中国高校人文社会科学研究优秀成果一等奖，调查报告"市场经济下社会管理体制研究：对北京市基层社区管理体制的调查研究"于 2006 年获北京市第六届优秀调查研究成果二等奖，专著《中国水问题：水资源与水管理的社会学研究》于 2008 年获北京市第十届哲学社会科学优秀成果二等奖。讲授的课程"社会分层与社会流动"于 2009 年获评清华大学精品课程。获得的其他荣誉还包括：教育部、人事部授予全国模范教师称号，国家教委第一批跨世纪优秀人才培养计划等。

李　星（1956 年—　）陕西蒲城人。教授。中共党员。1982 年在清华大学无线电电子学系获学士学位，1986 年和 1989 年分别获美国德雷赛尔大学电机和计算机工程系硕士学位和博士学位。1982 年至 1983 年在北京师范大学任教，1989 年至 1991 年任德雷赛尔大学电机和计算机工程系博士后研究员和兼职副教授。1991 年起在清华大学电子工程系任教。曾任电子工程系人机通信和网络研究所所长、信息工程研究院副院长、信息网络工程研究中心副主任等职务。曾获国家杰出青年科学基金。还曾任国际网络研究协调委员会副主席、美国希格玛赛科学学会会员、中国计算机学会互联网专委会主任委员、中国通信学会 IP 应用与增值电信技术委员会副主任委员、亚太网络工作组主席、亚太网络信息中心执行委员会委员等。

1994 年任中国教育和科研计算机网 CERNET 的主要技术负责人，研制了中国第一个 TCP/IP 主干网"中国教育和科研计算机网 CERNET 示范工程"。主持研制中国第一个互联网安全紧急响应组 CCERT。1997 年开始研究下一代互联网技术，主持建立中国第一个与国际 6BONE 联网的 IPv6 试验网。历任中国自然科学基金委 NSFCNET、中日 IPv6 试验网和中国下一代互联网示范网络 CNGI-CERNET2/6IX 主要技术负责人。在向下一代互联网过渡技术方面，发明了无状态、基于地址前缀的翻译技术 IVI。是中国大陆首个非中文 IETF 标准 RFC4925 的第一作者，也是 RFC6052、RFC6144、RFC6145 和 RFC6219 等 7 个 RFC 的作者。在重要国际学术刊物和会议上发表论文 200 余篇，获中国发明专利 26 项，获国家科技进步二等奖 3 项，部委科技一等奖、二等奖 5 项，获国家级有突出贡献中青年专家称号。

李伯重（1949 年—　）生于云南昆明。教授。1982 年和 1985 年在厦门大学分别获历史学硕士学位、博士学位，1991 年至 1992 年在美国密歇根大学完成博士后研究。先后在浙江省社会科学院历史研究所、中国社会科学院经济研究所工作。1998 年入选清华大学"百人计划"到清华大学工作。博士生导师。历任经济学研究所副所长、历史系主任兼思想文化研究所所长等。退休后兼任清华大学国学院教授以及国务院学位委员会学科评议组成员、国家社会科学基金学科评审组专家、教育部"长江学者奖励计划"评审专家。现任香港科技大学人文学部讲席教授、高等研究所资深研究员。曾任美国哈佛大学、密歇根大学、加州大学洛杉矶分校、麻省理工学院、加州理

工学院，美国国会威尔逊国际学者中心，美国全国人文学中心，英国剑桥大学、伦敦经济政治学院，日本东京大学、庆应义塾大学，法国国家社会科学高等研究院等机构的客座教授或研究员。

2006 年当选为国际经济史学会执委会委员，日本东洋文库名誉研究员，是这些机构中唯一的华人学者。曾应邀在第八届世界史协会国际年会、第 35 届国际经济史与商业史学会年会、第 21 届国际历史科学大会开幕式上做基调报告，系这些国际学术组织成立以来首位获此殊荣的华人学者。主要代表作有《唐代江南农业的发展》《发展与制约：明清江南生产力研究》*Agricultural Development in the Yangzi Delta*，1620—1850、《江南的早期工业化：1550—1850》《多视角看历史：南宋后期至清代中期的江南经济》《中国的早期近代经济——1820 年代华亭-娄县地区 GDP 研究》等。

李焯芬（1945 年—　）广东中山人。教授，中国工程院院士。1968 年毕业于香港大学土木系，获工学学士学位，1970 年获该校工学硕士学位，1972 年获加拿大西安大略大学博士学位。加拿大工程院院士。曾任加拿大安大略省电力公司总工程师和工程部经理，加拿大皇家学会与加拿大工程院自然灾害减灾委员会主席，香港特别行政区首届推选委员、立法会选举委员等职。1994 年起任香港大学讲座教授、土木系系主任、副校长。现兼任香港工程科学院院长、香港中华文化促进中心主席、香港福慧慈善基金会主席、国际岩石力学学会场址稳定性委员会主席等职。2005 年起任清华大学水利水电工程系教授。

在国际学术期刊及国际会议上发表论文 200 多篇，内容涉及土木学、岩石力学、环境岩土工程、岩土灾害防治、基础工程和计算力学等；编写了加拿大政府能源部的《矿山边坡手册》中的边坡稳定性分析、评估与设计部分，至今仍在北美业界得到采用；编写加拿大政府能源部的《高地应力地区隧道设计施工手册》，并应用到大型核电站设计之中，解决了时效变形引起的结构问题。主持过大型核电站的岩土工程勘察、地震风险评估及抗震设计；主持过 68 个水电站的大坝安全性评估，解决了老坝抗震、抗滑等一系列技术难题，发展了相应的软件；主持过多项大型输电项目的岩土工程问题研究，进行了大型输电塔塔基抗拔及水平加载试验研究，发展了一套设计规范；主持完成香港地区地震风险评估、青马大桥抗震设计，完成了香港地区滑坡风险分析评估图，已用于香港的土地开发和滑坡防治等工程任务。支持国内建设，对三峡、大亚湾等工程作了大量咨询，培养青年人才，贡献突出。先后获得加拿大工程院 LKLo 奖章、加拿大岩土工程学会最佳论文奖，获得香港特别行政区太平绅士称号及美国政府富布莱特杰出学人奖和香港特区政府银质紫荆勋章。

李成林（1923 年—1982 年）天津人。教授。1947 年北京大学工学院化工系毕业，留校任教。1948 年 8 月加入中国共产党，曾任教师党支部书记、系总支委员等职。1952 年调高教部工业教育司工作。1953 年在北京俄专学习。1954 年赴苏联列宁格勒化工学院、苏联门捷列夫化工学院及苏联氮肥研究院作研究生，获副博士学位。1958 年回国任教于清华大学，历任工程物理系教研组主任、化学工程系轻同位素分离教研组主任、石油化工教研组主任、副系主任、系学术委员会副主任、催化动力学研究室主任。曾任中国石油学会理事、北京化工学会理事、国家科委煤炭气化-液化专业组液化分组成员、《石油化工》杂志编委等职。

长期从事化工分离技术、石油化工和催化动力学的教学和研究工作。为本科生、研究生、青年教师开过"化工原理""蒸馏理论""催化原理""反应动力学""催化动力学"等课程，并指导了几届研究生，编写翻译过一些教材。组织和领导进行同位素分离、分离系数的测定、催化剂试制等项研究，取得较好的成果，有的已用于国家生产建设之中。发表有《变压吸附法分离纯氢的研究》《高温烯炔裂解制乙烯乙炔的研究》等论文。

李道增（1930 年— ）安徽合肥人。教授，中国工程院院士。中共党员。1952 年清华大学建筑系毕业，留该系任教。1983 年任系主任，1988 年建筑学院成立，任首任院长。博士生导师。1983 年应邀赴美国卡内基梅隆大学任客座教授。曾兼任首都建筑艺术委员会副主任、兼国务院学位委员会学科评议组成员和中国建筑学会常务理事各三届等。现兼任中国建筑学会、世界华人建筑师协会名誉理事等。是国家一级注册建筑师。

长期从事建筑教育，对建筑有较深入的理论研究和广泛的设计实践。关注学科前沿和国家经济建设重要课题，1980 年在国内领先开设"环境行为学"和"西方戏剧剧场史及其近代发展"课程，1982 年发表后来备受关注的《重视生态原则在规划中的运用（生物控制论八项原则）》论文。励志国家建筑文化的传承与发展，形成了古今中外先进思想均为我学我用，"因地、因时、因事制宜"的"新制宜主义"的建筑观。还专精于剧场建筑设计研究，通晓中外剧场的历史发展。曾承担重要的设计和科研项目有：1954 年秋作为国家三位代表之一，赴朝鲜元山进行中国人民志愿军英雄纪念碑设计；北京钓鱼台国宾馆、全国人大常委会办公楼、844 工程（中央军委大楼）和北京长安街规划，1958 年新中国成立十周年国庆工程的国家大剧院和解放军大剧院建筑设计（因经济困难未建）。多年来坚持不懈地进行剧场建筑系统研究，培养的 40 名博士、硕士生中有三分之一是进行中外剧场建筑研究的。主持设计了天桥剧场等 9 座剧场。1998 年再次代表清华大学参加国家大剧院的设计方案国际竞赛，1999 年完成了入围报送中央的三个方案之一。近年承担包括新清华学堂、音乐厅、校史馆的清华大学建校百年标志性建筑群的设计。主要著作有《西方戏剧·剧场史》（上下册合著）专著、《环境行为学概论》《李道增文集》《李道增选集》及译作，发表论文《全球本土化与创造性转化》《建筑艺术创作中对"陌生化"原理的运用》《没有特色，不成其为文化》《克服建筑文化的自卑心态——建筑文化的传承与发展》等 60 余篇。1984 年获国家级有突出贡献中青年专家称号，享受国务院政府特殊津贴。设计的中国儿童艺术剧院获国家教委、建设部 1993 年度三等奖。天桥剧场翻建工程 1997 年获"首都建筑十佳方案第一名"和"建筑艺术创作优秀设计方案二等奖"（一等奖空缺）、2003 年度建设部部级优秀勘察设计三等奖、2009 年新中国成立 60 周年获"中国建筑学会建筑创作大奖"。清华大学第 1 至 4 号楼学生宿舍获 2009 年新中国成立 60 周年"中国建筑学会建筑创作大奖"。

李恩元（1927 年— ）四川内江人。研究员。1946 年入北京大学先修班学习，1947 年入北京大学土木系学习。1948 年 12 月加入中国共产党。1951 年毕业后留北大任教。曾任北京大学工学院党支部委员、党支部书记，北大党委委员。1952 年院系调整后到清华大学，历任清华大学党委常委、监委副书记、党委组织部副部长、水利工程系党总支书记、人事处副处长、统战部长、校工会副主席及党组书记、校政治部副主任、清华汽车厂党委副书记、清华试验化工厂党委副书记、工程物理系党委书记、工程力学系党委书记等职。曾兼任北京市教育工会委员。

在工作中认真贯彻党的教育方针，有开创性，尤其在 1958 年兼任水利工程系党总支书记期间，组织水利工程系师生，承担密云水库设计任务，真刀真枪进行毕业设计，作出显著成绩。长期担任校工会常务副主席，对校工会的健全和发展作出重要贡献。在统战工作、组织工作等方面还做了许多重要工作。1982 年调离清华，历任北京轻工业学院院长，北京联合大学副校长、校长。

李国鼎（1921 年— ）湖南澧县人。教授。民盟盟员，中共党员。1947 年毕业于清华大学土木工程学系市政与卫生工程组，留校任教。先后任教于土木工程系、建筑工程系、工程物理系、工程化学系、土木与环境工程系、环境工程系。其间曾在北京大学任教。曾任教研组主任、校科研处研究生科科长、试验化工厂副厂长、环境工程研究所所长等职。博士生导师。曾任北京市人大代表、海淀区人大代表、北京市政府顾问、中国环境科学学会常务理事、核环境审评专家委员会委员、《环境科学》副主编等。

1960年根据国内发展核工业的形势需要，听从组织安排，组建0303教研组（核环境工程教研组前身），并任教研组主任，在昌平清华核基地组建放射性废水处理车间并达标运行，培养该专业学生数十名。80年代协助陶葆楷教授与国家环境保护局合设环境工程研究所，并在校内融资兴建环境工程楼，继任所长职务。

主讲"卫生工程实验""给水排水工程施工""放射性废水处理""核环境工程"等课程。发表《国外核电站放射性废物处置》《核废物安全处置对策的探讨》《中国城市垃圾处理问题》等论文20余篇；主编《给水排水工程施工》《工业污染治理技术丛书：工业废水治理卷》等共12册；是《环境科学大辞典》《环境科学》副主编；合著有《土木建筑工程概论》《固体废物处理与资源化》《环境工程》（环保专业高等教材）等；主译《核动力的环境问题》并被推荐为中国优秀图书。获国家教委1987年科技进步二等奖。指导博士生12名、硕士生24名。享受国务院政府特殊津贴。

李恒德（1921年—　）河南洛阳人。教授，中国工程院院士。1942年毕业于西北工学院。当年加入中国共产党。1947年获美国卡内基理工学院硕士学位。1954年获宾夕法尼亚大学博士学位。1954年回国任教于清华大学。历任金相及热处理教研室主任、核材料教研室主任、工程物理系主任、材料研究所所长。1986年到1994年兼任国家自然科学基金委员会材料与工程科学部主任；兼任国务院学位委员会学科评议组成员、中国核学会常务理事、核材料学会副理事长和国家自然科学奖励委员会委员等。1991年当选为首任中国材料研究学会理事长，1997年到2000年任国际材料研究学会联合会（IUMRS）第一副主席、主席各2年。

参与开创了国内第一个核材料专业，是博士生导师。长期从事核材料和材料物理的教学和研究工作，培养了一批核材料及材料科学的研究人才。早期开展铍单晶体塑性形变研究。20世纪70年代研究压水堆锆管的加工工艺和氢化物位相分布间的关系，研究成果在生产实际中得到应用。进行金属铀晶粒度图谱及热循环试验研究；利用凝胶沉淀法研制出核燃料微球；并开始研究材料辐照效应的课题。是我国离子束与材料相互作用和离子束材料改性研究领域的开拓者。1990年起又开始生物材料及生物矿化方向的研究。相关研究成果先后获多项国家和部委奖励。1998年获何梁何利科技进步奖。2000年被推选为国际生物材料学会Fellow；2009年当选美国材料研究学会MRS Fellow，是首位获此名誉称号的中国籍学者。主编《中国材料发展现状及迈入新世纪对策》和《材料科学与工程手册》等专著7部。在国内外学术刊物上发表论文二百余篇。

李家明（1945年—　）生于云南昆明。研究员，教授，中国科学院院士。1968年毕业于台湾大学工学院电机工程系。1974年获美国芝加哥大学博士学位。先后任职于美国芝加哥大学物理系、匹兹堡大学物理天文系、罗彻斯特大学激光能量研究所。1978年至今在中国科学院物理研究所任职。1997年至今担任清华大学单原子分子测控科学与技术研究中心（后更名为原子分子纳米科学研究中心）主任，物理系教授。2003年至今，任上海交通大学物理系教授。曾任第六至十届全国政协委员，现任十一届全国人大代表。1992年当选第三世界科学院院士。

从事原子分子物理、计算物理、理论物理方面的研究，围绕着研究发展量子多体理论和计算方法，可以对原子、分子、团簇体系的物理性质和有关动力过程进行定量的理论计算和描述。发展多通道量子数亏损理论，建立第一原理理论计算方法。建立相对论性多通道量子数亏损理论、非相对论性多重散射的分子自洽场理论计算方法。应用量子电动力学于高能原子过程。目前研究内容：可以对原子、分子、团簇体系的物理性质和有关动力过程进行定量的理论计算和描述；面向着纳米科学的需要，即原子分子层次超灵敏探测、识别、操纵与控制方面，进行理论计算研究。曾获 1986 年国际理论物理中心的 Kastler 奖，1990、1992 年中国科学院自然科学二等奖，1998 年中国工程物理研究院预研基金二等奖，2001 年中国人民解放军总装备部和科技部授予"863"计划十五周年先进个人奖，2002 年何梁何利科技进步奖。

李建保（1959 年—   ）生于江西南昌。教授。中共党员。1977 年考入长春地质学院矿产地质专业，毕业后考取教育部公派留学出国，1985 年获得日本国立山口大学理学硕士学位，1988 年获得日本东京大学工学博士学位，其间担任日本东京地区中国留学生会会长。1988 年清华大学材料科学与工程系成立时到该系工作。曾任新型陶瓷与精细工艺国家重点实验室主任、校电视台台长、校学术委员会秘书长。博士生导师。获首届国家杰出青年科学基金。2002 年至 2005 年任青海大学校长，其间中组部、中宣部与教育部联合对其事迹进行宣传报道，是当时"共产党员先进性教育"全国宣传典型之一。2007 年起任海南大学校长。是清华大学兼职教授，第十一届全国人大代表、第十届全国政协委员。

讲授过"固体材料结构基础""晶体光学"等课程，长期从事新材料科研与教学，在国内外发表学术文章近百篇，获得发明专利多项。在高温陶瓷材料强韧化技术、高温气固分离多孔陶瓷过滤元器件的制造、沙漠绿化多孔材料、氢能源电极材料等领域，有多项实用成果。先后获得清华大学优秀青年教师、北京市优秀教师、教育部优秀青年教师、国家"863"计划先进工作者、教育部"跨世纪人才计划"、中国"十大杰出青年"、首批国家"百千万人才工程"一、二层人选、全国五一劳动奖章、全国先进工作者、"教育部对口支援工作先进个人""中国侨界创新人才"奖、海南省科技进步一等奖等多项奖励和荣誉。

曾任全国青联常委、北京市青联副主席、中国青年科技协会副会长、中国材料产业发展促进会主任、国家"863"计划高性能结构材料技术主题专家组长、国际陶瓷联盟（ICF）核心成员及中方代表等职。现任教育部科技委委员、教育部高等学校设置评议委员会专家、中国硅酸盐学会副理事长、中国材料学会常务理事、中国高等教育学会地方大学教育研究分会副会长、留日同学会副会长、留日学人活动站主任、海南省留学回国人员联谊会会长、清华大学海南校友会常务副会长等职。

李景汉（1895 年—1986 年）北京人。教授。民盟盟员。1916 年北京协和学院毕业。1922 年获美国加州州立大学社会学硕士学位。1923 年毕业于美国哥伦比亚大学经济研究院。1924 年回国后，任教于燕京大学，曾任中华平民促进会定县实验区社会调查部主任。1934 年起任清华大学社会学系、西南联合大学社会学系教授和清华大学国情普查研究所调查组组长。

在清华和联大任教期间，讲授"社会研究法入门""初级社会调查""高级社会调查"等课程，指导的毕业论文中有《北平娼妓调查》《北京电影业之调查》等，指导社会学系在清华园附近八家村设实验区，指导在云南呈贡县、昆阳县的户籍及人事登记调查。1944 年赴美国进修，后任联合国粮农组织统计专家室专家。1949 年回国后，历任辅仁大学教授、社会学系主任，中央财经学院、中国人民大学教授。著有《定县社会概况调查》《北平郊外之乡村家庭》《实地社会调查方法》《北京郊区乡村家庭生活调查札记》等。

李龙土（1935 年—   ）福建南安人。教授，中国工程院院士。中共党员。1958 年毕业于清华大学土木工程系，留校先后任教于土木系、化工系和材料系。博士生导师。任新型陶瓷与精细工艺国家重点实验室主任、学术委员会主任。1987年和1994年先后在美国里海大学和宾州州立大学做访问学者。历任国防科工委首届军用新材料应用研究专家组成员、国家"863"计划新材料领域先进功能陶瓷专题组长、国家自然科学奖第四届评审委员会委员、《硅酸盐学报》《功能材料》《压电与声光》等杂志编委。

长期从事无机非金属材料（主要是功能陶瓷材料）的教学和科研工作。先后参与研制成功多个系列、性能优良的铁电、压电、介电、铁磁等新型功能陶瓷材料，提出了对多层陶瓷电子元器件产业化有重要意义的技术路线，开拓了高性能铁电压电陶瓷低温烧结的新途径，发明了低烧多层压电陶瓷变压器并推广应用，作为国家"863"计划"八五""九五"重大项目负责人，主持和参与研制成功高性能低烧多层陶瓷电容器并实现了产业化，对国家"863"计划重大项目的实施及高技术产业化作出了重大贡献。被国家科委和国防科工委授予国家高技术发展计划"八五"先进工作者一等奖。多项研究成果先后获得国家技术发明二等奖、三等奖和部级科技进步一等奖、二等奖以及亿利达科学技术奖等十余项；发表论文五百余篇；获得授权专利六十余项。先后培养博士生三十余名、硕士生二十余名，指导博士后十余名。

李丕济（1912年—1968年）河北宁河人。教授。1934年毕业于清华大学土木工程学系。1934年至1936年在天津华北水利委员会任工程员。1936年至1937年在荷兰实习。1937年至1939年在德国柏林工业大学、卡斯鲁工业大学进行研究。1939年至1946年在瑞士公立大学取得土木工程师学位并任研究工程师。1946年年底回国，曾任北洋大学土木、水利系教授。1947年到清华大学任教。任清华大学土木系、水利系教授，水力学及水力机械教研组副主任兼水力学实验室主任。

长期从事本科生、研究生教学工作及实验室建设工作。1955年曾合作集体翻译出版了苏联阿格罗斯基的《水力学》。1959年合编出版《工程水力学》；1961年参加了对该书的修改与补充，出版了《水力学》上、中、下三册；1965年与夏震寰教授一起任主编，按少而精的原则又将该书修订为上、下两册出版，并成为我国水利专业第一本全国通用《水力学》教材。科研工作方面，特长于水工模型试验，曾负责过官厅水库、丰满水电站、包钢引黄河供水工程、三峡水利枢纽、密云水库及渔子溪水电站等的水工模型试验，提出了许多改进意见。为我国的水利水电建设事业作出贡献。

李润海（1937年—　）北京人。教授。中共党员。1961年毕业于中国人民大学，到清华大学任教。清华大学复建文科后，曾任清华大学文科学术委员会主任、哲学与社会学系主任、政治学系主任兼国际问题研究所副所长、全国哲学社会科学学科规划和评审组成员、北京市高级职称学科评审组组长、中国历史唯物主义学会常务理事等职。博士生导师。

从事马克思主义理论教育四十余年，先后讲授"中共党史""中国近代史""国际共运史""科学社会主义理论与实践""马克思主义经典著作研读"等课程，获包括国家级和北京市教学优秀成果奖在内的各种奖励多项。围绕社会主义理论与实践问题，在全国高校、国家机关、科研院所做学术报告数百场，并获首届北京市优秀报告灵山杯一等奖。其论著曾获首届全国高校人文社会科学优秀成果奖、北京市社会科学优秀成果奖、中国图书奖等。以第一学术带头人参加创建清华大学马克思主义理论与思想政治教育博士点。1990年获国家级有突出贡献中青年专家称号，1991年被评为全国高校先进思想政治工作者。

李三立（1935年—　）上海人。教授，中国工程院院士。中共党员。1955年毕业于清华大学无线电工程系，1960 年获苏联科学院副博士学位，同年回到清华大学，先后在自动控制系、电子工程系、计算机科学与技术系任教。博士生导师。曾任清华大学计算机技术研究所所长、国务院学位委员会三届计算机学科评议组召集人、国家攀登计划项目首席科学家。曾先后四次被选为欧洲微机学会执行理事。兼任上海大学计算机学院院长，任中国计算机学会常务理事。

从事计算机研制工作长达五十多年。曾负责我国电子管、晶体管、集成电路和大规模集成电路等四代计算机的研制工作。负责研制的"火炮自动瞄准器劈锥测量计算机 102"将生产效率提高 50 到 100 倍，获 1978 年全国科学大会奖；负责研制的监控弹道导弹和卫星发射计算机（724机）执行任务可靠准确，获中央嘉奖。负责研制成功的两台超级计算机"深超-21C"和"自强 3000"分别进入世界 500 强排行榜。获国家及省部级科技进步一等奖、二等奖共 7 项。出版著译作共 11 部，其中《RISC—单发射与多发射体系机构》获国家教委优秀学术著作特等奖；发表论文 200 余篇。是中国计算机科学技术百科全书副总编兼《计算机系统结构》主编。

李寿慈（1914 年—1990 年）江苏金坛人。1935 年入清华大学工学院学习。积极参加"一二·九"学生爱国运动，并于 1936 年年初参加了党领导下的"民族解放先锋队"及"左联"。1938 年 10 月加入中国共产党。并在湖北武汉及上海从事党的地下革命活动。上海解放后，任华东军政委员会华东区对外贸易管理局副局长、代局长，上海海关副关长、关长以及北京对外贸易学院副院长等职。1958 年调入清华大学，任校长助理。1959 年任校党委副书记。1962 年任副校长兼校委会副秘书长。分管教学、统战、外事及安全保密等方面工作。在校任职期间，认真执行党的教育方针，作风严谨，重视调查研究，听取各方面意见，努力推进教学改革，贯彻教学为主和"少而精"的原则，为提高学校的教学质量作出积极贡献。在统战、外事及安全保密等方面工作均作出积极贡献。1978 年调任国家科委一局局长。

李思问（1922 年—1983 年）山西文水人。1940 年 8 月参加革命，同年 10 月加入中国共产党。在抗日战争与解放战争中，先后担任中共文水县委组织干事、县二区区委委员、太原县五区委组织委员、清徐县县委秘书、晋源县县委办公室主任、县委宣传部副部长、晋中地委秘书、汾阳地委办公室中心工作组组长等职。1949 年后调到中共华北局理论教育处工作。1952 年考入清华大学工农速成中学，1954 年考入清华大学无线电工程系。在读期间曾担任学生党支部书记、系党总支副书记、校党委委员，热心做好学生思想政治工作，同时又以惊人的毅力克服学习、生活和家庭中的困难，刻苦努力，取得了学习上的优异成绩，是全系公认的"又红又专"的表率。1959年毕业并留校工作。1962 年调到校后勤工作，担任校行政处和生活管理处党总支书记，生活管理处处长。1971 年后历任校务处总支副书记，绵阳分校党委副书记。粉碎"四人帮"后，任校党委常委、总务长兼后勤党委书记。几十年来，服从党的工作需要，勇挑重担，任劳任怨，勤勤恳恳，以身作则，全心全意为全校师生员工的生活后勤服务。被誉为清华的"老黄牛"，深得师生员工的赞誉。

李惕碚（1939 年—　 ）湖南攸县人。研究员，教授，中国科学院院士。1963 年毕业于清华大学工程物理系。先后任职于中国科学院原子能研究所、高能物理研究所，曾任中国科学院粒子天体物理重点实验室学术委员会主任。2000 年起任清华大学物理系教授。

20 世纪六七十年代在云南高山站进行了多年的宇宙射线研究，70 年代后期开始倡议并组织我国高能天体物理的实验研究，主持研制球载大型硬 X 射线望远镜，用准直调制望远镜实现了对硬 X 射线天体的高精度成像。建立了银河 γ 射线的统计模型，给出银河宇宙线产生高能 γ 射线的定量估计，模型的正确性被观测证实。建立了准确处理稀有事例的置信分布方法。导出了估计对象-背景观测可靠性的公式，成为处理超高能天文数据的一个标准方法。建立了对象重建的直接解调方法。发展了在时域上研究快速变化现象的时间尺度谱分析方法。曾获国家优秀科技图书奖、国家自然科学三等奖、中国科学院科技进步二等奖、王淦昌物理学奖、何梁何利科技进步奖。

李宪之（1904 年—2001 年）字达三，河北赵县人。教授。九三学社社员。1926 年北京大学理科预科毕业后入物理系学习。次年参加中国西北科学考察团。1930 年赴德国柏林大学深造，1934 年获哲学博士学位。1936 年回国后，任清华大学、西南联合大学教授，曾任清华大学气象学系主任。1952 年后，任北京大学教授，中国气象学会第一届常务理事。专长天气学，20 世纪 30 年代发现跨赤道气流对南半球天气系统发展的影响，指出北半球强烈冷空气侵袭可以促使南半球发生热带气旋，以及大气和海洋的相似环流及其因果关系。长期从事东亚寒潮、台风、地震、降水问题等研究，著有《台风论》《中国的季风与气候》《季节与气候》《降水问题》等论著。

李相崇（1914 年—　　）四川邻水人。教授。民盟盟员，中共党员。1939 年毕业于南开大学英文系。1946 年任教于清华大学外国语文学系。1949 年后任俄文教研组主任、外语教研室主任、外语系主任。校外兼任时代出版社编辑、北京市高等学校大学英语教学研究会理事长、北京市高等学校教师职称评审组俄语组组长。

长期担任英、俄语教学工作，业余曾从事俄文社会科学、文艺学、文学史的翻译，主要有《苏联怎样消灭剥削阶级和阶级差别》《乔治·戈登·拜伦》《菲尔丁论》《朵思妥耶夫斯基论》等近三百万字。还曾根据俄、德、英原文校阅国内已出版的马克思、恩格斯、列宁著作的若干中译本。1980 年后主要担任英、俄语学习书刊的编审工作，主编《新英语教程》，主编《大学英语》杂志十余年，审订书籍四十余册，参加审校英汉词典 3 种。

李学勤（1933 年—　　）北京人。研究员，教授。1951 年考入清华大学哲学系。1952 年至 1953 年在中国科学院考古研究所参加编著《殷墟文字缀合》。1954 年起到中国科学院（后属中国社会科学院）历史研究所任职。1985 年至 1988 年任副所长，1991 年至 1998 年任所长。第九届全国政协委员，第二至四届国务院学位委员会委员，2007 年起被聘为中央文史研究馆馆员。1996 年起任"夏商周断代工程"首席科学家、专家组组长。20 世纪 70 年代后期以来，多次在欧美亚澳国家任教讲学，1986 年被选为美国东方学会荣誉会员，1997 年当选为国际欧亚科学院院士。曾于国内多所高校兼职，在西北大学、南开大学、湖南大学、中国美术学院等指导研究生。1992 年回母校清华大学兼职，建立国际汉学研究所并任所长，2000 年任思想文化研究所所长，2003 年正式调入清华大学，任历史系教授，2008 年任出土文献研究与保护中心主任。在社会工作方面，长期任中国先秦史学会理事长、中国文物学会青铜器专业委员会会长、湘鄂豫皖楚文化研究会理事长、中国钱币学会副会长等职。致力于中国古代史和古文字学研究，在甲骨学、青铜器研究、战国文字研究、简帛学、文献学、学术史等方面多有成果。代表著作有《殷代地理简论》《东周与秦代文明》《古文字学初阶》《新出青铜器研究》《周易溯源》《简帛佚籍与学术史》《四海寻珍》《夏商周年代学札记》《文物中的古文明》《通向文明之路》《三代文明研究》等。1984 年获国家级有突出贡献中青年专家称号、2001 年获"九五"国家重点科技攻关计划突出贡献者称号、2002 年获全国杰出专业技术人才称号。

李亚栋（1964 年—　　）安徽宿松人。教授。1986 年毕业于安徽师范大学，1988 年至 1991 年在中国科学技术大学读硕士研究生，1991 年获理学硕士学位并留校工作，1998 年在该校获博士学位。1999 年调入清华大学化学系工作。2000 年获国家杰出青年科学基金，2001 年被聘为教育部"长江学者奖励计划"特聘教授。现任校学术委员会委员、系学术委员会主任；任两届国家重点研究计划项目首席科学家，国家自然科学基金创新群体负责人；先后担任 *Nano Research*、*Inorg. Chem*、*Chem. Mater*、*J. Mater. Res.*、《中国科学 B 辑：化学》《科学通报》等学术刊物的副主编或顾问编委、编委。

长期从事无机功能纳米材料研究，在纳米晶可控合成、结构与性能及其形成机理，金属纳米晶、团簇及其催化基础与应用方面取得了具有国际影响的研究成果。在国际学术期刊包括 *Nature*、*Science*、*JACS* 等发表论文 200 余篇，论文被他人引用 18 000 余次，获发明专利 20 余项。获 2008 年国家自然科学二等奖（第 1 获奖人）、2006 年北京市科学技术奖一等奖（第 1 获奖人）、2001 年国家自然科学二等奖（第 3 获奖人）等多项科学奖励。所培养的学生中，4 名论文入选全国优秀博士学位论文，二十余名在国内外知名大学当教授，其中 2 名已获国家杰出青年科学基金。

李衍达（1936 年—　）广东南海人。教授，中国科学院院士。中共党员。1959 年毕业于清华大学自动控制系，1958 年提前留校工作。1979 年至 1981 年作为访问学者赴美国麻省理工学院进修。历任清华大学自动化系主任，信息科学技术学院院长，校学术委员会主任，校学位评定委员会副主席，国际学术交流委员会副主任，国务院学位委员会委员、学科评议组召集人，中国科学院信息技术科学部主任、中国科学院主席团成员，中国自动化学会副理事长，中国电子学会学术委员会委员，《电子学报》、*Frontier of Electrical Electronic Engineering in China* 主编，地球物理信号处理与识别联合研究所所长，IEEE 高级会员等职。

多年来在电子学、数控计算机、信号处理及生物信息学方面进行教学和研究工作。在波抵达时延估计、信号重构等方面的理论、算法及应用做出重要贡献，提出了一种时延估计的新方法，放宽了信号重构理论的应用条件。成果汇于专著《信号重构理论及应用》中，并发表在《中国科学》、*IEEE Trans on ASSP* 等刊物上，为一些著名学者引用。将信号重构理论和人工智能技术引入地震勘探数据的处理和解释，取得一系列开拓性的成果并在实际中应用。领导的科研项目"地球物理信号处理与识别方法及其应用"获 1991 年国家教委科技进步一等奖及 1993 年国家自然科学四等奖。1998 年后致力于生物信息学方面的研究，在基因调控分析与建模、复杂疾病计算分析等方面取得了若干研究成果。和常迥教授一起创建和主持清华大学模式识别与智能控制博士点，以身作则，教书育人，创造了培养研究生的许多好经验，该博士点 1989 年获首届国家级高校教学优秀成果特等奖。在其领导下，2002 年在清华大学生物信息学研究所的基础上成立了生物信息学教育部重点实验室。2004 年起国家筹建清华信息科学与技术国家实验室，领导设立了生物信息学研究部。2009 年以该研究部教师为主获得国家教学成果二等奖。指导博士、硕士生数十名，其中 2 名学生论文入选全国优秀博士学位论文。

积极组织推动国际学术交流，先后主持了"国际地震勘探数据处理高级研修班"、"智能信息处理国际学术会议"，参加主持"第一届全球华人智能控制与智能自动化大会"、"第七届亚太生物信息学大会（APBC 2009）"等。还积极参加国家高技术领域研究规划、自然科学基金项目规划、"211 工程"规划中有关信息科学方面的工作。著有《信号重构理论及其应用》《神经网络信号处理》《信息世界漫谈》等专著与教材，撰写了《利用相位信息估计波的到达时间》等学术论文一百余篇。

李砚祖（1954 年—　）江苏泰兴人。教授。中共党员。1978 年考入扬州师范学院美术专业，1984 年考取南京艺术学院研究生，1987 年毕业获硕士学位并留校任教，1988 年考取中央工艺美术学院博士研究生，1991 年毕业获博士学位并留校任教。1999 年起在清华大学美术学院任教。任工艺美术研究所所长。博士生导师。历任《装饰》杂志副主编、主编，史论系副主任、《艺术与科学》丛刊主编。是中国美术家协会会员、中华美学学会会员、中国工业设计协会资深会员、中国工艺美术学会会员、北京市科学技术美学协会副会长、中国工艺美术学会旅游工艺品分会副会长等。

长期从事艺术设计历史及理论、美术历史及理论、工艺美术历史及理论的教学、创作和研究工作，治学严谨，是我国设计艺术和工艺美术学科带头人。主要著作有《工艺美术概论》《艺术设计概论》《设计之维》《外国设计艺术经典论著选读》《造物之美——产品设计的历史与文化》《造型艺术欣赏》《创造精致》等。在《文艺研究》《装饰》《美术与设计》《设计艺术》《新美术》等刊物发表论文一百九十余篇。2003年获首届国家级高等学校教学名师奖、北京市高等学校教学名师奖、清华大学教书育人奖，2002年获全国高校优秀教材一、二等奖各1项，1995年获全国高校首届人文社会科学研究优秀成果奖二等奖，1993年获北京市高校优秀教学成果一等奖、北京市高校青年骨干教师称号。享受国务院政府特殊津贴。

李艳梅（1964年—　）女，福建福州人。教授。中共党员。1982年考入清华大学化学与化学工程系，分别于1987年、1989年、1992年获学士学位、硕士学位、博士学位，为清华大学化学系培养的第一位博士学位获得者。毕业后留校任教，1996年至1997年在德国Karlsruhe大学从事博士后研究工作。2008年获国家杰出青年科学基金。

主要从事有机化学的科研和教学工作。作为主要完成人，研究成果曾获教育部科技进步二等奖。获教育部首届"青年教师奖"，并获茅以升北京青年科技奖提名奖。指导的本科生获得第十一届全国"挑战杯"大学生课外学术科技作品竞赛特等奖。2009年获国家级高等学校教学名师奖、北京市优秀教师称号，2004年获宝钢教育奖优秀教师奖，任国家级精品课程负责人。作为主要完成人，教学成果获国家级教学成果二等奖。教学效果优异，获清华大学首届清韵烛光"我最喜爱的老师"、清华大学研究生"良师益友"奖，并连续三年被评为"毕业生心目中的好教师"。1996年获北京市爱国立功标兵，2010年获北京市"三八"红旗奖章，被评为"群众心目中的好党员"。享受国务院政府特殊津贴。

李酉山（1905年—1968年）奉天义州（今辽宁义县）人。教授。民盟盟员，中共党员。1929年毕业于美国伊利诺伊大学机械工程系。1931年获美国麻省理工学院机械工程硕士学位。回国后，曾任北京大学、西北工学院、中央大学、东北大学教授。1949年后任教于北京大学、哈尔滨工业大学。1954年起任教于清华大学，曾任机械制造系、冶金系主任。是全国机械工程学会第三届常务理事、全国锻压学会第一届理事长，北京市第一届人大代表。

任机械系主任期间，领导建立机械制造、铸造、锻压、焊接专业，在全国高校中首开"锻锤"专业课。长期从事锻压机械设计教学和研究工作。1956年和1964年主持全国机械学科方面的科学规划工作。20世纪50年代末任北京市2 500吨水压机攻关组总顾问，指导制造出2 500吨水压机。60年代初主持10万公斤米无砧座锻锤的设计，后又领导2万公斤米无砧座锻锤的设计和制造。编有《机械设计学》。

李志坚（1928年—　）浙江宁波人。教授，中国科学院院士。中共党员。1951年浙江大学物理系毕业，1953年留学苏联列宁格勒大学，1958年获该校物理-数学副博士学位，同年回国，到清华大学工作，曾任微电子学研究所所长。曾任中国电子学会副理事长，半导体和集成技术专业委员会副主任等职。

20世纪50年代提出了薄膜电导和光电导的机理，以及多晶膜晶粒间电子势垒模型。在硅材料和晶体管研究方面对我国半导体事业的发展有着极为重要的贡献。80年代领导和参加研制出

1k、4k 静态 RAM 和 8 位、16 位微处理器等电路。1990 年领导建成我国首条 1 微米工艺线，并研制出 1 兆位汉字 ROM 等一批超大规模集成电路（VLSI）。这些成果代表了当时我国集成电路技术的顶尖水平。其 Si/SiO_2 界面研究成果及提出的脉冲电荷瞬态法、测量界面态在全禁带分布的新技术，受到国际同行好评，倡导并参加发明的超大规模集成电路快速热处理技术与装置，获中、美等国 3 项专利。主持的国家重大科学基金项目"系统集成基础技术研究"也取得了国际水平的研究成果，获得多项中美专利。获得全国劳动模范，国家级有突出贡献中青年专家称号，国家科技进步二等奖（两项），国家发明二等奖、陈嘉庚信息科学奖，何梁何利科技进步奖以及清华大学教书育人奖。两次荣获部委级科技进步一等奖、二等奖。主编《半导体材料硅》《MOS 大规模集成技术》《微电子技术中的 MOS 界面物理》，并发表重要论文 200 余篇。培养博士生 40 余名。

李卓宝（1928 年—　）广东番禺人。研究员。1948 年 10 月参加地下党领导的"新民主主义青年联盟"。1949 年 3 月加入中国共产党。1950 年毕业于清华大学心理学系，历任清华大学团委副书记，附属工农速成中学副校长、党组书记，教务处副处长，基础课委员会副主任、党总支书记；为筹建理学院任党的领导小组组长兼物理系分党委书记，还历任教育研究所所长、《清华大学教育研究》杂志主编，校党委委员、校务委员会委员、校学术委员会委员等。在校外曾兼任国家教委教育科学规划领导小组高等教育学学科组组长、国家教委教育发展研究中心研究员、《教育研究》编委会委员、中国高教学会常务理事等职务。1961 年合作在《红旗》杂志上发表《关于基础理论课教学工作》。"七五""八五"连续十年均承担国家哲学社会科学有关高层次科技人才培养试验与研究的国家级重点研究项目，是项目总负责人。"七五"期间合作主编《继承与发展》一书获 1993 年中国高教学会优秀科研成果一等奖。指导研究生 1 名。

梁　朋（1923 年—　）曾用名赵振梅，山东高青人。1943 年至 1946 年在北京大学文学院史学系学习，1946 年 3 月加入中国共产党。1946 年 10 月转清华大学历史学系，1946 年 12 月参加"民青"。1947 年 7 月在清华和宁泽等组建党的地下外围组织"中国进步青年联盟"，1948 年 1 月任清华地下党"北系"总支部委员会书记，因被列入反动派公布的拘捕名单，8 月赴解放区。在校期间，参与组织 1946 年的抗议美军暴行（美军强奸北大女学生）等运动。解放后，在北京市委组织部任干事、科长、处长，1972 年后任西苑饭店、和平宾馆党委书记、经理，第一服务局宣传处处长，工会主席。

梁晋文（1921 年—　）广东南海人。教授。民盟盟员。1947 年毕业于清华大学机械工程学系并留校，先后在机械工程学系、精密仪器系任教。博士生导师。曾任中国计量测试学会副理事长、北京计量测试学会理事长、国家标准局形状和位置公差标准化技术委员会副主任委员、国务院学位委员会工学学科评议组成员、北京市人民政府专业顾问、全国高等院校互换性与测量技术基础研究学会理事长、国家科技进步奖评审委员会委员、何梁何利基金科学技术奖学科组评审委员、国防科工委国防计量测试委员会委员、高等工业学校机械制造（冷加工）类专业教材编委会委员等二十余个社会兼职。

长期从事光学精密机器仪器、计量测试及机械制造标准化互换性等领域的教学和科研工作。在教学岗位上为我国培养出博士 18 名、硕士约 10 名、博士后 2 名。创建国内第一个公差与技术测量实验室。在科研方面，结合生产需要致力于利用激光、光电、光纤、误差分离等新技术，研究新的测量原理，开发新的测量仪器。在 20 世纪五六十年代曾参加四项国家公差标准的制定。20 世纪六七十年代作为课题组长与教研组教师共同研制成功多台国内急需的大型精密仪器，投入使用效果很好，是当时国内仅有的。其中三维劈锥测量机解决了国防急需；邮票干版连拍机投入使用，提高工效二十余倍，同时提高了产品质量；激光控制自动分步相机已生产百余台。20世纪80年代针对机械、电子工业需要，对巨大及极小尺寸参数的测量进行了系统的研究。大尺寸测量项目为"七五""八五"攻关项目，已完成7种大型工件测量仪器交工厂使用，效果良好。磁盘小尺寸参数测试设备是"六五""七五"攻关项目，由他领导的四单位联合攻关组先后完成9台成套仪器的研制，满足了磁盘生产和研究的需要。先后取得23项科研成果，获国家级奖有"磁盘测试设备"等4项，全国科学大会奖3项，部级奖4项，国家和部级表彰奖4项，国家专利13项。编著科技专著《互换性与技术测量》等7部。

梁尤能（1935年—　）四川达县人。教授。中共党员。1953年考入清华大学机械制造系，1955年被抽调为工程物理系（筹建中）学生，1958年毕业留校任教。1958年至1984年，曾任工程物理系220教研组主任、副系主任，领导的902科研团队在我国率先开展用离心法分离铀同位素的研究，取得了一批有重要价值的开创性成果，培养出一批专业骨干人才，获多项国家科技成果奖。博士生导师。1985年任教务长，1987年至2001年历任副校长、常务副校长（1996年由国家教委定为正校级）。负责本科教学工作，提出本科教学要牢牢抓住专业建设、课程建设、实践基地建设、学风建设四项基本建设。1988年至1994年兼任研究生院院长，1994年至2001年任校学位评定委员会主席。领导研究生院对研究生教育管理制度进行积极大胆的改革和创新，取得显著成绩。1997年"清华大学研究生教育改革与实践"获得国家级教学成果一等奖。

1994年主管科研工作，提出科研工作要"促联合、上水平、建基地、创效益"，相应采取一系列措施大力推进，取得明显成效。1987年提出并领导建设清华大学校园网，1994年清华大学牵头，联合十所大学创建中国教育和科研计算机网——CERNET期间，被教育部任命为管委会主任。在任十年，对推进CERNET大联合、大发展、赶超世界先进水平作出了突出贡献。1995年清华大学企业集团成立时，出任第一任董事长。企业集团对规范校办企业管理、组建大型高科技企业、促进科技成果产业化发挥了重要作用。清华同方快速发展壮大、大型集装箱检测系统产业化，就是两个成功范例。

担任清华大学副校长十四年，主管部门涉及本科教学、研究生院、科研工作、实验室工作、校办产业，主持制订和实施包括"211工程"在内的多个学校总体发展规划。2000年被授予全国先进工作者和北京市先进工作者称号。

1998年至2003年，受朱镕基总理的委派，负责创建国家会计学院，并由国务院任命为第一任院长。

林　克（1923年—　）又名袁溥，江苏南通人。1940年入抗日军政大学五分校学习，1941年加入中国共产党。历任新四军军法处执法队政治指导员、党支部书记，新四军财经部江淮印钞厂保卫工作，南通地下党特派员，南通县城工部副部长，南通县城闸区委副书记、书记，南通县委民运部长兼刘桥区委书记，通如县工委部长、副书记，南通县委副书记。1950年起任中共南通市委宣传部长、副书记、市长。1957年任南京医学院党委书记、副院长。1970年任江苏冶山铁矿党委书记兼革委会主任，1974年任南京工学院核心组长兼革委会主任。1977年由中央调清华大学任党委副书记，1979年兼任校工会主席，1982年至1984年任清华大学党委书记。是中共第五届北京市委委员。

在清华期间，协助校长刘达冲破"两个凡是"的束缚，拨乱反正，使学校各项工作逐步走上正轨。主持平反冤假错案和落实知识分子政策的工作，去掉了许多人长期背负的包袱，思想上得到解放，调动了积极性。对清华党组织的思想建设和组织建设作出了许多贡献，主持调整学校各级领导班子，注意发挥清华原有干部的作用，培养提拔青年干部，形成了老、中、青结合的干部梯队。注意党内的思想建设，在批判"文化大革命"中极左思潮时，也警惕抵制资产阶级自由化思想的泛滥。坚持对学生进行政治思想教育，注意统一战线工作，发挥教授、专家的作用。1980年在全校第五次党代会上提出今后任务："80年代，我们要集中力量抓好提高，力争90年代使清华大学成为具有世界先进水平的社会主义大学。"1982年在全校第六次党代会上，代表校党委明确提出："必须把培养人作为根本任务，建设好教育、科研两个中心，实行教学、科研、生产三结合。"成为新时期清华大学办学指导方针。

1984年后历任复旦大学党委书记，上海市地方志编撰委员会常务副主任委员、副主任委员，为复旦大学的发展和上海地方志事业作出了重要贡献。著有《经验主义与唯我主义》《高校改革与政治思想工作》等书。

林　泰（1932年—　）福建长乐人。教授。中共党员。1951年入清华大学营建学系学习，在读期间曾任学生会主席、学生政治辅导员、北京市人民代表，1955年毕业并留校任教。历任校团委副书记，党委宣传部常务副部长，哲学教研室副主任，校党委委员，校基建修缮处副处长，社会科学系副主任、主任，人文社会科学学院常务副院长，当代中国研究中心主任。曾兼任北京市社科联常务理事、北京市青年研究会副会长、北京市政府专家顾问、首都社会经济发展研究所特约研究员、杭州师范大学双聘教授及多所高校兼任教授。

20世纪60年代初具体负责重建马克思主义理论课教师队伍，贯彻理论联系实际方针，中宣部来校总结上述工作的经验，在北京及全国进行交流。80年代初参与筹建社会科学系，负责创建思想政治教育专业，曾任全国高校该学科组副组长。开辟当代社会思潮与思想政治教育研究方向，研究当时社会矛盾、社会思潮的热点、难点、疑点，以及如何科学、有效地对青年进行教育。90年代参与筹建人文社会科学学院与复建法律系；参与清华文科第一个博士点建设，并任博士生导师；筹建台湾研究所。论文《新时期思想工作几点理论思考》获中宣部、社科院、中央党校联合颁发的全国纪念十一届三中全会十周年理论研讨会入选论文奖，《对现阶段社会主义民主建设的思考》《社会主义市场经济与集体主义价值观》《现阶段建设有中国特色社会主义教育的几点思考》《唯物史观通论》均获北京市哲学与社会科学研究二等奖，《科学地历史地评析社会主义》等报告获北京市"灵山杯"优秀报告一等奖2项，录音、录像曾在全国高校及机关、部队播放。1990年为香港浸会大学开设"中国研究"课程，1993年参与筹备香港高级公务员"中国研究"课程，并在北京、香港讲课。还承担了教育部德育研究中心重大项目"改革开放以来的社会思潮与青年思想政治教育研究"。香港新华社毛钧年副社长专门写信给林泰，感谢清华"对1997年香港回归祖国的平稳过渡，对香港的稳定繁荣作了极为有益的贡献"。获得共青团北京市委"青年良师益友"，清华大学先进个人和"老有所为"先进个人称号（2次），2007年被评为北京市教育系统关心下一代优秀党建工作者。

林徽因（1904年—1955年）女，原名林徽音，福建福州人。教授。1927年毕业于美国宾夕法尼亚大学美术学院美术系。1928年就读于美国耶鲁大学戏剧学院舞台美术系。回国后，曾任东北大学建筑系教授、中国营造学社校理。1949年任清华大学营建学系教授。是北京市第一届人大代表。

长期从事中国古代建筑史研究，与梁思成共同发现、调查了我国唐代、辽代等早期重要的古代建筑，写出了高水平的研究报告；曾参加中华人民共和国国徽和天安门广场人民英雄纪念碑的设计工作；参加民族工艺品景泰蓝的创新设计工作。因在中国古代建筑理论和文物建筑保护研究中的重要贡献，获 1987 年国家自然科学奖一等奖（第二完成人）。年轻时还从事文学创作，是 20 世纪 30 年代著名的新诗与散文作家之一，后人编有《林徽因诗集》《林徽因文集》。

林徽因抗战期间患重病未得到及时治疗，之后在长期卧病在床的情况下，以仅有的体力和极大的热情坚持中国建筑史、传统城市和建筑的保护研究，投入清华建筑系的创建和新中国的重大设计工作，直到生命最后一息。

林家桂（1934 年—　　）女，福建闽侯人。研究员。中共党员。1952 年入南京工学院动力系学习，1956 年毕业后到清华大学工作。曾在工程物理系、试验化工厂、核能技术设计研究所工作，历任核能技术设计研究所副所长、核能技术设计研究院副院长。是北京市第七届人大代表。

1960 年至 1964 年参加清华大学屏蔽试验反应堆的设计、建造和运行。1985 年至 1989 年担任国家"七五"重点科技攻关项目 5 兆瓦低温核供热堆组织领导，负责工程建设和项目管理，该项目获得 1990 年国家教委科技进步特等奖和 1992 年国家科技进步一等奖。1990 年任国家"八五"重点项目 200 兆瓦低温核供热工业示范堆项目负责人，该项目对缓解我国能源和交通运输紧张状况及改善环境有着积极意义。1989 年被中华全国妇女联合会授予全国三八红旗手称号，1990 年获国家教委先进科技工作者称号，1991 年获国家级有突出贡献中青年专家称号。

林家翘（1916 年—　　）福建福州人。教授，中国科学院外籍院士。1937 年毕业于清华大学物理学系，留校任教。1939 年考取庚款公费留英生。1940 年赴加拿大多伦多大学深造，1941 年获硕士学位。1944 年获美国加州理工学院博士学位。1947 年起历任麻省理工学院副教授、数学教授、学院教授、荣誉退休教授。1979 年被聘为清华大学名誉教授，1987 年被清华大学授予名誉博士学位，2001 年被聘为清华大学教授，并于 2002 年出任清华大学周培源应用数学研究中心名誉主任。曾担任美国数学会应用数学委员会主席、工业和应用数学协会主席。是美国国家艺术和科学院院士、美国国家科学院院士。

是国际公认的力学和应用数学权威。20 世纪 40 年代开始在流体力学的流动稳定性和湍流理论方面的工作带动了一代人的研究和探索。用渐近方法求解了 Orr-Sommerfeld 方程，发展了平行流动稳定性理论，确认流动失稳是引发湍流的机理。和导师一起提出了各向同性湍流的湍谱理论，成为早期湍流统计理论的主要学派。60 年代起进入天体物理研究领域，创立了星系螺旋结构的密度波理论，成功地解释了盘状星系螺旋结构的主要特征，确认所观察到的旋臂是波而不是物质臂，克服了困扰天文界数十年的"缠卷疑难"，并进而发展了星系旋臂长期维持的动力学理论。在应用数学方面，尤为重要的贡献是发展了解析特征线法和 WKBJ 方法。在数学理论方面最突出的贡献是证明了一类微分方程中的存在定理，用来彻底解决海森伯格论文中所引起的长期争议。曾获得美国机械工程师学会 Timoshenko 奖，美国国家科学院应用数学和数值分析奖，美国物理学会流体力学奖。

林文漪（1944 年—　　）台湾台南人。教授。台盟盟员。1962 年至 1968 年在清华大学工程力学数学系学习。1968 年至 1973 年在农村与工厂劳动锻炼。1973 年至 1978 年任中国科学院等离子体物理研究所实习员。1978 年至 1981 年在清华大学工程力学系攻读硕士研究生，毕业后留校任教。1985 年至 1988 年为清华大学与英国利物浦大学联合培养博士研究生，并于 1988 年在清华大学获工学博士学位。2002 年获利物浦大学荣誉法学博士学位。曾任工程力学系副系主任。博士生导师。

1991 年获国家教委、国务院学位委员会颁发的"做出突出贡献的中国博士学位获得者"荣誉称号。主要从事湍流两相流动与燃烧等方面的研究与教学工作。培养硕士生和博士生近 20 名，在国内外重要学术刊物及学术会议上发表学术论文百余篇。获国家教委科技进步一等奖 1 项、二等奖 2 项，水电部科技进步奖 2 项。享受国务院政府特殊津贴。

1994 年至 1996 年历任北京市高教局副局长、北京市教委副主任、北京市市长助理。1996 年至 2003 年任北京市副市长。2003 年至 2008 年任北京市人大常委会副主任，第十届全国人大常委会常委、副秘书长。现任第十一届全国政协副主席。1992 年至 1997 年历任北京市台盟第六届委员会副主委，第七、八届委员会主委。1997 年至 2005 年历任台盟第六届中央委员会副主席，第七届中央委员会副主席、常务副主席。2005 年起历任台盟第七、八届中央委员会主席。

凌瑞骥（1930 年— ）安徽黟县人。教授。1948 年 2 月在北平私立育英中学加入党的外围组织"新民主主义青年联盟"，同年 8 月加入中国共产党，9 月入清华大学电机工程学系学习，1950 年任校学生会主席，1952 年毕业并留校工作。曾任校教务处科长、机关党支部书记、校基础课党总支书记、电机工程系及自动控制系党总支书记、校党委委员等职。1980 年参加创建并任清华大学技术服务公司副总经理、总经理及软件技术中心主任。1992 年受清华、北大、上海交大等三校聘请任上海杉达高科技公司总经理。曾兼任中国计算机学会微型计算机分会顾问、中国 UNIX 用户协会副理事长、中国软件行业协会数据转换专业委员会理事长等职。

长期从事党政管理并同时担负教学、科研、技术开发工作。开创性地开展工作，取得很大成绩。1982 年领导研制的 100 系列小型计算机控制的 TF-2 型超大规模集成电路掩模板图形发生器获得北京市科技成果二等奖。1990 年获得国家科委与国家教委联合授予的"全国高等学校先进科技工作者"称号。1992 年领导并组织完成的"高精度数学函数库"获得国家科委颁发的国家科技成果奖。1993 年被评为北京市侨联系统"为实现'八五'计划和十年规划作贡献活动"先进个人。

刘　冰（1921 年— ）河南伊川人。1938 年加入中国共产党，同年入延安抗大学习，结业后曾任八路军第一二九师随营干部学校青年工作股股长，抗大六分校青年干事，中共沁水县工作委员会委员兼青年联合救国会主席，太岳岳南地区青年救国联合会主席，中共渑池县委副书记、宜阳县委书记，中共豫西区党委青年工作科科长，豫西解放区青年联合会主任。1949 年后历任中共河南省委青年工作委员会书记，青年团河南省委书记，1953 年任团中央办公室主任、办公厅副主任、农村青年工作部部长。1955 年到中共中央直属高级党校学习。1956 年至 1966 年任清华大学党委第一副书记，主持党委日常工作，协助校长兼党委书记蒋南翔健全了学校领导核心，加强学校党组织建设和思想政治工作，主持制定关于党的工作及学生工作条例，为学校的发展和建设及学生的德、智、体全面发展作出重要贡献。曾兼任校工会主席。1970 年至 1975 年任清华大学党委副书记及革委会副主任，1975 年 8 月和 10 月先后两次与惠宪钧、柳一安、吕方正联名写信给邓小平副主席转呈毛泽东主席，揭发当时清华党委书记迟群的严重问题，被指为"诬告信"，受到错误批判。1978 年校党委报请中央批准予以平反。之后，历任兰州大学党委书记兼校长，甘肃省副省长，中共甘肃省委副书记兼秘书长、常务副书记，甘肃省第六届人大常委会主任，第七届全国人大代表，全国人大常委会教科文卫委员会副主任，第八届全国人大教科文卫委员会顾问。是中共十二大、十三大代表。

刘崇鋐（1897 年—1990 年）字寿民，福建闽侯（今福州市）人。教授。1918 年毕业于清华学校，赴美留学，入威斯康星大学攻读西洋史，1920 年获学士学位。1922 年获哈佛大学硕士学位。回国后任教于南开大学。1925 年到清华学校大学部任历史学教授，曾任代理历史学系主任、西南联合大学历史社会学系教授会主席。1938 年起任西南联合大学教授，曾任文学院历史学系主任兼师范学院史地系主任，是清华评议会评议员、征辑中日战事史料委员会委员，1946 年起任清华大学历史学系教授。在清华大学执教二十多年，讲授过"西洋通史""英国通史""欧洲十九世纪史"等课程，学识渊博，对历史学系的建设和发展有较大贡献。1948年到美国执教。1949年后曾任台湾大学历史系教授、系主任，历史研究所主任，台湾大学教务长等职。

刘崇乐（1901年—1969年）字觉民，福建福州人。教授，研究员，中国科学院院士。1920年清华学校毕业，赴美留学，1922年、1926年分别获康奈尔大学学士学位、博士学位。回国后任清华大学生物学系教授，1927年任系主任。1928年起历任东北大学、北平师范大学教授，兼北平静生生物研究所研究员，筹建东北大学生物学系。1934年至1949年历任清华大学农业研究所、农学院教授，昆虫学系主任。1949年后任北京农业大学昆虫学系主任、昆虫研究所所长。兼任中国科学院实验生物研究所研究员、中国科学院昆明分院副院长、昆明动物研究所所长。1953年起一直在中国科学院昆虫研究所、动物研究所任研究员。是第一至三届全国人大代表。

长期从事昆虫学的研究和教学，培养了一大批生物学特别是昆虫学人才。致力于害虫的生物防治和昆虫资源的开发利用研究，在害虫防治、紫胶虫利用和苏云金杆菌引进方面作出重要贡献，曾对我国胡蜂科昆虫进行研究，是我国发掘天敌资源进行害虫的生物防治的创始倡导人之一。对昆虫文献学颇有造诣，在昆虫学基础研究、名词统一和文献资料汇集等方面建树良多，编有14册《寄生昆虫目录》，著有《中国胡蜂的研究》《中国经济昆虫志·瓢虫科》等，合译《提高赤眼蜂防除农作物害虫效率的方法》等。

刘光廷（1930年— ）福建莆田人。教授。1951年北京大学土木系毕业，留校任教。1952年到清华大学水利工程系，历任清华大学水利水电研究所所长、校学术委员会委员、水利水电工程系学术委员会主任、高坝大型结构实验室主任。博士生导师。历任国务院学位委员会水利学科评议组召集人、国家自然科学基金委员会评审组水利组组长、国家自然科学奖励委员会材料与工程学科评审组成员、华东水电设计院顾问、新疆水利水电勘测设计院顾问等。1998年当选美国纽约科学院院士。

长期从事水工结构和施工方面的教学与科研，为本科生和研究生讲授"水利工程施工""水利机械化""温度控制及砼温度应力""实验应力分析""接触应力""结构设计的仿真计算""结构缺陷及断裂"等课程及讲座，指导博士生和博士后49名、硕士生13名，1966年前研究生2名，2002年获国务院优秀博士生导师奖。多年来结合30个工程进行实验力学、断裂及温度断裂解析数值解、仿真应力分析、含缺陷材料及结构等应用基础研究以及新坝型结构和施工研究。1985年的"混凝土腹拱坝"项目和2009年的"碾压砼拱坝的新设计理论与实践"项目先后获国家科技进步二等奖。获中国-东盟科技、能源、交通及经济合作一等奖。获省部委级一等、二等和三等奖18项。将仿真计算断裂及温度断裂等研究引入碾压砼拱坝新结构，开创了碾压砼拱坝设计新思想，在应力理论、新结构和工程实践方面做出了创造性贡献。作为工程的科研设计总工程师，在福建省龙岩市建成国际上首座碾压砼薄拱坝，后在高寒、强震和软岩基上修建新疆石门子碾压砼高拱坝（110m），经受5.4级和5.2级两次地震考验，安全运行，成就了"龙岩第一座碾压砼薄拱坝和在高寒、强震、软基上建碾压砼高拱坝"的两个世界第一。著有《腹拱坝的研究与实践》《碾压砼拱坝研究与实践》等，翻译出版英文施工、水利机械化、光测试验应力等书5本，发表论文172篇，提供工程技术研究报告61份。

刘桂林（1937年— ）江苏江宁人。研究员。中共党员。1954年考入清华大学机械制造系，1955年调入新建立的工程物理系学习实验核物理专业。1958年夏提前留校，参加筹办国内首个辐射防护专业。此后长期从事该领域的教学、科研及行政管理工作。1958年至1960年参加清华原子反应堆建设，任辐射防护设计组组长。1961 年起主讲专业主干课程"辐射防护"多年。1969 年至 1973 年参加清华 820 工程建设，任辐射探测器研究室负责人。1978 年初奉中央指示调到中国科学院高能物理所，1979 年起任辐射防护研究室主任。先后参加"50Gev 北京质子同步加速器"和"北京电子对撞机"辐射防护系统的初步设计。关于高能强子及 μ 子屏蔽计算方法的研究和关于低空宇宙辐射剂量学的研究，在国内外发表论文多篇。其间在欧洲核子研究中心进修并参加合作研究一年有余。1980 年由高能所所长推荐为国际高能辐射剂量学及防护协会（筹）委员（代表中国）。1985 年初调回清华大学。历任工程物理系副主任、主任，工程物理研究所所长。1992 年起享受国务院政府特殊津贴。博士生导师。1995 年至 2002 年任清华大学图书馆馆长，大力发展数字化文献信息资源、建立以网络为基础的现代图书信息服务体系。2001 年被评为清华大学"优秀党员"。社会兼职主要有：全国核专业教材编审会辐射防护课程组组长、国家核环境评审专家委员会委员、国防科工委国家科技进步奖及发明奖评委会军用核技术组评委、国家核能技术标准化委员会委员兼 SC－2 副主任、清华大学校务委员会委员等。

刘桂生（1930 年—　　）云南昆明人。教授。民革党员。1952 年毕业于清华大学历史学系，1953 年毕业于中国人民大学中国革命史研究班，回清华大学任教。历任思想文化研究所副所长、校务委员会委员、北京市政协委员。1993 年起，兼任北京大学历史系教授和博士生导师，主持该系中国近现代史博士点及博士后流动站。1980 年曾应法国外交部之邀，前往该国高等社会科学院近代中国研究中心、巴黎第七大学等多所大学和研究机构讲学。1990 年至 1991 年任德国海德堡大学汉学研究所客座教授。研究方向是中国近现代思想史，学术思想强调古今贯通，中西融汇，以预流（参预现代潮流）为要务；方法上强调跨语际、跨学科，文本分析与语境考察相结合。曾发表《马克思主义在中国"早期传播"问题辨析》《李大钊早期政论试析》《近代学人对"罢黜百家、独尊儒术"的误解》《〈严复评传〉序》等代表性论文，在各该学术领域内，突破陈说，有所创获，受到学术界重视，有的论文被译成英文，在美国 *Chinese Studies in History*（《中国史研究》）等学术刊物上转载。教学方面，一贯强调为人与治学合一，身、心、家、国四者须融为一体。曾响应教育部有关教学改革的指示，提出清华大学须以"世界文化的眼光，全球政治的头脑"为原则，充实、丰富"中国革命史"和"中国近现代史"课程教学内容，并为教员讲解新课提纲，指导编写新教材。此举自实施以来，效果显著。先后指导硕、博研究生十数名，其中 1 名论文入选全国优秀博士学位论文。同时指导美、德、意等国学者多名，为欧美新一代汉学家的成长做出了贡献。上述工作，为清华大学历史学系于 1993 年复建奠定了学术基础。

刘洪文（1931 年—2009 年）北京大兴人。中共党员。1946 年到清华大学当工人。曾任总务处修缮供暖队队长，1975 年后历任校务处副处长、基建修缮处副处长、修缮校园管理处副处长。高级工人技师。

长期从事学校供暖运行、茶炉浴室的管理工作。勤勤恳恳、刻苦钻研、改革创新，不断提高工效，为学校供暖工作作出了突出贡献。20 世纪 60 年代负责将气供暖改为水供暖，提高了热效率；70 年代负责全校锅炉房适度集中供热改造，将全校 20 多个零散锅炉房改为 5 个锅炉房，同时将手工操作燃烧改为机械化操作燃烧，减轻了劳动强度，大面积提高热效；80 年代与热能工程系合作对供暖循环系统全面改造，实行热电联产，每年除保证 17 万平方米的供暖外，还能发电 500 万 kW·h，增加收入 100 万元，这项革新在北京市及全国部分地区推广应用。同时，还对全校浴室锅炉的热交换器水罐进行改造，形成自然循环系统，使锅炉水软化、除氧、不结垢、不腐蚀，大大延长了锅炉使用寿命。曾先后 10 次被评为校级先进工作者。是 1964 年全国劳动模范、

先进工作者国庆观礼代表团代表。1989 年被评为北京市劳动模范。

刘恢先（1912 年—1992 年）江西莲花人。教授，中国科学院院士。九三学社社员，中共党员。1933 年毕业于交通大学唐山工程学院土木工程系。1937 年获美国康奈尔大学工程力学博士学位。1938 年回国，历任湘桂、叙昆、黔桂等铁路工程师，浙江大学教授。1945 年任西南联合大学土木工程学系教授。1947 年再度赴美，任美国纽约工程设计公司工程师、伦塞纳依尔理工学院教授。1951 年回国，任清华大学土木工程学系教授。1952 年调中国科学院，任土木建筑研究所和工程力学研究所（在哈尔滨）研究员、所长。曾任中国科学院技术科学部常委，历任黑龙江省政协副主席、省人大常委会副主任，第四至七届全国人大代表，中国灾害防御协会会长，中国地震工程联合会理事长，中国地震学会副理事长，九三学社中央常委。

长期从事结构力学和地震工程的研究。多次主持编制我国抗震规范草案，首先提出中国现行的抗震设计规范中的抗震验算原则、结构系数等，领导制定了《中国地震裂度表》。还接受了国家交给的大量抗震研究任务，如三峡枢纽重力坝方案抗震问题、新丰江水库地震和坝体抗震加固研究、二滩水电站抗震、海洋工程抗震、京津地区抗震等，开创了我国地震工程科学的研究。撰有《论地震力》《挡水坝地震荷载》《工业与民用建筑地震荷载的计算》《关于地震烈度及其工程应用问题》等论文，主编《唐山大地震震害》。培养了博士生和硕士生十几名。

刘美珣（1937 年— ）女，山西太原人。教授。中共党员。1961 年毕业于清华大学动力机械系，留校任教。历任社会科学系副主任、人文社会科学学院常务副院长、经济学研究所所长、教育部马克思主义理论与思想政治教育教学指导委员会委员。

长期作为马克思主义理论与思想政治教育学科带头人，为本科生、硕士生、博士生开设过"当代资本主义""马克思主义政治经济学""中国特色社会主义""社会主义经济理论专题研究"等多门课程，并培养了多名硕士、博士。任课期间一直担任"马克思主义政治经济学""邓小平理论概论"两门课程的课程负责人，两门课均被评为国家级精品课程。主编的《中国特色社会主义》被评为北京市精品教材，《马克思主义政治经济学》被确定为北京市示范教材。所主持的"思想政治理论课研究型教学理论与实践"项目获 2005 年国家级教学成果一等奖。长期从事比较经济制度、当代中国经济、思想政治理论教育研究。主持过教育部等多项重大社会科学研究项目。主编过《当代资本主义经济特征》《马克思主义政治经济学原理》《比较与抉择——建立中国社会主义市场经济体制》《中国与俄罗斯：两种改革道路》《中国特色社会主义》等多部著作，其中《马克思主义政治经济学原理》获北京市第七届哲学社会科学优秀成果二等奖。发表论文多篇。改革开放后，参与了清华文科的复建工作。自 1993 年至今，是学校"北京课程：国情研究"的主要讲员，为我国香港地区及新加坡、韩国等海内外各界人士做过几百次学术讲座，产生了广泛的社会影响。是全国优秀教师。

刘乃泉（1932 年— ）北京人。教授。中共党员。1953 年毕业于清华大学电机工程系，留校任教。历任加速器教研室主任、工程物理系副主任、工程物理研究所所长、校科研处代处长、现代应用物理系副主任、理学院副院长。1988 年至 1990 年任中国科技大学党委书记兼第一副校长。1990 年至 1993 年任中国科学院副秘书长兼中国科技大学副校长。1992 年任合肥国家同步辐射实验室主任。2001 年至 2009 年在中国老教授国杰研究院任核技术研究所所长，并负责一项高科技的研究项目，获老教授科教工作优秀奖。曾任中国加速器学会副理事长、自然科学基金委员会四届评委、中国科学院核学科专家评委、北京高能所及兰州近代物理研究所学术委员，还历任中国科学院核科学委员会委员、全国粒子加速器学会常务理事和副理事长。曾在苏联联合核子所、美国布鲁克海文国家实验室、德国电子同步辐射加速器中心、日本高能加速器研究组织做访问学者。

长期从事加速器物理、技术及应用研究，主编的《加速器理论》两次出版在全国发行。1986年经国务院学位委员会批准在清华设立加速器博士点，任博士生导师。在科研方面参加过螺旋线回旋、电子感应、电子直线、同步辐射等加速器以及超导扭摆磁铁的研究，分别获得苏联联合核子所颁发的优秀科研成果奖、全国科技大会奖、核工业部科技三等奖、国家科技一等奖、中国科学院科技特等奖和二等奖。

刘弄潮（1905年—1988年）曾用名刘作宾、刘旷达、刘砮潮，四川灌县人。教授。1918年至1922年在成都第一师范学校学习，1921年参加社会主义青年团。1923年在朝阳大学经济系学习。1925年由社会主义青年团转入中国共产党。1926年在长春发表演讲"唯物主义的警钟响了"，并著有《列宁年谱》《孙中山革命思想》，在社会上引起很大反响。1927年在武汉任国立第二中山大学唯物史观教授兼武昌农民运动讲习所教员。1930年失去组织关系。曾任济南第一师范学校和曲阜第二师范学校社会科学教员，并在国民政府中央陆军大学任职（曾向八路军重庆办事处提供过重要的政治军事情报）。后任重庆第一中学校长、香港达德学院讲师，1948年进入华北解放区，历任华北财经学院研究员、政务院文教委员会人事处研究员、中央人事部四局研究员。1951年重新入党。1952年调入清华大学，主持创建中国革命史教研组并任主任，为学生讲授中国革命史课程。长期从事中共党史和理论的研究，治学严谨，对李大钊生平及其思想的研究尤有独到之处，曾在报刊上发表《领导五四运动的主将——李大钊同志》《中国共产党创始人之一——李大钊烈士传记》《广州苏维埃政府的光辉》《李大钊和鲁迅的战斗友谊》《李大钊同志年谱简编》等文，其中《广州苏维埃政府的光辉》一文得到叶剑英元帅的肯定，"建议作为党史军史资料，加以研究"，有些文章还被译为英、俄、日等文字。

刘绍唐（1913年—1990年）山西怀仁人。教授。九三学社社员，中共党员。1937年清华大学物理学系毕业。曾任中学教师。1947年至1952年任教于清华大学数学系、物理系。1952年至1955年在哈尔滨军事工程学院任教。1955年回到清华大学基础部任教。曾任物理教研组主任、基础课工作委员会副主任，清华大学九三学社支社委员。长期从事数学、物理的基础课教学。教学经验丰富，理论联系实际，教学效果显著并培养造就了一批物理教学骨干，是院系调整后清华大学物理教研组普通物理课程及实验室建设的主要奠基人之一。

刘文典（1891年—1958年）原名文聪，字叔雅，安徽怀宁人。教授，九三学社社员。少年入安徽公学师从陈独秀、谢无量、刘师培等。1906年加入同盟会。1908年留学日本，学习西洋哲学，其间曾师从章太炎研习经学、小学。1911年回国，任《民立报》编辑，宣传民主革命。1913年流亡日本，加入中华革命党，曾任党部秘书。1916年回国，潜心学术。1917年任北京大学教授。1926年参与筹创安徽大学。1928年安徽大学成立，任文学院筹备主任，代行校长职权，主持校务工作。1929年至1943年任清华大学、西南联合大学中国文学系教授，曾任中文系代理主任、《清华学报》编委。1943年底任云南大学教授，1956年被评为一级教授。曾任《文学研究》编委。是第二届全国政协委员。

学贯中西，通晓英、德、日多国文字。讲授的课程，从先秦到两汉，从唐、宋、元、明、清到近现代，从希腊、印度、德国到日本，涵盖古今中外，如"校勘学""文选学""国学要籍""淮南子研究""庄子研究""先秦诸子研究"《大唐西域记》研究"《论衡》研究"杜甫研究"《史通》研究"等，为培养从事传统文化研究的人才做出了杰出贡献。20世纪10年代是《青年杂志》（后改名《新青年》）重要作者之一，曾把布哈林、叔本华的哲学、史学著作介绍给中国读者。抗战期间力主对日作战，译有《宇内混同秘策》《日军陆军大臣荒木告全日本国民书》等，向国人介绍日本侵华方略及历史背景，并撰写多篇相关研究文章，其中《日本败后我们该怎样对待他》一再强调收回琉球的重要性。

精于国学，是校勘学大师和研究庄子的权威。著有《淮南鸿烈集解》（21 卷 6 册）、《三余札记》（4 卷）、《庄子补正》（10 卷 5 册）、《说苑斠补》《三余札记续编》等。还译有《进化论讲话》《进化与人生》《论生命之不可思议》等。后人编有《刘文典全集》《刘文典全集补编》。

刘西拉（1940 年—　）山东青州人。教授。无党派人士。1963 年于清华大学土木建筑系毕业，获优秀毕业生奖章，1965 年清华大学结构工程研究生毕业，1968 年至 1981 年在成都原国家建委西南建筑科学研究所工作，1981 年赴美进修，1982 年和 1985 年先后在普渡大学获土木工程硕士和哲学博士学位。1986 年任教于清华大学。1992 年至 1998 年任土木工程系主任，1998 年至 2005 年先后担任清华大学土木工程系主讲教授、双聘教授。1998 年到上海交通大学任教。曾任英国结构工程师学会副主席。是第九届全国政协常委。现任世界工程组织联合会执行委员、国家代表，亚洲及太平洋地区工程组织联合会执行委员，中国土木工程学会外事工作委员会主任。

发表有关工程结构的著作 5 部，论文及报告四百余篇。1985 年论文获美国土木工程师学会结构科研奖，被誉为美国土木工程界有突出贡献者。1994 年被国家科委任命为国家攀登计划土木与水利项目的首席科学家，多次获国家、省部级科研奖。1998 年被美国佛罗里达大学授予"Rinker 杰出学者"称号。1999 年被法国 Blaise-Pascal 大学授予名誉博士学位。曾被评为北京市优秀教师、上海教学名师。共指导博士后 5 名，培养博士生 36 名、硕士生 52 名。

1991 年和 1999 年分别负责国家自然科学基金会"结构工程学科发展战略"和"工程学科发展战略研究报告"的起草。2004 年任中国科协"2020 年的中国工程技术发展研究"主报告的第一起草人。2006 年至 2009 年被中国土木工程学会聘为撰写《土木工程学科发展报告》的首席科学家。

柳百成（1933 年—　）江苏常州人。教授，中国工程院院士。中共党员。1955 年毕业于清华大学机械工程系，获优秀毕业生金质奖章，留校任教。1978 年至 1981 年作为改革开放后第一批赴美访问学者在威斯康星大学及麻省理工学院进修。现任校学术委员会委员。博士生导师。兼任中国工程科技发展战略研究院学术委员会委员，教育部科学技术委员会战略研究指导委员会副主任委员，汽车安全与节能国家重点实验室学术委员会主任，*International Journal of Cast Metals Research*、*International Journal of Metal Casting*、《金属学报》（中英文版）、《中国机械工程学报》《钢铁研究学报》（英文版）、《材料科学与技术》（英文版）等杂志编委。

长期从事用信息技术提升传统铸造行业技术水平及提高铸造合金性能的研究。在多尺度、多学科宏/微观铸造及凝固过程建模与仿真、铸造合金凝固过程基础理论及提高性能应用研究等领域做出贡献，在国际铸造学术界享有盛誉。近年来，在中国工程院领导下，致力于振兴我国装备制造业及推广先进制造技术等战略研究。发表论文三百余篇。研究成果获部委级科技进步奖一等奖 2 项、二等奖 5 项、三等奖 4 项，国外奖励 2 项和发明专利 2 项。2002 年获第四届光华工程科技奖。已培养博士四十余名，获北京市高校优秀教学成果一等奖。应邀赴美国麻省理工学院等三十余所大学讲学，多次主持召开国际学术会议，在国际学术会议作特邀报告及宣读论文三十余篇。

柳百新（1935 年—　）江苏常州人。教授，中国科学院院士。1961 年毕业于清华大学工程物理系核材料物理专业，留校工作。是校务委员会和校学术委员会委员。博士生导师。现任美国物理学会理事（Fellow）、国际期刊 *Nuclear Instruments and Methods-B* 的顾问编辑委员会委员。

主要研究领域为离子束与固体作用及材料改性、计算材料科学以及薄膜和核材料等。提出离子束混合在二元金属系统中形成非晶态合金（金属玻璃）的经验规则、热力学模型和从系统的多体势建立的预言金属玻璃形成的原子尺度理论。首创用离子束方法研究固体薄膜中的分形生长和用分形参数来表征固体相变。提出金属多层膜中非晶化反应的热力学和动力学模型，并揭示其原子运动机制。阐明离子注入形成金属氮化物的规律。发展出强流金属离子注入制备金属硅化物的新技术。用电子辐照为快中子堆的结构材料提供肿胀数据。在物理多尺度的计算与模拟研究中，用热力学、分子动力学和蒙特卡洛模拟以及第一性原理计算方法研究金属材料的结构稳定性、相变及相关性能。

发表 *Science Citation Index* 收录论文 440 余篇，包括发表在 *Physics Reports*、*Adv. in Phys.*、*MS&E：Reports* 等期刊上的综述性论文 7 篇。1991 年名列 SCI 收录论文数全国第一名，发表的论文被引用 4100 多次。曾获国家自然科学二等奖和三等奖各 1 项，国家教委和北京市科技进步一等奖 3 项。曾获得中国物理学会叶企孙（凝聚态）物理奖、光华科技基金一等奖、北京市教学成果一等奖和北京市优秀教师称号。

柳冠中（1943 年— ）上海人。教授。中共党员。1961 年考入中央工艺美术学院建筑装饰系学习。曾在北京市建筑设计院工作。1978 年考取中央工艺美术学院工业美术系研究生，1980 年毕业留校任教。1981 年赴西德做访问学者三年。1984 年回国创建中国第一个工业设计系并任系主任十几年。1999 年起在清华大学美术学院任教。博士生导师。

是中国工业设计学科带头人和理论家，奠定了中国工业设计学科的理论基础和教学体系。教学、学术和设计实践活动遍布大江南北，培养了大批该专业的教学和设计骨干。主要著作《生活方式说》《共生美学观》《事理学纲要》在国内外设计界产生了导向性影响，形成了中国自己的设计理论体系。

教学获奖：1992 年主持的"工业设计教学大纲"获北京市高等教学优秀成果二等奖，2001 年主编的"工业设计学系统教材"被评为教育部高等教育优秀成果二等奖，2006 年主持的"综合造型基础"课程被评为国家级精品课程，2007 年"设计方法论"课程被清华大学评为研究生精品课程，2009 年"综合造型设计基础"获国家级教学成果二等奖、"综合造型设计基础教学团队"获国家级优秀教学团队。其他获奖：1989 年设计作品"节点"获轻工业部首届工业设计一等奖，1989 年被"世界工业设计协会联合会"评为"世界设计名人"之一，1991 年被国家教委和人事部授予"做出突出贡献的回国留学人员"称号，1998 年被香港理工大学授予"杰出访问学人"奖和荣誉教授，2005 年获宝钢教育基金优秀教师奖及中国光华科技基金会颁发的光华龙腾奖——中国设计贡献功勋人物金质奖章。获国家级高等学校教学名师奖。享受国务院政府特殊津贴。

龙驭球（1926 年— ）湖南安化人。教授，中国工程院院士。民盟盟员，中共党员。1948 年毕业于清华大学土木工程学系，留校任教。博士生导师。曾任中国土木工程学会第四届理事，教育部高等学校工科力学课程教学指导委员会主任委员兼结构力学课程教学指导组组长，中国力学学会《工程力学》主编，1999 年国际结构工程学术会议主席，第一至十四届全国结构工程学术会议学术委员会主席。现任中国力学学会第九届名誉理事，国际杂志 *Advances in Structural Engineering* 和 *Structural Stability and Dynamics* 国际编委。

长期从事结构力学、有限元、能量原理、板壳结构的教学科研工作。合作发表学术论文 250 多篇，出版《结构力学》《壳体结构概论》《有限元法概论》《新型有限元法》《能量原理新论》和

Advanced Finite Element Method in Structural Engineering 等教材和专著 25 种。参加制定《薄壳结构设计规程》。在科研方面首创学术成果 7 项，包括广义协调元、分区混合元、四边形面积坐标理论、解析试函数法、样条元、分区变分原理与含参变分原理。获国家级科技进步二等奖、第三届中国工程科技奖，获教育部科技进步一等奖 3 项，获全国高校优秀教材一等奖 4 项，获国家级教学成果一等奖。清华大学"结构力学"课程入选首批国家级精品课程。已培养出硕士 13 名和博士 19 名，其中 1 名论文入选全国优秀博士学位论文。2001 年被评为清华大学优秀共产党员。

娄成后（1911 年—2009 年）浙江绍兴人。教授，中国科学院院士。1932 年毕业于清华大学生物学系，1934 年毕业于岭南大学，获生物学硕士学位，1939 年获美国明尼苏达州立大学博士学位。1939 年任清华大学农业研究所植物生理室教授，并在西南联合大学兼课。1946 年应英中文化交流委员会邀请到英国伦敦大学工作两年，完成了《植物体内原生质的连续性》论文。1948 年底回到清华大学。1949 年后历任北京农业大学教授、植物生理学教研室主任、副校长、研究生院副院长。曾任中国农学会常务理事、中国植物生理学会副理事长、国务院学位委员会学科评议组成员，是第六、第七届全国政协委员。

长期从事植物生理学的教学与研究。20 世纪 50 年代发现植物细胞间的电偶连现象，提出原生质通过开放的胞间连丝进行运动的理论，完整地解释了同化物质在植物体内再分配与再利用问题。他关于高等植物衰老叶片中的原生质的撤退现象以及原生质运动在有机物运输中可能具有的作用的研究成果，获 1982 年国家自然科学二等奖。开展生物化学调控剂在调节作物生育与防除田间杂草的应用的研究，发展出保持水土与节省人工的残茬覆盖减耕作业。撰有《细胞间原生质的连络与运动在植物体内物质运输中的作用》《植物生长调节物质 2，4-D 在农业上的应用》等研究论文近 300 篇，主编《植物生理学》《我国北方旱区农业现代化》教材。

卢 谦（1926 年— ）山东德县人。教授。九三学社社员。1950 年清华大学土木工程学系毕业留校，先后在机械系、土木系任教。曾任施工实验室主任、建筑工程管理与施工技术教研组主任。是国家注册造价工程师。曾兼任清华大学外语教学委员会副主任、中国建筑统筹与管理研究会副理事长兼学术委员会主任、中国基建优化研究会副理事长、国际桥梁与结构工程协会会员、北京市翻译工作者协会理事、世界工程师组织联合会教育培训委员会委员、深圳大学土木系兼职教授、清华大学深圳研究院城市建设所名誉主任、深圳市工程造价学会顾问、深圳市新技术推广中心顾问、英国期刊 *Construction Management* 编委，被聘为清华大学深圳研究生院土建工程安全研究中心顾问。

从教四十余年，讲授"建筑施工技术""建筑机械""建筑施工组织与计划""统筹法与建筑施工计划管理""运筹学""系统决策分析基础"等课程，建立国内第一个建筑经济管理硕士点，并培养了硕士生 11 名。是我国传播苏联在建筑施工技术与建筑机械方面先进经验的先行者之一，并结合工程项目进行设计、生产和技术开发的实践，完成索马里国家剧院舞台整套机械设计，自升式塔式起重机设计与试制等工程任务，比较早参加了网络在建筑工程中的推广应用，参与承担建设部的研究任务，研究成果获二等奖；主编的《建设工程招标投标工作手册》获建设部优秀图书一等奖；参加的自然科学基金重大项目"智能决策系统在建筑工程中的应用"子课题研究获国家教委科技进步二等奖。主编与合编专业教材《统筹法与建筑施工计划管理》《建筑施工技术与建筑机械》《建筑工程招标与承包》等 7 册，外文教材《俄文速成学习语法读本》《科技英语速成教材》等 5 册，合译著作《美国科技百科全书土木卷》等 7 册，另译有《建筑经济学》等。通晓英、俄、德、日、法语，对俄语和英语速成教学有一定的研究与创新。1992 年起享受国务院政府特殊津贴。

卢　强（1936年—　）安徽芜湖人。教授，中国科学院院士。民盟盟员。1959年和1964年清华大学电机工程系本科和研究生毕业。毕业后留校在电机系任教。瑞典皇家工程科学院外籍院士、IEEE Fellow。任第八至十届全国政协常委，民盟第八、九届中央副主席。

是国内外公认的电力系统非线性最优鲁棒控制学科体系的开拓者和奠基人。领导的团队率先开展最优线性励磁控制器研究，成功应用于刘家峡等多个大型水电厂，取得明显的技术经济效益。开辟了电力系统非线性控制学领域，将微分几何方法与电力系统稳定控制、微电子技术、计算技术有机地融合，所设计研制的新型非线性励磁控制器投运于多个电厂。出版专著4部（其中 *Nonlinear Control Systems and Power System Dynamics* 为美国 KLUWER 科学出版社出版发行）。曾获国家优秀科技图书一等奖、国家自然科学二等奖（两项）、国家优秀教学成果特等奖、教育部自然科学一等奖和"973"计划先进个人等。曾任第一批"973"计划"电力大系统灾变防治"项目的首席科学家。主持完成国家自然科学基金重点项目"电力系统非线性鲁棒稳定控制"和"电力系统智能控制"，国家发改委高技术示范工程"输配电系统混成控制系统"，国家重大科技攻关计划"三峡发电机组非线性励磁"和国家电网公司重点科技项目"大型水轮发电机组非线性鲁棒调速控制装置"等十余项重大科研项目。近年来，创建电力系统混成控制理论，用于东北互联系统、上海电力系统和深圳电网智能调度自动化系统。已培养硕士19名、博士50名，指导博士后14名，其中杰青获得者2名，教育部"长江学者奖励计划"获得者2名，全国优秀博士学位论文获得者1名，全国五一劳动奖章获得者1名。

陆　慈（1924年—　）女，江苏常熟人。教授。中共党员。1945年西南联合大学外国语言文学系毕业后留校任教。一直在清华大学从事外语教学工作。曾任外语系学术委员会主任、校学术委员会委员等职。曾兼任高教部高等学校公共外语教材编审委员会主任、国家教委大学外语教学指导委员会主任委员。1987年作为访问教授应邀赴美国明尼苏达大学与该校教授合作研究。曾任第四至七届全国政协委员。

长期从事外语教学、研究，治学严谨，经验丰富，效果显著。曾主持修订"大学英语教学大纲"（理工科用），制定高等学校"大学外语教学质量评估体系"以及"大学英语教材五年规划"等文件。主编《英语教程》（理工科通用）系列教材。发表有关大学英语教学及理论的文章多篇。

陆大绘（1928年—　）江苏太仓人。教授。中共党员。1950年清华大学电机工程学系毕业留校任教。历任教务处教学研究科、科学研究科副科长，教研组副主任、主任，电子工程系副系主任、党委副书记，无线电电子学研究室主任，校党委委员，绵阳分校党委副书记，校学位评定委员会委员兼系学位评定委员会主席等职。历任北京市人大代表，电子工业部无线电技术与信息系统教材编委会副主任，中国电子学会雷达分会副主任，中国电子学会学术工作委员会副主任、教育工作委员会副主任，《中国电子学报》编委会副主任，《清华大学学报》编委会主任等职。

1956年负责电视教研组工作，参加了我国第一个电视台的建设，1958年负责筹建雷达教研组并任主任，主持了该组与总参雷达局、气象总局合作研制的我国第一台测风雷达的研究试制任务，完成后移交生产。1960年出席了北京市教育和文化、卫生、体育、新闻方面社会主义建设先进单位和先进工作者代表大会，并代表雷达教研组作为北京市的先进集体代表参加了全国文教群英会。

长期从事本科生和研究生的教学工作。先后讲授"脉冲技术""电视原理""雷达原理""雷达技术""无线电系统""随机过程"等课程。"文化大革命"前指导研究生12名。1978年恢复研究生招生后，指导硕士生 7 名、博士生 12 名。著有《雷达技术》《随机过程及应用》，1992 年《随机过程及应用》获电子工业部优秀教材一等奖。1978 年恢复招生制度后负责系的教学工作，认真研究教学改革，建立新的课程体系，负责的"无线电电子学系教学管理"获得 1989 年北京市高教局教学成果奖。

陆士嘉（1911 年—1986 年）女，浙江萧山人，生于苏州。研究员，教授。1933 年毕业于北京师范大学物理系，1937 年入德国柏林高等工业学校学习，次年转入哥廷根大学学习，1942 年获哲学博士学位。曾在德国从事数学教学并担任造船厂研究工程师。1946 年回国，任教于北洋大学。1947 年起任教于清华大学水工试验所、航空工程学系。1952 年全国高校院系调整后，历任北京航空学院空气动力学教研室主任、副系主任、院学术委员会副主任。曾任中国空气动力学研究会副理事长、中国航空学会常务理事、中国力学会常务理事，全国妇联执委，民盟中央常委，是第一至三届全国人大代表、第六届全国政协常委。长期致力于黏性流体力学研究和教学工作。20 世纪 50 年代领导筹建了我国第一座低速试验风洞，并主持设计、负责建造了我国第一个超音速风洞。编著有《电磁流体力学》《附面层理论》等，译有德国普朗特著《流体力学概论》。

陆致成（1948 年—　）上海人。研究员。中共党员。1977 年、1983 年分别在清华大学建筑工程系、热能工程系获学士学位、硕士学位。1977 年本科毕业留校工作。2006 年当选北京市海淀区人大代表。多次被评为清华大学先进工作者，并被授予北京市优秀教育工作者及首都五一劳动奖章。

1989 年发起创办北京清华人工环境工程公司并任总经理。1996 年该公司总资产从 6 万元发展到 6 000 万元，从一间小型工程公司发展成为清华大学利润第一名的校办企业典范。主持完成了供热空调工程分布式微机控制系统及"RH 型智能控制器""RH 型模块式热泵机组"等的研制、开发及产业化，其研究成果曾多次获得国家及省部级科技进步奖。1997 年清华同方股份有限公司成立，历任清华同方股份有限公司总裁、副董事长兼总裁。1997 年公司上市，在"技术＋资本""合作与发展""品牌化＋国际化"的发展战略下，在信息和能源环境两大产业方向上，形成了十二大主干业务为核心的产业架构，全面布局国家"十二五"战略性新兴产业。同时，旗下已有 4 家控参股子公司分别在沪深港证券交易所上市。同方成为清华产业中规模最大的上市公司。

在科技成果产业化方面探索出的"创新孵化器"模式，为"产学研"的结合做出巨大的贡献。截至 2010 年，同方申请专利超过 1 500 项，获国内专利权 902 项，外国发明专利权 181 项。有 100 多项大型研发项目在进行中，其中新列入国家级和省部级的科技计划项目 27 项。拥有 22 项国家标准，承担数十项国家级科研项目。获得"863"计划、火炬计划等科研项目近 200 项。

栾汝书（1918 年—1995 年）山东蓬莱人。教授。九三学社社员。1939 年毕业于北京大学数学系，1939 年在西南联合大学数学系任教，1946 年在北京大学数学系任教。1952 年院系调整时调入清华大学，先后在高等数学教研组、应用数学系任教，历任教研组副主任、主任，北京市政协委员，教育部工科教材编写委员会委员等职。

长期从事数学教学与科研工作。讲授"高等数学""微积分""高等代数"等课程。20 世纪 60 年代作为主编领导高等数学教研组教师编写出版《高等数学》，后又编写出版《线性代数》。"文化大革命"前指导了研究生 2 名，80 年代指导硕士生 4 名。70 年代开始组织与领导一些教师开展组合数学和图论的研究，主持翻译《组合学引论》一书，发表论文多篇，先后主持国家自然科学基金项目 2 项。

罗念生（1904 年—1990 年）原名罗懋德，字念生，笔名有罗暌等，四川威远人。教授，研究员。1922 年考入清华学校。1929 年至 1933 年先后在美国俄亥俄大学、哥伦比亚大学研究院和康奈尔大学研究院学习。1933 年开始翻译希腊古典文学。1933 年到 1934 年在雅典美国古典学院研究古希腊悲剧和艺术。1948 年至 1952 年任教于清华大学外国语文学系。曾任北京《朝报》文艺副刊、上海《文艺杂志》、天津《大公报·诗刊》的编辑。1952 年起先后任北京大学教授、中国社会科学院研究员。

平生致力于古希腊文学研究，一生译著和论文有 1000 多万字，50 余种，将欧里庇德斯、索福克勒斯、埃斯库罗斯、阿里斯多芬的戏剧介绍到中国，成为这方面的权威。另译有古希腊亚里士多德《诗学》《修辞学》及合译《伊索寓言》《琉善哲学文选》《古希腊罗马散文作品选》《意大利简史》；主编《古希腊语—汉语辞典》；编辑《古希腊罗马戏剧理论》《古希腊罗马文学作品选》；制定《古希腊专用名词译音表》；出版诗集《龙诞》、论文集《论古希腊戏剧》、散文集《希腊漫话》《芙蓉城》等。1987 年获希腊雅典科学院"最高文学艺术奖"。1988 年希腊帕恩特奥斯政治和科技大学授予其荣誉博士称号，以表彰其近 60 年来为研究和传播古希腊文化所做出的贡献。

罗永章（1962 年—　　）山东栖霞人。教授。民进会员。1985 年获兰州大学化学系学士学位，1993 年获美国加州大学伯克利分校生物化学博士学位。1993 年至 1998 年先后在哈佛大学医学院和斯坦福大学医学院从事博士后研究。1999 年回国创业，致力于抗肿瘤蛋白质药物的研发，曾任山东烟台麦得津生物工程股份有限公司首席科学家。2001 年受聘于清华大学"百人计划"教授，并于同年被聘为教育部"长江学者奖励计划"特聘教授，现任清华大学生命学院教授、抗肿瘤蛋白质药物国家工程实验室主任和蛋白质药物北京市重点实验室主任。获国家杰出青年科学基金。是民进中央委员。2010 年增补为第十一届全国政协委员。

致力于蛋白质化学和肿瘤生物学研究，发现了蛋白质复性中间体协调性与稳定性呈正相关，揭示了二硫键显著影响蛋白复性中间体的协调性，据此发明了重组蛋白千克级复性这一共性技术；成功研发了抗肿瘤 I 类新药"重组人血管内皮抑制素"，并入选"2005 年国内十大科技新闻"；另一项抗肿瘤 I 类候选新药即将完成 II 期临床试验；在肿瘤生物学研究中，发现了内皮抑素受体核仁素，揭示了内皮抑素的抗肿瘤机理，为其个体化治疗提供了理论依据；并发现血浆中 $Hsp90\alpha$ 可作为潜在的肿瘤标志物，该项目已作为 III 类候选诊断试剂完成临床试验，进入申报上市阶段。曾获全国五一劳动奖章、中国科协求是杰出青年奖、首届华侨华人专业人士杰出创业奖、中国专利金奖、国家技术发明二等奖、何梁何利奖以及中央组织部、人事部、中央宣传部、教育部、中央统战部、科技部联合授予的留学回国人员成就奖等荣誉。2009 年入选国家"千人计划"。

罗征启（1934 年—　　）广东番禺人。1951 年入清华大学营建学系学习，在学期间加入中国共产党，1956 年毕业并留校任教。先后任建筑系政治辅导员、系团总支书记、校团委副书记、校党委宣传部副部长等职。"文化大革命"期间坚持党的原则，受到残酷迫害。粉碎"四人帮"后，任校党委宣传部副部长，分管校报和文艺社团。1979 年任校党委副书记兼宣传部部长，分管宣传、政治思想、理论学习工作，取得显著成绩。在党的领导下，对于落实党的知识分子政策、平反冤假错案，组织恢复学生的政治理论课，开展思想政治工作和宣传教育，做了许多重要工作。1980 年兼任清华大学出版社社长；同年，在中共中央党校学习一年，回校后继续担任校党委副书记。1982 年兼任校体育运动委员会主任。1983 年任社会科学系筹备领导小组组长，为恢复学校社会科学学科做出贡献。

1983年调往深圳，历任深圳大学党委书记兼第一副校长、校长。积极推动深圳大学进行高等教育改革，如建校之初即实行全面学分制、双学位制、学生毕业自主择业等，提倡学生勤工助学、鼓励创新，允许教师兼职，实行教职工聘任制以及后勤社会化等。许多教学改革措施在全国高校推广，为深圳大学的创建和发展做出了重要贡献。

20世纪90年代中期，创建清华大学建筑设计研究院深圳分院，后更名深圳市清华苑建筑设计有限公司，任董事长，所领导的公司获部、省、市级优秀工程设计奖数十项，并被评为"深圳市勘察设计行业优秀企业"。

雒建斌（1961年— ）陕西户县人。教授。中共党员。1982年毕业于东北工学院金属压力加工专业。曾在西安电缆厂工作。1985年至1988年在西安冶金建筑学院压力加工专业读硕士研究生，并在北京科技大学获硕士学位。毕业后在西安冶金建筑学院工作。1994年在清华大学机械设计及理论专业获博士学位，留校工作。2000年获国家杰出青年科学基金，2002年被聘为教育部"长江学者奖励计划"特聘教授。现任摩擦学国家重点实验室主任、精密仪器与机械学系学术委员会主任，兼任国际摩擦学理事会副主席、国际机构学与机器科学联合会摩擦学技术委员会主席，曾担任国家"973"项目首席科学家（两届）、国家自然科学基金创新群体负责人、摩擦学分会主任委员。先后担任7个国内外学术刊物的副主编或编委。

长期从事纳米摩擦学研究。研制出纳米级润滑膜厚度测量仪，发现了薄膜润滑的系列新现象，建立了薄膜润滑物理模型和失效准则。将纳米摩擦学研究与先进电子制造相结合，在表面平坦化方面实现了表面波纹度和粗糙度小于1Å的超光滑表面制造，并应用到计算机硬盘、单晶硅片、蓝宝石晶圆等制造中。曾获国家发明三等奖、国家自然科学二等奖、国家科技进步二等奖和省部级科技奖7项；在国际会议上做特邀报告15次，其中大会报告8次。

吕　森（1928年— ）河北任丘人。研究员。1946年入清华大学电机工程学系学习。1948年6月参加党的外围组织"中国进步青年联盟"，同年11月加入中国共产党。1951年毕业并留校工作。曾任北京市赴广西土改工作团党支部书记，广西土改工作一团秘书长、党总支委员、青年团工委书记，并被评为甲等模范。1952年任校党委组织部副部长。1954年后任电机工程系党支部书记、党总支书记、校党委委员。1979年任清华大学基础部党委书记兼主任。1981年任清华大学副教务长。1982年后历任校党委常委、教务长、秘书长，兼任继续教育学院院长、出版社社长、音像教材出版社社长、夜大学校长等职。

长期从事教学研究及管理工作，善于探索及总结工作经验，发表了《论高等工科学校学生能力培养和教学改革的问题》《提高人才素质，加强教学改革》《积极开展继续教育，为国家建设服务》等论文。

在担任副教务长、教务长期间，组织实行教学改革，增加教学中灵活性，实行有计划培养与按学分累计成绩的办法。作为第一完成人的"面向社会发扬优势，积极开展继续教育"获1993年国家普通高校优秀教学成果一等奖。

吕崇德（1934年— ）山东青岛人。教授。中共党员。1957年毕业于清华大学动力机械系，留校任教。曾任热工量测及自动控制实验室副主任、校试验电厂副厂长、热测教研组主任、国家重点实验室副主任。博士生导师。兼任中国系统仿真学会常务理事和荣誉理事、中国仿真技术应用专业委员会副主任、系统仿真学报编委、国际仿真学会高级会员、重庆大学顾问教授等职。

他是我国电厂系统仿真学科的开创者和奠基人。1976年在国内率先开创大型火电机组仿真系统的研究，1983年研制成功我国第一套原理型火电机组仿真系统，填补了国内电站仿真领域的空白，进入世界先进行列，获 1983 年水电部优秀科技成果一等奖、1985 年国家科技进步一等奖（第一完成人）。1988 年研制成功我国第一台大型火电机组全仿真系统，并创建了以计算机仿真和控制技术为核心的高科技产业，实现了高新技术产业化。1993 年实现了高校首例高新技术产品进入国际市场，并被列入"大型火电机组仿真系统"国家级火炬计划项目。仿真系统被评为 1992 年全国十大科技成就之一，1992 年获国家教委科技进步三等奖。

1995 年获国际仿真学会授予的突出贡献奖（Outstanding Contribution Award），此前全世界总共有 9 人获得国际仿真学会的奖励，是北美以外的唯一获奖人。1997 年获全国五一劳动奖章。所领导的"燃烧监测和控制中的数字图像处理技术"的研究，获 1992 年国家教委科技进步三等奖。主编了《热工参数测量与处理》教材及《大型火电机组系统仿真与建模》专著，发表学术论文近 70 篇，指导博士生 8 名、硕士生 18 名。

吕叔湘（1904 年—1998 年）江苏丹阳人。研究员，教授，中国科学院院士。1926 年毕业于东南大学外国语文系，1936 年赴英国留学。1938 年回国，先后任教于云南大学、华西大学、金陵大学中国文化研究所。1949 年后任清华大学教授。1952 年后任中国科学院、中国社会科学院语言研究所副所长、所长、名誉所长，国务院学位委员会委员、学科评议组成员，中国语言学会会长。1955 年选聘为中国科学院哲学社会科学部委员。为美国语言学会名誉会员，俄罗斯科学院外籍院士。是第三至七届全国人大代表，第五届全国人大常委，第二、第三届全国政协委员。主要研究方向是汉语语法。著有《开明文言读本导言》《汉语语法分析问题》《语法学习》《汉语语法论文集》《中国字》等多部，其中《中国文法要略》《文言虚字》均在 20 世纪 40 年代出版，50 年代修订再版；合著《语法修辞讲话》《语法修辞正误练习》《文言虚词例释》等，主编《现代汉语八百词》，编注《英译唐诗绝句百首》，翻译赵元任著作《汉语口语语法》。

吕应三（1928 年—1974 年）江苏丹阳人。中共党员。1950 年毕业于清华大学土木工程学系，留校任教。曾任水利部与清华大学合办的北京水工试验所助理研究员，清华大学水利工程系副教授、水工结构教研组副主任。20 世纪 50 年代初水利工程系建系时曾负责设计清华大学水力枢纽及水利工程系水工结构试验室，曾参加丰满、新丰江等水电站的水工模型试验研究，主讲"水工建筑物"课程。1958 年开始参加北京市密云水库的设计工作，任驻工地设计代表组副组长。多次获密云水库先进生产者称号。1959 年列席全国工业、交通运输、基本建设、财贸方面社会主义建设先进集体和先进生产者代表大会。1960 年出席了北京市教育和文化、卫生、体育、新闻方面社会主义建设先进单位和先进工作者代表大会。1965 年至 1973 年期间曾先后两次被派往阿尔巴尼亚参加国家的援外任务，任中国专家组副组长，指导阿尔巴尼亚毛泽东水电站及菲尔泽水电站的设计工作，1973 年底在援外工作期间病倒，被急送回北京诊治，终因医治无效，于 1974 年在京病逝，时年 46 岁。

吕应中（1926 年—　　）江苏丹阳人。教授。1948 年 10 月加入中国共产党。1949 年任清华大学学生会主席，1950 年毕业于清华大学机械工程学系，留校在机械系任教。历任教务处教学研究科科长，工程物理系副主任兼反应堆工程教研组主任，试验化工厂党总支书记、总工程师、副厂长、厂长，核能技术研究所所长，技术经济与能源系统分析研究所所长，校党委常委、校务委员会副主任。博士生导师。1988 年赴美国斯坦福大学和加州大学指导联合培养博士生。后从事能源经济与环境工程研究，任联合国与世界银行主办的"全球环境基金"科学技术顾问。曾任中共第四届北京市委委员，国务院学位委员会学科评议组成员，中国核学会第一届常务理事，中国能源研究会第一、第二届副理事长兼秘书长，北京能源学会常务理事。

20世纪50年代参加我国原子能专业的创建，培养了我国第一代核反应堆专业的大学本科生、硕士生和博士生，多数已成为我国核能工业与教育方面的骨干。1958年至1964年主持清华大学屏蔽试验反应堆和零功率实验反应堆的设计、建造和运行，并集体获1979年全国科学大会奖；领导船用动力反应堆、热中子钍增殖反应堆、高温气冷堆、低温核供热堆的设计和研究。20世纪70年代末创建了我国能源系统分析学科，并主持全国能源系统模型、能源供应需求与评价方法等项研究，创导并参与编写中国能源政策，成果获国家科技进步奖。1985年合作发明深水池式供热堆等专利。主译《原子核反应堆理论纲要》《原子核反应堆工程原理》等11册教材及专著，发表《我国能源预测与核能地位》《可选择的核能战略与高温气冷堆》等92篇论文。著有《*FUELING ONE BILLION*（向十亿人供应燃料——中国能源政策发展记述）》，被美国普林斯顿大学选为研究生教材。另著有中英文专著7本。

马大猷（1915年— ）广东潮阳人。教授，研究员，中国科学院院士。民盟盟员，中共党员。1936年毕业于北京大学物理系，同年考取清华大学公费留美生。1939年、1940年分别获美国哈佛大学硕士学位、博士学位。1940年回国，历任清华大学及西南联合大学电机工程系教授。1946年起任教于北京大学，曾任电机系主任、工学院院长。1952年任哈尔滨工业大学教务长。1955年调入中国科学院，历任电子学研究所副所长、研究生院副院长、声学研究所副所长，兼任中国科技大学教授。曾任中国科学院数学物理学部副主任。第四届全国人大代表，第二、三、五、六届全国政协委员，第七、八届全国政协常委，曾任中国声学学会理事长，中国电子学会、中国环境科学学会副理事长，民盟中央副主席。

他是声学中简正振动方式（简正波）理论的奠基者之一。领导设计建造了中国第一个声学实验室、第一个水声实验室、第一个高声强试验室。首先在中国提出语音识别问题并开展语言声学基础研究和应用开发工作，研究了语音统计规律和语言信号处理问题，提出语音统计分布理论。结合中国实际研究气流声学理论，其成果已被应用到消声、吸声、发声等方面，为环境科学的发展作出贡献。成功地领导了北京人民大会堂的音质设计。其在环境声学研究领域取得的成果，获全国科学大会奖、中国科学院科技成果一等奖、国家自然科学三等奖。发表论文一百余篇，编著有《声学手册》《语言信息和语言通信》《环境声学》等著作十余种。

马识途（1915年— ）原名马千禾，四川忠县人。1935年在南京大学参加"一二·九"抗日救亡运动，1936年参加南京秘密学联的工作，1938年加入中国共产党，历任中共枣阳县委书记、南（漳）宜（城）安（康）中心县委书记、鄂西特委书记。1941年秋考入西南联合大学中国文学系，在校期间，1942年在中共云南省工委的领导下，参与重建联大党支部，任支部书记。1945年发起组织"民主青年同盟"，积极参加和领导联大学生的爱国民主运动。1945年毕业后，从事党的地下工作、任滇南工委负责人，川康特委副书记等。1949年后历任中共四川省委组织部副部长、宣传部副部长，四川省建设厅长、建委主任，中共中央西南局宣传部副部长、科委副主任，中国科学院西南分院副院长、党委书记。曾任四川省人大常委会副主任，是第六、七届全国人大代表。是中国作家协会理事，中国文联全国委员，同时任四川省文联主席、作协主席，中国笔会理事。长期从事文艺创作，著有长篇小说《清江壮歌》《老三姐》等5部、专集及散文集4部、报告文学多篇。

茅于海（1934年— ）江苏南京人。教授。1955年毕业于清华大学无线电工程系，留校任教。历任信号检测和处理教研组主任、无线电电子学研究所副所长。博士生导师。曾任国家"863"计划信息技术专家委员会委员、中国电子学会高级会员、中国宇航学会理事、美国电气和电子工程师协会高级会员。曾先后应美国康奈尔大学聘请任副研究员，应邀在日本东京工业大学研究所任访问研究员，应美国斯坦福大学聘请任客座教授 3 年。1988 年在罗马召开的现代雷达技术及系统的高级学习班担任讲员。

长期从事雷达与信号处理技术的研究工作。著有《频率捷变雷达》一书并于 1982 年被美国国防部全文翻译为英文。20 世纪 80 年代，研制成功"××频率捷变雷达"，受到国务院、中央军委有关领导部门嘉奖；"自适应和数字电可控非相参频率捷变雷达系统"成果获国家发明一等奖（第一获奖人），同时"频率捷变雷达系统"在全国微型机应用展交会上获成果奖；获全国国防军工协作奖章；"可编程雷达信号自动录取设备"等两项成果同时获电子部科技进步二等奖；"数字校正 MTI-MTD 系统"获国家教委科技进步二等奖；"激光模拟对抗实时遥控遥测系统"获北京市科技进步二等奖；"通用可编程雷达信号处理技术的研究"获国家教委科技进步二等奖，并获国防科工委所颁发的"献身国防科技事业荣誉证章"。获国家级有突出贡献中青年专家称号。发表论文三十余篇，出版著作 4 本（其中两本在英国出版），译著 4 本。先后指导硕士生 12 名和博士生 5 名。讲授"雷达信号检测与处理""最大熵谱估计""超大规模集成电路设计"等研究生课程。

茅於杭（1930 年—　）江苏南京人。教授。中共党员。1953 年清华大学电机工程系毕业，1956 年该系研究生毕业，留校任教。历任电力系统动态模拟实验室主任、信息处理与模式识别教研组副主任等职。

多年从事电力系统稳定、电力系统动态模拟、发电机励磁调节、可控硅应用等方面的教学和研究工作，是清华大学电力系统动态模拟实验室的主要创建者之一。1978 年以来主要从事汉字及汉语信息处理方面的教学和研究工作，用英语为本科生及研究生开设"概率统计""随机过程"录像课，为研究生开设"中文信息系统"等课程，并指导多名研究生。是中文信息处理方面的学术带头人之一。研制成功的清华中西文汉字操作系统、汉字拼音联想码、汉字语音合成系统，已在一定范围内推广。首先研制出的"盲人用计算机系统"，实现了汉字与盲文的相互转换，具有适合于盲人使用的有语音提示的汉字输入。此系统于 1992 年在北京市盲人学校试用成功，逐渐在全国推广。2000 年起与他人合作研发盲文点字显示器，生产多种点字显示器产品，为提高盲人教育、改善盲人生活服务作出贡献。现致力于研究汉语拼音及汉语盲文的改进。撰有《电力系统动态模拟论文集》《相复励磁调节》《拼音联想汉字编码》《清华中西文多文种操作系统》《会说话的中文计算机》《盲人计算机》等专著及论文二十余篇，以及英汉、汉英、德汉、日汉英等多国语电子字典。

梅　萌（1954 年—　）北京人。研究员。中共党员。1977 年考入清华大学自动化系，1982年获学士学位。毕业后留校，历任校团委副书记、校长办公室主任、教育基金会副秘书长，清华科技园发展中心主任，启迪控股股份有限公司董事长。曾任中国大学科技园协会秘书长、亚洲科技园协会（ASPA）副主席，现任中关村产业技术联盟联席会理事长，国家科学技术奖评委。是北京市海淀区政协常委，北京市人大代表。

1994 年创办清华科技园，一直从事大学科技园的建设和管理工作，对中国大学科技园的建设和发展、产学研合作等问题展开全面而深入的研究并取得丰富的实践经验，2003 年清华科技园被科技部、教育部评为唯一的 A 类国家大学科技园。提出的科技园"四聚"模式理论，对科技园以及区域创新体系的建设和发展都有重大指导意义。负责"清华科技园发展纲要"课题研究和实施工作，承担"中关村发展纲要""中关村科技园研究"等北京市重点课题的工作，参与起草《国家大学科技园"十二五"发展纲要》。在研究和总结大学科技园建设与发展、大学科技园的创新职能与孵化体系、清华科技园的理念和发展战略等基础上，撰写并发表论文多篇，主编出版《空间与梦想——中国大学科技园研究》《中国创新型企业案例》，开设"创业机会识别与商业计划""创办新企业"等创业课程，被评为清华大学教学成果一等奖课程、清华大学研究生精品课程。

梅祖彦（1924 年—2003 年）天津人。教授。九三学社社员。1942 年进入西南联合大学学习，1950 年美国芝加哥伊利诺理工大学研究生毕业，1950 年至 1954 年在美国沃兴顿公司任职。1954 年回国，到清华大学水利工程系任教。曾任中国机械工程学会流体工程分会副理事长，欧美同学会常务副会长，西南联合大学校友会会长，清华大学校友会副会长，九三学社中央常委、联络部长，九三学社北京市委副主任委员。是第六届全国政协委员，第七、八届全国人大代表。

长期从事水电能源技术研究，在国内积极倡导和推动抽水蓄能技术的应用。率先在清华大学开展研究，建立了我国首座抽水蓄能可逆式水泵水轮机试验台，进行水泵水轮机的设计、试验研究工作。积极推动中国抽水蓄能电站的建设，为中国电力工业的发展做出了重要的贡献。获北京市学术成果奖和能源部科技二等奖。1993 年受国家自然科学基金委员会委托，组织国内知名专家就国家重大基金项目"三峡水轮发电机组关键技术基础性研究"立项论证，获得国家自然基金委员会批准，并承担第一研究课题"三峡水轮机的优化设计理论及试验研究"，其成果由国家基金委验收评审为国内领先水平，并被评为国家机械工业"九五"优秀科技成果。为中国长江三峡水电站水轮机组的研究、试验和国内设计、制造提供了重要支持。著有《抽水蓄能发电技术》等专著。

孟安明（1963 年—　　）四川大竹人。教授，中国科学院院士。九三学社社员。1983 年毕业于西南农业大学农学系，1991 年获得英国诺丁汉大学博士学位，1990 年至 1992 年在北京农业大学从事博士后工作。先后在中国水稻研究所、北京农业大学生物学院工作，在美国佐治亚医学院分子医学和遗传学研究所做访问学者。1998 年起任教于清华大学生物科学与技术系、生命科学学院。2003 年以来任生物系副系主任、系学术委员会主席、校学术委员会委员、校学位评定委员会委员。是教育部"长江学者奖励计划"特聘教授。获国家杰出青年科学基金。先后兼任中国动物学会副理事长、中国遗传学会常务理事、中国细胞生物学会理事、亚太发育生物学组织组委会成员、科技部实验动物专家委员会主任、发育与生殖重大科学研究计划专家组成员、国家自然科学基金委生命学部咨询专家、*Current Zoology* 主编，*BMC Developmental Biology* 副主编，*Journal of Cell Science*、*Journal of Biological Chemistry*、*Cell Research* 等杂志编委会成员。2008 年起任中国科学院动物研究所所长，同年当选发展中国家科学院院士。是第十一届全国政协委员。

20 世纪 90 年代初曾率先将 DNA 指纹图技术用于家畜家禽的遗传变异和杂种优势分析。1996 年开始以斑马鱼为模式，研究脊椎动物胚胎发育的分子调控机制，发现了 TGF-beta/Nodal、Wnt 等重要信号通路的新介导因子或调控因子及其调控机理。研究成果发表在 *Science*、*Cell*、*Developmental Cell*、*PNAS*、*Development*、*Blood*、*EMBO Journal* 等国际学术刊物上。长期讲授"发育生物学"课程。获香港求实基金会杰出青年学者奖、教育部优秀青年教师奖。入选国家"百千万人才工程"。2007 年获何梁何利科技进步奖。

孟少农（1915 年—1988 年）曾用名庆基，湖南桃源人。教授，中国科学院院士。1940 年毕业于西南联合大学机械工程学系，1941 年考取清华大学公费留美生，1943 年获美国麻省理工学院硕士学位。曾任美国福特汽车厂、斯蒂倍克汽车厂工程师。1946 年回国，任清华大学教授，开设 "汽车工程" 课程，创办汽车教学实验室。1947 年 8 月参加中国共产党。1948 年发表《建立中国汽车工业的初步计划》专题论文，并奔赴解放区。1949 年后历任重工业部汽车筹备组副组长、第一汽车制造厂副厂长，第一机械工业部汽车局总工程师，陕西汽车制造厂革委会副主任，第二汽车制造厂总工程师、副厂长，中国机械工程学会汽车学会副理事长，中国内燃机学会常务理事。

他是我国汽车工业创始人之一。参加并主持了我国第一汽车制造厂的设计、生产准备和解放牌汽车、红旗牌轿车的设计、生产和技术改进工作。参加并主持了第二汽车制造厂产品开发和生产改进工作。对 EQ255 三吨半越野车进行了多项重大改进。组织试制了平头车、柴油车、大客车等变型车，形成东风汽车产品多品种系列化。1985 年获全国五一劳动奖章。

孟宪民（1900 年—1969 年）字应鳌，江苏武进人。研究员，教授，中国科学院院士。中共党员。1922 年清华学校毕业后赴美留学。1925 年在美国科罗拉多州立矿业学校获工程师称号，1927 年获美国麻省理工学院硕士学位，同年回国，任中央研究院地质调查所研究员，在我国南方进行了近 20 年的地质调查和矿床研究工作。1946 年至 1952 年任清华大学地质系教授。1952 年后历任地质部地质矿产司副司长、矿物原料研究所副所长、地质科学院副院长等职。曾任中国地质学会常务理事、《地质学报》主编。是第三届全国人大代表。

毕生从事矿床地质研究，对有色金属矿床有较深研究，长于矿物微化分析鉴定。是我国同生成矿说的最早倡导者，所提出的沿一定层位找矿的理论具有重要的理论意义和实际意义，取得了一些明显的效果。发表论著数十篇，主要有《锡矿矿床之地质研究》《个旧地质述略》《从地质情况看金属矿床生成的规律》《云南矿产种类述略》《中国铜矿的分布情况及勘探方向》《矿床成因与找矿》《矿床分类与成矿作用》等。

闵嗣鹤（1913 年—1973 年）字彦群，江西奉新人。教授。1935 年毕业于北平师范大学数学系，1937 年起到清华大学、西南联合大学任教。1945 年考取庚款公费留英生，1947 年获英国牛津大学数学博士学位。曾赴美国任普林斯顿高等研究所博士研究员。1948 年回国后任教于清华大学。1952 年院系调整后，任北京大学教授。

专于解析数论，在三角和估计、黎曼采他函数的零点分布与阶估计方面做出有价值的改进。从事积分近似计算的数论方法、广义解析函数论以及石油地震勘探数学方法的研究。在西南联合大学工作期间，曾为陈省身教授讲的黎曼几何课任辅导教师，参加了华罗庚教授领导的数论讨论班，独立或与华罗庚合作写出多篇重要论文。著有《数论的方法》《格点与面积》，合著《初等数论》等。所培养指导的学生已经成为我国数学界的一支重要骨干力量。其对陈景润给予的支持与指导被数学界传为佳话。晚年把全部精力投入我国石油、地质勘探事业，应用数学理论来解决科技理论和生产实际问题，为社会主义经济建设服务，取得重大成就。

莫宗江（1916 年—1999 年）广东新会人。教授。无党派人士。1931 年参加中国营造学社，师从梁思成、刘敦桢学习中国古代建筑。1946 年中国营造学社解散，受聘于清华大学建筑工程学系，曾任建筑历史教研组主任、中国建筑学会建筑历史分会副会长、中国美术家协会会员。

长期担任 "中国古代建筑" "建筑设计初步" "建筑水彩" 等课程的教学，并指导研究生。鼓励学生的独立见解，深得学生敬重。1950 年以后，先后参加中华人民共和国国徽设计、北京传统工艺景泰蓝研究及新产品的设计生产、参加《中国古代建筑史》全国教材的撰写及梁思成主持的《宋〈营造法式〉注释》等研究工作，是我国著名建筑史学者。在长期研究古代建筑的实践中练就了对建筑形象极敏锐的观察力，在中国古代城市规划、中国古代建筑史、中国园林研究等学术领域投入了很大精力，尤其是对社会发展史、各朝代的设计手法、技术与艺术发展的关系、古代建筑的形式结构和设计方法等尤为关注。用渲染、线图、水彩、速写等各种手段绘制出大量的作品不仅形象准确，而且具有极强的艺术表现力，开创了具有特色的中国古建筑制图的形式与方法。在研究与教学中学风严谨，深入细致，具有很强的精品意识。早期作为梁思成助手参加各地古建筑调查，绘制图纸、撰写报告，协助其完成《中国建筑史》《中国图像建筑史》等重要著作，并独立完成四川佛塔、成都王建墓等重要古建筑的调查研究。1987年，梁思成科研团队因从事建筑历史研究与文物建筑保护取得突出成绩而荣获国家自然科学奖一等奖，莫宗江是受奖人中继梁思成、林徽因之后的主要成员。

南策文（1962年— ）湖北浠水人。教授。中共党员。1982年毕业于华东化工学院无机材料系，1985年在该校获硕士学位，1992年在武汉工业大学获博士学位。1985年至1999年任教于武汉工业大学。博士生导师。其间曾于美国新墨西哥大学微观工程陶瓷中心、美国加州大学圣塔芭芭拉分校材料系、德国萨尔大学纳米材料研究所、美国罗格斯大学做访问学者。1999年调到清华大学，历任材料系副系主任、系主任，材料科学与工程研究院院长。1999年入选教育部"长江学者奖励计划"特聘教授。兼任国际陶瓷联盟理事长。

主要从事功能复合材料和陶瓷材料的研究。曾获清华大学"良师益友""优秀共产党员"称号等，所讲授课程曾获清华大学教学成果一等奖、清华大学研究生精品课程。发表学术论文300余篇，被SCI他引8000余次；获授权国家发明专利26项；著有《非均质材料物理：显微结构与性能关联》。曾获国家自然科学二等奖、北京市科学技术奖一等奖等。2002年起任功能陶瓷学科方向国家"973"计划项目首席科学家、2006年起任国家自然科学基金委员会创新研究群体学术带头人。

南德恒（1925年— ）湖北浠水人。研究员。中共党员。1948年毕业于清华大学电机工程学系，留校任教。1952年至1956年任学校教务处教学设备科科长。1958年任无线电电子学系副系主任。1980年至1985年任微电子学研究所第一任所长。曾兼任北京市半导体研究所副所长、北京市人民政府电子工业方面的专业顾问、国家科委科技进步奖电子组评委、北京市科委科技进步奖评委、《半导体学报》编委、北京市电子学会名誉理事等。

20世纪50年代先后参加院系调整后学校的实验室建设，负责无线电电子学系的半导体专业的筹建工作。70年代末参加筹建微电子学研究所，对半导体专业和微电子学研究所的建设和发展作出贡献。先后从事晶体管、红外技术及集成电路设计等领域的研究工作，指导过研究生13名，在清华最早从事模拟集成电路和通信集成电路设计研究，合作研究成果"大规模、超大规模集成电路研制及三微米工艺技术开发"获1987年国家科技进步二等奖，还曾获北京市科技进步二等奖，发表论文30余篇。主编出版了《新中日英电子技术词典》。

倪维斗（1932年— ）浙江宁波人。教授，中国工程院院士。中共党员。1950年在清华大学学习时被派往苏联学习。1957年毕业于苏联莫斯科包曼高级工业学校内燃机专业，1962年获苏联加里宁工学院技术科学副博士学位。回国后到清华大学任教。历任动力机械系教研组主任兼党支部书记，热能工程系系主任兼汽车工程系主任。博士生导师。1988年任清华大学副校长。曾任北京市科学技术协会副主席、中国动力工程学会副理事长、国家"攀登计划"B项目首席专家、国家"973"计划专家顾问组成员、中国环境与发展国际合作委员会（CCICED）能源战略与技术工作组中方组长、教育部科学技术委员会主任、中国工程热物理学会能源委员会理事、中国教育国际交流协会理事、中国科技国际交流协会理事、全国火电发展战略研究会委员、能源部高级咨询委员等。

任清华大学副校长期间，分管科研工作，推动学校的高新科技有较大发展，科研项目、经费、成果、获奖数目有较大增长。长期从事热力涡轮机系统和热动力系统动态学方面的研究。近十年来致力于研究我国能源的可持续发展和节能问题，承担若干个国家级能源战略研究课题。提出了以煤气化为核心的多联产战略是解决未来经济、环境和能源可持续发展的必然出路的观点，并在国内外大力倡导多联产战略的研究和实施，以及醇醚替代燃料在国内的应用研究。对我国可再生能源的发展也进行了研究。近年来参与并推动一系列国内国际合作，如参与并推动以清华大学为主的发改委的"燃气轮机与煤气化联合循环国家工程研究中心"、与英国石油公司（BP）合作成立的"清华BP清洁能源研究与教育中心"、与日本三菱重工（MHI）合作成立的"清华大学—三菱重工业研究开发中心"开展以燃气轮机关键技术和先进发电技术为核心的研究，均取得显著成绩。曾获国家教委、电力部科技进步一等奖、二等奖，国家科技进步二等奖，国家级优秀教学成果二等奖。在核心刊物上发表论文300余篇，出版著作6部。培养博士40余名、硕士30余名，指导博士后9名，其中3名成为工程院院士。

倪以信（1946年—　）女，上海人。教授。中共党员。1968年清华大学电机工程系毕业。毕业后在东北电力建设公司从事发电厂建设等技术工作。1978年至1981年在清华大学电机工程系攻读研究生，1982年获工学硕士学位，1983年获工学博士学位，成为我国建立学位制度后的第一位工学女博士，并获优秀博士生和优秀博士学位论文奖励。博士毕业后在清华大学电机工程系任教。1985年到1987年在美国艾奥瓦州立大学电机系随A.A.Fouad教授从事电力系统稳定（直接法）的研究工作，获艾奥瓦州立大学荣誉学者称号。1987年回清华大学。曾任电机工程系副主任。博士生导师。研究领域为电力系统分析和控制、直接法及其在电力系统中的应用、电力电子技术及其在电力系统的应用。著有《动态电力系统的理论及分析》《直接法及其在电力系统中的应用》等专著。研究成果《交直流电力系统小干扰稳定分析和综合》获国家教委1992年度科技进步二等奖（甲类理论），《电力系统动态分析高级软件开发与应用》获国家教委1993年度科技进步二等奖。第七、八届全国政协委员。1991年被中华全国妇女联合会授予全国三八红旗手称号，被国家教委、国务院学位委员会授予"做出突出贡献的中国博士学位获得者"称号。1996年到香港大学任教。

聂华桐（1935年—　）生于湖北汉口。教授。1957年从台湾大学物理系本科毕业，以优异成绩申请到哈佛大学奖学金，师从著名理论物理学家Schwinger教授，1966年获哲学博士学位。曾任纽约大学石溪分校理论物理研究所教授，长期潜心于理论物理教学与研究工作。

1973年应周恩来总理之邀请，作为海外爱国人士代表团成员回大陆访问。中国改革开放以后，他更加关心祖国科学与教育事业的发展；曾应邀参加科技体制改革与教育体制改革讨论会，担任中国科技体制改革讨论海外成员、中国"863"高科技发展计划咨询小组成员等职。为中国科技事业发展不遗余力，甚至直接写信向国家最高领导人建言献策。十分关心中国的智力引进事业，曾任国务院引进国外智力领导小组办公室顾问、北京科技政策讨论会海外筹备小组成员、中国科技人才体制改革讨论会海外成员、中国人才交流基金会理事等职。1993年获国家"友谊奖"。

1997年清华大学高研中心成立，在理学院院长周光召先生的推荐及杨振宁先生的支持下，辞去所有职位，全职到清华大学担任中心主任。2009年在原研究中心基础上，清华大学高等研究院成立，担任院长。十几年来，倾注大量心血，带领高研院在坚持埋首基础科学研究、坚持重质不重量、坚持用国际一流标准延聘人才、坚持着力营造求知与创新的学术氛围、坚持培养一流的基础研究人才等方面，克服了许多困难，取得了可喜的进展。不仅在理论凝聚态物理、冷原子物理、理论计算机科学等领域汇聚了一批国际一流学者，还培养了一批高水平的学生。高研院毕业的博士生绝大多数以学术为生涯，多名毕业博士已经在国际顶尖大学获得教职。这不仅表明了高研院的成功，同时对我国高层次人才培养也有着极其重要的启示。

聂建国（1958年—　）湖南衡阳人。教授。中共党员。1982年本科毕业于湖南大学工业与民用建筑专业，1984年硕士毕业于郑州工学院结构工程专业，1991年博士毕业于南斯拉夫铁托格勒大学结构工程专业。曾在郑州工学院任教。1992年至1994年在清华大学土木工程博士后流动站做博士后，出站后留校任教。历任土木工程系抗震抗爆研究室副主任、工程结构实验室副主任和主任、结构工程研究所所长、土木工程安全与耐久教育部重点实验室（原结构工程与振动教育部重点实验室）主任、土木工程系和建设管理系学术委员会主任、校学术委员会委员等职。博士生导师。2000年获国家杰出青年科学基金，并任国家自然科学基金"十一五""十二五"学科规划结构工程学科召集人。兼任中国钢结构协会钢-混凝土组合结构分会常务副理事长、中国建筑学会建筑结构分会副理事长等职。是教育部"长江学者奖励计划"特聘教授。

专长于钢-混凝土组合结构。主持完成国家自然科学基金重点项目等各类科研项目30余项，科研成果被多部国家和行业规范、规程采纳，并大量应用于高层建筑、大跨桥梁、地下工程和国防工程等领域，取得了显著的经济效益和社会效益。在国内外著名期刊发表论文百余篇，出版学术专著2部。获国家科技进步二等奖1项，省部级科技一等奖、二等奖11项，获首届和第二届中国百篇最具影响国内学术论文奖、中国钢结构协会首届钢结构杰出人才奖和首届全国优秀博士后称号。已授权发明专利15项。培养博士16名、硕士38名、工程硕士27名，作为合作导师指导博士后19名。

宁　榥（1912年—2002年）北京人。教授。1936年毕业于清华大学机械工程学系。1938年考取庚款公费留英生，1940年获牛津大学理学硕士学位。1941年回国，任西南联合大学、清华大学教授。1952年后任北京航空学院教授。曾任中国航空学会常务理事兼动力委员会主任、中国工程热物理学会副理事长、国际燃烧学会中国分会第一任主席。

长期从事航空发动机的教学和研究工作，讲授过"内燃机""发动机设计""飞机概论""柴油机"等课程。对喷气推进及燃烧气动力学有较深研究。指导研究生高歌研究成功的沙丘驻涡火焰稳定器，1984年获国家发明一等奖。编著有《燃烧室空气动力学基础》《冲压发动机的松弛振荡燃烧》《涡轮喷气发动机燃烧室》等。

牛荫冠（1912年—1992年）山西兴县人。1933年考入清华大学电机工程学系，后转入经济学系。1935年夏参加党的外围组织中华民族武装自卫会。同年11月牛荫冠等13人代表北平学生水灾赈济联合会去山东济宁赈灾，12月加入中国共产党。在1936年"二二九"反逮捕斗争中，机智勇敢，和同学一起从军警手中救出被捕的姚依林、蒋南翔、方左英三位同学。不久又任中共清华支部书记，西郊区委组织委员、区委书记，北平市委组织干事。1936年清华大学经济学系毕业。后到山西长期从事统战工作，是山西牺盟会总会负责人之一，曾任晋西北行署副主任、晋绥边区贸易总局局长、晋西北临时参议会副议长、晋中行署主任。1949年后历任江西省人民政府财经委员会副主任兼财政厅厅长、省人民政府副主席，商业部副部长，全国供销合作总社副主任、主任。是中共八大、十二大代表，第五届全国人大代表，第六届全国人大常委。

劳瑞·欧林（Laurie D. Olin）（1937年—　）美国人。教授。1982年至1986年任哈佛大学

设计学研究生院景观学系主任。1998 年至今任宾夕法尼亚大学设计学院景观学和区域规划实践教授。2003 年在杨锐教授具体协助下创办清华大学建筑学院景观学系，任首任系主任和讲席教授至2006 年。是约翰·西蒙·古根海姆奖获得者，在罗马的美国科学院院士、美国建筑师协会荣誉会员、美国艺术与科学院院士、1998 年美国艺术和文学院建筑类奖获得者、1999 年瑞克-斯瑞克兰德奖获得者。1999 年起任美国景观建筑师协会资深会员。2005 年当选美国艺术与文学院院士。在国际风景园林学（景观学）领域享有崇高地位，一直活跃在教学科研及实践前沿。是世界著名的景观和城市设计事务所之一——欧林设计事务所的创始人之一。参与的项目遍布全世界，包括纽约市布赖恩特公园，洛杉矶盖茨中心，伦敦新广场以及美国宾夕法尼亚大学、耶鲁大学、斯坦福大学、麻省理工大学和弗吉尼亚大学校园总体规划和其他设计项目。在建筑和景观历史和理论方面，著有《在托斯卡纳区的园林和景观》《转变中的公共空间》和《跨越开阔地：英国景观素描》等。在清华大学工作期间，以其丰富的国际实践和教学经验，在系统介绍西方园林、景观学科的发展、推动清华景观学教育的国际化进程、教学体系的完善以及未来的发展规划等方面卓有成效。荣获 2006 年北京市外国专家"长城友谊奖"。

欧阳明高（1958 年—　）湖北天门人。教授。民盟盟员。1993 年在丹麦技术大学获工学博士，1994 年进清华大学博士后流动站，1995 年留校任教。历任发动机教研室主任、汽车工程系主任、汽车安全与节能国家重点实验室主任、校学术委员会副主任。是教育部"长江学者奖励计划"特聘教授。任中国汽车工程学会副理事长，中国内燃机学会副理事长等。是民盟中央副主席、全国政协常委。

长期从事节能与新能源汽车能源动力系统研究。主持和参与国家和国际相关重大科技计划，担任国家"863""节能与新能源汽车"重大项目专家组组长、中美清洁能源联合研究中心〈清洁汽车〉研究联盟中方首席科学家等。作为项目负责人完成国家"863"科技攻关、国际合作、自然科学基金等课题多项，发展了相关的学科基础、技术平台并培育创业型高科技公司多家。主要科研与教学工作包括：内燃动力系统与控制（尤其是柴油发动机电控系统与节能商用车）、混合动力系统与控制（尤其是氢-电、油-电、气-电多能源混合动力系统与新能源城市客车）、电池动力系统与控制（尤其是电动四轮驱动系统与小型电动轿车）和汽车能源动力系统分析与战略规划。发表 SCI/EI 收录论文近 200 篇；以第一作者出版学术专著 1 部；多次代表中国在国际组织和国际会议上作主题报告或特邀报告；以第一发明人获国家技术发明二等奖 2 项，以第一完成人获省部级科技进步一等奖、二等奖 3 项；获何梁何利科技创新奖、国际 IPHE 技术成就奖等奖励以及全国优秀科技工作者、全国优秀博士后、国家教委和人事部颁发的全国优秀留学回国人员等荣誉称号。

潘际銮（1927 年—　）江西瑞昌人。教授，中国科学院院士。中共党员。1948 年毕业于清华大学机械工程学系，1953 年哈尔滨工业大学研究生毕业。曾任教于哈尔滨工业大学。1955 年起任教于清华大学。历任焊接教研室主任、冶金系副主任、机械工程系主任，校学术委员会主任，全国实验技术委员会主任。1993 年任南昌大学校长。还历任国务院学位委员会委员及材料科学与工程评议组组长，国际焊接学会副主席，中国焊接学会副理事长、理事长，中国机械工程学会副理事长，秦山核电站工程顾问，国内外多所大学客座讲授或名誉教授。是中共十一大、十五大代表。

长期从事焊接专业的教学和研究工作，参与创建我国高校第一批焊接专业。20 世纪 60 年代起，试验成功氩弧焊并用于建设我国首座核反应堆工程，研究成功我国首台电子束焊机；首次建立电弧传感器的动、静态物理数学模型，并研制成具有特色的电弧传感器及自动跟踪系统；研究成功新型 MIG 焊接电弧控制法，首次提出用电源的多折线外特性，陡升外特性及扫描外特性控制电弧的概念，开辟焊接电弧控制的新途径。我国自行建设首座核电站（秦山核电站）时任焊接顾问。获国家发明一等奖，北京市科技成果二等奖，国家科委、经委、计委等联合授予的新产品创造二等奖，国家科技进步二等奖，何梁何利科技奖，国家级教学成果二等奖、三等奖，全国优秀科技图书一等奖及省级和学会奖等。获北京市人民政府"北京市特等劳动模范"称号、全国总工会"全国优秀科技工作者"、全国教育系统劳动模范称号、江西省劳动模范称号及两次"全国五一劳动奖章"。指导博士生 40 余名、硕士生 20 余名、博士后 5 名，"文化大革命"前培养研究生 14 名。代表著作有《现代弧焊控制》等 13 部。发表论文 163 篇，获国家专利 21 项，美国专利 2 项。

裴　全（1930 年—　）北京人。1946 年到清华大学工程股当学徒。1948 年加入中国共产党。1949 年后曾任庶务科科长、财务科副科长、出版科科长、总务长办公室主任、行政处副处长、生活管理处副处长、校务处副处长、行政生活处处长。1983 年任校副总务长。曾任北京高校后勤管理研究会副理事长，全国高校后勤管理研究会常务理事、秘书长。

40 多年来一直从事学校后勤党政管理工作，认真贯彻党的方针政策，实干苦干，团结协调各方面力量，为学校后勤作出了积极贡献。20 世纪 60 年代初，为了克服经济困难，受学校派遣，带领 90 多名职工赴黑龙江克山县垦荒开办农场，收获大豆、玉米 70 余万斤，为学校师生度过困难时期发挥了重要作用。80 年代参与并主持学校后勤改革，贯彻"优质服务、服务育人"方针，在校园建设，后勤职工队伍建设，为教学、科研、生产、生活服务等诸多方面均作出了成绩。

彭珮云（1929 年—　）女，湖南浏阳人。1945 年考入西南联合大学社会学系，同年参加党的外围组织"民主青年同盟"，1946 年 5 月加入中国共产党，同年秋就读于南京金陵大学，1947 年回清华大学社会学系学习，从事党的秘密工作，曾任地下党支部书记、总支部委员。1949 年至 1950 年任清华党总支书记，进行公开党组织、筹建青年团组织、组织师生学习革命理论等工作。1950 年后任中共北京市委组织部学校支部工作科干事，中共北京市委高等学校工作委员会常委、办公室主任，中共北京市委大学科学工作部大学组组长。1964 年任北京大学党委副书记。1966 年至 1975 年在"文化大革命"中受迫害，曾下放劳动。1975 年至 1977 年在北京大学政治部宣传组工作。1977 年后历任北京化工学院党委常委、革委会副主任，国家科委一局负责人，教育部政策研究室主任、党组成员，教育部副部长、党组成员，国家教委副主任、党组成员兼中国科技大学党委书记，国家计划生育委员会主任、党组书记。1993 年起历任国务委员兼国家计划生育委员会主任、党组书记，国务院妇女儿童工作委员会主任，中国人口文化促进会会长，国务院残疾人工作协调委员会主任，第二届中国残联名誉副主席，第四届中国人口学会会长并任全国爱卫会主任，国际人口科学联盟第 23 届大会中国组委会主席，第五届中国人口学会会长，全国妇联主席，中国红十字会第七届会长，全国妇联名誉主席。是第九届全国人大常委会副委员长、中共十二大代表，中共十三大当选为中纪委委员，是中共第十四、十五届中央委员。

蒲慕明（1948 年—　）广东大埔人。教授。1970 年毕业于台湾新竹清华大学物理系，1974 年在美国约翰·霍普金斯大学生物物理系获博士学位，1974 年至 1976 年先后在美国伍兹霍尔海洋生物研究所、美国普渡大学生命科学系做博士后研究，1976 年至 1985 年在美国加州大学欧文分校生物物理系任教。1981 年起协助恢复和建设中国生物科学研究的工作。1984 年受聘清华大学。1985 年至 2000 年先后任美国耶鲁大学医学院分子神经生物学系、哥伦比亚大学生物学系教授，加州大学圣迭哥分校生物学系 Stephen W. Kuffler 讲座教授。1998 年筹建神经科学研究所，1999 年至 2008 年任中国科学院上海生命科学研究院神经科学研究所所长。2000 年起任美国加州大学伯克利分校分子与细胞生物学系 1933 级讲座教授，2002 年起任神经生物学部主任。2009 年当选为美国国家科学院院士。

1984 年到清华大学后，参与生物科学与技术系的恢复重建工作，并出任复系后的首任系主任，为该系的恢复和发展作出了重要贡献。科研方面，在细胞膜生物物理、神经轴突导向机制、神经营养因子与神经突触可塑性的关系、突触可塑性的机制、神经环路功能等领域取得一系列重要研究成果。1998 年起先后获得美国 NIH Javitz Neuroscience Investigator Award、美国 AAAS Fellow、美国 Ameritec Prize、吴瑞学会奖、法国 Ecole Normale Geperieure 荣誉博士学位、中华人民共和国国际科学技术合作奖等。

浦江清（1904 年—1957 年）江苏松江（今属上海市）人。教授。1926 年毕业于东南大学外语系，同年担任清华学校国学研究院陈寅恪教授的助教。1928 年受吴宓的邀请兼任天津《大公报》文学副刊编辑，后曾代理主编。1929 年清华国学研究院停办，先后任教于清华大学、西南联合大学的中国文学系。1946 年随校复员仍在清华大学中国文学系任教，1948 年后任中国文学系代理主任。1952 年院系调整后任北京大学教授。毕生致力于教学，专于中国古典文学，精于考据。掌握英语、法语、德语、希腊文、拉丁文、日语、梵文、满文等，对词学、戏曲均有深入研究，还擅唱昆曲。撰有论文《八仙考》《花蕊夫人宫词考证》《屈原生年月日的推算问题》。逝世后有《浦江清文选》《浦江清文录》《浦江清文史杂文集》《清华园日记　西行日记》《浦江清讲古代文学》《浦江清中国文学史讲义》（明清部分、宋元部分）等出版。

浦薛凤（1900 年—1997 年）字逊生，江苏常熟人。教授。1921 年清华学校毕业后赴美国留学，先后获美国翰墨林大学学士学位、哈佛大学硕士学位、翰墨林大学法学博士学位。回国后历任东陆大学、浙江大学教授。1928 年任清华大学政治学系教授，1931 年任系主任。参与中国政治学会的组织和领导工作。1938 年后，历任国民政府国防部最高委员会参事及中央设计局委员、考核委员会专员，兼重庆《中央日报》总主笔，行政院善后救济总署副署长、行政院副秘书长。1949 年去台湾，历任台湾省政府秘书长，台湾政治大学教授、政治学系主任兼教务长，台湾"教育部"政务次长。1962 年赴美，历任美国汉诺佛学院、桥港大学、圣若望大学教授，圣若望大学荣誉研究教授。其间回台任商务印书馆总编辑一年。

在清华大学任教期间，长期讲授"政治学概论""中国历代政制专题研究""近代政治思潮""政党论"等课程，曾任《清华学报》主编，并在北京大学兼代课程；其间研究领域侧重政治思想史。曾在《清华学报》、清华大学《社会科学》、《民族》等学刊上发表《卢梭政治思想》《黑格尔政治思想》《康德永久和平论》等论文，集成《西洋近代政治思潮》，列入"国立清华大学丛书"于 1939 年由商务印书馆出版；提出政治分析的"五因素"论，曾引起较大反响。著有《西洋近代政治思潮》《现代西洋政治思潮》《政治论丛》《战时评论集》《政治文集》《自由人权与民主：浦薛凤教授学术演讲稿》《中国政治重建》《老子与孔子之道》《历代皇位继承及其危机》《太虚空里一游尘：抗战生涯随笔》等。去世后其回忆录《浦薛凤回忆录》出版。

钱　逊（1933 年—　）江苏无锡人。研究员。中共党员。1952 年清华大学历史学系毕业。1953 年中国人民大学马列主义研究班研究生毕业，回清华大学任教。先后在马列主义基础教研组、哲学教研组任教，1982 年任文史教研组主任。参加筹建思想文化研究所的工作，1985 年起任思想文化研究所副所长、所长。

在学校恢复文科，特别是人文选修课的建设和思想文化研究所的筹备、建设上做了许多工作。20世纪80年代以后从事中国古代思想史的研究和教学，先后开设"中国思想史""文化问题专题研究""中国古代人生哲学"等课程。指导研究生6名。著有《先秦儒学》《论语浅解》《中国古代人生哲学》《中国传统道德》（全书副主编，"理论卷"主编）、《推陈出新——传统文化在现代的发展》《儒学圣典——〈论语〉》《〈论语〉读本》《论语初级读本》《儿童论语100句》《〈孟子〉读本》《孔子的活法——论语里的人生之道》及论文若干。

钱　易（1936年—　）女，江苏无锡人。教授，中国工程院院士。1956年毕业于同济大学卫生工程系。1957年至1959年为清华大学土木工程系研究生，毕业后留校在该系任教。历任环境工程系环境工程教研室副主任、环境生物工程教研室主任、校学术委员会主任。博士生导师。任第七届全国人大代表，第八、九届全国人大常委，北京市政协常委、副主席，全国人大环境与资源委员会委员、副主任，世界工程组织联合会副主席，国际科学联盟执委会委员。

长期从事水污染防治工程的研究和新技术开发。针对我国水污染状况严重、经济实力较薄弱的现实，致力于研究开发高效低耗的废水处理技术，并取得瞩目的成就。曾主持或参与完成"城市污水处理与回用""高浓度有机废水的厌氧生物处理"及"城市废水生物稳定塘"等国家攻关科技项目，获国家科技进步二等奖、三等奖，国家发明三等奖及国家教委科技进步一等奖（2项），有的成为国家科委科技成果重点推广项目。1970年代就提出加强对工业废水中难降解有机物的控制，在处理含难降解有机物的工业废水的试验研究中取得了显著成果，开发出有效、经济的有毒有害有机废水高新生物处理新流程。对于我国城市废水的处理政策及技术有深入研究，并在实践中积极推动城市废水处理厂的建设、清洁生产与循环经济的实施，还对环境工程领域的国际交流合作发挥了重要的作用。已培养博士生33名、硕士生10名，指导博士后6名。曾合作完成《废水处理与利用》《工业性污染的防治》《城市废水稳定塘设计手册》《城市可持续发展与水污染防治对策》《现代废水处理新技术》《环境保护与可持续发展》等著作，并有300余篇论文发表于中外刊物上。

钱崇澍（1883年—1965年）字雨农，浙江海宁人。教授，中国科学院院士。1910年游美学务处选送留学美国。1914年在美国伊利诺伊大学毕业，后又在芝加哥大学、哈佛大学学习。1916年回国，曾在金陵大学、东南大学等校任教。1924年到清华学校任教，先后讲授"科学概论""植物学"等课程。1926年任清华学校大学部生物学系主任，1927年后历任厦门大学、四川大学、复旦大学教授，并任中国科学社生物研究所所长。1948年被选聘为中央研究院院士。1949年后曾任中国科学院植物分类研究所、植物研究所研究员、所长，中国植物学会副理事长等职。是第一、二届全国人大代表，第三届全国人大常委，第三届全国政协委员，中国科学院生物学部常委。

是中国植物分类学、地植物学、植物区系学的创始人之一。1916年发表的《宾夕法尼亚毛莨两个亚洲近缘种》和1917年发表的《钡、锶、铈对水绵属的特殊作用》，是我国植物分类学和植物生理学方面的最早著作。1928年和一些老科学家在南京成立了中国科学社生物研究所植物部，1933年在四川北碚成立了中国植物学会，它们均是我国最早成立的植物研究机构，为我国培养和造就了不少植物学家。1949年后参加了植被和植物区划的研究工作，对中国的许多植物科属分类、森林植物及一些地区的植物区系和植被做了深入考察，采集了大量标本。他在植物学方面的研究活动和成果，为我国植物学的建立和发展作出积极的贡献。著有《中国森林植物志》《中国植被区划草案》等，编有《高等植物学》。晚年倡议和主持《中国植物志》的编撰工作。

钱佩信（1936 年—　）江苏无锡人。研究员。中共党员。1961 年毕业于清华大学无线电电子学系半导体与物理专业，毕业后留校任教。历任无线电电子学系教务科科长，微电子学研究所副所长、所长，信息科学技术学院副院长，北方微电子基地集成电路开发和工业性试验线主任。博士生导师。1979 年至 1981 年获德国洪堡基金会研究奖学金，在慕尼黑弗朗霍夫协会固体技术研究所从事离子注入硅的激光退火研究。曾任中国电子学会学术工作委员会、半导体集成电路技术分会、信息产业部集成电路技术专家委员会、国家杰出青年科学基金评审委员会的委员，信产部北京市共建电子城发展首都电子信息产业领导小组顾问等。

回国后开展"超大规模集成电路的高温快速热处理技术及其设备研究"，该研究成果获 1990 年国家发明二等奖（第一获奖人）、中国专利金奖。1991 年获北京市优秀共产党员称号，1993 年获王丹萍科学奖。锗硅微波功率异质结双极晶体管研究成果获信息产业部科技进步三等奖。发表学术论文 100 余篇，获专利 10 余项。培养博士生 10 余名。

钱锡康（1936 年—　）江苏吴江人。研究员。中共党员。1953 年考入清华大学土木工程系，1958 年毕业，留校任教。历任校党委办公室资料组组长、校长办公室主任、后勤党委书记、校党委常委、清华校友总会理事、《清华校友通讯》主编等职。曾任中国高校后勤研究会思想政治工作专业委员会主任。

长期从事党政工作，热爱本职，服从需要，勤勤恳恳，努力创新。在校办工作期间，建立与强化基础工作，促进机关工作改革，作出了积极贡献。在担任后勤党委书记 14 年期间，加强后勤职工队伍的思想和组织建设，提出并推行"优质服务、服务育人"，为全国高校后勤所采纳。积极推进后勤各项改革，取得成效。撰写有《论优质服务，服务育人》《社会主义市场经济与高校后勤改革》《社会主义市场经济与高校后勤"三服务、两育人"》等论文十余篇。在校友会工作期间，访问了二百多位优秀年轻校友，撰写了一大批校友先进事迹材料和有关校友的调查报告，先后为学生做报告 60 余场，听众万余人，用校友的生动事迹教育和感染学生，组织编著《峥嵘岁月——解放战争时期清华校友足迹》《平凡彰显伟大——全国劳模中的清华人》《人民公仆》等书刊。曾获校级优秀党员、优秀党支部书记、校级"老有所为"先进个人，北京市优秀党务工作者、北京高校优秀德育工作者、关心下一代优秀党建工作者、关心下一代先进工作者和全国教育系统关心下一代先进个人等荣誉称号。

钱颖一（1956 年—　）北京人。教授。无党派人士。1981 年清华大学应用数学系数学专业本科提前毕业。留学美国先后获哥伦比亚大学统计学硕士学位、耶鲁大学运筹学/管理科学硕士学位、哈佛大学经济学博士学位。曾任教于斯坦福大学、马里兰大学、加州大学伯克利分校。2005 年任清华大学经济管理学院第一副院长，2006 年起任院长。现任中国国际经济交流中心执行副理事长、中国经济五十人论坛成员、中国金融四十人论坛顾问、世界经济学联合会（IEA）执行委员会委员、国际商学院联合会（AACSB）理事会理事、亚太商学院联合会（AAPBS）理事会理事、欧洲管理发展基金会（EFMD）EQUIS 认证评审委员会委员、哈佛商学院顾问委员会委员等职。

研究领域包括比较经济学、制度经济学、转轨经济学、中国经济。在《美国经济评论》（*American Economic Review*）、《政治经济学期刊》（*Journal of Political Economy*）、《经济学季刊》（*Quarterly Journal of Economics*）、《经济研究评论》（*Review of Economic Studies*）、《经济研究》等国内外学术期刊上发表论文多篇。获 2009 年度孙冶方经济科学奖。所授本科生课程"经济学原理"获 2008 年国家级精品课程。

担任院长以来领导学院成功实施一系列开创性改革，涉及本科、研究生、MBA 教学项目改革等。实施学院信息战略。开创学院系列活动，包括清华管理全球论坛、学院毕业典礼、学院校友日等。

秦凤志（1925 年—1975 年）河北交河人。1938 年在天津同义顺机器厂当学徒，1948 年到清华大学工作，先后在电机工程学系、自动控制系车间工作。

1950 年电机工程系高电压实验室需一对直径为 25 厘米的大铜球和二对直径为 10 厘米的小铜球，自告奋勇承担制造任务。利用金工室的旧车床，亲自设计、改造、克服许多困难，制造出合格的大铜球，节约了大量资金。1951 年 1 月 6 日校务工作会议决定对秦凤志予以奖励表扬，奖励小米 1 000 斤、加薪，将事实经过及奖励情况刊登在《人民清华》并送《人民日报》登载，会同工会召开发奖大会并当众予以表扬。1951 年当选为北京市第三届各界人民代表会议代表。在清华大学工作二十余年，积极钻研技术，曾多次评为清华大学优良工作者和先进工作者。

丘成桐（1949 年—　）生于广东汕头。教授。1966 年考入香港中文大学数学系，1969 年获推荐留学于美国加州大学伯克利分校，1971 年获博士学位，同年起先后在普林斯顿高等研究院、纽约州立大学及斯坦福大学任教。1987 年起任美国哈佛大学讲座教授至今，并分别于 1994 年及 2003 年始出任香港中文大学数学科学研究所所长及香港中文大学博文讲座教授至今。2009 年起任清华大学数学科学中心主任。是美国国家科学院院士，俄罗斯科学院外籍院士。

对微分几何学作出极为重要的贡献。1976 年证明了卡拉比猜想（Calabi Conjecture）与爱因斯坦方程中的正质量猜想（Positive Mass Conjecture），并对微分几何和微分方程进行重要融合，解决问题，其影响直至今天。其后，继续在几何、拓扑学、物理学上作出许多成就。任清华大学数学科学中心主任以来，全面负责数学科学中心和数学系的学科规划、人才引进以及海外招聘等重要工作。2009 年清华学堂人才培养计划数学班开班，作为首席教授指导学堂班的建设并亲自教学；在科学研究方面，在清华大学数学中心建立多个高水平的研究团队，其团队组成人员为数学家、计算机科学家和生物数学家；在学科建设方面，大力推进清华大学数学学科建设，培养和引进一批杰出数学人才和优秀青年教师，进一步提升清华大学数学学科整体水平；在学术交流上，组织举办一系列高层次国际学术活动，增强中国与国外著名数学家之间的交流、合作与学术研讨。1982 年获国际数学界最高荣誉的菲尔兹奖，1994 年获克拉福德奖，2010 年获有数学家终身成就奖之称的沃尔夫数学奖。

邱　勇（1964 年—　）四川荣县人。教授。中共党员。1983 年考入清华大学化学与化学工程系，1985 年转入化学系，1988 年获学士学位并保送攻读该系研究生，1994 年博士毕业时获清华大学优秀博士生称号并留校工作。在本科和研究生学习期间，历任班长、系团委副书记、本科生政治辅导员、研究生工作助理和研究生工作组组长。留校后历任化学系党委副书记、化学系系主任、校学术委员会副主任。博士生导师。2003 年获国家杰出青年科学基金，2006 年被聘为教育部"长江学者奖励计划"特聘教授。2009 年起任副校长。此外，还担任有机光电子与分子工程教育部重点实验室主任、信息显示学会中国分会副理事长等职。

任副校长期间，主管学校人事与继续教育工作。长期从事有机光电材料与器件研究，研究重点包括有机半导体材料、有机电子学基础理论、有机发光显示材料和器件等。研制成功高性能的有机发光二极管（OLED）显示器并成功应用到"神七"舱外航天服上，主持建成了我国第一条 OLED 大规模生产线。2002 年入选教育部跨世纪优秀人才培养计划，2006 年获"首都劳动奖章"，2007 年获全国模范教师称号，此外，先后获周光召基金会"应用科学奖"和中国专利金奖、教育部技术发明一等奖。

邱大雄（1932 年—1997 年）浙江吴兴人。研究员。中共党员。1953 年交通大学机械系毕业。1956 年哈尔滨工业大学动力系研究生毕业，同年到清华大学工作。历任清华大学工程物理系教研组副主任，试验化工厂技术室主任、副总工程师，核能技术研究所研究室主任，能源技术经济研究所副所长，北京能源训练中心副主任。博士生导师。兼任中国能源研究会理事、能源系统工程专业委员会副主任、农村能源专业委员会委员。

20 世纪 50 年代参加我国原子能专业的创建。60 年代参加我国第一座游泳池式屏蔽试验反应堆的设计建造，70 年代参加新型反应堆的研究与开发。是我国能源系统分析学科的创建人之一，组织与领导了全国能源预测模型开发工作，提出了我国最早的一批能源预测数据，为我国有关部门制定能源政策提供了重要参考。负责组织了多项能源系统分析领域的国家重点科研和国际科技合作项目，取得了高水平的研究成果，并组织了北京能源训练中心的能源管理培训班，对我国能源经济学科的发展作出重要贡献。获得国家级科技成果奖 4 项，省部级科技成果奖 5 项。合著出版《能源规划与系统模型》《农村能源综合建设规划与实施》等专著。

饶慰慈（1930 年—　　）女，江西临川人。中共党员。1952 年清华大学社会系毕业并留校工作。曾任校党委办公室副主任，统战部副部长、部长，校党委常委，校务委员会秘书长，历任讲师、副研究员等职。为北京市政协第五、六届委员。

20 世纪五六十年代在党办工作期间，深入实际，参与了大量有关政策及思想动态的调查研究工作，为党委提供了翔实的决策资料。"文化大革命"期间坚持原则，受到残酷迫害，身心受到极大创伤。粉碎"四人帮"后，积极参与了拨乱反正及落实干部政策的工作，同时参与学校改革和建设，起草了《清华大学扩大系的权限的几项措施》《系党委工作暂行条例（试行）》《系主任负责制暂行工作条例（草稿）》。在担任党委常委、统战部长工作中，认真贯彻党的统战政策，广交朋友，团结党外人士，做了大量深入细致工作，深得好评。先后撰写了《中青年教师情况》《为教授配备助手》《落实知识分子政策》等调查报告及文章，刊登在《统战动态》等杂志上。1993 年起享受国务院政府特殊津贴。

饶子和（1950 年—　　）江苏南京人。教授，中国科学院院士。中共党员。中国科技大学物理系生物物理专业本科毕业，中国科学院生物物理研究所生物物理专业硕士研究生毕业，澳大利亚墨尔本大学医学院生物物理专业博士研究生毕业。历任清华大学结构生物学实验室主任、清华大学教育部蛋白质重点实验室主任、清华大学校务委员会委员、中国科学院生物物理研究所所长、生物大分子国家重点实验室主任、中国晶体学会理事长等职务。1999 年教育部"长江学者奖励计划"特聘教授。2004 年当选第三世界科学院院士。2006 年起任南开大学校长，同时一直任清华大学教授。现任中国生物物理学会理事长。

1996 年从牛津大学回国创建清华大学结构生物学实验室，在与重要病毒和肿瘤相关的蛋白质结构、功能及创新药物的研究方面取得了一系列重要的原创性的研究成果，特别在 SARS 病毒、流感病毒、艾滋病病毒、手足口病毒 EV71 以及线粒体膜蛋白复合体 II 的研究中做出了突出成绩。发表论文 268 篇，其中包括 *Nature*、*Cell* 系列论文和《美国科学院院刊》论文 20 篇，他引超过 4 300 次，申请发明专利 121 项。指导博士后 16 名，培养博士 58 名、硕士 22 名，指导学士学位论文 185 篇，接受国内外交流访问及合作学者 326 名，取得了一批国际领先的原创性成果。是一位在国内外同行中享有学术盛誉，具有重要科学贡献和重要影响的学者。先后获得求是杰出青年学者奖、清华大学"良师益友"奖、何梁何利科技进步奖、中国科学院"优秀共产党员"

"中国高等学校十大科技进展"（2 项）、"陈嘉庚科学奖"、第三世界科学院最高奖"第里雅斯特科学奖"（*Trieste Science Prize*）、首届"谈家桢生命科学成就奖"、世界高科技论坛"杰出学术领袖奖"。以南开大学校长身份入选搜狐网评选的"中国教育 60 年 60 人"。分别被香港浸会大学和英国格拉斯哥大学等著名大学授予荣誉科学博士学位。

任家烈（1932 年— ）江苏吴江人。教授。中共党员。1950 年至 1954 年先后在北京大学机械系、清华大学机械制造系、哈尔滨外语专科学校学习。1954 年到清华大学机械制造系任教。1963 年获苏联基辅工学院副博士学位。历任清华大学机械系焊接教研组副主任、主任，中国焊接学会第九专业委员会主任，中国宇航学会材料工艺专业委员会委员。博士生导师。

专于焊接冶金和材料焊接，在金属材料焊接性和陶瓷等新材料焊接研究方面具有很高的造诣。执教四十余年，指导博士生 8 名、博士后 1 名和硕士生 13 名。20 世纪 60 年代针对原子能反应堆铝池壳焊缝气孔和火箭制造中铝镁合金焊接时的气孔问题进行深入系统的研究，在气孔理论和防止气孔措施等方面作出重要贡献。70 年代末、80 年代初为解决九江大桥的选材以及发展海上采油平台用钢问题，率先在国内深入系统地开展了层状撕裂形成理论及防止的研究。结合石化工程开展了大型球罐低温钢焊接接头的韧性和 9％Ni 钢焊接裂纹等的研究，在焊接热裂缝的研究方面提出了从冶金学和力学两条途径进行控制的学术思想。有关 9％Ni 钢焊接研究成果获国家教委科技进步三等奖。80 年代后进入陶瓷与金属连接研究的新领域，取得的研究成果获国家教委科技进步二等奖。发表论文 140 余篇，是《焊接手册·材料焊接卷》《金属熔焊原理及工艺》（下册）、《焊接冶金与金属焊接性》《近代材料加工原理》和《先进材料的连接》等的主要编著者。获国家教委第二届高校优秀教材奖及北京市优秀教学成果二等奖。

任泽霈（1932 年— ）江苏宜兴人。教授。1953 年毕业于清华大学动力机械系，毕业后留校任教。1957 年至 1960 年学习深造于莫斯科动力学院。先后任教于动力机械系、热能工程系。博士生导师。并任《工程热物理学报》编委会委员、全国能源基础与管理标准化技术委员会委员、国家教委热工课程教学指导委员会委员。

长期从事传热与传质方面的教学和科研工作。主要学术成就：应用数值分析和实验相结合的方法解决了具有热源的三维空间紊流自然对流与辐射换热的复合换热问题；成功地应用了自制的片光源，筛选了最佳的示踪粒子，得到了颇为清晰的流场可视化照片；在传热学学科建设中比较全面系统地补充了自然对流的内容；在生物传热学方面进行了开拓性的研究；在多孔介质中对流换热、多孔结构强化换热、微尺度换热器、超临界流体对流换热、库存弹药中发射药热自燃条件及高温壁面发汗冷却等方面与同事合作进行了大量的理论与实验研究，取得多项研究成果。在国内外学术刊物及国际会议上发表学术论文八十余篇。编著、审和译传热学教材和参考书 8 种，其中参编和主审的《传热学》获全国高等学校优秀教材奖；1989 年获"全国优秀教师"称号。

任之恭（1906 年—1995 年）山西沁源人。教授。1926 年毕业于清华学校，1928 年获美国麻省理工学院电机学士学位，1929 年获宾夕法尼亚大学无线电硕士学位，1931 年获哈佛大学博士学位，后留校任教。1933 年回国，任山东大学物理学教授，1934 年起任教于清华大学、西南联合大学，物理学系和电机工程学系教授，1937 年至 1945 年任清华大学无线电研究所所长。1946年去美国，历任哈佛大学物理学客座教授、约翰霍普金斯大学应用物理研究所基础研究中心副主任。1978 年任清华大学和中国科技大学名誉教授。

以无线电和微波物理学的研究著称。20 世纪 20 年代末至 30 年代初期，主要从事电离层研究、电子振荡器的理论与实验、氢负离子亲合性吸收光谱的量子力学理论的研究，抗日战争期间筹建清华大学无线电研究所，在国内首次制成电子管等无线电器件。40 年代末期后主要从事微波波谱学、电子自旋磁共振、分子转动磁矩塞曼效应、自由基磁共振、微波在生物系统的应用等方面的研究。70 年代起多次访问中国，为促进中美两国人民和科技工作者之间的友好交往，发展中国的科教事业尽心尽力。著有《微波量子物理学》《一位华裔物理学家的回忆录》等。

荣泳霖（1946 年— ）江苏无锡人。研究员。中共党员。1970 年毕业于清华大学化学工程系，留校工作。1973 年起历任校团委书记，校党委副书记，校计算机工厂副厂长、厂长，校产业管理处副处长、处长。1994 年至 2006 年任校长助理。1995 年起历任校企业集团总裁、副董事长、董事长，清华控股有限公司董事长，同方股份董事长。1998 年起兼任诚志股份董事长。历任校务委员会副主任、校经营资产管理委员会副主任、校经营性资产管理办公室主任，中国高校校办产业协会副理事长。

长期从事校办产业的领导和管理工作。1993 年在全国高校科技产业工作会议上，代表清华大学提出要坚持高校发展科技产业的方向；要建立"校企分开"的管理体制和现代企业的运行机制；要发展规模化的科技产业基地，形成以规模经营的企业为骨干，社会化、国际化的科技企业集团；要建立大学科技园等具有前瞻性的规范发展校办科技产业的构想。1994 年在国内高校中率先筹建清华科技园，设立清华大学企业集团，并提出要逐步发展为学校的资产经营公司，投资决策科技企业。1997 年领导组建了清华第一家上市公司同方股份公司，开始了现代企业制度的建设，使清华科技产业走上了快速、规范的发展道路。这些构想和改革实践充分反映在 2001 年国务院同意的《关于北京大学清华大学规范校办企业管理体制试点指导意见》中，2002 年至 2005 年组织领导清华企业实施该试点指导意见，完成了规范校办企业管理体制试点工作。在 2005 年开始的全国高校企业规范化建设中，结合试点经验总结编写了《高校企业运营和管理实务指南》100 条，对高校企业规范化建设发挥了重要的指导作用。

萨本铁（1900 年—1987 年）字必得，蒙古族，福建闽侯人。教授。1912 年考入清华学校，1920 年毕业赴美留学，入威斯康星大学学习化学，分别于 1923 年、1924 年、1926 年获理学士学位、硕士学位、博士学位。先后在耶鲁大学、哈佛大学担任研究员，从事有机化学的研究工作。1928 年回国，任清华大学化学系教授，主讲"普通有机化学""有机定性分析"等课程。关于生物化学和营养化学方面的研究，如对中国食物所含维生素 C 的测定、对中国柑类水果的研究，均取得突出成果。1937 年抗日战争全面爆发后，滞留北平，任教于私立辅仁大学等校，讲授"有机化学"，对维生素 K 的制备研究取得成功。于 1947 年举家赴美，任教于加州大学。

加弗尔·萨文迪（Gavriel Salvendy）（1938 年— ）美国人。教授，美国工程院院士。1968 年获伯明翰大学工业心理及工程生产学博士学位。先后在美国纽约州立大学水牛城分校、美国普渡大学工业工程学院任教。2001 年受聘担任清华大学工业工程系首任系主任和讲席教授。

在人机交互等人因与工效学领域做出了杰出贡献，是 *International Journal on Human-Computer Interaction* 和 *Human Factors and Ergonomics in Manufacturing and Service Industries* 等国际期刊的创刊主编，发表学术论文 400 多篇，编著出版著作 26 本。主编的《人因学手册》获 1988 年 IIE-Joint Publishers Award（Book-of-the-Year）奖，《工业工程手册》获 1982 年美国出版社联合会最佳工程图书奖。1990 年作为首位人因工程领域学者入选美国工程院院士。2006 年在美国 *Ergonomia* 杂志的调查中被评为国际上人因与工效学领域"top three researchers"之一。2007 年获美国工程学会联合会颁发的福瑞兹奖（John Fritz Award）。

任清华大学工业工程系首任系主任期间，同时担任工业工程系国际顾问委员会主席，对该系的学科发展、人才培养和国际合作交流等做出了突出贡献，带领工业工程系实现了跨越式发展。2006年工业工程系进行第一次国际评估，六位美国工程院院士组成的评估委员会认为该系本科教育达到了美国前20名的水平，研究生教育达到了全美前25名的水平。同年获中国国家外专局颁发的"国家友谊奖"。

邵循正（1909年—1973年）字心恒，福建福州人。教授，研究员。1930年毕业于清华大学政治学系，后入清华大学研究院专攻中国近代史，1933年获硕士学位。1934年在法国法兰西学院研究蒙古史，1935年赴德国继续进行研究工作。1936年回国后任清华大学、西南联合大学教授。主要研究蒙古史、中国近代史。1946年后继续任教于清华大学。其间曾应聘为英国牛津大学访问教授，并赴欧洲大陆短期讲学。1952年以后转任北京大学教授，长期主持北大历史系中国近代史教研室工作，兼中国科学院近代史研究所研究员，并出任北京市史学会副会长。

1956年与翁独健、韩儒林作为蒙古史专家代表赴莫斯科，拟定由蒙、中、苏三国历史学家合作编写《蒙古通史》的研究计划，促进了国际学术文化交流。治学严谨，学识渊博，掌握英、法、德、意及波斯、蒙古等多种文字，能将蒙文《元朝秘史》、波斯文《史集》、汉文《元史》和西欧诸国学者的研究成果糅合参证，互纠讹误，以考订史实。早期著作《中法越南关系始末》于1935年被列入清华大学研究院毕业论文丛刊，公开出版，至今仍为学术界所推崇。主持编辑了《中法战争》《中日战争》两套中国近代史资料丛刊及《盛宣怀未刊信稿》等。"文化大革命"期间备受摧残，仍抱病主持点校《元史》。1985年《邵循正历史论文集》出版。

申永胜（1946年—　　）河南开封人。教授。中共党员。1965年入清华大学精密仪器及机械制造系学习，1970年毕业留校在该系任教。曾任校专业技术职务评审委员会委员、系学术委员会副主任、教育部机械基础课程教学指导分委员会委员、教育部全国大学生机械创新设计大赛组委会委员、全国机械原理研究会理事长、中国机械工程学会传动分会委员、中国空间科学学会空间机械专业委员会委员等职。

长期从事机械设计及理论和现代教育技术领域的研究以及机械原理课程教学，主持和参加国家自然科学基金项目、"九五"国家重点科技攻关项目、教育部项目和横向课题多项。获国家专利2项，指导研究生12名，发表论文百余篇。长期担任机械设计系列课程负责人和学校核心课程责任教授。在全国率先进行机械设计系列课程体系改革与实践，其成果1997年获第三届国家级教学成果二等奖；在全国率先进行立体化教材研究与建设，其成果2001年获第四届国家级教学成果二等奖；创建了我国机械原理课程新体系，奠定了清华大学机械原理课程在全国的领先地位；带领的机械设计系列课程教学团队2007年入选首届国家级教学团队；主持的"强化师资队伍建设，提高机械基础系列课程教学质量"项目2009年获第六届国家级教学成果二等奖。获得的其他重要奖项还有：2002年获全国普通高等学校优秀教材一等奖，2003年获首届国家级高等学校教学名师奖，主持的课程2004获国家精品课程称号，实现了名校、名师、名教材、名课程。代表性著作有《机械原理教程》《机械原理辅导与习题》《机械原理多媒体教学系统》等，同时主持研制了我国第一部《机械原理网络课程》。1993年起享受国务院政府特殊津贴。

在担任系学术委员会副主任期间，提出并坚持精心组织每年召开一次精仪系"教学研究学术报告会"，该举措对激励青年教师重视本科教学和加强师资队伍建设起到了重要的引领作用。

沈　履（1896年—1981年）号茀斋，浙江萧山人。教授。1916年入清华学校学习，1918年至1922年先后留学美国芝加哥大学、威斯康星大学，分获哲学学士、哲学硕士。1932年任浙江省教育厅秘书。1933年起清华大学心理学系教授，并任清华大学秘书长，协助校长处理全校相关事务，管辖文书科、庶务科、会计科、医院等机关，西南联合大学时期曾任联大总务长、清华大学昆明办事处秘书长、叙永分校主任等职，同时任西南联大师范学院教育学系教授，兼任法商学院经济学系教授。1946年受四川大学邀请，前往襄助校务，辞去本校所兼各职，请假离校数月。同年任西南联大三校联合迁移委员会委员，代表清华负责处理各项迁移事宜，并保管核定各项账目。同年，随校复员回北平，任校秘书长至1948年底，同时任心理学系教授。之后任学校校产调查登录计划委员会、清洁检查委员会、教职员配售公教人员日用必需物品委员会等常设委员会的主席或召集人。1949年后讲授政治课，后来学习苏联心理学。1952年院系调整调后任北京大学心理学系教授，主要从事教育行政工作。在清华学校学习期间已开始关注民生等社会问题，在校刊上发表《近年蜀省民生实况》。20世纪30年代著有《青年期心理学》，由商务印书馆出版，早年写有《职业指导报告》等。

沈　同（1911年—1992年）原名沈子异，江苏吴县人。教授。中共党员。1933年毕业于清华大学生物学系，1935年考取清华大学公费留美生，1936年赴美国康奈尔大学研究院留学，1939年获动物营养、生物化学博士学位。1940年至1952年任教于西南联合大学、清华大学的生物学系。1952年院系调整后任教于北京大学，曾任生物化学教研室主任。博士生导师。历任中国生物化学学会常务理事、中国生理科学学会常务理事。先后被聘为中国医学科学院实验医学研究所学术委员会委员、教育部高校理科生物学教材编审委员会委员、卫生部医学科学委员会放射医学委员会委员、中国医学院医学分子生物学国家重点实验室第一届学术委员会委员。是北京市海淀区第三届人大代表。

长期从事生理学、生物化学的教学与研究，专于生物化学、营养学，讲授过"普通生物学""营养学""生物化学""高级生物化学""新陈代谢"等课程，著有《营养新论》，联合主编的《生物化学》教材第一版，1987年获国家教委高校优秀教材一等奖，第二版于1997年获国家教委科技进步（教材）二等奖。发表论文近20篇。

沈　元（1916年—　）福建福州人。教授，中国科学院院士。1940年毕业于西南联合大学航空工程系。1943年考取英国文化委员会提供的奖学金，被推荐到英国伦敦大学帝国理工学院航空系攻读研究生，1945年获博士学位。1946年回国，任教于清华大学，历任航空工程系系主任、航空工程学院院长。1952年后任北京航空学院副院长、院长、名誉院长。曾任国务院学位委员会委员、中国科学院数学物理学部常委、中国航空学会理事长、中国空气动力学研究会名誉理事长、中国力学学会副理事长。是第五、六届全国政协委员，第七届全国政协常委，曾任民盟中央科技委员会副主任。

长期从事航空教育事业及空气动力学研究工作。1945年所作博士论文，首先从理论和计算结果上证实了高亚音速流动下圆柱表面附近出现极限线的可能性及其出现条件，并说明了在高亚音速流动下圆柱附近局部流速可能超过音速而不出现激波。这项研究成果对当时了解跨音速飞行中的气动问题具有开创意义，受到国内外空气动力学界的重视。创建北京航空学院，组织领导教学、科研工作，开设新专业，为中国航天事业及时培养大批科技力量等发挥了重要作用。撰有《高亚音速下可压缩流体绕圆柱流动的理论探讨》《可压缩流体绕准椭圆柱的高亚声速流动》等论文。

沈德忠（1940年—　）贵州贵阳人。教授，中国工程院院士。致公党党员，中共党员。1964年毕业于四川大学物理系固体物理专业。1996年受聘于清华大学化学系。博士生导师。任山东大学晶体材料国家重点实验室学术委员会委员、中国光学学会会员、美国光学学会会员。

清华大学志（1911—2010）
第四卷

主要从事无机非金属晶体的探索、生长及应用研究。先后研究过人造金刚石、金刚石聚晶、LiF、BaF_2、BGO、KCl、ZrO_2、$FeBO_3$、$LiNbO_3$、$KNbO_3$（KN）、$KTiOPO_4$（KTP）、$CsLiB_6O_{10}$（CLBO）等晶体，涉及熔剂、提拉、坩埚下降、高温高压、冷坩埚等晶体生长方法。其中，研究过 KN 晶体的相变历程、倍频效应、相位匹配规律及掺杂 KN 晶体的光折变效应；研究过 KTP 单晶的生长习性、电光特性，精确测定了 KTP 晶体的相位匹配角；探讨过 CLBO 晶体的开裂机理、大块 CLBO 晶体的生长工艺；确定了激光倍频器的布儒斯特角切割原则；探索过新型非线性光学晶体等。1985 年首次研制出国际上最大的 KN 单畴晶体，并与美国休斯公司合作，首次在国际上实现了纯 KN 晶体的 162℃ 自泵浦相位共轭效应；与北京大学合作，首次在国际上实现了 KN：Fe 晶体的室温自泵浦相位共轭效应，反射率达 74.8%。KN 晶体的研制成果获国家科技进步一等奖。发明了一种生长 KTP 晶体的熔剂法，生长出高光学质量、可以获得大片 Z 切面的 KTP 单晶，打破了美国对 KTP 晶体的垄断和对我国的禁运，在后来杜邦公司为研制 KTP 波导需用大 Z 切面的 KTP 单晶时，不得不向我国购买 KTP 大晶片，不仅赚取了数百万美元的外汇，而且提高了我国在国际晶体生长界的声誉。"九五"期间，又将溶剂法 KTP 的电导率降低了三个数量级，使该晶体在高重复频率的电光调制中获得重要应用。KTP 研制成果获部级科技进步奖 2 项，2001 年获美国杜邦科技创新奖，2003 年获国家科技进步二等奖。发表论文百余篇，获发明专利授权 6 项。合译英文《晶体生长》一书。已培养博士生 8 名。

沈孟育（1935 年—　）江苏无锡人。教授。1956 年毕业于交通大学动力机械系，1958 年赴苏联国立莫斯科大学数学力学系深造。1962 年回国任教于清华大学。历任校学术委员会委员、学位评定委员会委员兼力学分委员会主席。博士生导师。兼任中国航空学会理事、中国力学学会流体力学专业委员会副主任等职。

他是清华大学流体力学博士点学术带头人。在计算流体力学、叶轮机械气体力学、核电站热工流体力学、微流动及气动优化等领域从事研究工作。提出广义紧致格式的概念并证明其三个基本特性；提出了利用修正方程式构造高精度高分辨率格式的一条新途径，并作为例子构造了一系列高精度高分辨率紧致格式和广义紧致格式；对时空守恒元和解元（CE/SE 格式）的构造方法作出实质性的改进，并首先构造了针对三维欧拉方程的时空守恒格式。提出了平面叶栅跨声速流场的相似率；在国内率先获得了叶轮机械中完全三维跨声速流动的数值解；提出了关于叶轮机械中三维跨声速流动正问题、反问题和正、反混合问题的统一解法，对叶轮机械完全三维设计体系的建立作出了贡献。针对高温气冷堆球床内燃料球运动首次提出了一个描述球流运动的运动学模型——旋度模型和一个动力学模型。发现了微管道中的"亚堵塞"现象。提出了动态演化气动优化方法和动态演化伴随优化设计方法，大幅度提高了气动优化计算的效率。指导硕士生 10 名、博士生 22 名。发表学术论文一百五十余篇，出版学术专著 2 部。获 1992 年国家科技进步二等奖。被英国剑桥国际名人传记中心授予 20 世纪成就奖。

沈有鼎（1908 年—1989 年）字公武，生于上海。教授，研究员。1929 年毕业于清华大学哲学系，曾师从金岳霖。1929 年至 1931 年留学于美国哈佛大学，获硕士学位。之后留学于德国海德堡大学和弗赖堡大学。1934 年至 1952 年任教于清华大学（含西南联合大学）哲学系。其间曾于 1945 年至 1948 年以教授身份到英国牛津大学讲学。1952 年后任北京大学教授。1955 年后任中国科学院、中国社会科学院哲学研究所研究员。曾任中国逻辑学会理事。

他是中国早期少数几位数理逻辑学家之一，专长为数理逻辑和中国古代逻辑，对经典命题逻辑、直觉主义命题逻辑、相干命题逻辑、模态命题逻辑等都有深入研究。他构造了"所有有根类的类"的悖论和两个语义悖论，学术界称为"沈氏悖论"。在先秦名辨思想研究中也取得了重要成果，指出类推（或推类）是中华民族最为常用的一种推理形式，是中国古代逻辑不同于西方逻辑和印度因明的最根本的特征。懂英、德、法、俄、拉丁、希腊等多种语言。1949 年以前主要论著是《评王光祈〈东西乐制之研究〉》《〈周易〉卦序分析》等论文。1949 年以后的主要论著分两类，一是关于逻辑史的有专著《〈墨经〉的逻辑学》1 部，《〈墨经〉论数》《公孙龙考》等 8 篇论文；二是关于数理逻辑的论文 4 篇：《所有有根类的类的悖论》《两个语义学悖论》《初基演算》《"纯逻辑演算"中不依赖量词的部分》等。后人编有《沈有鼎文集》《沈有鼎集》。培养数理逻辑专业和中国逻辑史专业研究生各 3 人。

沈珠江（1933 年—2006 年）浙江慈溪人。教授，中国科学院院士。1953 年毕业于南京华东水利学院，在南京水利实验处土工研究室任技术员。1960 年获苏联莫斯科建筑工程学院副博士学位。回国后在南京水利科学研究院工作。2000 年起任清华大学水利水电工程系教授。博士生导师。曾任《岩土工程学报》主编、中国土木工程学会土力学及岩土工程分会副理事长、中国水利学会岩土力学专业委员会主任委员，是第九届全国人大代表。

20 世纪 60 年代初证明了土体极限分析的两个原理；提出了软土地基稳定分析的有效固结应力法。70 年代在国内最早开发了基于 Biot 固结理论的有限元计算程序，广泛应用于软土工程的计算；率先提出了有效应力地震反应分析方法，建立了沈珠江等价黏弹性模型，至今仍广泛应用于土石坝等工程的抗震分析；开展了土的本构模型研究，先后提出了多重屈服面、等价应力硬化理论和三剪切角破坏准则等新概念，建立了沈珠江双屈服面模型。80 年代以来系统发展了土石坝计算理论、计算方法和计算程序，并先后应用于我国 20 余座重大高土石坝工程的设计计算。倡导重视原状土结构性的研究，提出了反映土体结构脆性破坏的胶结元件模型等。90 年代发展了非饱和土的广义固结理论和统一变形理论。著有《计算土力学》《理论土力学》等专著，以第一作者发表论文百余篇，获国家和省部级科技进步奖 5 次，1988 年获国家级有突出贡献中青年专家称号，1989 年当选为水利部劳动模范，2005 年获茅以升土力学及岩土工程大奖。

施一公（1967 年—　）云南大姚人。1985 年保送进入清华大学，1989 年提前一年毕业于生物科学与技术系，获学士学位；1990 年赴美深造，1995 年获约翰霍普金斯大学分子生物物理博士学位；1998 年至 2008 年在美国普林斯顿大学分子生物学系任职，是该系建系以来最年轻的终身教授及终身讲席教授。2008 年全时全职回清华大学工作，2009 年至今任生命科学学院院长，医学院常务副院长。2010 年起任国家教育咨询委员。是教育部"长江学者奖励计划"讲座教授，获国家杰出青年科学基金。

主要运用生化和生物物理的手段研究细胞凋亡的分子机制、重要膜蛋白以及细胞内生物大分子机器的结构与功能，迄今发表权威学术论文 120 余篇，SCI 他引超过 13 000 次。回国后领导的实验室自 2009 年以来已经在 *Nature*、*Science*、*Cell* 上以通讯作者身份发表 12 篇论文，其团队取得的科研成果于 2010 年入选"中国高校十大科技进展"，在其研究领域保持世界领先水平。入选国家"千人计划"。

在从事高水平的科研之外，致力于科教体制改革，tenure track 制度的引进，"清华大学-北京大学生命科学联合中心"的成立，是其在人事制度、科学研究与人才培养方面的大胆改革及探索，为努力发展中国的生命科学和基础医学研究事业做出了重要贡献。

史国衡（1912 年—1995 年）湖北随州人。教授。中共党员。1935 年入清华大学社会学系学习，1939 年于西南联合大学社会学系毕业后，在清华国情普查研究所任职。1945 年赴美国哈佛大学社会系进行研究工作。1948年回校任教于社会学系。1951年起历任校人事室主任、校总务长、校图书馆馆长。曾兼任北京市人口学会理事。

20世纪30年代开始致力于社会学研究。主要论文有《云南个旧锡矿工人调查》《内地工业中工人管理》等多篇。专著有《昆厂劳动》，其英文版 *China Enters the Machine Age* 于1944年由哈佛大学出版。50年代后任人事管理、后勤工作，为学校人事、后勤建设做出了积极贡献。1961年至1983年任图书馆馆长，积极推动开展科技参考咨询，重视馆藏建设及为读者服务工作。1980年受教育部的委托，任中国大学图书馆代表团团长，率团赴美参观访问。回国后执笔为大学图书馆的未来发展提出了五项具体建议，其中有建立计算机网络，加强图书馆学教育，提高图书馆管理水平和人员的业务素质等，对中国大学图书馆的建设和发展起了积极的推动作用。80年代起热心于人口学的研究。发表过《无产阶级革命家与社会调查》《从科学管理体系的形成和发展论行为科学的功能及其在我国的运用问题》以及《关于人口工作的三点建议》等论文。

史宗恺（1962年— ）山东烟台人。研究员。中共党员。1980年入清华大学工程物理系学习。在读期间担任学生政治辅导员。1985年毕业并留校工作。曾任校团委宣传部副部长、校团委常委兼宣传部部长。1989年调入党委办公室、校长办公室工作，1993年任党委办公室副主任、校长办公室副主任，1998年任校长办公室主任，2000年兼任信息服务室主任。2003年至2006年挂职担任中共云南省迪庆州委副书记、副州长。2006年回校先后任核研院党委常务副书记、书记，学生工作指导委员会副主任。2007年起任校党委副书记。主要社会兼职有：北京市人大代表、中国公共关系协会常务副会长、全国高校辅导员工作研究会副会长、中国高等教育学会创新创业教育分会副会长、北京毕业生就业工作协会副理事长、中国大学生体育协会副主席兼田径分会主席、北京市高校国防教育协会理事长。

宋镜瀛（1918年—1999年）上海人。教授。1935年入清华大学机械工程学系。1938年随该系三年级学生转陆军机械化学校学习汽车使用技术，结业后任中国红十字会战场救护委员会运输大队汽车队长，在鄂南、云贵等地接运伤员、药品等，1942年在西南联合大学复学，一年后毕业。曾任湖南战车研究所研究员。1945年赴英留学，1948年在英国伦敦帝国理工学院研究生毕业后回国。同年回清华大学机械工程系任教。历任动力机械系副主任、汽车与内燃机教研组主任。博士生导师。曾任北京市人民政府汽车工业顾问组组长、中国公路学会客车学会理事长、中国汽车工程学会常务理事、中国汽车工业公司董事、汽车百科全书编纂委员会副主任委员。

长期从事高等教育和汽车的研究，20世纪50年代主持创建国内第一个汽车专业，翻译苏联教材《汽车理论与计算》，组织领导师生、试验室技术人员研制建立转鼓试验台（室内测定汽车整体性能）和汽车部件试验台，是开发研制微型汽车的主要领导人之一。70年代从事高能电池驱动汽车研究。80年代从事汽车节能研究，提出汽车行驶油耗模拟计算法。90年代配合中国科协开展"中国交通运输发展战略与政策研究"，论证和分析当前交通运输的现状和公共交通严重滞后的主要原因，提出发展城市交通运输的措施建议，该项目获1993年国家科技进步三等奖。指导博士生25名、硕士生5名。编译《现代科学技术辞典》机械工程篇，撰有论文《汽车行驶速度研究》《微型汽车与无级变速器研究》《电动汽车研究》《汽车运行油耗的模拟计算法》《中国汽车节油技术》等。

宋心琦（1928年— ）江西奉新人。教授。中共党员。1951年清华大学化学系本科毕业，1952年该系研究生肄业，留校任教。历任化学与化学工程系副主任、应用化学与化学工程研究所副所长、化学系学术委员会主任。博士生导师。曾任中国化学会副秘书长，物理化学、应用化学及光化学委员会副主任，北京化学会理事长，中国科学院化学研究所学术委员会委员，并担任《物理化学学报》《化学物理学报》《大学化学》《感光科学与光化学》及《中国大百科全书》（化学卷）等编委，国家教委理科化学指导委员会委员，国家教委中小学教材审查委员会（化学组）委员。

长期从事化学教学与研究工作。讲授过的课程有"普通化学""无机化学""结构化学""物理化学"与"光化学原理"等。主要研究方向为激光与光化学、化学教育。在利用激光诱导荧光技术研究有机分子与生物大分子及其在萃取相中的分子结构等方面，取得了一系列研究成果。在化学发光体系的研制及工艺化工作中有较多贡献，并在该体系的发光机理及相关的多道光纤传感技术的开发方面有开创性的工作。先后发表学术论文 64 篇，译著 2 种，著作有《未来化学中的激光》《初等化学释义》《英汉光化学词汇》。指导博士生 6 名、硕士生 15 名。

隋森芳（1945 年—　　）山东黄县人。教授，中国科学院院士。中共党员。1970 年毕业于清华大学精密仪器及机械制造系，留校任教。1973 年至 1975 年、1978 年至 1980 年为清华大学固体物理研究班研究生。1980 年至 1982 年在工程物理系任教。1982 年在该系获理学硕士学位，到物理系固体物理教研组任教，1984 年调入新成立的生物科学与技术系。1985 年初赴德国攻读博士学位，进行生物膜的生物物理学研究，并于 1988 年获德国慕尼黑技术大学博士学位。同年回到清华大学，先后任教于生物科学与技术系、生命科学学院。曾任生物科学与技术系系主任，兼任 *Journal of Structural Biology* 和 *BBA Biomembranes* 等期刊编委。

长期从事蛋白质的结构与功能的研究。主要利用电子显微学和三维重构技术，并结合生物物理学、生物化学和分子生物学等技术手段研究蛋白质复合物的结构与功能。20 世纪 90 年代在国内条件下建立蛋白质二维结晶技术平台和电镜单颗粒三维重构技术平台。在蛋白质寡聚化与其功能的关系，在膜对蛋白质结构与功能的影响等研究方面取得系统性的研究成果。在国际专业期刊上发表学术论文百余篇。2005 年获国家自然科学二等奖。著有《膜分子生物学》等。

孙葆洁（1965 年—　　）天津人。教授。中共党员。1982 年考入北京体育学院，大学起开始从事裁判工作，1986 年毕业后到清华大学任教。指导的清华大学学生男子足球队，在北京高校比赛中屡获佳绩，多次夺得冠军。1997 年被国际足联批准为国际级足球裁判，2001 年至 2010 年获得中国足协最佳裁判（"金哨"）称号 9 次，包括甲 A 联赛最佳裁判 2 次，中超联赛最佳裁判 7 次。曾执法过 2001 年世青赛决赛阶段比赛及亚洲杯、美国足球职业大联盟比赛等国际比赛一百余场。2010 年获得中国足协颁发的终身成就奖。同年在检察日报社正义网络传媒主办的年度中国正义人物评选活动中被评为 2010 年中国正义人物。

孙道祥（1946 年—　　）江苏灌云人。研究员。中共党员。1965 年考入清华大学精密仪器及机械制造系，1970 年毕业留校。曾任系学生团总支书记、辅导员，陀螺专业教研组党支部书记。1986 年调校机关工作，担任过校党委组织部副部长、部长，纪委书记。2006 年后任校务委员会副主任，并承担教学督导和规章制度审核工作。曾兼任中国纪检监察学会教育工作委员会常务理事、北京市纪检监察学会常务理事、北京市高校纪检监察学会副理事长等职。2007 年至 2009 年被教育部聘为巡视专员。

在精仪系期间，主讲过"测试信号分析"课程。完成"XFY Ⅱ型动态幅值相位测试仪"研制并交付上汽所使用。两台仪器被国家专利局授予实用新型专利权，其中"便携式动平衡仪"专利被校机械厂购买生产，1987 年被校生产处评为清华大学优秀新产品。

在组织部、纪委期间，努力贯彻上级党组织和校党委的工作部署，积极推进干部人事制度改

革、基层组织建设和党风廉政建设工作。在青年干部挂职与培训、机关干部换届公开招聘、基层支部评议、发展青年学术骨干入党以及在党风廉政教育、反腐倡廉制度建设、推进学校惩防体系建设等方面，开展了许多工作，作出了积极贡献。1998年、2005年学校青年干部队伍建设、党风廉政建设工作分获北京市高校党的建设与思想政治工作优秀成果一等奖。2003年学校纪委被教育部评为全国教育系统纪检监察工作先进集体。

2006年承担的国家社会科学基金重大招标项目"中国特色反腐倡廉的有效体制机制研究"经评审结项。专著有《中国特色反腐倡廉理论研究》，发表论文15篇。

孙国华（1902年—1958年）字晓孟，山东潍县（今潍坊）人。教授。1923年清华学校毕业后赴美留学，先后求学于美国俄亥俄州立大学教育系和芝加哥大学生理系，1926年入俄亥俄州立大学研究院，分别于1925年、1926年、1928年获理学士学位、文学硕士学位、哲学博士学位。回国后，1930年至1941年任教于清华大学心理系、西南联合大学哲学心理系，曾任系主任。1941年至1946年任四川白沙国立编译馆编辑兼总务组主任。后又任中正大学教授和北京大学教育系教授。1948年回清华大学心理学系任教授兼系主任。1952年院系调整，任北京大学哲学系教授，负责领导心理专业，后任北大哲学系副主任兼校务委员。曾任中国科学院心理研究室（后改心理研究所）研究员、中国心理学会理事、《心理学报》常务编辑。

讲授"比较心理学""发展心理学""动物心理学"等课程。专长儿童心理学、动物心理学和比较心理学。在北京大学建立了中国第一个动物条件反射实验室，并参加了心理学十二年发展远景规划工作。发表的论文有《鸟类的瞳孔反射》。与 K.C. 普拉特，A.K. 尼尔逊合著的《新生儿行为》，被列为美国俄亥俄州立大学丛书，是儿童心理学中的一部重要著作。还和唐钺合译了普莱尔的《幼儿的感觉和意志》等。

孙宏斌（1969年— ）浙江天台人。教授。中共党员。1987年考入清华大学电机工程系，1992年获电力系统及其自动化和现代应用物理专业理工双学士学位，1996年获电力系统及其自动化专业博士学位后留校任教。曾在美国华盛顿州立大学任访问教授。2008年任清华大学教务处副处长。博士生导师。曾获国家杰出青年科学基金。

在教学方面，2005年主持的教学成果"优化理论课程，强化实践环节——电力系统本科专业课改革"获国家级教学成果一等奖，2006年主讲的"电力系统分析"入选国家精品课程，2007年获宝钢优秀教师特等奖，2009年获第五届国家级高等学校教学名师奖，同年主持的"电力系统及其自动化教学团队"入选国家级教学团队，2010年被评为北京高校育人标兵。在科研方面，从事电力系统运行控制领域的研究，主持完成的科研成果"电网无功电压优化控制系统"在我国省级以上电网应用面超过一半，并输出到美国最大电网PJM，用于控制美国首都华盛顿特区和东部13个州的电网无功电压，成为我国先进电网控制系统输出美国的首例。授权发明专利25项，发表学术论文200余篇，合著著作3本，境外特邀报告20余次。曾获国家技术发明二等奖1项，省部级科技一等奖2项、二等奖6项、三等奖9项，入选"中国高等学校十大科技进展"1项。

孙继铭（1937年— ）黑龙江双城人。研究员。中共党员。1963年毕业于清华大学工程力学数学系，留校工作。曾任工程力学数学系分团委书记。1970年任甘肃天水风动工具厂组织科副科长。1973年回到清华大学，历任试验化工厂党支部书记，核能技术研究所组织组副组长，所党委常委、副书记、书记，校党委常委、副书记。1990年任副校长。

担任副校长期间，分管学校基本建设、后勤和安全保卫、街道和建筑设计院工作，积极推进后勤内部管理体制改革和校内住房制度改革，在提高办学效益、扩大服务以及后勤社会化方面做了许多有益的探索，并对高校后勤改革的指导思想、目标和途径进行了深入探讨，发表了《社会主义市场经济与高校后勤改革》《清华大学后勤改革的思路和措施》等 10 篇论文和报告，学校的校园综合治理受到北京市的表彰。1994 年起兼任清华科技园规划建设委员会副主任，并任科技园建设公司第一任董事长，积极参与科技园的发展建设工作。

1993 年至 1997 年兼任北京高教保卫学会理事长，1994 年至 2004 年任中国高教学会保卫学专业委员会理事长。在此期间，积极组织并参与高校保卫工作的理论研究并指导实践。2008 年起任清华大学老科学技术工作者协会会长，继续和广大离退休教师及科技工作者一道为国家经济建设和社会发展提供力所能及的服务，为学校的一流大学建设服务。

孙家广（1946 年—　）江苏镇江人。教授，中国工程院院士。中共党员。1970 年毕业于清华大学自动控制系，留校任教。1985 年赴美国加州大学洛杉矶分校做访问学者。先后任清华大学软件学院院长、信息科学技术学院院长、校学术委员会副主任，国务院学位委员会委员、学科评议组成员，教育部软件工程教学指导委员会主任，教育部计算机科学与技术教学指导委员会副主任，国家企业信息化应用支撑软件工程技术研究中心主任，清华信息科学技术国家实验室（筹）主任，中国图学学会理事长，国家自然科学基金委员会副主任。

长期从事计算机图形学、计算机辅助设计、软件系统建模与验证及软件工程与系统的教学、研究、开发，负责研制有我国知识产权的二维 CAD 系统、三维产品造型核心平台、产品数据全生命周期管理系统及企业信息化集成系统（EIS）等大型软件，并在数百家大中型企业中得到应用，为推动我国制造业信息化、提升我国软件产业化能力做出了贡献。在教育教学工作中，积极推进高校办学体制机制改革与教育教学模式创新，倡议成立了国家示范性软件学院，在教育教学中提出"学中练、练中学、练中闯、练中创"的实践教学理念，组织开启了软件工程一级学科建设，先后被评为北京市优秀教师、教育创新标兵和高等学校教学名师。1996 年以来，历任国家"863"计划自动化领域专家组专家、首席科学家，国家税务总局、国家质监总局、中央组织部农村党员远程教育信息化工程以及多个省市信息化工程的专家组组长，参与国家科技中长期规划和国家中长期教育改革和发展规划纲要的制定工作。

孙念增（1921 年—2001 年）北京人。教授。民盟盟员，中共党员。1939 年至 1943 年在燕京大学数学系学习。1947 年到清华大学数学系任教，历任高等数学教研组副主任、基础课学术委员会委员、应用数学系学术委员会副主任、高校《计算数学学报》编委常委、中国数学会计算数学分会理事、北京市高教局教授职称评审组数学组组长。多年来一直从事教学工作，讲授过本科"高等数学""数学分析"，研究生的"复变函数""线性方程""数理方程"等课程。20 世纪 50 年代译有斯米尔诺夫著《高等数学教程》系列教材。

孙小苍（1937 年—　）女，福建连江人。主任医师。中共党员。1960 年毕业于上海第一医学院医疗系，获学士学位。先后在北京亚非学生疗养院、核工业部第一研究设计院职工医院工作。1977 年调入清华大学医院，曾担任内科主任、院学术委员会主任、责任主任医师，现任院学术委员会顾问。1997 年被聘为国家教委直属高校卫生技术职务评审委员会副主任委员。2000 年被选为北京糖尿病防治协会理事。

医德高尚，医学知识扎实，临床经验丰富，曾抢救过许多急危重症病人，解决了不少校医院临床遇到的疑难病症。刚入校不久，就受学校委托承担了清华曾赴江西农场劳动感染血吸虫病教职工的治疗和健康指导工作，取得了显著成效，在学校拨乱反正时期为稳定教职工队伍发挥了积极作用。1989 年开始负责学校部分高龄院士的医疗保健工作，坚持 24 小时负责制，开展定期巡

诊、陪同会诊等工作，作为心血管疾病专家，多次及早发现急危重症疾病的发生，使他们及时得到有效治疗，保证他们以充沛精力投入工作。

协助院领导抓医疗质量、学科建设、队伍建设与培养以及先进医疗仪器设备的购置等，为医院逐步发展成一所二级综合医院做出了积极贡献。

曾为电机系生医专业学生讲授"如何分析心律失常"等临床检测课程，并参与多位硕士研究生的论文指导、论文评阅与答辩等工作。主持或参加"清华大学老年人糖尿病慢性并发症调研"、"清华大学中老年知识分子糖尿病患病率调查"、"动态心电记录监测系统的研制"等多项科研课题。合著并出版《实用中西医结合诊断治疗学》，发表《短暂性缺血发作患者治疗与观察》等论文10多篇。

曾荣获北京市卫生系统先进个人、清华大学先进工作者、清华大学优秀共产党员、"老有所为"先进个人等多项光荣称号。1993年起享受国务院政府特殊津贴。

孙毓棠（1911年—1985年）江苏无锡人。教授，研究员。1933年毕业于清华大学历史学系。1935年至1937年赴日本留学。为抗议日本发动侵华战争，放弃获得学位的机会回国。1938年起在西南联合大学任教。历任师范学院、历史学系教授。当时闻一多为其治印的赠言中刻有"相约非抗战结束，不出国门一步"的壮语。1946年以后任清华大学历史学系教授。1952年起历任中国科学院经济研究所、历史研究所，中国社科院历史研究所研究员，并先后担任英国牛津大学皇后学院、美国哈佛大学、华盛顿威尔逊研究中心客座教授、研究员。

学识渊博，治学勤奋。自20世纪30年代末期以来，长期从事中国古代史的教学与研究工作。发表的有关中国古代史研究的代表作《西汉的兵制》《东汉兵制之演变》《战国秦汉时代纺织技术的进步》《关于北宋赋役制度的几个问题》等，至今为研究者所称道。他的《中国古代社会经济论丛》一书，包括了研究战国至南北朝社会经济的一系列论文。50年代后响应毛泽东研究中国近代史的号召，把主要精力投入中国近代经济史的研究，先后发表了多篇论文，均收入《抗戈集》中。所编辑的《中国近代工业史资料》是中国近代经济史资料丛刊中最早出版的一种。1980年以后主持了中国大百科全书中国史卷的全面规划工作，并承担秦汉分卷的主编，直至逝世。此外，其长篇叙事诗《宝马》在30年代的文坛中亦颇有影响。

唐钺（1891年—1987年）字辟黄、甓黄、擘黄，号甓园、甓园居士、甓斋，原名柏丸，福建闽侯人。教授，研究员。1906年加入中国同盟会。1913年毕业于清华学校，1917年获美国康奈尔大学学士学位，1920年获得哈佛大学哲学博士学位后留校从事研究工作。1921年回国，参与创建中华心理学会。曾任北京大学哲学系教授。1926年任清华学校教育心理学系教授。1928年清华大学改教育心理学系为心理学系之际，任系主任到1930年。其间于1929年参与筹建中央研究院心理研究所并任首任所长到1933年。1930年至1946年间任心理研究所专任研究员，并曾任上海商务印书馆哲学教育部主任编辑、大学丛书委员会委员、中央研究院评议会评议员，是中国心理学会发起人之一和理事。1946年回清华大学任心理学系教授。1952年院系调整后任北京大学心理系一级教授。曾任中国心理学会理事、北京分会理事长，是第二至六届全国政协委员。

早年参与筹办清华教育心理学系，强调科学基础训练、心理学实验研究、对心理的生理基础研究，对办系有着深远影响。是我国较早留美获得哲学博士学位者之一，最早将西方心理学介绍到中国、并在国内开展心理学教学和研究的心理学家之一，以其着重实验及自然科学训练的特色，为我国培养了许多包括生理学家、心理学家在内的优秀人才。研究方面，长期从事心理学史和心理学理论的教学、研究和翻译工作；早年发表过有关白鼠的生理心理学实验研究论文多篇。20 世纪 50 年代末起曾多次发表有关发展中国心理学的意见；60 年代起专门从事西方心理学史的教学与研究。所著《西方心理学史大纲》是我国自编的首部西方心理学史教材，一直被视为我国学界典籍；合编《教育大辞典》；译有穆勒的《道德形上学探本》、詹姆斯的《心理学原理》、兰德的《西方心理学家文选》等西方心理学与哲学著作多部；国学方面，有《国学新探》《唐钺文存》等。

唐贯方（1901 年—1996 年）广东香山人。民盟盟员。1921 年上海青年会商科毕业到清华学校图书馆工作。曾任事务员、职员。长期从事西文书刊的采购及咨询工作。精通英文、专于业务、擅长咨询、熟悉馆藏。被称为图书馆的"活字典"。一贯忠于职守，1937 年"七七"事变后，参与图书馆图书的南迁工作，在敌机轰炸、交通几近瘫痪的艰苦情况下，冒生命危险，将四百多箱古籍善本安全运抵重庆，为保护学校珍贵图书作出突出贡献。20 世纪 50 年代后以全部精力投入整理西文期刊目录工作，先后参加编制《北京高校图书馆馆藏西文期刊联合目录》和包括中国科学院在内的《全国院校西文期刊联合目录》工作。为我国图书馆的基础建设作出积极贡献。

唐统一（1917 年—　　）广东中山（今珠海）人。教授。民盟盟员。1941 年毕业于清华大学电机工程学系。1943 年至 1945 年在英国茂伟电机制造厂实习，期满任初级工程师，同时就读英国伦敦大学校外部，获工学士（二级荣誉）学位。1946 年回国，在清华大学电机工程学系任教。曾任中国仪器仪表学会副理事长兼教育委员会主任委员、电磁测量信息处理仪器分会理事长、中国计量测试学会常务理事兼电磁专委会副主任。博士生导师。

长期从事电磁测量教学与科研工作。20 世纪 50 年代中期筹建了精密电工仪表室。60 年代初认识到感应分压器在精密电测量中的重要性，安排研究生进行此类精密仪器的理论、结构、补偿及校验方法研究；自制的电工测量仪器曾用于支援工厂生产。80 年代意识到电网中存在的谐波对电网运行质量有严重影响，及时组成专题科研组，指导博士生和硕士生从事无功功率、功率因数等的定义、谐波的补偿方法和治理的研究，相关研究成果已应用于一些企业部门。此外，为建立我国的谐波测量标准，指导博士生提出的准同步采样方法被国内同行采用，并得到国际上的肯定。作为第一完成人在供电系统谐波检测与治理方面取得的创新性研究成果，1995 年获国家教委科技进步二等奖，1996 年又获国家科技进步三等奖。2000 年意识到网络技术将在电磁测量技术进步中扮演重要角色，与赵伟合作撰文，提出网络化仪器概念，后被广泛认同，对网络化测量技术及仪器的发展起到引领作用。主编并参加撰写《电磁测量与仪表》丛书（共 16 册）、《中国大百科全书》（电工卷的电磁测量分支）、《中国电力百科全书》（电工技术基础卷的电磁测量分支）及《近代电磁测量》等专著。编写和编译有关电磁测量的专著及教材多部，发表研究成果论文 10 余篇。指导硕士生 10 余名、博士生 4 名。

唐锡宽（1929 年—1998 年）上海人。教授。中共党员。1951 年毕业于北京大学机械系，先后在北京大学工学院、清华大学机械制造系任教。1959 年为莫斯科包曼高工机械原理教研组研究生，1963 年获副博士学位。同年回国，任教于清华大学。曾任机械零件教研组主任及机械原理教研组主任。博士生导师。主要兼职有：国家教委机械原理电教教材编审组副组长、组长，全国工科基础课委员会机械原理课程指导小组成员，中国空间学会理事，空间专业委员会委员，北京机械工程学会理事兼北京传动分会副理事长。

多年来从事机械原理教学和机构学、机械动力学研究工作。指导培养博士生 8 名、硕士生 10 名。著有《机械动力学》，主编《机械原理电算程序集》。在转子动力学、机构平衡、含弹性构件

和运动副间隙的机构动态分析和综合等方面发表论文 60 余篇。研制的可变刚度支承装置、多台动平衡机等，获得国家发明四等奖，一机部及北京市科技二等奖等多种奖励。

唐泽圣（1932 年—　）四川犍为人。教授。中共党员。1953 年清华大学电机工程系毕业留校任教。先后在电机工程系、自动控制系、电子工程系、计算机科学与技术系任教。博士生导师。曾在美国密歇根大学及施乐公司 PALO ALTO 研究中心学习研究一年。历任清华大学学术委员会委员、自动控制系副系主任、计算机科学与技术系主任、计算机研究所所长等职。为美国 IEEE 学会高级会员。曾任中国计算机学会理事长。2000 年退休后受聘于澳门科技大学，任资讯科技学院院长。2002 年起任澳门科技大学副校长兼资讯科技学院院长。2008 年起任澳门科技大学学术顾问、教授。

20 世纪 80 年代初开始进行计算机图形学及计算机辅助设计技术的教学和研究，是国内最早从事该领域研究的学者之一。"六五""七五"期间，主持并参加了多项国家科技攻关项目。其中"三维体素造型系统"获机电部科技进步二等奖及国家科技进步三等奖。1990 年以后在国内率先进行科学计算可视化技术的研究，主持并承担国家自然科学基金重点项目"科学计算可视化的理论与方法研究"及"三维数据场整体显示技术的研究"等，取得了一系列创造性的研究成果，处于国内领先地位，达到 90 年代国际先进水平。主持的"八五"科技攻关项目"图纸的自动输入及管理系统"技术先进，实用性强，通过鉴定后推向市场，深受用户欢迎，具有显著的经济效益和社会效益，为在我国实现 CAD 软件的国产化作出贡献。共指导博士生 19 名、硕士生 15 名。撰写《三维数据场可视化》《计算机辅助设计技术基础》《计算机图形学基础》等书，译有《交互式计算机图形学》等。在期刊和学术会议上发表论文百余篇。在 2006 年的中国计算机图形学大会上被授予"中国计算机图形学贡献奖"。2007 年获得澳门特区政府颁授的"荣誉奖状"。

陶　森（1934 年—　）女，辽宁丹东人。研究员。中共党员。1956 年考入清华大学电机工程系工业企业电气化及自动化专业，1961 年毕业。入学前曾在北京慕贞女中及中共北京东单区委工作四年。1959 年提前抽调任电机系党总支委员兼系团委书记。1961 年任电机系、自动控制系党总支副书记，主管两系学生工作。1978 年至 1983 年任自动化系主任及系总支副书记。1983 年起任清华大学世界银行贷款办公室副主任、主任，设备实验室处副处长、处长；1988 年先后任校副秘书长、校长助理，主管学校财务工作；1992 年至 1998 年任总会计师；1994 年至 1999 年任清华大学教育基金会副理事长兼秘书长，为基金会法人；1997 年至 1999 年任校务委员会副主任。

在担任学校财务主管工作期间，致力于严格预算管理，解决了学校积累的赤字。加强和健全学校经济管理，治理整顿经济秩序。在确保安全和流动的前提下努力开源节流，为学校财务管理作了一些基础性工作。1995 年至 1997 年间学校连续三年获得国家教委财务管理先进单位奖励。1993 年倡议并筹备建立清华大学教育基金会，1994 年 4 月清华大学教育基金会正式成立，成为 1949 年以后第一个公立大学的教育基金会。1996 年筹备并建立了清华大学香港教育基金会。1998 年参与筹备并建立清华大学北美教育基金会，任理事。早年因学生工作曾获北京市先进工作者奖励。享受国务院政府特殊津贴。

滕　藤（1930 年—　）江苏江阴人。教授。1947 年入清华大学化学工程系学习，1948 年参加中国共产党。参加学生运动，担任过党的外围组织"民主青年同盟"化学工程系分部负责人，1949 年担任化工、航空系学生党支部书记。1950 年任清华大学党总支委员，1951 年毕业留校工作。历任学生课外文娱活动委员会主任、校团委书记、校党委委员、学生党总支书记、校团委第一书记。1957 年入苏联列宁格勒化工学院和莫斯科同位素研究室等处进修放射化工，任留学生党总支委员。回国后历任工程化学系党总支书记、副系主任、党委书记，校党委常委，校学位评定委员会副主任。1979 起历任校党委副书记、副校长，校务委员会委员，兼任研究生院院长。1993 年清华大学人文社会科学学院成立之际，兼任院长。

20 世纪 60 年代组织领导工程化学系进行"萃取法提取核燃料钚的工艺和化学研究"，此项研究成果经二机部审定用于我国第一座核燃料后处理工厂的建设，并于 1966 年胜利建成，投入军工生产，获全国科学大会奖。发表过萃取法处理辐照核燃料、萃取冶金、溶液理论、化学热力学和动力学方面的多篇科学论文。获国家级有突出贡献中青年专家称号。

任副校长期间，分管科学研究等工作，为恢复和发展学校的科学研究工作作出重要贡献，并负责筹备恢复理学院和物理、化学、生物等系。同时兼任博士生导师，先后培养过研究生 10 余名。

1985 年后历任国家科委副主任，中共中央宣传部副部长，中国科学院副院长，中国科技大学校长，中国科学院研究生院院长，国家教委副主任、党组副书记，联合国教科文组织中国委员会主任，中国社会科学院副院长。是第八届全国人大常委。

童诗白（1920 年—2005 年）满族，辽宁沈阳人。教授。1942 年毕业于之江大学土木系，1946 年毕业于西南联合大学电机工程学系。1951 年获美国伊利诺伊大学电机系博士学位。1955 年回国后，任教于清华大学。曾任电机工程系及自动化系电子学教研组主任。博士生导师。曾任国家教委电子技术课程教学指导小组组长、邮电部通信学会电源分会主任委员、中国仪器仪表学会节能应用技术学会主任委员、联合国教科文组织计算机培训中心网（INCCA）北京站主任、北京市高等教育自学考试委员会委员、《自动化学报》编委、深圳大学电子工程系主任、北京市政府顾问、海淀区人大代表等。

长期主持电子技术理论教学和电子系统故障诊断研究，创建了我国第一个自动化仪表及装置博士点。指导博士生 14 名、硕士生 29 名。20 世纪 80 年代初曾在中央广播电视大学主讲"模拟电子技术基础"课程。由于电子学课程改革和建设取得显著成绩，1989 年获首届国家级高校教学优秀成果特等奖。此外还曾获国家教委、人事部和全国教育工会联合颁发的"全国优秀教师"奖章及证书，首都民族团结先进工作者、北京市优秀教师等多项表彰。撰有《电子式脉冲调节器》《模拟电路的故障诊断》等论文数十篇，主编《晶体管电路》《模拟电子技术基础》等教材十几种，发行数百万册，其中《模拟电子技术基础》的两个版次分别获得国家教委优秀教材一等奖和国家级优秀教材奖。

屠守锷（1917 年—   ）浙江湖州人。教授，中国科学院院士。中共党员。1940 年毕业于清华大学航空工程学系。1941 年考取清华大学公费留美生，1943 年获美国麻省理工学院航空系硕士学位。后任美国寇蒂斯飞机厂结构工程师。1946 年回国，任教于清华大学航空工程学系。在《国立清华大学工程学报》上发表《机翼性能的简单求法》《柱体的半硬壳结构的应力分析》论文。1948 年加入中国共产党。1952 年院系调整后任北京航空学院教授。1957 年后，历任航天工业部第一研究院总体设计部主任、副院长，航天工业部总工程师、科技委员会副主任。还任中国航空学会副理事长，中国宇航学会理事，国际宇航科学院院士。是第三届全国人大代表。长期从事火箭的总体研究和设计工作。领导了近、中程火箭的研制。主持研制了远程运载火箭及其全程飞行试验获得成功，获 1985 年国家科学技术进步特等奖。1999 年获中共中央、国务院、中央军委授予的"两弹一星功勋奖章"。

万邦儒（1928 年—1992 年）四川眉县人。中学高级教师。中共党员。1952 年清华大学历史学系毕业留校，历任清华大学附设工农速成中学政治教师、教导主任，清华老干部班秘书。1960年任清华大学附属中学校长，"文化大革命"期间被停职，1977年恢复校长职务，任职至1992年。曾任清华大学党委委员、校务委员会委员、教育研究所普通教育研究室主任，中央教育研究所研究员，中国教育学会高级中学委员会常务理事。

任附中校长后即提出把附中办成全国第一流学校的目标，带领教职工边建校边提高，提出思想是方向，教学是中心，健康是基础，在学生中进行人生观、世界观教育，着重抓学生全面发展。1963年首批高中生毕业，85％的学生进入高校学习，当时在北京市中学里名列前茅。20世纪80年代倡导以育人为本，形成了课内外、校内外结合的德育系列教育新格局；加强教学基本建设，主张"少、精、严、活"，打好基础，学有特长，培养能力，发展智力，重视体育美育，坚持培养和提高学生的全面素质；加强教师队伍建设，既要提高教学质量，又要减轻学生课业负担。附中学生在国际中学生的学科奥林匹克竞赛和体育竞赛中屡获佳绩。创办理科实验班（数学）和马约翰体育特长班，探索大中学衔接。为把清华附中办成京师名校呕心沥血，其教育思想和教育实践受到教育界重视。1986年被北京市人民政府授予模范校长称号，1988年获首都五一劳动奖章，1993年被国家教委追认为全国模范校长。清华附中被评为北京市普教系统先进集体，被国家教委评为德育先进校。发表有《校长要有战略头脑》《三个面向与两个渠道》《清华附中的优良传统与特色》《关于中学德育教育几个问题的思考》《为青少年创造良好文化环境》等文章。

万俊人（1958年—　）湖南岳阳人。教授。1983年在中山大学获哲学学士学位，1986年在北京大学获伦理学硕士学位并留校任教。先后于1987年、1990年、1992年、1996年被破格晋升为讲师、副教授、教授、博士生导师。1999年入选清华大学"百人计划"，受聘于清华大学人文社会科学学院。2000年起任哲学系主任，兼院学术委员会主任、校学术委员会委员、校教授提名委员会委员兼基础文科组组长。是教育部"长江学者特聘教授"。曾为美国哈佛大学、英国剑桥大学、荷兰阿姆斯特丹大学访问教授。任北京大学文化书院（现北京大学文化研究院）学术导师，多所大学及研究所的兼职研究员、兼职教授或特聘讲座教授。中国伦理学学会会长，中华孔子学会副会长，国际周易研究会、冯友兰研究会、张岱年研究会、北京市哲学社会科学联合会常务理事，北京市哲学学会、伦理学学会副会长。国家哲学社会科学基金专家评审委员会专家评委，教育部教学指导委员会委员；20余家学术杂志编委及多个丛书的主编。

负责清华大学哲学系复建事宜。主要学术研究领域为伦理学和政治哲学。先后获北京市优秀青年教师称号，北京大学首批跨世纪学术骨干人才，北京市首批"理论百人工程"入选者，教育部优秀青年教师奖（科研类）。获北京市哲学社会科学优秀成果二等奖（2次），北京大学青年教师优秀成果一等奖，首届"505中国文化奖"，金岳霖学术奖二等奖，全国首届高校哲学社会科学优秀成果奖著作二等奖等。出版专著及译著各20余部（卷），海内外发表学术论文200多篇。是国家"马克思主义理论研究和建设工程"《伦理学》首席专家兼召集人，国家有突出贡献的中青年教师，享受国务院政府特殊津贴。

汪　坦（1916年—2001年）字坦之，江苏苏州人。教授。1941年毕业于中央大学建筑系，在童寯主持的（贵阳）华盖建筑事务所短期从业，1941年至1943年在（重庆）兴业建筑师事务所从业。1943年受聘回中央大学任教。1944年投笔从戎，参加抗日战争。1945年在兴业建筑师事务所工作。1948年赴美留学，师从世界著名建筑师赖特（Frank Lloyd Wright）。新中国成立前夕，携夫人马思瑶返回祖国，通过中共地下党组织辗转香港、朝鲜抵达大连，是东北解放区迎来的第一批留美学子，从此便献身于新中国的建筑事业和建筑教育事业。1949年至1956年任大连工学院教授。任该校基建处副处长期间，主持建校工程，建成大连工学院一馆、二馆、水利馆、机械馆、教工宿舍等校园主要建筑。1957 年应邀到清华大学建筑系执教，担任建筑系副系主任。1959 年出任学校土建综合设计院首任院长兼总建筑师，是第八至十届校工会副主席。1979 年率中国建筑教育代表团赴美访问。1980 年出任我国高校出版的第一份建筑学专业学术期刊《世界建筑》杂志社社长。1984 年创建深圳大学建筑系、建筑设计院，并创办《世界建筑导报》。1985 年起兼任大连工学院教授。是中国建筑学会第四、五届理事，第六至第十届名誉理事。

20 世纪 40 年代主持设计了南京张群住宅、馥记大楼等工程。1958 年参与国庆工程设计，是北京市国庆工程设计领导小组成员。理论方面，长年潜心于西方现代建筑理论、中国近代建筑历史、建筑设计方法论、现代建筑美学等诸多领域的研究，是中国近代建筑史研究的奠基人。在清华大学率先开设"现代建筑引论"课程，主编有 12 册的《建筑理论译文丛书》。"文化大革命"后成为我国第一批建筑学专业的博士生导师。1985 年发起召开的中国近代建筑史研究座谈会拉开了中国近代建筑史研究进入新时期的序幕。主持召开了 6 次中国近代建筑史研究讨论会，并与日本东京大学合作完成了中国 16 个主要城市的近代建筑普查工作，主编的《中国近代建筑总览》获建设部 1998 年科技进步二等奖。

汪家镠（1929 年—　　）女，浙江平湖人。1946 年在上海南济女中加入中国共产党。1946 年至 1950 年在北京大学教育系学习。曾任北大南系地下党总支委员、文学院支部书记、北大地下盟总支副书记、书记。1949 年任北大团总支书记、北大团委书记。1950 年至 1966 年任团北京市委大学部部长、团市委副书记。1972 年至 1977 年任北京缝纫机厂党委书记、日用品联合总厂党委副书记、北京市知青办公室副主任。1977 年调入清华大学任党委副书记，分管落实干部政策、学生政治思想工作、党委机关工作，取得显著成效。坚持把德育放在首位，指导团委开展"学雷锋树新风"活动，总结推广化 72 班"从我做起，从现在做起""胸怀四化，奋发学习"的经验，并对政治辅导员队伍建设和落实干部政策等作了许多重要工作。1981 年起历任北京市委常委、市委教育工作部部长、市委副书记，兼高校工委书记、北大党委书记、中共中央党校副校长等职。在中共第十二次和第十三次全国代表大会上均当选为中央候补委员，在十四大当选为中央委员。是第九届全国人大常委。

汪健君（1903 年—1999 年）又名振武，广西桂林人。1925 年在清华学校招考处、教务处工作，曾任事务员。1937 年抗日战争全面爆发，学校南迁，受学校委派护送清华档案 110 箱到天津英租界并负责保管。1941 年日军进驻天津英租界后，与学校中断联系。1945 年抗日战争胜利，将这批档案全部安全押送回校，为保护学校珍贵历史档案作出了重大贡献。1957 年从教务处调到校图书馆工作，负责外文书刊交换。努力开辟对外交换渠道，增加外文资料来源，为图书馆馆藏建设作出了贡献。退休后，将家中珍藏古籍一千册赠送给清华图书馆，并将因此而获得的奖金千元捐赠给清华校友会，获得广泛赞扬。

汪劲松（1964 年—　　）四川万县人。教授。中共党员。1981 年进入清华大学精密仪器系学习，分别于 1986 年、1988 年、1991 年获得学士学位、硕士学位、博士学位。1990 年起先后担任清华大学精密仪器与机械学系研究生工作组组长、教研室主任、研究所所长。1998 年任精密仪器与机械学系副主任、教务处处长，1999 年任机械学院副院长，2000 年任精密仪器与机械学系主任，2001 年任教务处处长，2003 年任教务长兼研究生院副院长。2004 年任清华大学党委常委、副校长兼教务长，2005 年兼任研究生院院长。2009 年起任电子科技大学校长。是教育部首届"长江学者奖励计划"特聘教授。

在担任清华大学副校长期间，曾分管本科生培养、研究生培养、继续教育、学术支撑体系建设等相关工作。长期致力于先进制造装备及技术、数控系统、现代集成制造、特种移动机器人等方面的研究，是国家"863"计划机器人技术主题专家和科技部国家工程技术研究中心综合评审专家。作为项目负责人和主要完成人先后承担了近40项科研项目，发表论文200余篇。曾获教育部科技进步一等奖1项，二等奖2项，第三届GM中国科技成就二等奖。是国家首批"百、千、万"人才工程第一、二层人选。获北京市"五四青年奖章"，第七届中国青年科技奖，2008年中国机械工业科学技术（发明类）一等奖，2005年、2009年国家教学成果一等奖等。享受国务院政府特殊津贴。

王　森（1932年—1998年）辽宁辽中人。研究员。中共党员。1950年至1953年在清华大学电机工程系学习，毕业后留校在该系发电教研组任教。1962年至1966年在校攻读在职研究生。曾任发电教研组的科学秘书，电机系主管教学的副系主任、党总支委员。1975年起在教改组、教务处工作，历任教务处副处长、处长，对提高本科的教学质量、保持和发扬清华的优良学风做了许多工作，对教学有较深入的研究。

1983年至1993年任自动化系系主任，坚持把培养高质量的人才放在首位，重视提高教学质量，积极推动系重点学科的建设。1989年自动化系获国家教委教学成果特等奖2项，1991年自动化系两个二级学科被评为全国第一批工科重点学科，并名列第一。重视新学科的成长，在吴澄等教授的建议和带领推动下，王森和系领导班子协调落实，创造条件，通过学校的大力支持和全系的共同努力，使CIMS新学科的成立和发展能走在全国的前面，为后来CIMS新学科取得世界瞩目的成就争取到了宝贵的时间和机遇。重视学生的全面发展，非常关心学生的文体活动和科技活动，学生工作取得的成绩他都直接给予充分肯定。全校运动会上自动化系曾连续多届名列前茅，夺得冠军杯（"马约翰杯"），对激励自动化系全系的精神面貌，推动学生树立自信自强自立精神，为系争光的集体团队精神，在全校力争精神文明优秀方面都起到了促进和推动作用。王森深受学生的欢迎和爱戴。

1995年退休后从事教育研究工作和兼管协调自动化系部分产业工作。

王　洲（1931年—　）海南文昌人。教授。1960年毕业于巴黎大学理学院。1964年获巴黎国立工业技术学校热能工程学位，1965年获巴黎大学博士学位。留法期间，历任法国热能工业研究中心热机部主任、科学顾问、快堆核电集团高级工程师。1982年回国，任教于清华大学热能工程系。曾任液态金属技术实验室主任。博士生导师。兼任中国原子能科学研究院研究员，快中子堆技术委员会主任，国家科委"863"计划能源领域专家组顾问，第七、八届全国政协委员，欧美同学会副会长，中国核学会核能动力学会常务理事，《核动力工程》及《核科学与工程》编委。

长期工作在核能工业领域从事快中子反应堆技术的研究与发展，擅长核反应堆热工水力及气液两相流技术的应用与研究。1985年撰写《池型快中子钠冷反应堆核电站》向国家建议将快堆列入国家计划。在他的参与及努力推动下，快堆项目被纳入国家"863"计划，中国实验快堆工程于1995年立项。参加了中国快堆研究中心的建立，积极参加及指导中国实验快堆的预研、设计及建堆的工作。2010年完成我国第一座"试验快中子堆"建设任务。为解决快堆中的钠水反应事故的安全问题，建立了液态金属技术实验室及钠试验回路，带领同事首次在国内研制成功扩散式氢计探测系统，经鉴定达到国际先进水平，获国家教委科技进步奖。在两相流研究方面，1985年建立了气液两相流试验台架，紧密结合我国的快堆工程及海洋石油开采中两相流输送技术的需要，开展油气输送技术及气液两相界面密度测量技术的研究工作。培养博士生7名、硕士生10名。主要撰写及发表的论文有《池型快中子堆核电站》《快堆环形间隙自然对流的研究》《低含气量两相临界流动的研究》《钠水反应引起压力波传播的研究》《快堆钠中微氢探测技术的研究》《快堆堆芯熔化探测及其传播的机理》《快中子堆启堆试验》《快堆瞬发超临界的固有安全性》《气液两相塞状流模型》《双探针测量气液界面密度方法的研究》等。1993 年获国家科委颁发的"863"计划作出突出贡献荣誉证书，并获全国侨联十年规划先进个人及爱国奉献奖章。

王保树（1941 年—　）河北任丘人。研究员，教授。1964 年毕业于北京政法学院，同年到北京市委研究室工作。1979 年初任职于中国社会科学院法学研究所，研究商法和经济法。曾任副所长、《法学研究》主编。博士生导师。1998 年起任职于清华大学法学院。任法学院复建后首任院长、商法研究中心主任等。兼任中国法学会商法学研究会会长、中国法学会学术委员会委员等职。

讲授"商法""经济法"，重视学生能力的培养，指导的博士生论文曾入选全国优秀博士学位论文。任院长期间，倡导"入主流，有特色"，强调学术研究与教学并重，坚持学术民主、学术开放。是改革开放后首批从事经济法研究和商法学奠基人之一，始终将学术研究与我国法治建设紧密结合，发表学术论文百余篇，独著或合著 20 余部。《经济法》《商法总论》《商法的改革与变动的经济法》等著作在商法基础理论架构、商事一般规则立法与作用、公司法改革、经济法调整对象的社会公共性、反对行政垄断等问题上提出了有创新价值的理论，为加强法治建设和相关学科建设做出突出贡献。作为中国法学会商法学研究会的创始人及会长，多年致力于推动商法学科的发展，促进学术对话，使商法学成为法学发展中最迅速的二级学科之一。重视立法实践。先后被聘为民法起草工作九人小组成员、公司法修改顾问小组成员。组织并任主编的《中国公司法修改草案建议稿》对 2005 年公司法修改产生了重大影响。1997 年获国家级有突出贡献中青年专家称号。

王补宣（1922 年—　）江苏无锡人。教授，中国科学院院士。中共党员。1943 年毕业于西南联合大学机械工程学系，1949 年获美国普渡大学机械工程硕士学位。回国后任教于北京大学。1952 年到清华大学任教。历任动力机械系和热能工程系副主任、校务委员会委员、热能工程与热物理研究所所长。历任国务院学位委员会学科评议组成员，国家教委高等学校工科基础课热工课程指导委员会主任委员，中国工程热物理学会副理事长、理事长，中国太阳能学会理事长、国际太阳能学会中国组主席，国际传热传质中心执委和学术委员，国际传热大会中国理事。

长期从事热工学教学和工程热物理研究工作。20 世纪 50 年代组建了清华大学热工学教研组并任主任，创建我国最早的热工学实验室，创办全国首个工程热物理本科专业，1959 年在国内率先招收热力学与传热学三年制研究生。80 年代带领工程热物理学科点，首批取得博士点资格，两次被评为名列榜首的重点学科点，带出该学科的第一位、第二位国内博士，指导培养博士生 35 名、硕士生 16 名，组建清华大学动力机械与工程热物理博士后流动站。从事的基础研究涉及对流传热、多孔介质的传热传质过程、热物理性质、测试技术、生物传热、能源规划和太阳能利用等，尤其在流动沸腾换热和多孔介质中热、质输运方面作出突出贡献，获得国家自然科学三等奖、教育部自然科学一等奖和国家教委科技进步一等奖。曾获全球能源学会"人类利用能源"大奖、何梁何利科技进步奖、亚洲热物性大会终身成就奖。著有《热力学》《工程传热传质学》《热工学》，译有《传热学基础》等书。1985 年起主持召开了七届北京国际传热会议、三届亚洲热物性大会和 1986 年北京太阳能和风能利用国际会议。

王崇愚（1932 年—　）北京人。教授，中国科学院院士。1950 年考入北洋大学，院系调整

后于 1953 年转入清华大学学习，1954 年毕业于北京科技大学金属学专业，被分配至钢铁研究总院。1999 年调至清华大学物理系工作并一直任钢铁研究总院教授。2007 年及 2008 年任日本东北大学访问教授。

主要从事材料缺陷电子结构的第一原理计算及相关基础性研究，提出并发展多尺度跨层次序列算法及协同算法，建立和构造相应的理论研究框架以及缺陷能量学表述和处理模式，开展材料科学原子学模型研究以及复合缺陷体系电子结构、能量学和热力学研究。在金属合金电子结构与宏观物性相关机制的研究中强调杂质缺陷复合体量子效应，揭示轻杂质及过渡元素微观作用机制及可能的宏观效应，探索材料微观结构与宏观物性多尺度跨越算法及相关机制。先后在材料科学及电子结构研究方面获国家发明奖 2 项、全国科学大会奖 2 项及部级科学技术进步奖 5 项，合作出版学术著作 3 部，1988 年以来发表论文 180 余篇（SCI 收录）。

王大中（1935 年—   ）河北昌黎人。研究员，中国科学院院士。中共党员。1958 年毕业于清华大学工程物理系，留校工作。1961 年至 1962 年为工程物理系的在职研究生。1981 年至 1982 年在联邦德国于利希研究中心进修，在德国亚琛大学获自然科学博士学位。历任反应堆教研组党支部书记，总体设计室主任，核能研究所副所长、所长，核能技术设计研究院院长兼总工程师，校务委员会副主任等。博士生导师。1994 年至 2003 年任清华大学校长。曾任国务院学位委员会委员、中国科学院技术科学学部主任、国家核安全专家委员会副主任、中国核学会副理事长，北京市人大常务委员会副主任、全国政协常委。现任清华大学校务委员会名誉主任。

长期从事先进核能科学技术研究与发展。20 世纪 60 年代初曾参加研究与建造由我国自主设计的清华大学屏蔽试验反应堆，并参与创建清华核能研究基地。80 年代以来主持领导低温核供热堆研究与发展，1989 年主持领导设计与研制成功世界上首座一体化壳式 5 兆瓦核供热堆，在我国开创了核能供热应用新领域。1987 年至 1993 年担任国家"863"计划能源领域首届专家委员会首席科学家。2000 年主持领导研究、设计与建成世界上首座模块式 10 兆瓦高温气冷堆。2003 年至 2005 年，担任国家中长期科学和技术发展规划（2006—2020 年）中能源、资源及海洋领域专家组组长，完成相关领域的科技发展规划。

任校长其间，与学校党政领导班子一道，确立了将清华大学建设成为世界一流大学的办学目标，提出了"综合性、研究型、开放式"的总体办学思路，拟定了"三个九年，分三步走"的总体发展战略，为清华大学在 21 世纪跻身世界一流大学行列奠定了基础。

获国家科技进步一等奖 2 项，国家技术发明二等奖 1 项，国家教学成果特等奖 1 项以及何梁何利科技进步奖等。曾获全国"五一劳动奖章"、全国优秀科技工作者、全国先进工作者称号。此外，曾获香港大学、香港浸会大学、澳门大学、日本早稻田大学及法国巴黎中央大学授予的名誉博士学位。

王德荣（1908 年—1982 年）江苏无锡人。教授。1932 年毕业于交通大学土木系。1935 考取庚款公费留英生。1937 年获帝国理工学院硕士学位，同年回国，任教于清华大学。1940 年任西南联合大学航空工程学系主任，后任清华大学航空工程学系主任。在西南联合大学和清华航空工程学系期间，讲授"飞机结构""飞机材料""高等飞机结构""机架试验"等课程，撰写了《端变位法》《不连续性之连续梁之力矩分布解法》等论文，为航空系的建设作出重要贡献。1952 年后，历任北京航空学院教授、系主任，中国航空学会理事，中国力学学会常务理事，北京市力学学会理事长。致力于飞行器结构力学的教学与研究工作。曾主持发动机涡轮轴应力分析及有限元分析和应用的研究，并获得成果。撰有《小展弦比机翼的位移分析》《加劲筒形壳体的极限载荷》

等论文。

王鼎兴（1937 年—　）江苏吴江人。教授。中共党员。1959 年毕业于清华大学自动控制系，留校任教。曾任计算机科学与技术系主任、信息科学技术学院副院长、校专业技术职称评审委员会副主任，国家"863"计划智能计算机专家组成员、副组长，国家智能计算机研究开发中心副主任。还曾任中国计算机学会常务理事，*Chinese Journal of Electronics* 副主编，《电子学报》常务编委，《软件学报》和《计算机研究与发展》编委，欧洲 Esprit 计划长期研究项目评审员，国际学术会议 IJCAI'95、ISPAN'97、HPC'98 的 Advisory、Steering 和 Program Committee 委员，以及北京航空航天大学、南京大学等高校国家重点实验室学术委员会副主任和委员等职。

长期从事计算机体系结构的教学科研工作，已培养博士生 26 名、硕士生 32 名，对分布计算、并行处理、机群计算及其应用做过系统的研究。曾主持或参加完成国家攻关、"863"计划、国防预研、国家自然科学基金以及国际合作等项目共 20 余项。主持完成的"可扩展并行机群系统""并行图归约智能工作站"等项目被鉴定为达到国际先进或领先水平，在涿州物探局等单位推广效益良好。曾获国家科技进步二等奖 1 项、国家教委科技进步二等奖 4 项、北京市科技进步二等奖 1 项、光华基金二等奖 1 项。2001 年受到科技部表彰，被认为"为国家'863'计划的组织和实施作出了重要贡献"。合作出版《逻辑程序设计语言及其实现技术》《互连网络结构分析》《并行处理计算机结构》等著作，后者曾获电子工业部优秀教材一等奖。在国内外学术期刊和学术会议上发表论文 100 余篇。

王凤生（1940 年—　）吉林农安人。中共党员。1958 年入清华大学水利工程系学习。1964 年毕业并留校工作。曾担任水利工程系教学、科研工作及校后勤党总支办公室工作。1978 年任水利工程系党委委员、常委、学生工作组组长。第六、七、八届校党委委员、常委。1982 年任校党委学生工作部部长。1984 年任校党委副书记，分管学生工作。1986 年曾在北京大学哲学系教师进修班进修哲学。1987 年兼任党委宣传部部长、校文科工作委员会副主任。1989 年兼宣传教育处处长。1990 年任清华党校副校长、思想理论工作组副组长、党委职工工作组组长。1991 年任美育委员会主任委员。任清华大学党委副书记期间，分管学生思想教育、宣传、职工、美育等工作。坚持把德育放在首位，善于引导，宣传马列主义理论及党的路线、方针、政策，取得明显成效。曾被表彰为校先进工作者、校教学优良工作者及表现优秀的共产党员。

1991 年调离清华，历任北京电影学院党委书记、院务委员会主任、院长。社会兼职有：中国青年思想教育研究中心研究报告员、中国延安精神研究会理事、北京高等学校德育研究会副会长、北京高校党的建设研究会常务理事、北京市教育系统关心下一代工作委员会委员，受聘国家电影审查委员会委员、中国影视音像交流协会副会长、中国高等院校电影电视学会名誉会长、中国老教授协会副会长等。北京市第七、八次党代会代表。享受国务院政府特殊津贴。

王光谦（1962 年—　）河南镇平人。研究员，中国科学院院士。民盟盟员。1982 年毕业于武汉水利电力学院治河工程系，1985 年、1989 年先后在清华大学获硕士学位、博士学位。1990 年至 1992 年在中国科学院力学研究所做博士后，出站后到清华大学水利水电工程系工作。历任清华大学泥沙研究室主任、河流所所长、水沙科学教育部重点实验室主任、水沙科学与水利水电工程国家重点实验室主任。第九届全国政协委员，第十、十一届全国政协常委。

主要从事泥沙学科与江河治理研究工作，开展了水沙两相流基本理论、流域水沙过程动力学模型及工程应用等方面研究。建立了水沙两相流的动力学模型，得出泥沙颗粒浓度分布及速度分布公式，揭示了泥沙颗粒运动与清水湍流的不同特性。建立了流域泥沙动力学模型，实现了河道与流域过程的耦合，将泥沙研究从河流拓展到流域尺度。研究成果应用于解决黄河治理及长江三峡泥沙等关键技术问题。关于长江三峡大江截流的研究成果获得国家科技进步一等奖，关于黄河治理研究的成果获得国家科技进步二等奖2项。2007年在第十届国际河流泥沙会议上获得WAS-ER（世界泥沙研究协会）颁发的优秀论文奖。获得2007年度ISEIS（国际环境信息系统学会）个人成就奖。发表论文260余篇，出版专著5部，获得第二届政府出版图书奖。

王国周（1919年—2008年）河北玉田人。教授。1942年西南联合大学土木工程学系毕业，留校任教。1944年起先后在昆明滇缅公路油管工程处、美国伊利铁路及北平平津铁路局工作。1948年回清华大学土木工程学系任教。曾任公路教研组主任、土木与环境工程系主任、校学位评定委员会委员兼系学位评定委员会主席。曾兼任数届中国钢结构协会副会长、钢结构协会结构稳定与疲劳协会理事长、中国建筑金属结构协会副会长，《钢结构》杂志编委会、《建筑结构学报》编委会、《工程结构》教材编审委员会的副主任等职。

从教四十余年，20世纪五六十年代，主持翻译出版苏联的《钢结构讲义》，参加翻译总校并出版《金属结构》，介绍了钢结构按极限状态设计计算的先进原理并将其引入教学内容；进行了二次变截面钢柱计算长度并主持了钢结构焊缝及铆钉连接的强度及其匀质系数研究；主持了长江三峡水利枢纽升船机结构的研究设计。20世纪70年代主持了高强度螺栓及其连接的研究，为该项技术应用和编制钢结构有关规范提供了依据。80年代主持了残余应力测定及其对钢结构构件承载能力影响以及钢框架考虑节点域的静动力弹塑性分析的研究。参加《钢结构设计规范》两个版本的编制工作，为主要起草人之一。该项目先后获国家计委优秀国家规范二等奖、冶金工业部科技进步一等奖和国家科技进步三等奖。参加编写《中国大百科全书》（土木工程卷），合编出版《轻型钢屋盖结构》《钢结构：原理与设计》，指导研究生13名。享受国务院政府特殊津贴。

王亥臣（1918年—2002年）河北新城人。中共党员。1933年后在北京雅兴铁工厂、长辛店铁路修车厂、电车公司修车厂等单位工作。1949年后在北京市工业局新建铁厂、人民机器厂工作。1951年起到清华大学机械工程学系金工厂、设备工厂工作。1979年至1982年被聘为校学术委员会委员。是北京市海淀区人大代表。

长期以来刻苦钻研技术，实践经验丰富，先后解决了一系列科研项目的关键件加工。1963年至1965年间，在校设备制造厂和其他技术人员一起解决了核能研究所试验反应堆关键设备的加工任务，包括元件盒外的全部反应堆芯部分、控制堆芯部分的AP传动和PP传动、监测部分的电离室、反应堆大厅1—7号洞（主要部分等）的关键部件的加工。20世纪五六十年代，多次受到国家、北京市及学校的表彰。1959年曾列席参加全国工业、交通运输、基本建设、财贸方面社会主义建设先进集体和先进生产者代表大会。1964年被评为北京市五好职工。1984年获北京市高教局、市教育工会颁发的"为教育事业辛勤工作30年"表彰奖励。

王汉斌（1925年—　）福建惠安人。1941年加入中国共产党。1941年至1942年在缅甸仰光华侨中学学习，并任缅甸华侨战时工作队队员。1942年至1946年在西南联合大学历史学系学习，获文学学士学位，并任"民青"第一支部委员、地下党第一支部委员。1945年参与组织"一二·一"学生爱国民主运动。1946年至1947年在北平《平明日报》社任编辑，负责领导清华大学、北平师范大学等校地下党工作。1948年至1949年任北平地下党学委委员、大学委员会书记。1949年至1958年任共青团北京市委大学部部长，中共北京市委政治秘书，市委政策研究室组长、副主任，市委第二办公室主任，市委候补委员。1958年至1966年任北京市委副秘书长。1966年至1975年在"文化大革命"中受冲击，曾下放劳动。1975年至1977年任北京市冶金机械厂革委会副主任。1977 年后历任中国科学院政策研究室负责人，第五届全国人大常委会法制委员会副秘书长兼办公室主任，法制委员会副主任兼秘书长、机关党组副书记，中央政法委员会副秘书长，宪法修改委员会副秘书长，人大常委会副秘书长。1983 年至 1988 年任第六届全国人大常委会秘书长、机关党组书记，全国人大常委会法制工作委员会主任，香港特别行政区基本法起草委员会副主任委员。1988 年起历任第七届全国人大常委会副委员长、全国人大法律委员会主任委员、全国人大常委会法制工作委员会主任、全国人大常委会党组成员，澳门特别行政区基本法起草委员会副主任委员，第八届全国人大常委会副委员长、党组副书记，香港特别行政区筹委会副主任委员，中国法学会名誉会长。中共第十二至十四届中央委员，第十四届中央政治局候补委员。

王汉臣（1909 年—　　）河北三河人。中共党员。曾任西南联合大学工人，清华园解放后一直担任化学馆的清洁卫生、服务工作。退休后，继续承担夜间值班保卫工作，直至 1993 年。四十多年间，以化学馆为家，认真为教师学生服务。每天晚上都要把化学馆的门窗检查一遍，发现和消除安全隐患。化学馆危险品多，化学实验频繁，但从未出现过大的事故。1952 年 6 月 16 日在巡逻时，发现了一起因学生粗心、离开实验室时忘了关电门所引起的失火，及时扑灭，火势未致蔓延，受到校务委员会通报表扬。连续多年被评为校系先进工作者，优秀共产党员。对工作极端的责任感和对教育事业的一片赤诚曾感染教育了一代又一代学子，是清华大学模范的后勤服务人员。曾出席 1960 年北京市教育和文化、卫生、体育、新闻方面社会主义建设先进单位和先进工作者代表大会。

王经瑾（1933 年—　　）安徽歙县人。教授。1956 年毕业于清华大学无线电工程系，同年调入工程物理系任教，历任核电子学实验室主任、教研组主任、工程物理研究所所长、核仪器与应用核技术研究中心主任。博士生导师。多年担任中国核仪器行业协会副理事长，核电子学与探测技术学会副主任委员、核电子学专业学组组长，IEC 第 45 技术委员会第十工作组中国代表，北京市第七至九届人大代表。

长期从事核电子学教学和辐射信息获取与处理研究工作。创建粒子技术与辐射成像国家专业实验室和三院系联合的清华大学核仪器与应用核技术研究中心，担任重点学科博士点负责人。主编的《核电子学》获核工业部优秀教材特等奖、教委优秀教材奖，主讲的"核电子学"成为清华大学首批三门一类课程之一。20 世纪 70 年代研制成功 8192 道谱仪模数变换器和参加研究 4096 道多道分析器，获全国科学大会奖。"八五"期间作为项目负责人和攻关核心组组长完成"大型集装箱检测技术研究"被评为国家"八五"科技攻关重大成果。90 年代以来从事纳秒辐射成像、高速旋转物体断层成像、新型多道谱仪、X 射线立体成像和背散射成像研究；参加美国、德国高能物理探测器和前端电路的国际合作研究。曾被评为全国优秀教育工作者，1981 年被评为北京市劳动模范，1988 年获国家级有突出贡献中青年专家称号，1991 年获北京市和全国五一劳动奖章。

王明贞（1906 年—2010 年）女，江苏吴县人。教授。1930 年北平燕京大学物理系毕业，1932 年获该校硕士学位，1942 年获得美国密歇根大学哲学博士学位，随后在美国麻省理工学院雷达实验室任副研究员。1947 年至 1949 年任云南大学教授，1949 年至 1952 年任美国 Notre Dame 大学副研究员。经过长期斗争，在周总理的直接关怀下于 1955 年回到祖国。1957 年起一直在清华大学物理教研组任教，其间于 1968 年至 1973 年曾受江青迫害入狱。

是中国最早的女物理学家之一。早年师从美国著名物理学家 G. E. Uhlenbeck 教授，1945 年他们合作的有关布朗运动理论的论文《布朗运动的理论 II》，至今一直作为了解布朗运动的最主要文献之一。1950 年 G. E. Uhlenbeck 等编写的《阈信号》（即"雷达实验室丛书"第 24 卷）一书中第十三章及该书的所有计算及理论章节都是由王明贞完成的。为清华大学刚建立的工程物理系学生开设"统计物理与热力学"课程，为力学系开设"非均匀气体的数学理论"课程，订出详细的教学大纲，认真搞好教学，组织、指导青年教师进修，为教师开设"高级统计力学"课程，提高理论水平，为提高当时物理教学水平，培养我国第一批青年工程物理学家作出贡献。2008 年入选由全国妇联和中国外文局联合主办的大型画册《巾帼风采》。

王明旨（1944 年—　　）辽宁昌图人。教授。中共党员。1962 年考入中央工艺美术学院，1967 年毕业，1969 年下厂劳动锻炼，1973 年至 1978 年调广西壮族自治区工艺美术研究所任设计师。1978 年考入中央工艺美术学院研究生班，1980 年研究生毕业，留校任教。1982 年至 1984 年赴日本筑波大学工业设计专业研修，回国后参与组建中央工艺美术学院工业设计系，历任系副主任、学院研究所副所长、院长助理等职。1990 年上半年受国家教委派遣赴日本多摩美术大学任客座研究员。1990 年任副院长，分管教学及科研工作。其间担任《装饰》杂志社社长。博士生导师。1997 年任中央工艺美术学院院长兼中国轻工管理干部学院院长。1999 年中央工艺美术学院并入清华大学成为清华大学美术学院，始任清华大学副校长兼清华大学美术学院院长。2004 年起任校务委员会副主任及校学位评定委员会副主席。先后任中国美术家协会副主席、中国科协第六届全国委员会委员、中国文联第八届全国委员会委员、北京市政府工业设计顾问、中国工业设计协会副理事长、北京工业设计促进会副会长、中国美协工业设计艺术委员会主任、全国自学考艺术类专业委员会主任等职。

长期从事工业设计专业的教育及研究工作，曾发表《工业设计的未来》《艺术设计的民族化》等论文及《工业设计概论》《产品设计》等专著。已培养博士生 10 名。长期致力于艺术设计类专业院校的管理工作，努力推进我国艺术设计教育的改革创新发展，在艺术设计教学、学科建设及设计研究和促进我国艺术设计发展方面做出了重要贡献。

王思敬（1934 年—　　）安徽巢湖人。教授，中国工程院院士。1959 年毕业于苏联莫斯科地质勘探学院，1963 年获苏联地质矿物科学副博士学位。1963 年以来在中国科学院地质研究所工作，1987 年至 1995 年任所长。曾任中国工程院能源与矿业工程学部主任及中国工程院主席团成员。2002 年受聘为清华大学水利水电工程系教授。历任国际发展地球科学家协会理事长、国际工程地质学与环境学会理事长、中国岩石力学与工程学会理事长等职。现任地质灾害防治与环境保护国家重点实验室与中国科学院工程地质力学重点实验室学术委员会主任，《工程地质学报》主编，曾任《国际工程地质学报（*Engineering Geology*）》《中国科学》《科学通报》《国际岩土工程测试学报（*Geotechnical Testing Journal*）》等杂志编委。

致力于地质与力学、地质与工程相结合的研究，为发展岩体结构理论、探讨工程与岩体的相互作用过程，创建工程地质力学领域做出贡献。研究地质环境及地质灾害的地球表层圈相互作用和动力过程，及人类工程活动和地质环境的相互作用和制约，开拓了环境工程地质学领域。探讨和提出了极端地质灾害和风险的科学命题。参加并指导长江三峡工程、黄河小浪底，以及雅砻江、澜沧江、红水河、金沙江上多座大型水电站，云南、贵州等地高速公路道桥项目，金川镍矿开采以及地下核爆炸与工程防护等重大工程的研究与咨询。获国家自然科学三等奖和中国科学院成果一等奖等多项奖励。1987 年被授予国家级有突出贡献中青年专家称号。获得香港大学及香港理工大学杰出学者及名誉教授称号，获东南亚岩土工程学会卓越贡献奖、里昂"市长学术奖章"、法兰西科学家棕榈骑士勋爵爵位以及国际工程地质与环境学会最高学术成就奖——Hans Cloos Medal。培养博士生 76 名，指导博士后 10 名，在国内外发表论著 150 余篇，出版《地下工程岩体稳定分析》《坝基岩体工程地质力学分析》《区域战略发展中地质环境研究》等专著。

王维城（1936 年—　　）河北徐水人。教授。民盟盟员。1961 年毕业于清华大学动力机械系，留校任教。1983 年赴日本九州大学进修一年，1988 年获日本九州大学工学（论文）博士学位。历任民盟清华大学委员会主委、民盟北京市委主委、民盟中央副主席。还历任校专业技术职务评审委员会委员、校务委员会委员，国家教委特约督导员（国家督学），北京市第十一、十二届人大常委会副主任，第十届全国人大常委、全国人大环境与资源保护委员会委员，北京节能环保促进会会长。

长期从事传热学的教学与科研工作，获清华大学教学工作优秀成果奖。科研方向为汽液相变换热机理及其传热增强的研究。提出用绕线强化水平管外凝结换热的方法，获国家发明专利（1985 年我国首批专利）。之后，走厂校结合的道路，把科研成果转化生产力，研究开发出 DAC 高效冷凝传热管、DAE 高效蒸发传热管，获清华大学科研成果经济效益显著奖，河北省科技进步二等奖，为我国制冷空调行业热交换器的更新换代作出贡献。继而研究微重力下气液两相流流型转换的通用关系式，并进行了毛细抽吸两相流体回路（CPL）稳定性的实验研究，为大型航天器热控系统的设计服务。此外，还曾重点研究汽车尾气催化转化器内的非稳态温度场及其内部的对流换热机理，确定催化转化器内流动均匀性对起燃特性的影响，为改善汽车尾气对环境的污染服务。另外，还曾研究在过冷铝表面上结霜的机理，探索改善结霜的途径，为热泵供暖系统节能服务。发表科研学术论文百余篇。在担任全国人大环境与资源保护委员会委员期间，作为起草领导小组成员，直接参与我国《可再生能源法》的起草工作以及新《节约能源法》的修订工作。2008 年荣获世界生产力科学院（中国籍）院士的荣誉称号。

王维屏（1916 年—　　）天津人。教授。九三学社社员。1942 年毕业于西北师范学院体育系，获优秀毕业生最高荣誉奖。1943 年起任教于西南联合大学、清华大学。为当时著名的篮球运动员。长期从事体育教学和研究工作。1956 年被国际足联选拔为国际裁判，是我国首批国际裁判之一。同年代表我国参加了在南斯拉夫举行的国际足球裁判会议。1956 年受到毛泽东主席、周恩来总理和贺龙副总理的接见。1980 年起历任全国体育科学学会理事、全国体育专业教材编审委员会副主任、全国足球裁判委员会主任、亚洲足联裁判委员会委员、中华全国体育总会委员、中国足球协会副主席、北京市足球协会副主席、北京市体育史学会副主席、《北京地方志·体育志》评审委员等职。1985 年获全国优秀裁判员奖。1983 年至 1986 年任清华大学工会副主席及体育部部长，开创了清华教职工体育运动的新局面，受到北京市总工会的表扬。专著有《垒球的基本技术》《手榴弹投掷技术》。发表过《清华体育史》等十余篇论文。

王炜钰（1924 年—　　）女，福建闽侯人。教授。中共党员。1945 年毕业于北京大学建筑工程系，留校任教。1952 年到清华大学建筑系任教。是国家一级注册建筑师、资深室内建筑师。历任城建委员会委员、北京市妇联常委、中国建筑学会创作委员会顾问委员、圆明园委员会委员及室内设计学会资深室内设计师、中国建筑装饰协会咨询委员会专家组成员。为第十三届国际建筑协会代表大会中国代表，并参加该会理事会。是第三至五届全国人大代表、北京市第七至九届人大常委。

专于建筑设计和室内设计，曾参加的工程有：革命历史博物馆方案设计、天安门毛主席纪念堂方案及施工图设计、圆明园西洋楼万花阵复原设计、北京大观园宾馆设计、深圳大学规划与设计和珠海圆明新园西洋楼复原设计、泰安儿童乐园规划及设计、北京八一大厦阅兵大厅室内设计等。进行国家自然科学基金项目"亚洲建筑比较研究""东亚建筑理论与实践"的研究。著有

《现代室内设计的中国风》《北京圆明园的整治与保护的研究》《福建地方建筑的特色与风格》《中国建筑的个体与群体组合》等，合编《建筑画构图与技法》。发表论文多篇。在室内设计方面已实现的公共建筑厅堂室内设计的作品已有 30 余个，其中人民大会堂即有包括金色大厅、小礼堂、常委会会议大厅等在内的十几个厅堂已建成，并获得多个奖项，其中澳门厅和香港厅分别获得新西兰所设的国际室内设计大奖赛大奖。1960 年参加北京市教育和文化、卫生、体育、新闻方面社会主义建设先进单位和先进工作者代表大会。1989 年获评校优秀教师、教学工作一等奖。是校级先进工作者（多次）、全国三八红旗手、五条战线积极分子等。近年获中国装饰协会、中国室内设计协会、中国室内设计学会颁发的"特别荣誉奖""终身成就奖""突出贡献人士奖""终身杰出成就奖"和"功勋人物奖"等。

王先冲（1917 年—2007 年）安徽无为人。教授。1948 年加入中国共产党。1945 年毕业于西南联合大学电机工程学系，留校任教于清华大学无线电研究所、电机工程系。曾任电机工程系基本电工教研组主任。1955 年赴苏联莫斯科动力学院进修。曾任中国科学院电工学分组成员、中国电工技术学会理事兼理论电工专业委员会主任委员、中国计量测试学会常务理事兼电磁专业委员会主任委员、《中国大百科全书》（电工卷）编辑委员会委员兼电工基础分支主编。博士生导师。

长期从事电工理论及应用的教学和科研工作。提出了宏观磁化过程中磁黏滞性的表征参量及计算方法。指导研究生根据模拟相似理论，建成电网络模拟计算台，并用以分析电机中实心转子的涡流及其他参数。对建立我国电磁计量基准做出贡献。以他为第一完成人的"低频电磁场三维边值问题的分析和计算方法的研究"成果获 1990 年国家教委科技进步一等奖及 1991 年国家自然科学四等奖。指导博士生 3 名、硕士生 7 名。出版有《电磁场理论及应用》专著。撰有《分析电磁场中局部材料改变时的伴随场方法》《电磁场的广义能量及加权余量法》等论文多篇。

王先逵（1932 年—　）江苏南京人。教授。中共党员。1954 年大连工学院机械系毕业，同年进清华大学机械制造系研究生班学习，1956 年毕业并留校，先后在机械制造系、精密仪器与机械学系任教。曾任校专业教学委员会委员、系教学委员会主任、机械制造教研组副主任、全国高校机械制造专业教学指导委员会委员、全国高校机械加工自动化研究会副理事长、中国机械工程学会学术委员会委员、生产工程学会精密加工技术委员会副主任、电加工学会常务理事及学术委员会副主任、国家 CIMS 工程研究中心 CAD/CAM 研究室副主任等职。1991 年至 1992 年曾赴日本东北大学客座研究精密和超精密加工技术。博士生导师。

长期从事机械制造工艺、精密和超精密加工、计算机辅助制造及制造系统自动化等先进制造技术的教学和科研工作，是我国数控机床的最早参加者和主要完成人之一。主持完成了多项国家自然科学基金、国家五年计划、国家"863"计划等项目，其中有"计算机磁盘精密带式振动研抛机"（获 1991 年国家发明四等奖）、"磁盘高点检测和铲刮仪""集成化智能化计算机辅助工艺设计系统"和"基于大行程微进给机构的智能化中凸变椭圆活塞数控车床"（均获国家教委科技进步二等奖）、"金刚石微粉砂轮超精密磨削"以及"永磁交流直线电动机"等；作为主要完成人参与了"CIMS 实验工程"（获 1994 年国家教委科技进步一等奖）、"CIMS 实验系统的软件开发及信息集成"（获 1995 年国家科学技术委员会二等奖）以及"并行工程"（获 1999 教育部科技进步二等奖）等；近年来在非圆截面数控车削技术和直线电动机及其控制技术上卓有成效，在国内率先研制成功样机，对其发展有推动作用。出版著作有编著的《机械制造工艺学》[清华版]和《精密机械加工原理》[台湾高立版]，主编的《机械制造工艺学》[机工版]（获 1999 年国家机械工业局三等奖，为"十一五"国家级规划教材，国家级精品教材）、《机械加工工艺手册》第二版、

《现代制造技术手册》《精密和超精密加工技术》（为"十一五"国家级规划教材，获 2002 年全国普通高等学校优秀教材二等奖）、《实用精密加工技术手册》以及《计算机辅助制造》等，应用较广，影响较大。在国内外刊物和学术会议上发表论文 280 多篇。获国家发明专利 6 项。培养中外研究生 90 多名。享受国务院政府特殊津贴。

王小云（1966 年—   ）女，山东诸城人。教授。致公党党员。1993 年在山东大学获博士学位，毕业后留校任教。2005 年被聘为清华大学杨振宁讲座教授，同年获国家杰出青年科学基金，并被聘为教育部"长江学者奖励计划"特聘教授，2009 年担任清华大学密码理论与技术研究中心主任。任 ASIACRYPT 程序委员会联合主席、中国密码学会密码数学理论专业委员会主任、*Journal of Cryptology* 编委、中国密码学会副理事长。

主要从事密码理论与密码数学问题研究。在密码分析领域，提出并建立了 Hash 函数碰撞攻击的理论与技术，破解了 MD5、SHA-1 等国际主要 Hash 函数算法。Hash 函数是一类基础密码算法，MD5 由图灵奖获得者 Rivest 设计，SHA-1 由美国国家标准技术所 NIST 与安全局 NSA 设计，两算法是电子签名与数字证书的核心技术。在消息认证码（MAC）分析领域，提出了 MAC 算法 ALPHA-MAC、MD5-MAC 与 PELICAN 的子密钥恢复攻击以及 HMAC-MD5 的区分攻击思想。在密码设计领域，主持设计了 Hash 函数算法 SM3，被采纳为国家实用化算法。共发表论文 40 多篇，获国际密码会议 CRYPTO 2005、EUROCRYPT 2005 最佳论文奖，并且 MD5 破解的论文获得 2008 年汤姆森路透卓越研究奖（中国）。2010 年获苏步青应用数学奖、密码科技进步一等奖（省部级，排名第一），2008 年获国家自然科学二等奖（排名第一），2006 年获教育部高等学校科学技术奖自然科学一等奖（排名第一）、陈嘉庚科学奖、求是杰出科学家奖、中国青年女科学家奖和中国青年科学家提名奖，2002 年获密码科技进步一等奖（省部级，排名第一）。

王亚南（1901 年—1969 年）字渔邨，湖北黄冈人。教授，中国科学院院士。中共党员。1926 年毕业于武昌中华大学教育系。后赴日本、德国深造。毕生从事研究、介绍和宣传马克思主义经济理论。1933 年参加反对蒋介石的"福建事变"，任中华共和国人民革命政府文教委员。抗日战争时期积极参加抗日救亡运动。1938 年出版了与郭大力合译的《资本论》第一个中文全译本。曾任厦门大学法学院院长兼经济系主任。1949 年后任清华大学经济学系教授、厦门大学校长、福建省哲学社会科学联合会主任委员、福建省政协副主席。是第一至三届全国人大代表。1955 年选聘为中国科学院哲学社会科学部委员，并任常委。著有《中国半封建半殖民地经济形态研究》《中国官僚政治研究》《政治经济学史大纲》《〈资本论〉研究》等。

王英杰（1913 年—2001 年）天津人。教授。中共党员。1939 年毕业于南京体育专科学校。曾在云南省昆华体育师范学校、保山国立第一华侨中学任教。1942 年到西南联合大学任教，兼云南省立体育专科学校教务主任。1946 年后继续任教于清华大学，曾任体育教研室副主任。还历任中国高等教育学会体育研究会理事长、中国体育科学学会理事兼学校体育研究会副主任委员、中国体育发展战略研究会常委、中国田径协会委员兼裁判委员会副主任。长期从事体育理论、体质和田径运动训练的教学和研究。担任体育基础课和田径、篮球提高课，训练田径代表队的教学训练工作，任第一届全国运动会田径、自行车副总裁判长，参与编辑我国劳卫制徒手体操（四套）和第一、二、三套广播体操。著有《怎样练习长跑》《撑竿跳高》《跳绳、爬绳、引体向上、俯卧撑》等书，合作撰写《大学体育工作的几个指导思想》等论文。

王永志（1932 年—   ）辽宁昌图人。研究员，中国工程院院士。中共党员。1952 年考入清华大学航空工程学院（后即并入北航），1961 年毕业于莫斯科航空学院。历任中国运载火箭技术研究院副院长、院长，航空航天部科技委副主任暨运载火箭系列总设计师、地地火箭系列总设计师、中国载人航天工程总设计师、高级顾问。国际宇航科学院院士，俄罗斯宇航科学院外籍院士。2004 年起任清华大学航天航空学院院长。

我国载人航天工程的开创者之一和学术技术带头人。是"两弹一星"工程的重要技术骨干，为我国第一代战略火箭增大射程、提高实用性能解决了大量技术问题。曾任洲际战略火箭副总设计师、第二代液体战略火箭总设计师、固体战略火箭和地地战术火箭总设计师和研制总指挥，长征三号甲和长征二号 E 捆绑式运载火箭等型号总指挥，为制定长远发展途径，实现火箭技术更新换代和运载能力的重大突破作出重要贡献。历任"863"航天领域专家委员会成员，载人航天工程技术、经济可行性论证组组长，载人空间站工程实施方案编制专家组组长，制定并实践了工程发展蓝图。任工程总设计师达 14 年，主持了工程设计、研制 4 次无人飞行试验和神舟五号、六号载人航天飞行技术工作，在总体技术方案制订、提出各系统技术要求、关键技术攻关、重大问题处理等方面起到了关键作用，做了大量开创性工作，为实现中华民族飞天的历史性突破作出重要贡献。1978 年获全国科学大会奖，获国家科技进步特等奖、一等奖各 2 项，1999 年获解放军专业技术重大贡献奖，获 2003 年度国家最高科学技术奖。2005 年被授予"载人航天功勋科学家"荣誉称号。2010 年获小行星命名。

王玉明（1941 年—　）吉林梨树人。教授，中国工程院院士。中共党员。1965 年清华大学动力机械系燃气轮机专业六年制本科毕业。先后任职于一机部压缩机械研究所、二机部理化工程研究院、天津市机械密封件厂、天津克兰密封有限公司、天津鼎名密封有限公司、天津新技术产业园区管理委员会。2007 年起任清华大学精密仪器与机械学系教授，博士生导师。兼任教育部科学技术委员会副主任，中国机械工程学会理事，北京化工大学、浙江大学兼职教授。

长期从事危险性介质透平机械的非接触式密封装置及测控系统的研发，取得多项具有自主知识产权的成果并实现产业化。作为第一发明人和第一完成人获国家级和省部级科技奖 11 次，包括国家科技进步二等奖 1 项，国家技术发明二等奖和四等奖各 1 项；获中国发明专利 8 项，美国发明专利 2 项；在国内外发表论文 40 余篇。此外有两本诗集和一本影集出版发行。1992 年起享受国务院政府特殊津贴。

王兆霖（1917 年—　）福建闽侯人。教授。民盟盟员。1939 年毕业于交通大学唐山工程学院土木工程系。曾在环境卫生、水力发电、公路、铁路、机场等工程机构任职。1949 年后历任山西大学、北方交通大学、北京建筑专科学校的教授。1953 年起先后任教于清华大学土木工程系、热能工程系，曾任土木工程系暖气通风教研组主任。还曾任中国建筑学会建筑设备专业委员会副主任委员和国家科委建筑工程组煤气热力分组组长。

长期从事供热的研究和教学。参与创建"供热、供燃气与通风"专业，1954 年为动力机械系开出"热网学"新课程，1956 年参与全国"1956—1967 年科学规划"的制定工作。结合教学编成《燃气供应工程》等教材，并翻译《供暖工程》一书。1983 年起担任《中国大百科全书》（建筑卷）建筑设备组主编。1985 年主持国家"六五"攻关项目"提高热力网技术的研究"。在担任北京市人民政府集中供热专业顾问组副组长期间，完成了交议的一些重大技术问题的审议任务。

王照林（1928 年—　）山东掖县人。教授。中共党员。1953 年唐山交通大学毕业。1963 年莫斯科大学数学力学系研究生毕业，获副博士学位。1964 年起先后在清华大学工程力学数学系、精密仪器系、工程力学系任教，曾任一般力学研究室主任。博士生导师。还历任中国力学学会理事、中国力学学会一般力学专业委员会主任、中国自动化学会空间及运动体控制专业委员会副主任、中国宇航学会空间控制专业委员会委员、《力学学报》和《力学进展》编委、《宇航学报》和《非线性动力学学报》常务编委等职。

证明的 3 个定理开拓了陀螺相关非孤立系统的研究。推广了著名的 Chetaev 定理，并可应用于分析双自旋卫星的姿态稳定性。德国学者 P. Hagedorn 教授多次引用该定理。1990 年主持召开国际一般力学学术会议（ICDVC：动力学、振动与控制国际会议），并任大会主席。

主要研究方向有：复杂系统动力学与控制、充液航天器晃动动力学与控制、运动稳定性与卫星姿态动力学、大系统理论和现代应用力学等。已完成科研项目 30 多个。其中关于"复杂结构充液航天器晃动动力学与晃动抑制（控制）的研究"项目已用于我国大型充液地球同步通信卫星和气象卫星的控制系统和推进系统的设计，卫星已发射成功。"复杂结构充液航天器晃动动力学与晃动抑制的研究"等多项成果获国家科技进步奖和国家教委科技进步奖等 6 次。结合科研任务，在国内外学术刊物上发表《充液系统动力学与航天技术问题》等论文百余篇，撰写《现代控制理论基础》《运动稳定性及其应用》《充液系统动力学》专著 3 本，主编和参编著作 6 本，参译专著 1 本。为学生和青年教师讲授"基础数学""应用数学""理论力学""分析力学""运动稳定性""最优滤波""最优控制""航天动力学与控制"等十多门课程。培养硕士生 12 名、博士生 14 名，指导博士后 2 名，另有访问学者 5 名。

王志新（1953 年—　）江苏金坛人。研究员，教授，中国科学院院士。九三学社社员。1977 年毕业于清华大学化学工程系，留系任教；1988 年毕业于中国科学院生物物理研究所，获博士学位。1989 年至 1993 年先后在美国康奈尔大学和北达科他州立大学做博士后及访问学者。1993 年回国，曾任中国科学院生物物理研究所副所长、所长，生物大分子国家重点实验室主任。1999 年当选第三世界科学院院士。2003 年起任清华大学生物科学与技术系、生命科学学院教授。是第九至十一届全国政协委员，第九、十届中国生物化学与分子生物学会理事长。

从事科学研究工作三十余年，主要进行分子酶学、蛋白质化学及结构生物学研究，已在国内外重要学术刊物上发表研究论文八十余篇。将数学和生物学研究紧密结合，独树一帜，系统地研究和解决分子酶学和结构生物学中的一些重要问题；在不可逆抑制动力学，特别是酶活性不可逆抑制动力学理论和方法发展及推广应用方面作出了创造性的贡献。曾获 1990 年中国科学院自然科学一等奖、1993 年国家自然科学二等奖、第三届中国科学院青年科学家奖一等奖和第二届中国青年科学家奖。

王钟惠（1918 年—2008 年）山东黄县人。主任医师。中共党员。1944 年毕业于东京日本大学医学部，到长春铁路医院任医师。1948 年在北京私人开业兼任海关总署特约医师。1952 年到清华大学任医师。1964 年任内科副主任。1976 年后曾任校医院副院长。1988 年任校归侨联谊会副主席。曾历任海淀区卫生医药协会理事、国家教委体育卫生委员会理事、北京市高等学校卫生技术委员会副主任委员、国家教委卫生技术评审委员会委员等。主要从事医疗保健工作，积累了丰富经验。20 世纪 60 年代主要研究大学生中多发的结核病的防治工作，取得成效。80 年代后着重研究中老年知识分子中多发的糖尿病、心脏病的防治工作，亦取得成效。撰写了《糖尿病》《老年病》《怎样保护您的心脏》等著作。

王竹溪（1911 年—1984 年）湖北公安人。教授，中国科学院院士。九三学社社员，中共党员。1933 年毕业于清华大学物理学系，留校读研究生，1934 年考取清华大学公费留美生，1935 年研究生毕业后去英国剑桥大学留学，1938 年获博士学位。1938 年至 1946 年在昆明西南联合大学任教授。1946 年至 1952 年任清华大学物理学系教授，曾任系主任。1952 年起历任北京大学任

物理系教授、副校长。曾任中国科协委员、中国物理学会和中国计量测试学会副理事长，北京市政协常委。是第三届全国人大代表、第五届全国政协委员。1979年当选为九三学社中央副主席。

主要从事理论物理特别是热力学、统计物理学、数学物理等方面的教学和研究工作。早年在统计物理合作现象理论方面做过重要工作。在有序无序的统计力学理论方面将贝特理论作了重要推广，在热力学的理论研究方面作出了多方面的推广。一生培养了大批物理学家，为发展我国的物理学事业作出卓越的贡献。又为统一我国的物理学名词，发展计量工作作出贡献。还编纂了具有特色的《新部首字典》。主要著作有《热力学》《统计物理学导论》和《特殊函数概论》（合著）等。

王祖唐（1916年— ）浙江新昌人。教授。九三学社社员。1944年毕业于西南联合大学机械工程学系。1947年到清华大学任教。曾任清华大学机械工程系锻压教研组主任，中国机械工程学会锻压学会副理事长，北京市机械工程学会常务理事、锻压分会理事长等职。博士生导师。

长期从事锻压技术的教学及科研工作，发表《挤压硬铝时工艺条件对制品强度和粗晶环厚度的影响》《多层压配组合冷挤压凹模和高压容器的优化设计》《不同凹模型线的静液挤压的弹塑性有限元分析》《金属成型过程的新的上限解法》《金属塑性变形极限判据》等论文数十篇，对锻压生产技术的发展起到了促进作用。撰写的《轴承套圈冷挤组合模具设计》获1985年国家科技进步三等奖，《金属塑性成形理论研究》获1991年国家教委科技进步一等奖，《建筑铝型材挤压模具制作的研究》获1991年有色金属总公司（部级）科技进步二等奖。还获"提高高温超导线材电流密度""轴承环复合挤压工艺"等专利6项。1987年获北京市高校先进工作者奖。指导博士生18名、硕士生8名，为培养我国锻压技术人才作出了积极贡献。编著了《锻压工艺学》《金属塑性加工工步的力学分析》《金属塑性成形理论》等教材。离休后出版著作《全球化时代和马克思主义哲学》。

罗伯特·温德（Robert Winter）（1887年—1987年）生于美国印第安纳州。教授。毕业于美国沃巴希学院，获"全美优秀生"称号。继而获美国芝加哥大学硕士学位。后赴法留学攻读法国文学。回美后，历任西北大学、芝加哥大学教授，对法国文学、英国文学、英国语言史、语言学、莎士比亚、英国诗都有精深研究。1923年来中国任东南大学英文系主任、教授。1925年起到清华学校任教，教授外文。抗日战争期间任教于西南联合大学。1946年回到北平，继续执教于清华大学外国语文学系。1952年高校院系调整，到北京大学执教。前后在中国执教65年，讲授过"法文""英文""西洋文学史""现代西洋文学""文艺复兴时期文学""莎士比亚""英国诗"等课程。知识广博，诲人不倦，被誉为"活字典"。对我国高等教育、中西文化交流、增进中美人民友谊作出贡献。

温诗铸（1932年— ）江西丰城人。教授，中国科学院院士。中共党员。1955年清华大学机械制造系毕业，获优秀毕业生金质奖章，留校任教。历任机械制造系机械原理及机械零件教研组副主任、主任等职。1979年赴英国伦敦帝国理工学院客座研究摩擦学。1995年任摩擦学国家重点实验室主任。

长期从事机械设计与理论研究，在磨损控制与润滑工程领域做出系统的、创造性的贡献，其中对弹流润滑理论与应用作出重大贡献。在国际上率先提出以完全数值解为基础的分别考虑热效应、非稳态工况、润滑剂流变特性和粗糙表面的弹流理论，并由此导出普适性最高的润滑方程组，首次将各种实际因素全部纳入分析，建立了工程模型的弹流理论。还从理论和实验上首次揭示出以纳米厚度润滑膜为特征的超薄膜润滑的系统特性，提出物理模型及状态转化准则。此外，在润滑失效机理与纳米摩擦学以及微机械学等方面的研究中，也取得重大突破。出版学术著作有《摩擦学原理》共三版、《弹性流体动力润滑》《抗磨损设计》《纳米摩擦学》和《界面科学与技术》等 7 部，发表论文 600 余篇。获得省部级以上科技奖励 24 项，包括国家自然科学二等奖、国家技术发明三等奖、国家科学进步二等奖及全国优秀科技图书一等奖、二等奖。2002 年获何梁何利科技进步奖，2009 年获中国机械工程学会摩擦学分会最高成就奖。

温应星（1887 年—1968 年）字鹤孙，广东台山人。毕业于南洋公学，1904 年赴美留学，入弗吉尼亚兵工学校、西点陆军士官学校。回国后，历任两广督练公所研究员，沪军都督府参谋司次长，淞沪商埠督办公署总务处长。1913 年任孙中山秘书及广东军政府参谋次长。1922 年后任中东铁路警备队队长，奉系军阀保定军警执法处处长。1928 年 4 月至 6 月任清华学校校长。是1928 年奉系军阀进入北京时从保定军警执法处处长被派来任清华学校校长的，不到两个月，因国民政府控制北京，北洋军阀政府倒台，就此去职。1930 年后任国民政府财政部盐务缉私处处长、上海市公安局长、税警总团司令、陇海铁路东段警备司令、税警局局长，1946 年任立法院立法委员。

翁文灏（1889 年—1971 年）字咏霓，别名存璋，浙江鄞县人。教授。民革党员。1906 年就读于上海震旦学院。1912 年获比利时鲁汶大学科学博士学位，同年回国。之后任北京地质调查所所长。1927 年任中央研究院地质研究所研究员。1928 年任清华大学地理学系首任系主任，为该学系创建人之一。1931 年曾代理校长职务。1935 年后历任南京国民政府行政院秘书长，资源委员会主任委员，经济部长，行政院副院长、院长，总统府秘书长等职。1948 年寓居法国巴黎。1951 年拒绝美国的聘请，不顾国民党当局的阻拦，毅然回国。是中国科学社、中国工程师学会、中国地质学会、中国地理学会等早期学术团体的主要负责人或筹创者之一。是全国政协第二至四届委员，曾任民革中央常委。

长期领导全国的地质调查与科学研究事业。是我国地质学先驱，创立的燕山运动学说是中国构造运动中的重要篇章。是中国第一位地质学博士，组建了我国近代第一个地震台站和地震研究室。与丁文江等共同编制出我国第一部彩色等高线的地图册。创建我国第一个近代经济地质学化验室，对煤炭、石油、金属矿产等经济地质学的研究有重大贡献。长期从事地质学教育工作，为国家培养了一大批地质学人才。著有《中国矿产志略》《甘肃地质考》《地震》《锥指集》等。译有《层状岩石的层序》《石油矿床学》等。

吴　澄（1940 年—　）浙江桐乡人。教授，中国工程院院士。中共党员。1962 年毕业于清华大学电机工程系并继续深造，1966 年研究生毕业，留校任教。1981 年在美国 Case Western Reserve 大学系统与控制工程系作博士后，1983 年回清华大学自动化系任教。曾任自动化系党委副书记、副系主任，清华大学 CIMS 研究所所长，自动化科学与技术研究所副所长。博士生导师。曾任国家"863"计划自动化领域专家委员会委员、计算机集成制造系统（CIMS）主题专家组组长、国家"863"计划 CIMS 自动化领域首席科学家、国家自然科学基金委员会学科评审组成员、中国工程院信息电子学部副主任。现任国家 CIMS 工程技术研究中心主任、中国自动化学会常务理事、中国电子学会常务理事、教育部高等学校自动化专业教学指导分委员会主任、国家"973"项目首席科学家、多所大学的兼职教授及国内外多个学术刊物的编委等职。

是国内最早倡议进行 CIMS 研究工作的专家之一。1986 年起积极参加和组织国家"863"计划 CIMS 主题的立项论证、自动化领域的发展战略和实施的领导组织工作，曾主持建成我国第一个 CIMS 实验工程，解决了复杂异构环境下信息集成等关键技术，达到国际先进水平。领导并参与了我国 CIMS 的研究和应用，作出了重要贡献。CIMS 为我国制造业信息化起到了重要的导向作用，其技术在国内企业广泛应用，取得了明显的经济效益和社会效益并将影响今后企业信息化的进程。在自动控制理论及应用方面有坚实的基础，曾进行有关数控机床、感应同步器、系统辨识、自适应推理控制系统等多项研究工作。目前主要从事制造业信息化、系统集成方法与技术，复杂工业大系统的建模、调度及优化等研究。已指导博士生 50 余名、硕士生 20 余名。发表学术论文 200 多篇。应邀在国内外重要学术会议上做主题报告多次。曾获国家教委科技进步一等奖、国家科技进步二等奖（2 项）、美国制造工程师学会（SME）颁发的"大学领先奖"、光华基金科技一等奖、首届何梁何利科技进步奖、国家"863"计划一等奖（3 项）及全国优秀教师、国家级有突出贡献中青年专家等称号。

吴 麒（1930 年— ）浙江吴兴人。教授。中共党员。1952 年毕业于清华大学电机工程学系，留校任教。1959 年在苏联列宁格勒加里宁工学院获技术科学副博士学位。回国后，在清华大学自动控制系、自动化系任教。曾任教研组主任、副系主任。博士生导师。历任中国自动化学会常务理事、控制理论专业委员会委员、教育工作委员会主任委员、国际自动控制联合会（IFAC）教育委员会委员、IEEE 高级会员。

自动控制理论与应用学科的学术带头人之一，多年致力于控制理论及应用的教学和科研，特别是多变量频率域控制理论的研究。1979 年建议并主持组建了自动化系控制理论教研组。与他人合作提出鲁棒控制系统的一种新设计方法。提出了控制系统的智能设计这一创新的学术思想，并实际主持开发出了一种智能设计软件，证明了这种学术思想的可行性和先进性。指导或合作培养博士生 13 名、硕士生 8 名。主编或合作编著出版《自动控制原理》等 3 部教材，发表《论控制系统的智能设计》等学术论文 50 余篇。

吴达元（1905 年—1976 年）广东中山人。教授。1929 年清华大学外国语文学系第一级毕业生，毕业后继续攻读研究生。1930 年赴法国留学，研究法国语言文学，在里昂大学、巴黎大学、底雄大学学习法国文学、比较文学、拉丁文学。1934 年回国后至 1952 年，任教于清华大学外国语文学系。曾任西南联合大学外国语文学系及师范学院英语系代理主任职务，1950 年至 1952 年任清华大学外国语文学系主任。在三十多年的教学生涯中，为培养外语人才做出了贡献，主要从事法国语言与文学的教学与研究工作。1952 年院系调整后任北京大学西语系教授兼副系主任。20世纪 50 年代曾参加中央人民政府南方根据地访问团，任副团长兼任海南分团团长；曾参加亚洲太平洋地区和平会议任同声翻译。是中国作家协会会员。专著有《法兰西共和国在危难中》《法语语法》等；译著《博马舍戏剧二种》；40 年代编译的《法国文学史》由商务印书馆出版，90 年代由上海书店收入"民国丛书"；合编《欧洲文学史》等。

吴德海（1934 年— ）生于北京。教授。1956 年毕业于哈尔滨工业大学机械系本科。同年到清华大学机械制造系任教。博士生导师。

在 Fe-C 合金的物理冶金和球墨铸铁领域从事教学与研究工作。1992 年起从事富勒碳和碳纳米管的研究。先后共获得国家级和省部级的科学技术与教学研究工作奖励 10 多项。其中碳纳米管宏观体的研究获国家自然科学二等奖，关于球墨铸铁型材水平连续铸造的研究获国家科技进步二等奖，关于"材料加工工程学科建设与创新人才培养"获国家级教学成果二等奖。此外，获省部级科技进步和教学成果一等奖 4 项、二等奖 7 项。由于球墨铸铁的研究与应用成效获得联合国 TIPS（Technological Information Promotion System）颁发的"发明创新科技之星"奖。在国内外学术期刊上发表学术论文 300 余篇。其中关于 Fe-C 合金和球墨铸铁方面的论文 100 余篇，碳纳米管方面的研究论文 200 余篇。其中，自 2000 年起被 SCI 收录的论文 160 余篇，被他人引用 3200 余次，在 *Science* 上发表研究论文 1 篇，出版学术著作（自著、合著、合译、校订）10 余部。获国家发明专利 10 多项，其中有两项技术转让给生产企业，另获一项美国专利，并已转让给美国一家公司。指导的博士生中，有 3 名学生论文入选全国优秀博士学位论文。

吴古华（1937 年—　）上海人。教授。中共党员。1962 年北京外语学院英语系研究生毕业后到清华大学任教。曾任外语系系主任、清华大学外语工作委员会副主任、外语学科职称评审组组长、校学术委员会委员等职。兼任全国大学外语教学研究会副理事长、北京市高校大学英语教学研究会理事长、全国高校专业外语指导委员会委员。

长期从事外语教学与研究。教学经验丰富，教学效果显著。曾于 1989 年及 1993 年两次获得国家教委授予的全国高等学校优秀教学成果奖。在学术上致力于外语教学法、文体学、地区性英语、美国社会与文化等方面的研究。1987 年外语系设立特殊用途英语硕士点后，先后指导多名硕士生撰写论文。著有《英语学术写作》（合写）、《综合技能训练》《澳大利亚作家戴维·马罗夫的小说及文体特点》等论文。

吴国是（1941 年—　）广东恩平人。教授。中共党员。1964 年清华大学工程化学系毕业后留系攻读研究生，1968 年研究生毕业。曾在湖南衡阳地区化工机械厂工作。1979 年到清华大学工作。1982 年获清华大学物理化学硕士学位。曾任清华大学化学系系主任。博士生导师。兼任中国化学会理事。

长期从事量子化学、结构化学和计算机化学的教学和研究。主要研究方向是计算量子化学理论、方法和原子族结构及化学键理论。主持研制的从头计算程序 MQAB80 及其改进版 MQM81 对量子化学从头算法在我国的起步和发展起了重要作用。在改进从头算技术上，提高计算效率、计算容量和定量化水平及拓宽其应用领域方面取得了一系列高水平的成果。长期从事本科生和研究生的教学工作，讲授的课程有"结构化学""量子化学""量子力学""计算方法"。指导博士生 15 名、硕士生 7 名。发表学术论文 78 篇，合著《量子化学从头计算方法》，合作译著《分子多光谱》。是 1987 年国家自然科学奖四等奖"熔盐与合金的化学键理论研究"获奖人之一。还获得科学院科技进步奖、北京市科技奖各 1 项。

吴国祯（1947 年—　）台湾台北人。研究员，教授。台盟盟员。1970 年获台湾新竹清华大学化学系学士学位，1976 年获美国俄克拉荷马大学博士学位，1980 年至 1981 年在纽约城市大学城市学院做博士后研究工作。1981 年至 1982 年在美国科罗拉多州立大学从事研究工作。1977 年至 1995 年任职于中国科学院化学所，其间曾在香港浸会学院化学系做访问学者。博士生导师。1995 年任清华大学物理系教授。讲授"物理化学""分子光谱学"。曾任清华大学高等研究中心客座研究员、任台湾中央大学物理系访问教授。2005 年、2009 年分别在香港浸会大学物理系非线性中心、台湾理论科学研究中心（台湾新竹清华大学）做访问学者。曾任中国物理学会光散射专业委员会委员、副主任，清华大学学术委员会委员、物理系学术委员会主任。是第五至八届全国人大代表、第九至十一届全国政协常委、第六至八届台盟中央副主席。

从事分子谱学的研究工作多年，发表论文 120 余篇。著有《分子振动光谱学概论：原理与研究》《分子高激发振动—非线性和混沌的理论》、*Nonlinearity and chaos in Molecular vibrations*、《拉曼谱学：峰强中的信息》以及《在历史面前》等专著。研究工作主要发展了关于拉曼谱峰强度的研究，范围涉及分子掺杂晶体的相变、表面增强拉曼、拉曼激发态的结构以及旋光拉曼谱学，开展了将混沌理论、非线性力学的概念应用于分子高激发振动态的研究。近年协助清华大学

图书馆保存了 20 世纪 70 年代海外台湾留学生运动的资料和文献。曾获 1994 年中国科学院自然科学二等奖。

吴建铣（1929 年—1995 年）四川会理人。教授。中共党员。1955 年毕业于清华大学土木工程系，留校任教，先后在土木系、化工系、材料科学与工程系工作。博士生导师。曾任无机非金属材料教研组主任、党支部书记，材料科学与工程系主任。还历任北京硅酸盐学会理事、中国硅酸盐学会特种陶瓷专业委员会副主任、《中国硅酸盐学报》副主编。

长期从事无机非金属材料的教学与科学研究工作。1959 年在土木工程系参与组建建筑材料与制品专业，在水泥与混凝土的结构、性能与工艺方面有深入研究。1970 年在化学工程系积极参加专业调整和建设，成立特殊非金属材料专业（后改名为无机非金属材料专业）。对高温结构陶瓷的制备工艺、显微结构与性能的关系有较深入的研究。任无机非金属材料教研组领导期间，十分注意学科的建设与发展，为在较短时间内把无机非金属材料学科建设成为全国高校重点学科点，及建设"新型陶瓷与精细工艺"国家重点实验室作出重要贡献。积极主张利用清华大学的综合优势发展材料学科。1979 年积极参与材料科学研究所的成立和建设。1988 年负责筹建清华大学材料科学与工程系，并任第一届系主任，为学校材料学科的建设与发展作出了重要贡献。"七五"期间曾任由国家科委组织的科技攻关"高温结构陶瓷及陶瓷发动机"课题专家组副组长，为在中国开展先进陶瓷的研究及推广应用发挥了积极作用。多次参加在美、日、德、英等国举行的国际学术会议，积极促进非金属材料专业的对外学术交流和人员交往。是高校统编教材《陶瓷材料物理性能》的编者之一，译著《陶瓷导论》的主要译者，发表论文 20 余篇。

吴建平（1953 年—　　）山东巨野人。教授。中共党员。曾在山西沁河机械厂工作。1977 年清华大学电子工程系计算机专业毕业，留校任教。1982 年和 1997 年分别在清华大学获硕士学位和博士学位，曾赴加拿大不列颠哥伦比亚大学计算机科学系进修学习。历任计算机科学与技术系党委副书记，信息网络工程研究中心主任，信息科学技术国家实验室（筹）副主任，下一代互联网核心网国家工程实验室主任，校信息化工作领导小组副组长兼信息化办公室主任，计算机科学与技术系主任、信息科学与技术学院副院长。博士生导师。还历任中国教育和科研计算机网 CERNET 专家委员会主任、网络中心主任，国家"863"计划信息领域主题专家组成员、专家委员会委员，中国互联网协会副理事长，国家信息化专家咨询委员会委员，中国计算机学会互联网专委会主任，中国下一代互联网示范工程 CNGI 专家委员会副主任，亚太地区先进网络学会 APAN 主席。是多所大学的兼职教授，教育部"长江学者奖励计划"特聘教授。获国家杰出青年科学基金。

从 1978 年开始计算机网络研究，长期工作在计算机网络领域应用基础理论和工程技术应用教学和科研第一线。1994 年开始主持研制"中国教育和科研计算机网 CERNET 示范工程"，建成世界上最大的国家学术网，取得显著社会经济效益，推动了我国计算机互联网发展和科技进步。1999 年开始主持研制"IPv6 核心路由器"，实现产业化，促进了我国互联网关键技术装备的重大突破和国产化进程。1999 年开始下一代互联网体系结构和协议理论研究，2003 年开始主持研制"中国下一代互联网示范工程核心网 CNGI-CERNET2/6IX"，成为世界上规模最大的纯 IPv6 互联网，应用成效显著，推动我国下一代互联网工程跻身世界领先行列。以第一完成人获国家科技进步二等奖 3 项、三等奖 1 项，部委科技进步一等奖 6 项。发表学术论文 300 多篇，出版专著和教材 5 部，以第一发明人获国家发明专利授权 20 余项，培养研究生 100 余名，以第一作者完成多项国际互联网 IETF 标准 RFC 并获批准。首开并长期讲授本科生"计算机网络原理"课程。是国家

"百千万人才工程"入选者，北京市优秀教师和先进工作者，国家"973"计划项目首席科学家。获清华大学第一届学术新人奖、国家级有突出贡献中青年专家称号、何梁何利科技进步奖、2005年美国 IEEE Spectrum 中国科技十杰、2007 年全球 IPv6 论坛全球 IPv6 先锋奖、2010 年国际互联网协会 ISOC 乔纳森·帕斯塔尔奖（Jonathan B. Postel）。享受国务院政府特殊津贴。

吴阶平（1917 年—　）原名吴泰然，字阶平，生于江苏常州。教授，中国科学院院士，中国工程院院士。九三学社社员。1937 年毕业于燕京大学获理学士学位，1942 年毕业于协和医学院获医学博士学位。1947 年至 1948 年在美国芝加哥大学进修。2001 年受聘为清华大学医学院首任院长。是第八、九届全国人大常委会副委员长，九三学社中央委员会主席、名誉主席，欧美同学会会长、名誉会长，中国科协名誉主席，中华医学会会长、名誉会长，中国医师协会、中国医院管理协会、中国医药生物技术协会名誉会长，美国泌尿外科学会、北美透析移植学会、加拿大家庭医师协会、日本泌尿外科学会、国际外科学会荣誉会员，中国医学科学院、中国协和医科大学、北京医科大学、上海中医药大学、广州中山医科大学、南京大学医学院等院校的名誉校长或名誉院长。是西安交通大学、华西医科大学、汕头大学、天津医科大学、成都中医药大学、西南交通大学名誉教授，第三世界科学院院士，美国医师学院荣誉院士，比利时皇家医学科学院国外院士，英国爱丁堡皇家外科医师学院名誉院士，香港外科医师学院院士，香港医科专科学院名誉院士。获香港中文大学荣誉理学博士学位、澳大利亚莫多克大学名誉理学博士、香港大学荣誉科学博士。

作为新中国泌尿外科创始人之一，在泌尿外科、男性计划生育等方面做出突出贡献。对肾结核对侧肾积水的研究使一些过去认为无法挽救的肾结核患者得以恢复，在国内外医疗实践中得到证实。确立了肾上腺髓质增生为一独立疾病，为国际上所承认。对肾切除后留存肾代偿性增长的研究，纠正了长期存在的一种不全面的认识。与同道合作把输精管结扎术发展为输精管绝育法，在国际上受到重视。从事医学教育工作 50 年，共发表医学论文 150 余篇，主编、编著医学书籍 21 部，其中 13 部为主编。获得全国性科学技术奖 7 次，获首届人口科技研究奖、北京医科大学首届伯乐奖、何梁何利科技进步奖、巴黎红宝石奖、巴黎红宝石最高奖、日本松下泌尿医学奖等。

吴景超（1901 年—1968 年）字北海，曾名似彭，安徽歙县人。教授。1923 年毕业于清华学校，赴美留学，1928 年获美国芝加哥大学社会学博士学位。同年回国，在金陵大学社会学系任教并兼系主任，会同吴泽霖、潘光旦、陈达等人先后发起组织东南社会学社和中国社会学会。1931年任清华大学社会学系教授，曾任代理系主任，1935 年任教务长，同年底任国民政府行政院秘书。抗日战争全面爆发后，先后任经济部秘书，战时物质管理局主任秘书等职。曾任《新经济》《社会研究》《新路周刊》等杂志主编。1946 年返回清华大学任教，讲授"社会学原理""都市社会学""犯罪学"等课程。1952 年院系调整后，历任中央财经学院、中国人民大学教授，讲授"计划经济"。是第二至四届全国政协委员，曾是民盟中央委员。长期从事社会学及经济学的教学和研究，著有《第四种国家的出路》《社会的生物学基础》《都市社会学》《战后灾历》《有计划按比例发展经济》。撰有论文《中国人口问题新论》《中国社会学向何处去》等。

吴良镛（1922 年—　）江苏南京人。教授，中国科学院院士，中国工程院院士。民盟盟员，中共党员。

1944 年毕业于中央大学建筑系。1946 年协助梁思成创建清华大学建筑系。1949 年毕业于美国匡溪艺术学院，获硕士学位。1950 年回国投身新中国建设。1980 年当选中国科学院院士，

1995 年当选中国工程院院士。曾任清华大学建筑系主任、中国建筑学会副理事长、中国城市规划学会理事长，以及国际建筑师协会副主席、世界人居学会主席等职。现任清华大学建筑与城市研究所所长、人居环境研究中心主任。

吴良镛是我国著名的建筑学家、城乡规划学家和教育家，人居环境科学的创建者。

他长期从事建筑与城乡规划基础理论、工程实践和学科发展研究，针对我国城镇化进程中建设规模大、速度快、涉及面广等特点，创立了人居环境科学及其理论框架。该理论以有序空间和宜居环境为目标，提出了以人为核心的人居环境建设原则、层次和系统，发展了区域协调论、有机更新论、地域建筑论等创新理论；以整体论的融贯综合思想，提出了面向复杂问题、建立科学共同体、形成共同纲领的技术路线，突破了原有专业分割和局限，建立了一套以人居环境建设为核心的空间规划设计方法和实践模式。该理论发展了整合人居环境核心学科——建筑学、城乡规划学、风景园林学的科学方法，受到国际建筑界的普遍认可，在 1999 年国际建筑师协会通过的《北京宪章》中得到充分体现。

他运用人居环境科学理论，成功开展了从区域、城市到建筑、园林等多尺度多类型的规划设计研究与实践，在京津冀、长三角、滇西北等地取得一系列前瞻性、示范性的规划建设成果；主持开展京津冀城乡空间发展规划研究，对 2004 年北京城市总体规划修编、天津总体规划修编等起到重要作用，在实践中取得的创新方法，被纳入《城市规划编制办法》，有力推进了城乡建设的科学发展；主持完成北京菊儿胡同四合院工程，推动了从"大拆大建"到"有机更新"的政策转变，为达成"个体保护"到"整体保护"的社会共识，作出了重大贡献；主持设计曲阜孔子研究院等建筑，创造出一批传统文化内涵和现代艺术整体性相统一的建筑。

吴良镛是新中国建筑教育的奠基人之一，为城乡建设领域培养了大批骨干人才。他先后获得世界人居奖、国际建筑师协会屈米奖、亚洲建筑师协会金奖、陈嘉庚科学奖、何梁何利奖以及美、法、俄等国授予的多个荣誉称号。获 2011 年度国家最高科学技术奖。

吴柳生（1903 年—1984 年）浙江东阳人。教授。九三学社社员。1928 年清华学校毕业，1931 年在美国麻省理工学院获学士学位，1933 年在伊利诺伊大学研究院获硕士学位。曾任河南大学、青岛大学教授。1936 年起任清华大学、长沙临时大学、西南联合大学土木工程学系教授。1938 年至 1946 年间兼任西南建筑公司顾问。1946 年任清华大学土木工程学系教授，历任建筑学系代系主任、土木系钢筋混凝土结构及工程材料教研组主任、工程结构教研组主任、清华大学修建委员会主席。1958 年至 1963 年兼任清华大学土建综合设计院总工程师。其间曾于 1948 年初去美国斯坦福大学进行研究工作，1950 年回清华大学土木系任教授。作为解放后首批从美归国的学者，受到周恩来总理的接见。曾兼任政务院中南海修建公司顾问，贸易部基建工程处顾问，北京房地产管理局顾问等职，解决了许多重大工程技术问题。还曾任科学院科学名词审查委员会委员。

1956 年作为国家建筑工程部代表团成员参加丹麦国际混凝土冬季施工会议，并作了题为《解放后中国在混凝土冬季施工方面的技术水平》报告。主持或参与中南海怀仁堂和人民大会堂等多项国家重要建筑物的安全检验和评定工作，为保证国家重要建筑物的安全作出贡献，为此曾受到周恩来总理的赞扬。执教数十年，讲授过"平面测量""高等测量""工程材料学""结构力学""结构设计""材料试验""钢筋混凝土结构"等课程。曾被评为校先进工作者。著作有《航空站设计》《工程材料试验》《木结构设计》等。对我国主要建筑材料做过系统的实验研究，发表了

《几种国产建筑材料之试验》《木材结构接圈试验报告》《滇缅公路沿线木材之分布及强度》等文章。

吴敏生（1946年—　）生于福建平潭。教授。中共党员。1965年考入清华大学冶金系，1970年毕业后留校任教，1993年获德国亚琛工业大学（TH Aachen）工程博士。曾任学校党委办公室副主任，机械系党委副书记。1994年至2002年先后担任清华大学教务处处长、教务长，同时兼任研究生院副院长、清华大学深圳研究生院院长、清华大学应用技术学院院长等职。

在清华大学教务长任内，根据学校推进教育教学改革的总体部署，参与实施学分制，优化本科教育和研究生培养模式，在基础学科、交叉学科推进因材施教试点，组织教学研究与培训，拓展本科生科研训练计划等。主持制定清华大学2001—2005年教育改革和发展纲要等文件。主持的"教学资源信息网络化建设与应用"获得2000年北京市教学优秀成果一等奖、2001年国家级教学优秀成果一等奖。在此期间，担任全国重点理工大学教改协作组秘书长、教育部"面向21世纪高等工程教育教学内容和课程体系改革计划"工作指导小组组长、全国高教学会常务理事等。同时，坚持从事焊接工艺与设备以及无损检测等专业的科研和研究生培养，先后主持完成国家自然科学基金以及工业界合作项目十多项，取得国家发明专利3项，获北京市科技成果二等奖，发表学术论文60多篇。

2002年到2010年任福州大学校长。在任期间，福州大学确立了建设"创业型东南强校"发展战略，办学综合实力显著提升。卸任之后受聘担任福建省政府顾问、福建省高等教育改革发展咨询委员会主任以及清华大学深圳研究生院高级顾问等。

吴南轩（1893年—1980年）原名吴冕，江苏仪征人。1919年复旦大学预科毕业，后赴美国加州大学攻读教育心理学，1923年获硕士学位，1929年获教育学博士学位。回国后历任国民政府教育部编审、中央政治学校教授兼教务副主任、考试院考试委员会专门委员、中央派遣留学管理委员会委员。1931年4月16日到校就任清华大学校长，20日举行宣誓典礼。仅过月余，由于任用私人为教务长、秘书长，拒不承认由教授会选举院长的惯例等引发师生"驱吴"风潮，教授会通过决议致电教育部要求"另简贤能"，学生会也发表"驱逐吴南轩宣言"。吴南轩5月29日离校，在北平使馆区利通饭店设立"国立清华大学临时办事处"，后被迫于6月5日离平南下辞职。后任中央大学教授、中央政治学校讲师、中央政治会议秘书。1936年任复旦大学校长。1943年后任监察院监察委员、国民党中央监察委员。1949年冬去台湾。1950年赴美任马萨诸塞国际学院教授。1966年回台湾任政治大学文学院教授、院长。著有《国际心理卫生运动史》《儿童心理卫生》《战时精神病》《心理卫生论及实施新趋向》。

吴清玉（1952年—　）生于黑龙江望奎。主任医师，教授。中共党员。1976年毕业于广州中山医学院，到北京阜外心血管病医院心外科工作，1982年在中国协和医科大学获医学硕士学位。曾两赴澳大利亚进修。1989年、1993年先后破格晋升为副主任医师和主任医师。博士生导师。1995年至2004年任中国医学科学院阜外心血管病医院副院长、心血管外科主任、中国协和医科大学特聘教授。2004年调入清华大学第一附属医院，创建该院心脏中心。现任一附院院长、心脏中心主任、医学院副院长、校学术委员会副主任。兼任美国胸外科学会（AATS）、欧洲心胸外科学会、美国胸外科医师学会（STS）会员，美国《胸外科年鉴》中国唯一编委，中国医师协会心血管外科分会副会长、国务院学位委员会学科评议组成员。是国际欧亚科学院院士，中央领导保健会诊专家。

从事心血管外科临床和相关基础研究30余年，在冠心病、先天性心脏病、心脏瓣膜病、大血管疾病、婴幼儿复杂心脏畸形、人工左心辅助等领域成绩突出。在理论和临床上解决了多项国内外心脏外科诊治难题，特别是疑难复杂先心病、危重晚期冠心病等的手术疗效居世界领先水平。在国内率先开展了心房心室双调转等高难心脏手术 15 项，作为术者和指导老师已成功治愈了患者万余名。先后 6 次应邀请赴国外进行疑难手术示范，主持完成的科研项目获国家科技进步奖 5 项（2 项排名第一），卫生部和北京市级奖 9 项（5 项排名第 1）。发表论文 255 篇，SCI 收录前 3 名作者 32 篇。主编参编专著 11 部，培养博士、硕士 49 名。被评为北京市先进工作者、卫生部有突出贡献的中青年专家、中华十大诚信英才等。1994 年起享受国务院政府特殊津贴。

吴庆余（1955 年—　）江苏南京人。教授。中共党员。1982 年毕业于南京大学生物学系，1985 年在该校获生物学硕士学位，毕业后留校任教。先后在美国 William Paterson University 从事细胞异养转化和代谢研究，在 Arizona State University 进行蓝细菌 DNA 体外重组和光系统装配研究，在日本新潟大学开展微藻生物能源的研究。曾任南京大学生物学系副系主任、《南京大学学报》（自然科学版）副主编。1996 年到清华大学任教，历任生物科学与技术系主任助理、副系主任、系党委书记等职，曾兼任教务处副处长、生物学学位评定委员会主席、生物系生物技术研究所所长等。获国家杰出青年科学基金。任中国藻类学会副理事长、*Algal Research* 杂志编委。

主要教学课程包括"生物工程前沿"和"现代生物学导论"等。编写出版了中国第一本全彩色《基础生命科学》大学教科书和第一本全彩色《生命科学与工程》教科书。在微藻生物能源和生物技术领域先后主持国家自然科学基金项目、重点基金项目、国家"863"课题、国家科技支撑计划课题和国际合作计划项目等。发明微藻异养发酵制备生物柴油技术，建立了微藻"光合-发酵模型"，实现了微藻生物柴油专利技术使用权的出售转让。发表研究论文 140 余篇。获首届国家高等学校教学名师奖，获教育部科技进步二等奖、霍英东优秀青年教师研究成果奖、美国联合技术公司容闳科技教育奖、国家发明大会奖、国家教学成果二等奖、宝钢教育基金全国高校优秀教师特等奖等。

吴文虎（1936 年—　）浙江镇海人。教授。中共党员。1961 年毕业于清华大学自动控制系，留校先后在自动控制系、计算机科学与技术系任教。博士生导师。曾任全国高校计算机基础教育研究会副理事长、中国计算机学会普及委员会主任，现任全国高校计算机基础教育研究会顾问、中国计算机学会普及委员会顾问、全国信息学奥林匹克竞赛科学委员会荣誉主席。

在科研工作中主攻语音识别和理解，多次获科技进步二等奖；在教学上锐意改革，曾获 1998 年全国优秀教师一等奖，2000 年全国科学普及先进个人，2001 年全国师德先进个人等。1984 年开始参加计算机普及活动，1989 年起担任国际信息学奥林匹克中国队总教练，连续 15 年带领中国队参加国际信息学奥林匹克大赛，届届名列前茅，成绩斐然。作为指导教师组织清华大学学生参加 ACM/ICPC 世界大学生程序设计大赛连续 14 年获得决赛权，年年取得好成绩。2009 年获 ACM/ICPC 杰出教练奖，2010 年获 ACM/ICPC 推进贡献奖。

2007 年起作为讲员参加老教授协会组织的"当代中国国情与青年的历史责任"教育系列讲座。2009 年作为报告人参加"全国先进模范人物爱国奉献事迹巡回报告"活动。同年中共北京市教工委开辟的"首都教育 60 年人物专栏"对其事迹进行报道。

吴佑寿（1925 年—　）广东潮州人。教授，中国工程院院士。民盟盟员。1944 年至 1948 年就读于西南联合大学和清华大学电机工程学系，1948 年毕业，留校任教，同年 10 月加入中国共产党。历任无线电系教研组主任、系主任、研究生院院长。兼任国务院学位委员会电子学与通信评议组召集人、国家教委科技委常务副主任、国家信息化专委会委员、中国通信学会副理事长、亚太神经网络联合会 1995—1996 年度主席等职。

他是我国数字通信研究的开拓者之一。1958 年率先制成我国第一部多路脉码调制电话终端机。1962 年制成 SCA 型数传机，用于我国发射人造卫星的数据传输。20 世纪 70 年代制成 120 路全固态微波数字电话接力系统，获全国科学大会奖。1984 年研制成功"TJ－82 图像计算机"，获国家科技进步二等奖。1986 年研制成功我国第一个能识别 6763 个印刷体汉字的识别系统。其后制成的 THOCR-94 高性能汉英混排印刷文本识别系统被评为 1994 年全国十大电子科技成果之一。他和丁晓青的团队解决了复杂版面分析理解和精确重构等技术，制成基于识别的原文重现自动电子出版物制作系统，可把纸质文件自动转换为电子文档，借此技术，《人民日报》已将几十年报纸转换为电子版。还开展以神经网络及其用于汉字识别的研究。90 年代以来推动我国地面数字电视广播标准研究，获国家技术发明二等奖 2 项。2007 年获何梁何利科技进步奖。撰写《高频电路》《汉字识别》等教材和专著 6 本。任研究生院院长期间，锐意改革，为完善我国研究生制度起了积极作用。

吴泽霖（1898 年—1990 年）江苏常熟人。教授。民盟盟员。1922 年毕业于清华学校。同年赴美留学。1925 年获美国密苏里大学社会学硕士学位。1927 年获美国俄亥俄州立大学博士学位。曾任大厦大学教授、历史社会学系主任、文学院院长、教务长，光华大学教授，暨南大学海外文化事业部主任、教务长。1940 年至 1952 年历任西南联合大学社会学系教授，清华大学人类学系教授兼系主任、教务长，社会学系教授。1952 年后任西南民族学院、中央民族学院、中南民族学院教授。长期从事社会学、民族学的教学和研究。20 世纪 30 年代参与发起组织中国社会学学会。著有《社会约制》《现代种族》《贵州苗夷社会研究》。并编译《社会学大纲》。

吴之椿（1894 年—1971 年）湖北江陵（今属沙市）人。教授。1917 年毕业于武昌文华大学，同年以湖北官费留学考试第一名的成绩赴美国留学，先后获伊利诺伊大学学士学位、哈佛大学硕士学位，嗣后又赴伦敦政治经济学院和法国巴黎大学深造。1922 年回国后，历任中州大学、国立武昌商科大学、国立武昌大学教授。1926 年时经李大钊介绍南下广州，曾任国民政府外交部秘书兼政务处长，后参与收回汉口英租界协定的谈判，协助收回了九江英租界。1927 年国共合作破裂后辞职，随宋庆龄访问苏联，其间出版《国民党与中国革命》一书。1928 年回国，曾任清华大学政治学系系主任，主持增聘张奚若、莱特（美芝加哥大学国际法教授）、胡道维等著名学者任教，开办政治学的研究生教育，参与筹建清华大学边疆问题研究会、筹措资金出版《政治书报指南》。1929 年至 1930 年任清华大学教务长，并曾短期代理清华大学校长。1931 年后因病告假离开清华，1932 年任青岛大学教授兼总务长。1934 年至 1937 年任教育部简任秘书，主持英语教学研究工作，负责编纂全国中小学英语教学计划及审定部审英语课本，参与义务教育委员会的工作。1937 年抗战全面爆发后，先在武汉大学任教，后转任西南联合大学政治学系教授，讲授"西洋近代政治思想史""英国宪法史"课程，并参与时评刊物《自由评论》和《时代评论》的编撰，发表过《转变社会中的宪法与宪政》等文章。1945 年与张奚若等十教授联名为国共和谈致电蒋介石、毛泽东，提出"一人独揽之风务须迅予纠正"，要求"召集包括各党派及无党无派人士政治会议，共商如何成立容纳全国各方开明意见之联合政府"。1946 年复员到北京大学任教。1952 年改任北京政法学院教授至退休。1961 年被聘任为中央文史研究馆馆员。著有《青年的修养》《民治与法治》《自由与组织》；译有《德国实业发达史》《近代工业社会的病理》《论出版自由》《印度简史》等书。

吴宗鑫（1937 年— ）浙江嘉兴人。研究员。1962 年毕业于清华大学工程物理系，留校任教。历任核能技术研究所研究室主任、副所长，核能技术设计研究院副院长、院长，院学术委员会主任。博士生导师。2006 年获聘国务院参事。

20 世纪 60 年代参加清华大学零功率反应堆的设计、建造、调试和运行以及船用压水堆的设计研究工作。70 年代参加热中子钍增殖反应堆和高温气冷堆的设计研究工作。80 年代参与我国能源系统分析学科的创建工作，并参与全国最早的能源经济耦合模型研究，90 年代率先在我国开展了与能源相关的全球气候变化问题的对策研究，组织领导了多项能源领域的国家重点科研和国际合作研究，对我国能源研究领域作出了重要贡献。1992 年担任国家"863"计划重点项目 10 兆瓦高温气冷堆的技术负责人，参与领导这一先进反应堆的研究、设计与建造。获国家科技进步一等奖、二等奖、三等奖各 1 项，国家教委科技进步一等奖 2 项、二等奖 2 项、三等奖 1 项，核工业总公司科技进步一等奖 1 项。在学术期刊上发表论文百余篇，著有《先进核反应堆在未来能源系统中的作用、地位与发展战略》《能源系统缓减二氧化碳排放的技术选择和经济评价》等。1992 年获国家级有突出贡献中青年专家称号。

吴组缃（1908 年—1994 年）字仲华，原名吴祖襄，安徽泾县人。教授。民盟盟员，中共党员。1929 年考入清华大学经济学系，1930 年转入中国文学系，1933 年毕业，获文学士学位，升入清华研究院，专攻中国文学。1934 年任南京中央研究院总干事丁文江的秘书数月，1935 年应聘担任冯玉祥的国文教员兼做秘书工作达 13 年。其间兼职任教于中山大学师范学院、四川省立教育学院、南京金陵女子文理学院。1949 年任清华大学中国文学系教授、系主任。任《清华学习》编委，《人民清华》主编。1952 年后任北京大学中文系教授。曾任中华全国文学工作者协会全国委员会委员，中国作协书记处书记，《人民文学》编委，《红楼梦》学会、中国散文学会会长，北京市文联、北京市作协副主席等。曾任北京市政协委员、民盟中央委员。

讲授"现代文艺""现代文""小说研究""文学概论""现代文学""历代诗选""西洋小说史概述"等课程。从教数十年，培养了大批文学人才。专于文学史，尤长于中国古代小说史的研究。抗战期间，参与营救在押南京监狱政治犯和战区工作，在济南创办《抗日早报》，协助冯玉祥修改自传《我的生活》，参与发起中华全国文艺界抗敌协会并任常务理事，与老舍共同起草协会宣言。被郭沫若约请为《中原杂志》特约撰稿人。

早在清华读书期间，参加社会科学研究会，对中国社会的经济问题有过研究，发表散文、文艺论文、小说、书评等。小说《官官的补品》《菉竹山房》等主要反映新旧交替时期青年知识分子的困惑与追求；小说《一千八百担》《黄昏》和《樊家铺》等开始转向社会问题剖析，在文坛上产生重要影响；长篇小说《鸭嘴涝》（后改名《山洪》）是一篇反映皖南抗战的名著。作品曾被译成英、俄、法、日等文字出版。还发表有文学论文、律诗等。其讲义被整理以《宋元文学史稿》出版。

武　迟（1914 年—1988 年）浙江杭县（今余杭）人。教授，中国科学院院士。1936 年毕业于清华大学化学系，同年考取清华大学公费留美生。1937 年在美国麻省理工学院学习化学工程，1939 年获硕士学位，应聘于美国纽约世界贸易公司和福斯特惠勒公司任工程师。1950 年回国，任教于清华大学化学工程系，曾任教研室主任、代理石油工程系主任等职。1953 年转入北京石油学院，历任炼制系主任、副教务长。1958 年调任石油工业部生产技术司副总工程师、总工程师。1972 年后任石油化工科学研究院副院长、总工程师。是第三届全国人大代表，曾任中国化工学会理事、中国石油学会名誉理事。参加组织炼油厂的技术改造，改进顺丁橡胶生产技术攻关，以及一些较重大的炼油化工新工艺的研究发展工作，如分子筛提升管催化裂化、多金属催化重整等，对我国石油化工的发展作出贡献。著有《克拉玛依原油重馏分催化裂化的研究》《石油加工的近代发展》《异丙苯催化裂化动力学及硅铝催化剂的中毒》等。

席葆树（1935 年—　）河南济源人。教授。中共党员。1958 年清华大学动力机械系提前毕业，到工程力学数学系任教，1960 年至 1962 年在苏联哈尔科夫航空学院空气动力学专业研究生毕业。回国后历任清华大学工程力学数学系流体力学教研组副主任、生物力学研究室主任、近代生物学与生物医学工程研究所所长。博士生导师。曾任《实验与技术管理》杂志主编、北京生物医学工程学会副理事长、中国力学学会理事、西南交通大学顾问教授、国防科技大学兼职教授、中国人民解放军心理战装备专家组成员、卫生部卫生标准委员会生物材料分会委员和台湾卫生研究院客座研究员。

长期从事实验流体力学和生物流体力学研究，作出突出贡献。在实验流体力学方面，设计并研制成功冲击波动压测量系统，该系统能很好地经受住核试验的恶劣环境，成功取得冲击波动压头的数据，受到全国科学大会表扬，并在全国科技大会国防科研部分展览。1976 年毛主席病重时受卫生部委托研制成功新型无臂带电子血压计，交付护理小组使用。根据流体力学的原理提出新型大功率气流扬声器系统，单音头发声功率超过 2 万声瓦，有效收听距离达 12 公里，可装在直升机、汽车、轮船上，用于救灾应急及海港码头等大范围语音广播。1992 年研制成功世界上最大的城市语言报警广播系统，覆盖 30 平方公里。研制成功的大功率远距离心理战广播装置，参加了"2007 和平使命"反恐军演，取得很好效果。1980 年开始领导建立生物力学研究室，完成了"六五"国家科技攻关项目"人工心脏瓣膜体外性能检测技术与装置研究"，该项目通过鉴定达到世界领先水平，获 1987 年国家科技进步二等奖（第一获奖人）。"七五"国家科技攻关项目"人工心脏瓣膜疲劳寿命实验技术与装置研究"获得重大成果荣誉证书。此外，还提出了一种用钢球滚动进行气体压缩的原理。指导博士生 5 名、硕士生 18 名。发表《人工心脏瓣膜的定常流实验研究》《可变形管流动相似性可瘪管定常流动突变》等论文。获国家级有突出贡献中青年专家称号，被国家教委、人事部评为全国教育系统劳动模范并授予人民教师奖章，获全国高等学校科技先进工作者称号和北京"五一劳动奖章"。

夏学江（1925 年—　）天津人。教授。1949 年清华大学物理学系毕业，留校任教。曾任物理教研组副主任，现代应用物理系副主任。兼任教育部高等学校物理学教材编审委员会委员、国家教委高等学校工科物理课程教学指导委员会主任委员、国家技术监督局全国"量和单位"标准化技术委员会委员、《工科物理》期刊编辑部主任、中央广播电视大学《大学物理》教材副主编。

长期从事物理学的教学与研究，教学经验丰富，讲课深入浅出，教学内容科学严谨，坚持课堂演示，教学效果显著，并培养出一批物理教学骨干，是院系调整后清华大学普通物理课程的主要奠基人之一。主编出版《物理学教程》《光的干涉及其应用》等大学物理教科书和参考教材，参加编写《信息光学基础》教材。参加并组织全国性教材审查、工科大学物理课程教学基本要求的制订、课程建设与教学质量评估指标体系以及评估方案的制订等活动。1987 年国家教委委托清华大学等六所学校研制高等学校工科大学物理课程试题库系统，任总负责人。该系统一期成果获 1992 年国家教委科技进步三等奖，二期成果获 1993 年北京市优秀教学成果一等奖。1988 年获北京市劳动模范称号。1991 年起享受国务院政府特殊津贴。指导硕士研究生 4 名。

夏震寰（1913 年—2001 年）浙江余姚人。教授。九三学社社员，中共党员。1932 年至 1936 年在清华大学工学院土木工程学系读书，获学士学位，毕业后留校任教。1938 年至 1940 年在英国曼彻斯特大学研究院学习，获硕士学位。1940 年至 1943 年在美国艾奥瓦大学研究院研究水力

学及泥沙运动力学，获博士学位。1944 年至 1946 年在美国康尼狄克州联合飞机厂任职。1947 年初回国，一直在清华大学任教授。1950 年至 1951 年任土木工程学系主任。1951 年至 1952 年借调哈尔滨工业大学任建筑系主任。1952 年后任清华大学水利工程系水力学教研组主任、水利工程系副主任。博士生导师。曾于 1955 年至 1957 年在苏联列宁格勒工业大学进修。还任教育部工科力学教材编审委员会委员、水力学组组长，是第四届全国人大代表。

长期从事水力学及泥沙运动力学的教学和研究工作。为人师表，讲课深入浅出，重点明确，推理严谨，逻辑性强，深受师生欢迎。主持编写教材《工程水力学》，参编《水力学》（获 1987 年国家教委优秀教材一等奖）。经十年准备、集其一生的教学科研经验编著的四卷《现代水力学》获国家教委学术专著优秀奖。20 世纪 60 年代初根据我国水利建设的需要，研究水库异重流、水库泥沙及其他泥沙问题。参与组建清华大学泥沙研究室、水利学会泥沙专业委员会，参与北京国际泥沙研究培训中心的工作。主编《水库泥沙》专著，参编了《高含沙水流运动》，并获国家教委科技进步一等奖。发表有《水流输运细颗粒泥沙的研究》《论水库长期使用库容》《絮凝的电化学理论》《离散颗粒和絮凝体相组合的沉降特性》《无粘性均质颗粒在细颗粒悬浮液中的沉降》等学术论文。指导博士生十余名。

萧达川（1925 年—2010 年）江西泰和人。教授。民盟盟员，中共党员。1948 年浙江大学电机系毕业，获工学士学位。同年秋到清华大学电机工程学系任教。曾任高教部工科电类教材编审委员会委员兼电工教材编审组副组长、国家教委工科电工课程教学指导委员会副主任、中国电机工程学会理事和理论电工专业委员会主任委员、《中国电力百科全书》电工（技术基础卷）主编。博士生导师。

长期从事电工基础、电路、线性与非线性电路等课程的教学工作，并从事电工基础理论的科研工作。曾获国家机械委科技进步二等奖、国家教委科技进步二等奖。指导博士生 5 名、硕士生 6 名。编有《电路分析》《线性与非线性电路》和《线性时变电路原理简介》等书。译有《非线性电路理论》等。

萧公权（1897 年—1981 年）原名萧笃平，字恭甫，号迹园，江西泰和人。教授。1920 年清华学校毕业后赴美国留学，1923 年获密苏里大学硕士学位，1926 年获康奈尔大学博士学位。博士论文《政治多元论》随即被列入"国际心理学、哲学及科学方法丛书"，于 1927 年在伦敦出版。回国后先后任教于南开大学、东北大学和燕京大学。1932 年后任清华大学政治学系教授，长期讲授"当代西洋政治思想""中国政治思想史"等课程，其间完成中国政治思想史资料搜集和整理工作，曾代蒋廷黻编辑《中国社会及政治学评论》（英文学刊）一年。1937 年获中英庚款资助的讲座教授职位，请假离开清华大学赴四川大学任教，后再转光华大学和华西大学任教，其间完成 70 多万字的《中国政治思想史》书稿写作并于 1945 年正式出版；此书运用政治学与历史学相结合的方法，系统叙述和分析数千年来中国政治思想的发展，在学术界影响较大。抗战胜利后，转往南京任教于国立政治大学，1948 年被选聘为中央研究院院士。1948 年秋赴台任台湾大学教授，后受邀赴美，1949 年始任西雅图华盛顿大学远东和苏联研究所教授，著作《中国乡村：十九世纪的帝国控制》于 1955 年出版，获美国学术团体协会（American Council of Learned Societies）第三届"人文学术卓著成就奖"，授奖说明该书"融合了中西两个伟大学术传统的菁华"，成为获得此奖的首位华人学者。1968 年从教职退休后仍从事学术活动，在学生牟复礼的帮助下将《中国政治思想史》译成英文出版，同时完成《康有为思想研究》并由华盛顿大学出版社于 1975 年印行；继而出版《翁同龢与戊戌维新》一书。后人将其遗著辑成《萧公权全集》共计九册。

萧树铁（1929 年—　　）湖北黄陂人。教授。中共党员。1952 年清华大学数学系毕业。1955 年北京大学数学系研究生毕业留校，历任数学系微分方程教研室副主任、应用数学教研室主任。1981 年后任清华大学应用数学系副主任、主任。博士生导师。历任国务院学位委员会学科评议组成员，国家自然科学基金数学组评委，中国数学会常务理事，国家教委数学与力学教学指导委员会副主任，应用数学教材建设组组长，工科院校数学教学指导委员会副主任、研究生数学教学指导小组组长，高等工业学校应用数学教材委员会主任。

长期从事数学教学与应用数学科研工作，在应用偏微分方程和渗流理论方面做出重要成果。主持完成的"渗流问题"和"土壤水渗流的数学问题"研究项目分别获国家教委优秀科技成果奖和科技进步二等奖，地矿部科技进步一等奖。参与的项目"华北地区水资源评价和开发利用研究"获国家科技进步二等奖。讲授过"高等数学""数学物理方法""复变函数""计算方法""地下水动力学"等十多门课程，指导博士生 18 名、硕士生 27 名。曾获北京市工科学科教学改革成果一等奖、国家级教学成果二等奖；主编的《大学数学》系列教材获北京市教育教学成果一等奖。倡导成立中国工业与应用数学学会，任第一届理事长，还任国际工业与应用数学联合会（CICIAM）常务委员。主编有 *Flow and Transport in porous Media* 等著作。

谢静宜（1936 年—　　）女，河南商丘人。1952 年参加中国人民解放军。1956 年加入中国共产党。曾任中国人民解放军 8341 部队干部。1968 年 7 月随首都工人毛泽东思想宣传队进驻清华大学。曾任校党委副书记、校革委会副主任。1971 年当选为北京市委第四届委员、常委，1973 年任北京市委书记并兼任北京市革委会副主任。同年当选为中共第十届中央委员。因参与江青反革命集团阴谋活动，1977 年 7 月从干部中被除名。1982 年 1 月最高人民检察院鉴于其承认犯罪事实并揭发同案犯的罪行决定免于起诉。1982 年 11 月中央警卫团党委决定开除其党籍。

谢维和（1954 年—　　）江西上饶人。教授。中共党员。1982 年在厦门大学获哲学学士学位，1985 年在南京大学获哲学硕士学位，1988 年在中国社会科学院研究生院获哲学博士学位。1989 年到北京青年政治学院任教。1992 年到北京师范大学任教，1994 年至 1995 年赴德国柏林自由大学进行合作研究。1995 年任北京师范大学校长助理，1997 年任北京师范大学副校长。2002 年任首都师范大学党委书记。2004 年起任清华大学副校长，兼任教育研究所所长、教育研究院院长。博士生导师。担任中国教育发展战略学会副会长、全国高等教育教学研究会副理事长、中国高等教育管理研究会副理事长等。是第十届全国政协委员，第十一届全国人大代表和教科文卫委员会委员。

长期从事教育学原理、教育社会学、高等教育和青少年研究等方面的教学与研究工作，是知名的教育社会学家。曾获得高等学校科学研究优秀成果奖（人文社会科学）二等奖。任副校长以来，在党委和校长的领导下，主管学校的文科建设以及国际合作与交流工作。在文科发展中，按照五个平台进行规划与建设，即高层次干部培训平台、文科高水平创新人才培养平台、国际声誉与影响力拓展平台、政策咨询与政府智库平台及思想理论与文化建设平台；提出了学术影响力、社会影响力和国际影响力的建设要求；坚持人才贡献、知识贡献、思想贡献、文化贡献和政策贡献的基本取向；强调文科发展要"入主流"，在实践中做到"三个交集"，即与国家战略的交集、与高等教育改革发展的交集以及与世界一流大学建设的交集。有力地推进了文科的健康与快速发展。

谢祖培（1901 年—1990 年）浙江杭州人。教授。1927 年获德国卫兹堡大学外科医学博士学位。回国后 1929 年任北平大学医学院教授、附属医院外科副主任。1937 年"七七"事变及北平沦陷后，在家开办诊所行医。1945年日本投降后任北平铁路医院外科主任、院长。1952年来清华大学，任校医室主任、校医院院长兼外科主任。社会兼职有：北京医师会副理事长，中华医学会北京分会副会长、副理事长，北京红十字会理事，医疗纠纷鉴定委员会主任委员，北京市中级人民法院陪审员，医学名词审查委员会委员等职。

在医学上具有深湛的理论修养和丰富的医疗经验，是我国老一辈腹外科专家。有着强烈的爱国热忱。1933年为了支持抗日救国，曾率领医学院红十字救护队为喜峰口的抗日战士义务治病。1950年美国发动侵朝战争，收集并翻译了美军使用细菌武器的资料、照片并予以公开揭露。在清华校医院主持工作期间，全面开展了学校医疗保健和防疫工作，为校医院的发展与提高奠定了良好基础，作出积极贡献。合著有《外科学》上、中、下三册，发表论文《甲状腺肿》等。

解沛基（1922年—　）曾用名华青，四川阆中人。1945年毕业于中正大学，留校任教。1947年到清华大学水工试验所任教。1948年10月加入中国共产党，任清华"北系"党组织教职工党的核心小组成员，并为党的外围组织"华社"的负责人，后还任党的外围组织新民主主义文化建设协会主席、校教员党支部书记、校党委委员。1951年调任北京市教育工会党组书记、办公室主任。1953年回到清华大学，历任校长办公室主任、基建办公室主任、土木工程系党总支书记、校党委常委等。1958年后历任校党委常委，工程力学数学系党总支书记、副系主任，兼任流体力学教研室主任、副教授。1965年任绵阳分校党总支书记，总抓分校的创建工作。1971年任工程力学系党委书记、革委会副主任。1975年调校革委会教改组工作。1977年任基础课教学研究部党委书记、部主任，组织重建基础课部。1979年任校党委常委、行政秘书长兼校机关党委书记。1981年任副校长，分管校机关行政、基本建设、财务、外事、技术开发、实验设备等方面工作。1985年任校务委员会副主任。长期从事党政管理工作，在20世纪五六十年代为创建工程力学数学系及绵阳分校作出积极贡献。在学校分管行政、基建等方面工作中，善于协调各方面的关系，调动各方面的积极力量，重视干部队伍建设，在学校体制改革、机构调整、基建规划、各种规章制度的建立等方面均发挥重要作用。

邢贲思（1930年—　）生于浙江杭州。研究员。中共党员。1946年考入南通学院，1949年参加隶属中央外事小组的北上外文大队。先在华北人民革命大学学习半年，后入外国语学校学习，该校为新中国成立后外交部干部学校，所在的俄文部后合并到中共中央俄专，毕业后留校任马列主义课教员。其间，在马列学院（中共中央党校前身）带职学习两年。1957年考取中国科学院哲学所副博士研究生。毕业后在哲学所工作。历任副所长、所长、院务委员、院学术委员会委员、《哲学研究》杂志主编等职。1988年至1998年任中共中央党校副校长，其间兼任《求是》杂志总编，现任中央实施马克思主义理论研究和建设工程咨询委员、中共中央党校学术委员会副主任、大百科全书总编辑委员会委员。曾任世界哲学团体联合会指导委员会委员15年。是第七届全国政协委员，第八、九届全国人大代表，全国人大法律委员会委员，中共十五大代表、主席团成员。是中国国际战略学会高级顾问、中国期刊学会名誉会长、改革开放论坛顾问、马克思主义研究基金会顾问等。2008年出任清华大学马克思主义学院院长。

早期专业方向是历史唯物主义，重点研究唯物史观的形成过程、马恩早期有关唯物史观形成的论著、西方人本主义及其历史发展、西方历史哲学等。后重点转向研究社会意识形态，偏重研究哲学和宗教的关系。"文化大革命"后结合真理标准讨论，转而研究认识论，除学习了马克思列宁主义的有关经典著作外，还读了一些西方哲学中的知识论方面的著作。在中共中央党校期间，结合教学工作，侧重对中国化马克思主义和现实中哲学问题的研究。著有《西方哲学史上的人道主义》《费尔巴哈的人本主义》《哲学和启蒙》《哲学和时代》《在思想战线上》《与时俱进的马克思主义》《哲人之路》、四卷本《邢贲思自选集》等，现领衔撰写马克思主义理论研究和建设工程重点教材《马克思主义发展史》。

邢家鲤（1927 年—2004 年）河北文安人。研究员。中共党员。1948 年入清华大学物理学系学习，同年 10 月在清华加入党的外围组织"民主青年同盟"。1951 年赴苏联莫斯科汽车机械学院学习，1955 年毕业后回国，任清华大学机械制造系铸工教研组教师。历任教务处教学研究科副科长、教务处副处长、校党委委员。1959 年参与筹建清华附中工作，后直接领导附中教学改革试验至 1966 年。1982 年任清华大学副教务长。1983 年调到中共中央党校任校务委员会常委、副教育长。1988 年回清华大学，任教育研究所研究员。曾历任全国高等教育学会常务理事、全国教育科学规划领导小组成员、全国中小学教材审定委员会副主任、人民教育出版社历史编辑室顾问、中共中央党校附设函授学院兼职教授等职。

长期从事教学管理及研究工作，坚持原则，善于从实际出发提出自己富有创新的意见，并积累了丰富的实践经验。开设了"有关教育管理理论问题""宏观教育学理论问题""中国社会主义高等教育史"等研究生课程，以及共和国史、鲁迅论文学创作和艺术等方面的讲座和课程，深受师生欢迎。离休后，一直热心于关心下一代的教育工作，曾先后到团委和十多个系的学生党支部讲理想信念、马列主义理论、青年世界观改造，1990 年被校团委评为"青年良师益友"，1991 年被评为全国关心下一代先进个人。

徐葆耕（1937 年—2010 年）满族，生于北京。教授。中共党员。1955 年考入清华大学水利工程系，1960 年毕业，留校担任文化政治教员。历任中国语言文学系副主任、主任，人文社会科学学院副院长，清华大学学术委员会委员，教育部中文学科教学指导委员会副主任等职务。

讲授的"西方文学"课程获北京市教学优秀一等奖。荣获北京市优秀教师称号。在学术研究方面，主要致力于西方文学和中国现代学术史及电影艺术研究，主要著作有《西方文学：心灵的世界》《西方文学十五讲》（主编）、《叩问生命的神性——俄罗斯文学启示录》《释古与清华学派》《清华学术精神》及《电影讲稿》等。在文艺创作方面，有电影剧本《普通人家》《孤帆远影》（合作）等，长篇小说《半个月亮半个太阳》和多部散文集存世。"文化大革命"后合作创作的电影剧本《厨房交响曲》由青年电影制片厂拍摄为电影《邻居》，获金鸡奖和文化部优秀影片奖。长期担任中国语言文学系主任和人文学院专责学术建设的副院长，为清华中文学科的重建和清华人文学术的重振贡献良多。

徐端颐（1937 年—   ）北京人。研究员。中共党员。1955 年考入清华大学，1961 年毕业于精密仪器及机械制造系光学仪器专业，留校任教。历任该系微细工程研究所所长和光盘国家工程研究中心主任，是上述两机构的主要创建人和学术带头人。博士生导师。

长期从事光学微细加工及光信息存储的科研与教学。坚持科研服务于国民经济主战场的原则，始终工作在科研第一线。20 世纪 70 年代开始在国内率先完成用于集成电路生产的核心加工装备"激光定位分步重复照相机""自动调焦紫外曝光铬版精缩机"和"自动对准投影光刻机"等的研制，由系实验工厂规模生产，在全国范围内普遍推广应用。突破了国外技术封锁，为我国电子工业做出了重要贡献，获电子工业部科技进步一等奖、北京市科技进步一等奖和国家科技进步三等奖。在光信息储存领域，主持和领导完成了"光热效应型光盘读写擦技术""相变型直接改写光盘机""光盘阵列""高密度光盘""超大容量光盘数据库应用信息系统""多功能光盘测试系统"等国家重点科技攻关项目，并与企业合作填补了国内技术空白。为"973"计划光存储项目首席科学家，在多波长多阶光盘读写原理及复制技术等方面取得若干原创性成果，获中国发明专利63项和美国发明专利2项，成为光盘技术换代自主知识产权的重要组成部分，为我国光盘工业在国际竞争中取得一席之地。获国家发明二等奖、国家科技进步二等奖、中国专利优秀奖以及国家教委和北京市等省部级奖共9项。与他人合作发表论文230余篇，出版《光盘存储系统设计原理》《高密度光盘数据存储》《超高密度超快速光信息存储》等专著5部，3次获国家级优秀图书奖。多次应邀主持国际学术会议，并在国内外有关学术机构中任要职，是我国光信息存储技术领域的主要奠基人之一。

徐葭生（1939年—1995年）江苏吴江人。研究员。中共党员。1961年毕业于清华大学无线电电子学系。毕业后留校任教。历任清华大学半导体车间主任、微电子学研究所副所长和校学术委员会委员。博士生导师。曾兼任中国电子学会学术委员会和半导体与集成技术分会委员、北京电子学会集成电路分会副主任、《半导体学报》和《电子科技导报》编委。

20世纪70年代所领导的研究集体首先在国内研制成功了MOS集成电路系列并得到推广。之后研制的050微处理机芯片、1024位移位寄位器对我国集成电路工业水平的提高作出重要贡献。1978年代表清华大学出席了首届全国科学大会并获得了大会个人奖。80年代负责研究成功1k、4k、16kMOS静态存储器。1990年参与领导研制成功了1～1.5微米成套工艺及1兆位汉字只读存储器，使当时我国集成电路的技术水平跨上了一个新台阶。合作研究成果"大规模、超大规模集成电路研制及微米工艺技术开发"获得1987年国家科技进步二等奖，还获得国家科技进步二等奖1项及电子部科技进步一等奖4项。编著出版了《MOS数字大规模及超大规模集成电路》，并获电子工业部优秀教材二等奖。先后发表学术论文四十余篇。已培养出4名博士、7名硕士。

徐静贞（1916年—1990年）女，湖南南县人。1935年在北平师范大学历史学系学习，当年底积极参加"一二·九"学生爱国运动。1936年2月加入党领导下的"民族解放先锋队"并负责建立和领导在贝满和慕贞等女校的"民先"组织。1937年"七七"事变后，受共产国际派遣，担任地下交通，从事敌后抗日工作。1939年1月加入中国共产党。同年入西南联合大学学习。1941年皖南事变后，受党组织安排以教师身份赴广西、湖南等地做党的地下工作。1947年受党委派去香港，任"港九妇女民主联合会"理事、中共港九妇联支部组织委员。1949年调北京铁道部总工会工作。1958年调入清华大学，任校党委常委、图书馆副馆长兼党支部书记。并曾当选为中国图书馆学会理事。在图书馆工作期间，注重政治思想教育，重视馆藏建设，推进新的图书分类法，亲自领导和组织书刊的清点、古籍的整理和文物的保存工作。为图书馆的业务建设、队伍建设、馆风建设和制度建设等方面作出重要贡献。

徐同安（1932年—　）北京人。高级技师。中共党员。1950年至1952年燕京大学机械系实习工厂任技工。1952年高校院系调整时调入清华大学，先后在机械厂、机械系金属工艺学教研室任职。1986年起任教研室副主任。历任校工会工人技师技术交流协会常务副理事长、工会业务工作委员会委员。曾被聘为国家教委工人技术考核委员会机械、热加工考评组组长，第二届关心下一代委员会委员。

长期从事金工教学实习辅导及技术开发工作，并作出了积极贡献。20世纪60年代至70年代十多年间，开发和解决了一系列铸造生产中的关键技术和工艺，如7.27牌5吨汽车发动机的球墨铸铁曲轴、万能立铣头的工艺工装；首钢850大型减速箱体、上海牌SH160轿车冷激合金铸铁凸轮轴及摇臂的工艺生产。1979年以来共辅导了近万名本科生的金工实习，向学生传授技艺，同时注重培养思想作风。所主管的铸工教学组曾连续五年获全校"先进集体"称号，并于1984年获得

"北京市先进集体"称号。1986年和另外两位教师一起荣获清华大学教学改革成果一等奖。撰有《铸工实习中加强学生的综合能力的训练》《耐磨材料的复合浇注工艺》《氯化镁硬化剂的研究》《上海 SH160 轿车冷激合金铸铁凸轮轴及摇臂铸造工艺总结》，编写电教片《典型铸件工艺分析》。1989 起连续五年被评为校工会积极分子，成绩突出，1993 年被授予北京市教育工会积极分子称号，并颁发荣誉证书。

徐旭常（1932 年—　　）江苏常州人。教授，中国工程院院士。中共党员。1953 年毕业于东北工学院，1956 年毕业于清华大学动力系研究班，在清华大学动力机械系、热能工程系任教。在国内外学术界有很高的声望，与国外相关高等院校和科研机构有良好的合作关系。曾任美国机械工程学会多相流技术委员会委员，国际燃烧学会执行理事兼中国分会主席，中国工程热物理学会副理事长兼燃烧学分会主席，国际煤燃烧学术会议第三至六届主席，澳大利亚科廷大学兼职教授，《中国工程热物理学报》《煤炭转化》副主编，*Fuel* 杂志、《燃料化学学报》《燃烧科学与技术》杂志编委。

长期从事热能工程领域的教学和科研工作，提出了煤粉火焰稳定的"三高区原理"，在此原理的指导下，发明了"煤粉预燃室燃烧器"和"带船型火焰稳定器的煤粉燃烧器"；研究了新的低 NO_x 煤粉燃烧方法，提出了烟气脱硫和联合脱除污染物的新技术和理论；在国际上率先利用石灰石-石膏法燃煤烟气脱硫废弃物（脱硫石膏）对我国大面积基本不生长任何作物的碱化土壤进行改良。曾获国家技术发明二等奖、国家科技进步三等奖、世界知识产权组织和中国专利局发明创造金奖、何梁何利科技进步奖。为我国热能工程学科的人才培养作出重要贡献。讲授"燃烧学""燃烧理论与燃烧设备"等课程。他和他的团队培养了硕士四十余名、博士五十余名和博士后 15 名。著有《燃烧学》《燃烧技术手册》等。

徐亦庄（1924 年—1993 年）上海人。教授。九三学社社员。1945 年毕业于上海大同大学物理系。1948 年在清华大学物理学系研究部获硕士学位，1951 年获美国芝加哥大学研究院博士学位，同年回国到清华大学任教。1952 年院系调整后任清华大学物理教研组主任，1956 年至 1964 年任理论物理教研组主任。1982 年清华恢复物理系后，历任副系主任、近代物理研究所副所长。博士生导师。还曾任第二、三届国务院学位委员会学科评议组成员，教育部工科教材编审委员会委员，中国物理学会常务理事。

为清华大学物理事业贡献了毕生精力。院系调整后，主动承担了组织物理教研组，改革和提高物理教学质量的繁重工作，并为兄弟院校培训了一批物理师资。1956 年后清华成立适应尖端科技发展的新系新专业，他最早为学生开设了量子力学、量子电动力学等理论物理课。20 世纪 70 年代从事激光及光学方面的科研工作，以他为主研制的空阴极氦镉白光激光器和 He-Ne 激光器获两项 1978 年全国科学大会奖。以后又主持了国内先进的电子束预电离高气压 CO_2 激光器攻关研究，实现了近百条谱线之间的连续调谐，发展了重分子高振动激发态光声光谱的技术。培养博士生 5 名、硕士生 21 名。著有《分子光谱理论》。

徐毓枬（1913 年—1958 年）江苏无锡人。教授。1935 年获清华大学文学士学位，入该校研究院学习，肄业后留学英国，获剑桥大学哲学博士学位。1939 年任教于西南联大，1942 年至 1952 年任西南联大、清华大学经济系教授，其间于 1945 年曾任经济学系及商学系代理系主任。院系调整后任北京大学教授。讲授"当代经济理论"，系统介绍以凯恩斯经济学说为主的现代西方经济学，著有《当代经济理论》《车尔尼雪夫斯基的经济思想》等。译有凯恩斯《就业、利息和货币通论》等。

许保玖（1918 年—　）贵州贵阳人。教授。九三学社社员。1942 毕业于中央大学土木工程系，1949 年获美国密歇根大学卫生工程硕士，1951 年获美国威斯康星大学哲学博士。1954 年响应建设新中国的号召回国，任教于清华大学土木工程系。曾任中国土木工程学会给水排水学会副主任委员、副理事长、理事长、名誉理事长，中国土木工程学会常务理事、名誉理事，中国化工学会工业水处理学会副主任委员、副理事长，中国电子学会洁净学会副主任委员，中国大百科全书《土木工程》卷给水排水分支副主编，北京市政府专家顾问等学术职务。

在水处理学术界享有较高威望。是清华大学开展给水排水教育和研究活动的主要先驱之一。50 多年的教学和研究工作中，在给水排水教学、教材编著、实践教学和科学研究等方面，倾注了大量精力，主讲了多门本科生、研究生课程，设计了全套给水处理实验及设备，为清华大学的卫生工程、给水排水、土木工程和环境工程的专业建设和各项教育教学环节的完善付出了大量心血，培养了一大批德才兼备的骨干人才，为我国给水排水事业作出突出贡献，特别在教材和专著方面，完成了重要专著《给水处理理论》《给水处理理论与设计》《当代给水与废水处理原理》《高等水处理原理》等，其中《给水处理理论》获国家图书奖。

许纯儒（1930 年—　）浙江杭州人。研究员。中共党员。1950 年考入清华大学无线电工程系，1953 年毕业留校在无线电工程系任教，1955 年调工程物理系，1978 年后历任系主任、系党委书记、校党委委员。1988 年任清华大学科技开发总公司（后为紫光集团）董事会常务副董事长，后兼总经理，为该公司的创业和发展作出贡献。

在工程物理系工作期间，从国内人才的需要出发，发扬工程物理系数理基础雄厚的传统优势，保持核技术方面的特色，1983 年提出拓宽原工程物理系各专业的知识面，全系只设一个专业的建议，并已实施。对该系机关和车间进行了改革。对系机关工作人员、教师以及系干部制定了岗位责任制的考核办法。制定车间定质计时的评分评奖办法。作为当时全校最早进行管理改革的系之一，先后两次在全校干部会上做了交流。1984 年被评为北京市劳动模范。著有《彩色电视集成电路》一书。

薛　澜（1959 年—　）北京人。教授。中共党员。1985 年至 1991 年在美国留学，先后获得纽约州立大学石溪分校技术系统管理硕士学位与公共管理硕士学位，卡内基梅隆大学公共政策博士学位。1991 年起担任美国乔治·华盛顿大学助理教授，1996 年回国后任职于清华大学，参与公共管理学科建设工作。先后任清华大学 21 世纪发展研究院院长助理、常务副院长，清华大学公共管理学院副院长、常务副院长、院长，清华大学中国科技政策研究中心主任，清华大学中国应急管理研究基地主任，清华大学工程科技战略研究院副院长。博士生导师。先后担任国务院应急管理专家组成员、中国行政管理学会副会长、全国 MPA 教育指导委员会副主任委员、美国布鲁金斯学会非常任高级研究员、美国哈佛大学肯尼迪政府学院顾问委员会委员、美国卡内基梅隆大学兼职教授等。2001 年获得国家杰出青年科学基金。2008 年入选教育部"长江学者奖励计划"特聘教授。

致力于公共管理与政策问题的研究，在中国政策过程、科技政策与管理、危机管理等领域颇有著述，在国内外相关期刊上发表论文百余篇，并任国内外十余家重要学术刊物的编委。提出的政策建议多次得到高层决策者的参考与批示，并先后两次为中央政治局集体学习进行"当代科技发展趋势与应对'非典'突发疫情策略"和"培育发展战略性新兴产业"的专题讲解。

薛其坤（1963 年—　）生于山东蒙阴。研究员，教授，中国科学院院士。中共党员。1984 年毕业于山东大学光学系激光专业，1994 年在中国科学院物理研究所获得博士学位。1992 年至

1999 年先后在日本东北大学金属材料研究所和美国北卡莱罗纳州立大学物理系学习和工作。1999年至 2007 年任中国科学院物理研究所研究员，1999 年至 2005 年任表面物理国家重点实验室主任。2005 年起在清华大学物理系任教授。2010 年起任理学院院长、物理系主任。是 *Applied Physics Letters*、*Journal of Applied Physics* 等国际期刊的编委，*Surface Review & Letters* 和 *Nano Research* 的主编。主要研究方向为扫描隧道显微学、表面物理、自旋电子学、拓扑绝缘量子态和低维超导电性等。曾获中国科学院杰出科技成就奖、何梁何利科技进步奖、国家自然科学二等奖（2 项）、第三世界科学院物理奖，科研成果"拓扑量子态的研究"入选 2010 年度"中国高等学校十大科技进展"。获求是杰出科技成就集体奖、陈嘉庚数理科学奖等。

薛振山（1903 年—1978 年）北京人。中共党员。从小学徒，1946 年入清华大学做木工。1947 年到清华大学工学院与中央水利实验处合办的水工试验所做木工。1953 年到清华大学水利工程系做木工，培养并带出多名徒弟。对技术精益求精，先后研制出土水准仪、低流速仪等多项水力模型实验设备，解决了可逆式转轮叶片模型制作加工的关键技术，为水利工程系的模型实验作出贡献。为了摸清制作低流速仪的规律，废寝忘食，虚心学习，推导演算用了好几个小本子，终于总结出一个经验公式。努力学习文化知识，刻苦钻研技术，七十多岁时还积极参加业余大学机械制图班学习。多次被评为校先进生产者、五好工人。1960 年出席北京市工业、交通运输、基本建设、财贸方面社会主义建设先进集体和先进生产者代表大会，1964 年被评为北京市五好工人。去世后，被学校追认为工程师。

燕树棠（1891 年—1984 年）字召亭，河北定县人。教授。1914 年毕业于北洋大学法科，1916 年通过清华专科考试赴美，先在哈佛大学学习，1917 年获得哥伦比亚大学法学硕士学位，1920 年获得耶鲁大学法理学博士学位。归国后曾任北京大学法律学系教授暨第一任系主任，武汉大学法律学系教授暨系第一任主任。1931 年到清华大学任教，历任政治学系、法律学系教授暨法律学系首任系主任，西南联合大学法律学系教授暨系主任、系教授会主席，主讲"国际私法""国际公法""宪法""法理学""民法概论""民法总则"等课程。1949 年后到武汉大学任职，兼任湖北省政协委员、湖北省政协政治学习小组副组长、中国对外文化协会武汉分会理事、中国政法学会理事会理事等职。曾兼任中央法制局编审、宪政实施协进会会员、监察院监察委员、第一届司法院大法官、联合国教育科学文化组织中国委员会第一届委员、中华民国法学会编辑委员会委员等职务。

积极参与民主运动。1926 年"三·一八"惨案发生后，其有状告段祺瑞之举；1945 年抗战结束后的反内战运动中，是《国立西南联合大学全体教授为 11 月 25 日地方军政当局侵害集会自由事件抗议书》的八名起草委员之一；在"一二·一"惨案发生后，是联大法律委员会委员。

著有论文、时评与书评多篇，所论既有对西学理论之引介梳理，又有对中国问题之研究阐发，内容兼及法理、宪法、国际法、民法、刑法、司法制度与法学教育诸多领域。其著述经后人整理编辑，以《公道、自由与法》之名刊行。负责起草《中华民国民法》亲属编草案，参与《中华民国宪法》草案之修改、讨论。

严普强（1929 年— ）浙江宁波人。教授。中共党员。1950 年毕业于清华大学机械工程学系，留校任教。1951 年去苏联莫斯科机床工具学院学习，1955 年获技术科学副博士学位。回国后任教于清华大学。历任机械制造系机床与工具教研组副主任，精密仪器及机械制造系精密仪器教研组主任、副系主任，精密仪器与量测教研组主任。博士生导师。曾任国务院学位委员会学科评议组成员，人事部博士后管委会专家组成员，机械部精密仪器专业指导委员会副主任、测试技

术课程指导组组长，中国造船工程学会船用仪器仪表学会、中国仪器仪表学会试验机学会、中国振动工程学会动态测试学会、全国高校测试技术研究会的副理事长等职务。

长期从事动态测试与控制方面研究。1959 年筹建精密仪器（陀螺与导航仪器）专业。1964 年至 1966 年间主持两型高精度陀螺转子动平衡机的研究并在国防工业中获得应用。在合作研究"一种微机化现场动平衡仪"中率先将数字信号处理用于动平衡技术，获 1988 年国家发明三等奖；用于残疾人康复的"两自由度肌肉电控制前臂假肢"获 1987 年国家发明三等奖。完成了"亚微米级定位精确度的工作台及其控制系统"。指导研制了 LH-3 型电控陀螺罗经，采用动态特性校正技术。对基频变化的类周期信号提出了能跟踪周期变化的整周期采样的分析技术，用于旋转机械的振动分析及汉语语音识别。发明了新型低频振动传感器，广泛应用于大型水轮发电机组的振动监测及铁路、公路桥梁和大型土木结构的模态分析和振动监测、地质勘探、地震测量等领域。指导博士生 16 名、硕士生 12 名。主编《机械工程测试技术基础》教材。

阎学通（1952 年—　）天津人。教授。中共党员。1969 年至 1977 年在黑龙江建设兵团务农，1982 年毕业于黑龙江大学英语系，1986 年毕业于国际关系学院，1992 年毕业于美国加州大学伯克利分校。当年回国，在中国现代国际关系研究所工作。2000 年起任教于清华大学，历任国际问题研究所常务副所长、所长，国际关系学系主任，当代国际关系研究院院长，兼任 *Chinese Journal of International Politics* 主编、《国际政治科学》主编、中国际关系学会副会长、中华美国学会副会长。

主讲本科生"国际关系分析""国际政治与中国"和研究生"国际关系研究方法""国际关系理论""国际关系理论经典选读""中国古代外交思想"等课程。著有《中国国家利益分析》《美国霸权与中国安全》《国际政治与中国》，合著有《中国崛起国际环境评估》《中国与亚太安全》《国际关系研究实用方法》《东亚安全合作》《中国崛起及其战略》《东亚和平与安全》《国际形势与台湾问题预测》《国际关系分析》《王霸天下思想及启迪》《中外关系定量预测》《中国崛起靠什么》《中外关系鉴临览 1950—2005：中国与大国关系定量衡量》及 *Ancient Chinese Thought*、*Modern Chinese Power*，译著有《争论中的国际关系理论（第五版）》，编辑了《中国学者看世界：国际安全》《中国先秦国家间政治思想选读》《国际安全理论经典导读》。1997 年获国家教委和人事部颁发的全国优秀留学回国人员称号，2008 年获北京市师德标兵称号，2009 年获第五届北京市高等学校教学名师奖。

颜永年（1938 年—　）湖北沔阳人。教授。中共党员。1956 年考入清华大学机械制造系学习，1962 年毕业并留校工作。创立机械系清华大学激光快速成形中心（CLRF）和生物制造工程研究所并任主任，历任材料加工及自动化研究所、清华大学生命科学及医学研究院生物制造工程研究所所长。博士生导师。曾任中国机械工程学会理事、特种加工分会常务理事，全国快速成形技术委员会主任，快速原型协会国际联盟（GARPA）委员，*Journal of Eng. Manufacturing* 和 *Rapid Prototyping Journal* 两 SCI 源刊编委。

1975 年提出等剪应力钢丝缠绕理论，广泛用于各种超高压容器设计和制造；2003 年提出钢丝缠绕预应力坎合原理和技术规范，作为总设计师完成全国首台 4 万吨钣式换热器液压机（1994 年投产），3.6 万吨和 1.5 万吨钢管垂直挤压液压机组（2009 年投产），4 万吨航空模锻单缸液压机和 3 万吨单缸液压机。多功能快速成形制造系统、组织工程材料的大段骨快速成形制造方面取得国际领先水平的科研成果，在细胞团簇和单个细胞的快速原型组装方面取得开创性成果。获国家科技进步二等奖 2 项，三等奖 1 项，省部级奖 5 项。著译图书 12 册，发表论文 263 篇，其中

SCI 收录 21 篇，EI 收录 47 篇。培养博士生 35 名、硕士生 33 名。

杨 卫（1954 年— ）北京人。教授，中国科学院院士。中共党员。1976 年西北工业大学锻压专业毕业。1976 年至 1978 年在江西省景波机械厂工作。1978 年任教于清华大学机械系锻压教研组。1978 年至 1981 年清华大学工程力学系硕士研究生，1981 年至 1984 年美国布朗大学工学院博士生。1985 年回到清华大学工程力学系任教。1987 年至 1988 年应英国皇家协会邀请在英做访问学者。回国后历任破坏理论与塑性研究室主任、工程力学系主任、航天航空学院常务副院长、校学术委员会主任。博士生导师。2004 年调任国务院学位委员会办公室主任、教育部学位与研究生教育司司长。2006 年起任浙江大学校长。2008 年担任中国科学院主席团成员、技术科学部主任。是发展中国家科学院院士。从事断裂力学、细观力学、纳米力学、材料损伤和强韧化力学、航天器结构等方面的研究与教学工作。先后获国家自然科学二等奖、三等奖各 1 次，并获得青年科技奖、中国青年科学家奖、何梁何利奖和周培源力学奖等奖励。担任三届中国科协常委。1993 年被评为北京市十大杰出教师，获"北京市人民教师奖"。

杨家庆（1939 年— ）江苏溧阳人。研究员。中共党员。1962 年毕业于清华大学动力机械系，并获优秀毕业生金质奖章。毕业后留校任教，曾任系团委书记、系教改组组长。讲授过"锅炉设备""热能转换和利用"等课程。发表过《一个大型能源系统的线性规划模型》等论文。曾赴德国斯图加特大学进修一年。1985 年至 1988 年任研究生处处长、研究生院副院长。对推动研究生培养与管理改革，为研究生培养的健康发展起到重要作用。推动建立与完善博士后制度。1988 年任校长助理，1989 年任人事处处长，清华大学科技开发总公司常务董事。1990 年至 2001 年任副校长，分管人事、外事工作。推动人事制度改革，压缩编制，优化结构，加强了对港台的工作，扩大国际合作与交流。其间兼任国家教委直属高校咨询委员会"师资队伍建设"专题组组长、全国出国留学工作研究会会长及《出国留学工作》杂志主编。1994 年起任常务副校长，协助校长制订学校"九五"发展规划，推动学校管理改革，筹建我国第一套远程教育系统，负责筹建深圳清华大学研究院并兼任院长，参与医学院的筹建。获日本创价大学最高荣誉奖状及奖章。是北京市第十届人大代表。1999 年后分管教学并兼任研究生院院长，参与深化教学重大改革措施等各项工作。2001 年起任校务委员会副主任、清华大学与企业合作委员会副主任。2004 年退休并担任清华大学教育基金会副理事长，参与为学校发展募集资金。

杨津基（1916 年— ）江苏嘉定人。教授。中共党员。1936 年入德国亚琛工业大学学习，1940 年获柏林工业大学电机工程系硕士学位。同年进入德国西门子电机厂工作。1941 年底回国，在重庆中国建设公司任工程师。1943 年任同济大学（四川宜宾）教授。1945 年任教于西南联合大学电机工程学系，1946 年后继续任教于清华大学，曾任电机工程学系高压电技术与高压电器教研组主任。博士生导师。还任北京市第六届政协委员、中国核学会核聚变及等离子体物理学会常务理事。

他是我国最早从事高压电技术研究的学者之一。20 世纪 50 年代主持建立了我国第一个高电压技术专业，主要专业课几乎都首先由他讲授。领导建立我国当时电压参数最高的高压实验室。开展了过电压及其防护的研究和脉冲大电流在空气中放电产生激波及其运动的研究，得到的 570kJ/cm^2 的能量密度，比 TNT 的高出 100 倍。70 年代领导清华大学建立了气体放电与等离子体试验室。用"等离子体焦点"及"喷气 Z 箍缩"装置研究等离子的运动、性能及产生 X 射线和中子的机理，提出了阳极区发射 X 射线的新理论，对焦点装置中加速阶段及 Z 箍缩装置中等离子体的运动作了新的阐述。1984 年培养了我国第一名高电压专业的博士。指导博士生 12 名、硕士生 9 名。

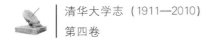
主要著作有《输配电工程》《气体放电》，主编了《冲击大电流技术》一书。发表论文 20 余篇。

杨弃疾（1924 年—　）北京人。教授。民盟盟员，中共党员。1947 年毕业于北洋大学北平部电机系。曾在唐山工学院任教。1948 年到清华大学电机工程学系任教。博士生导师。曾任国际无线电联盟中国委员会 B 专业组组员、中国电子学会电波专业委员会委员、天线专业委员会委员。

1952 年参加筹建无线电工程系。陆续开出"电波与天线""电磁场理论"等课程，并建立了天线教学实验室。1958 年至 1960 年参与研制分米波测风二次雷达性能样机，任总工程师。1959 年参加国家 110 工程研究组，任天线组副组长。1961 年至 1964 年与四机部第十研究院合作研究表面波天线。1961 年负责建立无线电物理专业，任教研组主任，开始指导研究生。1965 年至 1979 年在困难条件下坚持教学和科研工作，在工厂参加空中管制雷达天线系统设计，在绵阳分校为青年教师讲授"线性代数"课程。自 1983 年以来指导硕士生 17 人、博士生 10 人，开出"电磁场理论""电磁问题解法""实变函数与泛函分析"等研究生课程。同时，致力于缝隙天线设计理论及电磁散射的研究，共承担国家基金项目 7 项，发表学术论文 30 余篇，专著《电磁场理论》一部两卷。

杨式德（1917 年—1976 年）河北行唐人。教授。1936 年考入清华大学土木工程学系。1940 年毕业于西南联合大学，留校任教，讲授"工程力学""测量"等课程。1945 年赴美留学，1947 年获普渡大学硕士学位，1949 年获哈佛大学博士学位。1949 年回国，到清华大学土木工程学系任教，曾任结构力学及钢木结构教研组主任、副系主任。还任北京市第四届政协委员、《土木工程学报》编辑、教育部《结构力学》教材编审组组长。

长期从事结构力学的教学和研究，讲课概念清楚，条理性强，理论精练。合编《结构力学》，主编《壳体结构概论》《结构力学》，翻译《建筑力学教程》。在地基与地下水的渗透压力、极限荷载、弹性地基梁、空心坝的动力分析和抗爆结构等领域都进行过研究，并取得了成果。是我国最早研究结构矩阵分析，将计算机引入结构力学的学者之一。

杨树达（1885 年—1956 年）字遇夫，号积微，湖南长沙人。教授，中国科学院院士。早年在湖南时务学堂读书，1905 年至 1911 年留学日本。1918 年参加湖南人民驱逐张敬尧运动。1920 年后，先后在北京师范大学、中国大学任教授。1926 年至 1937 年间任教于清华大学国文系、中文系。1937 年起，任湖南大学中文系主任、文学院院长，1948 年被选聘为中央研究院院士。1949 年后任湖南大学、湖南师范学院教授，第二届全国政协委员，1955 年被选聘为中国科学院哲学社会科学部委员，还是苏联科学院通讯院士。毕生从事语言文字的教学和研究，专于古汉语语法和文字训诂学，著有《古书疑义举例续补》《论语疏证》《汉书窥管》《汉文文学修辞学》《积微居小学金石论丛》《高等国文法》《中国修辞学》等。

杨武之（1896 年—1973 年）名克纯，安徽合肥人。教授。1919 年毕业于北京高等师范学校数学系，1923 年考取安徽公费留美生，1924 年获美国斯坦福大学数学学士学位，1926 年、1928 年分别获美国芝加哥大学硕士学位、博士学位，是我国最早的代数数论领域的博士。归国后，在厦门大学任教。1929 年任清华大学算学系教授。曾任代理算学系主任、算学研究所主任。抗日战争时期任西南联合大学理学院算学系主任，兼师范学院数学系主任。1947 年后任昆明师范学院教授、数学系主任。后回清华大学数学系任教授。1949 年后，历任同济大学、大同大学、复旦大学教授。

在清华大学数学系任教近二十年，为本科生讲授代数课，为研究生讲授群论课，对数学系的建设和发展做出重大贡献，培养了许多优秀人才。曾向系主任熊庆来推荐华罗庚到算学系工作。其学术研究领域为近世代数及数论，首先将近世代数及数论引入中国，是中国数论学科的创始人。1928 年其关于棱锥数华林问题的研究成果把当时华林问题的相关研究推进了一大步，是当时最好的研究结果，这一纪录被保持了 20 年。早期参与《数理杂志》《数学季刊》的创办并撰写论文，前者后来传到日本，是我国"五四"前后最有影响的数理刊物，后者是当时我国唯一的数学专业刊物。撰有论文《凡整数皆为九个塔数之和》等。

杨业治（1908 年—2005 年）别名禹功，江苏南汇（今属上海）人。教授。1929 年毕业于清华大学外国语文学系。1931 年获美国哈佛大学德语系文学硕士学位。1931 年至 1935 年在德国海德堡大学日耳曼语文系从事研究工作。1935 年至 1952 年在清华大学和西南联合大学外国语文学系任教，1938 年起任教授。1952 年院系调整后，历任北京大学教授、德语教研室主任、德语文学研究会理事。精通德语，兼通英语、法语、拉丁语、希腊语。以研究荷尔德林著称，其《荷尔德林与歌德》《荷尔德林的古典格律诗》《荷尔德林与陶渊明的自然观比较》等论文是该领域中国学者有代表性的论述。主编《德汉词典》，著有《陶渊明诗翻译》，译有汉斯立克《论音乐的美》。

杨振斌（1963 年—　）河北曲周人。研究员。中共党员。1981 年考入清华大学自动化系工业自动化专业，在校学习期间先后曾任班长、团支部书记、系学生会副主席、系团委副书记、年级党支部组织委员，1984 年起历任校学生会主席，校党委委员，年级第一党支部书记、学生政治辅导员，校团委常委、系团委书记。1986 年获"清华大学优秀毕业生"称号，留校工作，同时在自动化系系统工程专业在职读研究生，1989 年获工学硕士学位。1989 年作为国家 CIMS（计算机集成制造系统）研究中心的研究人员参团赴美国惠普公司业务进修。1987 年和 2003 年两次在清华大学学生选区当选海淀区人大代表。1988 年起任清华大学团委副书记、常务副书记，1992 年任自动化系党委副书记，1995 年作为访问学者公派赴德国斯图加特大学区域与发展规划研究所进修一年。回国后历任清华大学科技处副处长、常务副处长、科技开发部主任，兼任清华大学与企业合作委员会副主任、清华大学企业集团董事会董事、清华紫光股份有限公司董事。2000 年起历任校党委学生部部长、学生处处长。2002 年任校党委副书记，主管学生工作。2004 年任中国射击协会副主席。2005 年任教育部思想政治工作司司长。此外，曾任中国系统工程学会青年工作委员会委员，北京系统工程学会常务理事、副理事长。

杨振宁（1922 年—　）生于安徽合肥。教授，中国科学院外籍院士。1938 年至 1944 年在西南联合大学物理学系读书，先后获学士学位、硕士学位。1944 年考取清华大学公费留美生，1948 年获美国芝加哥大学哲学博士学位。历任普林斯顿高级研究所教授、纽约州立大学石溪分校爱因斯坦讲座教授兼理论物理研究所所长、香港中文大学博文讲座教授、洛克菲勒大学董事。是美国国家科学院、美国物理学会以及巴西科学院、委内瑞拉科学院、西班牙皇家科学院院士，英国皇家学会外籍会员、俄罗斯国家科学院外籍院士、日本科学院荣誉院士。1997 年被聘为清华大学高等研究中心名誉主任。1999 年被聘为清华大学教授。曾讲授"普通物理"课。

20 世纪五六十年代先后创立"杨-米尔斯规范场"论，提出"杨-巴克斯特方程"。因与李政道共同提出弱相互作用中宇称不守恒原理而获 1957 年诺贝尔物理学奖。曾获美国国家科学奖章、美国费城富兰克林研究所的鲍威尔科学成就奖、费萨尔国王国际奖的科学奖。20 世纪 70 年代起多次回国访问和讲学。分别受聘为北京大学、复旦大学等多所大学名誉教授。对中国的科技政策提出许多建设性建议，在促进中美科技交流和合作中起了重要作用，获中国国际科技合作奖，当选"改革开放 30 年中国最有影响的海外专家"。著有《论文选集与后记 1945—1980》（英文）、

《杨振宁文集》《曙光集》，发表论文约 300 篇。

杨振声（1890 年—1956 年）字今甫，山东蓬莱人。教授。1919 年毕业于北京大学，同年考取山东公费留学美国，先后在哥伦比亚大学、哈佛大学学习，1924 年获教育学博士学位后回国。曾任中山大学、燕京大学教授，其间兼任《现代评论》编辑、中央研究院史语所常务筹备委员、山东大学筹委会委员。1928 年后历任清华大学教务长、中国文学系系主任兼文学院院长、校评议会评议员。确定以"创造我们这个时代的中国新文学"为办系宗旨，注重新旧文学的贯通和中外文学的结合，和朱自清共同拟定当时国内最早把新旧文学、中外文学相结合的课程，讲授"当代比较小说"，与俞平伯、朱自清合开"高级作文"课程。其间发起成立清华中国文学会，兼任燕京大学客座教授、青岛大学筹委会委员。1930 年出任青岛大学校长。延聘名师、注重图书馆和实验室建设、完善规章制度、重视开展学术活动，使青岛大学快速发展。1932 年辞任回京，青岛大学更名山东大学。旋被聘为国民政府国防设计委员会首批委员，负责编写中小学国文教科书，并亲临小学进行教学实践，其间兼《大公报》文艺副刊主编，合作创办《文学》、《文学杂志》月刊，并多次应邀到清华大学进行演讲。1937 年任长沙临时大学筹委会秘书主任。1938 年任西南联合大学常委会秘书主任、代总务长、中国文学系教授，历任北大文科研究生导师、西南联合大学叙永分校主任、分校校务委员会主席，文学院中国文学系主任兼师范学院国文学系主任、文学院代理院长等。开设"中国新文学简史与创作实习""现代中国文学""历代诗选""传记文学""世界文学名著选读与试译"等课程；主持选编《大一国文课本》，引进反映新文学运动业绩的小说、散文、戏剧文学、文学理论等现代文学作品。兼任中华全国文艺界抗敌协会理事。1946 年后历任北京大学、东北人民大学教授。曾任北京市文联常务理事。在现代文学史上是被鲁迅誉为"反映民声疾苦"的作家，其中篇小说《玉君》社会反响较大，后人编有《杨振声代表作》《杨振声文集》等。

杨之廉（1933 年— ）上海人。研究员。中共党员。1959 年毕业于清华大学无线电电子学系。毕业后留校任教。先后参加了半导体教研组和微电子学研究所的组建，并曾任教研组副主任和研究所副所长。博士生导师。曾兼任全国 ICCAD（集成电路计算机辅助设计）专家委员会委员、北方集成电路基地专家委员会委员、电子工业部集成电路专家顾问组成员、电子工业部半导体和集成电路科技成果评审组成员、中国电子信息产业发展研究院微电子顾问、国家科学技术奖励评审委员会成员和《集成电路设计》杂志副主编等。

负责建立了微电子学研究所 ICCAD 实验室并领导进行了 CAD 工具的开发研究，其中半导体器件模型参数提取系统（MODPEX）具国际先进水平。主持和参与主持研制成功了 16 位微处理器和 1～1.5 微米成套工艺研究及 1 兆位汉字库只读存储器开发。曾获国家科技进步二等奖 2 项和电子工业部科技进步一等奖 2 项，国家教委科技进步二等奖 3 项。指导博士生 4 名、硕士生 14 名。出版有《超大规模集成电路设计方法学导论》和《集成电路导论》，前者获电子工业部优秀教材一等奖。1981 年以来在国内外发表论文五十余篇。

杨知行（1946 年— ）湖南祁阳人。教授。中共党员。1965 年考入清华大学无线电电子学系，1970 年毕业并留校任教。曾任清华大学数字电视传输技术研发中心主任、微波与数字通信国家重点实验室常务副主任、信息国家实验室宽带通信重点实验室主任、数字电视国家工程实验室（北京）主任、国家数字电视标准化专家委员会委员、信息产业部数字电视标准化总体协调工作组组长、国家广电总局科技委特邀委员。

在数字电视、遥感卫星、光纤和微波通信等信息传输领域取得成果。原创地面数字多媒体/

电视广播传输系统，成为中国第一个地面数字电视标准（DTMB）的技术和产权基础，是 DTMB 标准的第一起草人，2007 年该标准在国内强制实施。出任中国数字电视国际标准推进工作专家组组长，推动 DTMB 成为地面数字电视四个国际标准之一。出任中关村数字电视产业联盟主席，推动中国 DTMB 标准在世界多国与国际同类标准进行评估和测试，取得技术第一评价，成功争取一批海外地区和国家采用，开创了中国数字电视标准走出国门的历史。原创遥感卫星通用接收解调系统，满足国内亟需，同时出口国外，广泛用于资源、海洋、气象等卫星遥感领域。发表学术论文 200 多篇，出版学术著作 3 本，获得国家技术发明奖 3 项、部委级科技进步一等奖 5 项、国内外发明专利 60 项、中国科协"发明创业奖"特等奖和"当代发明家"荣誉称号。为北京市优秀教师、教育创新标兵，信息产业科技创新先进工作者。

杨遵仪（1908 年—2009 年）广东揭阳人。教授，中国科学院院士。九三学社社员，中共党员。1933 年毕业于清华大学地学系，1935 年考取清华大学公费留美生，1936 年赴美留学，在耶鲁大学研究院专攻地层学和古生物学，1939 年获博士学位。回国后任中山大学地质系教授兼系主任，并任两广地质调查所所长。1946 年任清华大学教授。1952 年院系调整后，历任北京地质学院水文系、石油系、地质系主任，武汉地质学院北京研究生部教授。兼任中国古生物学会副理事长，中国地质学会常务理事，以及《中国科学》《科学通报》《古生物学报》等多种刊物的编委或副主编。精通英、德、法、俄语。对无脊椎古生物的许多门类均有深入研究，尤其对腕足动物、软体动物、棘皮动物的研究造诣颇深。组织领导了对古生代与中生代之间生物绝灭事件的成因、二叠系与三叠系界线及其上下矿产形成规律的研究。先后发表包括地层、古生物方面的专题论文 40 余篇。长期从事地质教育，为国家培养了大批地质人才，包括 20 多名博士和硕士生。合著有《古生物学教程》《中国地质学》等。

姚　彦（1938 年—　）浙江兰溪人。教授。1962 年清华大学无线电电子学系毕业，留校任教。历任无线电电子学研究所副所长、微波与数字通信技术国家重点实验室主任、通信教研组主任。博士生导师。兼任国家"863"计划通信主题专家领导小组成员、全国高技术重点图书通信技术领域编审委员会委员、中国通信学会微波通信专业委员会委员、卫星通信专业委员会委员、美国 IEEE 高级会员、中国电子学会高级会员、中国通信学会会士。

1964 年起参加我国第一代数据传输系统的研制工作。1975 年起主持研制了多种中小容量数字微波通信系统。1980 年获国防工办科技成果二等奖，1984 年获电子部科技成果一等奖，1985 年获国家科技进步二等奖，1986 年获电子部科技进步二等奖，1989 年获国家教委科技进步二等奖，成果移交机电部、邮电部有关企业投产，创产值超过亿元。1985 年起主持两项大容量数字微波课题的国家"七五"科技攻关项目，解决了 16QAM 和 64QAM 高频谱效率调制与自适应解调、高速前向纠错、高速均衡等关键技术。1986 年起主持国务院下达的全国卫星应用试点工程中的数字群路卫星通信任务，建立了我国第一条中速率（IDR）卫星通信试验电路（广州—乌鲁木齐），受到国务院电子振兴办的表彰，获国家科技进步三等奖 1 项、省部级科技进步二等奖 2 项。1989 年起主持国家经贸委的第一批产学研项目——点对多点无线通信系统，1995 年获国家教委科技进步三等奖。1991 年以后研究方向转向移动通信，主持及承担多项军用与民用的新一代移动通信及软件无线电等方面的国家重大项目，取得重要的技术进展。

长期在教学第一线工作，主讲"数字微波通信""通信系统""通信新技术讲座""综合通信网与传输技术""无线通信工程"等本科生及研究生课程，指导研究生 137 名，其中博士生 36 名。专著有《数字微波中继通信工程》等 5 本。发表论文二百余篇。1991 年获国防科工委首届光华科

技基金一等奖，1992 年获国家级有突出贡献中青年专家称号。

姚期智（1946—   ）湖北孝感人。教授，中国科学院外籍院士。1967 年获台湾大学物理学士学位，1972 年获美国哈佛大学物理学博士学位，1975 年获伊利诺伊大学计算机科学博士学位。1975 年至 1986 年历任麻省理工学院、斯坦福大学、加州大学伯克利分校教授，1986 年出任普林斯顿大学威廉及爱娜麦克里工程及应用科学讲座教授。是美国国家科学院院士、美国艺术与科学学院院士、国际密码协会会士。2004 年离开普林斯顿大学全职回国，任教于清华大学。2006 年倡导成立"软件科学实验班"。历任理论计算机科学研究中心主任、交叉信息研究院院长、清华学堂人才培养计划计算机科学实验班首席教授、国家"973"项目首席科学家。

潜心于科研、醉心于教育，为本科生讲授"计算机入门""计算机应用数学""算法设计""计算理论""量子计算"，为研究生讲授"高等理论计算机科学"等课程。研究方向包括计算理论及其在密码学和量子计算中的应用，有三大突出贡献：创建通讯复杂性和伪随机数生成计算理论；奠定现代密码学基础；解决计算机领域开放性问题、建立全新典范，并在量子计算等领域做出独到的杰出贡献。2000 年荣膺图灵奖（A. M. Turing Award），是至今唯一获得该奖的华裔科学家。另有包括 1987 年的波里亚奖（George Polya Prize）和 1996 年的高德纳奖（Donald E. Knuth Prize）等在内的诸多其他荣誉和奖项。先后获香港城市大学和香港科技大学荣誉博士学位、香港中文大学荣誉理学博士学位、滑铁卢大学荣誉博士学位，当选 2009 年首都十大教育新闻人物。

姚依林（1917 年—1994 年）原名克广，安徽贵池人。1934 年考入清华大学，先后在化学系、历史学系学习。1934 年秋参加了中共清华地下组织领导的"现代座谈会"，1935 年初又加入党的外围组织民族武装自卫会，积极进行抗日的宣传和组织工作，同年 11 月加入中国共产党。在 1935 年 11 月 18 日北平学联第一次会议上，作为清华学生会的代表任北平学联的秘书长，不久又任北平学联的中共党团书记。1935 年 12 月 9 日北平数千学生上街举行爱国抗日游行请愿和 12 月 16 日的万人游行大示威，都是在北平学联和学联党团（包括彭涛、黄敬、姚依林、郭明秋等）的领导下发动起来的，是"一二·九"学生抗日救亡运动的主要领导人之一。

1936 年起历任中共天津市委宣传部长、市委书记，河北省委秘书长、宣传部长，冀热察区党委宣传部长，晋察冀北方分局、中央局秘书长，华北人民政府工商部部长。1949 年后，历任贸易部副部长、党组副书记，商业部副部长、党组副书记，中央财贸工作部副部长，国务院财贸办公室副主任，商业部部长、党组书记，中央财贸政治部主任，国务院财贸党委副书记，中共中央副秘书长，中共中央办公厅主任，国务院财政经济委员会秘书长，国务院副总理，国家计划委员会主任、党组书记，中央财经领导小组副组长，中央引进智力领导小组组长。

在中共八大二次会议上被增补为中央候补委员。以后历任中共第十届中央候补委员，第十一至十三届中央委员，第十二届中央书记处书记、中央政治局候补委员、委员，第十三届中央政治局委员、常委。是第一届全国人大代表、第三届全国政协常委、第四届全国政协委员。

叶公超（1904 年—1981 年）又名崇智，广东番禺人。教授。1920 年赴美国留学，先后获美国麻省赫斯特大学学士学位和哈佛大学硕士学位。1924 年获英国剑桥大学文学硕士学位。又赴法国巴黎大学研究院深造。1926 年归国，任教于北京大学。1927 年春，参与创办新月书店，同年任暨南大学外国文学系主任、图书馆馆长。1929 年任清华大学外国语文学系教授。1937 年后任长沙临时大学、西南联合大学外国语文学系主任。1941 年后历任中国国民党中央宣传部国际宣传处驻马来西亚专员，驻伦敦办事处处长，国民政府外交部欧洲司司长、常务次长、外交部长，行政院政务委员。1949 年随国民党去台湾。历任台湾"行政院政务委员"兼"外交部部长"、中国国民党中央评议委员、（台湾）"驻美全权大使"、"故宫博物院"和"中央博物院"常务理事、"总统府资政"。著有《介绍中国》《中国古代文化生活》《英国文学中之社会原动力》《叶公超散文集》等。

叶宏开（1940 年—　）浙江慈溪人。教授。中共党员。1963 年毕业于清华大学工程力学数学系（六年制），并留校任教。1985 年赴英国 Warwick 大学进修一年。1988 年任工程力学系党委书记。1994 年起历任学校党委组织部部长、纪委书记、校务委员会副主任，兼校史研究室主任及医学院党委书记，还联系校统战工作。

任校党委组织部部长后广泛听取群众意见，做好各级干部的考察培训工作及党员教育工作。1995 年获北京市高校党建和政治工作优秀成果二等奖。担任校纪委书记主管纪检工作后，努力开展反腐倡廉的宣教工作。举办多种旨在加强管理、防止腐败、纠正不正之风的培训班。推动全校各单位制订严格规章制度。在深化改革思想指导下，这些制度既要有利于反腐倡廉，又要有利于学校科教工作的发展。曾对一些简单化的不利于发展的某些规定，向上级纪检机关提出建议及改进办法，得到同意。1999 年清华大学被评为北京市先进纪检监察单位。注重提高校内各界人士的统战意识，做好校内民主党派基层组织建设和少数民族学生的工作，发挥好代表人物的积极作用。2001 年清华大学建校 90 周年校庆之际，负责完成较为全面反映学校历史的校史展览和在历史博物馆展出的"今日清华"展。后又开展清华百年体育史的编写工作，编著有《挺起胸来》《体魄与人格并重》。1979 年因教学工作优良获学校表扬，参与编著的《流体力学基础》获机械工业部二等奖。1987 年获国家发明奖四等奖（合作）。1991 年获"七五"攻关重大科技成果奖。1993 年起享受国务院政府特殊津贴。

应纯同（1936 年—　）浙江温岭人。教授。1958 年毕业于清华大学工程物理系，留校任教，1965 年工程物理系在职研究生毕业。曾任同位素分离研究室副主任。其间于 1960 年在苏联列宁格勒加里宁工学院进修一年，1984 年在荷兰阿姆斯特丹 FOM 研究所作访问学者。1991 年和 1992 年被美国弗吉尼亚大学两次聘为客座教授。历任国务院学位委员会学科评议组成员，中国核学会同位素分离学会理事、副主任委员，清华大学学位评定委员会委员兼核科学与技术分委员会主席，清华大学学报编委会委员。博士生导师。

多年从事同位素分离方面的教学和科学研究工作。承担国家重点科技攻关项目，做出重大贡献，研究成果先后获 1978 年全国科学大会奖，1980 年和 1983 年国防科工委科技成果二等奖、三等奖，1985 年国家科技进步二等奖，2000 年作为 SPLG 国际会议的委员参加第七届 International Workshop on Separation Phenomena in Liquids and Gases（SPLG2000），在会上作报告并主持分组会议。

应明生（1964 年—　）江西宜黄人。教授。1981 年毕业于江西师范学院抚州分院数学科。曾在江西宜黄中学、抚州师范专科学校、江西师范大学、南京航空航天大学任教。1998 年到清华大学计算机科学与技术系任教。是教育部"长江学者奖励计划"特聘教授，获国家杰出青年科学基金。曾任智能技术与系统国家重点实验室学术委员会主任、《中国科学 F：信息科学》等国内刊物及 *Artificial Intelligence* 等国际刊物编委。曾任江西省政协委员、全国人大代表、江苏省政协委员。

长期从事理论计算机科学的教学和科研。先后讲授过"离散数学（数理逻辑与集合论）""人工智能基础理论选讲"等课程。指导的博士生论文曾经入选全国优秀博士学位论文、中国计算机学会优秀博士论文奖。在量子计算与量子信息领域，建立了量子程序的 Floyd-Hoare 逻辑并证明了其（相对）完备性，提出了基于量子逻辑的自动机理论；在软件理论中，提出了进程代数中的

拓扑学方法，用于刻画并发程序的近似正确性及进化，并提出了带噪音的 Pi-演算；在人工智能中，建立了允许近似证明的一阶逻辑及其完备性。1994 年获国家级有突出贡献中青年专家称号。获得中国青年科技奖、教育部自然科学一等奖、中国计算机学会王选奖一等奖、国家自然科学二等奖，并获国家自然科学基金会优秀创新群体项目资助。

尤　政（1963 年—　　）江苏扬州人。教授。中共党员。1985 年、1987 年、1990 年分别在华中工学院、华中理工大学获学士学位、硕士学位和博士学位，1992 年清华大学博士后出站留校。历任精密仪器与机械学系副系主任、系主任，机械工程学院院长，校学术委员会委员，校学位评定委员会委员，校务委员会委员等。博士生导师。先后任英国萨里大学访问教授、客座教授。1999 年被聘为教育部"长江学者奖励计划"特聘教授。兼任国务院学位委员会学科评议组成员、教育部科技委学部委员、中国博士后专家委员会委员、中国人民解放军总装备部科技委兼职委员、微米纳米技术专业组组长、国家"863"计划对地观测与导航技术领域专家、中国微米纳米技术学会副理事长兼秘书长、中国仪器仪表学会副理事长、中国机械工程学会理事、国家纳米技术与工程研究院副院长，《纳米技术与精密工程》副主任编委，《光学精密工程》《微纳电子技术》、科学出版社《博士丛书》编委。

主要成就在微卫星与微米纳米技术方面。作为总设计师、总工程师完成具有自主知识产权的 NS-1 纳型卫星、KT-1PS、KT-1 微卫星与 NS-2、MEMSat 等卫星的设计、研制，在我国率先开展微卫星技术创新与工程实践，特别是成功研制与运行的 25kg 轮控三轴稳定的"863"高技术试验 NS-1 卫星属国际首创；同时将微米纳米技术与空间应用技术相结合，在基于 MEMS 技术的航天器的功能部件微型化方面，取得一批具有国际先进水平创新成果并得到应用，对微小卫星与微米纳米技术进步起到了重要的作用。获国家教委、国务院学位委员会授予的"做出突出贡献的中国博士学位获得者"称号、清华大学"学术新人奖"、人事部"全国优秀博士后"称号，2006 年入选国家"百千万人才工程"。科研成果先后获得国家技术发明二等奖 1 项，国家科技进步二等奖 2 项，教育部科技进步一等奖 1 项、二等奖 3 项，教育部科学技术发明二等奖 1 项，北京市科学技术奖一等奖 1 项、二等奖 3 项，国防科技进步二等奖 1 项，中国仪器仪表学会科技进步一等奖 1 项等科技奖励 14 项；获国家发明专利 37 项，已实施专利 10 项；发表的学术论文被 SCI/EI 收录 140 余篇。

于国成（1903 年—1966 年）满族，北京人。1920 年到清华学校当清洁工。1937 年抗日战争全面爆发，学校南迁，他被迫在校外当小工度日。1946 年学校复员，回校当服务员，一直到退休。

热爱本职工作，任劳任怨，勤勤恳恳，热心为同学服务，在工作中不断改进工作方法，提高工作效率，并总结坚持"三勤"，即在服务工作中做到眼勤、手勤、腿勤。长期除完成楼内清洁卫生本职工作外，并主动为同学送信、送报纸等，深得同学的称赞。在 20 世纪 50 年代连续多次被评为校级先进工作者。1955 年获得海淀区卫生模范红旗。并于 1956 年和 1958 年二次被选为海淀区人民代表。

余冠英（1906 年—1995 年）小名松寿，江苏松江人。教授。1926 年考入清华学校大学部，初学历史，后转入中国文学系，1931 年毕业，留校任教。1926 年 4 月底在清华加入中国共产党，1927 年 11 月离校回扬州后脱党。"七七"事变后，随校南迁，先后任教于西南联合大学师范学院、文学院中国文学系。抗日战争胜利后返回北平任清华大学中国文学系教授。1951 年加入民主同盟。1952 年后转入北京大学，任文学研究所研究员兼古代文学研究组组长。1955 年，文学研究所划归中国科学院，仍任原职。1979 年任中国社会科学院文学研究所副所长兼《文学遗产》杂志主编。1985 年任文学研究所顾问、学术委员会名誉主任。是第三届全国人大代表，第五、六届全国政协委员，中国作家协会理事，中国文联委员，国际笔会会员。

在清华期间，讲授"中国文学史"及"汉魏六朝诗"等课程。专于中国古代文学史研究，长期从事古典诗歌的选注工作，对中国古典诗歌发展史有独到的见解。主要著作有《汉魏六朝诗论丛》《乐府诗选》《诗经选》《诗经选译》《三曹诗选》《汉魏六朝诗选》等，还主持编撰《中国文学史》（三卷本）和《唐诗选》。

余日宣（1890 年—1958 年）湖北蒲圻（今赤壁）人。教授。九三学社社员。1913 年清华学校毕业后赴美留学，1917 年获普林斯顿大学政治学硕士学位。归国后，曾任武昌文华大学教授、南开大学教授兼教务长。1920 年起到清华学校任教，是清华首批专任政治学教员之一，讲授"公民学""比较法制""政治学""远东政治"等课程。1922 年起先后出任或兼任清华华员公会主席、校务调查委员会会长、校务协进委员会会长、西学部史地政治组分科会议主席、学校课程委员会委员、校务委员会委员、教务长、代理校长等职。1926 年出任清华学校大学部政治学系首任系主任，为政治学专业的课程设置和学科发展做出突出贡献。1928 年至 1929 年入冯玉祥部，以军政部中校身份，帮助冯翻译演讲集。1930 年至 1952 年任沪江大学教授，1935 年起先后担任或兼任沪江大学政治与历史学系主任、文学院院长、教务长、行政委员会主席、校务委员会主任、常务委员会主席等职。1952 年院系调整后，任复旦大学外文系教授。1955 年当选为第一届上海市政协委员。著有《基督徒与集权国家》等著作。

余瑞璜（1906 年—1997 年）江西宜黄人。教授，中国科学院院士。民盟盟员。1929 年毕业于中央大学物理系。1930 年起到清华大学物理学系任教。1935 年考取庚款公费留英生，1935 年至 1937 年在英国曼彻斯特大学学习，获博士学位。1939 年起在西南联合大学、清华大学物理学系任教。1952 年起先后任教于东北人民大学、吉林大学，曾任吉林省人大常委会副主任兼教科文卫委员会主任，民主同盟中央委员和民盟吉林省委副主任委员。

长期从事 X 射线晶体学、金属物理、固体物理等方面的研究与教学。先后讲授"普通物理""理论力学""光学""现代物理"等课程。几十年来，培养了大批物理专业人才。对若干复杂的晶体作出了 X 射线结构测定，提出结构分析的新综合法，以及由相对强度决定绝对强度的方法，研制成功了若干 X 射线分析设备和元件。主要著述有《含水溴酸锌的晶体结构》《晶体分析的 X 光数据的新综合法》和《固体与分子的经验电子理论》等论文二十余篇。

余寿文（1939 年—　）福建仙游人。教授。中共党员。1955 年就读同济大学工业与民用建筑专业本科。1960 年清华大学工程力学研究班固体力学专业研究生毕业，留校任教。1985 年至 1987 年作为德国洪堡奖学金获得者，在 Darmstadt 工业大学力学研究所作客籍研究员。曾任清华大学工程力学系研究室主任、系主任，1992 年至 1999 年任副校长，1992 年至 1994 年任教务长，1994 年至 1999 年任研究生院院长，曾兼任音像教材出版社社长。博士生导师。曾任中国力学会副理事长，*Acta Mechanica Solida Sinica* 和《固体力学学报》主编、顾问编委，同济大学、西南交通大学、华中科技大学等校的兼职教授，澳大利亚悉尼大学客座教授。现兼任国际断裂大会（ICF）副主席、执行主席、终生荣誉会员，国际工程教育联盟副主席，*Int. J. Damage Mechanics*、*Microsystem Technologies* 顾问编委，*Composite Structures* 编委。

长期从事断裂力学、损伤力学与微尺度力学的教学与研究工作。合作完成专著《弹塑性断裂力学》《损伤力学》《弹性理论》等 5 本，学术论文 400 多篇。培养博士、硕士与博士后 40 余名。

断裂力学的研究成果获国家自然科学三等奖 2 项、国家教委科技进步一等奖 2 项，损伤理论获教育部自然科学一等奖 1 项。任副校长期间，在推动实行学分制、主讲教授与骨干讲员制、开展教学思想大讨论、实现工科本科硕士衔接、提高博士生质量方面作出有意义的贡献。长期从事高等工程教育管理与研究，发表论文报告 50 余篇，两度获国家级优秀教学成果二等奖。

余兴坤（1928 年—　）安徽黟县人。1950 年毕业于清华大学物理学系。1948 年在清华求学时加入中国共产党，参加地下党领导的学生运动，解放初参加北京石景山钢铁厂的接管工作。毕业后留校工作，历任校人事室副主任、主任，总务处党总支副书记，基础课党支部书记和党总支书记，工程物理系党总支书记、副教授、同位素分离教研组主任，校政治部组织组组长，工程物理系党委书记，自动化系党委书记等职。

既担负党政工作，同时参加教学和科研工作。1956 年后参与工程物理系的筹建和全面领导工作，还负责创建同位素分离专业，讲授"同位素分离物理基础"、"同位素分离级联理论"、"同位素分离过程的水力学"等课程，指导研究生用离心方法及扩散方法进行分离同位素的研究。在担任工程物理系及自动化系党委书记期间，坚持原则，团结群众，积极推动学科建设，培养年轻干部，为系的发展作出了贡献，为学校干部建设工作积累了经验。在自动化系还担任了"系统学"专题课的部分主讲。

俞大绂（1901 年—1993 年）字叔佳，浙江绍兴人。教授，中国科学院院士。1924 年毕业于金陵大学植物系。1932 年获美国艾奥瓦州立农业技术专科学校研究院博士学位。同年回国，任金陵大学教授。1938 年起任清华大学农业研究所教授。1947 年任北京大学农学院教授、院长。1948 年被选聘为中央研究院院士。1949 年后历任北京农业大学教授、校长、名誉校长。曾任中国农学会理事长、中国植物病理学会理事长、中国植物保护学会理事长、河北省政协副主席，是第三届全国政协委员、第四至六届全国政协常委，苏联农业科学院通讯院士。

长期从事植物病理学微生物学的教学和研究工作，对禾谷类、蚕豆、苹果、柑橘、烟草等病害及真菌变异进行研究，先后培育并推广抗黑粉病小麦、大麦良种，以及具有抗莠疫病含油量高的大豆、抗稻瘟病水稻良种。对粟病、蚕豆病害进行系统研究，对苹果树腐烂病、谷子红叶病防治做出重要贡献。对真菌异核遗传研究尤深，1966 年揭示了水稻恶功病菌在自然界中以三种不同核型组成异核体，证明各异核菌系在赤霉素产量和寄生力上均有差异，为解决抗病育种问题提供了理论上的依据。是中国现代植物病理学科的奠基人之一。著有《蚕豆病害》《粟病害》，编著《植物病理及真菌技术汇编》，合编《微生物学》，发表论文九十余篇。

俞平伯（1900 年—1990 年）原名俞铭衡，字直民，号屈斋，笔名赵心余、古槐居士等，浙江德清人。教授，研究员。1919 年毕业于北京大学。早年参加"五四"新文化运动，为新潮社、文学研究会、语丝社成员。历任上海大学、燕京大学、北京大学教授。1928 年起任教于清华大学中国文学系，同时在燕京大学、北平大学、北京大学等兼课。1932 年初日军侵犯上海后，曾致电国民政府对其不抵抗政策提出 5 点质问。1938 年起任中国大学教授。1945 年加入九三学社。1947 年后历任北京大学教授，文学研究所研究员（后归属中国科学院），九三学社中央委员、顾问，中华全国文学艺术界联合会全国委员会委员，中华全国文学工作者协会全国委员会常务委员会委员，中国文联委员，中国作协理事，北京昆曲研习社主任委员，《文学研究》编委。是第一至三届全国人大代表，第五、六届全国政协委员。

曾讲授"词选""南唐二主词""论语""清真词"及戏曲、小说，并与朱自清、杨振声合开"高级作文"课程，专授词习作课。为高年级选修科目和研究部讲授名家词和指导词的研究。

1935 年其倡议的谷音社成立，被推选为社长，撰写社约，承担拯救昆曲的责任。抗战胜利后，同情和支持各地青年学生反内战、反饥饿及要求教育改革的运动。

是"五四"新文学最早的一批作家之一。20 世纪 10 年代以白话诗《春水》崭露头角，参与创办我国最早的新诗月刊《诗》，先后结集的有《冬夜》《西还》《忆》等。擅长词学，撰有《读词偶得》《古槐书屋词》等。在散文方面结集出版有《杂拌儿》《古槐梦遇》《燕郊集》及诗文集《燕知草》等，其与朱自清同游而各作的名篇《桨声灯影里的秦淮河》广为传诵。是红楼梦研究专家。1920 年代开始研究《红楼梦》，出版专著《红楼梦辨》（20 世纪 50 年代修订版名《红楼梦研究》），50 年代著有《红楼梦简论》《脂砚斋红楼梦辑评》《红楼梦八十回校本》。主要著作还有《论诗词曲杂著》等，后人编有《俞平伯散文选集》《俞平伯诗全编》等。

俞新陆（1931 年—　）浙江绍兴人。教授。中共党员。1952 年毕业于清华大学机械工程系，留校工作。曾任清华大学机械系锻压教研组主任。博士生导师。还历任中国机械工程学会锻压学会副理事长、北京机械工程学会理事、北京锻压学会理事长、中国机械工程学会高级会员、美国生产工程学会（IIE）高级会员，中国《机械工程学报》编委、荣誉编委，英国 *Journal of Systems Engineering*，*U. K.* 编委。

1958 年领导完成北京市重点工程项目"2 500 吨锻造水压机"设计与制造；1973 年开始领导完成预应力钢丝缠绕大型液压机的系统研究，已生产各式液压机超过 2 500 台，其中万吨以上数十台，最大的四万吨于 1994 年投产。20 世纪 90 年代后期，又应用于重型热加工，目前已投产或安装调试成功 36 000 吨钢管反挤液压机，40 000 吨单缸航空模锻液压机，30 000 吨单缸模锻液压机，15 000 吨热锻开坯穿孔液压机，4 000 吨多向模锻液压机等，均为世界首创。学术理论方面，80 年代提出疲劳设计理论中的"应力场强法"及用弹性理论解优化主参数与有限元优化局部形线的创新方法，成功解决了马钢公司 8 000 吨液压机主缸优化的实际生产问题。先后获得国家科技进步三等奖 1 项，机械工业部科技进步一、二、三等奖各 1 项，国家教委科技进步二等奖 2 项，机械工业部优秀教材二等奖 1 项。指导博士生 21 名、硕士生 8 名。发表论文 70 余篇，出版著作 13 部，其中《液压机的设计与应用》为同行重视，已再版。1998 年作为北京轻型汽车公司专家，赴瑞典斯德哥尔摩国际仲裁法庭与美国 Danly 公司就购买的 4 000 吨机械压力机损坏索赔打官司，获得胜诉，美方赔付一百多万美元。发起并担任主席，在清华大学主持召开了第一届国际锻压设备学术会议、国际机械 CAD 学术会议和中波机械 CAD 学术会议等三次国际学术会议。

虞振镛（1890 年—1962 年）号谨庸，浙江慈溪人。教授。九三学社社员。1907 年考入上海圣约翰大学。1911 年由游美学务处选送美国留学，1914 年获美国伊利诺伊大学学士学位，1915 年获康奈尔大学硕士学位。同年，受清华学校聘请回国任教。1928 年清华大学取消农业学系，先后任教于北平大学、浙江大学、南京农学院等。历任国民政府实业部渔牧司司长兼种畜场场长、国民政府农林部渔牧司司长、畜牧司司长，上海畜产公司经理。

参与筹建清华学校农林科，并讲授高等科农学与土壤学课程，教学中强调实践理论并重。1926 年清华学校大学部设立 17 个系，任农业学系系主任兼教授，厘定理论与实践并重的办系方针；明确培养目标是造就"特殊媒介人才"，"务使学者出校后能直接与农民接触，作真正农村之领袖"；强调农业学系重心为"垦务科，所以专门造就开垦人才，俾得利用之荒地，开拓吾国之财源"。执教清华期间，曾赴美入德克萨斯州农工学院专攻乳牛学一年，回国后创建的"北京模范奶牛场"标志着我国自办现代化乳牛事业的兴起，是我国早期生产 A. T. T. 无结核菌牛乳并采用高压高温巴士德法灭菌的奶牛场之一，并为学生提供乳牛的鉴定、繁殖配种、饲养管理、牛乳消毒和乳品加工等一整套有关乳牛学课程的实习。倡导因地制宜发展畜牧业，着手创建兽疫防治系统，为培养现代农业科学技术人才作出贡献，毕生精力献给畜牧兽医事业。著有《发展农村乳牛业》，发表有《中国畜牧政策之刍议》《后中国畜牧兽医人员应有之努力》等论文。

袁　驷（1953 年—　）辽宁沈阳人。教授。无党派人士。1974 年至 1978 年就读于清华大学建筑工程系；1981 年毕业于清华大学土木与环境工程系结构工程专业，1982 年获工学硕士学位；1984 年毕业于该专业，获工学博士学位，留校任教。1985 年至 1989 年先后在美国和英国作博士后、访问学者。曾任土木工程系结构力学教研室主任、系主任。1995 年获国家杰出青年科学基金并获延续资助，1999 年被聘为教育部"长江学者奖励计划"特聘教授。2000 年至 2008 年任土木水利学院院长。2007 年起任副校长、教务长，分管本科人才培养与国际交流合作工作。博士生导师。是第十届全国人大常委、全国人大环境与资源保护委员会委员，第十一届全国人大常委、全国人大环境与资源保护委员会副主任委员。

1989 年创立了有限元线法，并对有限元线法作了系统的开发与发展。1993 年出版了独著的国内外首部有关该法的英文专著 *The Finite Element Method of Lines*。发表学术论文 160 余篇，出版教材及教学软件多部。获国家教委科技进步一、二、三等奖各 1 项，1991 年获"做出突出贡献的中国博士学位获得者"称号，1995 年获宝钢教育奖优秀教师特等奖，1996 年首批入选国家"百千万人才工程"第一、二层人选，1997 年被评为北京市优秀教师。2001 年获国家级和北京市教学成果一等奖，2002 年分别获全国高等学校优秀教材奖一等奖和二等奖各 1 项，2003 年获首批国家级高等学校教学名师奖，2004 年所主讲的"结构力学"课程被评为首批国家级精品课程，同年获全国师德先进个人和全国模范教师称号。2008 年所带领的"结构力学"系列课程教学团队被评为北京市和国家级教学团队。

袁乃驹（1928 年—　）广东东莞人。教授。中共党员。1951 年清华大学化学工程系毕业，继续读研究生。1952 年暑期受学校党委委托，与周光召等人组织全校师生开展速成俄文学习，获蒋南翔校长亲授奖旗，主编《速成俄文》教材由清华大学出版。1954 年北京石油学院研究生毕业，留校任教。曾任炼制系党总支副书记、主任助理、教研室主任，校党委委员等。1971 年调二机部西南核动力研究设计院，任高级工程师、核动力理论设计室主任、党支部书记。1983 年到清华大学化学与化学工程系任教。曾任副系主任、校学位评定委员会委员、《清华大学学报》编辑委员会副主任，校督导组组员。博士生导师。曾任教育部首届中英友好奖学金计划资格审查委员会委员、科技评奖委员会化工组组长、出国留学审查委员会委员、国务院学位委员会化学工程评议组组员、国家发明奖励评审委员会化学化工组委员、国家级火炬计划项目专家组组长，兼任烟台大学首任生物化工系主任、教委碳资源综合利用实验室学委会副主任（大连）、石化总公司和石油大学合办的联合应用化学与化学工程研究所所长、中国石油学会理事、中国化工学会石油化工专业委员会主任。是北京市第一届党代会代表，北京市第二届政协委员、海淀区第三届人大代表。从事化学工程、炼油工程、催化剂、核反应堆设计、生物化工等研究，讲授过"化工热力学""化工动力学和催化原理""炼油工程""化工原理"等多门课程，出版相关书籍 6 本。参加《化工辞典》部分条目编审，负责《大百科全书》第二版化工条目的全部编审。共发表文章一百七十余篇，获专利 2 项。

袁永熙（1917 年—1999 年）贵州修文人。1938 年 6 月参加革命，任云南省民先队队部组织干事、队长。1938 年秋入西南联合大学经济学系学习，同年 12 月加入中国共产党。1939 年春任西南联大党支部书记、总支书记。1940 年 9 月任中共云南省工委青委委员、宣传部长。1941 年 1

月皖南事变后，在党组织统一安排下，隐蔽到云南个旧并任该地区地下党的负责人。1941年9月至1944年8月在中共南方局领导下，在江津、白沙地区做党的地下工作。1944年9月至1946年6月回到西南联大复学，并代表云南省工委领导联大"民青"第一支部和联大第一党支部，是昆明"一二·一"爱国学生运动主要领导人之一。1946年7月任平津地区中共南系地下组织领导人。在1946年12月北平抗暴运动及1947年5月"反饥饿、反内战"学生运动中，他所领导的南系党组织发挥了巨大作用。1947年9月23日在北平被捕。1948年经多方营救保释出狱。1949年至1953年在团中央学校工作部任秘书主任、副部长。1953年调入清华大学，任党委第一书记至1956年，之后任党委常委，1957年任校长助理，并兼任北京市教育工会副主席。对于学校党的建设和师生的思想政治工作作出积极贡献。1978年调中国社会科学院经济所任职，不久调入中共中央办公厅处理上访问题领导小组工作。1981年至1985年任北京经济学院院长，1985年后任该院顾问。全国政协第六、七届委员。主编《商业经济手册》，合编"中国人口丛书"（第一副主编）。

袁运甫（1933年—　）江苏南通人。教授。1949年至1952年在杭州艺术专科学校（1950年更名为中央美术学院华东分院）学习，1954年中央美术学院本科毕业。1954年至1956年在人民出版社任美术编辑。1956年起在中央工艺美术学院任教，曾任特艺系副主任、装饰艺术系系主任；1999年起在清华大学美术学院任教。博士生导师。历任中国国家画院公共艺术院院长、中国国家画院院士、中国美术家协会理事、美协壁画艺委会副主任、动漫艺委会主任、中国壁画学会副理事长。是第九届全国政协委员。

其绘画艺术跨越中西两个领域。在西画创作中，通过对西方绘画艺术的研究和实践，将现代色彩学与中国民间艺术的主观色彩表现相融合，表现出独特的中国审美气质与内涵。其水墨、彩墨画研究，以墨为基础，彩为载体，将中国传统绘画中的笔墨技巧和现代艺术的表现方法相结合，展现了极具风格化的中国现代彩墨艺术。绘画作品曾在故宫博物院、中国美术馆、国家大剧院、何香凝美术馆、南通中心美术馆、清华大学美术学院美术馆、江苏南京艺术学院、北京798百雅轩艺术中心等单位场馆以及纽约、洛杉矶、西雅图、巴黎、东京、香港、新加坡、吉隆坡等地举办个人展览。

作为壁画家和公共艺术家，1972年创作了大型壁画《长江万里图》稿，1979年创作首都国际机场壁画《巴山蜀水》。近30年来，分别为毛主席纪念堂、邓小平故居陈列馆、人民大会堂、全国政协、最高人民法院、最高人民检察院、中华世纪坛、北京地铁、西北轻工业学院图书馆、桂林七星公园等场所创作大型公共壁画艺术作品数十幅，为推动中国的壁画艺术发展做出了贡献。主要作品集：《袁运甫绘画》《袁运甫水墨画》《向世界博物馆推荐丛书——袁运甫》《袁运甫彩墨画》《袁运甫画集》等。此外，还出版《怎样画水粉画》《装饰绘画散论》《袁运甫悟艺录》《有容乃大》等多种艺术论著。

岳光溪（1945年—　）北京人。教授，中国工程院院士。1970年毕业于清华大学动农系，毕业后曾在清华大学试验电厂、山西岚县普明中学、岚县电机厂工作。1978年考入清华大学热力学与传热学进修班，后留校工作。1987年至1990年在麻省理工学院做访问学者，回国后任教于清华大学热能工程系。担任国家煤清洁煤燃烧工程中心常务副主任，《工程热物理学报》《动力工程学报》《燃烧科学与技术》等编委。

长期从事循环流化床燃烧技术和煤气化的理论研究和技术开发。提出了一套完整的循环流化床燃烧理论体系，包括物料平衡、燃烧份额、焦炭中温失活、传热主导机制、污染物生成机制与控制等方面，建立了包括定态设计概念、设计导则、建模方法和流动、传热、燃烧等经验关系式在内的一整套循环流化床锅炉设计方法，为数百台锅炉实践应用和验证，有关设计及计算方法被推荐为行业设计标准。所开发的技术得到大面积推广应用，取得显著的经济效益和社会效益。主持完成的"循环流化床锅炉本体和动态仿真关键技术的研究及产业化"2006 年获国家科技进步二等奖，"非熔渣-熔渣分级气化技术"2009 年获中国石油和化学工业学会科技进步一等奖，"基于流态重构节能型循环流化床锅炉技术"2009 年获教育部科学技术进步一等奖，2008 年获第七届光华工程奖。1999 年获国际 FBC 会议"最佳论文奖"，这是我国在历届国际 FBC 会议上的唯一获奖。已培养博士 14 名、硕士 18 名。发表学术论文四百余篇，授权专利 30 余项。

　　查汝强（1925 年—1990 年）曾用名查如彭，江苏宜兴人。研究员。初中时即投奔新四军，1940 年加入中国共产党，曾任中共武进县南宅区委书记，在敌后开展抗日游击战争，不幸被俘，经营救后继续在中学领导学生运动。1946 年考入清华大学外国语文学系，曾任中共清华地下支部书记，1948 年 1 月任清华"南系"总支部书记，同年 11 月任清华、燕京二校区委会书记，后又任清华总支部书记。在校期间，参与组织 1948 年的"反美扶日"等运动，组织迎接解放。1950 年毕业。曾任中共北京市委宣传部理论宣传处处长、社科院哲学所研究员等职。主要研究领域为自然辩证法、西方科学哲学、未来学、技术社会学。著有《科学与哲学论丛》《二十世纪自然科学四大成就与辩证自然观》等。

　　张　钹（1935 年—　）福建福清人。教授，中国科学院院士。中共党员。1958 年清华大学自动控制系毕业留校。先后在自动控制系、计算机科学与技术系任教。博士生导师。历任智能技术与系统国家重点实验室主任、校学位评定委员会副主席、信息科学与技术学院学术委员会主任。还担任中国自动化学会智能控制专业委员会主任和机器人专业委员会副主任，《计算机学报》副主编、国家教委科技委计算机科学学科组成员、国家"863"计划智能机器人主题专家组成员。

　　长期从事自动控制理论及技术的教学和研究。20 世纪 80 年代以后主要从事人工智能和计算机应用技术的研究。针对人工智能问题求解计算复杂性、指数爆炸的主要困难，提出了问题分层求解的商空间理论，解决了不同粒度空间的描述、它们之间相互转换、复杂性分析等理论问题。在此基础上提出统计启发式搜索算法，基于拓扑的空间规划方法和关系矩阵的规划算法，对克服计算量的指数爆炸很有成效。还提出了研究不确定性处理、定性推理、模糊分析、证据合成等新原理。指导建成了陆地自主车、图像与视频检索等实验平台。已培养博士生 60 多名，获北京市优秀教学成果一等奖。是智能技术与系统国家重点实验室创建者之一。著有《问题求解理论及应用》（中、英文各 1 部），合著 *Research on Frontiers in Computing*，均获得国家教委颁发的高校出版社优秀学术专著特等奖，后者还获得全国优秀科技图书一等奖。研究成果获国家自然科学三等奖 1 项，教委科技进步一等奖、二等奖各 1 项，电子部科技进步一等奖 1 项，发表论文百余篇，其中一篇获 ICL 欧洲人工智能奖。

　　张　健（1919 年—　）安徽肥东人。教授。1935 年加入中国共产党。1938 年先后入中央党校、延安马列学院学习。曾任清涧县教育科长、绥德专区督学、马列学院宣传教育研究室主任、中央研究院教育研究室研究员、东北辽西民主学院教育主任等职。新中国成立后任教育部办公厅计划室主任、教育部与高教部计划财务司副司长、政策研究室主任。1977 年来清华大学，任校党委副书记、校革委会副主任。1978 年任副校长。分管行政管理、人事、工资调整等方面工作，取得积极成效。1979 年调离学校。任教育部党组成员，中央教育科学研究所所长兼学术委员会主任。并曾任北京师范大学、山东大学等校兼职教授，中国教育学会常务副会长。是全国政协第七届委员。著有《社会主义建设中的干部问题》《按教育的客观规律办教育》等论文约200篇。主编《中国教育年鉴》《马克思主义教育思想研究》《邓小平教育思想研究》《毛泽东教育思想研究》《毛泽东教育实践》《当代中国教育卷》等专著，主审《中华人民共和国教育大事记》，并参与编写《中国大百科全书》（教育卷）。

张　礼（1925年—　）安徽祁门人。教授。中共党员。1946年毕业于辅仁大学，曾任教于山东大学、辅仁大学、北洋大学、南开大学，1953年赴苏联列宁格勒大学进行研究工作，1956年获副博士学位，并在该校物理研究所作博士后。1957年回国到清华大学工作。参与组建工程物理系，1958年任副系主任，1981年任系主任。1982年起任物理系主任、近代物理研究所所长。博士生导师。曾在丹麦玻尔研究所、苏联列宁格勒大学物理研究所、美国乔治亚理工学院进行研究工作。曾任美国加州理工学院访问研究员、客座教授。

长期从事理论物理的研究工作，曾担任物理、理论物理多门课程教学工作并指导研究生。首先提出正电子在多电子系统内湮灭的理论形式，在微扰色动力学方面关于非阿贝尔规范场螺旋度振幅方法（合作）被国际同行称为"Chinese Magic"。在国际著名科学期刊上发表有关粒子物理、凝聚态物理、玻色-爱因斯坦凝聚论文多篇。主编国家教委重点教材《近代物理学进展》（已出第二版），合著《量子力学的前沿问题》。1990年曾获国家教委荣誉证书，1997年获北京地区（省部级）普通高等学校教学成果一等奖。

张　任（1905年—1993年）山东安丘人。教授。民盟盟员，中共党员。1925年毕业于清华学校，1928年获美国康奈尔大学土木工程师学位，1929年获美国麻省理工学院研究院科学硕士学位。1930年回国，任教于清华大学。曾任扬子江水利委员会技正、专门委员、简任技正兼总工程师，华北水利委员会专门委员，永定河官厅水库工程局局长，北京大学工学院教授。1952年后历任清华大学水利工程系主任、水力学教研组主任，兼任水利部顾问，水利水电科学研究院副院长，中国水利学会常务理事、名誉理事。历任北京市第一届至四届人大代表，第五、六届市政协委员，民盟中央委员、中央参议委员会委员。

长期从事水利建设和水利高等教育，在任水利工程系主任14年中，与党组织密切配合，团结教师和职工，在系的专业设置、教学计划制定、师资队伍建设、建设新水利馆、开展科学研究等方面，作出重要贡献。主张"教学是大学办学的根本"，为本科生开设"水工结构""航运工程""水利工程概论"，为研究生开设"水力学专题"等课，注意培养学生严谨求实的作风。曾参与长江流域早期规划、永定河官厅水库早期的规划和设计工作。1958年担任密云水库设计代表组组长，长期驻守工地指导设计，出席1960年北京市教育和文化、卫生、体育、新闻方面社会主义建设先进单位和先进工作者代表大会。主编《水利工程概论》《明槽高速水流的掺气问题》等讲义。参编的《水力学》（上、下册）第三版获国家教委优秀教材一等奖，发表论文《挑射水股空中掺气扩散特性研究》等。

张　希（1965年—　）湖南长沙人。教授，中国科学院院士。中共党员。1982年考入吉林大学，1986年获得分析化学学士学位，1989年获得高分子化学与物理硕士学位，1992年获得高分子化学与物理博士学位。1991年至1992年在德国美茵兹大学有机化学研究所博士联合培养。1993年至1994年吉林大学超硬材料国家重点实验室博士后，出站后留校任教。1998年被聘为教育部首届"长江学者奖励计划"特聘教授。2004年起在清华大学化学系任教，2008年担任系主任。2010年当选中国化学会副理事长。兼任美国化学会《朗格缪尔》杂志副主编，美国化学会《化学研究述评》、英国皇家化学会《高分子化学》和《化学快讯》的编委。

长期致力于将高分子化学与超分子化学相结合，发展功能超分子体系的分子工程学。提出了超两亲分子的概念，既丰富和发展了胶体与界面化学，又提供一类组装的构筑新基元；建立了基于主体增强分子间作用的超分子聚合新方法；合成了系列含硒树枝状大分子和嵌段高分子，提供了一类生物高分子新材料；建立了氢键等基于分子间作用力的交替沉积界面组装方法，可用于制备各种高分子薄膜材料；发展了单分子力谱技术，为认识界面结构、超分子结构和组装推动力提供了重要信息。曾获国家自然科学二等奖、中国青年科技奖、中国化学会-巴斯夫青年知识创新奖、中国化学会-阿克苏诺贝尔化学奖等多种奖励和荣誉。

张宝霖（1928 年—2006 年）山东潍坊人。教授。1951 年毕业于北京大学电机系，留校读研究生。1952 年院系调整，来清华大学电机工程系任教。博士生导师。

20 世纪 50 年代从事电力系统故障分析及继电保护的教学和研究工作，1959 年曾发表题为《新型三相距离继电器及其试验研究》的文章。60 年代以来长期从事电力系统分析及控制的教学和科研工作。先后在同步电机各种工况下运行性能的理论分析、励磁系统及其控制、高压直流输电及其控制、超高压输电线潜供电流及恢复电压、双杆并架输电线的电量分析等方面取得了有影响的研究成果，发表论文 50 余篇。1992 年"交直流电力系统小干扰稳定分析和综合"的研究成果获国家教委科技进步二等奖（甲类）；1993 年"电力系统动态分析高级软件开发与应用"的研究成果获国家教委科技进步二等奖。50 年代末起从事研究生的培养工作，80 年代以来在电力系统及其自动化学科的研究生教育建设中，包括研究生培养方案的制定、研究生学位课程的建设和研究生的指导等方面都作出贡献。指导博士生 6 名。合著《动态电力系统理论与分析》。

张本正（1940 年—　）辽宁营口人。研究员。中共党员。1959 年至 1965 年在清华大学工程物理系读书，获优良毕业生奖状，毕业后留校在试验化工厂（后为核能技术研究所）工作。其间，曾参加四清工作队一年，任指导员兼副队长。历任试验化工厂三连副指导员，核能技术研究所设计室、五室、核安全室支部书记。从事过反应堆屏蔽设计、中子活化分析、核反应堆应急计划等研究工作。曾被国家核安全局聘为核应急计划专家，被国家环保局聘为核环境影响评价专家。曾在美国布鲁克海文国家实验室做访问学者一年。

1985 年调任学校科研处副处长，负责学术交流和科研编制等工作。1988 年受命组建清华大学科技开发总公司，任常务副总经理，1991 年后任代总经理、总经理。1993 年公司更名为清华紫光，并组建清华紫光集团，任总裁。1999 年改制为股份有限公司，同年上市，任总裁，法定代表人。2000 年紫光收购湖南古汉股份有限公司，为第一大股东，更名为紫光古汉，任董事长。清华紫光向市场推出了一系列高科技产品，有的填补了国家空白。公司于 1991 年在国内首次提出人才工程概念，该词现已被广泛采用。1993 年清华紫光提出"大事业的追求，大舞台的胸怀，大舰队的体制，大家庭的感受"的企业文化，及"承担历史使命，推动社会进步"的企业宗旨。2000 年至 2005 年任北京市工商联副会长。退休后任北京市民营科技实业家协会常务副会长兼秘书长。

曾获国家教委科技进步二等奖 1 项。先后被评为 1995 年度北京市优秀教师、北京市中关村首届优秀企业家、香港紫荆花杯第二届优秀企业家。1993 年起享受国务院政府特殊津贴。

张伯明（1948 年—　）山西霍州人。教授。中共党员。曾作为知青下乡到辽宁海城，后为鞍钢发电厂工人。1978 年至 1979 年在西南交通大学攻读本科，1982 年在哈尔滨工业大学获硕士学位，1985 年在清华大学获博士学位并留校任教。历任电机工程与应用电子技术系发电教研室主任、电力系统国家重点实验室副主任和学术委员会副主任。博士生导师。是 IEEE Fellow。

长期从事电力系统分析和调度自动化科研。1990 年研发出我国第一套大区电网能量管理系统

（EMS）应用软件，并在东北电网投入在线运行，获国家科技进步二等奖。之后领导研发的具有完全自主知识产权的"电网能量管理和培训仿真一体化系统"在国内 70 多个电网推广应用，获得北京市科技进步一等奖。负责完成的"三维协调的新一代电网能量管理系统、关键技术及应用"成果在 20 多个省级以上电网推广应用，入选"中国高等学校十大科技进展"，并获国家技术发明二等奖。其中自动电压控制（AVC）技术在国内 16 个省级以上电网投入闭环运行，并在世界上最大的区域互联电网——美国 PJM 电网投入在线运行。长期主讲研究生学位精品课程，出版《高等电力网络分析》中英文版，著作被他引 763 次；发表学术论文 455 篇，论文他引 4815 次，高引用 H 指数 35。曾获何梁何利科技进步奖，光华科技基金一等奖，国家教委、国务院学位委员会授予的"做出突出贡献的中国博士学位获得者"称号。

张伯鹏（1932 年—　　）北京人。教授。中共党员。1953 年清华大学机械制造系毕业，留校任教。历任数控机床实验室主任、机械制造教研室副主任、机器人研究室主任，校机器人研究所副所长、智能控制工程研究中心副主任，校学术委员会委员，校学位评定委员会委员与分委员会主席，校研究生培养工作委员会副主任。博士生导师。历任国家教委科学技术委员会机械与工程热物理组组员，北京市人民政府机械工业顾问组组长，北京机器人研究会理事长，北京对外科技交流协会理事，中国机械工程学会专业委员，中国自动化学会专业委员，中国机电一体化协会常务理事，国家"863"智能机器人主题咨评专家与专题专家，机电部"七五"机器人国家重点科技攻关专家、验收主任委员，机电部数控国家重点科技攻关专家，国家发明奖评审专家，国防科工委科技进步奖评审专家，联合国工贸发组织中国项目专家，机械部高等工业学校教材编审委员。

长期从事数字化制造、制造科学与机器人学的研究与教学。其中有关制造信息学的研究和应用在国际范围内具有创新性，出版的《制造信息学》是国内外关于制造信息理论和应用方面的第一本学术专著，研究了制造信息的本质、属性、产生和获取、物化原理、表述、传递原理及其工程应用，首次建立了制造信息学的理论体系，系统阐述了制造过程和系统的信息原理，为制造业信息化提供了科学基础。还结合工程案例从理论和实践上，首次揭示了加工精度自组织和制造企业自演进的机制、过程和必要的构造条件。在机器人化自动装配与步行机器人领域的研究也取得重要突破，达到国际先进水平。1958 年至 1966 年参与领导并组织完成了我国第一代数控机床的研究开发，是我国数控机床开创人之一和知名专家。1960 年起在国内率先将控制工程和智能控制引入制造专业教学，1982 年编著出版了我国第一本制造专业用的《控制工程基础》教科书，该书多次再版并被评为中国优秀科技图书。20 世纪 70 年代初在我国率先进行机器人技术的研究开发，发明研制的大型数控机床四足步行装置，于 1978 年获全国科学大会新技术奖（为第一完成人）。90 年代初在国内较早倡议发展我国先进制造技术，"六五"到"八五"期间，在柔性制造技术、产品质量保证及工业机器人等领域承担了多项机电部国家重点科技攻关任务和国家"863"任务，所研发的"切削过程声发射刀具监视（控）装置与方法"获 1990 年国家发明四等奖（第一完成人），还获得国家"七五"科技攻关重大成果、国家科技攻关项目优秀等四项奖励（均为第一完成人）和国家教委科技进步三等奖（第一完成人）。出版的学术著作还有《机电智能控制工程》《机器人工程》等 7 部。持有国家发明专利 8 项，发表学术论文 200 余篇。指导博士生 46 名、硕士生 20 余名。培养出清华大学第一位外籍博士。

张楚汉（1933 年—　　）广东梅州人。教授，中国科学院院士。中共党员。1957 年清华大学水利工程系毕业留校，1961 年至 1965 年为清华大学研究生。1976 年至 1978 担任北京市密云水库抗震加固设计组组长，1978 年至 1981 年作为改革开放以后第一批国家公派留学人员赴美在加州大学伯克利分校土木系和地震工程研究中心作访问学者。博士生导师。历任清华大学研究生培养委员会副主任，国家自然科学基金委咨询委员与水利学科评审组长，国家科技奖励评审委员，水利部科技委委员以及国际期刊 *Journal of Earthquake and Tsunami*、*Energy and Power Engineering* 等编委。

讲授过"水工建筑物""结构动力学""水工专业英语""水利工程学科前沿讲座"等课程，培养博士三十余名，主编《水工建筑学》和《水利水电工程科学前沿》两部教材。任水工教研室主任期间，"水工结构工程"二级学科被评为该领域全国唯一重点学科，"水工建筑物"课程被评为清华大学一类课。20 世纪 80 年代起先后提出高坝-地基-库水系统非线性动力损伤开裂分析模型，可以综合考虑无限地基辐射阻尼、横缝几何非线性、混凝土材料损伤开裂、坝体抗震钢筋等关键影响因素；提出高坝动静力超载破坏的非连续全过程仿真分析模型，实现了高坝结构在动静力荷载作用下连续-断裂-非连续-破坏的全过程仿真；提出预测新建高坝安全性态的工程类比法以及三级承载评价指标，建立了科学性与工程实用性相结合的高坝安全评价体系。研究成果应用于实际工程，完成二滩、小湾、溪洛渡、白鹤滩、乌东德、锦屏、拉西瓦、大岗山、龙滩、向家坝等 30 余座高坝的动静力稳定分析与评价。参与或主持了南水北调、西南大水电站群开发、怒江保护与开发、唐家山堰塞湖整治与北川地震遗址保护等项目。在国内外发表论文 300 余篇，著有 *Nonlinear Behavior and Seismic Safety Evaluation of Concrete Dams*、*Numerical Modeling of Concrete Dam-Foundation-Reservoir Systems*、《岩石和混凝土离散-接触-断裂分析》等学术专著。先后获国家自然科学三等奖、国家科技进步二等奖、全国科技大会奖、国家优秀教学成果一等奖等省部级以上奖励共 13 项。

张大煜（1906 年—1989 年）字任宇，江苏江阴人。教授，研究员，中国科学院院士。1929 年清华大学化学系毕业。同年考取公费留德，1933 年在德累斯顿大学获博士学位后回国到清华大学化学系任教。曾任西南联合大学化工系主任、清华大学化学工程学系主任。1949 年任大连大学教授、化工系主任，大连大学研究所副所长，1953 年至 1977 年任中国科学院工业化学研究所所长，兼兰州化学物理研究所和太原煤炭化学研究所所长。自 1977 年起任中国科学院感光化学研究所顾问、所学术委员会主任、大连化学物理研究所顾问。曾任中国科学院技术科学部常委、中国化学学会副理事长。第一至三届全国人大代表，第五届全国政协委员。

在建立我国最早的石油、煤炭化学研究基地方面有卓越的贡献。组织并参与了石油炼制、石油化工和高能燃烧化肥工业的研究工作，以及催化剂的研制、色谱、化学激光、化学工程和相应的理论研究等，有突出的贡献。1957 年阐明了催化剂孔隙结构和催化活性的关系，1960 年提出多相催化研究中的表面键理论，后以此为指导，研制成功合成氨流程三项催化剂。在胶体化学、吸附和催化作用、催化剂研制、水煤气合成、燃料电池、催化剂表面键研究等方面发表了三十余篇论文。

张凤昌（1951 年—　　）吉林榆树人。研究员。中共党员。1970 年考入清华大学无线电电子学系，1974 年毕业后留校工作。1985 年至 1999 年历任计算机科学与技术系副主任、党委副书记、书记，1999 年至 2002 年任美术学院党委书记，2002 年至 2004 年任校长助理，2004 年起任副校长兼总务长。

任计算机科学与技术系书记期间，大胆进行教学、科研和人事改革，计算机科学与技术在学科评估中名列第一，为该系的发展作出了贡献；作为主要负责人完成的"清华图纸自动输入及管理系统（TH-DAIMS）"项目获教育部科技进步二等奖。在美术学院工作期间，为两校融合和美术学院的建设作出了突出的贡献，完成了美院"数字图书馆"项目，并于 2001 年获得"清华大学优秀党建与思想政治工作者""北京高校系统优秀党务工作者"荣誉称号。任校长助理后，在校党委领导下，完成了信息学院党委的组建、所属系所党政班子的换届和干部的调整工作，参与了学院和信息技术研究院的学科及队伍规划，稳步推进了信息学院的改革工作。任副校长以来，主管学校后勤、基建、安全保卫、校医院、清华园街道等工作。主持学校后勤服务保障工作和绿色校园建设，确立了以"厚德服务"为核心的后勤工作指导思想，进一步明确了后勤的工作定位，大胆推进后勤的体制和机构改革，率先制定了后勤的发展规划，大力加强后勤的干部和职工队伍建设，有力地推进了后勤的各项工作。主持绿色校园建设，2010 年清华大学被美国著名财经杂志《福布斯》评为全球 14 个最美丽的大学校园之一。

张福范（1918 年—1989 年）江苏吴江人。教授。1941 年毕业于浙江大学土木系，1945 年留学美国，1948 年获斯坦福大学硕士学位，并取得工程师资格。1948 年底回国到浙江大学工作。1951 年任教于燕京大学。1952 年起任教于清华大学，曾任材料力学教研室主任，并曾连续两届任全国材料力学课程教学指导组组长。

在清华大学讲授基础课"材料力学"近四十年，先后有近万名学生聆听过他的讲课。根据自己的科学和教育研究成果，形成独特的教学体系和教学风格。讲课语言生动，有自己的体会和心得，注重理论联系实际和启发学生思考，学风严谨，受到学生欢迎。20 世纪 50 年代，参加了新中国成立后全国第一部《材料力学》教科书的编纂工作。审定了多部《材料力学》教材。1985 年至 1989 年在北京市主持国家教委组织的"材料力学"课程评估工作，取得了很好的效果。获得北京市优秀教学成果一等奖。倡导教学内容与教学方法的改革与更新，并亲自示范，推动全国的"材料力学"课程改革。

致力于弹性薄板理论研究达四十年，应用双重三角级数与力法相结合，以及巧妙的叠加方法，在固定边矩形板弯曲、悬臂矩形板弯曲以及承重预制墙板的应力分析等方面取得一系列成果，并得到了支承和载荷具有奇异性的一些难题的解析解，学术专著《弹性薄板》1989 年获清华大学基础理论研究奖。80 年代初致力于复合材料层间应力的研究，得到层间应力精确解，揭示了某些叠层复合材料产生层间开裂的原因，纠正了过去的某些误解。出版专著《叠层复合材料的层间应力》。

张光斗（1912 年—　　）江苏常熟人。教授，中国科学院院士，中国工程院院士。九三学社社员，中共党员。1934 年交通大学土木工程系毕业，同年考取清华大学公费留美生，1936 年获加州大学土木工程硕士学位，1937 年获哈佛大学工程力学硕士学位。同年回国，曾任资源委员会龙溪河水力发电工程处设计课长、工程师，瀼渡河水力发电工程处主任，全国水力发电总处总工程师。1949 年到清华大学任教，历任水力发电学系主任、水工结构教研组主任、水利工程系副主任、水利水电勘测设计院院长、高坝结构和高速水流研究室主任，1978 年后任副校长、校务委员会副主任，教务委员会名誉副主任。曾任中国科学院水工研究室主任，中国科学院主席团成员及技术科学部副主任，国务院学位委员会副主任，水利电力部水利水电科学研究院院长，黄河水利委员会、长江流域规划办公室技术顾问，中国水利学会副理事长，《中国科学》《科学通报》副主编，《水利学报》主编等。北京市第五、六届政协副主席，第三届全国人大代表，第六、七届全国政协常委，九三学社中央委员。1981 年当选墨西哥工程科学院国外院士。

长期从事高等水利教育和水利水电建设，讲授"水工建筑物"和"水电站工程"课程，注意工程实际问题，参与领导新水利馆实验室建设，组织、开展教学改革和水利科研，创造结合水利工程进行真刀真枪毕业设计的经验。20 世纪三四十年代负责设计我国早期的桃花溪、下清渊硐等水电站，还负责或指导仙女洞、鲸鱼口、狮子滩、上清渊硐、古田溪、瀛江等水电站的设计、施工。1949 年后主持设计密云水库等大型水利水电工程，为官厅水库、大伙房水库、丰满、新安江水电站、流溪河、响洪甸拱坝、渔子溪水电站、陆浑水库、丹江口大坝、新丰江大坝、葛洲坝工程、雅砻江二滩水电站、三峡工程等解决关键性技术问题。1956 年参加制订国家科学技术发展规划，任水利组副组长。1981 年作为中方负责人进行中美合作科研项目"地震时拱坝、水库及地基联合作用"。著有《水工建筑物》等，撰有学术及工程教育论文多篇。1956 年被推荐参加全国先进生产者代表会议。获国家科技进步二等奖、国家科学技术特别奖、首届中国工程科技奖、何梁何利基金科技进步奖、光华工程科技成就奖，入选"2007 中国教育年度新闻人物"。

张光宇（1900 年—1965 年）江苏无锡人。教授。民盟盟员。1916 年到上海著名新式剧场"新舞台"边工作边学习美术。1918 年进入出版界，任《世界画报》助理编辑，此后创办《影戏杂志》《三日画报》《上海漫画》《时代画报》《时代漫画》《万象》《独立漫画》《泼克》《抗日画报》《耕耘》《这是一个漫画时代》等刊物。20 世纪 20 年代参与创办中国最早的漫画会，创办美术摄影会、工艺美术合作社、美术会；30 年代参加进步文化活动，参加世界反法西斯斗争。艺术创作涉及漫画、广告、标志、艺术字、装饰绘画、装帧插图、室内设计、电影美术、动画、舞台美术、建筑装饰等方面。1949 年后，从香港回到北京。1950 年被聘为中央美术学院教授，讲授"装饰艺术"课程，并参加了中华人民共和国国徽设计。1956 年到中央工艺美术学院任教授并任院务委员会委员。1958 年，参加《装饰》杂志创刊，并任执行编委。1960 年担任我国首部彩色动画片《大闹天宫》的美术设计，所做的艺术贡献使这部动画片成为世界动画经典和中国学派的代表性作品。以毕生精力发展了后来被称为装饰绘画的"新中国画"。作为一位诸多现代艺术领域的前驱和领军人物，其艺术创造和社会活动，深刻影响了新时代的艺术设计，构成了新中国艺术设计庄重、朴厚、明快、健美、生动、典雅的基本格调，使中国的许多设计艺术领域从开始即以高水准起步，因此被当代文化学者称为"中国式现代艺术的创造标志"（黄苗子）、"亚洲的骄傲"（张仃）。所培养和影响的几代青年艺术家和学生，长期活跃在中国和世界的美术设计、电影动画、工艺美术、艺术理论、艺术教育领域。主要著作：《近代工艺美术》《光宇讽刺集》《张光宇绘民间情歌》《西游漫记》《张光宇插图集》《张光宇黑白装饰画选》等。

张克潜（1933 年—　）北京人。教授。中共党员。1953 年毕业于清华大学无线电工程系，留校任教。历任教研组副主任、主任，无线电工程系、无线电电子学系副主任、主任。博士生导师。兼任集成光电子学国家重点实验室主任，国家"863"计划信息技术领域首席科学家，全国工科电子类物理电子与光电子技术教材编委会、教学指导委员会主任委员等。

为本科生、研究生讲授"电动力学""微波技术""微波电子学""高等电动力学"等课程，为中央广播电视大学录制"电磁场"课程，讲课深入浅出，概念清楚，受到历届学生欢迎。1959 年获北京市五条战线积极分子（劳模）称号，1989 年获北京市优秀教师称号，1997 年获北京市普通高等学校教学成果一等奖。合著教材 5 部，其中《微波与光电子学中的电磁理论》被教育部推荐为研究生用书，获电子部科技进步一等奖、国家级教学成果二等奖、国家科技进步三等奖，该书先后在北京和台北出版，英文版由 Springer 出版社在德国出版。

领导课题组进行多项研究工作。1959 年实现微波行波管放大。1964 年研制成功周期磁场聚焦宽带行波管。1965 年与 744 厂合作研制成功周期磁场聚焦金属-陶瓷行波管。两管均由 774 厂生产，并应用多年。1978 年研制成功千瓦级连续波正交场放大管。1983 年和 1988 年先后研制成功透射式和反射式声学显微镜，获国家发明三等奖。指导青年教师和研究生在微波电子学、导波光学、静磁波器件和手征介质波导研究方面取得一系列成果。共发表学术论文 85 篇，其中被 SCI 收录 14 篇。

张鸣华（1930 年—　　）浙江温州人。教授。1952 年清华大学数学系毕业留校，先后在高等数学教研组和应用数学系任教，曾任离散数学教研组副主任。

20 世纪 60 年代中期以前讲授"数学物理方法"课程，从事偏微分方程泛函方法的研究，曾利用带权度量来引进新的泛函空间。70 年代中期以后转向理论计算机科学，讲授"可计算性理论"等课程。研究工作的一个方面是利用抽象代数方程组来研究程序结构，在建立了 Boole 代数方程组的基本性质以后，阐明了各种编译优化的实质，并得到了新的优化方法；在同样的理论基础上，研究了程序的结构化。另一个方面是研究数据类型，利用非古典逻辑来刻画抽象数据类型，建立了数据类型的二阶理论，由此研究了带错误信息的数据类型；在二阶理论的基础上得以把数据类型引进对计算机科学有特殊重要意义的直觉主义类型论，并研究了无穷对象。著有《可计算性理论》。

张慕萍（1931 年—　　）江苏灌云人。研究员。中共党员。1948 年在北平师大附中参加党的外围组织"民主青年同盟"。1950 年入清华大学电机工程学系学习，曾任校学生会主席，1953 年毕业并留校工作。曾先后担任政治辅导员，电机工程系团总支书记，校团委副书记、书记并当选为共青团北京市委委员及共青团中央委员。1971 年至 1978 年任自动化系党总支书记、系革委会副主任和绵阳分校政工组长、党委书记。1979 年至 1983 年任自动化系党委书记、核能技术研究所党委书记、校党委常委、党委宣传部部长。1984 年任副校长，兼任社会科学系主任、校体育运动委员会主任，学校文科领导小组成员，分管后勤、基建、财务管理及体育等方面工作。1990 年由国家教委派赴美国芝加哥总领事馆任参赞衔领事、教育组长。1993 年回国，1994 年至 2007 年任中国老教授协会常务副会长，后任名誉副会长。

长期从事学校党政管理和教学科研工作。在领导校共青团及学生思想工作与体育工作中，认真贯彻党的教育方针，富有开创精神，为培养德智体全面发展的人才及青年党团干部作出了积极贡献。在分管后勤工作期间，深入后勤改革，坚持优质服务，服务育人，主持制订后勤管理制度，为学校基本建设、财务管理及后勤队伍建设作出了显著成绩。1990 年被国家教委表彰为"全国高校后勤先进个人"。兼任社会科学系主任期间，为学校恢复文科、创办社会科学系和人文社会科学学科的建设作出贡献。此外，从 1984 年起一直为本科生讲授"中国革命史"课程，为该课程的改革和建设做了许多工作。

在任中国驻美国芝加哥总领事馆教育参赞三年半的工作中，克服困难，团结广大留学人员，为开创中美教育学术交流的新局面作出贡献。在中国老教授协会工作中，改革创新，为中国老教授事业发展作出了重要贡献，1998 年获中国老教授协会颁发"老教授事业贡献奖"。

曾担任多项教育部委托重点项目科研课题负责人，著有《中国地带差距与中西部地带的崛起》；主编《中国生态文明建设的理论与实践》。曾发表《"公平""效率"与区域差距》、《西部大开发的生态文明建设与可持续发展》《坚持科学与人文相融合，培养高素质创新型人才》《中国共产党对中国发展模式的探索与实践》等论文多篇。

张青莲（1908 年—2006 年）江苏常熟人。教授，中国科学院院士。中共党员。1930 年毕业于光华大学化学系。1934 年清华大学研究院毕业。同年赴德留学，入柏林大学物理化学系深造，

1936 年获博士学位。次年回国，任职于上海化学研究所、光华大学。1939 年任西南联合大学教授。1946 年随清华大学复员回到北平，任化学系教授。1952 年后到北京大学化学系任教，曾任系主任，兼任中国科协委员、中国化学会常务理事、中国质谱学会理事长、国家科委稳定同位素专业分组组长、国际纯粹应用化学联合会原子量与同位素丰度委员会常委。曾任中国科学院化学部副主任。

长期从事无机化学的研究工作，特别在同位素化学和重水的研究方面，发表了不少颇有见地的论述。曾参加我国各种轻同位素的研制开发工作，作出了贡献。著有论文六十余篇，成果大部分总结于《从事同位素化学研究五十年》中。20 世纪 80 年代以来系统进行原子量的精密测定，所测铟、锑的原子量已被国际纯粹与应用化学联合会确定为新的国际标准数据。

张仁豫（1923 年—　）浙江绍兴人。教授。1946 年由天津工商学院插班进清华大学电机工程学系电力组，同年毕业留校任教。1951 年由清华大学派往哈尔滨工业大学研究班进修，1954 年返校任教，协助筹建我国第一个高电压技术专业及清华大学高电压实验室。博士生导师。从 20 世纪 60 年代起先后指导硕士生 9 名、博士生 6 名。

60 年代开展用光测弹性力学研究盘形悬式瓷绝缘子头部的应力分布，研制成高强度瓷绝缘子两种，已大量使用于国内超高压线路上。70 年代研制成 500kV 静电电压表及 500kV 0.1 级自校式直流电阻分压器，分别获北京市 1986、1987 年科技进步三等奖。80 年代首先研制成棒型悬式硅橡胶绝缘子系列产品。"对沿染污介质表面放电的研究"成果获 1992 年国家教委科技进步一等奖、1993 年国家自然科学三等奖。合作研究项目"高海拔外绝缘及电晕特性研究"成果获 1992 年国家科技进步三等奖。在国内外期刊上发表论文六十余篇。主编的《高电压实验技术》教材曾获校优秀教材一等奖。并主编有《绝缘污秽放电》等专著。

张三慧（1929 年—　）河南巩义人。教授。中共党员。1951 年毕业于清华大学物理学系并留校工作。曾任清华大学附设工农速成中学物理教师，先后在清华大学物理教研组、现代应用物理系任教，曾任教研组主任、副系主任、基础课程教学委员会副主任等职。曾兼任国家教委中小学教材审定委员会物理科审查委员、《大学物理》常务编委、《物理通报》编委。

长期从事物理学的教学与研究，治学严谨，在物理学教学、教材建设和科普方面成绩显著。主编出版了《工科大学物理学》及《大学物理学》等教材，后者获得 1993 年北京高教局一等奖。撰写出版了《牛顿定律古今谈》《从伽利略到牛顿》等深受读者欢迎的科普读物。并发表教学研究论文数十篇，为全国基础物理教学提供了宝贵经验。1985 年获得北京市劳动模范称号，1989 年获北京市教学优秀奖。

张守仪（1922 年—　）女，河北丰润人。教授。九三学社社员。1945 年毕业于重庆中央大学建筑系，1944 年至 1946 年在该校任教师。1947 年赴美留学，1948 年获美国伊利诺伊大学硕士学位。1949 年回国后任教于北京大学工学院。1951 年后任教于清华大学营建学系，曾任民用建筑设计教研组主任。博士生导师。还兼任校工会副主席、九三学社清华分社副主任委员、海淀区人大代表、首都规划委员会住宅专家组成员、国际人居环境研究协会会员。

长期担任建筑设计教学，指导博士生 1 名、硕士生 13 名。专于住宅设计及住宅研究，为主要负责人之一的石家庄联盟小区规划设计获建设部城市住宅小区建设试点规划设计一等奖、国家优秀工程设计金奖。主持和参加的科研项目有"住宅环境日照分析"、与瑞典合作进行"居住行为调查"等。任《土木建筑大辞典》城市规划及园林卷编委，主编《城市型住宅》等。发表论文二十余篇。

张书练（1945 年—　）河北武强人。教授。中共党员。1964 年至 1970 年清华大学精密仪器及机械制造系攻读本科，毕业后留校任教。1978 年至 1981 年在该系攻读硕士学位。曾先后在比利时布鲁塞尔自由大学做访问学者，在德国卡塞尔大学做客座教授，在韩国科学技术研究院作 Brain Scholar 项目学者，在法国图卢兹理工学院作客座教授。历任清华大学精仪系科研科科长、人事科科长、校科研处综合科科长、精仪系光学教研组主任、光电技术与仪器教研室主任、光电工程研究所所长、精密测量技术及仪器国家重点实验室（清华区）主任。

主讲"激光技术及应用"、"电磁场理论"和"固体激光和激光测距仪"。一直从事激光技术和应用研究，建立了系统的学术体系"双折射腔、正交偏振激光器及应用"。这一体系填补了激光器原理中正交偏振相关物理效应的缺漏，把体系中若干发现变成应用原理、仪器化并应用。一些发现的现象和应用研究被收录进教科书。出版专著《正交偏振激光原理》，合作出版教材《应用激光基础》。发表论文 250 余篇，其中被 SCI 收录约 150 篇，获专利 40 余项。以第一获奖人获国家技术发明二等奖 2 项："光学元件内应力、双折射和光学波片相位延迟测量的新原理和仪器""正交偏振激光器及基于其振荡特性的精密测量仪器"；高校部级自然科学一等奖 2 项："驻波激光器纵模分裂原理，现象及其在激光物理和计量学中的应用基础研究""正交偏振激光器腔调谐特性"。

张思敬（1930 年—　）四川江津人。1947 年考入清华大学物理学系，1948 年 7 月加入中共地下党外围组织"民主青年同盟"，同年 10 月加入中国共产党，1952 年毕业于土木工程学系并留校工作。讲授过"水利施工技术"课。1953 年起历任水利工程系党支部书记兼秘书，系党总支副书记、书记，电机工程系党总支代理书记，水利工程系教改分队队长、党支部书记，自动化系党委书记兼革委会主任。粉碎"四人帮"后，任校清查办公室材料组组长。1978 年起历任水利工程系党委书记，校党委组织部副部长、部长，校纪委副书记。1982 年任校党委副书记。1984 年任副校长。1988 年任校纪委书记兼校监察工作委员会主任。曾参加中共中央党校"党建研讨班"两个月。1991 年后任校档案馆馆长及校关心下一代工作委员会会长，同时任校史编委会副主任。曾任中国高校师资管理研究会常务理事。

长期从事党政管理工作，在工作调动频繁情况下，任劳任怨，刻苦钻研，出色地完成所担负的任务。担任水利系党总支副书记、书记期间，认真贯彻党的教育方针，与系行政共同组织师生承担密云水库设计任务，真刀真枪进行毕业设计，取得明显成效。担任校领导期间，分管组织、干部及学校人事、安全保卫工作等，均作出积极贡献。促进了学生党建工作发展，大力选拔青年干部，进行人事制度改革，实行教职工的定编管理，完成教师职称改革，实行教师专业职务聘任制，开创技师和高级技师的评聘工作。获国家教委等部门授予的"全国重视老年工作领导者功勋奖"。1993 年起享受国务院政府特殊津贴。1995 年被校党委评为"优秀共产党员"。

离休前后，组织校史研究工作，主编《清华英烈》《清华人物志（四）》。参编《蒋南翔文集》，共同主编《清华大学志》。获学校"老有所为"先进个人称号。

张席褆（1898 年—1966 年）字惠远，直隶（今河北）定州人。教授。九三学社社员，中共党员。1923 年毕业于北京大学地质系，1928 年获奥地利维也纳大学地质系博士学位。回国后曾任中山大学教授、地质系主任，两广地质调查所所长。1935 年至 1950 年任清华大学地学系（西南联合大学期间为地质地理气象学系）教授。1950 年地质学系成立任系主任。1952 年起任北京地质学院教授、教务长、副院长，中国科学院古脊椎动物学及古生物研究所副所长。九三学社中央委员。专于古脊椎动物学及古生物地层学，是我国早期的古脊椎动物学家。著有《云南三叠纪

地形及地层概要》，参编高校教材《古生态学》，撰有《山西东南部榆社盆地乳齿象类化石的新材料》等论文。

张肖虎（1914 年—1997 年）江苏武进人。教授。1936 年毕业于清华大学土木工程学系。曾任天津耀华学校教员。1946 年至 1950 年任清华大学音乐室导师、主任。领导组织"清华合唱团"，包括混声歌咏团和男声歌咏团，并组织管弦乐队伴奏。后历任北京师范大学理论作曲教研室主任，北京艺术学院音乐系主任，中央音乐学院教授，中国音乐学院教授、作曲系主任、副院长，北京音乐教育研究会会长。作品有管弦乐《苏武交响诗》、民族舞剧音乐《宝莲灯》、钢琴协奏曲《梅花新咏》等。著有《五声性调式分析》、《乐学基础》。

张晓健（1954 年—   ）北京人。教授。中共党员。1978 年毕业于清华大学建筑工程系给水排水工程专业，1982 年、1986 年先后在清华大学获环境工程专业硕士学位、博士学位，是我国自己培养的第一位环境工程博士。1981 年研究生毕业后留校工作。1994 年至 2001 年担任环境科学与工程系副主任。兼任中国城镇供水排水协会副会长、中国土木工程学会水工业分会副理事长、国际水协国家会员代表等职。

在饮用水应急处理技术研究领域卓有建树，研究成果已在全国得到普遍应用，显著提高了我国城市供水行业的应急供水能力。作为住建部和环保部的应急专家，在 2005 年松花江硝基苯污染、2007 年无锡水危机、2008 年汶川地震灾后供水安全保障、2010 年广东北江铊污染等十余次重大突发环境事件的应急处置工作中发挥关键作用。当选为"2007 年绿色中国年度人物"，获国家和省部级科研奖 6 项，以他为学术带头人的清华大学饮用水安全研究所荣获 2008 年全国五一劳动奖状和首都劳动奖状。

注重培养学生的创新性思维方式和研究能力，体现"学习—实践—创新"的教学思想。讲授的"高等水处理工程"是清华大学精品课程。多年担任高等学校给水排水工程专业教学指导委员会和高等学校环境工程教学指导委员会的工作，推动全国的专业教学改革和建设，教学成果在教育界同行有较大影响。曾获国家级教学成果一等奖、二等奖，省市级教育教学成果一等奖 5 项，北京市优秀教师，北京市孟二冬式优秀教师，北京市人民教师提名奖，清华大学校级优秀教学奖和清华大学研究生"良师益友"奖等奖励多项。

张孝文（1935 年—   ）浙江宁波人。教授。中共党员。1952 年考入清华大学机械制造系，1955 年任学生政治辅导员，毕业后在该系任教。历任校团委副书记、校党委组织部副部长，化学工程系副主任、主任。曾在美国加州大学伯克利分校和利哈伊大学做访问学者。1985 年任副校长，1988 年至 1994 年任校长。博士生导师。第三、四届教育部全国高校设置评议委员会主任。曾任国务院学位委员会材料学科评议组召集人，组织制定我国民口"863"计划领导小组成员，中国硅酸盐学会副理事长、名誉理事长。1992 年被选为中共第十四届中央委员会候补委员，为第九届全国政协常委。1990 年当选为国际陶瓷科学院院士。

长期在功能陶瓷材料领域从事教学和基础性研究工作，主编全国通用教材《固体材料结构基础》，发表论文 200 余篇。曾获国家发明二等奖及部委科技奖等国内外多项奖励。2009 年获何梁何利科技进步奖。

任校长期间，主持制订和组织实施《清华大学综合改革与建设方案》《清华大学"八五"事业发展规划》，进一步明确学校发展的长远总目标应该是建设成有中国特色的世界第一流的社会主义大学。提出"坚持方向、着重提高、深化改革、改善条件、发展优势、多做贡献"的指导思想。坚持社会主义办学方向，团结师生推动学校在稳定中发展；健全及完善学校各项管理制度及法规，使学校各方面工作有序地推进；推行以提高教学质量为中心的各项改革和建设，推进学科结构的拓展；研究生培养进一步发展，尤其博士生和博士后流动站有较大增长；科研工作广泛开展，在研项目、经费、成果和获得国家级奖励的数目均有较多增加，并积极发展校办产业；履行开源节流，多渠道筹集办学经费，实施财务管理改革，使学校财政状况明显好转；积极推进对外合作交流，促进学校发展和提高。1993 年提出争取到 2011 年把清华大学建设成"能跻身于国际上先进大学的行列"的目标。

1993 年任国家教委副主任、党组副书记，主管高等教育工作，并任国务院学位委员会副主任兼秘书长。积极推动"211"工程的正式立项和启动；参与和实施我国高校管理体制和运行机制的改革；推进和组织我国学位和研究生工作的发展和改革，为实现高层次人才的培养基本上立足于国内的目标作出积极贡献。

张绪潭（1928 年—　）又名张寅生，天津人。1945 年加入中国共产党，同年在晋察冀城工部学习后被派回北平做地下工作，曾任北平铁道管理学院地下党支部书记，为迎接解放作出贡献。1951 年北京铁道学院运输系毕业留校，历任院党支部书记、院党总支书记，1956 年任院党委副书记，1965 年兼监委书记，至"文化大革命"。在北京铁道学院长期主持党务工作，联系群众，身体力行，对学校的接管、改造作了大量工作，密切配合行政进行教学改革，对学校党组织的建设和思想政治工作作出重要贡献。1972 年任北方交通大学党委常委、革委会副主任。1979 年任清华大学无线电电子学系党委书记、校党委常委，广泛联系教职工，为刚从四川绵阳分校迁回清华园的无线电电子学系的恢复和走上正轨作了许多工作。1980 年任清华大学党委副书记兼纪委书记，1983 年兼校工会主席，1988 年任校文科工作委员会主任。在此期间，分管宣传、教职工思想政治工作、纪律检查、工会和文科建设等工作，能够抵制错误思潮，坚持社会主义方向，亲自讲党课，组织领导整党工作，为健全党的组织生活制度和教职工代表大会的民主管理与民主监督制度，以及文科院系的发展和建设，为提高党组织的战斗力，使学校在稳定中发展作出重要贡献。撰写《关于加强党的思想建设的几点意见》《社会主义高等学校党的建设的使命和加强党的建设的关键》等论文。

张尧学（1956 年—　）湖南常德人。教授，中国工程院院士。中共党员。1982 年本科毕业于西北电讯工程学院，1989 年获日本东北大学工学博士学位。1990 年到清华大学计算机科学与技术系任教，曾任副系主任。博士生导师。1995 年起历任国家电子工业部计算机司副司长，教育部科技司副司长、司长，教育部高教司司长，中央广播电视大学校长，国务院学位委员会办公室主任，中南大学校长，并一直兼任清华大学教授。还曾任美国麻省理工学院访问科学家、日本会津大学客座教授等。任国务院信息化咨询委员会委员、解放军总装备部军用计算机及软件专业组专家、电子学会常务理事、计算机学会普适计算专委会委员、中国通信学会云计算专委会主任、中国通信学会大数据专委会主任以及《电子学报》《计算机学报》等期刊的编委。

长期在计算机领域从事应用基础理论及工程技术应用研究工作，特别是在网络操作系统、网络协议综合、网络路由器、普适计算、透明计算/云计算等方面进行了长期研究；主持完成多项国家级科研、国际合作及重大产业化项目，取得多项成果。以第一完成人获国家技术发明二等奖 1 项、国家科技进步二等奖 2 项；获 2005 年何梁何利科技进步奖；获 IEEE AINA07 国际会议最佳论文奖；以第一发明人获得国家发明专利 15 项，2005 年中国专利优秀奖，美国发明专利授权 2 项；在 IEEE 汇刊等杂志和国际会议上发表学术论文 200 余篇；出版专著和教材 9 部。曾长期主讲计算机操作系统课程，并培养了上百名硕士、博士生。

张荫麟（1905年—1942年）号素痴，广东东莞人。教授。1921年考入清华学校，1929年毕业赴美留学，入斯坦福大学攻读西洋哲学和社会学。1933年回国，1934年至1937年任清华大学历史学系、哲学系合聘专任讲师、教授，主讲"中国学术史""宋史"等课程。1937年受浙江大学的聘请，讲学于天目山。一年后，赴昆明，任西南联合大学历史社会学系教授。1940年去遵义浙江大学执教。青年时代对中国科技发明史即有广深研究，后对宋史的研究尤为精深，对唐末宋初的农民起义颇多创见，称"在中国民众暴动史中，创一新旗帜，辟一新道路"。著有《中国史纲》上册（上古篇）和《张荫麟文集》行世。

张煜全（1879年—1953年）字昶云，广东南海人。1890年至1891年就读于福州英华书院，1892年就读于香港黄仁书院，1899年毕业于北洋大学堂。后赴美留学，于1903年、1904年分别在加州大学、耶鲁大学获法学硕士学位，1904年至1906年在耶鲁大学攻读博士学位。历任上海、河北等四省市教育督察，驻日本公使馆二等秘书，邮传部交通传习所监督。民国成立后，任北洋政府大总统府秘书兼外交部顾问。1917年9月任清华学校第一届董事会董事。1918年4月至1920年1月，任清华学校校长。1920年后任北洋政府外交部参事、国务院调查局局长、外交部总务厅厅长。1928年任平津卫戍司令部顾问。后任北平大学法学院讲师，北京大学预科讲师。1940年5月起在汪伪华北政务委员会任政务厅法制局代理局长、审查资历委员会委员、主席等职。

担任清华学校校长期间，1918年推动外交部、教育部联合制定了《清华游美毕业生回国安置办法》。对筹办大学作了一些工作，1920年1月他"发外交部陈报筹设大学"，决定逐年停办中等科，"而以办中等科之力量与经费，改办大学"。他任职2年，极少与学生见面。1919年12月学生会召开成立大会，他派巡警干涉，还把电灯关灭，引起学生公愤，学生当即宣布罢课抗议。1920年1月底，张煜全被迫辞职。

张再兴（1947年—　）江苏溧阳人。教授。中共党员。1964年入学清华大学自动控制系，1970年毕业留校任教。1983年清华大学计算机应用专业研究生毕业，获硕士学位。1990年至1991年赴美国进修。历任系教工团总支书记、政治辅导员、教研组党支部书记。1991年任计算机科学与技术系副主任，1994年任系党委书记。1995年至2006年任校党委副书记，先后分管学生工作、宣传工作，2004年兼任校马克思主义研究中心主任、高校德育研究中心主任。2006年后历任校务委员会副主任、校关工委主任、校史编委会主任。先后兼职北京高校德育研究会理事长、教育部艺术教育委员会常委、全国高校思想政治教育研究会副会长、教育部思想政治理论课教学指导委员会委员和顾问、北京教育系统关工委副主任等。

长期从事教学科研工作，同时担负党政管理工作。在校党委分管工作中，认真贯彻党的教育方针，认真研究新时期思想政治工作的实际，在深化主题教育、实施学生党建规划、加强辅导员队伍建设、推进"第二课堂"建设、加强就业指导、健全宣传工作机制、开拓网络宣传教育工作、筹建校马克思主义研究中心和加强学科发展、推进德育研究基地建设等方面努力开展工作，做出了积极贡献。获北京高校党建和思想政治工作优秀成果一等奖3项、国家级教学成果二等奖等。被授予北京市优秀思想政治工作者、全国普通高校党的建设和思想政治教育先进工作者称号。主要著作有《智能机器人系统》（参编）、《求索——新形势下高校德育中若干新课题的实践与思考》《网络思想政治教育研究》《高校辅导员队伍建设理论与实践》等。

张泽熙（1896年—1988年）江西鄱阳人。教授。1919年毕业于北京大学工学院土木系，赴美留学，1922年获康奈尔大学研究院土木工程硕士学位。在美国波士顿铁路公司、桥梁公司、纽约州公路局铁路信号公司实习。1923年回国，历任北京京绥铁路工务处工程师、北京工业大学土木系教授、江西省土地局技正、东北大学土木系教授兼系主任。1931 年起任清华大学土木工程学系教授。1937 年"七七"事变后，随清华南迁任长沙临时大学、西南联合大学土木工程学系教授。1946 年随清华复员北平，继续任清华大学土木工程学系教授。1948 年起任代理系主任、系主任。1952 年起先后任唐山铁道学院铁道系、西南交通大学土木系教授。长期从事土木工程的教学工作，曾讲授过"铁路工程""铁路设计""高等铁路工程""养路工程"等课程，并指导课程实习。著有《铁道工程学》。1977 年至 1979 年在北方交通大学修订选线教材；为选线教研组、铁道部科研情报所翻译美国杂志文章、论文多篇；为西南交通大学科技情报室校阅、翻译英文杂志论文多篇。

张兆顺（1935 年—　）上海人。教授。中共党员。1957 年于上海交通大学提前毕业，保送清华大学第一届工程力学研究班深造，1959 年留校任教。1978 年通过教育部英语考试，选拔出国进修。1979 年起在英国南安普顿大学研究湍流边界层相干结构，1982 年获该校应用科学院博士。回国后继续在清华大学工程力学系任教。曾任工程力学研究所副所长，中国空气动力发展研究中心兼职教授。曾任中国力学学会理事（3 届）、常务理事、副秘书长、流体力学专业委员会主任等职。1990 年和日本湍流界的同行组织中日湍流研讨会，任中方主席。1992 年当选英国皇家航空学会会员和英国工程学会特许工程师。曾任国际期刊 *Flow, Turbulence and Combustion* 杂志的编委、国际湍流剪切流现象会议和国际湍流传热和传质会议科学委员会委员。

创建工程力学系湍流研究室，并开展湍流理论、实验和数值模拟的研究。主要学术成就有：揭示曲壁湍流的相干结构，发现近壁湍流强脉冲现象，用直接数值模拟方法揭示圆管流动的自然和旁路转捩过程；研究标量湍流在尺度之间的输运过程，发现湍流普朗特数和分子普朗特数有关，用理性方法建立湍流大涡模拟的新型亚格子通量模型。研究成果在国内外著名杂志发表论文近 100 篇。出版专著《湍流》《湍流理论与模拟》《湍流大涡数值模拟理论和应用》。编著的教材《流体力学》于 2006 年再版，被审定为普通高等学校"十一五"国家级规划教材和高等院校力学教材，被国内高等学校广为采用。培养博士生 17 名，指导博士后 3 名。

章燕申（1929 年—　）江苏武进人。教授。1950 年清华大学机械工程学系毕业，留校任教，1953 年至 1956 年在苏联莫斯科国立包曼技术大学精密仪器系读研究生，1957 年获副博士学位，同年回清华大学电机工程系任教，筹建为"两弹"服务的国防专业。1958 年任自动控制系导航与控制教研室主任，负责自动控制专业导航与控制专门化本科生的培养。1964 年任副系主任。1975 年调任精密仪器系陀螺导航与控制教研室副主任，后任主任。博士生导师。历任中国电子学会导航专业委员会、中国航空学会自动控制专业委员会、中国宇航学会飞行器惯性器件专业委员会及中国造船工程学会船用仪器仪表专业委员会委员，中国惯性技术学会副理事长，国防科工委惯性技术军工专家组成员，国际测量协会（IAG）下设惯性技术在测量中应用专业组成员，北京国际惯性技术学术会议秘书长。1990 年至 1993 年每年一次主持中俄双边的惯性技术学术会议。

长期从事陀螺仪和惯性导航系统的工程研究。1965 年在我国首先研制静电陀螺仪。1972 年至 1977 年为飞航式导弹研制成功"静电陀螺三轴稳定平台"，通过了地面环境试验和飞机模拟飞航式导弹的飞行试验。此外，静电陀螺仪单独通过了飞航式导弹搭载实验，均为国内首创。1980 年至 1990 年被中国船舶工业总公司任命为静电陀螺仪工程研制项目的总设计师。1985 年静电陀螺仪样机精度达到国内最高水平，获部级科技进步二等奖；1990 年小型化静电陀螺仪工程样机通过了在双轴伺服转台上的精度测试，再次获部级科技进步二等奖，均为第一完成人。1985 年至 2000 年先后研制成功"液浮陀螺平台式"和"激光陀螺捷联式"两种惯性定位定向系统的试验

样机。

结合以上工程研究培养多届本科生及硕士生 30 名、博士生 14 名，发表论文 70 余篇，其中在国际学术会议上 7 篇。合译《电的自动调节系统》上下册，合著《现代控制理论基础》，编写《最优估计与工程应用》《高精度导航系统》《光学陀螺系统与关键器件》。

赵纯均（1941 年— ）四川荣昌人。教授。中共党员。1965 年从清华大学电机系毕业后留校工作，曾在清华大学土建设计院、绵阳分校工作。1979 年到自动化系系统工程研究室任教。1984 年赴国际应用系统分析研究所（IIASA）作研究学者。1986 年回国以后一直在清华大学经济管理学院工作，历任系主任、院长助理、常务副院长、第一副院长、院长、校学术委员会副主任、校务委员会委员，经济管理学院顾问委员会委员，现代管理与技术创新哲学社会科学创新基地主任，全国工商管理硕士专业学位教育指导委员会常务副主任，国家自然科学基金管理科学部专家咨询委员会委员，全国本科工商管理类专业教学指导委员会主任，国务院学位委员会学科评议组工商管理评议组召集人，教育部社会科学委员会委员、管理学部召集人。

长期从事系统工程、决策支持系统和管理教育等方面的教学和研究，主要研究方向为系统工程、信息技术及管理教育等，在管理科学及管理教育领域有深厚的造诣。撰有论文 *Expert System for Integrated Development：A Case Study of Shanxi Province*、*Application of hierarchical optimal control method to dynamical input-output analysis* 等，著有《国际工商管理案例丛书》《中国管理教育报告》《我国工商管理学科发展纲要》等，主持与参与了多项重要科研项目，包括欧盟项目"自然资源管理及环境教育的多媒体技术"、富布莱特项目"美国管理教育研究"、国家自然科学基金重点项目，并获多项国家级、省部级科研及教学成果奖励。

在主持经济管理学院工作近 20 年期间，为学院的发展做了大量的开拓性、基础性的工作。为创建世界一流的经管学院作出重要的贡献。曾长期担任国务院学位委员会工商管理学科评议组成员和召集人，推动了国内工商管理学科的布局、提升和普及。特别是作为全国 MBA 教育指导委员会副主任，为中国 MBA 教育的创立、中国专业学位教育的健康发展、规范管理做了大量的工作；为 MBA 联考制度的建设、办学质量的提升、EMBA 教育的开办、MBA 师资队伍的建设以及西部管理教育的提高作出了重要贡献。2006 年当选为中华十大教育英才，2009 年获"清华大学突出贡献奖"。

赵南明（1939 年— ）浙江开化人。教授。中共党员。1962 年毕业于清华大学工程物理系并获校优秀毕业生称号，留校任教。从事等离子物理及凝聚态物理方面的教学和科研工作。1978 年国家公派赴美，在加州大学伯克利分校物理系进修，在加州大学欧文分校生理及生物物理系及布鲁克海文国家实验室从事有关生物物理方面的研究工作。1981 年回国后参与筹划并主持恢复清华大学生物科学与技术系。1984 年生物科学与技术系复系后，历任常务副系主任、系主任，生物膜与膜生物工程国家重点实验室主任，清华大学生命科学与工程研究院院长，清华大学生命科学与医学研究院院长，曾任国务院学位委员会生物学科评议组成员，中国生物物理学会常务理事、副理事长、理事长，国际纯粹与应用生物物理学会执行理事，中国—加拿大生物技术 3X3 项目中方协调人，美国麻省理工学院、哈佛大学、日本大阪大学的访问教授。2001 年清华大学创建医学院后，担任医学院常务副院长至 2009 年。博士生导师。20 世纪 80 年代作为生物物理国家重点学科负责人，主要从事膜生物物理及膜生物工程方面的科研与教学工作，发表论文百余篇。获国家教委科技进步一等奖、二等奖，国家级有突出贡献中青年专家、北京市优秀教师（2 次）、北京市先进工作者等称号，参与主编的《生物物理学》获高等学校优秀教材一等奖。2006 年获清华大学突出贡献奖。2008 年当选为国际欧亚科学院院士。

赵以炳（1909 年—1987 年）江西南昌人。教授。1929 年毕业于清华大学留美预备部。1934 年获美国芝加哥大学生理学系哲学博士学位。同年回国。任教于清华大学、西南联合大学、中正医学院。1949 年后，历任清华大学、北京大学教授、生理学教研室主任。历任卫生部医学科学研究委员会委员，中国生理学会主席、理事长、主任委员等职。专于细胞生理学、比较生理学和冬眠生理学。编著有《人体及动物生理学》《高级神经活动生理学基础》《基础生理学》等。1955 年应邀出席全苏生理学家、生物化学家和药理学家第八届代表大会，并在全体会上作学术报告。1956 年作为中国教育工会代表出席了全国先进生产者代表会议，以对我国生理科学所作的可贵贡献，享有较高的声誉。

赵玉芬（1948 年—　　）女，河南淇县人。研究员，教授，中国科学院院士。1971 年于台湾新竹清华大学化学系毕业，1975 年获美国纽约州立大学石溪分校博士学位，并在纽约州立大学从事博士后研究。1979 年回国，曾任中国科学院化学研究所研究员。1988 年后任教于清华大学化学系。曾任清华大学生命科学与工程研究院副院长、生命有机磷化学教育部重点实验室主任。博士生导师。任中国化学会理事、国际生命起源学会（ISSOL）理事、国际磷化学学会（ICPC）理事。兼任多种国际国内期刊的编委。是第七至十届全国政协委员，全国青联副主席。

主要研究领域为探讨蛋白质、核酸、糖及脂类之间通过磷的相互作用，从而揭示生命化学的本质。提出了磷酰氨基酸是核酸蛋白协同进化的最小系统；发现了丝组二肽可以切割 DNA/RNA 和蛋白质，切割机理与生物化学中磷酸二酯键的水解类似；发明了合成抗癌药三尖杉酯碱母核的新方法；利用质谱技术研究了一系列磷酰氨基酸、磷酰小肽的裂解及重排规律，进行了蛋白质的序列分析以及生物大分子和有机小分子之间弱相互作用的研究等。已在 *J. Am. Chem. Soc.*，*J. Org. Chem.* 等国内外学术刊物上发表论文 500 多篇，出版专著 5 部，获得专利成果 24 项，其中"丙-谷二肽合成方法"获中国、美国、德国、日本等国家专利授权。N（2）-L-丙氨酰-L-谷氨酰胺获国家新药证书、原料药、制剂生产证书。曾获中国青年科学家奖、全国优秀博士学位论文指导教师、第二届新世纪巾帼发明家称号、科技部"十大杰出跨世纪人才"称号、中国科学院和教育部科技进步奖等奖励与荣誉。多次在国内外学术会议上做特邀报告和大会报告，任 2005 年第 14 届国际生命起源大会主席和 2007 年第 17 届国际磷化学大会主席。

郑　可（1906 年—1987 年）原名郑应能，广东新会人。教授。中共党员。1923 年在广州师从牙雕艺人潘亮。1927 年经香港入法国里昂中法大学，1928 年转往哥伦诺布美术职业中学（法国初等美术学校），1930 年考取巴黎的法国国立高等美术学院雕塑系师从布歇，同年又入巴黎市立装饰美术学院学习。1933 年参观于巴黎举办的德国"包豪斯学校"设计作品展。1934 年学成返抵广州，参加《现代版画》杂志的编辑、出版，并着手广州爱群大厦建筑浮雕设计与制作。1937 年赴法参加以"现代艺术和技术"为主题的世界博览会。1940 年迁居香港，创办郑可美术供应厂，1942 年香港失陷，前往柳州，于张发奎军队中成立郑可工作室，设计完成《光复桂南纪念碑》。1945 年于香港开办工厂。1950 年随第一批"港澳同胞回国观光团"参访大陆，随后于1951 年携机器设备、工人与家眷到北京定居，初期主持中国青年艺术剧院美术工厂。1952 年任中央美术学院实用美术系教授，1956 年中央工艺美术学院成立，调任教授，主持金工雕塑、陶瓷雕塑及玻璃专业教学。1977 年为财政部培训纪念币设计制作人才。1978 年开始主持郑可工作室及装饰雕塑专业教学，1979 年开始培养研究生，并指导首都机场陶瓷壁画烧造。1982 年应邀独自前往南斯拉夫参加大理石和声音学会主办的艺术节并进行创作活动。1984 年在中央工艺美术学

院创建金属工艺专业。曾任中国美术家协会理事。

作为现代主义设计的积极传播者，在我国较早地提出将现代科学技术与工艺美术、设计实践相结合，并开发了"电动磨玉""超声波雕刻""蛇皮钻雕刻""电成型""石蜡铸造""旋压成型"和"麻布造型法"等新工艺。浮雕创作上独创"纳光纳阴"理论，教育实践上强调"航海教学"、"锥形互套"和"一条龙"等方法。雕塑作品有《广州新一军坟场纪念碑》《张光宇像》《朱屺瞻像》《猫头鹰》等。译有大量外国设计理论著作。

郑林庆（1917年— ）广东香山（今中山）人。教授。民盟盟员。1941年毕业于西南联合大学机械工程学系。1945年赴美国工厂实习。1949年后历任清华大学摩擦学研究中心主任、摩擦学研究所所长。博士生导师。曾任国务院学位委员会学科评议组成员，高等学校机械基础教材编审委员会副主任委员，中国机械工程学会摩擦学学会副理事长、理事长、顾问、名誉理事长，国际摩擦学理事会副主席。

长期从事机械设计与摩擦学教学及科研工作。培养博士和硕士三十余名，包括国内第一位机械学博士。主持的"摩擦学机理研究"取得重要成果。"部分弹流润滑状态和金属摩擦副磨损状态的机理研究"获1986年国家教委科技进步二等奖。对表面形貌的摩擦学效应的研究获1992年国家教委科技进步一等奖。著有《摩擦学原理》专著，发表论文近二百篇。合编《机械零件》。

郑泉水（1961年— ）江西余江人。教授。中共党员。1982年毕业于江西工学院，1989年获清华大学博士学位。曾在江西工业大学任教。1993年调入清华大学工程力学系，1995年获国家杰出青年科学基金并获延续资助，2000年被聘为教育部"长江学者奖励计划"特聘教授。2004年起历任工程力学系系主任、航天航空学院学术委员会主任、微纳米力学与多学科交叉创新研究中心主任，2009年起任清华学堂人才培养计划钱学森力学班首席科学家。先后作为英国皇家学会研究员、德国洪堡研究员和客座教授在欧美多国从事研究工作6年。

20世纪80年代主要从事理性力学研究，解决了140多年未能解决的Cauchy平均转动问题。90年代系统开展现代张量函数表示理论及各向异性和非线性本构方程的研究，为该理论的建立及其应用基础作出了主要贡献；致力于非均匀和各向异性材料的力学，建立了新的细观力学方法（IDD方法）。2000年后主要研究兴趣是微纳米力学和多学科交叉研究，在多壁碳纳米管十亿赫兹振荡器、结构超润滑和微纳结构表面的湿润等方面取得具有广泛影响的开创性成果。先后获得过中国青年科技奖、国家教委科技进步一等奖、国际工程科学联合会杰出论文奖（首届、唯一）、霍英东教育基金高等院校青年教师（研究类）一等奖、中国青年科学家奖、国家"百千万人才工程"第一、二层人选、国家级有突出贡献中青年专家称号、国家自然科学二等奖（第一获奖人）、教育部自然科学一等奖（第一获奖人）等二十多项国内外学术奖励和荣誉。已培养博士生14名、硕士生9名，其中3名学生论文入选全国优秀博士学位论文。

郑维敏（1923年— ）浙江鄞县人。教授。1947年毕业于清华大学电机工程学系。1949年赴英国茂伟电机厂进修。回国后任教于北京工业学院。1954年调入清华大学，先后在电机系、自动化系、经管学院任教。博士生导师。曾任北方工业大学工学部主任，北京市政协第七届常委，全国软科学指导委员会委员，中国系统工程学会常务理事，中国自动化学会常务理事，中国仪器仪表学会理事，国际自动控制联合会发展中国家委员会委员，中国科学院技术学部自动化分组成员，中国自然科学基金会自动化组成员，中国科学院信息、管理和决策开放实验室学术委员会副主任，福建省和江西省政府发展战略顾问，北京市政府第一届专业顾问，世界银行贷款计委专家组成员，美国自然科学基金会中美合作研究河流污染控制中方负责人，日本《国际控制理论与先进技术》杂志编委，美国《国际质量》杂志顾问。

长期从事自动控制和系统工程的教学和研究。对反馈控制和顺序控制器有深入的研究；1978年在国内开创了模糊控制的研究；结合国情研制性能/价格比高的通用分级分布计算机控制系统；在决策与决策支持系统方面作出系统的、创造性的成就；创造性地将系统工程理论和方法引入育种遗传过程，在国内外开拓了一个新的研究领域；扩展知识工程理论，1988年首次提出柔性决策这一新概念，并建立了相应的理论方法；将旋转正交思想引入组合优化，开辟了一条新思路。撰有论文《自动化与知识工程》，编有《系统工程 FORTRAN 程序集》等。已培养出博士十多位，在系统工程高级人才培养中成绩显著。

郑纬民（1946 年—　）浙江宁波人。教授。中共党员。1970 年毕业于清华大学，留校任教。1982 年于清华大学计算机系获硕士学位。历任计算机系高性能所所长，中国计算机学会副理事长、理事长，《计算机研究与发展》期刊副主编，国防科大并行与分布处理国家重点实验室学术委员会委员，第 21 届 ACM SOSP 程序委员会委员等。博士生导师。

长期从事网络存储与分布式处理等方面的教学和科研工作。在教学方面，主讲本科生必修课"计算机系统结构"和研究生专业课"高等计算机系统结构"。获得北京市优秀教师奖、北京市高等学校教学名师奖，被授予北京市教育创新标兵。主讲的"计算机系统结构"被评为国家级精品课程。在科研方面，提出了一种高可靠性、可扩展、高效率的网络存储系统并实现产业化，是国内最早具有自主知识产权的系统之一，已有近百套系统应用于公安、审计、电信、教育等行业。存储容灾思想与实现技术应用在国内某工程中，作为主要完成人获得国家科技进步一等奖。存储系统相关成果获国家科技进步二等奖。提出了大规模计算机系统全过程评测方法，对国内 30 余套高性能计算机进行了评测，通过测试避免了巨大损失，尤其对保障我国网络信息安全发挥了重要作用，相关成果"高性能计算机性能测试技术"获教育部科技进步奖一等奖、中国电子学会电子信息科学技术奖一等奖。提出了新型高性能计算系统的可用性保证和网络化部署方法，已应用于国家科技大平台和中国教育科研网格等系统，相关成果"中国教育科研网格"获 2008 年国家科技进步二等奖。

郑文祥（1941 年—　）福建福清人。研究员。中共党员。1966 年毕业于清华大学工程物理系，留校任教。历任核能技术设计研究所室主任，核能技术设计研究院副总工程师、副院长兼副总工程师。博士生导师。兼任国防科工委核安全专家委员会成员，国家核安全局核安全专家委员会堆工专业组成员，中国核动力学会常务理事。

20 世纪 70 年代参加高温气冷堆的设计研究。1982 年—1984 年赴瑞士联邦反应堆研究所研修，从事核安全事故分析研究，回国后，作为课题负责人之一，承担核电安全软件开发任务，该项目获国家教委科技进步二等奖和国家科技进步三等奖。20 世纪 80 年代中期起参与低温核供热堆的研究开发工作，作为主要技术骨干之一，参加建成了 5 兆瓦低温核供热堆。该项目获国家教委科技进步特等奖和国家科技进步一等奖。90 年代以来，作为负责人之一，组织实施国家重点项目 200 兆瓦低温核供热工业示范堆及 NP 研究堆的设计和研发工作，并从事核能海水淡化、先进水堆及核动力技术研究。1993 年获北京市优秀教师称号，1996 年获国家级有突出贡献中青年专家称号。

郑燕康（1944 年—　）福建福州人。教授。中共党员。1970 年清华大学冶金系金属材料专业毕业并留校任教，1983 年清华大学研究生毕业，获工学硕士。1970 年至 1984 年在机械工程系任教，1985 年至 1997 年在研究生院工作，曾任研究生处副处长、研究生院管理处处长、研究生院副院长、"211"工程办公室主任，1997年至2003年任总务长，1999年至2004年任副校长，2004年至2010年任校务委员会副主任、河北清华发展研究院院长。博士生导师。曾任国家"863"新材料领域专家委员会副主任，全国高等学校设置评议委员会副主任，中国大学生体育协会副主席、田径分会主席，工科学位与研究生教育分会秘书长，全国热处理学会理事，全国失效分析委员会专家等。

教育管理方面，参与的"研究生管理制度改革与建设"项目和"博士生教育管理与改革"项目均获得国家级教学成果一等奖。参与的"研究生社会实践制度的试验与改革"项目和"工程硕士专业学位研究与论证"项目均获国家级教学成果二等奖。被国务院学位办公室和教育部学位管理与研究生教育司授予"全国工程硕士研究生教育工作贡献奖"。科学研究方面，"新型中碳及中高碳空冷贝氏体钢的研究"获国家技术发明二等奖，"新型低碳空冷贝氏体钢"获北京市科学技术进步一等奖，"中高碳空冷锰硼贝氏体钢"获中国专利局与世界知识产权组织授予"发明创造金奖"及十余项部级奖励。1995年被国家教委、国务院学位委员会授予"做出突出贡献的中国硕士学位获得者"称号。主管学校后勤工作期间，主持紫荆学生公寓新区、蓝旗营与荷清苑教工住宅新区征地、规划、建设项目，主持清华大学绿色大学规划与建设等项目，改善了师生员工工作、学习与生活条件。被北京市政府授予"首都绿化美化积极分子"称号。

郑之蕃（1887年—1963年）号桐荪，江苏吴江人。教授。1905年考取江苏公费留美生，入康奈尔大学攻读数学，1910年获学士学位，后入哈佛大学研究院深造。1912年回国，先后执教于马尾海军学校、南洋公学、安庆高等学校、北京农业专门学校。曾任安庆高等学校教务长及北京农业专门学校学监。在安庆时，与人合编《汉英辞典》与《英汉辞典》。1920年应聘到清华学校任教，为高等科讲授"高等微积分""复变函数"等现代数学课程。1925年清华学校成立大学部，着手筹办算学系。1927年算学系成立，担任系主任一年，为该系的创建和课程的开设，付出了不少心血。1934年起任清华大学教务长一年。抗日战争期间任教于长沙临时大学和昆明西南联合大学。1941年至1946年先后任上海震旦女子文理学院教授、上海育才中学校长。1946年回到清华大学任教至退休。在清华执教二十多年，教学认真负责，深得同学的敬爱，撰有《四元开方释要》等，译有《微分方程初步》，20世纪50年代参与编译出版《数学名词》。是诗坛名人，遗著有《吴梅村诗笺释》《宋词简评》等。

郑宗和（1930年— ）河北徐水人。中共党员。1946年入清华大学实习工厂当学徒。曾任建筑系行政秘书、学校克山农场副场长、膳食科科长、校附属中等技术学校副校长、行政事务处及修缮校园管理处副处长、正处级调研员等职。园林工程师。

长期从事党政管理及校园建设工作。刻苦钻研，认真负责，在各方面均取得很大成绩。在校园建设中，根据清华园特点，总结出"山、水、园、林、路综合治理，统一规划，分区治理，逐步联片"的校园建设经验。任期中，校园建设有很大发展，校园树木增加二倍，总数达10万株，品种由90多种增至200多种，成为当时北京市树木品种最多的群植单位。曾参与设计、主持修建了近春园遗址等十几处风景区及二校门重建。先后三次被评为北京绿化美化积极分子。1982年清华大学在北京高校中最先获得北京市"花园式"单位称号。发表《高校校园花园化建设初探》、《试论高校园林建设发展方向及有关问题》等论文多篇。提出校园建设"环境育人"的观点，并获中国高等教育学会优秀科研成果奖。离休后撰写《北京高校园林五十五年》，被"北京高等教育丛书"选用出版发行。近年来又撰写《重建二校门前后》《校园文物抢救纪实》等多篇历史资料。

周　昕（1921年— ）天津人。教授。中共党员。1943年毕业于北平辅仁大学化学系，

1946年起在清华大学化学系任教，历任化学及化学工程系副主任、基础课工作委员会副主任、生物科学与技术系学术委员会主任、校学术委员会委员，还历任北京化学会理事、国家教委化学教材编委、普通化学组副组长等职。1957年至1959年在苏联莫斯科大学化学系进修。

多年从事普通化学、无机化学的教学和研究工作，教学效果优秀，两次获得学校奖励。在苏联进修期间，从事稀有元素研究，在铍合金及铍微量元素分析方面取得优异成绩。1960年进行金属腐蚀研究，对铝合金在高纯水腐蚀和阳极氧化方面取得了一定的成果。1978年后转入配位化学研究，利用红外、核磁研究钛多元络合物结构取得有益的成果。1983年参与负责筹建生物科学与技术系，进入生物无机化学领域的研究。1984年起曾负责自然科学基金项目"含锌氨基酰化酶活性部位模型研究""钙调蛋白中金属离子配位结构磁探针研究"和"铝离子与钙调蛋白相互作用及对神经生理功能的影响"等课题的研究，对锌氨基酰化酶中锌与蛋白间的化学键的研究取得了较好的成果，对钙调蛋白的质子的弛豫速率及钙离子结合部位存在配位水的研究取得了优异的成果，在金属离子或钙调蛋白的抑制剂与蛋白的相互作用机理的研究亦有独特的成果。指导硕士生9名。

周炳琨（1936年— ）四川成都人。教授，中国科学院院士。中共党员。1956年毕业于清华大学无线电工程系并留校任教。1960年至1962年在苏联列宁格勒电工学院进修。1983年至1984年在美国斯坦福大学应用物理系进修并任访问教授。2001年当选第三世界科学院院士。现任中国光学学会理事长、国际光学联合会副主席。是中国电子学会会士，美国光学学会（OSA）会士，美国IEEE、LEOS和SPIE学会会员。曾任美国光学学会国际顾问委员会委员、国家"863"计划"光电子器件与集成技术"专家组组长，曾兼任中国科学院半导体研究所副所长、国家光电子工艺中心主任、国家自然科学基金委员会副主任、教育部科技委员会副主任、中国科学院技术科学部主任、信息技术科学部主任、何梁何利基金评选委员会委员。

长期从事激光与光电子学的研究与教学工作。1962年在无线电电子学系组建了激光研究小组，开始研究固体激光器及其应用。20世纪60年代末研制成功激光测距仪、机载激光测高仪等，1978年获全国科技大会奖。主编的《激光原理》于1987年获第一届国家优秀教材奖和电子部优秀教材特等奖。1984年在国际上率先研制出高效率、长寿命、窄线宽、频率稳定的"半导体激光泵浦固体激光器"，开辟了固体激光器的新领域。80年代以后，领导研究集体在"单模窄线宽、可调谐、稳频外腔半导体激光器""半导体激光泵浦固体倍频绿光激光器""光纤环行腔及其应用""光纤放大器与激光器""光纤高温传感器""单晶光纤生长与器件"和"DWDM光纤传输技术"等研究领域取得了多项成果。以上科研成果在国内外发表论文百余篇，获得专利十余项，获国家级和部委奖11项。2003年获得何梁何利科技进步奖。培养博士生约50名。

周光召（1929年— ）生于湖南长沙。中国科学院院士。中共党员。1946年考入清华大学先修班，一年后以优异成绩转入物理系，1951年考取该系研究生，1952年院系调整进入北京大学，师从彭桓武教授，进行基本粒子物理的研究。1957年被国家选派到苏联莫斯科杜布纳联合核子研究所从事基本粒子物理研究，做出了一系列世界领先的原创性科学工作，1961年回国。历任核工业部九局总工程师、中国科学院理论物理研究所所长。1984年至1997年任中国科学院副院长、院长、党组书记、学部主席团执行主席，1996年至2006年任中国科协主席。是中共第十二届中央候补委员，第十三至十五届中央委员。第九届全国人大常委会副委员长。同时还任国家"973"计划专家顾问组组长、《中国大百科全书》（第二版）编辑委员会主任等。多年兼任太平洋科学协会主席与理事会主席、联合国教科文组织顾问等重要职务。被美国纽约市立大学、加拿大

麦吉尔大学、香港大学等六所世界知名大学授予荣誉博士。是美国科学院、俄罗斯科学院、欧洲科学院、第三世界科学院等 13 个国家和地区的科学院院士。

1984 年兼任清华大学刚复建的物理系系主任，1985 年兼任清华大学理学院院长，对系和学院的学科发展方向、专业设置、人才培养、学生工作、教师工作及设备资金等问题发表重要意见。多次给学生作报告、与学生座谈。强调清华应该培养一批独立自主参加国际竞争的学生，鼓励理科学生理工结合，促进交叉学科的发展。

20 世纪 60 年代进行突破原子弹的理论研究，为我国第一颗原子弹理论设计做出了具有里程碑意义的重要贡献。为我国于八九十年代先后掌握中子弹和核武器小型化设计技术，完成核武器从第一代向第二代的过渡，奠定了重要基础。80 年代指导和带领国内许多中青年理论物理学家对相互作用力的统一、电荷—宇称对称性破坏、非线性 σ 模型、有效场理论、超对称破缺、量子场论的大范围拓扑性质及其与量子反常的联系等方面开展了一系列系统性的研究工作。先后获得国家科技进步特等奖，国家自然科学一等奖、二等奖和中国科学院科技进步一等奖等多项奖励。1993 年获意大利政府"意大利共和国爵士勋章"，1994 年获求是科技基金会"中国杰出科学家"称号，1996 年国际小行星命名委员会将国际编号为 3462 号的小行星命名为"周光召星"，1999 年获中共中央、国务院、中央军委授予的"两弹一星功勋奖章"，2006 年获德国洪堡基金会的汉森贝格奖章。

周惠久（1909 年—1999 年）辽宁沈阳人。教授，中国科学院院士。九三学社社员，中共党员。1931 年毕业于唐山交通大学土木系。1935 年在清华大学任教时考取公费留学美国，1936 年获伊利诺伊大学理论及应用力学硕士学位，1938 年获密歇根大学冶金工程硕士学位。同年回国，任西南联合大学航空工程系教授。1941 年后历任重庆大学、中央大学和交通大学教授。1949 年后历任上海交通大学教授，西安交通大学教授、机械系主任、金属材料及强度研究所所长、副校长。曾是国务院学位委员会委员及学科评议组成员、中国机械工程学会副理事长、中国机械工程学会材料学会理事长。

长期从事金属材料的研究和教学工作，对金属材料强度及强化的研究取得成果。主持多次冲击抗力等研究，从多冲抗力、疲劳缺口和过载敏感度、塑性等方面论证提高材料使用强度水平的必要性和可能性。"多次冲击抗力理论"被列为 1963 年至 1964 年度国家重大科技成果之一。开展低碳马氏体强化及其综合机械性能研究，突破了低碳钢选材用材的传统观念。总结形成"发挥金属材料强度潜力——强度塑性韧性的合理配合"的理论成果，推广应用取得巨大经济效益。科研成果曾获 1984 年国家发明三等奖和 1987 年国家自然科学三等奖。主编《中国机械工程手册（材料强度篇）》，合著《金属机械性能》《金属材料强度学》。曾被选为第三届国际材料热处理大会组织委员会主席。

周昆玉（1920 年—　　）女，河南息县人。1936 年参加中国共产党领导的中华民族解放先锋队。1938 年加入中国共产党。1939 年在安吴堡青训班速记训练班及延安中共中央秘书处速记训练班学习后任中央秘书处文书科速记员。1945 年参加党的第七次全国代表大会速记工作。1945 年任中共中央秘书处速记室主任。1949 年后任中央秘书处办公室副主任、中央秘书局办公室副主任兼人事科长、丰盛胡同机关总支副书记。1956 年参加中共中央直属高级党校普通班学习。1958 年调入清华大学，历任人事处副处长、党委职工部部长、校党委常委。

在几十年革命生涯中，一贯勤勤恳恳、以身作则、认真负责，以革命工作为重，处处作出表率。在 20 世纪三四十年代曾两次获得中央妇委颁发的妇女模范工作者乙等奖及延安中央秘书处机关模范工作者乙等奖、考绩优胜者乙等奖的奖励。在清华负责人事工作中，坚持按党的政策原则办事，并从学校实际出发，制定有关人事工作的规章制度，为清华人事工作打下良好的基础。离休后，仍坚持严格要求自己，以实际言行，弘扬党的优良传统，积极参与关心下一代的思想教育工作，任校关心下一代工作委员会顾问。还任北京市速记协会顾问。

周礼杲（1933 年—　）上海人。教授。中共党员。1953 年毕业于清华大学电机工程系，留校任教。1961 年至 1965 年参加在职研究生学习。1980 年至 1981 年在德国爱尔兰根大学和英国帝国理工学院做访问学者。历任电机工程系电工学与应用电子学教研组主任、副系主任，电子工程与应用电子技术研究所副所长，生物医学工程研究所副所长。还曾任中国电子学会生物医学电子学会副主任委员、中国康复协会副理事长、北京市人民政府技术顾问。是美国电气和电子工程师学会高级会员，曾是国际无线电科学联盟委员、中国国际无线电科学联盟 K 组委员会主席。其主要学术领域是信号处理、模式识别和微计算机在医学中的应用。曾组织创建清华大学生物医学工程专业。在国内外发表学术论文五十余篇，所领导的胎儿监护科研组在胎儿心电等信号处理方面具有国际先进水平。1991 年应聘到澳门大学任教，先后任科技学院院长，澳门大学副校长、校长。2000 年参与创建澳门科技大学，并任校长，2010 年起任校董事会主席。

周力行（1932 年—　）辽宁沈阳人。教授。中共党员。1953 年于清华大学动力机械系本科毕业并留校任教，1961 年毕业于苏联列宁格勒工业大学物理-力学系，获副博士学位。曾任工程力学系热物理教研组主任、系学术委员会副主任、校学位评定委员会热能分会副主席、煤的清洁燃烧国家重点实验室学术委员会副主任。博士生导师。先后为美国 Catholic University of America，University of Illinois at Urbana-Champaign，Brigham Young University，Ohio State University 访问教授，华中科技大学和天津大学兼职教授，国际多相流会议和国际煤燃烧会议等会议的国际委员或执行主席。

先后主讲过"燃烧学""湍流两相流动和燃烧的数值模拟"等课程，培养了 26 名博士和 17 名硕士，指导了 9 名博士后。发展了"多相湍流反应流体力学"的学术方向，提出了多相湍流和有反应湍流新的理论模型，发现了颗粒湍流强度及其各向异性大于流体的湍流强度及其各向异性等新现象，得到国内外学术界同行的公认。共出版英文专著 1 本、中文专著 6 本，发表研究论文 390 篇，被 SCI 收录 79 篇，EI 收录 140 篇以上，SCI 他引 571 次以上。曾在国际会议上被邀请做大会报告 5 次和主题报告 10 次。曾获 2007 年国家自然科学二等奖，1995 年国家教委科技进步一等奖，1995 年光华科技一等奖，1995 年电力部科技进步一等奖，1992 年全国电力科技优秀图书一等奖和部委二等奖多项。享受国务院政府特殊津贴。

周其庠（1934 年—　）江苏无锡人。教授。中共党员。1955 年华东化工学院无机系毕业，同年入北京第一外国语学院留苏预备部学习，1956 年入苏联列宁格勒化工学院基本有机合成及合成橡胶专业攻读研究生，1960 年毕业并获苏联科学副博士学位，同年到清华大学工程化学系任教。其间曾于 1981 年至 1982 年在美国麻州大学洛威尔分校和纽约理工学院做访问学者。历任教研组副主任、主任，副系主任，清华大学材料科学研究所副所长，校学位评定委员会委员及化学化工分委员会主任，校专业技术职务化学评议组组长等职。博士生导师。还历任北京市人民政府专家顾问组顾问，全国科学技术名词审定委员会化学名词审定委员会委员，中国化学会高分子学科委员会委员，中国复合材料学会理事，全国工科高分子类专业教学指导委员会委员以及《高分子材料科学与工程》《复合材料学报》《材料研究学报》等杂志编委等职。

在清华大学高分子材料学科的创建和发展过程中作出重要贡献。曾讲授"液晶高分子"课程，培养博士生 5 名、硕士生 13 名，指导博士后 2 名。承担过聚四氟乙烯、聚碳酸酯、高强度高模量芳香族聚酰胺纤维、热致液晶高分子等项目的研究工作，曾任"六五""七五"和"八五"科技攻关芳纶专家组组长，发表学术论文一百四十余篇，获得国家发明专利 2 项，国家教委科技进步二等奖、亚太地区发明与革新研讨会最佳发明奖第二名。参与撰写《饱和聚酯与缩聚反应》、《高分子材料科学》《高技术新材料要览》《高分子化学的理论和应用进展》等专著 4 本。是清华大学先进工作者，享受国务院政府特殊津贴。

周寿昌（1923 年—1974 年）曾用名周维礼、朱昌维，浙江吴兴人。1945 年入交通大学学习。1946 年 7 月在交通大学加入中国共产党。曾任交通大学学生自治会主席。在地下党的领导下，先后组织领导了上海大专院校反甄审、抗议美军暴行、交大护校以及"反饥饿、反内战"等学生爱国运动，被国民党反动当局通缉。1947 年 7 月，在地下党组织安排下由上海转移到香港，任全国学联驻香港联络处党支部委员。1948 年 11 月北上到解放区河北省平山县任中央青委全国学代会筹委会委员。1949 年后任全国学联宣传部部长、团中央学生部大学组组长并当选为第一届全国政协代表。1952 年调到清华大学工作，历任校长办公室副主任、校党委常委、公共教研组党支部书记、党总支书记等职。1957 年后担任工程力学数学系、电子系教员，刻苦钻研、认真负责，在计算机软件程序设计、语言编译系统等方面均取得成果，受到好评。

周先庚（1903 年—1996 年）安徽全椒人。教授。1924 年毕业于清华学校。1925 年至 1929 年留美，先后获斯坦福大学学士、硕士及哲学博士学位。后赴欧洲考察。1931 年回国后，历任清华大学心理学系（西南联合大学时期为哲学心理系）教授、代系主任、系主任，讲授"实验心理学""教育心理学""社会心理学"等课程。曾任心理学研究会会长、中国心理学会理事、《心理学报》编委。1952 年院系调整后任北京大学哲学系心理专业、心理学系教授。在汉字心理方面，进行了汉字横直排阅读的实验研究和汉字完形结构分析，还热心于心理实验仪器的设计和改良，曾发明四门速示机；1935 年与他人合作，进行了中国最早的工业心理调查实验研究；主持年龄与学习能力关系的研究，得出受试者识字能力曲线，即"周先庚曲线"。长期从事实验及应用心理学的教学和研究工作。引进皮肤电反射研究方法，进行中国最早的皮肤电测谎器的研制。此外，还从事过颜色爱好和大量军事心理学的研究工作，发表《战时中国心理之动态》等文章。著有《初级心理实验》《青年心理的发展》等。译有《条件反射演讲集》《心理学纲要》《心理学实验方法》《犯罪及其矫正》等。

周撷清（1905 年—1990 年）女，江苏无锡人。1928 年毕业于上海大同大学。曾就职于中国评论周报社、中国年鉴社、南京女中、无锡女中。并曾任无锡女中教导主任。1935 年来清华大学，与庄前鼎教授结为伉俪。抗日战争期间随校移家昆明。解放后，作为家属应邀任清华大学家庭妇女会副主席，清华大学时事学习委员会委员以及职工眷属政治大课讲员等职。1952 年 12 月正式参加学校工作，先后任校长办公室秘书、秘书科科长、校工会女工儿童部部长等职。长期从事文书管理工作，一贯认真负责、一丝不苟并耐心指导年青的工作人员，为学校机关规章制度的建立及文书档案管理作出积极贡献。曾连续多年被评为清华大学校级先进工作者及优良工作者并曾出席北京市先进工作者会议。曾当选为海淀区第一届及第二届人民代表和海淀区政协第五届委员。

周一良（1913 年—2001 年）安徽东至人。教授。民盟盟员，中共党员。1935 年毕业于燕京大学历史学系。1944 年获美国哈佛大学博士学位。曾任教于哈佛大学、燕京大学。1947 年起任清华大学外国语文学系、历史学系合聘教授。1951 年至 1952 年任历史学系主任。1952 年院系调整后任北京大学教授、历史系主任，中国日本史学会副理事长。博士生导师。为中共十大代表。专于魏晋南北朝史及日本史，对亚洲各国史亦有研究。著有《魏晋南北朝史论集》《魏晋南北朝史札记》《亚洲各国古代史》（上）等，并联合主编《世界通史》（四卷）。

周远清（1939 年— ）湖南桂东人。教授。中共党员。1962 年清华大学自动控制系毕业后攻读研究生，任研究生党支部书记。1966 年研究生毕业并留校任教。1979 年任计算机工程与科学系党委常委、副系主任。1981 年赴日本大阪大学基础工学部进修，并担任大阪中国留学生党支部书记。1983 年回校任计算机工程与科学系副主任。1984 年后任校教务处处长、副教务长。1986 年兼任计算机科学与技术系主任。1987 年任教务长。1990 年任副校长，分管教学工作。1992 年调离学校，任国家教委高教司司长、教育部副部长，国务院学位委员会副主任委员。社会兼职有：中国高等教育学会会长、中国高等工程教育协会副理事长、北京大学视听觉国家实验室学术委员、中国科学院自动化所模式识别国家实验室学术委员、北京市招生考试研究会副理事长、总后机械工程学院顾问、中华职业教育社副理事长等。是第五届全国政协委员。

在清华大学长期从事教学、科研第一线工作，同时担负教学行政管理工作，是"双肩挑"干部。在计算机系讲授"计算机原理""计算机控制系统"及"智能机器人系统"等课程，并参与领导计算机群控制系统数字控制、加工过程的计算机控制等科研项目，均受到各方好评。指导研究生 4 名。在担任教务处长、教务长和副校长期间，组织领导了学校教育改革、学风建设、课程建设等方面工作，提出评选"一类课程"，促进提高教学质量，组织在教学中进一步完善实行有计划培养与按学分累计成绩的办法，增加教学的灵活性，实行"双学士学位"、辅修专业课程，为培养复合型人才及德、智、体、美全面发展的人才作出积极贡献。主编《智能机器人系统》、"计算机基础丛书"，合撰论文《深化教学改革，提高教学质量》等。

周兆英（1937 年— ）江苏镇江人。教授。中共党员。1955 年考入清华大学机械制造系，后转入精密仪器及机械制造系新专业，校优秀毕业生，毕业后留校任教。作为改革开放后首批访问学者之一在瑞典隆德大学研究自适应控制。历任精密仪器系主任、机械工程学院副院长、微米纳米技术研究中心主任、教务处长、北京市人民政府顾问、国家"863"航天领域专家委员、中国仪器仪表学会副理事长、国际《传感器执行器》和《机械电子》杂志编委。博士生导师。

是我国微系统领域的开拓者，推动创办中国微米纳米技术学会。1992 年起多次建议国家战略研究和规划制订，组织国内外学术交流，推动产业化。1997 年起任世界微机械峰会主代表，2006 年被国际会议授予"杰出服务奖"。2009 年被学会授予"传播仪器仪表与测量控制科学技术知识优秀科学家"称号。讲授和首开多门课程，指导研究生和博士后百余名。20 世纪 60 年代起对本科生开展因材施教，首次提出机械设计大奖赛和大学冬令营的建议。承前启后，为年轻人成长创造条件。在研究基础上开展科普工作。获得国家级优秀教学成果奖、校先进工作者、先进科技工作者、清华大学"良师益友"和优秀博士学位论文指导教师等。授权中外专利 85 项、新申报 20 多项。发现超声组织识别规律，发明双驱动超声切割，研制五类超声外科仪器，获得大量成功临床数据，为国家高科技产业化示范工程，被学会授予"发明创业特等奖"；论证微流动和修正规律，发明施药微喷和微泵；首次研究成功微型飞行器和自动驾驶仪，推动在环保和安防应用。获国家科技奖 4 项、教育部和北京市科技一等奖 4 项，其中国家技术发明二等奖 2 项；科技论文被 SCI 收录 86 篇，SCI 他引 830 多篇次，CSCD 他引 3200 篇次。享受国务院政府特殊津贴。

周自齐（1869 年—1923 年）字子廙，山东单县人。早年毕业于京师同文馆。1896 年以驻美使馆随员身份赴美。曾任清朝政府驻美公使馆参赞、清政府驻古巴总领事兼驻古巴参赞、清政府驻美使馆代办、外务部署左丞、学部丞参上行走等职。1909 年任游美学务处总办，1911 年兼任清华学堂监督。在任游美学务处总办和清华学堂监督期间，主持考试选派直接留美生三批共 180人；主持筹建游美肄业馆（后改名为清华学堂），择定拥有 450 余亩的清华园作为校址，建筑围墙，修建讲堂、斋舍、住宅、医院等，聘请 20 位本国教员、16 位美国教员，招收学生 460 人，清华学堂于 1911 年 4 月 29 日正式开学。1911 年辛亥革命后学堂停课，12 月起先后任清政府和北洋政府度支部副大臣、度支部首领，山东都督兼民政长，中国银行总裁，交通、陆军部总长，财政总长，农商总长，总税务处督办等职。1916 年 7 月因参与洪宪帝制活动，被列为复辟帝制的祸首之一，逃亡日本。1918 年 2 月获特赦，任北洋政府总统府高等顾问。1920 年任财政总长、币制局督办、总裁等，1922 年 4 月至 6 月任教育总长兼代理国务总理，6 月 2 日至 11 日代行总统职务，后辞职，赴欧美考察实业，1923 年 10 月病故于上海。

朱　静（1938 年—　）女，生于上海。教授，中国科学院院士。中共党员。1962 年复旦大学物理系毕业，到钢铁研究总院工作。曾先后在美国亚利桑那州立大学任固体研究中心 Faculty Research Associate、天文和物理系 Faculty Visiting Assoc. Professor。1996 年到清华大学材料科学与工程系工作，曾任材料科学与工程研究院院长。是清华大学校务委员会委员、北京电子显微镜中心主任。曾短期在日本东北大学金属材料研究所任 Visiting Professor。曾任中国科学院学部主席团执行委员会成员、技术科学部主任。2007 年被选为发展中国家科学院院士。

是我国分析电子显微学研究领域的开拓者与学术带头人之一，应用现代显微分析技术在研制新材料和材料科学基础与应用基础研究中做出贡献。和蔡其巩等人系统地研究了超高强度马氏体时效钢的合金化原理、强韧化本质，据此确定了合金化路线及热处理制度，并在我国铀分离机用钢中实施成功。在国际上首次用相干电子波微衍射的实验及原理，发现和确定了有序结构单个畴界及单个原子面缺陷的性质，发表的原始论文被作为该领域开拓性文献引用。近十多年，在中国本土首先开展了像差校正电子显微学在材料中应用研究；从事弛豫铁电体机理研究、材料的结构和物性及其尺寸效应、Si 纳米结构的制备和应用、纳米能源、加 Re 的高温合金单晶高温低应力蠕变过程的微结构、高速列车空心车轴等研究。被邀请在国内外学术会议上作大会报告和邀请报告三十余次。获国家及部委奖 9 项，何梁何利奖 1 项。发表学术论文三百余篇，和合作者主编或参与撰写专著 5 本。培养的研究生中，3 名学生的论文入选全国优秀博士学位论文，多名学生的论文入选清华大学优秀博士学位论文。

朱爱菁（1935 年—　）女，浙江镇海人。研究员。中共党员。1954 年考入清华大学水利工程系。曾任学生政治辅导员、分团委书记。1958 年提前留校。曾任水利工程系党总支委员，主管系学生思想政治工作，并讲授"水轮机调速器和辅助系统设计"课。1978 年至 1984 年任水利工程系党委副书记、书记，负责落实政策工作，对水利工程系从三门峡回校的恢复、改革和发展做了许多工作，讲授课程，出版《水轮机调节》高校教材（两校合编）。1985 年至 1996 年任校党委常委、组织部部长、党委办公室主任。认真贯彻党的方针政策，注重调查研究，完成党员重新登记工作，在调配校、系两级行政干部中积极推行干部任期制和民主推荐制度，在发挥教职工党支部的作用，表彰优秀共产党员和发展学生党员等方面做了大量组织工作，在北京高校中多次介绍党建经验。1991 年至 1995 年任纪律检查委员会书记、监察工作委员会主任，并分管学校审计工作，兼任校机关党委书记。围绕学校工作，深入作好专题调查和过程监察，制定监督防范措施，拓宽纪检监察渠道，加强党风党纪教育和干部廉洁检查，认真查处违纪违法案件等，为学校的党风和廉政建设作了贡献。发表《社会主义市场经济下，加强党风和廉政建设的思考》《完善监督机制，搞好党风和廉政建设》等多篇论文。学校纪委、监委在 1995 年先后获得北京市纪委、监察局、人事局"北京市先进纪检监察组织"的表彰和国家教委党组"全国教育系统纪检监察工作先进集体"的表彰。

朱邦芬（1948 年—　）江苏宜兴人。研究员，教授，中国科学院院士。中共党员。1970 年本科毕业于清华大学工程物理系，1981 年清华大学研究生毕业，1982 年获固体物理学硕士学位。曾任中国科学院半导体研究所研究员。2000 年起任教于清华大学高等研究中心、物理系。曾任物理系主任、理学院院长，任清华学堂人才培养计划物理班首席教授。曾任中国物理学会凝聚态理论与统计物理专业委员会主任、叶企孙物理奖评审委员会主任、多个国际会议的顾问委员会和程序委员会的委员、美国伊利诺伊等 5 所大学的客座教授。现任中国物理学会副理事长、教育部物理类专业教学指导分委员会主任、国务院学位委员会第六届学科评议组物理学天文学组成员、*Chinese Physics Letters* 主编、*Solid State Communication* 等 10 个学术刊物编委、北京凝聚态物理国家实验室和合肥微尺度物质科学国家实验室理事及多个研究所和国家重点实验室学术委员。

与黄昆一起确立了半导体超晶格光学声子模式的理论，被命名为"黄朱模型"，为国际学术界广泛接受。和合作者关于半导体量子阱中激子旋量态及其光跃迁的理论，多量子阱中声子拉曼散射理论，强 THz 场下半导体光物理，半导体纯自旋流的光学效应理论，在国际上有较大影响。还在各种低维结构的电子态、输运等领域进行了开创性研究工作。发表研究论文百篇，编著书 5 本，被他人引用 1600 余次。曾获国家自然科学二等奖 2 项、中国科学院自然科学一等奖、二等奖 3 项和香港求是科技基金会杰出青年学者奖。

朱家维（1937 年—　）上海人。教授。1959 年清华大学自动控制系本科毕业，留校任教。先后在自动控制系、电子工程系、计算机科学与技术系任教。兼任北京市人民政府专业顾问、中国长城计算机集团公司科技顾问及中国教学电子公司顾问等职。

长期从事微型计算机的研究、设计与制造工作。1976 年作为任务负责人，完成了我国第一台微型计算机 DJS-050 的研究、设计与制造工作，由北京计算机五厂进行小批量生产，获北京市科技进步二等奖。1984 年作为任务负责人之一，主持了 0520-CH 型微型机系统的研制，自行设计了专用集成电路芯片并一次成功，使该机型成为国内中文化、工业化，大批量生产并广泛应用的主要机种之一。1986 年主持了中华学习机 CEC-1 型的研制，其成果获 1988 年电子部科技进步二等奖。1988 年完成的 CEC-PC 机获 1989 年国家计委、国家科委、财政部颁发的荣誉证书。在计算机与大规模集成电路的结合上进行了多年的研究，具有较高的学术水平。对发展我国的微型计算机技术及建立微型机产业作出了突出贡献，1988 年获国家级有突出贡献中青年专家称号。指导研究生 10 名。著有《微型计算机系统设计》等著作，发表论文十余篇。

朱嘉麟（1941 年—　）浙江湖州人。教授。1959 年考入清华大学工程物理系，后被选入理论物理因材施教班。1965 年毕业留校，在试验化工厂主要从事堆芯与屏蔽理论研究及计算设计。"文化大革命"后抽调到重新恢复的工程物理系的固体物理研究班授课与指导学位论文。1982 年转入刚复建的物理系任职至今。博士生导师。曾任校学位评定委员会委员、分会主席，《清华大学学报》编委会副主任，高等研究中心客座教授。多次赴瑞典、美国和日本等国进修、合作或任职，被日本东北大学两届校长分别聘为材料所日立附属设计部主任教授与交叉科学研究中心外籍客座教授。

长期从事本科生和研究生的凝聚态物理与数理方法教学，致力于半导体物理、材料与器件设计的创新研究及人才培养，承担国家"863"计划、"973"计划和自然科学基金项目达 20 余项。发表论文 180 余篇并被广泛引用，合著专著 4 部，获国家发明专利 9 项。1989 年和 1994 年两次居 SCI 第一作者论文数全国前十名，这些论文九成以上获中国高等科技中心奖励。以第一获奖人获奖励制度改革后首届 2000 年度国家自然科学奖二等奖（一等奖空缺）。曾获多项部委科技奖，个人获首届和十五周年两届国家"863"计划重要贡献奖。至今培养了 23 名硕士和 16 名博士，其中 16 名被推荐出国读博，2 名学生论文入选全国优秀博士学位论文，已有 7 名成为教授，3 名获国家杰出青年科学基金，有的入选教育部"长江学者奖励计划"特聘教授。享受国务院政府特殊津贴。

朱理治（1907 年—1978 年）原名朱铭勋，江苏南通人。1926 年考入清华学校大学部，1927 年加入中国共产党。"四一二"政变后，清华党支部与上级失去联系，仍坚持斗争，曾掩护过部分北京失去联系的党员，避开反动当局的搜捕，并在西郊开展农运工作。同年 11 月任中共清华支部书记，1928 年 1 月任中共北京西郊区委书记。1928 年 3 月他机智地躲过特务的拘捕，转到江苏，后任青年团江苏省委组织部长、书记，中共河北省委组织部长、代理书记，中共陕北苏区中央局及华北局驻陕甘代表团书记，中共陕甘宁省委书记，中共中央驻东北军特派员。抗日战争时期历任中共河南省委书记，中共中原局委员、代理书记，新四军五师政委，陕甘宁边区银行行长，西北财经办事处副主任兼计划委员会主任。解放战争时期，历任中共洮南地委书记，中共北满分局秘书长，东北野战军后勤部副部长，东北银行总经理等。1949 年后，历任东北人民政府计划委员会副主任，全国国营企业清理资产核定资金委员会副主任，中央财委分配局局长，交通部副部长、党组副书记，中央财经小组成员兼国家计委副主任，中共华北局候补书记、书记，河北省革委会副主任。是第五届全国人大代表，第五届全国政协常委。

朱镕基（1928 年—　　）湖南长沙人。高级工程师，教授。1947 年入清华大学电机工程学系学习，在校参加党的外围组织"新民主主义青年联盟"，1949 年 10 月加入中国共产党，1951 年任校学生会主席，同年毕业。1951 年至 1952 年任东北工业部计划处生产计划室副主任。1952 年至 1958 年在国家计委燃动局、综合局任组长，国家计委主任办公室副处长，国家计委机械局综合处副处长。1958 年至 1969 年任国家计委干部业余学校教员、国民经济综合局工程师。1970 年下放到国家计委"五七"干校劳动。1975 年至 1979 年任石油工业部管道局电力通讯工程公司办公室副主任、副主任工程师，中国社会科学院工业经济研究所室主任。1979 年至 1982 年任国家经委燃动局处长、综合局副局长。1982 年至 1983 年任国家经委技改局局长，国家经委委员。1983 年至 1985 年任国家经委副主任、党组成员。1984 年至 2001 年兼任清华大学经济管理学院院长、教授。曾任中国工业经济学会第一届副理事长。1985 年至 1987 年任国家经委副主任、党组副书记。1987 年至 1991 年任中共上海市委副书记、市长、市委书记。1991 年至 1998 年任国务院副总理，1991 年至 1992 年兼国务院生产办公室主任、党组书记，1992 年至 1993 年兼国务院经济贸易办公室主任、党组书记，1993 年至 1995 年兼任中国人民银行行长。1998 年至 2003 年任国务院总理。中共第十三届中央候补委员，第十四届、十五届中央委员，中央政治局委员、常委。

自 1984 年起兼任清华大学经济管理学院院长 17 年，2000 年后任经管学院顾问委员会荣誉主席，十分关心学院的建设与发展，对学院办学的指导方针、学院的学科布局与课程建设均有明确的要求与具体的意见。指出："建设有中国特色的社会主义，需要一大批掌握市场经济的一般规律，熟悉其运行规则，而又了解中国企业实情的经济管理人才。清华大学经济管理学院就要敢于借鉴、引进世界上一切优秀的经济管理学院的教学内容、方法和手段，结合中国的国情，办成世界第一流的经管学院。"其有关思路与实践，对我国管理教育的开拓和发展作出了重要的贡献。1986年起兼任技术经济专业博士生导师，指导博士生学习，有4名研究生获博士学位。

朱雪龙（1935年—　　）浙江嘉善人。教授。1958年清华大学无线电电子学系毕业留校任教。1961年至1964年读在职研究生。1985年至1986年赴英国爱丁堡大学电气工程系及语音技术研究中心研究信号与信息处理。历任通信教研组副主任，图像教研组副主任、主任，信息系统与计算机应用教研组主任，无线电电子学研究所副所长，校学术委员会和校学位评定委员会委员。博士生导师。兼任中国通信学会信号与信息处理委员会主任委员，中国电子学会信息论专业学会副主任委员，国家教委程控交换技术与通信网、综合业务网理论及关键技术两个国家重点实验室学术委员会副主任等职务。

长期从事数字通信与数字信号处理的教学和科研工作。培养硕士生、博士生并讲授"信号引论""信息论与编码""应用信息论"等本科生、研究生课程。曾三次被校内研究生评为"良师益友"，1993年被评为北京市优秀教师。所编写的研究生教材《应用信息论基础》被评为北京市高等教育精品教材，获北京市教育教学成果一等奖。此外，在数据通信和移动通信的科研中，作为有关任务的技术负责人先后获1978年全国科学大会奖，1984年电子工业部科技成果一等奖，1988年国防科工委"献身国防科技事业荣誉证章"，1992年解放军总参通信部"七五"期间国家重点通信装备研制先进个人，并作为任务第二参与单位的技术负责人获"八五"科技攻关重大成果奖，1993年电子工业部特等奖和1995年国家科委科技进步二等奖等奖励。

朱永䞐（1929年—　　）安徽泾县人。教授，中国工程院院士。中共党员。1951年清华大学化学系毕业留校任教。历任"120"（人工放射性物质工艺学）教研组主任，核能技术研究所室主任、副所长。博士生导师。曾兼任中国核学会常务理事、核化工学会副理事长、核化学与放射化学学会副理事长。曾先后在欧共体超铀研究所、美国佛罗里达州立大学合作研究。

20世纪50年代参加原子能专业创建。1959年至1966年在国内率先研究磷酸三丁酯萃取法核燃料后处理化学及工艺，据此核工业部抛弃苏联提供的沉淀法，采用萃取法建成我国军用钚生产后处理厂，节省投资60％以上，工期提前，此成果获1978年全国科学大会奖。70年代末起研究开发了从高放射性废液中去除锕系元素的混合三烷基氧膦（TRPO）萃取流程，形成具有中国特色的先进核燃料循环。1993年研究发明了分离三价锕和镧系元素的CYANEX 301萃取法。曾获国家自然科学三等奖、国家技术发明二等奖，何梁何利科技进步奖。指导博士生14名，其中1名学生论文入选首届全国优秀博士学位论文。著有《氧化膦对三价锕系元素的萃取》（"锕系元素物理和化学手册"第3卷，英文）、《锕系元素和锕系后元素》（"化工百科全书"第1卷）、《三烷基氧化膦萃取从高放废液回收镎钚镅》（"超铀元素半个世纪"，英文）、《从辐照核燃料中提取及分离铀钚钚和其他元素》（"溶剂萃取手册"）等，发表论文百余篇。

朱育和（1938年—　　）上海人。教授。中共党员。1960年毕业于清华大学电机工程系。1962年至1963年就读于中国人民大学党史研究班，此后一直任教于清华大学。曾任历史系主任、人文社会科学学院副院长、校长教学顾问，全国理工农医院校中国革命史教学协作组负责人。现任中国老教授协会副会长、国杰老教授科学技术咨询开发研究院副院长、中央人民政府驻香港特别行政区联络办公室客座教授。

长期从事中共党史、中国革命史和中国近现代史的教学与科研工作，为马克思主义理论课的教学改革作出了贡献。20世纪80年代以来，在其带领下，"中国革命史"课程连续四次被评为校级"一类课程"。所在的中国革命史教研组 1986 年被全国总工会授予"先进班组称号"，1989 年获北京市教学优秀成果奖，本人被评为北京市先进工作者。是全国优秀博士学位论文指导教师。1993 年以来负责七十余期清华大学"香港公务员中国研习课程"教学工作，多次应邀赴港讲学。

治学强调历史的现实性和现实的历史性，强调过去现在未来的统一，认为历史研究应把重点放在对民族、对国家有重大关系和影响的关键问题上。先后发表了《毛泽东对外开放理论与实践研究》《邓小平对毛泽东对外开放理论的继承与发展》《从工农共和国到人民共和国——毛泽东建国思想的演变》《"台湾问题"与日本：历史的评说》《环境问题与历史研究》等论文，出版《毛泽东与二十世纪中国》《封闭与开放》《民族复兴与中国共产党》等专著，主编《赴法勤工俭学运动史料》（合作）、《戊戌变法文献资料系目》（获北京市哲学社会科学优秀成果奖二等奖）、《当代中国意识形态情态录》等基本文献史料。

庄丽君（1946 年—　　）女，浙江镇海人。研究员。中共党员。1965 年从上海市敬业中学考入清华大学冶金系焊接专业，1970 年毕业留校任教。在机械工程系在职学习，先后于 1983 年、1989 年获得工学硕士、博士学位，其间于 1987 年至 1989 年为清华大学与日本大阪大学焊接研究所联合培养博士生。主要从事材料焊接性能方面的教学和科研工作，曾任学生政治辅导员、班主任、系学生组组长、系党委副书记、教研组党支部书记、教研组主任以及全国焊接学会副秘书长等职。1992 年起到学校机关工作，曾任学校党委组织部副部长、宣传部部长、新闻中心主任、党委委员、党委常委、党委副书记、党委常务副书记、校工会主席、校务委员会副主任，以及北京高校党建研究会副会长、全国党建研究会高校党建研究专业委员会副主任委员等职。1991 年被国家教委、国务院学位委员会授予"做出突出贡献的中国博士学位获得者"称号，1994 年和 1999 年两次被评为学校"优秀党建与思想政治工作者"，1995 年被评为北京市优秀教师，1998 年被评为北京市优秀思想政治工作者。

邹致圻（1911 年—1968 年）四川华阳人。教授。1935 年毕业于南开大学电机工程学系，获学士学位。1935 年至 1943 年在重庆工作。1945 年获美国康奈尔大学研究院硕士学位。曾任重庆中国制钢厂厂长，北京晨光化工厂工程师，北京大学工学院机械系教授、制造组组长。1952 年后历任清华大学机械制造系和精密仪器及机械制造系副系主任兼机械制造工艺教研组主任。曾任北京市人大代表。

长期从事机械制造学科的教学及科研工作，讲授过"工具学""工具机""机械制造工艺学"及"机械制造厂设计"等课程。是我国数控机床研究工作的先驱者。领导的数控机床研究组，开发、研究试制了数控机床的开环及闭环随动伺服系统及关键的元部件、我国第一代数控铣床和多种数控机床十余台，包括加工中心组成的自动线，其中三坐标数控立铣，1965 年获国家科委、国家计委、国家经委新产品三等奖，数控劈锥铣床提高工效数十倍，1978 年获全国科学大会奖。该组编写了数控机床论文集两本，培养了一批本科生和研究生，其中不少人已成为我国目前数控机床研究、生产单位的技术骨干，为我国数控机床的发展作出重大贡献。

左焕琮（1945 年—　　）湖南湘阴人。主任医师。中共党员。1968 年本科毕业于北京医学院，1981 年研究生毕业于北京协和医院，1982 年获神经外科医学硕士学位，1983 年留学日本学习显微神经外科。1982 年调入中日友好医院，1986 年任该院神经外科主任，1994 年任副院长。博士生导师。1997 年中日友好医院与清华大学生物科学与技术系合作成立清华大学中日友好医学研究所，任执行所长。2002 年调入清华大学医学院，2003 年至今任清华大学玉泉医院院长，2008 年曾兼任清华大学第二附属医院（玉泉医院）党委书记，现还任医学院副院长、清华大学生命科学与医学研究所脑神经疾病研究所所长。合作完成的"O6-甲基鸟嘌呤-DNA-甲基转移酶与肿瘤预见性化疗新策略"获 2005 年国家科学技术进步二等奖。2005 年在第二附属医院始创神经外科学科，确立"大专科、小综合"的发展模式，使医院成为以神经外科为主的综合医院，为医院将来成为神经外科专科医院奠定基础。被评为卫生部有突出贡献的科学家。

第四节　知名校友名录

依据有关资料、信息，主要收录了校友中的：中国科学院院士、中国工程院院士；中央各部委、各省（自治区）市的党政负责人，解放军少将以上人员，中共中央委员、中纪委委员、全国人大常委和全国政协常委，各民主党派和人民团体的中央负责人；全国劳动模范；重点高等学校的校长、党委书记；部分重点企业和研究设计院（所）的负责人、总工程师、设计大师；其他知名的专家学者，以及在海外的知名校友。共计 1 734 名。收录的校友均毕业 10 年以上，未收录本校在校教师。90 周年校庆出版的《清华大学志》中所列知名校友基本保留。截止日期为 2011 年 4 月底。

凡是在清华（包括长沙临时大学、西南联合大学）学习（毕业或肄业）、任教及由清华派送出国学习的人员通称为校友。知名校友名录，以学习（毕业或肄业）或工作时间大体上按四个时期分别列出：

1. 1937 年 7 月以前的知名校友共 350 名，见表 21-4-1；

2. 1937 年 7 月至 1948 年 12 月清华园解放，这个时期的知名校友（包括长沙临时大学、西南联合大学时期）共 311 名，见表 21-4-2；

3. 1949 年 1 月至 1976 年 12 月的知名校友共 686 名，见表 21-4-3；

4. 1977 年以后的知名校友 207 名，见表 21-4-4。

以上四个列表共收录校友 1 554 名。

每个时期的知名校友名录按姓名的汉语拼音首字母的先后顺序排列。在收集有关资料、信息的过程中，得到了学校校友总会、校史馆、档案馆、各院系，以及各地校友组织的支持帮助。鉴于学校的历史久远，校友们又遍布世界各地，能收集到的资料和信息受到一些客观条件的限制，在实际收录工作中，也难以对一些校友的知名度进行较准确的界定和对所有收入的名录逐一逐项进行核对，因此名录中难免有疏漏和不准确之处。如发现疏漏和不准确之处，望予以指正。

除四个列表中收录的 1 554 名校友外，另有 180 名校友曾经在清华大学任教，后调出清华大学，这些知名校友已在本章《人物小传》《清华英烈》《人物简介》中列出，在本节表格中不再重复列出相关信息，仅列名单如下：

1937 年以前的知名校友（118 人）

蔡方荫	曹云祥	陈达	陈岱孙	陈省身	陈舜瑶	陈新民	陈寅恪
陈桢	戴芳澜	戴世光	邓以蛰	段学复	费孝通	冯景兰	冯新德
冯友兰	冯仲云	高崇熙	葛庭燧	顾毓琇	何礼	华罗庚	黄诚
黄子卿	霍秉权	蒋南翔	蒋廷黻	金邦正	金岳霖	雷海宗	
李昌(雷骏随)		李继侗	李景汉	李寿慈	李宪之	梁启超	刘崇鋐
刘崇乐	刘文典	娄成后	罗家伦	罗念生	马大猷	梅贻琦	孟宪民
宁榥	牛荫冠	潘光旦	彭桓武	浦江清	浦薛凤	钱崇澍	钱端升
钱三强	钱伟长	钱锺书	任之恭	萨本栋	萨本铁	邵循正	沈履
沈同	沈有鼎	施滉	孙国华	孙毓棠	汤佩松	唐钺	王达成
王力	王竹溪	温德(Robert Winter)		翁文灏	吴达元	吴晗	吴景超
吴宓	吴南轩	吴有训	吴泽霖	吴之椿	吴组缃	武迟	萧公权
熊庆来	徐毓楠	燕树棠	杨树达	杨武之	杨学诚	杨业治	杨振声
杨遵仪	姚依林(姚克广)		叶公超	叶企孙	余冠英	余瑞璜	俞平伯
虞振镛	袁复礼	张大煜	张青莲	张申府	张奚若	张席禔	张肖虎
张泽熙	赵九章	赵以炳	赵元任	赵忠尧	周培源	周先庚	周诒春
周自齐	朱理治(朱铭勋)						

1937 年—1948 年的知名校友（22 人）

曹本熹	陈梦家	陈体强	何东昌	洪朝生	洪谦	李广田	
梁朋(赵振梅)		刘恢先	陆士嘉	马识途	孟少农	闵嗣鹤	沈元
屠守锷	王汉斌	吴仲华	俞大绂	袁永熙	张岱年	周惠久	周一良

1949 年—1977 年的知名校友（35 人）

艾知生	查汝强	陈清泰	陈希	程民德	高沂	韩凯	侯祥麟
胡启立	黄美来	井田	李恩元	林克	林文漪	刘冰	刘西拉
刘乃泉	吕叔湘	罗征启	倪以信	彭珮云	蒲慕明	滕藤	汪家镠
王凤生	王亚南	王永志	吴敏生	杨卫	张健	张孝文	周光召
周礼杲	周远清	朱镕基					

1977 年以后的知名校友（5 人）

龚克	李建保	汪劲松	杨振斌	张尧学

表 21-4-1　1937 年 7 月以前的知名校友

姓名	性别	生卒年份	籍贯	学习时所在系	毕业或在校学习时间	在校任教(任职)时间及所在系	曾任主要职务
艾维超	男	1913—1997	上海	电机系	1936	50 年代电机系	清华大学电机系教授，上海工业大学副校长、教授
鲍国宝	男	1899—1978	广东中山	清华学校	1918		浙江大学、交通大学教授，华北电业管理总局局长、一级工程师
秉志	男	1886—1965	河南开封		1909 年直接留美生		中国科学院院士，中国科学院动物所研究员

姓名	性别	生卒年份	籍贯	学习时所在系	毕业或在校学习时间	在校任教（任职)时间及所在系	曾任主要职务
蔡金涛	男	1908—1996	江苏南通		1933年公费留美生		中国科学院院士，七机部二院总工程师兼副院长
蔡可选	男	1902—	安徽巢县			1928—1937经济系	清华大学经济系教授
操震球	男	1902—1995	安徽怀宁	教育心理系	1926		安徽省教育厅副厅长，省政协副主席
曹葆华	男	1906—1978	四川乐山	外文系	1931		延安鲁艺翻译室主任，中共中央宣传部斯大林全集翻译室副主任，中国社会科学院外国文学所研究员
曹禺（万家宝）	男	1910—1996	湖北潜江	外文系	1933		中央戏剧学院副院长，北京人民艺术剧院院长，中国文联执行主席，全国人大常委、全国政协常委
查良钊	男	1896—1982	浙江海宁	清华学校	1917	1938—1946教育系	河南大学校长，西南联大教育系教授
陈福田	男	1895—1951	广东			1926—1948外文系	清华大学、西南联大外文系主任、教授
陈冠荣	男	1915—2010	上海	化学系	1936		中国科学院院士，化工部第一设计院院长、部副总工程师
陈翰笙	男	1897—2004	江苏无锡		1916年津贴留美生		中国科学院哲学社会科学部委员，外交部国际关系研究所副所长
陈鹤琴	男	1892—1982	浙江上虞	清华学校	1914		南京师范学院院长、教授，江苏省政协副主席、省人大常委会副主任
陈焕镛	男	1890—1971	广东新会		1913年津贴留美生		中国科学院院士，中国科学院华南植物所所长
陈嘉	男	1907—1986	浙江杭州	清华学校	1928	1939—1946外文系	浙江大学、南京大学外文系主任，西南联大外文系教授
陈可忠	男	1899—1992	福建闽侯	清华学校	1920		岭南大学教授，台湾新竹清华大学校长
陈立	男	1902—2004	湖南长沙			1935—1939工业心理研究所	清华大学工业心理研究所研究员，杭州大学校长、教授，浙江省政协副主席，九三学社中央参议委员会副主任
陈明绍	男	1914—2009	广东大埔	土木系	1936		北京工业大学教授、副校长，北京市人大常委会副主任，全国政协常委，九三学社中央副主席

续表

姓名	性别	生卒年份	籍贯	学习时所在系	毕业或在校学习时间	在校任教（任职）时间及所在系	曾任主要职务
陈其五（刘毓珩）	男	1914—1984	安徽巢县	哲学系	1934—1937学习		第三野战军宣传部长，上海市委宣传部长
陈　铨	男	1903—1969	四川富顺	清华学校	1928	1936—1943外文系	清华大学、西南联大外文系教授，复旦大学、南京大学教授
陈一震	男	1918—1978	江苏南京	外文系	1936—1937学习		解放军第50军48师政委、军副政委
陈之长	男	1898—1987	四川简阳	清华学校	1922		中央大学、四川农业大学畜牧兽医系主任、教授
陈之迈	男	1908—1978	广东番禺	清华学校	1928	1933—1937政治系	清华大学政治系教授
陈　植	男	1902—2002	湖北夏口	清华学校	1923		上海民用建筑设计院院长
程纯枢	男	1914—1997	浙江金华	地学系	1936		中国科学院院士，国家气象局副局长兼总工程师
程绍迥	男	1901—1993	四川黔江	清华学校	1921		中央大学教授，中央畜牧实验所所长，中国农业科学院副院长
程耀椿	男	1895—1979	广东中山	清华学校	1919	1959—1979工化系	清华大学工化系教授
程裕淇	男	1912—2002	浙江嘉善	地学系	1933		中国科学院院士，地质部副部长，地矿部总工程师，全国政协常委，台盟中央副主席
程之平（程骏声）	男	1915—1996	山东济南		1935—1937学习		中国驻马耳他大使
戴松恩	男	1907—1987	江苏常熟		1933年公费留美生		中国科学院院士，中国农业科学院作物育种栽培所研究员、副所长
戴振铎	男	1915—2004	江苏吴县	物理系	1937		美国密歇根大学教授，美国国家工程院院士
邓叔群	男	1902—1970	福建福州	清华学校	1923		中国科学院院士，中国科学院微生物所研究员、副所长
丁绪淮	男	1900—1990	安徽阜阳	清华学校	1927		南开大学、天津大学化工系教授
董文立	男	1909—1988	河北辛集	化学系	1935		泸州化工厂厂长，惠安化工厂总工程师、厂长
端木蕻良（曹京平）	男	1912—1996	辽宁昌图	历史系	1932—1933学习		北京市文联创作部部长，中国作家协会理事、北京分会副主席

姓名	性别	生卒年份	籍贯	学习时所在系	毕业或在校学习时间	在校任教（任职）时间及所在系	曾任主要职务
方福森	男	1910—1997	福建福州	土木系	1933		中央大学、重庆大学、南京大学、东南大学教授
方俊奎	男	1912—1992	江西婺源	物理系	1937		国防科委军职级高级工程师
方　重	男	1902—1992	江苏常州	清华学校	1923		武汉大学、浙江大学、安徽大学外文系主任、教授，上海外国语学院英语系主任
费　青	男	1907—1957	江苏吴江		1934 年公费留美生	1939—1946法律系	西南联大法律系教授，北京大学法律系主任，中央人民政府外事法规委员会主任
冯秉铨	男	1910—1980	河北安新	物理系	1930		华南工学院教授、副院长，全国劳动模范
冯德培	男	1907—1995	浙江临海		1929 年专科留美生		中国科学院院士，中科院生理生化所研究员、所长，中科院副院长，全国政协常委
冯桂连	男	1909—1995	广东	清华学校	1929	1935—1944机械、航空系	清华大学机械系教授，西南联大航空系主任，巴西航空大学教授
傅承义	男	1909—2000	福建闽侯	物理系	1933	1934—1940物理系	中国科学院院士，中国科学院地球物理所研究员、副所长，中国科技大学地球及空间科学系主任
傅英豪	男	1917—1994		电机系	1936—1937学习		解放军空军司令部雷达兵部部长
高　亨	男	1900—1986	吉林双阳	国学研究院	1926 研究生毕业		东北大学、武汉大学教授，齐鲁大学中文系主任，山东大学教授
高镜莹	男	1901—	天津	清华学校	1921		官厅水库工程局局长兼总工程师，水利部技术委员会主任
高士其	男	1905—1988	福建福州	清华学校	1925		科普作家，中国作家协会顾问
高振衡	男	1911—1989	上海	化学系	1934	1934—1941化学系	中国科学院院士，南开大学教授、化学系主任
龚祥瑞	男	1911—1996	浙江宁波	政治系	1935	1939—1946政治系	西南联大政治系教授，北京大学法律系教授
龚祖同	男	1904—1986	上海川沙	物理系	1930	1930—1934物理系	中国科学院院士，西安光学精密机械研究所所长，陕西省政协副主席

续表

姓名	性别	生卒年份	籍贯	学习时所在系	毕业或在校学习时间	在校任教（任职）时间及所在系	曾任主要职务
谷霁光	男	1907—1993	湖南湘潭	历史系	1933		江西大学校长、教授，江西省政协副主席、省人大常委会副主任
顾功叙	男	1908—1992	浙江嘉善		1934年公费留美生		中国科学院院士，中国科学院地球物理所研究员、副所长，国家地震局地球物理所副所长
顾毓珍	男	1907—1968	江苏无锡	清华学校	1927		金陵大学、清华大学、华东化工学院教授
关肇直	男	1919—1982	广东南海	土木系	1936—1937学习		中国科学院院士，中国科学院数学所副所长、系统科学所所长
郭庆棻	男	1903—1988	山西孝义	清华学校	1926		江西师范学院院长、教授，江西省政协副主席
哈雄文	男	1907—1981	湖北武汉	清华学校	1927		沪江大学建筑科主任、教授，同济大学、哈尔滨建筑工程学院教授
何其芳	男	1912—1977	四川万县	外文系	1930—1931		中国科学院哲学社会科学学部委员、中国科学院文学研究所所长
何泽慧	女	1914—	山西灵石	物理系	1936		中国科学院院士，中国科学院原子能所研究员、高能物理所副所长
贺　麟	男	1902—1992	四川金堂	清华学校	1926	1939—1946哲学心理系	西南联大哲学心理系教授，北京大学教授，中国科学院哲学所研究员
赫崇本	男	1910—1985	辽宁凤城	物理系	1932		青岛海洋学院院长、教授
洪　深	男	1894—1995	江苏常州	清华学校	1916		中国新兴话剧奠基人之一，中国剧协副主席，对外文化联络局局长
侯德榜	男	1890—1974	福建闽侯	清华学校	1912		中国科学院院士，永利化学工业公司总经理，化工部副部长，全国政协常委
胡刚复	男	1892—1966	江苏无锡		1909年直接留美生		厦门大学教授、物理系主任、理学院院长，浙江大学理学院院长，大同大学校长
胡经甫	男	1896—1972	广东三水		1919年专科留美生	1946—1952校医室	中国科学院院士，中国人民解放军军事医学科学院研究员
胡竟铭	男	1904—1989	安徽	清华学校	1924		铁道部大桥设计事务所总工程师
胡乾善	男	1911—2004	河南通许	物理系	1933		中央大学机械系主任、教授，南京工学院机械系主任

姓名	性别	生卒年份	籍贯	学习时所在系	毕业或在校学习时间	在校任教（任职）时间及所在系	曾任主要职务
胡乔木（胡鼎新）	男	1912—1992	江苏盐城	物理系	1930—1933学习		中国科学院哲学社会科学学部委员，中国社会科学院院长，中共中央政治局委员，全国人大常委、全国政协常委
胡　适	男	1891—1962	安徽绩溪		1910年直接留美生		北京大学教授、文学院院长、校长，原国民政府驻美大使（后去台湾）
胡　毅	男	1904—	湖南长沙	清华学校	1924	1941—1946英语系	西南联大师范学院英语系教授，河北天津师范学院院长，河北省人大常委会副主任、省政协副主席
华凤翔	男	1897—1984	天津	清华学校	1920		中国民用航空局机务总工程师
华秀升	男	1895—1954	云南海通	清华学校	1919		云南大学校长、教授
黄秋耘（黄超显）	男	1918—2001	广东顺德	中文系	1935—1937学习		《文艺报》编辑部副主任，中国作家协会理事、广东分会副主席
黄叔培	男	1893—1979	广东揭阳	清华学校	1915		交通大学机械系主任、教授，吉林工业大学副校长、教授
黄　宛	男	1918—2010	浙江嘉兴	生物系	1935—1937学习		协和医学院、解放军总医院心内科教授
黄席椿	男	1913—1986	江西九江	电机系	1936		西安交通大学教授、无线电系主任
黄钰生	男	1898—1990	湖北沔阳	清华学校	1919	1937—1946教育系	西南联大师范学院院长、教育系教授，南开大学教授，天津市政协副主席
黄桢权	男	1913—1989	广东台山	土木系	1937		交通部第四航务工程局总工程师
黄中孚	男	1908—2005	广东梅县	地学系	1933		美国清华同学会会长，体育健将
黄　自	男	1904—1938	江苏川沙	清华学校	1924		上海音乐专科学校作曲理论教授兼教务主任
嵇文甫	男	1895—1963	河南汲县			1930—1931政治系	中国科学院哲学社会科学部委员，清华大学政治系讲师，河南大学、郑州大学校长、教授，河南省副省长
季羡林	男	1911—2009	山东清平	外文系	1934		中国科学院哲学社会科学部委员，北京大学教授、东方语言文学系主任、副校长，全国人大常委

续表

姓名	性别	生卒年份	籍贯	学习时所在系	毕业或在校学习时间	在校任教(任职)时间及所在系	曾任主要职务
冀朝鼎	男	1903—1963	山西汾阳	清华学校	1924		中国国际贸易促进委员会副主任
贾林放（贾隆武）	男	1912—1993	河北蔚县	土木系	1934—1937学习		煤炭工业部副部长
江泽涵	男	1902—1994	安徽旌德		1927 年专科留美生	1938—1946算学系	中国科学院院士，西南联大算学系教授，北京大学数学系主任
姜立夫	男	1890—1978	浙江平阳		1911 年直接留美生	1938—1946算学系	南开大学数学系主任，西南联大、中山大学等校教授
姜亮夫	男	1902—1995	云南昭通	国学研究院	1927 研究生毕业		东北大学国文系主任，云南大学文法学院院长，杭州大学中文系主任、教授
康世恩	男	1915—1995	河北怀安	地学系	1936—1937学习		石油化工部部长，国务院副总理兼国家经委主任，中共中央委员、中顾委常委
柯召	男	1910—2002	浙江温岭	算学系	1933		中国科学院院士，四川大学数学系教授、校长，四川省政协副主席
孔繁霱	男	1894—1959	山东滕县		1927—1937 1946—1952历史系		清华大学历史系教授
雷从民	男	1907—1968	陕西澄城	土木系	1928		铁道部第一设计院总工程师
雷兴翰	男	1905—1989	湖南麻阳	化学系	1930	1930—1935化学系	华北人民化学制药一厂厂长兼总工程师
李崇淮	男	1916—2008	江苏淮阴	物理系	1934—1937学习		武汉大学教授、经济管理学院副院长，民建中央副主席，全国人大常委
李济	男	1896—1979	湖北钟祥	清华学校	1918	1925—1929国学研究院	中央研究院历史语言所研究员，清华大学国学研究院讲师，中央研究院院士，台湾大学教授
李健吾	男	1906—1982	山西运城	外文系	1930		复旦大学教授，上海戏剧专科学校戏剧文学系主任，中国社会科学院外国文学所研究员
李谟炽	男	1907—	湖南浏阳	清华学校	1928	1931—1947土木系	清华大学、西南联大土木系教授
李庆海	男	1910—1986	河北深泽		1935 年公费留美生	1941—1954土木系	西南联大教授，清华大学土木系主任，武汉测绘学院测量系主任

续表

姓名	性别	生卒年份	籍贯	学习时所在系	毕业或在校学习时间	在校任教（任职）时间及所在系	曾任主要职务
李汝琪	男	1895—1991	天津	清华学校	1919		燕京大学生物系教授、系主任，北京大学生物系教授
李书田	男	1900—1988	河北昌黎		1923 年专科留美生		交通大学唐山工程学院、北洋工学院、西安工学院院长、教授
李　伟（李鼎声）	男	1914—2005	河北沧县	土木系	1934—1937学习		解放军总政治部宣传部长、少将
李侠文	男	1914—2010	广东中山	政治系	1937		香港大公报总编辑、副社长
李先闻	男	1902—1976	四川江津	清华学校	1923		中央研究院植物研究所研究员、中央研究院院士
李一清（李浴源）	男	1908—1996	山西昔阳	历史系	1935		武汉钢铁公司总经理、党委书记，中共中央中南局书记处书记，邮电部第一副部长，全国人大常委
李友久	男	1917—2005	福建厦门	历史系	1935—1937		农业部副部长
李远义	男	1912—	湖北宜昌	土木系	1937		北京市政设计研究院总工程师
李运华	男	1900—1971	广西贵港	清华学校	1921		广西大学校长、教授
李肇祥	男	1911—	广东香山	土木系	1934		北京市政设计院总工程师
李正文	男	1908—2002	山东潍县		30 年代学习		复旦大学党委书记
梁实秋	男	1902—1987	浙江余杭	清华学校	1923		西南联大教授，台湾编译馆馆长，台湾师范大学文学院院长
梁世中	男	1907—1993	福建长乐	土木系	1935		铁道兵二师总工程师
梁守槃	男	1916—2009	福建福州	机械系	1937	1940—1942机械系	中国科学院院士，国防部第五研究院研究所所长，七机部研究院副院长，航天工业部总工程师
廖世承	男	1892—1970	上海嘉定	清华学校	1915		湖南师范学院、光华大学等校校长、教授
林　风	男	1911—	广东梅县	化学系	1937 研究生毕业		大连中苏石油公司总工程师，中国石油化工总公司石油化工科学研究院总工程师

续表

姓名	性别	生卒年份	籍贯	学习时所在系	毕业或在校学习时间	在校任教（任职）时间及所在系	曾任主要职务
林庚	男	1910—2006	北京	中文系	1933		北京大学中文系教授
林亮	男	1914—1994	安徽金寨	政治系	1937		中国科学院云南分院院长，云南大学党委书记
刘光文	男	1910—1998	浙江杭州	土木系	1933		华东水利学院教授、水文系主任
刘建熙	男	1906—1980	湖南醴陵	土木系	1928		铁道部第二工程局总工程师
刘节	男	1901—1977	浙江温州	国学研究院	1928研究生毕业		河南大学、浙江大学、中央大学教授，中山大学历史系主任
刘康	男	1912—1994	山西平遥	化学系	1937		五机部副部长
刘盼遂	男	1896—1966	河南淮滨	国学研究院	1926研究生毕业		北京师范学院、北京师范大学教授
刘星（刘震）	男	1915—2004	江苏萧县	机械系	1934—1937学习		六机部副部长，新疆维吾尔自治区党委书记，四川省副省长
刘曾复	男	1913—	河北河间	生物系	1937		京剧学泰斗，著名生理学家，首都医科大学生理学教授
柳无忌	男	1907—2002	江苏吴江	清华学校	1927	1938—1941外文系	南开大学、西南联大外文系教授，美国耶鲁大学等校教授
龙康侯	男	1912—1994	湖南攸县	化学系	1932		湖南大学、华南工学院教授，中山大学化学系主任
娄尔康	男	1910—1991	浙江绍兴			30年代电机系	清华大学电机系任教，沈阳电缆厂副厂长兼总工程师，辽宁省政协副主席、省人大常委会副主任
楼邦彦	男	1912—1979	浙江鄞县	政治系	1936		西南联大政治系教授，北京大学、北京政法学院等校教授
楼福卿	男	1908—1989	浙江宁波	经济系	1929		中国银行伦敦分行经理
楼光来	男	1895—1960	浙江嵊县	清华学校	1918	1926—1927外文系	清华大学外文系教授，中央大学文学院院长，南京大学教授
陆璀	女	1914—	浙江吴兴	社会系	1934—1936学习		国际民主妇联书记处书记，全国妇联常委兼国际工作部部长，对外友好协会副会长

姓名	性别	生卒年份	籍贯	学习时所在系	毕业或在校学习时间	在校任教（任职)时间及所在系	曾任主要职务
陆侃如	男	1903—1978	江苏海门	国学研究院	1927 研究生毕业		燕京大学国文系主任、教授，东北大学文学院院长，山东大学教授、副校长
陆学善	男	1905—1981	浙江湖州	物理系	1933 研究生毕业	1928—1933 物理系	中国科学院院士，中国科学院应用物理所研究员、副所长
路季纳	男	1889—1984			1910 年直接留美生		上海大中华染料厂厂长
罗邦杰	男	1892—1980	广东大埔	清华学校	1911		华东工业建筑设计院、建筑工程部建筑科学研究院总工程师
罗隆基	男	1898—1965	江西安福	清华学校	1922	1939—1941 政治系	西南联大政治系教授，森林工业部部长，民盟中央副主席，全国人大常委、全国政协常委
罗清生	男	1894—1974	广东南海	清华学校	1919		中央大学农学院院长、教授，南京大学、南京农学院教授
罗钰如	男	1915—1999	山西介休	化学系	1934—1937 学习		国家海洋局局长
马寅初	男	1882—1982	浙江嵊县		1911 年津贴留美生		中国科学院哲学社会科学部委员，浙江大学、北京大学校长、教授，中央人民政府财经委员会副主任，全国政协常委、全国人大常委
马祖圣	男	1911—2007	广东中山	化学系	1931		微量化学家和有机化学家，美国纽约市立大学教授
茅以升	男	1896—1989	江苏镇江		1916 年专科留美生		中国科学院院士，北方交通大学校长、教授，铁道科学研究院院长，全国人大常委，全国政协副主席，中国科协副主席
梅汝璈	男	1904—1973	江西南昌	清华学校	1924		东京远东国际军事法庭法官（审判日本甲级战犯)、外交部法律顾问
梅炀春	男	1900—1962	江西南昌	土木系	1923		铁道部大桥工程局总工程师
孟广喆	男	1907—1989	北京	土木系	1929	1937—1946 机械系	西南联大机械系教授，南开大学机械系主任、工学院院长，天津大学教授
孟继懋	男	1890—1980	天津	清华学校	1920		北京积水潭医院院长，北京创伤骨科研究所所长，全国人大常委

续表

姓名	性别	生卒年份	籍贯	学习时所在系	毕业或在校学习时间	在校任教（任职）时间及所在系	曾任主要职务
孟宪承	男	1894—1967	江苏武进			1925—1926；1938—1939	清华大学国文教授，西南联大教育系教授，华东师范大学校长，上海市政协副主席
米景贤	男	1906—1974	河北定州	清华学校	1928		第六军医大学、第七军医大学教授、副校长
闵乃大	男	1910—2000	江苏如皋	电机系	1936	1949—1952 电机系	清华大学电机系教授
牟作云	男	1913—2007	河北武清			1940—1949 体育部	篮球泰斗，国家体委球类司副司长、中国篮协主席
倪葆春	男	1899—1997	浙江鄞县	清华学校	1919		上海圣约翰大学医学院院长，上海第二医学院教授
倪 俊	男	1895—	浙江杭州			1933—1942 电机系	清华大学、西南联大电机系教授、系主任
牛佩琮	男	1909—1990	山西定襄	经济系	1932		河南省政府副主席，国务院财贸办公室副主任，全国政协常委
潘大逵	男	1902—1991	四川开县	清华学校	1924		四川省文史研究馆馆长、省政协副主席，民盟中央参议委员会副主任
裴丽生（裴毓华）	男	1906—2000	山西垣曲	经济系	1929—1933 学习		山西省省长，中科院副院长，中国科协副主席，全国政协常委
彭光钦	男	1908—1991	四川长寿	清华学校	1929	1936—1941 生物系	清华大学、西南联大生物系教授，海南热带作物学院创始人
皮名举	男	1907—1959	湖南长沙	清华学校	1928	1938—1942 历史系	西南联大历史系教授，湖南师范学院等校教授
钱基博	男	1887—1957	江苏无锡			1925—1926 大学普通部	清华学校国文教授，光华大学文学院院长，浙江大学国文系主任，华中师范学院教授
钱 穆	男	1895—1990	江苏无锡			1931—1939 历史系	北京大学、清华大学、西南联大等校教授，香港新亚书院院长
钱思亮	男	1908—1984	浙江杭县	化学系	1931	1938—1941 化学系	西南联大化学系教授，北京大学化学系主任，台湾大学校长
钱学森	男	1911—2009	浙江杭州		1934 年公费留美生	1957—1959 力学研究班	中国科学院院士，中国工程院院士，中国科学院力学所所长，中国科学院与清华大学合办力学研究班第一届主任并任教，国防科委第五研究院副院长，七机部副部长，国防科委副主任，全国政协副主席，中共中央候补委员，荣获"两弹一星功勋奖章"

续表

姓名	性别	生卒年份	籍贯	学习时所在系	毕业或在校学习时间	在校任教（任职)时间及所在系	曾任主要职务
乔冠华	男	1913—1983	江苏盐城	哲学系	1933		外交部部长、中共中央委员
秦馨菱	男	1915—2003	山东安丘	物理系	1937		中国科学院院士，中国科学院地球物理所研究员，国家地震局地球物理研究所北京台网室主任
秦宣夫	男	1906—1998	广西桂林	外文系	1929		南京师范大学教授、美术系主任，中国美协江苏分会副主席
邱椿	男	1897—1966	江西宁都	清华学校	1920	1938—1939教育系	西南联大教育系主任、教授，北京师范大学教授
邱宗岳	男	1890—1975	浙江诸暨	清华学校	1911	1938—1946化学系	南开大学化学系主任、理学院院长，西南联大教授
全增嘏	男	1903—1984	浙江绍兴	清华学校	1923		复旦大学外文系主任、教授
任华	男	1911—1998	贵州安顺	哲学系	1937 研究生毕业	1947—1952哲学系	清华大学、北京大学哲学系教授
荣高棠（荣千祥）	男	1912—2006	河北霸县	外文系	1932—1936学习		共青团中央书记处书记，国家体委副主任，中共中顾委秘书长，全国政协常委、全国人大常委
沈隽	男	1913—1994	江苏吴江		1936 年公费留美生	40 年代农学院	清华大学农学院教授，北京农业大学园艺系主任
沈隽淇	男	1894—1969	天津	清华学校	1916		协和医学院教授，北京大学医学院院长
沈克非	男	1898—1972	浙江嵊县	清华学校	1919		南京中央医院院长，上海中山医院院长，解放军医学科学院副院长
沈乃正	男	1899—	浙江嘉兴	清华学校	1921	1933—1940政治系	清华大学、西南联大政治系教授
沈鹏飞	男	1893—1983	广东番禺	清华学校	1917		暨南大学校长，中南林学院院长、教授
施汝为	男	1901—1983	上海崇明			1925—1930物理系	中国科学院院士，清华大学物理系任教，中国科学院物理所研究员、所长
施士元	男	1908—2007	江苏崇明	物理系	1929		中央大学物理系主任、南京大学教授
时钧	男	1912—2005	江苏常熟	化学系	1934		中国科学院院士，南京大学、南京工学院、南京化工学院化工系教授、系主任

续表

姓名	性别	生卒年份	籍贯	学习时所在系	毕业或在校学习时间	在校任教（任职）时间及所在系	曾任主要职务
斯行健	男	1901—1964	浙江诸暨			1933—1934地学系	中国科学院院士，清华大学地学系教授，中国科学院古生物所研究员、所长
宋平（宋延平）	男	1917—	山东莒县	化学系	1935—1937学习		甘肃省委第一书记，国务委员兼国家计委主任，中共中央组织部长，中共中央政治局常委
苏国桢	男	1909—1996	福建永定	化学系	1931	1938—1942化工系	西南联大化工系教授、系主任
孙承谔	男	1911—1991	山东济宁	清华学校	1929	1938—1946化学系	西南联大化学系教授、北京大学化学系主任
孙大雨	男	1905—1997	浙江诸暨	清华学校	1925		武汉大学、北京大学、华东师范大学等校外文系教授
孙德和	男	1911—1981	安徽桐城	化学系	1934		中国科学院院士，鞍山黑色冶金设计总院大冶特殊钢厂设计总工程师，北京钢铁设计研究总院副总工程师
孙汉卿（孙德香）	男	1913—	山东牟平	物理系	1934—1937学习		山东大学党委书记
孙浩然	男	1910—	江苏无锡	经济系	1935		上海戏剧学院教授、舞台美术系主任
孙立人	男	1898—1990	安徽舒城	清华学校	1923		中国远征军第三十八师师长、新编第一军军长（后去台湾）
孙瑜	男	1900—1990	四川自贡	清华学校	1923		联华、昆仑影业公司编导，上海电影制片厂导演
孙增爵	男	1912—2007	浙江余杭	化学系	1933		美国化学公司专家，纽约清华同学会会长
覃修典	男	1909—1994	湖北蒲圻	土木系	1932	1935—1949土木系	清华大学土木系教授，华东水电工程局总工程师，电力部水电科学研究院院长
谭葆宪	男	1910—2000	广东新会	土木系	1932		铁道部第四工程局、西南铁路工地指挥部司令部、铁道部基本建设总局总工程师
谭其骧	男	1911—1992	浙江嘉兴			1936—1937历史系	中国科学院院士，清华大学历史系讲师，复旦大学教授、历史系主任，中国历史地理研究所所长

续表

姓名	性别	生卒年份	籍贯	学习时所在系	毕业或在校学习时间	在校任教(任职)时间及所在系	曾任主要职务
汤用彤	男	1893—1964	湖北黄梅	清华学校	1916	1937—1945哲学系	中国科学院哲学社会科学部委员，西南联大教授、哲学系主任，北京大学副校长，中国科学院历史考古专门委员，全国政协常委
唐得源	男	1904—1992	陕西西安	教育心理学	1929		西北农学院院长、教授
唐明照（唐锡朝）	男	1910—1998	广东恩平	物理系	1930—1933学习		美洲《华侨日报》社长、总编辑，外交部专员，联合国副秘书长
唐楠屏	男	1910—	辽宁抚顺	生物系	1934		冶金部钢铁研究总院党委书记兼院长，中南矿冶学院党委书记兼院长
陶炜	男	1914—2009	江苏无锡	地理系	1932		沈阳高压开关厂、德阳东方电机厂总工程师
田德望	男	1909—2000	河北完县	外文系	1931		北京大学西语系教授
童隽	男	1900—1983	辽宁沈阳	清华学校	1925		东北大学建筑系主任、教授，南京大学、南京工学院教授
涂长望	男	1906—1962	湖北武汉			1935—1936地学系	中国科学院院士，清华大学地学系任教，军委气象局局长，中央气象局局长
涂治	男	1901—1976	湖北黄陂	清华学校	1924		中国科学院院士，新疆农林厅厅长，八一农学院教授、院长，新疆农业科学院院长
汪德熙	男	1913—2006	北京	化学系	1935	1938—1941化工系	中国科学院院士，南开大学教授，天津大学化工系主任，二机部401研究所副所长，核工业部原子能研究所副所长
汪福清	男	1913—2007	浙江慈溪	机械系	1937		贵州矿山机器厂总工程师，贵州省政协副主席
汪振儒	男	1908—2008	广西桂林	生物系	1929		北京农业大学教授，北京林学院林业系主任
王大珩	男	1915—	江苏吴县	物理系	1936		中国科学院院士，中国工程院院士，中国科学院长春光学精密机械所研究员、所长、长春分院院长，荣获"两弹一星功勋奖章"，全国劳动模范
王德荣	男	1908—1982	江苏无锡			1932—1935；1938—1952航空系	西南联大、清华大学航空系教授、系主任，北京航空学院飞机系主任

续表

姓名	性别	生卒年份	籍贯	学习时所在系	毕业或在校学习时间	在校任教（任职)时间及所在系	曾任主要职务
王伏雄	男	1913—1995	浙江兰溪	生物系	1936		中国科学院院士，中国科学院植物所研究员
王淦昌	男	1907—1998	江苏常熟	物理系	1929		中国科学院院士，联合原子核研究所（在苏联杜布纳）研究员兼副所长，二机部研究院副院长，二机部副部长，全国人大常委，中国科协副主席，荣获"两弹一星功勋奖章"
王赣愚	男	1905—1997	江西南城	政治系	1929	1938—1946政治系	西南联大政治系教授、南开大学政治系主任
王华彬	男	1907—1998	福建福州	土木系	1927		中国建筑科学研究院总建筑师、总工程师
王化成	男	1902—1965	江苏丹徒	清华学校	1923	1928—1938政治系	清华大学、西南联大政治系教授
王良楣	男	1914—1991	河北保定	电机系	1936		国家仪器仪表工业总局总工程师
王士光（王光杰）	男	1915—2003	天津	电机系	1935—1937学习		四机部副部长，电子部总工程师
王铁崖	男	1913—2003	福建福州	政治系	1933		北京大学教授、政治系主任、国际法研究所所长
王宪钧	男	1910—1993	山东福山	哲学系	1933	1938—1946哲学系	西南联大、清华大学、北京大学哲学系教授
王辛笛（王馨迪）	男	1912—2004	天津	外文系	1935		中国作家协会理事、上海分会副主席
王信忠	男	1908—	江苏南通	历史系	1931	1936—1942历史系	西南联大历史系教授
王业俊	男	1914—1995	湖北黄陂	土木系	1937		华北市政设计院总工程师，中国工程设计大师
王裕光	男	1898—1978	上海			1930—1956土木系	清华大学土木系教授，西南联大工程处主任、教授，北京市建设局局长
王造时	男	1902—1971	江西福安	清华学校	1925		上海光华大学文学院院长，复旦大学历史系教授
王箴	男	1899—1994	江苏江阴	清华学校	1920		厦门大学、之江大学化学系主任、教授
王志均	男	1910—2000	山西昔阳	生物系	1936		中国科学院院士，北京医学院教授、基础医学研究所所长

续表

姓名	性别	生卒年份	籍贯	学习时所在系	毕业或在校学习时间	在校任教（任职）时间及所在系	曾任主要职务
韦君宜（魏蓁一）	女	1917—2002	北京	哲学系	1934—1937学习		《中国青年》杂志总编辑，人民文学出版社总编辑、社长
魏兆麟	男	1914—2005	辽宁开原	土木系	1934—1937学习		水利部设计院院长
翁文波	男	1912—1994	浙江鄞县	物理系	1934		中国科学院院士，石油工业部勘探司、石油科学研究院、石油勘探开发研究院总工程师
巫宝山	男	1905—1999	江苏句容	经济系	1932		中国社会科学院经济研究所副所长、研究员，北京市政协副主席
吴国桢	男	1903—1984	湖北建始	清华学校	1921		国民政府外交部政务次长，上海市长（后去台湾）
吴继周	男	1915—1990	江西萍乡	哲学系	1934—1936学习		南昌飞机制造厂厂长兼党委书记，南京航空学院院长兼党委书记
吴景荣	男	1915—1994	浙江平阳	外文系	1936		北京外语学院、中国人民大学、外交学院教授、系主任
吴景祥	男	1905—1999	广东中山	土木系	1929		同济大学建筑系主任、教授
吴文藻	男	1901—1985	江苏江阴	清华学校	1923	30年代社会系	云南大学社会系主任，中央民族学院教授
吴学蔺	男	1909—1985	江苏常州		1933年公费留美生	1940—1944机械、航空系	中国科学院院士，西南联大机械系教授，中国科学院长春光学精密机械所副所长，南京天文仪器厂总工程师、厂长
吴韫珍	男	1898—1941	江苏青浦		1923年专科留美生	1928—1941生物系	清华大学生物系教授
吴征镒	男	1916—	江苏仪征	生物系	1937	1937—1940；1942—1948生物系	中国科学院院士，清华大学生物系讲师，中国科学院植物所研究员、副所长，昆明植物所所长、中科院昆明分院院长
吴宗济	男	1909—2010	浙江吴兴	中文系	1934		语音学泰斗，中国社会科学院语言研究所研究员
武衡	男	1914—1999	江苏徐州	地学系	1934—1937学习		中国科学院院士，中国科学院副秘书长，国家科委副主任，全国人大常委
夏坚白	男	1903—1977	江苏常熟	土木系	1929	1929—1934土木系	中国科学院院士，清华大学土木系教员，同济大学教授、校务委员会主任，武汉测绘学院院长

续表

姓名	性别	生卒年份	籍贯	学习时所在系	毕业或在校学习时间	在校任教（任职）时间及所在系	曾任主要职务
夏鼐	男	1910—1985	浙江温州	历史系	1934		中国科学院哲学社会科学部委员，中国科学院考古所研究员、所长，中国社会科学院副院长兼国家文物委员会主任
夏湘蓉	男	1910—2001	江西南昌	地学系	1934		地质部广西地质局、全国地质资料局、湖北地质局总工程师
向哲浚	男	1891—1987	湖南宁乡	清华学校	1917		东京远东国际军事法庭中国检察官（审理日本甲级战犯），复旦大学等校教授
萧涤非	男	1906—1991	江西临川	清华研究院	1933	1941—1946国文系	西南联大师范学院国文系教授，山东大学中文系主任
萧蘧	男	1898—1948	江西泰和	清华学校	1918	1929—1944经济系	清华大学、西南联大经济系教授，中正大学校长
谢冰心	女	1900—1999	福建长乐			1931—1932中文系	清华大学中文系讲师，作家，中国文联副主席，全国政协常委，民主促进会中央名誉主席
谢家荣	男	1898—1966	上海			1931—1932地学系	中国科学院院士，清华大学地理系教授，地质部总工程师，地质矿产部研究所副所长
谢家泽	男	1912—1993	湖南新邵	土木系	1934		中央大学、南京大学教授，水利水电科学院副院长
谢文炳	男	1900—1989	湖北汉川	清华学校	1923		四川大学教授、校务委员会主任（校长）
熊秉信	男	1913—1974	云南弥勒	地学系	1936		冶金部云南锡矿勘探队、云南冶金地质勘探公司总工程师
熊大仕	男	1900—1987	江西南昌	清华学校	1923		北京大学农学院教授、兽医系主任，北京农业大学兽医系主任
熊尚元	男	1911—2007	四川万县	化学系	1934		北京石油设计院院长，大连石油七厂总工程师
熊向晖（熊汇荃）	男	1919—2005	安徽凤阳	中文系	1936—1937学习		驻英国常任代办，驻墨西哥大使，中共中央统战部副部长，中国国际信托投资公司副董事长，全国政协常委
徐宝升	男	1912—2007	山东昌邑	机械系	1937		重庆第三钢铁厂总工程师，北京钢铁学院机械系主任

姓名	性别	生卒年份	籍贯	学习时所在系	毕业或在校学习时间	在校任教（任职)时间及所在系	曾任主要职务
徐　仁	男	1910—1992	安徽当涂	生物系	1933		中国科学院院士，中国科学院地质所、植物所研究员，北京自然博物馆第一副馆长
徐日新	男	1913—1980	浙江义乌	化学系	1937	1960—1980 化工系	清华大学化工系教授
徐士瑚	男	1907—2002	山西五台	外文系	1931		山西大学教授、校长
徐舜寿	男	1917—1968	浙江吴兴	机械系	1937		中国航空研究院飞机设计所总设计师
徐贤修	男	1911—2001	浙江永嘉	算学系	1935	1938—1939 算学系	西南联大算学系讲师，台湾新竹清华大学教授、校长
徐永煐	男	1902—1968	江西龙南	清华学校	1924		中共中央宣传部《毛泽东选集》英译委员会主任，外交部美澳司司长
徐芝纶	男	1911—1999	江苏江都	土木系	1934		中国科学院院士，华东水利学院教授、副校长
徐中舒	男	1898—1991	安徽安庆	国学研究院	1926		四川大学教授、历史系主任，西南博物院院长
徐子佩	男	1908—2003	山东	化学系	1930		河南省科学院院长
许宝騄	男	1910—1970	浙江杭州	算学系	1933	1940—1945 算学系	中国科学院院士，西南联大、北京大学数学系教授
许立群（杨承栋）	男	1917—2000	江苏镇江	物理系	1936—1937 学习		中共中央宣传部常务副部长，中国社会科学院哲学研究所所长，全国政协常委
许孟雄	男	1903—1994	福建福州	政治系	1929		北京外国语学院、中国人民大学英语教授
许维遹	男	1902—1950	山东荣成			1936—1950 中文系	西南联大、清华大学中文系教授
许振英	男	1907—1993	山东武城	清华学校	1927		北京大学农学院、东北农学院教授
严开元	男	1900—1980	山西河津	清华学校	1924		太原工学院教授、副院长，山西省政协副主席
严仁荫	男	1908—1979	天津	化学系	1931	1941—1952 化学系	西南联大、清华大学、北京大学化学系教授
严仁英	女	1913—	天津	生物系	1932—1935 学习		北京医学院教授、第一附属医院院长

续表

姓名	性别	生卒年份	籍贯	学习时所在系	毕业或在校学习时间	在校任教（任职）时间及所在系	曾任主要职务
阎振兴	男	1912—2005	河南汝南	土木系	1935	1942—1947 土木系	西南联大、清华大学土木系教授，台湾新竹清华大学等校校长
杨国柱	男	1914—	北京	机械系	1937		五机部第五设计院总设计师
杨绛	女	1911—	江苏无锡	外文系	1935 研		著名作家、翻译家、外国文学研究家，中国社会科学院文学研究所、外国文学研究所研究员
杨联升	男	1914—1990	河北清苑	经济系	1937		美国哈佛大学教授
杨石先	男	1897—1985	安徽怀宁	清华学校	1918	1937—1945 化学系	中国科学院院士，西南联大化学系教授，南开大学校长、元素有机化学研究所所长，全国政协常委
杨述（杨德基）	男	1913—1980	江苏山阴	历史系	1934—1937 学习		北京市委常委、宣传部长，中国科学院哲学社会科学部副主任
杨天受	男	1899—1994	天津	清华学校	1920		天津东亚毛麻纺织厂经理，天津市政协副主席
杨廷宝	男	1901—1982	河南南阳	清华学校	1921		中国科学院院士，南京工学院教授、建筑系主任、副院长，江苏省副省长
杨孝述	男	1890—1974	江苏松江		1911 年直接留美生		河海工科大学教授、校长
杨永清	男	1891—1956	浙江镇海	清华学校	1913		东吴大学教授、校长
杨允奎	男	1902—1970	四川安岳	清华学校	1928		四川大学农学系教授、主任，四川省农业科学院院长，四川农学院院长
杨曾艺	男	1910—1998	江苏武进	土木系	1932	1952—1964 土木系	清华大学教授、土木建筑系副主任，华侨大学教授、副校长
姚薇元	男	1905—1985	安徽繁昌	历史系	1931		中央大学、湖南大学、武汉大学等校教授
阴毓璋	男	1903—1968	山西沁源	清华学校	1926		中央大学医学院、第五军医大学、第一军医大学、吉林医科大学教授
殷宏章	男	1908—1992	贵州贵阳	生物系	1933—1935 研究生学习	1938—1944 生物系	中国科学院院士，西南联大生物系教授，中国科学院上海植物生理所研究员、所长
殷文友	男	1900—	江苏无锡			1935—1940 机械系	清华大学、西南联大机械系教授

姓名	性别	生卒年份	籍贯	学习时所在系	毕业或在校学习时间	在校任教（任职）时间及所在系	曾任主要职务
殷祖澜	男	1905—	福建厦门			1935—1941机械系	清华大学、西南联大机械系教授
应尚能	男	1902—1974	浙江奉化	清华学校	1928		华东师范学院音乐系主任，中国音乐学院教授
于光远（郁钟正）	男	1915—	上海	物理系	1936		中国科学院哲学社会科学学部委员，国家科委副主任，中国社会科学院副院长，中共中顾委委员
于天放	男	1908—1967	黑龙江呼兰	经济系	1928—1932学习		黑龙江省副省长、省政协副主席
余青松	男	1897—1987	福建厦门	清华学校	1918		中央研究院天文研究所所长，美国威廉斯天文台台长
余绍光	男		广东台山	清华学校	1924		国际贸易学院教授、院长
余肇池	男	1893—1968	湖北云梦			1931—1938；1948—1952经济系	清华大学、西南联大经济系教授，中国人民大学教授
俞国华	男	1914—2000	浙江奉化	政治系	1934		台湾"行政院院长"
袁翰青	男	1905—1994	江苏南通	化学系	1929		中国科学院院士，北京大学教授，商务印书馆总编辑，中国科学技术情报研究所研究员、代所长，全国政协常委
臧玉洤	男	1901—1964	河北完县			1936—1937心理系	清华大学心理系教授，协和医学院研究员，北京医学院教授
曾远荣	男	1903—1994	四川南溪	清华学校	1927	1934—1948算学系	清华大学、西南联大算学系、南京大学等校教授
曾昭抡	男	1899—1967	湖南湘乡	清华学校	1920	1937—1946化学系	中国科学院院士，西南联大化学系教授，北京大学化学系主任，教育部副部长，中国科学院化学所所长
张伯声	男	1903—1994	河南荥阳	清华学校	1926		中国科学院院士，西北大学教授、副校长，西安地质学院院长
张昌龄	男	1906—1993	江苏南京	土木系	1933		电力部水力发电建设总局总工程师
张昌颖	男	1906—2006	四川富顺	清华学校	1929		北京大学医学院、北京医科大学教授

续表

姓名	性别	生卒年份	籍贯	学习时所在系	毕业或在校学习时间	在校任教（任职）时间及所在系	曾任主要职务
张承先（张孝统）	男	1915—2011	山东高苑	化学系	1936—1937学习		河北省委书记处书记，河北大学校长，国家科委副主任，教育部副部长，全国人大常委，中共中纪委委员
张敷荣	男	1904—1998	贵州普安	清华学校	1928		四川大学教育系主任，西南师范大学教授、教育科学研究所所长
张 光	男	1901—1995	湖南长沙	清华学校	1924		湖南大学化学系教授、主任，华南工学院重化工系、无机材料系主任
张洪沅	男	1902—1992	四川华阳	清华学校	1924		重庆大学教授、校长
张景钺	男	1895—1975	江苏武进	清华学校	1920	1937—1946生物系	中国科学院院士，西南联大、北京大学教授、生物系主任
张骏祥	男	1910—1996	江苏镇江	外文系	1931		电影编导，上海市电影局局长，中国影协副主席
张龙翔	男	1916—1996	浙江吴兴	化学系	1937		北京大学教授、校长
张民觉	男	1908—1991	山西凤县	心理系	1933		美国国家科学院院士
张明哲	男	1914—1998	湖北汉川	化学系	1935		台湾新竹清华大学教授、校长
张企泰	男	1907—	浙江海盐	政治系	1929	1938—1942法律系	西南联大、复旦大学法律系教授
张清常	男	1915—1998	贵州安顺	中文系	1937研究生毕业	1940—1946国文系	西南联大、南开大学教授，内蒙古大学中文系主任
张为申	男	1909—1966	江苏吴县	化学系	1932		中国医学科学院抗生素研究所所长
张锡钧	男	1899—1988	天津	清华学校	1920		中国科学院院士，协和医学院教授、生理系主任，中国医科大学教授、中医研究院经络研究所所长
张 煦	男	1913—	江苏无锡		1935年公费留美生		中国科学院院士，上海交通大学教授、电子工程系主任
张耀翔	男	1893—1964	湖北汉口	清华学校	1915		华东师范大学教育系教授、主任，中国科学院心理研究所特约研究员
张印堂	男	1903—1988	山东泰安			1933—1950地学系	清华大学、西南联大地学系任教

续表

姓名	性别	生卒年份	籍贯	学习时所在系	毕业或在校学习时间	在校任教（任职）时间及所在系	曾任主要职务
张有龄	男	1909—2007	浙江吴兴	土木系	1932	1937—1946 土木系	西南联大、交通大学土木系教授，机械部设计研究总院高级工程师
张钰哲	男	1902—1986	福建闽侯	清华学校	1923		中国科学院院士，中国科学院紫金山天文台研究员、台长
张仲鲁	男	1895—1968	河南巩县	清华学校	1917		河南大学教授、校长，河南省政协副主席
张宗燧	男	1915—1969	浙江杭州	物理系	1934		中国科学院院士，北京大学、北京师范大学物理系教授，中国科学院数学所研究员
张宗植	男	1914—2004	江苏宜兴	中文系	1932—1935 学习（借读）		日本森美公司经理，日本东京校友会名誉会长
章汉夫（谢启泰）	男	1905—1972	江苏武进	清华学校	1926		外交部副部长，中共中央候补委员
赵德尊	男	1913—	辽宁辽中	外文系	1937		黑龙江省委书记、省人大常委会主任
赵凤喈	男	1898—1969	安徽和县			1934—1948 政治、法律系	清华大学、西南联大政治系教授，清华大学法律系主任
赵继昌	男	1912—1990	山西五台	经济系	1934—1937 学习		国家科委副主任
赵萝蕤	女	1912—1998	浙江德清	外文系	1935 研究生毕业		燕京大学西语系教授、系主任，北京大学教授
赵人隽	男	1900—1955	浙江兰溪	清华学校	1921	1931—1937；1947—1952 经济系	清华大学经济系教授
赵锐成	男	1911—1988	吉林永吉	电机系	1935		华北电业管理局、华北电力设计院总工程师
赵深	男	1898—1978	江苏无锡	清华学校	1920		北京工业建筑设计院总工程师，华东建筑设计院副院长兼总工程师、高级建筑师
赵石（赵儒洵）	男	1914—2009	河南汜水	经济系	1934—1937 学习		辽宁省总工会主席、省人大常委会副主任
赵友民	男	1901—1998	湖南长沙			1935—1940 电机系	清华大学电机系教授，西南联大电机系主任，国营734厂总工程师

姓名	性别	生卒年份	籍贯	学习时所在系	毕业或在校学习时间	在校任教（任职）时间及所在系	曾任主要职务
赵诏熊	男	1905—1998	江苏常州	清华学校	1928	1941—1952 外文系	西南联大外文系教授，清华大学外文系主任，北京大学教授
郑季翘（郑继侨）	男	1912—1984	山西五台	中文系	1934—1937 学习		吉林省委书记，全国人大常委会副秘书长
郑丕留	男	1911—2004	江苏太仓	心理系	1934		中国农业科学院畜牧研究所所长
郑天翔（郑庭祥）	男	1919—	内蒙古凉城	哲学系	1935—1937 学习		七机部部长，最高人民法院院长，中共中顾委委员
郑晓沧	男	1892—1979	浙江海宁	清华学校	1914		浙江大学教育系主任、师范学院院长、教授，浙江师范学院院长
郑裕峥	男	1911—1998	湖南湘阴	土木系	1935		北京市政工程局总工程师
郑振铎	男	1898—1958	福建长乐			1931—1932 中文系	中国科学院哲学社会科学部委员，清华大学中文系教授，文化部文物局局长兼中国科学院考古所、文学所所长，文化部副部长
郑　重	男	1911—1993	江苏苏州	生物系	1934		厦门大学教授
仲崇信	男	1908—2008	山东黄县	清华学校	1929		北平师范大学、四川大学、浙江大学、南京大学等校教授
周炳林	男	1892—1963	浙江黄岩			1929—1931；1939—1946 经济系	清华大学经济系教授，西南联大法商学院院长，北京大学法学院院长
周承佑	男	1901—1983	江苏南京	清华学校	1921		北洋大学教授，浙江大学机械系主任，华东纺织工学院副院长、教授
周传儒	男	1900—1988	四川江安	国学研究院	1926 研究生毕业		东北大学、四川大学教授，山西大学文学院院长，西南师范学院、辽宁大学教授
周　仁	男	1892—1973	江苏南京		1910 年直接留美生		中国科学院院士，中国科学院冶金陶瓷研究所、硅酸盐工业化学研究所所长，上海科技大学校长
周同庆	男	1907—1989	江苏昆山	物理系	1929		中国科学院院士，北京大学、上海交通大学、复旦大学物理系教授
周源桢	男	1910—1998	江苏南汇	土木系	1934	1934—1937 土木系	水电部华东电力勘探设计院总工程师

续表

姓名	性别	生卒年份	籍贯	学习时所在系	毕业或在校学习时间	在校任教（任职）时间及所在系	曾任主要职务
周志宏	男	1897—1991	江苏丹徒		1924年津贴留美生		中国科学院院士，上海炼钢厂厂长，上海交通大学教授、系主任、副校长
朱公瑾	男	1902—1961	浙江余姚	清华学校	1921		中央大学、交通大学、西安交通大学数学系教授
朱弘复（朱宝）	男	1910—2002	江苏南通	生物系	1935		中国科学院昆虫研究所副所长、动物研究所代所长
朱辉（周嘉祺）	男	1913—		经济系	1934—1936学习		三机部第60研究所所长
朱继圣	男	1894—1972	浙江鄞县	清华学校	1915		天津市毛麻丝公司经理，天津市政协副主席
朱物华	男	1902—1998	江苏扬州		1923年专科留美生	1937—1946物理、电机系	中国科学院院士，西南联大物理系、电机系教授，哈尔滨工业大学副校长，上海交通大学校长
竺可桢	男	1890—1974	浙江上虞		1910年直接留美生		中国科学院院士，南京气象研究所所长，浙江大学校长，中国科学院副院长，全国人大常委，中国科协副主席
庄长恭	男	1894—1962	福建泉州		1919年津贴留美生		中国科学院院士，中国科学院有机化学所研究员、所长
庄　俊	男	1888—1990	上海		1910年直接留美生	1914—1924	清华大学第一期建校工程建筑师，建筑工程部设计总局、华东工业建筑设计院总工程师
庄圻泰	男	1909—1997	山东莒县	算学系	1932		北京大学数学系教授

表21-4-2　1937年7月至1948年12月的知名校友

姓名	性别	生卒年份	籍贯	学习时所在系	毕业或在校学习时间	在校任教（任职）时间及所在系	曾任主要职务
白佑同	男	1935—	河北交河	电机系	1947		平顶山高压开关厂厂长
鲍汉琛	男	1922—1996	香港	化学系	1940—1941学习		中国科学院山西煤炭化学研究所研究员、所长
鲍觉民	男	1909—	安徽巢县			1940—1946地质地理气象系	西南联大地质地理气象系教授，南开大学经济系主任

续表

姓名	性别	生卒年份	籍贯	学习时所在系	毕业或在校学习时间	在校任教(任职)时间及所在系	曾任主要职务
毕德显	男	1908—1992	山东平阴			1939—1940 无线电研究所	中国科学院院士，重庆、南京通信工程学院教授、副院长
毕志德	男	1915—1989	辽宁锦县	土木系	1940		铁道兵科学技术研究所所长
卞学镇	男	1919—2009	上海	航空系	1940		美国麻省理工学院教授
卞之琳	男	1910—2000	江苏海门			1940—1946 外文系	西南联大、北京大学外文系教授，中国社会科学院外国文学所研究员
蔡国谟	男	1919—	江苏扬州	化工系	1944		轻工业部轻工业设计院总工程师
曹传钧	男	1922—	福建福州	航空系	1945	1945—1952 航空系	北京航空航天大学教授、校长
曹建猷	男	1917—1997	湖南长沙			1940—1945 电机系	中国科学院院士，西南联大电机系任教，西南交通大学教授、副校长
曹靖华	男	1897—1987	河南卢氏			1948 文学院	清华文学院教授，北京大学俄罗斯语言文学系教授、主任
曹乐安	男	1915—1991	湖南沅江	土木系	1941		长江水利委员会副总工程师，中国工程设计大师
陈柏生	女	1926—	安徽安庆	中文系	1948		《人民日报》编辑、高级记者
陈贲	男	1914—1966	湖南长沙	地质地理气象系	1939		石油工业部总地质师
陈彪	男	1923—	福建福州	土木系	1941—1942 学习		中国科学院院士，中国科学院紫金山天文台研究员兼云南天文台台长
陈篪	男	1927—1978	福建福州	物理系	1948		冶金部钢铁研究院副总工程师
陈德明	男	1920—	广西北海	生物系	1942		北京大学生物系教授、系主任，中国科学院动物所、海洋所研究员
陈定民	男	1910—1985	浙江绍兴			1941—1952 外文系	西南联大、清华大学、北京大学外文系教授，新华社常驻巴黎记者
陈芳允	男	1916—2000	浙江黄岩	物理系	1938		中国科学院院士，中国科学院物理所研究员、西南电子所副所长，荣获"两弹一星功勋奖章"，少将
陈华癸	男	1914—2002	江苏昆山			1939 农业研究所	中国科学院院士，清华大学农业研究所任教，华中农学院教授、院长

续表

姓名	性别	生卒年份	籍贯	学习时所在系	毕业或在校学习时间	在校任教(任职)时间及所在系	曾任主要职务
陈理昂(陈良凯)	男	1922—	安徽六安	经济系	1939—1941学习		新华社参考资料编辑部主任、东京分社社长
陈力为(陈丽妫)	男	1917—2001	山西洪洞	电机系	1940		中国工程院院士,电子部15所、国家计算机工业管理总局总工程师
陈梦熊	男	1917—	浙江上虞	地质地理气象系	1942		中国科学院院士,地矿部高级工程师(教授级)
陈乃隆(陈迺隆)	男	1921—	福建福州	航空系	1942		一机部第四设计院总工程师、副院长
陈庆宣	男	1916—2005	湖北黄陂	地质地理气象系	1941		中国科学院院士,中国科学院兰州地质所、地矿部地质力学所研究员
陈茹玉	女	1919—	福建闽侯	化学系	1942		中国科学院院士,南开大学化学系教授、元素所所长,天津市政协副主席
陈士橹	男	1920—	浙江东阳	航空系	1945	1945—1952航空系	中国工程院院士,清华大学航空系任教,西北工业大学宇航工程系教授、主任
陈舜礼	男	1917—2003	浙江奉化	经济系	1939		南开大学教授,山西大学校长,山西省政协副主席,全国政协常委、全国人大常委,民主促进会中央副主席
陈序径	男	1903—1967	海南文昌			1938—1946社会系	西南联大法商学院院长、社会系教授,岭南大学校长,南开大学副校长
陈永龄	男	1910—2004	北京			1939—1945土木系	中国科学院院士,清华大学等校教授,国家测绘总局总工程师
陈羽纶(陈与纶)	男	1917—2010	福建福州	经济系	1944		商务印书馆编审,《英语世界》主编
程本蕾	男	1908—1991	浙江杭州			1939航空系	西南联大、清华大学航空系教授,北京航空学院教授
程传宇	男	1922—	江西宜黄	机械系	1947		戚墅堰、资阳内燃机车厂总工程师
池际尚	女	1917—1994	湖北安陆	地质地理气象系	1941	1941—1946;1950—1952地质系	中国科学院院士,清华大学地质系副教授,北京地质学院等教授,全国政协常委
慈云桂	男	1917—1990	安徽桐城	物理系	1942—1944研究生学习	1944—1950物理系	中国科学院院士,清华大学物理系讲师,国防科技大学教授、副校长兼计算机系主任

续表

姓名	性别	生卒年份	籍贯	学习时所在系	毕业或在校学习时间	在校任教（任职）时间及所在系	曾任主要职务
丛硕文	男	1923—1996	辽宁沈阳	外文系	1942—1946 学习		上海科教电影制片厂国家一级导演
崔之兰	女	1902—1971	安徽太平			1947—1952 生物系	云南大学生物系主任，清华大学、北京大学生物系教授
戴传曾	男	1921—1990	浙江宁波	物理系	1942	1942—1947 物理系	中国科学院院士，二机部401所等研究员，核工业部原子能所所长
邓稼先	男	1924—1986	安徽怀宁	物理系	1945		中国科学院院士，二机部第九研究院院长，荣获"两弹一星功勋奖章"，全国劳动模范
邓志奎（邓致逵）	男	1919—	湖北孝感	机械系	1944		水电部核电力局总工程师
丁履德	男	1912—1972	山东日照			1943—1945 航空系	西南联大航空系教授，山东工学院院长，山东省政协副主席
丁名楠	男	1917—1999	浙江绍兴	历史系	1943 本科毕业 1950 研究生毕业		中国社会科学院近代史研究所研究员
丁锡祉	男	1916—2008	浙江吴兴	地学系	1938		中国科学院成都地理研究所、长春地理研究所所长、研究员
董申保	男	1917—2010	北京	地质地理气象系	1940		中国科学院院士，长春地质学院教授、院长，北京大学教授，全国先进工作者
董寿莘	男	1917—	天津	航空系	1941	1947—1952 航空系	北京航空学院教授、火箭系主任，西北核技术研究所副所长
董友松（董仕玫）	男	1920—1996	福建闽侯	机械系	1944		北京精密机床零件厂、北京第二机床厂厂长
端木正	男	1920—2006	安徽安庆	法律系	1947 研究生毕业		中山大学教授、法律系主任，广东省人大常委会副主任，最高人民法院副院长
樊恭烋	男	1921—	浙江象山	航空系	1947	1947—1952 航空系	北京工业大学教授、校长
范绪箕	男	1914—	江苏江宁			1943—1945 航空研究所	清华大学航空研究所教授，上海交通大学教授、校长
范绪筠	男	1912—1990	上海			1938—1947 电机系	西南联大电机系教授，清华大学无线电研究所研究员，美国麻省理工学院等校教授

续表

姓名	性别	生卒年份	籍贯	学习时所在系	毕业或在校学习时间	在校任教（任职）时间及所在系	曾任主要职务
方钜成	男	1914—1992	广东开平	外文系	1938		外文局《北京周报》编辑
方堃（胡积善）	男	1922—	浙江象山	电机系	1949	1987—1991音乐室	中央音乐学院教务长，清华大学音乐室主任
方中达	男	1916—	江苏武进		1944年公费留美生	1940—1945联大农研所	南京农业大学教授，全国劳动模范
冯康	男	1920—1993	浙江绍兴			1946—1950数学系	中国科学院院士，清华大学数学系任教，中国科学院计算技术所研究员、计算中心主任
冯契（冯宝麟）	男	1915—1995	浙江诸暨	哲学心理系	1941		华东师范大学教授、政治教育系主任，上海社会科学院副院长
冯文潜	男	1896—1963	河北涿县			1938—1946哲学心理系	西南联大哲学心理系教授，南开大学文学院院长，天津历史博物馆馆长
冯至	男	1905—1993	河北涿州			1937—1945外文系	中国科学院哲学社会科学部委员，西南联大、北京大学教授，中国社会科学院外国文学所所长
傅懋勣	男	1911—1988	山东聊城	中文系	1939		中国社会科学院民族研究所研究员、副所长
高鼎三	男	1914—2002	上海	物理系	1941		中国工程院院士，吉林大学教授、电子科学系主任
高士	男	1912—	浙江海宁	化学系	1939		洛阳石油化工总厂总工程师
高伟烈	男	1921—		土木系	1942	40年代土木系	西北给排水设计院总工程师
高文泰	男	1914—	陕西米脂	地质地理气象系	1939		中国矿业学院教授、地质系主任
谷苞	男	1916—	甘肃兰州	社会系	1941		中国科学院新疆分院副院长、民族研究所所长，新疆社会科学院院长
谷德振	男	1914—1982	河南密县	地质地理气象系	1942		中国科学院院士、中国科学院地质所研究员、长江三峡工程指挥部总工程师
顾炎	男	1927—	浙江镇海	物理系	1948		冶金部自动化研究所所长兼总工程师

姓名	性别	生卒年份	籍贯	学习时所在系	毕业或在校学习时间	在校任教（任职）时间及所在系	曾任主要职务
顾震潮	男	1920—1976	上海	地质地理气象系	1945研究生毕业		中国科学院大气物理研究所所长、研究员
顾知微	男	1918—2011	江苏南京	地质地理气象系	1942		中国科学院院士，中国科学院南京地质古生物所研究员
关士聪	男	1918—2004	广东南海	地质地理气象系	1940		中国科学院院士，地质部石油局总工程师，地质矿产部高级工程师
关世雄	男	1922—1998	广东番禺			1946—1947外文系	清华大学外文系任教，北京市成人教育局局长，北京市政协副主席
郭鸿运	男	1917—2003	河南开封	化学系	1940		上海第一制药厂总工程师、厂长，化工部北京医药工业研究院副院长
郭建（郭见恩）	女	1913—2000	湖南株洲	历史系	1938		交通部副部长，全国妇联书记处书记、全国人大常委，中共中纪委委员
郭文魁	男	1915—1999	河南安阳		1937—1940地质地理气象系		中国科学院院士，西南联大地质地理气象系任教，地质部矿床地质所所长，地质矿产部地质所研究员、所长
郭文昭	男	1916—	河南宁陵	电机系	1942		电子部南京无线电厂总工程师
郭永怀	男	1909—1968	山东荣成	物理系	1939—1940研究生学习		中国科学院院士，中国科学院力学所副所长，荣获"两弹一星功勋奖章"
韩德馨	男	1918—2009	江苏如皋	地质地理气象系	1942		中国工程院院士，中国矿业大学教授
郝诒纯	女	1920—2001	湖北武汉	地质地理气象系	1943		中国科学院院士，中国地质大学教授，全国人大常委、全国政协常委、全国妇联副主席
何炳棣	男	1917—	浙江金华	历史系	1938		美国芝加哥大学教授，美国文理科学院院士
何炳林	男	1918—2007	广东番禺	化学系	1942	1943—1945化学系	中国科学院院士，南开大学教授、化学系主任，全国劳动模范
何功楷	男	1919—	湖北咸宁	外文系	1945		外交部非洲司司长，中国驻坦桑尼亚大使
何庆芝	男	1917—1999	山东汶上	航空系	1943	1949—1952航空系	北京航空学院教授

续表

姓名	性别	生卒年份	籍贯	学习时所在系	毕业或在校学习时间	在校任教（任职）时间及所在系	曾任主要职务
何绍勋	男	1920—2005	广东番禺	地质地理气象系	1942		中南工业大学教授，湖南省政协副主席
何扬	男	1917—	广东大埔	外文系	1945		中国驻希腊大使
贺祥麟	男	1921—	河南博爱	外文系	1945		广西师范大学教授，广西政协副主席
洪晶	女	1917—2003	福建福州	物理系	1940 研究生毕业		哈尔滨工业大学教授、副校长，黑龙江省政协副主席，全国政协常委
胡亮（胡笃谅）	男	1916—1995	湖南湘潭	机械系	1940		中国汽车工业总公司总工程师
胡宁	男	1916—1997	江苏宿迁	物理系	1938		中国科学院院士，北京大学教授、理论物理所所长，中国科学院理论物理所研究员
华人佼	男	1923—	江苏无锡	化学系	1948		南京永利铵厂、开封化肥厂总工程师
黄宏嘉	男	1924—	湖南临澧	电机系	1944		中国科学院院士，中国科学院上海光机所研究员，上海科技大学教授、副校长
黄家驷	男	1906—1984	江西玉山		1941 年公费留美生		中国科学院院士，中国医学科学院院长，中国首都医科大学教授、校长，中国科协副主席
黄昆	男	1919—2005	浙江嘉兴	物理系	1944 研究生毕业		中国科学院院士，北京大学教授，中国科学院半导体所研究员、所长，全国政协常委，荣获国家最高科学技术奖
黄鸣龙	男	1898—1979	江苏扬州			1943—1945 化学系	中国科学院院士，西南联大化学系教授，解放军医学科学院化学系主任，中国科学院化学所研究员
黄枬森	男	1921—	四川富顺	哲学心理系	1942—1945 学习		北京大学哲学系教授、主任，清华大学兼职教授
黄慕之（黄敬）	男	1916—	山东单县	机械系	1940		太原矿山机器厂、沈阳重型机器厂第一副厂长兼总工程师
黄培云	男	1917—	福建福州	化学系	1938		中国工程院院士，武汉大学、中南矿冶学院、中南工业大学教授
黄平	男	1919—1997	广西合浦	中文系	1942—1943 学习		昆明医学院院长，云南省人大常委会副主任、省政协副主席

续表

姓名	性别	生卒年份	籍贯	学习时所在系	毕业或在校学习时间	在校任教（任职）时间及所在系	曾任主要职务
黄绍显	男	1914—1989	山东即墨	地质地理气象系	1940		中国科学院院士，二机部地质局副总地质师，二机部第三研究所高级工程师、副所长
黄祖洽	男	1924—	湖南长沙	物理系	1948		中国科学院院士，中国科学院原子能所研究员，核工业部九院理论部副主任、九所副所长、原子能所研究员
纪育沣	男	1898—1982	浙江鄞县			1945—1946化学系	中国科学院院士，西南联大化学系教授，中国科学院化学所研究员，北京化学试剂研究所副所长
贾福海	男	1914—2004	山西原平	地质地理气象系	1941		中国科学院院士，地质部水文地质工程地质局总工程师
翦天聪	男	1921—2007	湖南桃源	机械系	1944		华中理工大学教授，湖北省政协副主席，农工民主党中央副主席，全国政协常委
健　心（胡旭辉）	男	1923—2010	湖南湘乡	航空系	1947		国家重点建设工程青海铝厂建设指挥部总指挥长
江天骥	男	1915—2006	广东廉江	外文系	1942		武汉大学教授
江泽坚	男	1921—2005	安徽旌德	算学系	1943		吉林大学教授、数学研究所所长
姜公望	男	1927—	江西南昌	物理系	1948		柳州微型汽车厂厂长
姜桂侬	女	1914—	江苏丹阳	外文系	1938	1938—1946外文系	对外广播事业局高级英语翻译
蒋大宗	男	1922—	江苏镇江	电机系	1944		西安交通大学教授、生物医学工程研究所所长
蒋明谦	男	1910—1995	四川蓬溪		1941年公费留美生	1937—1941化学系	中国科学院院士，西南联大化学系讲师，北京大学教授，中国科学院化学所研究员
蒋硕民	男	1910—1992	湖北应城			1938—1946算学系	西南联大教授，昆明师范学院数学系主任，北京师范大学教授
金建中	男	1919—1989	北京			1947—1950物理系	中国科学院院士，清华大学物理系教员，中国科学院兰州物理所研究员、所长，航天部总工程师

续表

姓名	性别	生卒年份	籍贯	学习时所在系	毕业或在校学习时间	在校任教（任职）时间及所在系	曾任主要职务
金逊（陈潜）	男	1918—2001	浙江黄岩	经济系	1938—1941学习		江苏省副省长
康毅	男	1924—	河北滦县	航空系	1948		航空工业部涡轮喷气发动机研究所所长
柯在铄	男	1924—	福建长乐	经济系	1945—1946学习		外交部港澳事务办公室主任兼中英联合联络小组中方首席代表
孔令仁	女	1924—	山东曲阜	历史系	1947		山东大学教授，山东省政协副主席，全国政协常委，民盟中央副主席，全国妇联副主席
黎章民	男	1923—	广东东莞	外文系	1946		人民音乐出版社社长兼总编辑
李晨（李振穆）	男	1920—	湖南湘乡	物理系	1938—1941学习		北京市教育局长，北京工业大学校长，北京市政协副主席
李德平	男	1926—	江苏兴化	物理系	1948		中国科学院院士，核工业部辐射防护研究所研究员、所长，中国辐射防护研究院院长
李德仁（李祥荣）	男	1920—	云南昭通	经济系	1945		中国社会科学院技术经济研究所研究员、所长
李定（杨邦祺）	男	1923—2000	云南施甸	经济系	1942—1946学习		中共中央统战部副部长，中央社会主义学院党组书记，全国政协常委
李鄂鼎	男	1918—2001	天津	土木系	1940		中国工程院院士，刘家峡水电工程局总工程师，电力部副部长，水利电力部总工程师，全国先进生产者
李赋宁	男	1917—2004	陕西蒲城	外文系	1939	1941—1952外文系	北京大学西语系、英语系教授、系主任
李刚（李智滋）	男	1926—	福建福州	机械系	1948		第一汽车制造厂厂长，中国汽车工业公司总经理，中共中央候补委员，全国政协常委
李华天	男	1922—2007	江苏松江	电机系	1943		东北工学院教授、自动控制系主任
李汇川（李智汉）	男	1917—1999	北京	机械系	1943		外交部国际问题研究所所长
李竞雄	男	1913—1997	江苏常州			1948—1949农学院	中国科学院院士，中国农业科学院作物育种栽培研究所副所长，全国劳动模范

姓名	性别	生卒年份	籍贯	学习时所在系	毕业或在校学习时间	在校任教（任职）时间及所在系	曾任主要职务
李开鼎	男	1922—	云南	社会系	1947		北京师范大学党委书记
李敏华	女	1917—	江苏苏州	航空系	1940		中国科学院院士，中国科学院力学所研究员
李朋（倪代新）	男	1921—2008	江苏扬州	经济系	1942—1945学习		财政部副部长，全国人大常委
李荣	男	1920—2002	浙江温岭	中文系	1943		中国社会科学院语言研究所研究员、所长
李诗颖	男	1918—	浙江余杭	土木系	1940		美国麻省理工学院教授，美国国家工程师学院院士
李世忠	男	1921—	山西太原	机械系	1944		武汉地质学院教授、探矿系主任
李荫远	男	1919—	四川成都	物理系	1943		中国科学院院士，中国科学院物理所研究员、副所长
李正武（李整武）	男	1916—	浙江东阳	物理系	1938		中国科学院院士，中国科学院原子能所研究员，二机部585研究所所长
李政道	男	1926—	上海	物理系	1945—1946学习		中国科学院外籍院士，美国科学院院士，美国哥伦比亚大学物理系教授，清华大学名誉教授，诺贝尔物理学奖获得者
李卓敏	男	1912—1991	广东番禺			1938—1940商学系	西南联大商学系教授，中央大学教授，香港中文大学第一任校长
力伯法	男	1918—1985	福建永泰	土木系	1941		北京市政设计研究院总工程师
连培生（连孟雄）	男	1922—2007	广东顺德	机械系	1943		核工业部科技核电局、中国核工程公司总工程师
廖山涛	男	1920—1997	湖南衡山	算学系	1942		中国科学院院士，北京大学数学系教授
林超	男	1909—1991	广东揭阳			1943—1946；1950—1952地学系	西南联大、清华大学地学系教授，北京大学地理系教授
林骅	男	1919—1995	福建长乐	航空系	1940		美国波音公司副总裁、首席科学家
林为干	男	1919—	广东台山	电机系	1939		中国科学院院士，华南工学院电讯系教授、系主任，成都电讯工程学院副院长，全国劳动模范

续表

姓名	性别	生卒年份	籍贯	学习时所在系	毕业或在校学习时间	在校任教（任职）时间及所在系	曾任主要职务
刘博特	女	1911—2003	山东泰安	算学系	1939		新疆乌鲁木齐市第一中学高级中学教师，新疆师范大学副教授，全国先进生产者
刘德慕	男	1896—1961	河北望都			1942—1952机械系	西南联大、清华大学机械系教授
刘东生	男	1917—2008	辽宁沈阳	地质地理气象系	1942		中国科学院院士，中国科学院地质所、古脊椎动物与古人类所研究员，全国人大常委，荣获国家最高科学技术奖
刘国光	男	1923—	江苏南京	经济系	1946		中国社会科学院经济研究所所长、副院长，中国社科院学部委员，中共中央候补委员，全国人大常委
刘金旭	男	1917—1995	天津	生物系	1939		中国农业科学院畜牧研究所所长
刘　堪	男	1926—	河北乐亭	中文系	1948		中共中央农村政策研究室副主任
刘善治	男	1923—	湖北汉阳	电机系	1947		电子部第十设计院总设计师
刘时平	男	1915—1999	内蒙古包头	历史系	1946		《解放日报》编委，《人民日报》高级记者兼中国社会科学院研究生院新闻系副主任
刘绶松（刘寿嵩）	男	1912—1969	湖北洪湖	中文系	1938		武汉大学中文系教授、中国作家协会武汉分会副主席
刘元镇	男	1914—1988	湖南宝庆	地质地理气象系	1940		广西地质局总工程师，全国先进生产者
隆言泉	男	1919—	四川资中	化工系	1944		天津轻工业学院教授、院长
卢锦汉	男	1921—	广东珠海	生物系	1945—1946学习		北京生物制品所肿瘤免疫诊断室主任，全国劳动模范
卢衍豪	男	1913—2000	福建永定			1937—1940地质地理气象系	中国科学院院士，西南联大任教，中国科学院南京地质古生物所研究员、副所长，全国劳动模范
卢肇钧	男	1917—2007	福建福州	土木系	1941	1941—1945土木系	中国科学院院士，铁道部科学研究院研究员
陆宝麟	男	1916—2004	江苏常熟	生物系	1941研究生毕业	1941—1945农业研究所	中国科学院院士，军事医学科学院医学昆虫动物研究室研究员、主任

续表

姓名	性别	生卒年份	籍贯	学习时所在系	毕业或在校学习时间	在校任教（任职）时间及所在系	曾任主要职务
陆近仁	男	1904—1966	江苏常熟			1938—1949农业研究所	清华大学农业研究所教授，北京农业大学副校长
吕保维	男	1916—2004	江苏常州	电机系	1939		中国科学院院士，中国科学院电子学所研究员、所长
罗常培	男	1899—1958	北京宛平			1937—1944中文系	中国科学院哲学社会科学部委员，西南联大教授、中文系主任，中国科学院语言研究所所长
罗士瑜	男	1914—1997	天津	机械系	1940		洛阳第一拖拉机制造厂总工程师、党委书记
罗远祉	男	1920—2002	江苏南京	电机系	1942		美国工程科学院院士
马继孔	男	1914—2001	山东泰安	土木系	1936—1938学习		甘肃省委书记，江西省委书记、省人大常委会主任
马启伟	男	1919—2003	福建厦门	哲学心理系	1943	1948—1951体育部	北京体育学院教授、院长
马西林（马健武）	男	1916—	甘肃甘谷	地质地理气象系	1943		中国科技大学党委副书记，副校长
马杏垣	男	1919—2001	吉林长春	地质地理气象系	1942		中国科学院院士，北京地质学院教授、副院长，国家地震局副局长
蒙民伟	男	1927—2010	广东番禺	航空系	1946—1947学习		香港信兴集团主席、董事长
苗宝泰	男	1916—1984	河南舞阳	外文系	1935—1938学习		辽宁省委党校校长，辽宁省政协副主席
穆恩之	男	1917—1987	江苏丰县	地质地理气象系	1943		中国科学院院士，中国科学院南京地质古生物所研究员、南京分院副院长
钮经义	男	1920—1995	江苏兴化	化学系	1942		中国科学院院士，中国科学院上海生物化学所研究员
潘家洵	男	1896—1990	江苏吴县			1938—1943外文系	西南联大外文系教授，贵州大学文学院院长，北京大学教授，中国科学院外国文学所研究员
裴荣富	男	1924—	山东聊城	地质地理气象系	1948		中国科学院院士，地质部矿床地质研究所研究员、所长
齐怀远（夏雄）	男	1930—	湖北鄂州	机械系	1947—1948学习		外交部副部长，国务院外事办公室主任，中共中央委员、全国政协常委

姓名	性别	生卒年份	籍贯	学习时所在系	毕业或在校学习时间	在校任教（任职）时间及所在系	曾任主要职务
钱人元	男	1917—2003	江苏常熟			1939—1942 理化系	中国科学院院士，西南联大理化系任教，中国科学院化学所研究员、所长
钱钟韩	男	1911—2002	江苏无锡			1945—1946 电机系	中国科学院院士，西南联大电机系教授，南京工学院动力系教授、院长
钦俊德	男	1916—2008	浙江安吉			1944—1947 农业研究所	中国科学院院士，清华大学农业研究所任教，中国科学院动物所研究员
裘维蕃	男	1912—2000	江苏无锡			1948—1950 农学院	中国科学院院士，清华大学农学院副教授，北京农业大学教授，全国人大常委
饶毓泰	男	1891—1968	江西临川			1938—1944 物理系	中国科学院院士，西南联大、北京大学物理系教授、主任，全国政协常委
任继愈	男	1916—2009	山东平原	哲学心理系	1938	1938—1946 哲学心理系	中国社会科学院宗教研究所所长，北京图书馆馆长
芮　沐	男	1908—2011	浙江吴兴			1941--1945 法律系	西南联大教授，北京大学法律系副主任，中国社会科学院法学研究所副所长
邵循恪	男	1910—1976	福建闽侯			1939—1952 政治系	西南联大、清华大学政治系教授
佘世光	男	1924—2005	安徽铜陵	历史系	1942—1945 学习		《中国青年报》社长兼总编辑，《中国青年》杂志社社长
申泮文	男	1916—	广东从化	化学系	1940		中国科学院院士，山西大学、南开大学化学系教授
申又枨	男	1909—1978	山西高平			1938—1946 算学系	南开大学、西南联大、北京大学数学系教授
沈从文	男	1902—1988	湖南凤凰			1939—1946 国文系	西南联大师范学院国文系教授，中国社会科学院历史研究室主任，全国政协常委
沈洪涛	男	1915—1982	浙江桐乡	物理系	1938		东北工学院教授、工程物理系主任，辽宁省政协副主席
沈嘉瑞	男	1902—1975	浙江嘉兴			1938—1946 生物系	北京大学、西南联大生物系教授，中国科学院动物所研究员

续表

姓名	性别	生卒年份	籍贯	学习时所在系	毕业或在校学习时间	在校任教（任职）时间及所在系	曾任主要职务
沈善炯	男	1917—	江苏吴江	生物系	1942	1942—1944农业研究所	中国科学院院士，中国科学院上海植物生理所研究员
沈渔邨（沈静）	女	1924—	浙江杭州	生物系	1944—1946学习		中国工程院院士，北京医科大学教授、精神卫生研究所所长
宋叔和（宋淑和）	男	1915—2008	河北迁安	地质地理气象系	1938	1938—1942地质地理气象系	中国科学院院士，甘肃省地质局总工程师，地质部矿床地质所研究员
苏哲文（苏有威）	男	1915—2006	湖北浠水	机械系	1943		电力工业部副部长兼总工程师
孙孚凌（孙福龄）	男	1921—	浙江绍兴	算学系	1939—1940学习		北京市副市长、市政协副主席，全国工商联副主席，全国政协常委，全国政协副主席
孙云铸	男	1895—1979	江苏高邮			1937—1945地质地理气象系	中国科学院院士，西南联大教授、地质地理气象系主任，地质科学研究院副院长
孙致远	男	1921—		土木系	1944		铁道兵89205部队总工程师
唐敖庆	男	1915—2008	江苏宜兴	化学系	1940	1940—1946化学系	中国科学院院士，吉林大学教授、校长，清华大学兼职教授，全国政协常委，全国劳动模范
唐兰	男	1901—1979	浙江秀水			1939—1946中文系	西南联大、北京大学中文系教授，北京故宫博物院副院长
陶鼎来	男	1920—	湖北新洲	机械系	1942		中国农业工程研究设计院院长
滕茂桐	男	1914—2003	安徽舒城			40年代商学系	西南联大商学系教授，南开大学教授，安徽大学经济系主任，安徽省政协副主席
滕维藻	男	1917—2008	江苏阜宁	西南联大	1944研究生		经济学家，南开大学校长
田余庆	男	1924—	湖南湘阴	政治系	1945—1946学习		北京大学教授、历史系主任
涂光炽	男	1920—2007	湖北黄陂	地质地理气象系	1944	1950—1951地学系	中国科学院院士，清华大学地质系副教授，中国科学院地质所研究员、副所长、地球化学所所长，贵州省人大副主任
万哲先	男	1927—	湖北沔阳	数学系	1948		中国科学院院士，中国科学院系统科学所研究员，清华大学兼职教授

续表

姓名	性别	生卒年份	籍贯	学习时所在系	毕业或在校学习时间	在校任教（任职）时间及所在系	曾任主要职务
汪 篯	男	1916—1966	江苏江都	历史系	1938	1942—1946历史系	北京大学历史系教授
汪曾祺	男	1920—1997	江苏高邮	中文系	1943		北京京剧院编剧
王 浩	男	1921—1995	山东济南	算学系	1943		美国哈佛大学等校教授、美国文理科学院院士
王 仁	男	1921—2001	浙江吴兴	航空系	1943		中国科学院院士，北京大学数学力学系、地质系教授、力学系主任
王 瑶	男	1914—1989	山西平遥	中文系	1943	1946—1952中文系	北京大学中文系教授
王 遵	男	1925—	山东莱阳	电机系	1948		水利电力部电力科学研究院总工程师
王宝基	男	1920—2007	上海	土木系	1941	1941—1943土木系	水电部西北勘测设计院总工程师、院长
王恒升	男	1901—2003	河北定县			1940—1944地质地理气象系	中国科学院院士，西南联大地质系教授，地质部西北地质局总工程师，中国地质科学院研究员
王宏基	男	1912—1996	江苏吴江			1944—1946航空系	西南联大航空系教授，上海交通大学航空系主任，西北工业大学系主任
王鸿桢	男	1916—2010	山东苍山	地质地理气象系	1939		中国科学院院士，北京地质学院教授，武汉地质学院院长，全国政协常委
王积涛	男	1918—2006	江苏苏州	化学系	1941	1941—1945化学系	南开大学教授、化学系副主任、元素有机化学所副所长，天津市政协副主席
王龙甫	男	1904—2002	江苏青浦			1939—1948土木系	清华大学、西南联大土木系教授，同济大学结构系主任，北京建材工业学院副院长
王尚文	男	1915—1983	河北临城	地质地理气象系	1939		石油部地球物理勘探局总地质师
王士菁（葛秉曙）	男	1918—	江苏沭阳	中文系	1944		北京鲁迅博物馆馆长
王世真	男	1916—	福建福州	化学系	1938		中国科学院院士，协和医学院教授，中国医学科学院放射医学所研究员、副所长

续表

姓名	性别	生卒年份	籍贯	学习时所在系	毕业或在校学习时间	在校任教（任职）时间及所在系	曾任主要职务
王守觉	男	1925—	上海	电讯专修科	1942 学习		中国科学院院士，中国科学院半导体所研究员、所长，全国先进生产者
王树声	男	1919—	江苏如皋	航空系	1941		航空航天部第三研究院科技委副主任，国际宇航科学院院士
王天眷	男	1912—1989	浙江黄岩	物理系	1938		中国科学院武汉物理研究所研究员、所长
王希季	男	1921—	云南大理	机械系	1942		中国科学院院士，七机部 508 所总工程师、五院副院长，航空航天部总工程师、返回式卫星总设计师，荣获"两弹一星功勋奖章"
王宪钊	男	1916—1998	山东烟台	地质地理气象系	1941		中央气象台总工程师
王湘浩	男	1915—1993	河北安平			1938—1945 算学系	中国科学院院士，西南联大算学系讲师，北京大学教授，吉林大学数学系主任、副校长
王佐良	男	1916—1995	浙江上虞	外文系	1939	1939—1946 外文系	北京外国语学院英语系教授、主任
魏建功	男	1901—1980	江苏海安			1938—1942 中文系	中国科学院哲学社会科学部委员，西南联大中文系教授，北京大学教授、副校长
闻家驷	男	1905—1997	湖北浠水			1939—1946 外文系	西南联大外文系教授，北京大学西语系主任，北京市人大常委会副主任，全国政协常委，民盟中央副主席
闻　奇	男	1920—	四川崇州	电机系	1946		包头第二热电厂总工程师，包头第一热电厂厂长兼总工程师
吴承明	男	1917—	河北滦县	历史系	1940		中国社会科学院经济研究所研究员
吴大昌	男	1918—	浙江富阳	机械系	1940		北京工业学院教授
吴大观（吴蔚升）	男	1916—2009	江苏江都	航空系	1942		沈阳 410 厂总工程师，三机部 606 研究所所长
吴大猷	男	1907—2000	广东番禺			1938—1946 物理系	西南联大物理系教授，中央研究院院士，美国密执安大学、哥伦比亚大学等校教授

续表

姓名	性别	生卒年份	籍贯	学习时所在系	毕业或在校学习时间	在校任教（任职）时间及所在系	曾任主要职务
吴敬业	男	1916—1992	河北滦县	机械系	1939		长春第一汽车制造厂总设计师，洛阳第一拖拉机制造厂总工程师
吴履梯	男	1919—1985	上海	机械系	1946		上海仪器仪表公司总工程师
吴全德	男	1923—2005	浙江黄岩	电机系	1947		中国科学院院士，北京大学教授
吴世英	男	1919—	浙江东阳	土木系	1943		上海市建工局、核工业部建工局总工程师
吴素萱	女	1908—1979	山东益都			1941—1946生物系	西南联大、北京大学生物系教授，中国科学院植物所研究员
吴中伦	男	1913—1995	浙江诸暨		1944年公费留美生		中国科学院院士，中国林业科学研究院副院长
向　达	男	1900—1966	湖南溆浦			1939—1946历史系	中国科学院哲学社会科学部委员，西南联大、北京大学历史系教授，中国科学院历史所第二所副所长
萧　健	男	1920—1984	湖南长沙	物理系	1944		中国科学院院士，中国科学院物理所、原子能所、高能物理所研究员
萧　伦	男	1911—2000	四川郫县	化学系	1939		中国科学院院士，中国科学院物理所、原子能所研究员，二机部401研究所研究员
萧　前（萧前桂）	男	1924—2007	湖北沙市	物理系	1944—1946学习		中国人民大学哲学系教授
萧　元	男	1924—	河南南阳		40年代学习		天津市委常委、宣传部长，天津市政协副主席
谢明山	男	1911—1990	浙江鄞县			1938—1946化工系	西南联大化工系主任
谢启美	男	1923—2010	江苏常州			1948—1949数学系	清华大学数学系任教，联合国副秘书长
谢义炳	男	1917—1995	湖南新田	地质地理气象系	1940	1950—1952气象系	中国科学院院士，清华大学气象系副教授，北京大学教授、地球物理系主任
邢方群（邢福津）	男	1916—2006	山东蓬莱	经济系	40年代学习		工人日报社社长兼总编辑，全国总工会书记处书记
熊德基	男	1913—1987	江西新建	史地系	1942		中国社会科学院近代史研究所研究员、所长

续表

姓名	性别	生卒年份	籍贯	学习时所在系	毕业或在校学习时间	在校任教（任职）时间及所在系	曾任主要职务
熊应栋	男	1913—2000	湖南津市	经济系	1939		陕西省人大常委会副主任，全国工商联副主席
徐炳华	男	1918—	江苏武进	土木系	1939		中国建筑东北设计研究院总工程师
徐博文	男	1915—	天津	电机系	1938		水利电力部电力科学研究院总工程师
徐 灏	男	1919—1999	江苏江阴	机械系	1943		东北工学院教授、机械系主任
徐木仑	男	1916—1998	江苏泰州	电机系	1940		北京长途电话局、北京长途电信局总工程师
徐叙瑢	男	1922—	山东临沂	物理系	1945		中国科学院院士，中国科学院长春物理所研究员、所长
许国璋	男	1915—1994	浙江海宁	外文系	1939		北京外国语学院教授、英语系主任、语言研究所所长
许京骐	男	1919—	浙江瑞安	土木系	1942		北京市政设计院总工程师、副院长，北京建工学院院长
严东生	男	1918—	浙江杭州	化学系	1935—1938学习		中国科学院院士，中国工程院院士，中国科学院副院长，全国政协常委，中共中央委员
严灏景	男	1920—2008	江苏丹阳	机械系	1943		华东纺织工学院教授、副院长，全国先进生产者
严志达	男	1917—1999	江苏南通	算学系	1941		中国科学院院士，南开大学数学研究所教授
杨 琛	女	1925—2000	天津	地学系	1948		民政部副部长
杨传任	男	1925—	北京	生物系	1948		北京农业大学教授
杨 凤	男	1921—	云南丽江	化学系	1941—1945学习		四川农业大学教授、校长
杨嘉墀	男	1919—2006	江苏吴江			1941—1942电机系	中国科学院院士，西南联大电机系任教，中国科学院自动化所研究员、副所长，中国空间技术研究院副院长，航天部总工程师，荣获"两弹一星功勋奖章"

姓名	性别	生卒年份	籍贯	学习时所在系	毕业或在校学习时间	在校任教（任职）时间及所在系	曾任主要职务
杨开庆	男	1916—2005	江苏宝应	地质地理气象系	1942		中国地质工作计划指导委员会工程师、普查队队长，地矿部地质力学研究所研究员，全国先进生产者
杨南生	男	1921—	福建龙海	机械系	1943	40年代机械系	中国科学院上海机电设计院副院长，航天部第四研究院副院长，国际宇航科学院院士
杨 起	男	1919—2010	山东蓬莱	地质地理气象系	1943		中国科学院院士，中国地质大学教授
杨西孟	男	1900—	四川江津			1940—1946经济系	西南联大、北京大学经济系教授，外贸部国际贸易研究所副所长
叶笃正	男	1916—	安徽安庆	地质地理气象系	1940		中国科学院院士，中国科学院大气物理所研究员、所长、副院长，全国人大常委，荣获国家最高科学技术奖
叶 楷	男	1911—	浙江杭州			1938—1948电机系	西南联大、清华大学电机系教授、系主任，美国密执安大学教授
殷之书	男	1920—	江苏吴县	土木系	1945		北京89003部队少将
应崇福	男	1918—	浙江宁波	物理系	1944研究生毕业		中国科学院院士，中国科学院声学所研究员、副所长
英若诚	男	1929—2003	北京	外文系	1948		北京人民艺术剧院演员，文化部副部长
游国恩	男	1899—1978	江西临川			1942—1946中文系	西南联大、北京大学中文系教授
余国琮	男	1922—	广东台山	化工系	1943		中国科学院院士，天津大学教授、化学工程研究所所长，全国政协常委
余绳武	男	1926—	江苏扬州	历史系	1948		中国社会科学院近代史研究所研究员、所长
余贻骥	男	1918—	湖南长沙	化工系	1941		轻工业部科学研究院总工程师、副院长
於崇文	男	1924—	浙江镇海	地质地理气象系	1944—1946学习		中国科学院院士，北京地质学院、武汉地质学院、中国地质大学教授
俞言昌	男	1913—	湖南长沙	土木系	1938		中国建筑公司第四工程局总工程师、高级工程师

续表

姓名	性别	生卒年份	籍贯	学习时所在系	毕业或在校学习时间	在校任教（任职）时间及所在系	曾任主要职务
袁　方	男	1918—2000	湖南汉寿	社会系	1942	40年代社会系	北京经济学院教授、劳动经济系主任，北京大学社会学系主任
袁家骅	男	1903—1980	江苏沙洲			1940—1946外文系	西南联大外文系教授，北京大学中文系教授
袁随善	男	1916—1999	江苏武进	土木系	1938		中国船舶及海洋工程设计研究院总工程师、高级工程师
曾建徽	男	1928—	湖南平江	电机系	1946—1947学习		新华通讯社记者、副社长，中共中央宣传部副部长、对外宣传办公室主任，国务院新闻办公室主任
曾性初	男	1923—	湖南宝庆	心理系	1948研究生毕业		华东师范大学教授
张炳熹	男	1919—2000	北京	地质地理气象系	1940	1940—1946地质地理气象系	中国科学院院士，北京地质学院教授，地质部地质矿产司、地质矿产部科技司总工程师
张恩虬	男	1916—1990	广东广州	物理系	1938	1938—1945物理系	中国科学院院士，中国科学院电子学所研究员、副所长
张芳睿	男	1918—1979	江苏吴县	化学系	1940		大连石油七厂总工程师，全国先进生产者
张华荣	男	1918—		电机系	1944		电子部第36研究所所长兼总工程师
张家骅	男	1915—2010	福建福州	物理系	1940		上海中国科学院原子核研究所研究员、所长
张建侯	男	1914—1991	江苏泰兴	化工系	1939	1939—1944化工系	南开大学教授，天津大学化工系主任
张克昌	男	1918—	湖南湘潭	机械系	1941		一机部北京机床研究所总工程师、副所长
张　琨	男	1917—	河南开封	中文系	1938		美国加利福尼亚大学伯克利分校教授
张　滂	男	1917—	江苏南京	化学系	1942		中国科学院院士，北京大学化学系教授
张树梅	男	1914—1993	天津	土木系	1938		机械部设计研究总院副院长、国家二级工程师
张文裕	男	1910—1992	福建惠安			1939—1943物理系	中国科学院院士，西南联大物理系教授，中国科学院高能物理所研究员、所长，全国人大常委

续表

姓名	性别	生卒年份	籍贯	学习时所在系	毕业或在校学习时间	在校任教（任职）时间及所在系	曾任主要职务
章文晋（章宏道）	男	1914—1991	北京	机械系	1943		外交部副部长，中国驻美国大使，对外友协会长，全国人大常委
赵宝煦	男	1922—	浙江绍兴	政治系	1944—1946学习		北京大学教授、国际政治系主任
赵迺抟	男	1897—1986	浙江杭州			1938—1946经济系	北京大学、西南联大经济系教授、系主任
郑华炽	男	1903—1990	广东中山			1938—1946物理系	北京大学物理系教授，西南联大物理系主任，北京师范大学教授
郑天挺	男	1899—1981	福建长乐			1938—1946历史系	西南联大历史系教授兼西南联大总务长，北京大学史学系主任，南开大学副校长，天津市政协副主席
郑昕	男	1905—1974	安徽庐江			1939—1946哲学心理系	西南联大哲学心理系教授，北京大学哲学系主任
郑哲敏	男	1924—	山东济南	机械系	1947	1947—1948机械系	中国科学院院士，中国工程院院士，中国科学院力学所研究员、所长
周国铨	男	1917—1993	上海	物理系	1941	1941—1945无线电所	电子部774厂总工程师，成都776厂总工程师、厂长，四机部第十四研究院总工程师
周礼全	男	1921—2008	湖南吉首	哲学系	1946	1949—1952哲学系	中国社会科学院哲学所研究员
周廷儒	男	1909—1989	浙江新登			1940—1942史地系	中国科学院院士，西南联大史地系教员，北京师范大学地理系教授、主任
周泽华	男	1920—	广西南宁	机械系	1943		华南工学院教授
朱德熙	男	1920—1992	江苏苏州	中文系	1945		北京大学中文系教授、副校长，全国人大常委
朱光亚	男	1924—2011	湖北武汉	物理系	1945		中国科学院院士，中国工程院院士，二机部原子能所研究员、第九研究院副院长，国防科委副主任，中国工程院院长，全国政协副主席，中国科协主席，中共中央委员，荣获"两弹一星功勋奖章"
朱景梓	男	1910—1986	山东淄博	机械系	1938		太原工学院教授、副院长，山西省政协副主席，全国先进生产者

姓名	性别	生卒年份	籍贯	学习时所在系	毕业或在校学习时间	在校任教（任职）时间及所在系	曾任主要职务
朱康福	男	1921—	江苏无锡	化工系	1942		石油部北京设计院总工程师、院长
朱汝瑾	男	1917—	江苏太仓	化学系	1940		美籍化学工程和火箭专家
朱树飏	男	1916—2005	江苏江阴	西南联大外语系	1944		洛阳外国语学院研究部部长，解放军外国语学院顾问（文职二级），国内知名的英语教学专家
朱亚杰	男	1914—1997	江苏兴化	化学系	1938	1950—1953化工系	中国科学院院士，清华大学化工系教授，北京石油学院、华东石油学院教授、副院长
诸有琼	女	1925—	四川江津	中文系	1942—1946学习		《北京日报》高级记者
邹承鲁	男	1923—2006	山东青岛	化学系	1945		中国科学院院士，中国科学院生物化学所研究员、生物物理所副所长，全国政协常委

表 21-4-3　1949 年至 1976 年的知名校友

姓名	性别	生卒年份	籍贯	学习时所在系	毕业或在校学习时间	在校任教（任职）时间及所在系	曾任主要职务
安钢	男	1946—	山西沁县	机械系工物系	1970 1981 硕		装甲兵工程学院教授，少将
安庆衡	男	1944—	辽宁沈阳	动力系	1968		北京汽车集团总公司副总经理兼总工程师
白拜尔	男	1936—	辽宁辽阳	自控系	1962		航空航天部总工程师，航天工业总公司副总经理
白崇智	男	1938—	河北张家口	土木系	1963		北京市政工程局总工程师
白大华	男	1942—	吉林吉林	动力系	1967		第一汽车制造厂高级工程师，民主建国会中央副主席
白国昌	男	1935—	河北抚宁	机械系	1960		机械部西安重型机械研究所党委书记
白其章	男	1928—1996	北京	电机系	1951		邮电部电信传输研究所总工程师
包承纲	男	1935—	浙江宁波	水利系	1958		长江水利水电科学院总工程师

姓名	性别	生卒年份	籍贯	学习时所在系	毕业或在校学习时间	在校任教（任职）时间及所在系	曾任主要职务
包慎良	男	1930—	江苏奉贤	机械系	1952		海军装备论证研究中心高级工程师
卞昭庆	男	1932—	天津	地质系	1950—1952学习		中国工程勘察大师
蔡睿贤	男	1934—	广东汕头	航空学院	1951—1952学习		中国科学院院士，中国科学院工程热物理研究所研究员，民进中央副主席，全国政协常委
曹伯奇	男	1935—	湖南益阳	航空系	1952—1953学习		中国航空工业总公司宏大化工材料厂总工程师，全国劳动模范
曹磊（曹金堂）	男	1939—	河南偃师	水利系	1965		郑州市委书记
曹庆元	男	1925—	江西泰和	土木系	1956研究生毕业		长沙铁道学院教授
曹小先	女	1934—	江苏无锡	工物系	1959	1959—1985工物系	北京外国语学院党委书记
曹越（蓉珍）	女	1940—	上海	土木系	1964		北京建筑设计院总工程师
曹征齐	男	1943—	江苏阜宁	水利系	1968		黄河小浪底水利枢纽工程建设管理局总工程师
柴裴义	男	1942—	天津	建筑系	1967		北京建筑设计院总建筑师
常印佛	男	1931—	江苏泰兴	地质系	1952		中国科学院院士，中国工程院院士，安徽省地矿局高级工程师
车念坚	男	1941—	浙江绍兴	电机系	1965		抚顺电瓷厂厂长
陈宝山	男	1941—	辽宁黑山	工化系	1967		核工业部812厂厂长
陈承仁	男	1942—	江苏句容	无线电系	1966		电子部772厂厂长
陈达	男	1937—	江苏南通	工物系	1963		中国科学院院士，总装备部某研究所研究员，少将
陈大白	女	1933—	天津	化工系	1951—1953学习		北京市委教育工委书记，北京市政协副主席
陈定昌	男	1937—	江苏镇江	无线电系	1963		中国科学院院士，中国航天科工集团科技委常务副主任

续表

姓名	性别	生卒年份	籍贯	学习时所在系	毕业或在校学习时间	在校任教（任职）时间及所在系	曾任主要职务
陈二平	女	1945—	湖南长沙	无线电系	1963		北京广播器材厂主持设计师，全国劳动模范
陈方枢	男	1945—	浙江海宁	水利系	1968		武警水电指挥部主任，少将
陈癸尊	男	1931—	广东海丰	物理系	1950—1952学习		江西省副省长，全国人大常委
陈国良	男	1934—	江苏宜兴	冶金系	1952—1953学习		中国工程院院士，北京科技大学教授、材料系主任、新金属材料国家重点实验室主任
陈 宏	男			无线电系	1965		电子部重庆通讯设备厂厂长
陈洪天	男	1940—	江苏启东	水利系	1965		电力部西北勘测设计院总工程师
陈厚群	男	1932—	江苏无锡	土木系	1950—1952学习		中国工程院院士，水利水电科学研究院抗震防护所所长，全国先进工作者
陈冀胜	男	1932—	天津	化学系	1952		国防科委防化研究院四所所长、院总工程师、研究员，少将
陈剑虹	男	1937—	浙江杭州	机械系	1961		甘肃工业大学校长，甘肃省政协副主席
陈捷申	男	1941—	福建福州	自控系	1966		河南省科学院院长
陈君安	男	1928—	浙江镇海	机械系	1951		中国兵器内蒙古第一机械制造集团总工程师
陈开庸	男	1940—	江苏奉贤	电机系	1964		华东电力集团公司总工程师
陈兰通	男	1937—	福建莆田	机械系	1962		国家经济体制改革委员会委员兼企业司司长，全国侨联副主席
陈念念	男	1941—	浙江吴兴	工物系	1964		中国工程院院士，核工业理化工程研究院院长
陈清泉	男	1937—	印尼	电机系	1957—1959进修		中国工程院院士，香港大学电机电子系主任
陈森玉	男	1939—	福建仙游	工物系	1964		中国工程院院士，中国科学院高能物理研究所研究员
陈绍炘	男	1928—	四川新津	电机系	1950		海军工程学院副院长，少将

姓名	性别	生卒年份	籍贯	学习时所在系	毕业或在校学习时间	在校任教(任职)时间及所在系	曾任主要职务
陈士能	男	1938—	浙江嘉兴	工化系	1964		贵州省省长，轻工业部部长，全国人大常委
陈廷越	男	1933—	浙江平阳	动力系	1957		上海汽车工业总公司副总裁兼总工程师
陈为华	男	1934—1997	北京	工物系	1963		西北核试验基地工程师，北京宣武区椿树街道山西街居委会党支部书记，北京市优秀共产党员
陈文贵	男	1933—	河北乐亭	土木系	1958		公安部消防局局长、少将
陈心昭	男	1939—	浙江余姚	精仪系	1960		合肥工业大学校长，全国人大常委，安徽省政协副主席，全国政协常委
陈星文	男	1932—	江西靖安	建筑系	1959		江西南昌滕王阁总设计师
陈须洪	男	1944—	江苏丹阳	自控系	1968		邮电部杭州通讯设备厂总工程师
陈 序	男	1939—	江苏泰兴	机械系	1964		武汉钢铁研究所所长
陈严彬	男	1941—	福建福清	无线电系	1966		西安卫星测控中心副司令员、高级工程师、少将
陈一坚	男	1931—	福建福州	航空学院	1952		中国工程院院士，中国航空科学研究院西安飞机设计研究所新型歼击轰炸机总设计师
陈义超	男	1942—	湖南浏阳	冶金系	1967		宝鸡有色金属加工厂厂长，西北有色金属研究院院长
陈义初	男	1945—	浙江镇海	电机系	1968		郑州市市长
陈雨孙	男	1928—	江苏吴县	土木系	1952		城乡建设环境保护部综合勘察研究院总工程师
陈 元	男	1945—	上海	自控系	1970		中国人民银行副行长，国家开发银行行长、董事长，中共中央候补委员
陈云昌	男	1935—	河南内乡	工物系	1968		石家庄军械学院图书馆馆长

续表

姓名	性别	生卒年份	籍贯	学习时所在系	毕业或在校学习时间	在校任教（任职）时间及所在系	曾任主要职务
陈至达	男	1927—	福建漳州	机械系	1952 研究生毕业		中国矿业学院教授
陈祖煜	男	1943—	浙江宁波	水利系	1966 1991 博		中国科学院院士，中国水利水电科学研究院高级工程师
承光武	女	1933—	江苏武进	化工系	1953		中国石油化工总公司抚顺石油化工研究院党委书记
程宝义	男	1944—	河北唐山	土木系	1968		解放军理工大学副校长，少将
程不时	男	1930—	湖南醴陵	航空系	1951		中国第一代飞机设计师，上海飞机研究所副总设计师
程建宁	男	1932—	湖北应山	电机系	1950—1951		军委办公厅主任、党委书记，中将
程民德	男	1917—	江苏吴县			1950—1952 数学系	中国科学院院士，清华大学数学系任教，北京大学数学系教授
程庆国	男	1927—1999	浙江桐乡	土木系	1950		中国科学院院士，铁道科学研究院研究员、院长，全国劳动模范
迟建福	男	1942—	黑龙江哈尔滨	动力系	1966		哈尔滨锅炉厂厂长
丑津士	男	1936—	湖南长沙	机械系	1959		扬子石油化工总公司总工程师、总经济师
储传亨	男	1928—	江苏宜兴	土木系	1950		城乡建设环境保护部副部长
达瓦次仁	男	1945—	西藏定日	机械系	1970		西藏大学藏文系教授，布达拉宫译审
戴浩	男	1945—	江苏阜宁	数力系计算机	1968 1982 硕		中国工程院院士，61 研究所信息化总体部研究员
戴汝为	男	1932—	云南昆明	数学系	1951—1952 学习		中国科学院院士，中国科学院自动化所研究员，国家智能计算机研究开发中心学术委员会主任
丁康源	男	1940—1996	浙江绍兴	电机系	1963		东南大学教授，全国劳动模范
丁石孙	男	1927—	江苏镇江	数学系	1950		北京大学教授、数学系主任、校长，全国政协常委，全国人大常委会副委员长，民盟中央主席

姓名	性别	生卒年份	籍贯	学习时所在系	毕业或在校学习时间	在校任教(任职)时间及所在系	曾任主要职务
董峨	女	1941—	浙江奉化	冶金系	1966		杭州重型机器厂党委书记
董鸿勋	男	1933—	河南成皋	电机系	1958		电子部华北无线电仪器厂厂长
董润礼	男	1939—	山东文登	无线电系	1966		太原卫星发射基地总工程师、少将
董维先	男	1933—	河北黄骅	动力系	1955		天津微型汽车厂总工程师
杜钰洲	男	1942—	黑龙江齐齐哈尔	建筑系	1966		纺织工业部设计院院长，纺织工业部副部长
段永基	男	1946—	甘肃	工化系	1970		北京四通集团公司总裁
范本尧	男	1935—	广东汕头	力学系	1958研		中国工程院院士，"东方红2号甲"卫星、"东方红3号"卫星副总设计师、总设计师，"北斗1号"总设计师
范伯元	男	1945—	天津	农业机械系	1968		北京市副市长
范如玉	男	1942—	江苏丹阳	工物系	1966		中国核试验基地司令员，少将
范维唐	男	1935—	湖北鄂城	采矿系	1952—1953学习		煤炭工业部副部长
方刚	男	1943—	江苏常州	精仪系	1967		中国一拖集团公司总经理
方明伦	男	1939—	浙江鄞县	机械系	1964		上海大学党委书记，常务副校长
方秦汉	男	1925—	浙江黄岩	土木系	1950		中国工程院院士，铁道部大桥工程局勘测设计院副总工程师
方天祺	男	1927—	湖北武汉	生物系	1951		内蒙古大学校长
费麟	男	1935—	江苏吴县	建筑系	1959		机械部设计研究院总建筑师
冯超	男	1935—	江苏六合	动力系	1957		中国汽车技术研究中心总工程师
冯汉鼎	男	1935—	河南邓县	工物系	1962		核工业部第四设计研究院党委书记

续表

姓名	性别	生卒年份	籍贯	学习时所在系	毕业或在校学习时间	在校任教（任职）时间及所在系	曾任主要职务
冯宏顺	男	1932—	安徽巢湖	土木系	1955		冶金部第六冶金建设公司高级工程师，河南省政协副主席，民盟中央委员，全国政协常委
冯士筰	男	1937—	天津	力学系	1962		中国科学院院士，青岛海洋大学副校长
冯雄	男	1946—	上海	无线电系	1970		广东省电信有限公司总经理，全国劳动模范
冯仲越	男	1931—1982	河南唐河	航空系	1952		中国航空研究院飞机结构力学研究所副所长兼总工程师
傅锐	男	1940—	山西盂县	工物系	1965		中国核工业总公司副总经理
傅文德	男	1926—	山东临朐	土木系	1952		中国工程设计大师
傅锡寿	男	1931—	北京	土木系	1953		马鞍山钢铁公司党委书记、经理，安徽省省长，中共中央委员，全国政协常委
傅熹年	男	1933—	四川江安	建筑系	1955		中国工程院院士，中国建筑技术研究院建筑历史研究所高级建筑师
傅依备	男	1929—	湖南岳阳			1960—1963化工系	中国工程院院士、中国工程物理研究院科技委副主任
傅鹰	男	1902—1979	福建闽侯			1951—1953化学系	中国科学院院士，北京大学副校长，全国政协常委
干福麟	男	1939—	江苏苏州	电机系	1962		电力部苏州热工研究所总工程师
高安泽	男	1942—	浙江乐清	水利系	1966		水利水电规划总院院长
高伯龙	男	1928—	广西岑溪	物理系	1951		中国工程院院士，国防科技大学教授，少将
高典	男	1941—	山西广灵	动力系	1966		兵器部内蒙古第一机械制造厂党委书记
高金榜	男	1947—	吉林白城	机械系	1974		国务院三峡建设委员会办公室副主任
高京生	男	1942—	浙江金华	动力系	1966		北京重型电机厂总工程师

续表

姓名	性别	生卒年份	籍贯	学习时所在系	毕业或在校学习时间	在校任教（任职）时间及所在系	曾任主要职务
高明伦	男	1945—	辽宁海城	无线电系	1968		合肥工业大学微电子设计研究所所长，全国劳动模范
高万麟	男	1941—	辽宁法库	水利系	1967		航天工业部7608厂厂长
高为炳	男	1925—1994	河南卫辉			1952航空学院	中国科学院院士，北京航空航天大学教授
高锡康	男	1932—	江苏常州	航空系	1950—1953		国防科学技术工业委员会空气动力研究试验中心副司令员，少将
高学江	男	1944—	安徽滁县	精仪系	1967		柳州微型汽车厂党委书记
高雪涛	男	1937—	河北丰润	水利系	1964		水利部规划设计总院院长
高玉臣	男	1937—	吉林长春	力学系	1966研		中国科学院院士、北方交通大学力学研究所教授
高镇宁	男	1929—1996	辽宁辽阳	航空系	1952		三机部大型飞机设计研究所所长兼总设计师，航空工业部副部长，中共中央候补委员，全国政协常委
高镇同	男	1928—	江西都昌			1950航空系	中国科学院院士、北京航空航天大学教授
葛家理	男	1933—	四川酉阳	石油系	1953		西南石油学院教授
葛钦明	男	1939—	山东巨野	冶金系	1965		长城特钢集团公司总工程师
葛修润	男	1934—	上海	水利系	1952—1953学习		中国工程院院士，中国科学院岩土力学所研究员
龚传信	男	1943—	湖北达县	自控系	1967		解放军军械工程学院装备指挥与管理系教授，少将
龚育之	男	1929—2007	湖南湘潭	化学系	1952		中共中央宣传部副部长，中央党校副校长，中共党史研究室常务副主任，全国政协常委
顾国彪	男	1936—	上海	电机系	1958		中国工程院院士，中国科学院电工所研究员
顾良圭	男	1940—	浙江杭州	自控系	1967		中国船舶工业总公司716研究所党委书记，全国劳动模范

续表

姓名	性别	生卒年份	籍贯	学习时所在系	毕业或在校学习时间	在校任教(任职)时间及所在系	曾任主要职务
顾逸东	男	1946—	江苏淮安	工物系	1970		中国科学院院士，中科院空间科学与应用总体部主任，中国载人航天应用系统总设计师
顾永康	男	1946—	上海	工物系	1970		大连柴油机厂党委书记
关定华	男	1927—	广西梧州	电机系	1950		中国科学院声学研究所所长
管　德	男	1932—	北京	航空学院	1952		中国工程院院士，沈阳飞机制造公司总工程师，航空航天工业部总工程师，中国航空研究院院长
管惟炎	男	1928—2003	江苏如东	物理系	1951—1952学习		中国科学院院士，中国科学院物理所研究员、所长，中国科技大学校长
郭嘉诚	男	1942—	河南开封	工物系	1969		军事科学院军事运筹分析研究所总工程师
郭孔辉	男	1935—	福建福州	航空学院	1952—1953学习		中国工程院院士，长春汽车研究所总工程师，吉林大学副校长
郭日修	男	1924—	江西永新	土木系	1947—1950		海军工程大学造船系主任
郭世昌	男	1941—	山东利津	冶金系	1966		宣化风动机械厂厂长、总工程师，河北省副省长
郭松年	男	1931—	天津	电机系	1954		青岛市市长、市委书记，山东省人大副主任
郭勇（郭凤升）	男	1940—	辽宁锦西	工物系	1966		军事医学科学院放射与辐射医学研究所研究员
郭仲衡	男	1933—1993	广东中山	航空学院	1951—1952学习		中国科学院院士，北京大学教授
韩长生	男	1950—	河南安阳	机械系	1975		河南安阳鑫盛机床股份有限公司董事长兼总经理，全国劳动模范
韩大匡	男	1932—	浙江杭州	采矿系	1952	1952—1953石油系	中国工程院院士，石油部石油勘探开发科学研究院总工程师、副院长
韩立群	男	1940—	江苏滨海	土木系	1966		北京建工集团总工程师
韩淑芳	男	1940—1997	江苏金坛	力学系	1965		常州飞天集团董事长、总经理，常州齿轮厂厂长，全国劳动模范

姓名	性别	生卒年份	籍贯	学习时所在系	毕业或在校学习时间	在校任教（任职）时间及所在系	曾任主要职务
韩曾萃	男	1936—	湖北红安	水利系	1958		浙江省钱塘江管理局局长、河口海岸研究所所长，全国劳动模范
何　成	男	1919—	安徽无为	电机系	1954—1958学习		上海电机厂党委书记，上海电机公司经理、党委书记
何大中	男	1929—2009	北京	电机系	1950		广播电影电视部总工程师
何德全	男	1933—	北京	物理系	1950—1952学习		中国工程院院士，北京信息技术应用研究所研究员、所长
何德祝	男	1939—	四川仪陇	工物系	1965		中国核工业总公司405厂党委书记
何栋材	男	1937—	广东佛山	无线电系	1959		广东省广播电视厅总工程师，广播电影电视部副部长
何国钟	男	1933—	广东南海	化工系	1951—1953学习		中国科学院院士，中国科学院大连化学物理所研究员
何文治	男	1931—1995	陕西乾县	航空系	1952		航空航天工业部副部长兼航空航天科学技术研究院院长
何友声	男	1931—	浙江宁波	力学研究班	1957—1958		中国工程院院士，上海交通大学工程力学系主任、校党委书记
何玉如	男	1939—	浙江平湖	建筑系	1962		北京建筑设计研究院总建筑师
何祚庥	男	1927—	上海	物理系	1951		中国科学院院士，中国科学院高能物理所研究员、理论物理所副所长
贺鹏飞	男	1944—2001	湖南桑植	精仪系	1970		中国人民解放军海军副司令员、中将
洪及鄙	男	1941—	福建厦门	冶金系	1965		攀枝花钢铁集团公司董事长、总经理，全国劳动模范
洪可柱	男	1943—	福建闽侯	水利系	1969		中国建筑公司第三工程局局长，全国劳动模范
侯伯宇	男	1930—	北京	物理系	1950		西北大学现代物理研究所所长，少将，全国劳动模范
胡长诚	男	1928—	天津	化工系	1952		化工部黎明化工研究院高工，全国劳动模范
胡锦涛	男	1942—	安徽绩溪	水利系	1965		共青团中央第一书记，贵州省委书记，西藏自治区党委书记，中共中央政治局常委、中央党校校长，中共中央总书记，中华人民共和国主席，中央军委主席

续表

姓名	性别	生卒年份	籍贯	学习时所在系	毕业或在校学习时间	在校任教（任职）时间及所在系	曾任主要职务
胡丽雯	女	1933—	天津	土木系	1955		中国航天建筑设计研究院总工程师，中国工程设计大师
胡仁宇	男	1931—	浙江江山	物理系	1952		中国科学院院士，中国工程物理研究院院长
胡如雷	男	1926—1998	山西定襄	历史系	1952		河北师范学院教授，河北社会科学院历史研究所研究员，全国政协常委
胡亚东	男	1928—	北京	化学系	1949		中国科学院化学研究所研究员、所长
胡昭广	男	1939—	江苏江宁	电机系	1964		北京市副市长
胡芝凤	女	1938—	浙江绍兴	工物系	1956—1959学习		中国艺术研究院研究员，国家一级京剧演员
扈之棋	男	1942—	北京	无线电系	1966		电子部第54研究院总工程师
华国柱	男	1928—	江苏无锡	机械系	1950		中国农业机械化科学研究院高级工程师、院长
华建敏	男	1939—	江苏无锡	动力系	1963		上海市副市长，国务委员，国务院秘书长，全国人大常委会副委员长，中共中央委员
黄 豹	男	1935—1994	福建仙游	电机系	1959		国防科工委某基地研究所所长、少将
黄承钧	男	1930—	浙江余姚	化工系	1951—1953学习		中国石油化工总公司广州石油化工总厂厂长
黄春辉	女	1933—	河北邢台	化学系	1951—1952		中国科学院院士、北京大学化学学院教授
黄存汉	男	1927—	湖南衡阳	土木系	1950		机械部第六设计院高级工程师，中国工程设计大师
黄 菊	男	1938—2007	浙江嘉善	电机系	1963		上海市市长、市委书记，中共中央政治局常委，国务院副总理
黄其励	男	1941—	辽宁营口	动力系	1964		中国工程院院士，电力部东北电力集团总工程师
黄庆华	男	1929—	湖南衡阳	机械系	1951		装甲兵工程学院院长、少将
黄容生	男	1945—	江苏宿迁	机械系	1970		攀枝花钢铁集团有限公司党委书记

续表

姓名	性别	生卒年份	籍贯	学习时所在系	毕业或在校学习时间	在校任教（任职）时间及所在系	曾任主要职务
黄润乾	男	1933—	湖南衡山	物理系	1950—1952		中国科学院院士、中国科学院国家天文台云南天文台研究员
黄胜年	男	1932—2009	江苏太仓	物理系	1950—1952学习		中国科学院院士，中国原子能科学研究院研究员
黄树槐	男	1930—2007	湖南宁远	机械系	1957—1958进修		华中理工大学校长
黄小平	男	1944—1995	江苏江阴	土木系	1968		南京工程兵工程学院教授
黄孝安	男	1940—	广东新会	机械系	1965		上海上菱冰箱厂总工程师
黄星元	男	1938—	辽宁沈阳	建筑系	1963		电子部设计研究院总建筑师
黄寅逵	男	1940—	上海崇明	冶金系	1964		成都市市长、市委书记，四川省委副书记，中共中央候补委员
黄岳忠	男	1943—	江苏	自控系	1968		安徽省副省长
吉文儒	男	1935—	山东茌平	水利系	1960		电力部成都勘测设计研究院党委书记
纪保祥	男	1941—	江苏宜兴	机械系	1968		中国重型汽车公司总经理
冀朝铸	男	1929—	山西汾阳	化学系	1952		联合国副秘书长
贾春旺	男	1938—	北京	工物系	1964		北京市委副书记兼市纪委书记，国家安全部部长，公安部部长，最高人民检察院检察长，中共中央委员
江欢成	男	1938—	广东梅县	土木系	1963		中国工程院院士，华东建筑设计研究院总工程师
江上舟	男	1947—	福建连城	无线电系	1970		中芯国际董事长，上海市政府副秘书长、经委副主任
姜燮生	男	1928—	江苏丹阳	机械系	1953		成都新都机械厂总工艺师、厂长，三机部副部长，航空航天部副部长，中共中央候补委员，全国政协常委
姜　颖	女	1940—	山西武乡	工物系	1966		国家知识产权局局长，全国人大常委

续表

姓名	性别	生卒年份	籍贯	学习时所在系	毕业或在校学习时间	在校任教（任职）时间及所在系	曾任主要职务
姜云宝	男	1941—	江苏丹阳	动力系	1966		国务院总理办公室主任，全国人大常委会副秘书长
蒋　锋	男	1935—1990		无线电系	1963		华东电子管厂厂长
蒋士良	男	1942—	河北南宫	精仪系	1968		总后勤部交通运输部部长，少将
蒋新松	男	1931—	江苏江阴			1995 自动化系	中国工程院院士，沈阳自动化研究所所长
蒋以任	男	1942—	上海	动力系	1966		上海市汽车拖拉机工业联营公司高级工程师、党委书记，上海市副市长，上海市政协主席，全国政协常委
蒋有绪	男	1932—	江苏南京	生物系	1950—1952		中国科学院院士、中国林业科学研究院森林生态与保护研究所研究员
蒋珍珍	女	1942—	江苏常州	动力系	1967		上海柴油机厂党委书记
焦亿安	男	1944—	湖南武冈	动力系	1969		华北电力集团总经理
解广润	男	1929—	安徽阜阳	电机系	1953 研究生毕业		武汉水利电力学院教授
解苑明	女	1949—	山东东平	工物系	1974 1982 硕		中国核工业总公司北京核仪器厂副主任，全国劳动模范
金宝华	男	1928—	江苏嘉定	机械系	1952		天津拖拉机制造厂总工程师
金　舜	男	1941—	江苏苏州	土木系	1966		苏州混凝土水泥制品研究院院长、党委书记，国家水泥混凝土制品质检中心主任
金同稷	男	1931—	上海	土木系	1953—1954 进修		大连理工大学校长、党委书记
金怡濂	男	1929—	天津	电机系	1951		中国工程院院士，总参谋部第56研究所总工程师、国家并行计算机工程技术研究中心主任，少将，荣获国家最高科学技术奖
金增洪	男	1934—	江苏江阴	土木系	1958		交通部公路设计院院长
金钟超	男	1930—2002	浙江平湖	化工系	1951		石油部副部长，石油天然气总公司副总经理

姓名	性别	生卒年份	籍贯	学习时所在系	毕业或在校学习时间	在校任教（任职）时间及所在系	曾任主要职务
荆南飞	男	1944—	陕西延安	电子系	1969		吉林省军区政治部主任，少将
鞠　杰	男	1926—	山东荣成	土木系	1950		交通部第一公路工程局总工程师
瞿振元	男	1946—	江苏启东	自控系工物系	1970 1980 硕		中国农业大学党委书记
康力新	男	1950—	河北定县	工物系	1976		中国核试验基地副总工程师，少将
康荣元	男	1943—	河北平山	工物系	1968		中国核工业总公司 405 厂厂长
康锡章	男	1937—	黑龙江齐齐哈尔	无线电系	1963		海军航空工程学院教授
孔宪正	男	1938—	上海	无线电系	1961		电子部 36 所总工程师
兰文长	女	1928—	江苏吴江	无线电系	1966		海军总装备部电子部部长，少将
雷志功	男	1932—		电机系	1962		西北电力建设总公司总经理
李　斌	男	1927—	河北通县	土木系	1951		西安公路学院（现西安公路交通大学）院长
李伯虎	男	1938—	上海	计算机系	1961		中国工程院院士，航天机电集团二院科技委员会常务副主任
李昌毅	男	1931—	江苏无锡	化工系	1950		中国石油化工总公司北京设计院总工程师
李朝武	男	1932—	河北安次	工物系	1964		核工业理化工程研究院院长、党委书记
李　琮	男	1928—	河北丰润	电机系	1950		中国社会科学院世界经济与政治研究所研究员、所长
李丹发	男	1951—	湖北黄石	计算数学	1974		中国建设银行湖北分行科技攻关办公室主任，全国劳动模范
李娥飞	女	1935—	山西汾阳	建筑系	1951—1952 学习		中国工程设计大师
李凤玲	男	1948—	吉林通化	电机系	1975		北京经济技术开发区管委会主任，北京国际电力开发投资公司党委书记、董事长，北京能源投资（集团）有限公司党委书记、董事长

续表

姓名	性别	生卒年份	籍贯	学习时所在系	毕业或在校学习时间	在校任教（任职）时间及所在系	曾任主要职务
李冠兴	男	1937—	上海	工物系	1962		中国工程院院士，中国核工业集团公司202厂总工程师、厂长
李国伟	男	1938—	河北唐山	机械系	1966		徐州工程机械集团公司总经理
李洪谋	男			机械系	1958		南京煤矿机械厂总工程师
李慧芬	女	1940—	北京	建筑系	1958—1960学习		天津市副市长，联通公司总经理，中共中央候补委员
李巨宾	男	1941—	河北遵化	电机系	1966		北京重型电机厂厂长
李开先	男	1930—	四川江津	电机系	1952		电子部北京电子管厂总工程师
李克向	男	1928—	北京	石油系	1953		石油部钻井司总工程师
李立涅	男	1941—	江苏盐城	电机系	1967		中国工程院院士，中国南方电网公司专家委员会秘书长
李龙天	男	1928—	浙江	机械系	1950		南京汽车厂厂长、总工程师
李蒙	男	1929—	山东博兴	电机系	1960		东方电机厂副总工程师、副厂长，四川省副省长，农工党中央常务副主席，全国人大常委，全国政协副主席
李庆忠	男	1930—	江苏昆山	物理系	1952		中国工程院院士，石油天然气总公司地球物理勘探局总工程师
李世忠	男	1933—	北京	电机系	1963		北京市供电局党委书记，国务院副秘书长，中国电网建设公司董事长
李天	男	1938—	辽宁锦西	力学系	1963		中国科学院院士，中国航空工业第一集团公司沈阳飞机设计研究所副总设计师
李天初	男	1945—	河北秦皇岛	力学系精仪系	1970 1991博		中国计量科学研究院研究员，全国劳动模范
李铁林	男	1943—	湖南长沙	自控系	1968		中共中央组织部副部长、中共中央委员，中纪委委员，全国政协常委
李文军	男	1931—		电机系	1952		机械部第七设计研究院总工程师，中国工程设计大师
李武皋	男	1946—	安徽怀宁	工物系电子系	1970 1990博		57394部队长，少将

姓名	性别	生卒年份	籍贯	学习时所在系	毕业或在校学习时间	在校任教（任职）时间及所在系	曾任主要职务
李希玉	男	1931—	山东恩县	水利系	1952		内蒙古工学院（现内蒙古工业大学）院长
李锡铭	男	1926—2008	河北辛集	土木系	1946—1949学习		北京石景山发电厂厂长、党委书记，电力部副部长，城建环保部部长，北京市委书记，中共中央政治局委员，全国人大常委会副委员长
李秀纪	男	1937—	福建南安	电机系	1964		厦门市人大常委会主任
李绪鄂	男	1928—2001	湖北武汉	航空系	1952		七机部副部长、总工程师，航空航天工业部部长，中共中央委员、全国人大常委
李学忠	男	1945—	河北乐亭	动力系热能系	1970 1981硕		天津工程机械研究所副总工程师，全国劳动模范
李义杰	男	1938—	山东福山	工化系	1965		青海钾肥厂厂长
李荫襄	男	1931—	河北孟县	机械系	1953		中国汽车工业总公司副总经理兼总工程师
李勇武	男	1944—	河北新城	工化系	1968		化工部副部长，全国政协常委
李幼平	男	1935—	福建泉州	无线电系	1957—1959研究生进修		中国工程院院士，中国工程物理研究院研究员、院科技委主任
李玉仑	男	1940—	河北滦县	工物系	1964		中国核工业总公司副总经理兼国家原子能机构副主任
李允武	男	1934—	河北威县	自控系	1956		国家海洋局海洋技术研究所所长兼总工程师
李志民	男	1933—	天津	水利系	1957		海南省委常委、组织部长
李忠良	男	1941—	浙江宁波	工物系	1966		中国核工业总公司总经济师，副总经理
李子彬	男	1940—	辽宁锦西	工化系	1964		锦西化工总厂厂长，化工部副部长，深圳市市长
连铜淑	男	1930—	广东潮阳	机械系	1952		北京工业学院教授
梁立群	男	1930—	河北乐亭	冶金系	1952—1953学习		中国工程设计大师
梁肃	男	1940—	天津	机械系	1964		天津市副市长

续表

姓名	性别	生卒年份	籍贯	学习时所在系	毕业或在校学习时间	在校任教（任职）时间及所在系	曾任主要职务
梁祥丰	男	1939—	浙江泰顺	无线电系	1963		电子工业出版社社长
梁新国	男	1929—	山西崞县	电机系	1950		北京自动化研究所所长
梁应辰	男	1928—	河北保定	土木系	1952		中国工程院院士，交通部水运规划设计院院长
廖振鹏	男	1937—	四川成都	土木系	1961		中国工程院院士，国家地震局工程力学研究所研究员
林炳湘	男	1940—	福建闽侯	工化系	1964		解放军总后勤部生产部部长，少将
林敢为	男	1939—	浙江杭县	动力系	1963		一汽汽车集团公司总工程师、总经理
林　皋	男	1929—	江西丰城	土木系	1951		中国科学院院士，大连理工大学教授、振动与强度中心主任
林华宝	男	1931—2003	福建莆田	土木系	1950—1952学习		中国工程院院士，中国空间技术研究院返回式卫星总设计师
林孔兴	男	1940—	福建福州	电机系	1965		华中电力管理局局长
林树楠	男	1939—	福建晋江	无线电系	1966		上海汽车工业（集团）总公司党委书记
林秀山	男	1939—	山西太原	水利系	1963		黄河小浪底工程设计总工程师
林增栋	男	1937—	福建闽侯	机械系	1962		北京市粉末冶金研究所高级工程师，全国劳动模范
林　昭	男	1929—	福建林森	土木系	1952		中国工程设计大师
林宗棠	男	1926—	福建闽侯	机械系	1949		上海重型机器厂总工程师，万吨水压机副总设计师，国家经委副主任，航空航天部部长，全国人大常委
凌本立	男	1938—	江苏常州	建筑系	1962		华东建筑设计研究院总建筑师
刘宝珺	男	1931—	天津	地质系	1950—1952学习		中国科学院院士，地质矿产部成都地质矿产研究所研究员

续表

姓名	性别	生卒年份	籍贯	学习时所在系	毕业或在校学习时间	在校任教(任职)时间及所在系	曾任主要职务
刘北平	男	1930—	山东梁山	建筑系	1952		核工业部第五设计研究院总工程师
刘川生	女	1950—	山西灵丘	自动化系经管学院	1975 1984 硕		北京师范大学党委书记
刘高倬	男	1943—	江西南城	力学系	1967		中国航空工业第一集团公司总经理、党委书记，中国煤炭科工集团有限公司董事长
刘广均	男	1929—	天津	物理系	1952	1952—1962 工物系等	中国科学院院士，中核集团 504 厂副总工程师，核工业部理化工程研究院总工程师
刘珩	男	1929—	北京	机械系	1951—1952 学习		中国纺织总会副会长
刘红运	男	1937—	湖南汨罗	水利系	1962		湖南水电设计院院长，湖南省水利水电厅厅长
刘鸿亮	男	1932—	辽宁大连	土木系	1954	1954—1982 土木、化工系	中国工程院院士，中国环境科学研究院院长
刘吉	男	1935—	安徽安定	动力系	1958		中国社会科学院研究员、副院长
刘吉	男	1937—	吉林洮南	工物系	1964		国家体育运动委员会副主任，中华全国体育总会副主席
刘锦华	男	1943—	福建海澄	水利系	1966		广东大亚湾岭澳核电站总经理
刘觉	男	1932—	江苏宝应	电机系	1953		电力部南京自动化研究所总工程师
刘峻嶂	男	1951—	河南文登	精仪系	1976		海南省军区副司令员，广州军区联勤部副部长，少将
刘克良	男	1938—	湖南武冈	建筑系	1962		中国建筑东北设计院总建筑师、建筑设计大师
刘力 （刘亨利）	男	1939—	黑龙江	建筑系	1963		北京建筑设计院总建筑师
刘立 （刘铭策）	男	1926—1998	河北玉田	经济系	1946—1949 学习		中南工业大学党委书记
刘蒙	男	1952—	四川万县	无线电系	1974		总装备部科技委委员，少将

续表

姓名	性别	生卒年份	籍贯	学习时所在系	毕业或在校学习时间	在校任教（任职）时间及所在系	曾任主要职务
刘然凯	男	1943—	吉林扶余	无线电系	1968		解放军总装备部通用保障部副部长，少将
刘松林	男	1937—	河北秦皇岛	电机系	1961		新疆综合电机厂厂长，高级工程师，全国劳动模范
刘铁生	男	1923—	湖南祁东	数学系	1950		中国驻匈牙利大使
刘庭华	男	1934—	江苏扬州	电机系	1958		电子部第 52 研究所总工程师、研究员
刘维烈	男	1934—	山东安丘	电机系	1955		华东电力集团公司总工程师
刘文顺	男	1944—	北京	自控系	1967		航卫通用电气医疗系统有限公司副总经理，全国劳动模范
刘锡才	男	1941—	江苏海门	土木系	1966		广东核电合营公司总经理
刘小石	男	1928—	四川叙永	建筑系	1952	1953—1984 建筑系	清华大学建筑系党委书记，首都规划建设委员会总建筑师
刘兴洲	男	1933—	天津	航空学院	1951—1952 学习		中国工程院院士，航天工业总公司三院第 31 研究所研究员、副所长、总工程师
刘洵蕃	男	1937—	山东文登	建筑系	1963		建设部建筑设计研究院院长
刘延东	女	1945—	江苏南通	工化系	1970		共青团中央书记处书记，中共中央统战部部长，全国人大常委，全国政协副主席，中共中央政治局委员，国务委员
刘延柱	男	1936—	江苏南京	力学系	1959 研究班毕业		上海交通大学教授、工程力学系主任
刘英卫	男	1942—	江西奉新	力学系	1967		南昌飞机制造厂任职，全国劳动模范
刘永顺	男	1941—	河北鹿县	无线电系	1966		自贡东方锅炉厂党委书记，自贡市委书记，四川省人大副主任
刘永坦	男	1936—	湖北武汉	无线电系	1956—1958 学习		中国科学院院士，中国工程院院士，哈尔滨工业大学教授
刘泽民	男	1930—	河北大兴	水利系	1951		山西省副省长

姓名	性别	生卒年份	籍贯	学习时所在系	毕业或在校学习时间	在校任教(任职)时间及所在系	曾任主要职务
刘泽彭	男	1946—	山东龙口	自控系	1970		中共中央组织部副部长，国务院侨办副主任，全国政协常委
刘正惠	男	1927—	北京通县	航空系	1951		航空工业规划设计院总工程师、副院长
刘志忠	男	1942—	广东汕头	工化系	1967		重庆市委副书记、市长
刘忠和	男	1932—	辽宁锦县	化工系	1951—1953学习		中国石油化工总公司锦州石油化工公司总工程师
柳克俊	男	1933—	江苏南京	电机系	1954		国防科技大学教授，海军装备论证研究中心总工程师，少将
卢成锹	男	1928—1999	福建闽侯	化工系	1952		中国石油化工总公司石油化工科学研究院院长
卢世璧	男	1930—	湖北宜昌	生物系	1948—1951		中国工程院院士，解放军骨科研究所所长
卢耀如	男	1931—	福建福州	地质系	1950—1952学习		中国工程院院士，地质部水文地质工程地质研究所研究员
鲁　衡	男			机械系	1958		机械部第十设计研究院高级工程师、院长
鲁志强	男	1944—	河北献县	冶金系	1969		国务院发展研究中心副主任
陆建勋	男	1929—	浙江杭州	电机系	1951		中国工程院院士，国防部七院722所所长，中国船舶工业总公司第七研究院院长
陆人骥	男	1930—	上海	电机系	1952		机械部第七设计研究院总工程师、院长、党委书记
陆首群	男	1935—	江苏无锡	电机系	1958		北京开关厂厂长，电子部吉通通讯公司总经理
陆延昌	男	1940—	河北任丘	动力系	1964		北京热电总厂总工程师，水利电力部总工程师，电力工业部副部长
陆裕祥	男	1943—	上海	工物系	1966		中国核工业总公司504厂厂长
陆载德	男	1932—	江苏吴江	物理系	1950—1952学习		解放军总后勤部某兵器试验基地高级工程师，少将
禄大新	男	1939—	河北蠡县	无线电系	1964		天津中环半导体股份有限公司总经理，全国劳动模范

姓名	性别	生卒年份	籍贯	学习时所在系	毕业或在校学习时间	在校任教（任职）时间及所在系	曾任主要职务
吕明	男	1944—	北京	水利系	1967 1981 硕		挪威工程院院士，挪威科技大学教授
栾恩杰	男	1940—	吉林白城	精仪系	1968 研究生毕业		中国工程院院士，航天工业总公司总工程师，中国"嫦娥"工程总指挥，中国探月工程高级顾问，全国政协常委，中共中央候补委员
罗绍基	男	1933—	广东南海	水利系	1955		中国工程院院士，能源部中南勘测设计院院长，广东抽水蓄能发电联合公司总经理，全国劳动模范
罗云	男	1928—	云南昭通	机械系	1949		湖南省军区副司令员，少将
马东	男	1937—		动力系	1960		辽宁发电厂总工程师、厂长，全国劳动模范
马福邦	男	1934—	广东顺德	电机系	1955		中国工程院院士，核工业总公司核电局局长、总工程师
马富学	男	1938—	吉林德惠	精仪系	1964		解放军军械工程学院院长、少将
马国馨	男	1942—	山东济南	建筑系	1965 1991 博		中国工程院院士，北京市建筑设计研究院副总建筑师，中国设计大师
马洪琪	男	1942—	上海	水利系	1967		中国工程院院士，云南澜沧江水电开发公司总工程师
马荣振	男	1943—	山东莘县	动力系	1967		洛阳铜加工厂高级工程师、党委书记
马颂德	男	1946—	江苏吴县	自控系	1968		中国科学院自动化研究所研究员、所长，科技部副部长
马永山	男	1940—	辽宁辽阳	动力系	1966		北京汽车集团总公司党委书记
马跃	男	1942—	浙江杭州	动力系	1965		东风汽车集团公司党委书记、总经理，全国劳动模范
马仲才	男	1933—	山东沂南	力学系	1962 研究生班毕业		莱芜钢铁厂厂长，山东省委副书记、省人大常委会副主任
马祖彭	男	1926—	江苏江都	经济系	1950		姚依林办公室秘书（副部级）、中央财经领导小组副秘书长
毛江东	女	1950—	江西瑞金	精仪系	1974		总参装备综合计划部部长，少将

姓名	性别	生卒年份	籍贯	学习时所在系	毕业或在校学习时间	在校任教（任职）时间及所在系	曾任主要职务
毛用泽	男	1930—	浙江宁波	化工系	1953		中国工程院院士，防化研究院研究员，少将
孟庆文	男	1943—	辽宁新民	精仪系	1967		沈阳飞机制造公司总工程师
孟昭昕	男	1940—	山东东阿	动力系	1964		内蒙古工业大学校长
牟永武	男	1937—	辽宁全县	电机系	1963		鞍山钢铁公司电修厂总工程师，全国劳动模范
牧一征（穆一正）	男	1934—	辽宁	土木系	1957		中国建筑东北设计研究院院长、党委书记
慕成雄	男	1941—	北京	工物系	1965		冶金部钢铁研究总院党委书记
倪天增	男	1937—1992	浙江嘉善	建筑系	1962		上海工业建筑设计院副总工程师、副院长，上海市副市长
牛憨笨	男	1940—	山西壶关	无线电系	1966		中国工程院院士，中国科学院西安光学精密机械所研究员、总工程师
牛天况	男	1940—	北京	动力系	1965		上海锅炉厂总工程师
欧阳平凯	男	1945—	湖南湘潭	化工系	1968 1981 硕		中国工程院院士，南京工业大学校长
欧阳忠谋	男	1942—	江西南昌	工物系	1966		中国电子进出口总公司总裁，全国劳动模范
欧阳钟灿	男	1946—	福建泉州	自控系	1968 1981 硕 1984 博		中国科学院院士，中国科学院理论物理所研究员
潘家铮	男	1927—	浙江绍兴			1995 水利系	中国科学院院士，中国工程院院士，水利电力部、电力工业部总工程师，国家设计大师
潘君骅	男	1930—	江苏常州	机械系	1952		中国工程院院士，中国科学院南京天文仪器研制中心研究员
庞文第	男	1927—	河北清苑	土木系	1947—1949学习		北京市高教局局长、党委书记
庞瑶琳	女	1934—	上海	机械系	1952—1953学习		北京化工大学校长
彭国勋	男	1937—	四川宜宾	工物系	1960		西北轻工业学院机械系主任、院长

续表

姓名	性别	生卒年份	籍贯	学习时所在系	毕业或在校学习时间	在校任教（任职）时间及所在系	曾任主要职务
彭念祖	男	1944—	湖南长沙	工化系	1967		中国工程设计大师
彭少逸	男	1917—	江苏溧阳			1995 化学系	中国科学院院士，中国科学院山西煤炭化学所研究员、所长，山西省人大常委会副主任，全国政协常委
彭时雄	男	1933—	湖南湘乡	电机系	1957		北京市电力科学研究所副总工程师，全国劳动模范
彭世浩	男	1930—	江苏常熟	化工系	1952		中国石油化工总公司洛阳工程公司总工程师
彭志忠	男	1932—1986	湖北天门	地质系	1952		武汉地质学院教授
蓬铁权	男	1936—	黑龙江哈尔滨	精仪系	1961		哈尔滨量具刃具厂厂长
蒲富恪	男	1930—2001	四川成都	物理系	1952	1993 物理系	中国科学院院士，中国科学院物理所研究员，清华大学物理系教授
戚发轫	男	1933—	辽宁瓦房店	航空系	1952—1953		中国工程院院士、中国空间技术研究院研究员，中国载人航天工程飞船系统总设计师
齐 让	男	1950—	山西朔县	化工系	1975		科技日报社社长，中国科协副主席，全国政协常委
齐世荣	男	1926—	江苏连云港	历史系	1949		北京师范学院历史系主任、校长，首都师范大学校长
齐天泰	男	1946—	河南三门峡	水利系	1974		三门峡水利枢纽局局长
钱金庆	男	1934—	江苏无锡	动力系	1958		中南电力设计院院长
钱匡武	男	1937—	浙江杭州	机械系	1958		福州大学校长
钱绍钧	男	1934—	浙江平湖	物理系	1951—1952学习		中国工程院院士，中国核试验基地司令员，少将，中共中央候补委员
钱天白	男	1945—1998	江苏无锡	无线电系	1969		中国 Internet 之父，五机部计算机站计算机应用技术研究所总工程师
钱忠伟	男	1938—	浙江镇海	电机系	1961		华东电力集团公司总经理

姓名	性别	生卒年份	籍贯	学习时所在系	毕业或在校学习时间	在校任教（任职）时间及所在系	曾任主要职务
乔 怡	男	1934—	河南济源	电机系	1958		中国工程物理研究院任职，全国劳动模范
乔宗淮	男	1944—	江苏盐城	力学系	1969		新华社香港分社副社长，中国驻芬兰、爱沙尼亚大使，外交部副部长，中共中央候补委员，中纪委委员
秦科才	男	1931—	湖南常德	电机系	1962 进修		河南省副省长、省人大常委会副主任
秦锡祥	男	1941—	四川云阳	水利系	1965		中国长江三峡工程开发总公司副总工程师
秦中一	男	1938—	山东东昌	动力系	1961		电力部总工程师，长江三峡工程开发公司副总经理
邱大洪	男	1930—	浙江吴兴	土木系	1951		中国科学院院士，大连工学院教授、土建勘察设计研究院总工程师
曲慎扬	男	1928—	山东掖县	土木系	1952		中国工程设计大师
饶 潞	男	1938—1997	贵州贵阳	机械系	1963		机械工业部第四设计研究院总工程师
任彦申	男	1945—	河北隆武	动力系	1970	1970—1985	北京大学党委书记，江苏省委副书记
任阵海	男	1932—	河北大名	气象系	1951—1952		中国工程院院士、中国环境科学研究院顾问、国家环保总局气候变化影响研究中心总工程师
阮可强	男	1932—	浙江慈溪	机械系	1950—1951 学习		中国工程院院士，中国原子能科学研究院反应堆研究所科技委主任、院科技委副主任，核工业部临界安全组组长
阮 侗	男	1936—	江苏淮安	无线电系	1959		电子部北京广播器材厂总工程师
阮雪榆	男	1933—	广东中山	机械系	1954—1956 进修		中国工程院院士，上海交通大学教授，上海模具技术研究所所长
商 镇	男	1932—	江苏靖江	土木系	1950—1951 学习		洛阳第一拖拉机厂总工程师
沈烈初	男	1934—	江苏常州	机械系	1955		机械工业部副部长

续表

姓名	性别	生卒年份	籍贯	学习时所在系	毕业或在校学习时间	在校任教（任职）时间及所在系	曾任主要职务
沈万煜	男	1941—	江苏南通	自控系	1965		南京有线电厂总工程师
沈文庆	男	1945—	上海	工物系	1967		中国科学院院士，中国科学院上海分院院长，上海市科协主席，全国政协常委
沈荫泰	男	1928—	浙江吴兴	机械系	1952		中国工程设计大师
施承训	男	1931—	上海	外文系	1948—1951学习		中国驻索马里大使
施玉山	男	1933—	福建泉州	力学研究班	1959研究班毕业		华侨大学党委书记、副校长
石益洲	男	1932—	浙江上虞	土木系	1953		秦山核电站总工程师
石元春	男	1931—	湖北武汉	农艺系	1949—1950学习		中国科学院院士，中国工程院院士，北京农业大学校长
时铭显	男	1933—	江苏常熟	石油系	1952—1953研究生学习		中国工程院院士，石油大学机械系教授
史瑞生	男	1933—	山西榆次	化二系	1951—1953学习		中国石油化工总公司石家庄炼油厂总工程师
史训良	男	1937—	江苏兴化	工物系	1961		核工业理化工程研究院总工程师、副院长
宋宝瑞	男	1937—	北京顺义	机械系	1962		中国焊条厂总工程师，自贡市委书记，四川省省长，中共中央委员，全国政协常委
宋春华	男	1940—	辽宁桓仁	建筑系	1965		长春市市长，建设部总规划师、副部长
宋延光	男	1941—	山东蓬莱	动力系	1966		东风汽车集团公司总工程师、副总经理
宋自林	男	1944—	安徽来安	力学系	1968 1981硕		南京解放军理工大学教授
苏锵	男	1931—	广东广州	化工系	1952学习		中国科学院院士，中国科学院长春应用化学所研究员
苏先嵋	男	1942—	湖南武冈	水利系	1968		中国建筑公司第二工程局局长

续表

姓名	性别	生卒年份	籍贯	学习时所在系	毕业或在校学习时间	在校任教（任职）时间及所在系	曾任主要职务
孙昌基	男	1942—	浙江绍兴	动力系	1966		东方汽轮机厂厂长、高级工程师，机械工业部副部长
孙崇正	男	1945—	江苏丰县	电机系	1970	1970—1997自动化系	北京工业大学教授、党委书记
孙大中	男	1932—1997	山东威海	地质系	1951—1952学习		中国科学院院士，地质矿产部天津地质研究所、中国科学院广州地质新技术所研究员
孙立	男	1953—	辽宁盘锦	化工系	1975		中国石化兰州公司总经理兼党委书记
孙凝生	男	1936—	山东长山	自控系	1960		中国载人航天工程运载火箭系统副总设计师
孙玉	男	1936—	黑龙江肇东	无线电系	1962		中国工程院院士，电子部54所研究员级高级工程师
孙肇卿	男	1928—	浙江鄞县	机械系	1952		哈尔滨飞机制造厂总工程师、副厂长，中国航空技术进出口公司总经理
孙祖训	男	1937—	湖北汉阳	工物系	1961		中国原子能科学研究院院长
塔拉	女	1937—	内蒙古喀喇沁旗	水利系	1958		内蒙古工业大学党委书记
谭浩强	男	1934—	广东台山	自控系	1958		全国高等学校计算机基础教育研究会会长，著名计算机教育家
谭文彬	男	1929—	天津蓟县	石油系	1952—1953		大庆油田、胜利油田勘探开发研究院总地质师，石油部油田开发司司长兼总地质师，全国劳动模范
汤丙午	男	1935—	河南南召	电机系	1958		国家国有资产管理局局长，国家开发银行总工程师
汤仁	男	1936—2002	浙江象山	水利系	1958		广西梧州行署水利局昭平电站总设计师、工程指挥，全国劳动模范
唐启忠	男	1950—	湖南常德	自动化系	1976		广州军区建筑设计院院长
唐孝威	男	1931—	江苏无锡	物理系	1952		中国科学院院士，中国科学院高能物理所研究员，全国劳动模范
唐有祺	男	1920—	上海南汇			1951—1952化学系	中国科学院院士，清华大学化学系副教授，北京大学化学系教授，全国政协常委

续表

姓名	性别	生卒年份	籍贯	学习时所在系	毕业或在校学习时间	在校任教（任职）时间及所在系	曾任主要职务
唐玉恩	女	1944—	江苏苏州	建筑系	1967		上海现代建筑设计集团资深总建筑师
唐稚松	男	1925—2008	湖南长沙	哲学系	1950		中国科学院院士，中国科学院计算技术所、软件所研究员
唐仲文	男	1930—	上海	机械系	1952		三机部坦克厂总工艺师，五机部副部长兼兵器机械科学研究院院长，机械电子工业部副部长，中共中央候补委员
陶宝祺	男	1935—	江苏常州	航空系	1952—1953		中国科学院院士、南京航空航天大学教授
田成平	男	1945—	河北大名	土木系	1968		青海省省长、省委书记，山西省省委书记，劳动和社会保障部部长，中共中央委员
童勤义	男	1938—	浙江慈溪	无线电系	1962		南京工学院教授、微电子中心主任
万传敬	男	1934—	河南罗山	机械系	1958		西安重型机器厂总工程师
万仁溥	男	1929—	江西南昌	石油系	1953		石油部油田开发公司总工程师
万嗣铨	男	1939—	江苏吴县	土木系	1961		北京市市长助理、市政协副主席，北京北奥有限责任公司董事长、党委书记，国家大剧院业主委员会主席
万学文	男	1941—	江西南昌	土木系	1963		农工党中央常委，江西省人大常委会副主任，全国人大常委
汪浩	男	1930—	江苏常州	数学系	1952		国防科技大学教授、政治委员、少将
汪建平	男	1953—	安徽休宁	无线电系	1976		国防科技大学校务部副主任，少将
汪恕诚	男	1941—	江苏溧阳	水利系	1965		电力工业部副部长、水利部部长，中共中央委员
汪燮卿	男	1933—	安徽休宁	化工系	1951—1953学习		中国工程院院士，石油化工科学研究院副院长
汪致远	男	1941—	安徽嘉山	工物系	1966	1966—1975工物系	国防科工委计划部部长、总装备部电子部部长，科技委副主任，中将

姓名	性别	生卒年份	籍贯	学习时所在系	毕业或在校学习时间	在校任教（任职）时间及所在系	曾任主要职务
汪祖汴	男	1927—1989	浙江杭州	土木系	1950		黄河水利委员会勘测规划设计院总工程师
王安稳	男	1945—	山东日照	水利系	1970 1989博		海军工程大学理学院教授
王秉刚	男	1938—	福建福州	动力系	1960		中国汽车技术研究中心主任
王德裕	男	1936—	河南东明	机械系	1961		机电部第四设计院党委书记
王尔康	男	1929—	江苏松江	机械系	1951		中国国际旅行社总社总经理
王凤台	男	1938—	河北景县	工化系	1964		核工业西南物理研究院党委书记
王规新	男	1933—	湖北黄陂	机械系	1958		宁夏起重机械厂厂长
王汉民	男	1943—	陕西延安	电机系	1968		青海省海西州委书记，青海省副省长，广西壮族自治区常务副主席
王 洪	男	1945—	江苏秦州	工物系	1968		国防科工委某基地西北核技术研究所总工程师，少将
王 浒	男	1928—	甘肃兰州	航空系	1950		北京工业大学校长
王惠仁	男	1940—	福建南安	电机系	1964		华北电力科学研究院院长
王珈璇	男	1929—	山东黄县	动力系	1956		华北电力学院院长
王家柱	男	1939—	浙江海宁	水利系	1963		长江水利委员会副主任、三峡总公司副总经理
王建伦	女	1939—	山东掖县	机械系	1963		劳动部副部长
王金凤（蒋励君）	女	1928—	江苏宜兴	外文系	1951		人民日报社高级记者
王金华	男	1937—	安徽芜湖	机械系	1960		北方交通大学校长、党委书记
王 珉	女	1929—2008	浙江海盐	化学系	1950		北京化工厂厂长，化工部副部长

续表

姓名	性别	生卒年份	籍贯	学习时所在系	毕业或在校学习时间	在校任教（任职）时间及所在系	曾任主要职务
王人生	男	1936—	山东黄县	水利系	1963		哈尔滨市市长
王仁甫	男	1940—1995	浙江绍兴	电机系	1965		西安高压电器研究所总工程师
王瑞珠	男	1940—	湖南衡阳	建筑系	1963		中国工程院院士，中国城市规划设计研究院研究员
王三一	男	1928—2003	浙江分水	水利系	1953		中国工程院院士，中国工程设计大师，乌江渡水电站总工程师
王少阶	男	1942—	湖北武汉	工物系	1966		武汉大学教授，湖北省副省长，民建中央副主席，全国政协常委
王守武	男	1919—	江苏苏州			1957—1958 无线电系	中国科学院院士、中国电子学会半导体与集成技术学会主任委员
王叔文	男	1927—2006	四川青神			1995—2006 法律系	中国社会科学院法学研究所所长，全国人大常委、全国人大法律委员会副主任，清华大学法律系主任
王苏民	男	1936—	陕西泾阳	电子系	1969		总参防化指挥工程学院副院长，少将
王庭昌	男	1943—	浙江绍兴	无线电系 微电子所	1967 1981 硕		总参某研究所总工程师
王唯众	男	1945—	山东黄县	动力机械	1970		辽宁省纪委书记，中纪委委员
王　纬	男	1926—1987	四川灌县	法律系	1948—1949 学习		新华通讯社日内瓦分社首席记者，新华社国际部副主任、巴黎分社社长
王渭田	男	1939—	山东曲平	无线电系	1968		山东省人大副主任
王文鼎	男	1943—	山西大同	冶金系	1966		榆次液压集团公司董事长、总经理
王文祥	男	1942—	山东无棣	电机系	1966		哈尔滨电机厂厂长
王锡高	男	1950—	江西万年	动力系	1974		江铃汽车集团有限公司董事长
王小奇	男	1950—	湖北宜昌	动力系	1976		长沙锅炉厂副总工程师，全国劳动模范

姓名	性别	生卒年份	籍贯	学习时所在系	毕业或在校学习时间	在校任教（任职）时间及所在系	曾任主要职务
王　耀	男	1936—1985	浙江杭州	土木系	1959		北京燕山石油化工公司计算中心站站长，全国劳动模范
王玉玺	男	1934—	山东沂南	建筑系	1963		北京建筑设计院党委书记
王育竹	男	1932—	河北正定	无线电系	1955		中国科学院院士，中国科学院上海光学精密机械所研究员
王正德	男	1947—	浙江宁波	电子系	1970		解放军信息工程大学校长，少将
王志良	男	1934—	河北安平	无线电系	1958		中国电子工程设计院总工程师
王钟琦	男	1930—	北京	土木系	1952		城乡建设环境保护部综合勘探院副院长兼总工程师
王众托	男	1928—	湖南平江	电机系	1951		中国工程院院士，大连工学院（现为大连理工大学）教授、系统工程研究所所长、管理学院院长
王自有	男	1941—	吉林农安	土建系	1967		解放军审计署副审计长，少将
韦乐平	男	1946—	浙江杭州	无线电系	1970		中国电信集团总工程师
魏大中	男	1937—2004	北京	建筑系	1961		北京市建筑设计研究院副总建筑师，国家大剧院中方设计总负责人
魏廷琤	男	1925—	江苏盐城	法律系	1948—1949学习		长江水利委员会主任
温俊峰	男	1929—	山东冠县	航空系	1950—1952学习		中国工程院院士，贵州航空发动机研究所总设计师，烟台大学高级工程师（研究员级）
温燕明	男	1945—	河北青县	数学系	1970		济南钢铁集团公司副总经理，全国劳动模范
翁宇庆	男	1940—	江苏常熟	冶金系	1963		中国工程院院士，冶金部钢铁研究总院院长，冶金部副部长
沃祖全	男	1933—	浙江宁波	建筑系	1959		南昌市城市建设规划设计院工程师，南昌市副市长，江西省政协副主席，全国政协常委
邬福肇	男	1929—	浙江定海	政治系	1947—1949学习		中波总公司副总经理兼波兰分公司经理，全国人大法制工作委员会副主任

姓名	性别	生卒年份	籍贯	学习时所在系	毕业或在校学习时间	在校任教（任职）时间及所在系	曾任主要职务
吴邦国	男	1941—	安徽肥东	无线电系	1967		上海电子管三厂厂长，上海市委书记，国务院副总理，中共中央政治局常委，全国人大常委会委员长
吴沧浦	男	1932—	福建晋江	机械系	1952		北京工业学院（现为北京理工大学）教授
吴成生	男	1938—1997	江西余干	工物系	1963		江西吉安专署副专员，被誉为"新时代的好公仆"
吴德绳	男	1937—	江苏武进	土木系	1962		北京建筑设计院总工程师、院长
吴德馨	女	1936—	河北乐亭	无线电系	1961		中国科学院院士，中国科学院微电子中心研究员、主任，全国人大常委
吴观张	男	1933—	江苏南京	建筑系	1962		北京建筑设计研究院院长
吴官正	男	1938—	江西余干	动力系	1965		武汉市市长、市委书记，江西省委书记，山东省委书记，中共中央政治局常委，中共中央纪委书记
吴宏鑫	男	1939—	江苏丹徒	自控系	1965		中国科学院院士，中国空间技术研究院502所科技委副主任
吴景信	男	1940—	安徽肥东	电机系	1964		华东电力建设公司总工程师
吴麟祥	男	1932—	江苏江宁	采矿系	1953		北京语言文化大学党委书记
吴敏达	男		江苏苏州	机械系	1954 进修		浙江省副省长、省人大常委会副主任
吴启迪	女	1947—	浙江	无线电系	1970		同济大学校长，教育部副部长，全国人大常委，中共中央候补委员
吴硕贤	男	1947—	福建诏安	土建系建筑系	1970 1981 硕 1984 博		中国科学院院士，华南理工大学建筑学系教授
吴惕华	男	1938—	江苏宜兴	机械系	1960		河北省科学院院长
吴慰祖	男	1932—	江苏南通	化学系	1950—1952 学习		中国工程院院士，总参谋部第55研究所研究员，少将

续表

姓名	性别	生卒年份	籍贯	学习时所在系	毕业或在校学习时间	在校任教（任职）时间及所在系	曾任主要职务
吴文彬	女	1930—	辽宁沈阳	土木系	1954		中国工程设计大师
吴有生	男	1942—	浙江嵊县	力学系	1967 研究生毕业		中国工程院院士，中国船舶工业总公司船舶科学研究中心总工程师、所长
吴 钟	男	1940—	四川重庆	电机系	1963		中国西电集团总工程师，西安电工研究院院长，西安高压开关厂厂长
伍绍祖	男	1939—	湖南耒阳	工物系	1963		国防科工委副主任、政委、少将，国家体委主任，中共中央委员，全国政协常委
夏国治	男	1928—	河北唐山	物理系	1952		地质矿产部副部长、高级工程师
夏靖华	男	1928—	浙江杭州	土木系	1950		中国建筑科学研究院总工程师
夏培肃	女	1923—	四川江津			1951—1952 电机系	中国科学院院士，中国科学院计算技术所研究员
项钟圃	男	1926—	四川重庆	外文系	1950		中国驻利比里亚大使
项祖荃	男	1940—	江苏苏州	建筑系	1964		上海华东建筑设计研究院院长
萧 秧（陈玎）	男	1929—1998	四川阆中	电机系	1951		北京玻璃总厂党委书记、厂长，重庆市委书记、市长，四川省省长，中共中央候补委员
肖 林	女	1929—	湖南湘潭	建筑系	1960		西南建筑设计院高级建筑师、院长
谢企华	女	1943—	浙江鄞县	土木系	1967		上海宝山钢铁总公司总经理，中共中央候补委员
谢希仁	男	1931—	福建	电机系	1952		解放军通讯工程学院副院长、网络技术研究所所长
谢友柏	男	1933—	江苏高邮	力学系	1961 研		中国工程院院士，上海交通大学和西安交通大学教授
谢毓元	男	1924—	江苏苏州	化学系	1949		中国科学院院士，中国科学院上海药物所研究员、所长
谢庄应	男	1940—	四川成都	工物系	1962		核工业部 504 厂总工程师、全国劳动模范

续表

姓名	性别	生卒年份	籍贯	学习时所在系	毕业或在校学习时间	在校任教（任职）时间及所在系	曾任主要职务
邢英明	男	1937—	河北文安	动力系	1961		大庆油田设计研究院院长
熊 明	男	1931—	江西丰城	建筑系	1956		北京市建筑设计研究院院长、总建筑师、建筑设计大师
须清华	男	1934—	江苏无锡	土木系	1951—1952学习		南京水利科学研究院院长
徐大懋	男	1935—	安徽当涂	动力系	1960		中国工程院院士，哈尔滨汽轮机厂总工程师，哈尔滨动力设备公司总经理
徐大平	男	1943—	天津	动力机械系	1967		华北电力大学党委书记、校长
徐大雄	男	1928—	江苏苏州	物理系	1951		北京邮电学院教授，全国先进生产者
徐联仓	男	1927—	浙江海宁	心理系	1951		中国科学院心理研究所研究员、所长
徐麟祥	男	1937—	浙江嘉兴	水利系	1959		水利部长江勘测规划设计研究总院总工程师，全国政协常委
徐 銤	男	1937—	江苏扬州	工物系	1961		中国原子能科学研究院快堆工程部总工程师，中国核工业集团公司快堆核电站技术领域首席专家
徐鸣琴	女	1934—	江苏松江	电机系	1955		葛洲坝水电工程局总工程师，全国劳动模范
徐培福	男	1936—	浙江鄞县	土木系	1960		中国建筑科学院院长
徐 谦	女	1929—	江苏武进	化工系	1952		中国石油化工总公司天津石油化工公司总工程师
徐荣凯	男	1942—	四川重庆	动力系经管学院	1966 1998 博		东方汽轮机厂厂长，轻工业部副部长，云南省省长，国务院副秘书长，全国人大常委，中共中央委员
徐士珩	男	1928—	江苏兴化	电机系	1951		电力科学研究院副院长、高级工程师
徐锡安	男	1945—	浙江杭州	土木系	1968		北方交通大学党委书记，北京市委常委、教育工委书记，新华社副社长
徐小岩	男	1947—	山西五台	自控系	1975		南京军区副司令员，总装备部科技委员会副主任，中将

姓名	性别	生卒年份	籍贯	学习时所在系	毕业或在校学习时间	在校任教(任职)时间及所在系	曾任主要职务
徐　行	男	1930—	浙江温州	物理系	1950—1952		北京电子专科学校副校长，全国劳动模范
徐宗伟	男	1941—	云南景东	建筑系	1968		桂林市建筑设计院高级建筑师、全国先进工作者
许建邦	男	1938—	湖南长沙	无线电系	1963		株洲玻璃厂厂长
许孔时	男	1930—	北京	数学系	1952		中国科学院软件研究所所长
许四林	男	1940—	四川营山	无线电系	1966		西安卫星测控中心副司令员、少将
许祥源	男	1946—	广东普宁	工物系	1970	1970—1997 物理系	海南大学校长，首都师范大学校长
许心文	男	1929—	上海	化学系	1950		中国人民解放军海军指挥学院军事研究室主任，少将
许中明	男	1929—	江西九江	电机系	1950		中央广播事业局广播科学研究所所长
薛本澄	男	1936—	山西祁县	精仪系	1961		中国工程物理研究院总工程师
严克强	男	1934—2008	广西龙州	水利系	1954		水利部副部长，全国政协常委
严陆光	男	1935—	浙江东阳	电机系	1953—1954 学习		中国科学院院士，中国科学院电工所所长
严文浩	男	1938—	天津	机械系	1961		机械部郑州磨料磨具磨削研究所所长
严义埙	男	1939—	上海	无线电系	1962		中国科学院上海技术物理所所长，中国科学院副院长，全国人大常委
阎隆飞	男	1921—	北京	生物系	1949 研究生毕业		中国科学院院士，北京农业大学教授、植物生理生化实验室主任
杨宝星	男	1945—	河北汉沽	建工系	1970		鞍山钢铁集团公司副总经理
杨昌琪	男	1929—1987	江苏吴县	电机系	1951		中国科学院电工研究所所长
杨成林	男	1938—	山西清徐	无线电系	1963		电子部 39 所所长

续表

姓名	性别	生卒年份	籍贯	学习时所在系	毕业或在校学习时间	在校任教（任职）时间及所在系	曾任主要职务
杨东胜	男	1946—	福建长汀	工化系	1970		二炮装备部部长，少将
杨芙清	女	1932—	江苏无锡	数学系	1951—1952学习		中国科学院院士，北京大学计算机科学技术系主任
杨光华	男	1923—2006	湖南浏阳			1952—1953石油系	中国石油大学校长
杨光启	男	1927—	江苏常州	化学系	1950		化工部副部长、高级工程师，中国国际信托投资公司副总经理
杨光庆	男	1931—1994	江苏武进	物理系	1951		中国地质勘查技术院总工程师
杨立铭	男	1919—2003	江苏溧水			1951—1952物理系	中国科学院院士，北京大学教授
杨陵康	男	1932—	云南大理	电机系	1955		高等教育出版社社长
杨岐	男	1941—	四川大竹	自控系	1965		中国核动力研究院院长，全国政协常委
杨士莪	男	1931—	河南南阳	物理系	1951		中国工程院院士，哈尔滨船舶工程学院水声工程系主任、副院长，哈尔滨工程大学教授
杨学义	男	1940—	北京	动力系	1966		青海工程机械厂厂长
姚尔昶	男	1943—	江苏常熟	动力系	1966		上海汽轮机厂总工程师
姚耕陶	男	1936—	湖南长沙	工化系	1962		核工业部272厂党委书记、广东核电合营公司党委书记
姚勤农	男	1929—	湖南邵阳	水利系	1952		海河委员会总工程师
姚守拙	男	1936—	上海松江			1959—1962工化系	中国科学院院士，湖南大学化学化工学院教授，全国政协常委
叶立润	男	1935—	浙江宁波			1956—1965工物系	中国核试验基地科技委主任、少将
叶铭汉	男	1925—	上海	物理系	1949		中国工程院院士，中国科学院高能物理所所长
叶如棠	男	1940—	浙江温岭	建筑系	1965		北京建筑设计院院长，城乡建设环境保护部部长，建设部副部长，全国人大常委

姓名	性别	生卒年份	籍贯	学习时所在系	毕业或在校学习时间	在校任教（任职）时间及所在系	曾任主要职务
叶尚辉	男	1927—	浙江宁波	机械系	1950		西北电讯工程学院教授、电子机械系主任
叶选平	男	1924—	广东梅县	机械系	1949 进修		北京第一机床厂总工程师，广州市市长，广东省省长、省委副书记，全国政协副主席，中共中央委员
殷子烈	男	1933—	河北安国	自控系	1960		康华公司总经理，国际合作企业总公司副总经理
尹 炼	男	1953—	湖北黄冈	动力系	1975		海南电网公司总经理，全国劳动模范
尹双增	男	1935—	河北南宫	水利系	1963		海南大学校长
尤德华	男	1929—	河北完县	化工系	1952		中国海洋石油总公司副总经理
由景新	男	1939—	辽宁营口	工物系	1965		中国核工业总公司 405 厂总工程师
于国华	男	1937—	吉林白城	工物系	1965		教育部高等教育出版社社长，全国劳动模范
于文虎	男	1941—2001	江苏苏州	动力系热能系	1967 1995 博		中国工程院院士，山东电力科学院院长兼总工程师，山东电力集团公司副总工程师
俞崇尚	男	1939—1989	浙江宁波	土木系	1965		水电部第九工程局局长
俞家骅	男	1939—	上海	电机系	1962		第一拖拉机制造厂厂长，中国第一拖拉机工程机械集团总经理，河南省副省长
俞晓松（俞纪美）	男	1937—	浙江杭州	土木系	1962		北京市对外经贸委主任，国家经济贸易委员会副主任
俞泽猷	男	1932—	河北怀安	石油系	1952—1953 学习		丹东化纤工业公司总经理兼总工程师，民盟中央秘书长，全国政协常委，全国人大常委
虞云耀	男	1941—	江苏丹阳	水利系	1958—1960 学习		中共中央组织部副部长，中央党校常务副校长，全国人大常委，中共中央委员
袁秀修	男	1930—	湖南新化	电机系	1952		华北电力设计院总工程师

续表

姓名	性别	生卒年份	籍贯	学习时所在系	毕业或在校学习时间	在校任教（任职）时间及所在系	曾任主要职务
臧明昌	男	1935—	辽宁盖平	工物系	1960		国家能源部和电力部总工程师、中国电力投资有限公司总经理
曾培炎	男	1938—	浙江绍兴	无线电系	1962		一机部西安整流器研究所副总工程师，机械电子部副部长，国家计委主任，中共中央政治局委员，国务院副总理
曾庆元	男	1925—	江西泰和	土木系	1956		中国工程院院士，长沙铁道学院教授
曾　耀	男	1929—	湖南邵阳	化工系	1953		甘肃省酒泉糖厂厂长兼总工程师
曾重郎	男	1929—	台湾新竹	经济系	1952		湖北省商业学校副校长，湖北省政协副主席，台湾民主自治同盟中央评议委员会副主席
翟中和	男	1930—	江苏溧阳	生物系	1950—1951学习		中国科学院院士，北京大学生物系教授
张炳文	男	1941—	河北定县	电机系	1966		平顶山高压开关厂厂长，天鹰集团公司总经理
张超然	男	1940—	浙江温州	水利系	1965		中国工程院院士，电力部成都勘测设计院总工程师，中国长江三峡工程开发总公司总工程师，全国劳动模范
张春园	男	1938—	浙江临海	水利系	1960		广西电力工业局局长，广西壮族自治区人民政府副主席，水利部副部长
张大荣	男	1945—	海南海口	冶金系	1968		贵州黎阳航空发动机公司总经理兼党委书记，全国劳动模范
张德邻	男	1939—	北京	机械系	1964		甘肃工业大学校长，哈尔滨锅炉厂党委书记，哈尔滨市市长，机械工业部副部长，重庆市委书记，全国政协常委，中共中央委员
张凤祥	男	1930—	江苏南京	电机系	1951		水利电力部华北电力设计院总工程师，水利电力部副部长
张福森	男	1940—	北京顺义	自控系	1965		新疆维吾尔自治区党委副书记，司法部部长，北京市委副书记，全国政协常委，中共中央委员
张涵信	男	1936—	江苏沛县	水利系	1957		中国科学院院士，中国空气动力研究与发展中心计算分所所长、少将

姓名	性别	生卒年份	籍贯	学习时所在系	毕业或在校学习时间	在校任教（任职）时间及所在系	曾任主要职务
张皓若	男	1932—2004	河南巩县	化工系	1952		中国石油化工总公司副总经理，外贸部副部长、轻工业部副部长，四川省省长、贸易部部长
张华祝	男	1945—	江苏滨海	自控系	1968		核工业总公司副总经理，国防科工委副主任，中共中央候补委员
张怀庆	男	1933—	河北清河	自控系	1960		中国原子能科学研究院仪表组组长、高级工程师，全国劳动模范
张家诚	男	1927—	湖南溆浦	气象系	1951		国家气象局气象科学研究所所长
张家林	男	1941—	北京	自控系	1965		中国大恒集团公司董事长兼总经理
张津生	男	1932—	山东安丘	水利系	1953		水电部龙羊峡工程局总工程师
张锦秋	女	1936—	四川荣县	建筑系	1960		中国工程院院士，西北建筑设计研究院总建筑师，中国工程建筑设计大师
张俊锋	男	1939—	福建福州	电机系	1963		湖南绿江电瓷电器厂总工程师，全国劳动模范
张立华	男	1942—	江苏无锡	工化系	1964		北京市体委自行车队教练，北京市体委副主任
张利兴	男	1942—	上海	工化系	1965		总装备部某研究所研究员，少将
张麟悟	男	1934—	江苏丰县	机械系	1958		哈尔滨电机厂大电机研究所水轮机研究室工程师，全国劳动模范
张履谦	男	1926—	湖南长沙	电机系	1951		中国工程院院士，解放军电子科学研究院、国防部第五研究院、七机部、航空航天部等任研究所副所长、工程总设计师，少将
张 闽	男	1933—	浙江绍兴	机械系	1959		河北工学院（现河北工业大学）院长
张明泰	男	1937—	湖北沙市	精仪系	1961	1962—1973 精仪系	长沙市市长
张明义	男	1928—2009	陕西户县	电机系	1947—1949 学习		北京市委常委、秘书长，北京市政协副主席
张乃通	男	1934—	江苏扬州	无线电系	1956—1958		中国工程院院士，哈尔滨工业大学教授

续表

姓名	性别	生卒年份	籍贯	学习时所在系	毕业或在校学习时间	在校任教（任职）时间及所在系	曾任主要职务
张岂之	男	1927—	江苏南通	哲学系	1950—1952研究生学习	1994 人文学院	西北大学教授、历史系主任、校长，清华大学人文社会科学学院中国文化研究中心主任
张启先	男	1925—	江苏靖江			1951 航空系	中国工程院院士、北京航空航天大学教授
张钦志	男	1940—	山东淄博	土木系	1966		核工业部第五设计研究院院长
张锐生	男	1930—	天津	机械系	1952		兵器工业部科技局总工程师
张申如	男	1946—	安徽滁县	工物系	1969		解放军理工大学教授
张世端	男	1941—	河南南阳	机械系	1966		东风汽车公司副总经理，神龙汽车公司中方总经理
张树魁	男	1936—	河北定兴	无线电系	1964		四机部某工厂厂长兼总工程师，贵州省副省长，联通公司副总经理
张思学	男	1929—	山西洪桐	电机系	1964		新疆维吾尔自治区党委副书记
张万欣	男	1930—	山东掖县	化工系	1952 学习		北京燕山石化总公司副总经理、副总工程师，中国石油化工总公司副总经理，中共中央候补委员
张文朴	男	1927—	陕西朝邑	历史系	1951		外交部美大司司长，驻加拿大大使
张文义	男	1946—	山西新绛	无线电系	1970		陕西彩色显像管总厂厂长，电子部副部长，全国劳动模范
张文正	男	1931—	福建龙岩	水利系	1955		水利水电科学研究院岩土所高级工程师，全国劳动模范
张 祥	男	1941—	上海	工物系	1965 1968 研		外经贸部副部长
张孝泉	男	1942—	江苏建湖	动力系	1966		中国电力建设总公司总经理
张以祥	男	1944—	江苏常熟	电机系	1967		河南省副省长
张翊钲	男	1942—	浙江宁波	力学系	1965		西安卫星测控中心技术部研究员，少将
张英光	男	1952—	广东潮阳	工物系	1975		上海科技教育出版社社长，全国劳动模范

续表

姓名	性别	生卒年份	籍贯	学习时所在系	毕业或在校学习时间	在校任教（任职）时间及所在系	曾任主要职务
张泽民	男	1928—	河北卢龙	化工系	1953		中国化学工程总公司第十二建设公司总工程师，全国劳动模范
张昭若	男	1931—	河南巩县	土木系	1948—1951学习		天津市副市长、市政协副主席
张志峰	男	1939—	河北深泽	工物系	1965		中国核工业总公司国际合作局局长，中国原子能工业公司总经理
张钟华	男	1940—	江苏苏州	电机系	1963		中国工程院院士，中国计量科学研究院研究员，全国先进工作者
张倬元	男	1926—	河北乐亭	地质系	1951		成都地质学院院长
赵宝江	男	1941—	山东烟台	建筑系	1966		武汉市建筑设计院院长，武汉市市长，湖北省副省长，建设部副部长
赵伯林	男	1929—	辽宁辽中	气象系	1952		中国科学院院士，北京大学教授
赵长安	男	1940—	陕西西安	动力系	1963		二炮工程设计院高级工程师
赵登平	男	1951—	江苏淮安	电子系	1974		海军装备部副部长，少将
赵金云	男	1947—	山西平遥	自控系	1975		解放军总参谋部机要局局长
赵克斌	男	1942—	山西平原	土木系	1966		重庆钢铁设计研究院院长
赵钦煊	男	1938—	福建福州	力学系	1963		中国南方航空动力机械公司航空发动机厂厂长、党委书记
赵双驹	男	1940—	河北献县	电机系	1964		北京市供电局局长
赵维臣	男	1929—	黑龙江阿城	机械系	1962		国家经委副主任，广西壮族自治区人民政府副主席，国务院经贸办公室副主任，全国政协常委
赵文津	男	1931—	北京	物理系	1952		中国工程院院士，中国地质科学院常务副院长
赵希正	男	1942—	辽宁辽阳	电机系	1966		东北电业管理局局长、高级工程师，东北电力集团公司总经理，电力工业部副部长

续表

姓名	性别	生卒年份	籍贯	学习时所在系	毕业或在校学习时间	在校任教（任职）时间及所在系	曾任主要职务
赵修民	男	1934—	福建福州	电机系	1958		山西省机电设计研究院高级工程师，全国先进工作者
赵业福	男	1940—	辽宁旅大	电子系	1965		北京跟踪与通信技术研究所研究员，少将
赵正平	男	1947—	江苏扬州	无线电系	1970		电子部13所所长
赵宗鼐	男	1928—	北京	化工系	1951		玉门石油管理局局长兼总工程师，石油部副部长、中共中央组织部副部长、国家人事部副部长，中共中央委员、中纪委委员
郑厚植	男	1942—	江苏常州	无线电系	1965		中国科学院院士，中国科学院半导体所研究员、所长
郑健超	男	1939—	广东中山	电机系	1963		中国工程院院士，电力科学研究院高压研究所所长、院长
中杰英	男	1934—	广东梅县	动力系	1955		中央实验话剧院一级编剧
钟嘉斌	男	1934—	浙江鄞县	机械系	1958		杭州重型机器厂总工程师
钟群鹏	男	1934—	浙江上虞	航空系	1952—1953		中国工程院院士、北京航空航天大学材料和失效预防研究所所长
钟天放	男	1942—	广东五华	动力系	1966		武汉汽轮发电机厂总工程师
钟咏三	男	1938—	安徽舒城	电机系	1964		合肥市市长、市委书记
周邦新	男	1935—	江苏苏州	冶金系	1952—1953学习		中国工程院院士，中国核动力研究设计院研究员
周本濂	男	1931—2000	安徽合肥	物理系	1952		中国科学院院士，中国科学院金属所研究员
周长海	男	1950—	江苏南京	工物系	1974		海军工程大学训练部部长，少将
周承材	男	1942—	广东佛山	无线电系	1965 1968研		济南军区技术局高级工程师，少将
周方忠	男	1937—	湖南涟源	建筑系	1962		中国建筑西南设计院总建筑师、建筑设计大师

姓名	性别	生卒年份	籍贯	学习时所在系	毕业或在校学习时间	在校任教（任职）时间及所在系	曾任主要职务
周丰峻	男	1938—	山东黄县	水利系	1962		中国工程院院士，总参工程兵第三研究所研究员
周干峙	男	1930—	江苏苏州	建筑系	1951		中国科学院院士，中国工程院院士，中国城市规划设计院院长，建设部副部长
周汉卿	男	1928—	上海	机械系	1950		南海石油公司总工程师
周 济	男	1946—	上海	精仪系	1970		中国工程院院士，武汉市市长，教育部部长，中国工程院院长，中共中央委员
周坚卫	男	1947—	安徽铜陵	动力系	1970		湖北省副省长
周克崧	男	1941—	湖南长沙	工物系	1965		中国工程院院士，广州有色金属研究院院长
周儒荣	男	1935—	福建长汀	航空系	1951—1952		南京航空航天大学 CAD/CAM 工程研究中心主任，全国劳动模范
周汝炎	男	1940—	江苏建湖	工物系	1964		核工业材料研究所所长兼党委书记，中国工程物理研究院党委副书记兼纪委书记
周文珊	女	1927—2000	湖南长沙	社会系	1946—1950 学习		香港女高音歌唱家
周文盛	男	1928—	广东南海	机械系	1950		四机部南京电子技术研究所总工程师、所长，电子部雷达局局长
周希元	男	1944—	河北武邑	无线电系	1970		信息产业部电子第 54 研究所所长，全国劳动模范
周孝信	男	1940—	山东蓬莱	电机系	1965		中国科学院院士，电力部电力科学研究院总工程师、系统研究所所长
周宣城	男	1931—	湖北武汉	电机系	1953	1953—1958 电机系	北京工业大学党委书记
周燕生	男			机械系	1952		齐齐哈尔和平机器厂厂长
周尧和	男	1927—	河北深县	机械系	1950		中国科学院院士，西北工业大学教授，全国劳动模范
周以良	男	1922—	安徽至德	生物系	1949		东北林学院教授、林学系主任
周毓麟	男	1923—	浙江镇海			1949—1952 数学系	中国科学院院士，北京应用物理与计算数学研究所研究员

续表

姓名	性别	生卒年份	籍贯	学习时所在系	毕业或在校学习时间	在校任教（任职）时间及所在系	曾任主要职务
周远	男	1938—	江苏金坛	热能系	1961		中国科学院院士，中科院理化技术研究所研究员
周子正	男	1937—	山东胶县	无线电系	1962		安阳彩色显像管玻壳公司总工程师
朱凤蓉	女	1942—	南京江宁	工物系	1966		总装备部某研究所研究员，少将
朱高峰	男	1935—	浙江宁波	物理系	1951—1952学习		中国工程院院士，邮电部第六研究所总工程师，邮电部副部长，中国工程院副院长
朱国英	男	1944—	福建莆田	工物系	1968		中国核工业总公司814厂厂长、总工程师
朱连庆	男			机械系	1951		机械部第十设计研究院院长
朱森林	男	1930—	上海	社会系	1948—1949学习		广州市市长、市委书记，广东省委副书记、省长，中共中央委员
朱奕庆	男	1937—	江苏常熟	机械系	1959		贵州省科学院院长
朱育诚	男	1938—	江苏如皋	工物系	1961—1964进修		新华社香港分社副社长，北京市政协副主席
朱志强	男	1941—	浙江鄞县	电机系	1965		云南省电力工业局局长、高级工程师
宗璞	女	1928—	北京	外文系	1951		《文艺报》外国文学组、《世界文学》评论组组长，中国作家协会理事
宗绍	男	1936—	吉林		1959		航天部某研究所"火箭制导"专家
邹德康	男	1935—	山东福山	工物系	1962		大连显像管厂总工程师
邹积铎	男	1936—	山东烟台	机械系	1958		上海重型机器厂总工程师

表21-4-4　1977年以后的知名校友

姓名	性别	生卒年份	籍贯	学习时所在系	毕业或在校学习时间	在校任教（任职）时间及所在系	曾任主要职务
安启洪	男	1952—	辽宁沈阳	工化系	1979		重庆化医控股（集团）公司董事长、党委书记，全国劳动模范

续表

姓名	性别	生卒年份	籍贯	学习时所在系	毕业或在校学习时间	在校任教（任职）时间及所在系	曾任主要职务
白允清	男	1941—	辽宁义县	经管系	1984 研究班结业		沈阳鼓风机厂党委书记
曹蕤	男	1974—	江苏如皋	数学系	1996 1999 硕		中国农业银行软件开发中心组长、工程师，全国劳动模范
曹永平	男	1950—	河南平舆	冶金系	1978		宁夏有色金属冶炼厂副总工程师，全国劳动模范
常小兵	男	1957—	河北涉县	经管学院	2001MBA		中国联通公司董事长、中国联合网络通信集团董事长兼 CEO，中纪委委员
陈德烨	男	1968—	河南新野	自动化系	1991		中国石化北京燕山石油化工股份有限公司化工一厂副厂长、北京燕山石化公司生产管理部副部长，全国劳动模范
陈刚	男	1966—	湖北崇阳	建筑学院	1989 1993 硕		北京市副市长
陈根甫	男	1952—	浙江鄞县	工物系	1977		南京理工大学党委书记
陈坚	男	1962—	江苏无锡	建工系	1982		江南大学校长
陈洁人	男	1943—		经管系	1984 研究班结业		闽东电机（集团）公司总经理
陈通文	男	1961—	吉林延吉	自动化系	1984		加拿大阿尔伯特大学教授，加拿大工程研究院院士
陈薇	女	1966—	浙江兴溪	化工系	1991 硕		军事医学科学院某研究所副所长、研究员，抗击"非典"先进人物
陈卫建	男	1940—	浙江	经管系	1982 研究班结业		德阳东方电机厂厂长、党委书记
陈小娅	女	1953—	湖北沙市	经管系	1980—1981		教育部副部长，科技部副部长
陈晓东	男	1965—	福建晋江	力学系	1987		新西兰皇家科学院院士，澳大利亚工程院院士，新西兰奥克兰大学化工系教授，澳大利亚蒙纳士大学化工系教授
陈晓康	男	1963—	河南镇平	化工系	1986		天津市合成材料工业研究所总工程师，全国劳动模范

姓名	性别	生卒年份	籍贯	学习时所在系	毕业或在校学习时间	在校任教（任职）时间及所在系	曾任主要职务
崔维成	男	1963—	江苏海门	力学系	1986		中国船舶重工集团 702 研究所所长，"蛟龙号"总设计师
戴　耀	男	1947—	安徽胡城	力学系	1981 硕 1985 博		装甲兵工程学院教授，少将
邓　锋	男	1963—	北京	电子系	1986		北极光创业投资基金合伙人
邓亚萍	女	1973—	河南郑州	外语系	2001		人民日报社副秘书长，全国劳动模范
董　锋	男	1962—	甘肃通渭	水利系	1984		甘肃省水利勘测设计院院长
董　瀚	男	1962—	山东荣城	材料系	1997 博		钢铁研究总院副院长兼结构材料研究所所长，全国劳动模范
董浩然	男	1964—	浙江富阳	电子系	1988		北京中电华大电子设计有限责任公司总裁，全国劳动模范
董　扬	男	1956—	山西清徐	汽车系	1982		北京汽车工业控股有限公司总经理
杜兰萍	女	1959—	天津	力学系	1983		公安部消防局总工程师，少将警衔
杜立群	男	1963—	山东微山	建筑系	1987		北京市城市规划设计研究院总工程师
段华生	男	1942—	云南昆明	经管学院	1984 研究班结业		昆明云内动力股份有限公司董事长兼党委书记，全国劳动模范
樊启祥	男	1963—	湖北仙桃	水电系	1996 硕 2011 博		中国长江三峡集团公司副总经理
范福平	男	1962—	贵州赤水	水利系	1984		中国水利顾问集团贵阳勘测设计研究院总工程师
范　重	男	1959—	河北保定	土木系	1982 1985 硕 1988 博		中国建筑设计研究院副总工程师、"鸟巢"钢结构总工程师
方滨兴	男	1960—	江西万年	计算机系	1984 硕		中国工程院院士，北京邮电大学校长
方　方	男	1966—	安徽芜湖	经管学院	1989		摩根大通证券（亚太）有限公司董事长、总经理
方红卫	男	1966—	陕西富平	汽车系	1989		陕西汽车集团有限责任公司总经理，董事长

姓名	性别	生卒年份	籍贯	学习时所在系	毕业或在校学习时间	在校任教（任职）时间及所在系	曾任主要职务
方　新	女	1955—	湖北武汉	经管学院	1997 博		中国科学院党组副书记，第三世界科学院院士，全国人大常委
封志强	男	1964—	江苏泰兴	工物系	1988		中核集团天津理化研究院党委书记
冯　军	男	1969—	江苏启乐	土木系	1992		华旗资讯董事长、总裁
高金吉	男	1942—	辽宁本溪	力学系	1993 博		中国工程院院士，辽阳石油化纤公司副总工程师，北京化工大学教授
高明祥	男	1939—	天津	经管系	1982 研究班结业		东风汽车集团公司党委书记
高云龙	男	1958—	山东莱芜	化工系	1989 博		青海省副省长
宫　力	男	1963—	山东海阳	计算机系	1985		北京谋智网络技术有限公司董事长
龚育生	男	1941—		经管系	1984 研究班结业		济南汽车制造总厂厂长
顾立基	男	1948—	浙江上虞	电机系	1982		中国国际海运集装箱股份有限公司、招商局科技集团有限公司总经理
关　龙	男	1952—	北京	土木系	1978		北京市市政总公司副总工程师，全国劳动模范
桂业伟	男	1963—	浙江吴兴	力学系	1983 1988 博		29 基地副司令员、中国空气动力研究与发展中心总工程师，少将
郭　谦	男	1964—	湖北广济	汽车系	1987		北京汽车工业控股有限公司副总经理、北京现代中方总经理，奇瑞汽车集团副总经理
何鲁敏	男	1951—	辽宁锦州	建工系	1977 1982 硕		亚都科技集团董事长
何　友	男	1956—	吉林磐石	电子系	1997 博		海军航空工程学院院长，少将
洪友士	男	1951—	福建晋江	机械系	1977 1981 硕		中国科学院力学研究所所长
侯立安	男	1957—	江苏丰县	环境系	1994 硕		中国工程院院士、二炮工程设计院副总工程师

姓名	性别	生卒年份	籍贯	学习时所在系	毕业或在校学习时间	在校任教（任职）时间及所在系	曾任主要职务
胡金豹	男	1966—	河北阜城	机械系	1990		中国一汽铸造有限公司特铸厂厂长
黄代放	男	1963—	江西南昌	汽车工程系	1986		泰豪集团有限公司董事长，全国政协常委
黄迪南	男	1967—	浙江余姚	工物系	1989 硕		上海电气集团股份有限公司总裁、党委副书记
黄 刚	男	1967—	湖北广济	汽车系	1990		东风集团商用车股份有限公司党委书记
黄铭亮	男	1941—	河北	经管系	1982 研究班结业		沈阳第一机床厂厂长
黄松涛	男	1934—	江苏海门	经管系	1982 研究班结业		沈阳重型机器厂厂长
黄先俊	男	1962—	内蒙古托克托	经管学院	1989 硕		中国建设银行内蒙古分行行长，全国劳动模范
黄兆勤	男	1966—	湖北海阳	汽车系	1989		东风汽车电动车股份有限公司总经理
霍 兵	男	1963—	河北张家口市	建筑系	1986		天津市规划局总建筑师、总规划师，天津滨海新区规划和国土资源管理局局长
贾连朝	男	1946—	河南浚县	经管学院	1981—1982		河南省副省长
蒋 勇	男	1964—	四川遂宁	环境系	1987 1990 硕 1994 博		北京市城市排水集团有限公司项目规划部部长，全国劳动模范
焦成襄	男	1966—	陕西富平	工物系	1989		中核陕西铀浓缩有限公司总经理
解振华	男	1949—	天津	工物系	1977	1977—1980 工物系	国家环境保护局局长，国家发展和改革委员会副主任，中共中央委员，中纪委委员
金爱丽	女	1960—	北京	机械系	1983		新华人寿保险公司北京支公司总经理，全国劳动模范
金 锋	男	1966—	吉林梨树	汽车系	1990		中国一汽轿车股份有限公司第二发动机厂厂长
景来红	男	1965—	河南汲县	水利系	1987 1990 硕		黄河勘测规划设计院总工程师

续表

姓名	性别	生卒年份	籍贯	学习时所在系	毕业或在校学习时间	在校任教（任职）时间及所在系	曾任主要职务
康建华	男	1950—	宁夏中宁	自动化系	1978		中国石油宁夏石化公司党委书记、总经理
柯茂盛	男	1939—	安徽	经管系	1982 研究班结业		甘肃省人大常委会副主任
雷增光	男	1961—	陕西澄城	工物系	1983 1986 硕		中核集团 405 厂总工程师，核工业理化工程研究院院长，中核集团总工程师，全国劳动模范
李本海	男	1965—	湖北潜江	机械系	1989 硕		首钢技术中心科研处副处长，全国劳动模范
李　成	男	1970—	广东新会	计算机系	1992		广东江门海关高级工程师，全国劳动模范
李干杰	男	1964—	湖南望城	工物系	1986 1989 硕		环保部副部长
李汉阳	男	1969—	海南陵水	机械系	1993		玉柴机器集团有限公司总经理
李　建	男	1954—	山东沂源	建工系	1977		解放军后勤工程学院院长，少将
李昆明	男	1954—	湖南长沙	化工系	1982		中核集团 272 厂党委书记、总工程师
李明节	男	1963—	四川犍为	电机系	1991 博		四川省电力公司调度中心自动化处处长，全国劳动模范
李鹏程	男	1963—	四川达县	水利系	1984		中国水利水电第八工程局局长，国务院南水北调工程建设委员会办公室监督司司长
李　山	男	1963—	四川威远	经管学院	1986		中银国际控股有限公司总裁
李绍烛	男	1960—	贵州毕节	机械系	1983		东风汽车公司副总经理
李　霞	女	1964—	四川渠县	水利系	1986		四川水利水电勘测设计研究院总工程师
李小雪	男	1948—	河北涉县	经管学院	1987		中国证券监督管理委员会纪委书记，中纪委委员
李志轩	男	1953—	湖北宜昌	机械系	1983		中国南车（香港）有限公司总裁，中国南车株洲电力机车有限公司董事长

续表

姓名	性别	生卒年份	籍贯	学习时所在系	毕业或在校学习时间	在校任教（任职）时间及所在系	曾任主要职务
梁光扶	男	1968—	广西巴马	工物系	1990		中核集团 405 厂总工程师
梁吉尧	男	1955—	山东东平	建工系	1980		总装备部 29 基地副司令员，少将
梁志平	女	1955—	北京	经管学院	1999 经贸委班		中国电信集团政企客户事务部总经理，全国劳动模范
廖湘科	男	1963—	湖南涟源	计算机系	1985		国防科技大学计算机学院院长，"天河一号"副总设计师、项目总指挥，少将
林炎志	男	1948—	黑龙江望奎	工物系	1982		北京大学党委副书记，国家语言文字工作委员会党组书记兼副主任，河南省委常委，吉林省委副书记
令狐安	男	1946—	山西平陆	经管学院	1998 入研		中共云南省委书记，中共中央委员、中纪委委员，全国政协常委
刘宝生	男	1964—	北京延庆	自动化系	1986		空军第三研究所副所长、总工程师，少将
刘承	男	1966—	河南洛阳	精仪系	1989		浙江大学光电信息工程学系教授，全国劳动模范
刘德树	男	1952—	河北玉田	精仪系	1979		中国机械进出口总公司总经理，中国中化集团公司总裁
刘光华	男	1951—	贵州榕江	土木系	1978		中国建筑公司第七工程局总工程师
刘国治	男	1960—	辽宁锦县	工物系物理系	1983 1989 硕 1992 博		中国科学院院士，中国核试验基地司令员，总装备部副部长，少将
刘皓洁	男	1962—	安徽颍上	工物系	1984		中核集团 405 厂总工程师，中核新能核工业工程有限责任公司副总经理兼总工程师
刘怀汉	男	1965—	湖北武汉	水利系	1989 硕		长江航道规划设计研究院高级工程师，全国劳动模范
刘开勇	男	1962—	四川重庆	经管学院	2000 博		中国丝绸进出口总公司总经理
刘宁	男	1962—	吉林浑江	水利系	1983		水利部副部长、总工程师

续表

姓名	性别	生卒年份	籍贯	学习时所在系	毕业或在校学习时间	在校任教（任职）时间及所在系	曾任主要职务
刘士余	男	1961—	江苏灌云	水利系经管学院	1984 1987硕 1994博		中国人民银行副行长
刘武君	男	1963—	湖北公安	建筑系	1984		浦东机场、磁悬浮、虹桥交通枢纽工程规划设计总工程师
刘晓凯	男	1962—	贵州台江	机械工程	1983		贵州省副省长，中共中央候补委员
刘增荣	男	1955—	陕西合阳	工程物理系	1979		中核集团504厂厂长
龙先进	男	1952—	广西浦北	水利系	1978		广西龙滩水电开发有限公司副总经理，全国劳动模范
楼继伟	男	1950—	浙江义乌	计算机系	1982		贵州省副省长，财政部副部长，国务院副秘书长，中国投资有限责任公司党委书记、董事长，中央汇金投资有限责任公司董事长、党委书记，中共中央候补委员，中纪委委员
卢长申	男	1955—	山东荏平	工物系	1978		中国广东核电集团大亚湾核电运营管理有限责任公司副总经理，福建宁德核电有限公司总经理
吕明治	男	1964—	山西运城	水利系	1986 1989硕		中国水利顾问集团北京勘测设计研究院总工程师
罗继杰	男	1951—	辽宁沈阳	建工系	1977		空军工程设计研究局副局长，国家勘查设计大师，少将
马伟明	男	1960—	江苏扬州	电机系	1996博		中国工程院院士、海军工程大学电力电子技术应用研究所所长，少将
梅在森	男	1941—	山东	经管系	1982研究班结业		中国纺织机械工业总公司总经理
苗立杰	男	1956—	河北肃宁	电机系	1992博		哈尔滨电气集团副总经理
缪文民	男	1964—	浙江萤岩	机械系	1986		中国兵器内蒙古第一机械集团公司总经理、董事长、党委书记
莫天全	男	1964—	广西灌阳	经管学院	1989硕		搜房咨询有限公司总裁兼首席执行官
倪　冰	男	1971—	北京			1971—1979水利系	解放军总医院院务部基建营房处高级技师，全国劳动模范

续表

姓名	性别	生卒年份	籍贯	学习时所在系	毕业或在校学习时间	在校任教（任职)时间及所在系	曾任主要职务
倪岳峰	男	1964—	安徽岳西	自动化系	1993 博		国家海洋局副局长，福建省副省长，全国人大常委
彭 浪	男	1964—	湖南长沙	汽车系	1986		东风柴油发动机厂总工程师
秦宜智	男	1965—	河南新乡	工物系	1988		拉萨市委书记，西藏自治区副主席
荣毅超	男	1964—	河南南阳	工业工程系	2001 硕		中国空空导弹研究院院长，全国劳动模范
邵 宁	男	1952—	浙江杭州	机械系	1982 1984 硕		国资委副主任
沈国俊	男	1938—	上海	经管系	1982 研究班结业		四川省纪委书记，中纪委委员
施卫良	男	1964—	江苏如东	建筑系	1988		北京市城市规划设计研究院院长
史庆丰	男	1961—	山西五宏	工物系	1983		中核陕西铀浓缩有限公司总经理，四川红华实业有限公司总经理
斯泽夫	男	1958—	浙江诸暨	经管学院	1995 硕		东方电气股份有限公司董事长，东方电气集团公司总经理
宋永华	男	1964—	四川巴中			1991 博士后电机系	英国皇家工程院院士，浙江大学常务副校长
苏文生	男	1956—	北京	化二系	1980		北京石油设计院党委书记，鞍钢纪委书记
孙博华	男	1963—	江苏徐州			1991 博士后力学系	南非科学院院士，南非开普半岛科技大学终身正教授
孙 役	男	1966—	河北景县	水利系	1999 博		湖北清江水布垭工程建设公司总工程师
田 平	男	1955—	江苏沛县	计算机系	1980		总装备部工程兵科研二所总工程师
王 浩	男	1953—	山东德州	水利系 经管学院	1982 1985 硕 1989 博		中国工程院院士、中国水利水电科学研究院水资源所所长
王虎鸣	男	1962—	河北	美术学院（原中央工艺美院）	1987		国家邮政局邮票印刷局编辑部主任、主任设计师，全国劳动模范

续表

姓名	性别	生卒年份	籍贯	学习时所在系	毕业或在校学习时间	在校任教(任职)时间及所在系	曾任主要职务
王建国	男	1954—	河南通许	机械系	1983		北京交通大学党委书记
王克英	男	1936—	湖南	经管系	1982 研究班结业		湖南省副省长
王黎明	男	1963—	河北清苑	工物系	1984		中核集团天津理化工程研究院院长
王良友	男	1963—	山东荣成	电机系	1985		中国南方电网有限责任公司副总经理
王明仁	男	1947—	江苏江宁	土木系	1983		鞍山钢铁集团公司副总经理
王群书	男	1956—	河北商邑	工物系	1982 2005 博		中国核试验基地副总工程师，少将
王树林	男	1952—2010	北京	精仪系	1978		公安部装备财务局调研员，海地维和烈士
王思齐	男	1940—	安徽铜陵	经管系	1982 研究班结业		险峰机床厂党委书记，黔西南布依族苗族自治州州委书记，贵州省委副书记，中共中央候补委员
王伟中	男	1962—	山西朔县	水利系	1984		科技部副部长
王　曦	男	1966—	江苏南通	工物系	1987		中国科学院院士，中国科学院上海微系统与信息技术研究所所长、党委书记
王小海	男	1968—	河北涞水	电机系	1991		内蒙古电力（集团）有限责任公司调通中心主任，全国劳动模范
王兆耀	男	1962—	江苏滨海	精仪系	1997 硕		中国载人航天工程办公室副主任，少将
吴景龙	男	1965—	内蒙古	电机系	1990		北方联合电力有限责任公司总经理
吴伟章	男	1962—	吉林扶余	水利系	1985		哈尔滨电机厂有限责任公司董事长、总经理
吴燕生	男	1963—	湖北汉阳	电机系	1986		中国航天科技集团公司副总经理
吴忠泽	男	1945—	上海金山	自动化系	1984 硕 1987 博		科技部副部长
武　平	男	1963—	陕西绥德	电子系	1984		展讯通信（上海）有限公司总裁

续表

姓名	性别	生卒年份	籍贯	学习时所在系	毕业或在校学习时间	在校任教（任职）时间及所在系	曾任主要职务
习近平	男	1953—	陕西富平	化工系人文学院	1979 2002 博		福州市委书记，福建省委副书记、省长，浙江省委书记，上海市委书记，中共中央政治局常委，国家副主席，中共中央军委副主席
夏沈白	男	1955—	安徽庐江	建工系	1980		北京军区联勤部副部长，少将
项明武	男	1963—	湖北江陵	机械系	1986		武汉钢铁设计研究院院长
肖学文	男	1968—	陕西合阳	机械系	1991		重庆中冶赛迪工程技术股份有限公司董事长，全国劳动模范
熊克仁	男	1964—	湖南道县	工物系	1987		中船重工集团公司第 705 研究所副所长
徐航	男	1962—	湖南长沙	计算机系电机系	1984 1987 硕		深圳迈瑞生物医疗电子股份有限公司董事长
许铁成	男	1959—	北京	热能系	1983		北京延庆一中物理教师，获"全国优秀教师"、"北京市师德之星"称号
薛松贵	男	1963—	河南	水利系	1984		黄河水利委员会总工程师
杨宝林	男	1961—	河北交河	电机系	1984		西安西电变压器有限责任公司总经理
杨保华	男	1962—	江苏沭阳	自动化系	1985		中国航天科技集团空间技术研究院院长
杨汉云	男	1954—	四川眉山	工物系	1978		中核集团 814 厂总工程师
杨健强	男	1948—	云南云龙	经管系法学院	1984 研究班结业 2001 博		昆明市委书记，云南省副省长，全国政协常委，中共中央候补委员
杨兰和	男	1952—	云南云龙	工物系	1978		中核集团核电秦山联营有限公司总经理兼党委书记
杨岳	男	1968—	辽宁光城	精仪系	1990 1996 博		共青团中央书记处常务书记，全国青年联合会副主席，中共福建省委常委、省委秘书长，全国人大常委
姚栓喜	男	1960—	陕西澄城	水利系	1992 硕		中国水利顾问集团西北勘测设计研究院总工程师
姚新民	男	1962—	河南中牟	工物系	1979		中核集团兰州铀浓缩有限公司党委书记、副总经理

续表

姓名	性别	生卒年份	籍贯	学习时所在系	毕业或在校学习时间	在校任教（任职）时间及所在系	曾任主要职务
叶乔波	女	1964—	吉林长春	经管	2000		总政治部联络部专职干部
易红	男	1963—	四川万县	精仪系	1984 1987 硕 1990 博		东南大学校长
尹松	男	1950—	山东青岛	力学系	1978		中冶集团建筑研究总院北京建茂建筑设备有限公司总经理，全国劳动模范
雍瑞生	男	1965—	宁夏中卫	化工系	1987		中国石油宁夏石化公司总经理，全国劳动模范
游卫东	男	1968—1999	福建上杭	汽车系	1991		福建龙岩大洋工业自动化研究所所长，舍己救人"革命烈士"
于志刚	男	1962—	山东莱阳	化工系	1985		中国海洋大学党委书记
余剑锋	男	1965—	甘肃天水	工物系	1988		中国核工业集团公司副总经理、中国电力投资集团公司副总经理
喻宝才	男	1965—	湖南宁乡	化工系	1987		大庆、兰州石化公司总经理，中石油天然气集团公司副总经理
袁宏明	男	1965—	陕西扶风	汽车系	1987		陕西汽车集团公司总工程师、总经理
云公民	男	1950—	内蒙古呼和浩特	热能系	1979		内蒙古自治区副主席、山西省委副书记
张朝阳	男	1964—	河南孟津	物理系	1986		搜狐公司董事局主席兼首席执行官
张鸿元	男	1947—	河北宝坻	自动化系	1982		空军第一研究所所长
张桦	男	1962—	浙江绍兴	建筑系	1985		上海现代设计（集团）有限公司总裁
张继温	男	1951—	山东陵县	电子系	1978		国防科技大学政治部主任，少将
张景生	男	1950—	河北石家庄	电机系	1978		内蒙古电力集团公司总经理、总工程师
张敬军	男	1965—	江苏邳县	电机系	1988		刘家峡水电站厂长，兰州超高压输变电公司党委书记

续表

姓名	性别	生卒年份	籍贯	学习时所在系	毕业或在校学习时间	在校任教（任职）时间及所在系	曾任主要职务
张连祥	男	1939—	北京	经管系	1982 研究班结业		武汉重型机器厂厂长
张栾群	男	1962—	四川			1997—1999 精仪博士后	航天科工集团二院二部副总设计师，全国劳动模范
张素心	男	1964—	上海	热能系	1986		上海汽轮机有限公司总裁，上海电气电站集团副总裁，上海金桥（集团）有限公司总经理
张廷克	男	1956—	河南南台	电机系	1983		中国华能集团公司副总经理
张文成	男	1946—	北京	热能系	1978		中国建筑设计研究院院长
张文栋	男	1962—	河南太康			1996—1998 精仪博士后	山西中北大学校长，全国劳动模范
张 旭	男	1973—	辽宁鞍山	汽车系精仪系	1996 1998 硕		中国网通（集团）有限公司北京分公司奥运通信管理部总体规划与项目管理部经理，全国劳动模范
张雅林	男	1964—	陕西洛南	电机系	1988 硕		西安西开高压电气股份有限公司总经理
张宗亮	男	1963—	山东商河	水利系	1984		中国水利顾问集团昆明勘测设计研究院副院长、总工程师
赵 纯	男	1963—	黑龙江	环境系	1982		吉林石化研究院党委书记
赵 勇	男	1963—	四川三台	机械系	1984 1987 硕 1990 博	1991—1993 博士后	四川长虹电子集团有限公司党委书记、董事长、总经理，全国劳动模范
赵振堂	男	1961—	福建福州	工物系	1983		中科院上海应用物理研究所所长、党委书记
郑德涛	男	1950—	广东五华	精仪系	1997 博		中山大学党委书记
郑淮和	男	1952—	安徽太河	机械系	1978		昆明开关厂总工程师，全国劳动模范
郑培民	男	1943—2002	河北武安	经管学院	1982 研究班结业		湖南省副省长
周厚贵	男	1962—	湖北枝江	水利系	1999 博		中国葛洲坝集团公司副总经理、总工程师
周 林	男	1951—	河北南皮	自动化系	1983		深圳发展银行行长

续表

姓名	性别	生卒年份	籍贯	学习时所在系	毕业或在校学习时间	在校任教(任职)时间及所在系	曾任主要职务
周　平	男	1951—	河南息县	无线电系	1977 1981 硕		北京医疗器械研究所总工程师，全国劳动模范
周旗钢	男	1963—	辽宁抚顺	无线电系	1987		北京有色冶金研究院半导体材料股份有限公司总经理
周小川	男	1948—	江苏宜兴	自动化系	1985 博		中国人民银行行长、中共中央委员
周以忠	男	1957—	河南商丘	机械系	1984		河南白鸽集团公司（原中国第二砂轮厂）总经理
周志成	男	1963—	北京	力学系	1987 研		"东方红四号"（大型静止轨道卫星公用平台）总设计师
朱宝田	男	1948—	江苏南京	热能系	1982		西安热工研究院有限公司首席研究员，全国劳动模范
朱小地	男	1964—	北京	建筑系	1988		北京市建筑设计研究院有限公司董事长、党委书记，全国劳动模范
朱振才	男	1963—	山东	精仪系	1986		上海微小卫星工程中心副主任，全国劳动模范
祝京旭	男	1960—	北京	化工系	1982		加拿大西安大略大学教授，加拿大工程院院士
字国瑞	男	1946—	云南	经管系	1982 研究班结业		玉溪红塔集团董事长、总经理
邹积国	男	1956—	北京	热能系	1982		中国船舶重工集团 703 所所长
邹重新	男	1943—	湖南	经管系	1982 研究班结业		徐州工程机械集团公司总经济师
祖武争	女	1962—	上海	力学系	1984 1986 硕		加拿大多伦多大学教授，加拿大工程院院士
左延安	男	1949—	安徽枞阳	经管学院	1983—1984		安徽江淮汽车集团公司董事长、总经理、党委书记，全国劳动模范

附 录 一

百年校庆

一、百年校庆概述

（一）概况（2006 年 9 月—2011 年 12 月）

2011 年建校 100 周年，是清华大学发展历程的重要里程碑和历史新起点，也是全体清华人盛大的节日。2006 年 95 周年校庆后不久，学校就开始酝酿百年校庆的筹备工作。是年 9 月 26 日，成立以党委书记陈希为组长，常务副校长何建坤、副校长陈吉宁为副组长的百年校庆筹备工作领导小组，并召开第一次工作会议；10 月 27 日，成立清华大学百年校庆发展委员会，校长顾秉林任主任，副校长陈吉宁任常务副主任，贺美英、杨家庆和岑章志任副主任，启动百年校庆筹款工作。

2008 年年初，学校决定加强百年校庆筹备工作。同年 4 月 17 日，成立百年校庆筹备委员会，主任为党委书记陈希和校长顾秉林，副主任为陈吉宁、张凤昌、韩景阳、史宗恺。筹委会下设办公室和筹款、基建维修与校园环境整治、出版物和展览、活动与策划、宣传、校友等 6 个工作组，全面推动筹备工作。

2009 年 4 月 15 日，学校召开百年校庆筹委会顾问委员会，聘请贾春旺、徐荣凯、任彦申、徐锡安等 16 位校友为筹委会顾问，并征询对百年校庆筹备工作的建议。同年 7 月 9 日，百年校庆筹备委员会更名为百年校庆组织委员会，工作组也扩至 10 个。

2010 年 3 月 9 日，学校调整充实百年校庆组委会，校长顾秉林和党委书记胡和平任主任，常务副校长陈吉宁和常务副书记陈旭任常务副主任，其他校领导担任副主任，分别主管组委会下设的 11 个专项工作组。4 月 25 日 99 周年校庆日，学校召开新闻发布会，校长顾秉林和党委书记胡和平共同为百年校庆纪念日倒计时牌揭牌，常务副校长陈吉宁宣布采取校庆年的方式组织开展各项校庆活动和筹备工作。百年校庆年时间为 2010 年 4 月 25 日至 2011 年 7 月，其间将举办学术活动、社会服务、海外交流、师生活动、校友互动和百年庆典等系列活动。

2011 年校庆前后，党和国家领导人胡锦涛、吴邦国、温家宝、贾庆林、李长春、习近平、李克强、贺国强等先后来校视察，听取学校汇报或出席庆祝大会，对清华大学百年校庆表示祝贺。原党和国家领导人朱镕基、李岚清、吴官正、曾培炎等也来校视察或出席庆祝大会，庆贺清华百年诞辰。学校领导看望了老领导、老学长宋平同志和陈舜瑶同志。清华大学百年校庆受到中央有关部门、北京市的高度重视，刘淇、刘云山、刘延东以及袁贵仁、郭金龙等领导分别听取筹备工作汇报，并给予极大的关心和支持。

2011 年 4 月 24 日，庆祝清华大学建校 100 周年大会在人民大会堂隆重举行，中共中央总书记、国家主席、中央军委主席胡锦涛发表重要讲话。8 000 多名师生代表、海内外校友代表以及各界来宾出席大会。会前，胡锦涛等党和国家领导人会见了参加庆祝大会的部分代表并合影留念。是日下午，学校召开党委常委扩大会，学习胡锦涛总书记在庆祝大会上的重要讲话，通过《中共清华大学委员会关于深入学习贯彻胡锦涛总书记在庆祝我校建校 100 周年大会上的重要讲话精神的决定》。

校庆期间，学校举行中外大学校长峰会、百年校庆文艺晚会等系列大型活动。校庆前后海内外各地校友会纷纷举行庆祝活动。据统计，7 万余校友参加校内外各种庆祝纪念活动。

2011 年 7 月 4 日，学校举行百年校庆总结表彰大会。12 月 23 日，百年校庆专项档案 127 卷

移交学校档案馆。百年校庆活动圆满结束。

（二）主题和指导思想

学校以百年校庆为重大契机，认真总结凝练和传承百年清华的办学理念、传统精神和大学文化，明确清华人应该肩负的历史使命和国家重任，立足清华，面向世界，以科学发展为指导，大力推进人才培养、科学研究和社会服务等各方面工作，加快建设世界一流大学步伐，确定了百年校庆的主题是"跻身世界一流，服务国家社会"。

在筹备和组织百年校庆的过程中，学校结合开展认真学习实践科学发展观活动，确定百年校庆的指导思想是"以中国特色社会主义理论体系为指导，深入贯彻落实科学发展观，认真凝练百年清华的办学理念，全面总结建设中国特色社会主义大学的成功实践，学习贯彻全国教育工作会议精神和教育中长期规划纲要，加快创建世界一流大学步伐，努力为实现国家现代化、建设持久繁荣的和谐世界作出更大贡献"。

庆祝活动的组织原则是隆重、热烈、俭朴、难忘。

（三）建一流，迎百年

在筹备百年校庆期间，学校坚持抓好中心工作，以崭新的面貌、优异的成绩迎接百年校庆。学校召开了第16次科研工作讨论会和第23次教育工作讨论会，开展了12个学科的国际评估并组织编制《清华大学事业发展"十二五"规划纲要》。全校开展深入学习实践科学发展观活动。

1. 2008年4月10日至2009年1月14日，学校召开第16次科研工作讨论会。校长顾秉林在闭幕式上讲话，阐述《清华大学关于进一步提高科研质量和水平的若干意见》，并强调学风和学术道德。为期近一年的讨论会围绕学校基础研究的定位、重大项目、跨学科科研组织、加强国家级科研机构建设、人才培养、文科规划工作、成果转化与实施、国防等专题进行多次讨论。

2. 2009年7月8日至2010年7月8日，学校召开第23次教育工作讨论会。本次会议以"清华新百年人才培养的使命与战略"为主题。校长顾秉林在开幕式上作《坚持以人才培养为根本任务，再创新百年育人辉煌》的报告，副校长袁驷作工作报告。本次教育工作讨论会历时1年，学校和各院系围绕讨论会主题，组织开展深入讨论。针对若干宏观、共性的问题学校组织18次专题研讨会，内容涉及学情分析、博士生培养、就业引导、文化素质教育、高水平科研与拔尖创新人才培养、国际化人才培养、文科学生个性化培养、师资队伍建设、绿色教育、教书育人、学生思想政治工作等。在闭幕式上校长顾秉林作总结讲话。

3. 2010年5月至12月，在学校的统一组织下，环境科学与工程、物理学、电子工程、生命科学、计算机科学与技术、核科学与技术、建筑学、电气工程、设计艺术、力学、材料科学与工程、新闻传播等12个学科，陆续进行了国际评估。共邀请各学科领域的95位海外一流学者组成国际评估专家组，其中绝大多数是全球知名专家，约30人是美国、英国、加拿大等国家的科学院、工程院院士，20多人是国际知名大学的院长、系主任，还有多位图灵奖等各学科国际最高奖项的获得者。专家们通过阅读材料、听取汇报、约谈师生、现场考察等方式，充分了解学科各方面情况，对相关院系的学科布局、研究水平、师资队伍、人才培养等状况进行了全面的评价与分析。专家们热情称赞学校若干学科取得了令人瞩目的建设成就，对学生的水平特别是本科生的质量评价很高，专家们对学校近年来高度重视师资队伍建设，特别是引进高端人才的进展给予充分肯定。

2011年年初，学校专门召开学科国际评估总结交流会。校长顾秉林、党委书记胡和平讲话指出，这次国际评估较为真实地反映了我校相关学科在同领域中的状况及其国际地位，使学校进一步明确了努力的方向。我们要以评促建，大力推动学科建设和整体办学水平的不断提高。

4.《清华大学事业发展"十二五"规划纲要》（以下简称"十二五"规划）的酝酿和编制工作历时一年多时间，于2011年12月8日正式提交学校教职工代表大会全体会议审议，12月23日经学校党委常委（扩大）会讨论通过正式发布实施。这是清华新百年的第一个五年规划，既是对学校未来五年工作部署，又凝结着广大师生员工对于新百年发展的愿景。

"十二五"规划在全面总结"十一五"建设成绩的基础上，认真分析了未来发展面临的挑战和机遇，明确了学校"十二五"发展的指导思想、发展目标和总体思路，从学科建设、人才强校、教育创新、科技创新、社会服务、文化传承创新、国际合作、支撑保障、组织保证、规划实施等10个方面，重点阐述了学校未来五年发展的主要任务和举措。"十二五"规划全文分为11章37节，与以往的规划不同，"十二五"规划新增了文化传承创新、国际合作、规划实施三部分内容并进行了部署。

5. 2009年3月—8月，学校开展深入学习实践科学发展观活动。在3月10日的动员大会上，胡和平作题为《科学发展建一流，教育创新迎百年》的学习调研阶段动员报告。部属高校学习科学发展观活动指导检查第二工作组组长卢铁城讲话。全校5000余人参会。14日，教育部部长周济来校作题为《深入贯彻落实科学发展观，加快推进创建世界一流大学步伐》的专题报告。4月23日，召开分析检查阶段工作部署会议。6月18日，召开整改落实阶段工作部署会议。胡和平在讲话中指出，重点是抓好制定整改落实方案、集中解决突出问题两个环节。陈旭对校领导班子分析检查报告作说明。8月27日，举行学习科学发展观活动总结大会。顾秉林主持大会。指导检查组组长卢铁城在讲话中高度评价本校学习实践活动的各项工作和取得的成果。

2009年4月2日，国务委员刘延东来校视察。在汇报座谈会上，刘延东讲话指出，希望清华大学要科学地把握发展过程中世界眼光和中国特色的关系，教学和科研的关系，继承和创新的关系，改革、发展、稳定的关系。

二、领导关怀

（一）胡锦涛总书记在校庆前夕来校视察和看望师生，祝贺清华百年华诞

2011年4月20日上午9时30分，中共中央总书记、国家主席、中央军委主席胡锦涛来到清华大学视察，代表党中央、国务院，向全校师生员工和海内外校友表示热烈祝贺和诚挚问候。

胡锦涛总书记一行首先在新落成的校史馆参观清华大学校史展和科研成就展。胡锦涛高度评价清华大学在百年历程中取得的辉煌业绩，为国家、为人民作出的重要贡献。他希望清华大学以建校百年为新的起点，加快世界一流大学建设步伐，不断谱写清华大学新的辉煌篇章。

参观期间，胡锦涛收到了顾秉林校长代表清华大学赠送给他在清华就学时的学籍卡。

在校史馆胡锦涛见到一些即将到边远地区和国防建设一线工作的应届毕业生，鼓励同学们在基层的实践中锻炼成长，在服务祖国和人民的实践中实现自己的人生价值。他亲切会见了杨振宁、姚期智、王大中、钱易等教授，希望各位知名教授多多提携优秀年轻人才，为我国科学和教育事业发展贡献智慧和力量。

随后，胡锦涛来到清华大学信息网络工程研究中心，考察中国下一代互联网示范工程第二代

中国教育和科研计算机网主干网的建设情况。又赴结构生物学中心，听取关于教师队伍、体制改革、学生培养等方面的情况汇报，

胡锦涛总书记在旧水利馆听取水利系学科发展与教学科研情况汇报，在新水利馆大厅见到1965届水利系老同学，胡锦涛与老同学们回忆当年在清华园的学习生活，共同度过了难忘时光，结下了深厚情谊。胡锦涛还与现场的师生、校友一起高唱水利系系歌《水利建设者之歌》。

胡锦涛在从新水利馆前往二校门途中受到师生们的热烈欢迎。"学长好！欢迎回家！""祖国万岁，清华加油！"的欢呼声不断。胡锦涛大声回应"同学们好！谢谢你们！""祝福清华百年！"中午12时30分，胡锦涛总书记与清华师生们握手告别。

中共中央政治局委员、北京市委书记刘淇，中共中央政治局委员、国务委员刘延东，教育部党组书记、部长袁贵仁，北京市委副书记、市长郭金龙，中央和国家有关部门负责人，以及清华大学校长顾秉林、党委书记胡和平等陪同视察。

（二）校庆前后，党和国家领导人吴邦国、李长春、习近平、贺国强等先后来校视察或听取学校工作汇报，对清华大学百年校庆表示热烈祝贺；刘云山、刘延东、刘淇等领导和教育部、北京市对清华大学百年校庆工作给予关心和指导

2011年3月7日上午，中共中央政治局常委、全国人大常委会委员长吴邦国来校视察指导工作。吴邦国先后考察美术学院和电子工程系，在图书馆与清华学子亲切座谈，在他曾经学习和工作过的电子工程系旧系馆，看望了求学时曾受教过的老一辈教师。吴邦国出席学校工作汇报座谈会，听取关于清华发展和百年校庆工作进展情况的汇报。在听取汇报后吴邦国发表重要讲话。他表示，自己是以全国人大常委会委员长和校友的双重身份来到清华的。作为校友，在百年校庆前夕回到母校，见到老师、同学和年轻一代的清华学子，感到非常高兴；而作为全国人大常委会委员长来到清华，既要对清华的百年校庆表示衷心祝贺，同时也对清华师生寄予很高的期望。中共中央政治局委员、国务委员刘延东，全国人大常委会副委员长韩启德、李建国、蒋树声，全国人大教科文卫委员会主任委员白克明，教育部部长袁贵仁，北京市委常委、市委教工委书记赵凤桐，北京市副市长洪峰等陪同视察。

2011年6月30日建党90周年前夕，中共中央政治局常委李长春来校视察指导工作，与清华大学师生共同庆祝党的生日。李长春来到校史馆，参观清华大学校史展和学校文科建设及相关教学、科研成果展。李长春充分肯定清华百年来的办学成就，对清华文科建设近年来取得的长足发展，对清华学生党建工作、集体建设和辅导员队伍建设所取得的成绩都给予充分肯定。随后，李长春视察导航技术工程中心；出席"永远跟党走—赴西部、基层、国家重要行业和领域工作毕业生出征仪式"；听取师生代表学习工作汇报和清华大学工作汇报。中共中央政治局委员、国务委员刘延东以及中宣部常务副部长雒树刚、教育部部长袁贵仁、教育部副部长李卫红、北京市副市长洪峰等陪同视察。

2011年4月6日，中共中央政治局常委、中央书记处书记、国家副主席习近平听取校长顾秉林、校党委书记胡和平学校工作汇报。习近平对学校的建设发展成就表示充分肯定，并把这些成就概括为"出人才""出成果""出示范"三个方面。他向即将到来的清华百年华诞表示热烈祝贺，预祝清华百年校庆活动取得圆满成功。他希望全体师生坚持不懈地为实现建设世界一流大学的目标努力奋斗。

2011年11月8日上午，中共中央政治局常委、中央纪委书记贺国强来校视察调研，向清华大学百年华诞表示祝贺。贺国强在校史馆观看了清华大学校史展和百年校庆庆典活动专题展。当

看到关于老校长蒋南翔教育理念的介绍时，贺国强回忆道，在自己进入大学的第一次开学典礼上，当时兼任高教部部长的蒋南翔亲自到会作报告，给他留下了深刻印象。随后，贺国强视察有机光电子实验室，听取公共管理学院廉政与治理研究中心和国情研究中心工作汇报，出席清华大学工作汇报会。在听取校党委书记胡和平所作的学校工作汇报和校党委副书记、纪委书记韩景阳所作的学校党风廉政建设工作汇报后，贺国强充分肯定了清华大学百年来的改革和发展，特别肯定了学校的党风廉政建设工作。中央书记处书记、中央纪委副书记何勇一同视察调研。监察部副部长王伟，中央纪委秘书长崔少鹏，教育部副部长杜玉波，教育部党组成员王立英、林蕙青，北京市委常委、市纪委书记叶青纯等陪同调研和出席工作汇报会。

2010 年 11 月 17 日下午，中共中央政治局委员、中央书记处书记、中央宣传部部长刘云山听取学校关于百年校庆工作、特别是百年校庆宣传工作筹备情况的汇报。刘云山指出，清华大学百年校庆是中国教育界的一件大事，宣传清华百年具有很重要的意义，与全国教育工作会议的精神是一致的。宣传清华不仅是宣传清华本身，而且是宣传建国 60 年来中国共产党领导下我国教育事业取得的巨大成就。此后，刘云山又就清华大学百年校庆宣传工作作出重要批示，强调清华大学百年校庆是大事，做好有关宣传工作意义重大。

2011 年 3 月 2 日上午，中共中央政治局委员、北京市委书记刘淇，北京市委副书记、市长郭金龙专门听取我校百年校庆工作的汇报，研究部署相关工作。北京市将清华大学 100 周年校庆，列为年度重大活动之一，并成立专项领导小组，统筹协调相关事宜。

2009 年—2011 年，中共中央政治局委员、国务委员刘延东多次来清华考察工作或参加活动。2009 年 4 月 2 日，刘延东来校考察并听取学校全面工作的汇报，强调建设世界一流大学，就是要做到中国特色、世界水平，面向现代化、面向世界、面向未来，满足国家重大战略需求，提升在世界上的竞争力和影响力。2010 年 4 月 25 日，刘延东作为化工系 1970 届校友参加毕业 40 周年活动时，叮嘱学校抓紧做好百年校庆的有关准备工作。2010 年 6 月 17 日，刘延东受中央委托，在中南海专门听取了学校百年校庆工作的汇报，对学校百年校庆的定位、目标及已经开展的工作，给予充分肯定。2011 年 1 月 31 日上午，刘延东在中南海再次专门听取顾秉林校长和胡和平书记百年校庆工作的汇报，要求抓紧做好百年校庆的有关工作，并对几项重要筹备工作提出具体要求。

教育部对清华百年校庆工作给予高度重视和悉心指导。教育部党组书记、部长袁贵仁上任后不久，就于 2010 年 3 月 29 日听取了学校百年校庆筹备工作的汇报。袁贵仁表示，清华大学的百年校庆不仅仅是清华的事情，也是教育部的大事，教育部对清华大学百年校庆全力支持，并希望把清华百年校庆与全国教育工作、把清华的发展与国家的建设联系起来，从清华办学历程总结中国高等教育发展的理念和规律，还要分析国际高等教育的形势和面临的问题，思考我们的未来。教育部还多次就清华大学百年校庆的有关筹备工作、重要文件起草等进行策划、协调和指导，积极加以推动。

（三）百年校庆前夕，朱镕基、宋平、李岚清、曾培炎来到清华视察指导或听取学校汇报，庆贺清华百年诞辰

2011 年 4 月 22 日，中共中央政治局原常委、国务院原总理、校友朱镕基回到清华园，与清华师生和校友们共庆母校百年华诞。朱镕基在人文社科图书馆，见到相别已久的老同学，参加电机系 1951 届毕业 60 周年同学聚会。他饱含深情地说："'水木清华，春风化雨，教我育我，终生难忘'，这 16 个字表达了我对清华一辈子的感情。"随后，朱镕基来到他曾担任了 17 年院长的清

华经济管理学院，与学院师生亲切座谈。他对经管学院取得的成绩给予高度评价，他说："清华经管学院培养出了一大批优秀人才，为清华争了光。我深感自豪！"座谈会上，朱镕基向经管学院赠送了《朱镕基答记者问》和《朱镕基讲话实录》等图书。中共中央政治局委员、国务委员刘延东，教育部部长袁贵仁，国家发改委副主任解振华，辽宁省委副书记、清华大学原党委书记陈希以及校长顾秉林、校党委书记胡和平陪同。陈吉宁、王大中、梁尤能等学校领导、老领导陪同参加活动。

百年校庆前夕，校长顾秉林、校党委书记胡和平专程看望中共中央政治局原常委、老学长宋平同志和清华大学党委原副书记陈舜瑶同志，向他们汇报学校近年来的发展情况和百年校庆的活动安排。两位学长对学校百年校庆表示祝贺，对校庆各项活动安排表示赞同。

2011年7月8日，中共中央政治局原常委、国务院原副总理李岚清来到清华大学视察指导工作。李岚清在清华大学校史馆，参观清华大学发展史图片展。李岚清对清华完整地保存了一批珍贵历史档案表示赞赏。他特别回忆起清华老校长蒋南翔："他是一名优秀的共产主义教育家，影响很深远。"参观中，李岚清充分肯定清华大学百年来的办学成就，对百年校庆表示祝贺。李岚清在参观美术学院教师造型艺术作品展时，希望清华进一步发挥综合性学科优势，继续为艺术与科学的融合作出贡献。李岚清向清华大学捐赠了他的篆刻作品集《大众篆刻——李岚清篆刻书法艺术作品集》，以及他手抄的108首来自自己家乡的诗词《诗情画意写镇江》，并在宣纸上素描出美院老院长张仃先生的肖像。科技部党组成员、纪检组长郭向远，清华大学校长顾秉林、党委书记胡和平陪同视察。

2011年3月24日，中共中央政治局原委员、国务院原副总理、校友曾培炎来校视察，祝贺母校百年校庆，对学校在人才培养、科学研究等方面取得的成果给予充分肯定。曾培炎在顾秉林校长等陪同下，先后到出土文献研究与保护中心、清华-富士康纳米科技研究中心、信息技术研究院、美术学院等，分别听取有关汇报。考察期间，曾培炎看望当年读书时的老一辈教师，祝老师们身体健康，并祝愿母校取得更加辉煌的成就。

三、庆祝大会

2011年4月24日上午10时，庆祝清华大学建校100周年大会在人民大会堂隆重举行。中共中央总书记、国家主席、中央军委主席胡锦涛，中共中央政治局常委、全国人大常委会委员长吴邦国，中共中央政治局常委、国务院总理温家宝，中共中央政治局常委、全国政协主席贾庆林，中共中央政治局常委、中央书记处书记、国家副主席习近平，中共中央政治局常委、国务院副总理李克强出席庆祝大会。

胡锦涛总书记发表重要讲话。他首先代表党中央、国务院，向清华大学全体师生员工和广大校友表示衷心祝贺。胡锦涛高度评价一代又一代清华人在革命、建设、改革中顽强拼搏、真诚奉献，为祖国、为人民、为民族建立了突出功绩。在论述新中国成立后的学校发展时，胡锦涛说蒋南翔校长富有创造性的教育思想，刘仙洲、梁思成、马约翰、张光斗等大家名师执教讲坛、垂范学子的风采，令我们受益匪浅、终生难忘。

胡锦涛总书记充分肯定清华大学在创建世界一流大学的征程上迈出重大步伐、取得显著成绩。强调高等教育作为科技第一生产力和人才第一资源的重要结合点，在国家发展中具有十分重要的地位和作用。胡锦涛明确指出，建设若干所世界一流大学和一批高水平大学，是我们建设人才强国和创新型国家的重大战略举措。胡锦涛向清华学子和全国青年学生提出三点希望：一是把文化知识学习和思想品德修养紧密结合起来，二是把创新思维和社会实践紧密结合起来，三是把全面发展和个性发展紧密结合起来。他希望广大教师要切实肩负起立德树人、教书育人的光荣职责，做学生健康成长的指导者和引路人。33分钟的讲话响起十余次热烈而持久的掌声。

顾秉林校长在大会上首先致辞，国家级教学名师奖获得者、化学系教授李艳梅，全国学联主席、汽车系博士生齐兴达分别作为教师和学生代表发言。北京大学校长周其凤、美国耶鲁大学校长理查德·莱文分别代表国内和国外大学发言。党委书记胡和平主持大会。

出席庆祝大会的还有刘淇、刘云山、刘延东、李源潮、吴官正、王沪宁、路甬祥、韩启德、华建敏、李建国、桑国卫、马凯、戴秉国、杜青林、陈奎元、董建华、万钢、林文漪、何厚铧、曾培炎、王汉斌、彭珮云、贾春旺、徐匡迪、李蒙、李继耐，常万全等。

学校师生代表、海内外校友代表及各界来宾等8 000余人参加庆祝大会。大会开始前，胡锦涛等党和国家领导人会见了参加庆祝大会的800余名代表并合影。

中央电视台综合频道、新闻频道、中文国际频道、英语频道进行现场直播，各大网站实况直播。清华大学作为大会的分会场，在综合体育馆、大礼堂及各教室进行实况转播，各院系学生、校友等观看了大会盛况。

四、校庆系列活动

2011年4月20日至30日，学校安排了一系列庆祝建校100周年的纪念活动。

（一）大学校长全球峰会

2011年4月23日，2011大学校长全球峰会暨环太平洋大学联盟第15届校长年会在清华召开，来自五大洲近40个国家和地区的130余所大学校长齐聚清华园，以"全球社会经济发展与高等教育"为主题，共商全球化背景下各国高校所面临的历史责任、时代使命和现实挑战，共庆清华百年校庆。此次峰会也是清华百年校庆的重点活动之一。

中共中央政治局委员、国务委员刘延东，教育部部长袁贵仁，环太平洋大学联盟主席、美国加州大学圣巴巴拉分校校长杨祖佑，清华校长顾秉林、副校长袁驷出席开幕式。顾秉林主持大会，并代表学校向参会嘉宾和代表表示诚挚的欢迎。

刘延东在会上作了主旨演讲。她强调，大学要担负起引领发展、创造未来的崇高使命，锐意改革、勇于创新，为国家经济社会发展和人类文明进步作出新贡献。教育部部长袁贵仁代表教育部向大会的召开表示热烈祝贺。英国牛津大学、美国伯克利加州大学、日本东京大学、新西兰奥克兰大学和南非开普敦大学校长分别代表五大洲的大学发表精彩的主题演讲。顾秉林在大会上发言，他表示，清华是一个植根本土的中国大学，为中国社会发展服务始终是清华使命的基石，同时清华也一直积极主动地参与全球共同问题的解决。

由清华大学倡导提出的"清华共识"是此次大学校长全球峰会的重要成果，"清华共识"指明高等教育在未来社会经济发展中应当承担的责任与义务，特别是在引领社会经济发展和促进人类文明方面应发挥的积极作用。

峰会期间，与会中外校长在清华游泳馆东侧共同种下"世纪林"，并以各自大学的校名为每棵树命名挂牌，以彰显"十年树木、百年树人"的大学精神。

（二）学生田径运动会

2011 年 4 月 22 日上午第 54 届"马约翰杯"学生田径运动会开幕式在东大操场举行，校党委书记胡和平致开幕词，校长顾秉林宣布运动会开幕。

开幕式最后是由 3 500 余名本科生、400 余名教职员工及部分清华附小学生精心排练一年的大型团体操《清华颂》表演，《清华颂》由《紫荆花开》《校园风采》《走向未来》三个篇章组成。

最高人民检察院原检察长贾春旺，国家发展和改革委员会副主任解振华，中共辽宁省委副书记、清华大学原党委书记陈希等校友作为嘉宾出席了开幕式。新竹清华大学副校长叶铭泉作为嘉宾出席。开幕式由校党委常务副书记陈旭主持。

（三）百年校庆文艺晚会

2011 年 4 月 24 日晚 8 时，"水木清华"百年校庆文艺晚会在清华大学主楼前广场举行。中共中央政治局委员、国务委员刘延东，全国人大常委会副委员长华建敏，最高人民检察院原检察长贾春旺，以及教育部和北京市的领导同志，清华大学校长顾秉林、校党委书记胡和平等校领导、老领导以及各界校友、师生近万人一起观看晚会，共庆清华大学百年华诞。

整台晚会分为"水""木""清""华"四个篇章。水，象征源头之水，讲述的是清华的历史起源；木，即十年树木，百年树人，讲述的是清华人才培养的丰硕成果；清，象征着清华的精神；华，则是来自各方的狂欢。8 名不同年级的清华校友、学生担任晚会主持。

参加晚会演出的有院士校友及院士教师代表、来自国防战线的校友代表、省部级干部校友代表，老校友舞蹈队，艺友合唱团，清华大学教师合唱团、学生艺术团合唱队、舞蹈队以及高晓松、李健、水木年华组合等校友专业歌手。新竹清华大学热舞社、美国加州大学伯克利分校男生八人合唱团和清华留学生代表也表演了节目。

最后，中共中央政治局委员、国务委员刘延东学长和校领导走上舞台，对演出圆满成功表示祝贺并称赞这是"一场独一无二的演出"。

4 月 24 日晚 9 时，在清华大学综合体育馆还举行一场"紫韵年华，百年留声"百年校庆校友联欢晚会。4 000 余名清华校友、在校师生共同参加。联欢晚会以经典校园歌曲为主要载体，以校友演唱联欢为主要形式。校党委常务副书记陈旭等与蒙民伟先生的夫人及亲属、香港圣保罗男女中学校长陈黄丽娟，清华企业家协会 2011 年度主席杨向阳、创始主席邓锋、2010 年度主席方方与会。

4 月 24 日晚 6 时，"文革"前艺术团校友及地区校友会代表演出在大礼堂举行，近百位 20 世纪 40 年代至 60 年代的校友穿上演出装，登上舞台，演绎年轻时的水木华年。此外，4 月 21 日晚，百余名 1977 级后艺术团老团友在大礼堂举办"飞扬的青春"——庆祝母校百年华诞清华文艺社团校友联合演出。

（四）校史展及系列展览

2011 年 4 月 22 日，新清华学堂揭幕暨校史馆落成仪式隆重举行。中共中央政治局常委、全国人大常委会委员长、校友吴邦国亲笔题写"清华大学校史馆"馆名。清华百年校史展览在校史馆正式展出。

校史馆总建筑面积 5 000 平方米，展区在一、二层。主展区分 8 个历史阶段、用 240 多块展板，介绍了清华百年历史；副展区展出若干珍贵实物或档案复制件，还以高科技投影的方式再现了"荷塘月色"的美景和密云水库建设的场面；人物展区分别陈列了460位中科院和工程院院士、119位人文名家、51位清华英烈及400多位各领域杰出校友的人物图片与基本介绍；在馆中还可通过多媒体系统，查询建校至今20余万学生的基本信息。

4月15日，"走进清华——数字博物馆"（http：//www.expo.tsinghua.edu.cn）正式开通。这是一个"永不落幕"的网上展览，包括发展足迹、清华人物、校园风貌、学在清华、成果展示、清华轶事等六大板块，用文字、图片、视频、三维动画等形式反映百年历史、彰显办学成果、展示校园风貌。

4月15日百年校庆科技成就展暨国防展在西体育馆开幕。展览按百年历史分三大阶段，展示我校基础研究、重大攻关、技术转移、人文社科、海外合作、重点项目等方面的科研成果，特别介绍学校通过人才培养和科学研究为国防建设作出的贡献。

校庆期间，"世纪清华·院士寄语"展览、"居里研究所与清华人"展览、"百年树人"名家艺术作品展、"水木清华 钟灵毓秀"老龄大学书画展、馆藏古籍文物珍品和捐赠特藏展、地方志与地方文献展等，也分别在科学馆、图书馆、老年活动中心等展出。"艺术清华"美术学院造型艺术教师作品展在国家博物馆举行。"水木清华·国际校园雕塑大展"，从32个国家近450名艺术家的897件应征作品中选出的100件雕塑，分布在校园各处展出。

此外，学生系统、工会及一些院系也分别举办了第29届"挑战杯"学生课外科技学术作品展、教职工书画摄影集邮展览等各种丰富多彩的展览。

（五）"百年清华百年好合"集体婚礼

2011年4月29日和30日，"百年清华，百年好合"集体婚礼在清华园分师生和校友两个专场举行，近400对新人在清华师生的见证下，誓约今生、永结同心。

校长顾秉林担任主婚人，校党委书记胡和平致辞祝贺。校党委常务副书记陈旭、清华科技园发展中心主任梅萌担任集体婚礼主持人。中国科学院院士李衍达、原校党委书记贺美英教授等6对德高望重的清华教授夫妇担任证婚人。

上午8：30，新人们在天真可爱的小花童引导下，走过古色古香的二校门，踏着红地毯，走向大礼堂前草坪。在师生、亲友的祝福下，新人们完成了"爱的承诺"每一个环节。随后，依次进入大礼堂，接受顾秉林校长授予的"百年清华，百年好合"集体婚礼纪念证书，并合影留念。

新人们表示，清华园是所有清华人永远的"家"。在清华百年华诞之际，在温馨幸福的家园，与知心的爱人步入婚姻的殿堂，让亲爱的母校见证神圣的爱情，将是终生难忘的美好记忆。

集体婚礼由百年校庆办公室、工会、研究生工作部、校友总会共同策划组织。这一活动也为百年校庆系列大型活动画上一个圆满的句号。

（六）学生活动

2011年4月22日上午，清华大学第29届"挑战杯"学生课外学术科技作品展览在游泳馆南侧开幕。全国政协副主席、台盟中央主席林文漪出席开幕式并宣布本届"挑战杯"科展开幕。最高人民检察院原检察长贾春旺，新竹清华大学副校长叶铭泉，学校领导陈旭等以及各界师生校友出席了开幕式。本届"挑战杯"科展于2010年12月启动，共有来自全校29个院系和10个科技兴趣团队的近400件作品参展，是历年来参与范围最广、展出规模最大的一届。

4月23日—24日校学生会、校研究生会、校科协、学生艺术团、社团协会、美术学院团委

等承办的"百年清华·七彩校园"校庆嘉年华活动在校园举行。活动分"红、橙、黄、绿、青、蓝、紫"七个板块："恢红乐章"大礼堂艺术团汇演，古琴悠扬，京剧唱响；"缤彩纷橙"涂鸦文化节，五颜六色，创意肆意；"武韵辉黄"小树林前武术表演，推掌舞刀，济济一堂；"绿茵赛场"马杯田径，汗洒球场，激扬青春；"丹青水墨"三教平台艺术展，光影融合，色彩交错，绘出校庆美丽华章；"蓝色创想"挑战杯学生科展，激发创意，脑力风暴；"紫荆故事"文化活动，意趣纷呈，共庆华诞。

（七）两岸清华共庆交流活动

清华大学副校长程建平率团于 2011 年 4 月 22 日赴台参加两岸清华大学 100 周年校庆交流活动，新竹清华大学校长陈力俊代表学校全体师生表示欢迎。程建平代表学校向新竹清华赠送了由著名雕刻家、画家、书法家钱绍武专门为 100 周年校庆所做的孔子塑像和校训书法，代表团与相关院系进行学术交流，还参加了新竹清华的歌唱晚会和校园路跑等校庆系列活动。

新竹清华大学副校长叶铭泉率 30 多人代表团于 2011 年 4 月 22 日到京，参加校庆系列活动。25 日，新竹清华大学原校长刘兆玄来访，校务委员会主任胡和平会见客人。

（八）其他活动

1. 4 月 19 日下午，"清华大学星"命名暨纪念雕塑落成仪式在理科馆西侧草坪举行。中国科学院国家天文台党委书记刘晓群、台长严峻、副台长郑晓年，小行星发现者代表周旭，学校党委书记胡和平等出席命名暨落成仪式。"清华大学星"是中国科学院国家天文台施密特 CCD 小行星项目组于 1999 年 1 月 10 日发现的永久编号为 16982（临时编号 1999AS9）的小行星。同时落成揭幕的纪念雕塑由清华美院雕塑系师生设计。

2. 4 月 23 日上午，《清华大学建校 100 周年》邮票首发仪式在大礼堂举行。《清华大学建校 100 周年》纪念邮票，主体色彩采用清华大学校色——紫色，主图为二校门及综合体育馆、校训"自强不息，厚德载物"以及 100 周年校庆标志。

3. 4 月 25 日上午，第 26 届世界大学生夏季运动会火种采集仪式在大礼堂前广场举行。中共中央政治局委员、广东省省委书记汪洋出席活动并宣布火种采集开始。代表五大洲的五名大学生共同采集了深圳大运会的圣火。

4. 4 月 20 日，梁思成先生诞辰 110 周年纪念大会暨学术研讨会在大礼堂召开。国家文物局局长单霁翔，北京市副市长陈刚，梁思成的学生、两院院士周干峙出席大会并致辞。建筑学院教授、两院院士吴良镛，梁思成先生的妻子林洙等亲属出席大会。校长顾秉林出席并致辞，建筑学院院长朱文一主持大会。全国 10 余所建筑院校负责人，清华建筑学院师生及校友共 800 余人参加大会。会上举行了中国营造学社纪念馆梁思成先生铜像揭幕仪式，梁思成著作《为什么研究中国建筑》（双语版）的首发仪式。同期还举行了"梁思成诞辰 110 周年图片展览"。

五、"百年校庆年"系列活动

（一）"百年校庆年"新闻发布

2010 年 4 月 25 日，在清华大学 99 周年校庆之际，校长、百年校庆组委会主任顾秉林院士和校党委书记、百年校庆组委会主任胡和平教授开启"百年校庆倒计时牌"，拉开"百年校庆年"

系列活动帷幕。"百年校庆年"时间定为 2010 年 4 月至 2011 年 7 月。"百年校庆年"主题为"跻身世界一流，服务国家社会"，百年校庆的活动突出学术性、文化性、社会性和国际性。

（二）百场学术活动

"学术为魂"是百年校庆的基本宗旨。2010 年 4 月 25 日上午举行"百年校庆年"百场学术活动的首场论坛。校长顾秉林院士致词。校学术委员会主任、环境系教授、中国工程院院士钱易作题为《百年清华，继往开来——清华大学学术研究回顾与展望》的开篇讲演。钱易院士回顾了清华不同历史时期的学术思想和学术成就，介绍了清华百年历史中培养的杰出人才和各领域学术精英。并着重介绍近年学校"顶天、立地、树人"的科研工作宗旨。其后全校共举办《清华论坛》《海外名师讲堂》以及各领域国际学术会议等 150 场。

（三）海外交流活动

校庆年期间学校在世界著名大学举办"清华周""清华日"等活动，广泛进行交流。

2010 年 4 月 5 日—16 日在美国加州大学伯克利分校举办"清华周"活动，在芝加哥大学、麻省理工学院和哥伦比亚大学举办"清华日"活动。

2010 年 5 月 12 日—14 日在日本东京大学举办"东大-清华周"活动。期间举办公共安全、前沿科学、可持续发展、人文社科四大系列 22 个主题的论坛和"清华大学教育与建筑成果展"。其间，我校在早稻田大学举办了"清华日"活动。

2011 年 1 月 25 日—29 日顾秉林校长应邀参加瑞士达沃斯世界经济论坛大学校长峰会。论坛期间，在达沃斯举办 100 周年校庆招待会，近百位参加达沃斯世界经济论坛的嘉宾到场。与会嘉宾对清华 100 年来取得的成就和近年来的发展表示赞赏。

2011 年 2 月 10 日—12 日分别在法国巴黎、德国杜塞尔多夫举行 100 周年校庆招待会，校务委员会主任胡和平出席并致辞。

（四）社会公益活动

在校庆年期间举办近百场包括教育服务、科技服务、文化服务和社会服务四大类的社会公益活动。其中有覆盖 500 个国家级贫困县的远程教育免费站点建设、大学生扶贫支教活动、百名教授地方行、博士生科技服务团、附属医院系列义诊和贫困县医疗扶助行动、世博会"清华日"活动、校友支援家乡建设以及海外清华学子服务祖国系列活动，等等。全校师生及校友几千人积极参与。

（五）学生主题活动和志愿服务

"百年校庆年"期间，校团委、学生会、研究生会组织一系列活动。如"千名校友访谈""祖国万里行""学在清华""读清华"等主题活动，同学们在活动中了解清华历史、体悟清华传统、继承和发扬清华精神。

2009 年 4 月 25 日紫荆志愿者百年校庆服务团成立。后来，根据工作需要分别组成校庆讲解志愿者、校庆礼仪志愿者、校庆接待志愿者、会务论坛志愿者、庆典活动志愿者和校庆常务工作志愿者等 6 大服务团队。超过 6 000 人次的学生志愿者投身 50 余项校庆活动的服务工作，累计服务时间超过 30 000 小时。其中，校庆讲解志愿者接待了来自全国各地的客人近 2 万人次；校庆接

待志愿者在遍布全校 27 个接待站，3 天时间内 2 599 名志愿者服务了数万名校友及社会人士；校庆礼仪志愿者奔走于各会务论坛及大楼落成仪式现场，累计 186 人次参与 16 项礼仪工作。

（六）校友庆祝活动

清华百年校庆是全体清华人的盛大节日，海内外广大校友积极热情参与各类庆祝纪念活动。2008 年 11 月、2009 年 11 月、2010 年 10 月学校先后召开清华大学第十二次、第十三次、第十四次校友会工作会议，每次大会学校领导都出席并全面介绍学校的发展情况和百年校庆筹备工作进展，听取广大校友的意见和建议。各地校友会认真研究本地校友会活动如何组织。各个时期的清华校友畅谈清华校友文化，展望清华未来百年的发展，为母校百年华诞的庆祝活动建言献策。

校友总会广泛联系广大校友，通过《清华校友通讯》《清华人》（现已更名《水木清华》）、清华校友网等渠道，及时向全球清华校友传递学校迎接百年校庆的各项准备工作的信息。

2010 年 10 月 23 日香港百年校庆纪念大会拉开各地校友会庆祝纪念活动帷幕，到 2011 年 5 月，历时 7 个月，参加的校友近 10 000 人，覆盖了国内长三角、珠三角、华中、华北、西南、东北、西北和港澳台等绝大部分区域，以及欧洲、北美和亚洲的代表城市。通过庆祝纪念大会、文艺晚会等形式集中表达了世界各地校友欢度百年校庆的喜悦之情和感恩母校祝福母校的赤子情怀，通过图片展览、主题论坛和形式多样的公益活动全面展现了母校百年的光辉历程和辉煌成就，突出体现了清华校友"自强不息，厚德载物"的奋斗精神和"报效祖国，服务社会"的不懈追求，在世界各地引起了极大反响和赞誉，得到校友和社会各界的广泛认可。

（七）举行纪念蒋南翔、刘达两位老校长活动

2011 年 1 月 11 日，著名教育家刘达同志诞辰 100 周年纪念座谈会在学校工字厅东厅举行。刘达与清华同庚，生于 1911 年 2 月，1977 年 4 月 29 日受中央委派来到清华，任校党委书记、校长，1983 年改任名誉校长。清华人永远记得刘达校长"我最留念的就是清华的精神"的名言。

2011 年 4 月 7 日，蒋南翔教育思想学习座谈会在主楼接待厅举行。蒋南翔生于 1913 年 9 月，1952 年 12 月到清华任校长、后来兼任党委书记，直至"文化大革命"开始。在欢度百年校庆、总结清华百年办学经验之时，召开座谈会重温老校长蒋南翔的办学思想和理念，继承前辈清华人的优良传统和风范，推进世界一流大学建设。

六、校庆筹备工作及其他

（一）校庆网站、征集活动、资料准备、收集等

清华大学百年校庆网站（100. tsinghua. edu. cn）2008 年 5 月开始规划，9 月 1 日试运行，11 月 1 日正式向社会发布。2010 年 4 月 25 日国际版上线，包括中文、英文、俄文、法文、德文、西班牙文、阿拉伯文、日文和韩文等共 9 种语言。2011 年 4 月，百年校庆庆典版上线。网站中文版设有一级栏目 8 个，二级栏目 29 个。访问人次截至 2011 年 7 月 31 日累计 737 万，祝福留言 7 000 余条，栏目累计发文近万篇（条）。

2008 年 7 月 28 日发布《清华大学百年校庆宣传口号和标志征集启事》，2008 年 12 月 1 日发布《清华大学百年校庆百年赋征集启事》。共收到来自校内外、海内外百年校庆标志设计 160 余件、参选口号 700 余件、百年赋近百篇。4 000 余人参与了网上投票评选，经各方专家教授评审

后，分别于 2009 年 9 月 17 日发布百年校庆标志，2010 年 4 月 25 日发布宣传口号三大类 20 条，2011 年 1 月 14 日百年校庆倒计时 100 天发布"百年赋"10 首推荐作品。

在百年校庆筹备阶段，校庆办组织编辑发行《清华大学 100 问》《世纪清华》等宣传册、展板，在校团委和工会组织学习、知识竞赛等活动和海内外校友会组织校庆活动时发挥了很好的作用。编辑出版 19 期《百年校庆专刊》，以帮助人们及时了解校庆活动的进展。在校友院士中开展"院士寄语"活动，共收到 134 位院士寄来的 138 幅题词，与清华同龄的百岁老校友、中国社会科学院荣誉学部委员杨绛也应邀题写了贺辞。在"百年树人"主题文化活动中收集到 200 余社会名人、书法名家的 400 余幅书法作品，展出后由学校档案馆收藏。

（二）出版物

百年校庆出版工作 2008 年 5 月启动，组织出版了校史校志、历史回眸、文化积淀、学生生活、一流大学建设、今日清华、人物风采等七个系列 50 余本出版物。有《清华大学一百年》《自强不息　厚德载物——清华精神巡礼》《行胜于言——清华大学改革与发展纪实》《王大中教育文集》《清华大学档案精品集》《又红又专全面发展——清华学生工作巡礼》《春风化雨——一百名校友忆清华》《中国著名高校：清华大学》（英文版）等。系列出版物分别反映了清华大学的办学历程、精神风貌和文化传统，清华学子的成长经历和全面发展的感悟，改革开放以来清华快速发展的历程和经验，以及学校全貌和教师风范。

（三）校园道路命名

首批 10 条清华园道路命名于校庆年新闻发布会上公布。道路名称以地理名称和古训理念为主要依据，分别为清华路、学堂路、光华路、紫荆路、熙春路、近春路、日新路、明德路、新民路、至善路。在此基础上学校启用导视系统，校园的路标更加明确规范。

（四）新百年发展基金、纯金仿印邮票、金银纪念币

2010 年 6 月 6 日，由清华校友与清华大学教育基金会、校友总会联合发起的清华大学新百年发展基金正式启动。基金旨在提倡广大清华校友和社会友人为清华大学"集资、集智、集力、集心"，从而"励教、励学、励业、励志"，支持学校长期持续发展，并为清华校友和社会友人提供交流、合作、共赢的平台。

2011 年 4 月 24 日，北京邮票公司发行《清华大学建校一百周年》纯金仿印邮票一枚。纯金仿印邮票限量发行 1 000 套，发行价格为 3 980 元，规格为 10 克 Au999 纯金。

2011 年 7 月 29 日，中国人民银行发行"清华大学建校 100 周年金银纪念币"一套，共 2 枚，包括金币 1 枚、银币 1 枚，均为中华人民共和国法定货币。金币最大发行量 20 000 枚；银币最大发行量 50 000 枚。这是我国历史上首次为大学校庆发行纪念币。

七、总结表彰大会及其他

（一）媒体报道

据不完全统计，校庆期间，约 400 家媒体对清华大学百年校庆进行了广泛的报道，各家网站关于清华大学百年校庆的新闻多达 18 400 多篇。新华社发布各类新闻报道 180 余篇，图片新闻近

70 篇，发表照片 300 余张。《人民日报》刊发有关报道 150 余条。中央电视台制作专题、新闻等与清华有关的报道 200 余条，播出时长超过 1 000 分钟，其中新闻联播 15 条，等等。

（二）贺信与捐赠物

百年校庆期间学校收到国内外大学、各地清华校友会、科研单位、合作企业等贺信 168 封；收到社会各界人士捐赠品 463 件，另有院系、图书馆等单位接受捐赠品 78 件。如安徽校友会捐赠的灵璧石、湖北校友会捐赠的曾侯乙编钟、沈阳校友会捐赠的"鱼化石中国地图"屏风、辽宁省委省政府捐赠的"母育子"玉雕、嘉兴市委市政府捐赠的"南湖红船"模型等。

（三）总结表彰

2011 年 7 月 4 日学校召开百年校庆工作总结表彰大会，58 个先进集体和 410 名先进个人受到表彰。6 月 2 日和 6 月 3 日，百年校庆志愿工作总结会、百年校庆后勤服务保障工作总结表彰大会先后召开，分别对有关人员进行了表彰。

附 录 二

清华大学章程

序　言

清华大学的前身清华学堂始建于 1911 年。1912 年更名为清华学校。1928 年更名为国立清华大学。1937 年抗日战争全面爆发后南迁长沙，与北京大学、南开大学组建国立长沙临时大学，1938 年迁至昆明改名为国立西南联合大学。1946 年迁回清华园。1949 年中华人民共和国成立，清华大学进入了新的发展阶段。1952 年全国高等学校院系调整后成为多科性工业大学。1978 年以来逐步恢复和发展为综合性的研究型大学。

建校以来，本校始终与国家民族共命运，走在社会进步前列，全力培植人才、发展学术、服务社会，形成了优秀文化传统和光荣革命传统，在实现中华民族伟大复兴的奋斗史册上写下了隽永篇章。

本校秉持"自强不息、厚德载物"校训、"行胜于言"校风、"严谨、勤奋、求实、创新"学风，弘扬"爱国奉献、追求卓越"传统和"人文日新"精神，学术上倡导"独立之精神，自由之思想"。

第一章　总则

第一条　为保障学校依法办学和自主管理，根据《中华人民共和国宪法》《中华人民共和国教育法》《中华人民共和国高等教育法》等法律、法规和规章，制定本章程。

第二条　学校名称为清华大学，系由国家举办的高等教育机构和独立的非营利性事业单位法人，法定住所地位于北京市海淀区清华园。

第三条　学校坚持社会主义办学方向，贯彻国家的教育方针，以人才培养为根本任务，履行教育教学、科学研究、社会服务、文化传承创新职责，服务国家和人民，推动人类文明进步。

第四条　学校坚持世界一流、中国特色、清华风格的发展道路，以学生为本、学者为先、学术为基、学风为要，致力于成为全球卓越的高等教育和学术研究机构。

第五条　学校坚持高素质、高层次、多样化、创造性的人才培养目标，以实施全日制高等学历教育为主，实行价值塑造、能力培养、知识传授"三位一体"的培养模式，致力于培养学生具备健全人格、宽厚基础、创新思维、全球视野和社会责任感，实现全面发展和个性发展相结合。

第六条　学校举办者和国务院教育行政部门按照政校分开、管办分离的原则，依法对本校进行监管，尊重和保障学校的独立事业单位法人地位和办学自主权，提供和保证学校的办学资源，保护学校事务不受校外机构、组织、个人的非法干涉。

第七条　学校实行中国共产党清华大学委员会（以下简称学校党委）领导下的校长负责制，坚持自主办学、依法治校、科学管理、民主监督、社会参与、开放合作，尊重学术自由，保障教授治学。

第二章　职责和任务

第八条　学校根据教育规律和社会发展需要，自主调整办学行为，创新教育思想、理论和实践，以实现发展目标。

学校建立健全监督体系和机制，对自主办学行为实施监督。有关事项按规定向国务院教育行政部门备案。

第九条　学校根据国家战略和学校发展需要，自主设置、调整学科和专业，建立学科自我发展、动态调整、交叉融合机制，保持合理的学科结构、专业规模和学科发展的前瞻性、战略性。

第十条　学校根据人才培养目标和国家核定的办学规模，自主确定招生的层次、结构、方案和模式，建立科学的多样化选才体系，招收素质全面、品学兼优、特质突出的优秀学生。

学校设招生委员会，负责审议招生政策、制度和程序，建立监督和协调机制，维护招生的公平公正。

第十一条　学校根据社会人才需求，自主制定和实施培养方案及教学计划、培养环节，依法自主调整学生的具体修业年限，建立教学管理和质量保障体系。

学校自主决定授予博士、硕士、学士学位的学科门类及名称，制定学位授予标准，依法授予学位，自主确定学位证书印制规格等事项。

第十二条　学校面向国家战略需要和世界学术前沿，自主开展科学研究、社会服务、文化传承创新活动，推进产学研协同创新和成果转化，发挥文化育人作用，为人类文明贡献新思想、新知识、新技术。

第十三条　学校依法自主开展同境外教育、研究、商业、政府等机构和组织的交流合作，举办国际学术会议，设立中外合作办学项目和办学机构，招收培养高水平境外学生，提升办学质量和国际声誉。

第十四条　学校根据实际需要和科学、高效的原则，自主确定教学、研究、管理、服务等校内机构设置和人员配备；坚持人才强校战略，自主选聘和管理教职工、评聘职务职级、制定薪酬体系、决定收入分配。

第十五条　学校依法自主管理和使用举办者提供的财产、政府财政性资助、受捐赠财产以及合法拥有的其他资产，实行统一领导、集中核算、分级管理的财务管理体制和学校统筹、集约高效的资源配置模式，根据社会承受力和办学成本合理确定学费等收取标准、方式及用途，自主处置学校所有的科技成果及其他无形资产。

学校建立自我约束和外部监督相结合的财务与资产监管体系。

第三章　学生和教职工

第十六条　学校坚持以人为本，尊重、维护和保障师生员工依法享有的各项基本权利、本校各项规章规定的权利以及与本校以合同（协议）约定的权利。

学校的师生员工应依法、依规、依约履行相应义务，维护本校声誉和利益。未经学校批准，教职工不得在校外兼职；任何人不得对外代表学校或以学校师生员工身份及其他职务身份签订合同（协议）。

学校建立师生员工权益的保障机制、申诉机构及程序。

第十七条　学生系指被学校依法录取、具有学籍的受教育者。

学生有权依照培养方案接受教育，依规依约申请获得发展机会、资助、奖励和荣誉，获得公正评价，达到学校学业标准时获得相应的学历证书、学位证书，参与学校民主管理，对所受处分、处理进行申辩及申诉等。

学生应恪守道德和法律法规，遵守学校相关规章和协议约定，尊敬师长，和睦同学，进德修学，自强不息，努力成为社会的栋梁。

第十八条　教师系指学校依法聘用的主要从事教学和研究、担任相应职务的教育工作者。

教师依法享有学术自由，有权依规依约申请及合理使用学校公共资源，获得发展机会、公正评价、奖励和荣誉，参与学校民主管理，对职务聘用、福利待遇等事项表达意见和对所受处分、处理进行申辩及申诉等。

教师应模范恪守道德和法律法规，遵守学校相关规章和合同（协议）相关约定，完成教学等本职岗位任务，关心指导学生，立德树人，为人师表，崇德尚业，追求卓越，努力成为社会的表率。

第十九条 学校面向国内外选聘具有较高学术造诣或学术潜力的教师。

学校设置教育教学和学术研究并重的教研岗位，分为教授、副教授、助理教授三个岗位等级，实行准聘和长聘两种聘任方式。学校充分发挥教研岗位教师等骨干教师在教育教学、学科建设、队伍建设、学术活动、学术评议等工作中的作用。

学校根据教学、研究工作需要，设置教学岗位和研究岗位。教学岗位以教学工作为主，分为教授、副教授、讲师、助教四个岗位等级。研究岗位以学术研究工作为主，分为研究员、副研究员、助理研究员三个岗位等级。

第二十条 职工系学校依法聘用的主要从事管理、教学研究辅助等其他专业技术工作、服务等事务的工作人员。

职工有权依规依约申请及合理使用本校公共资源，获得发展机会、公正评价、奖励和荣誉，参与学校民主管理，对岗位聘用、福利待遇等事项表达意见和对所受处分、处理进行申辩及申诉等。

职工应恪守道德和法律法规，遵守学校相关规章和合同（协议）相关约定，履行岗位职责，投身全员育人，爱岗敬业，服务师生，团结协作，务实进取，努力成为业务专家和岗位能手。

第二十一条 学校的双聘教授、兼职教授、客座教授、博士后研究人员、访问学者等其他教育、研究、管理工作者，在本校工作期间，依法、依规、依约享有相应权利，履行相应义务。

第四章　管理和机构

第二十二条 学校党委依照《中华人民共和国高等教育法》统一领导学校工作，支持校长独立行使职权。

学校党委会在全体会议闭会期间，职责由其常务委员会履行。

第二十三条 校长是学校的法定代表人和行政负责人，依法全面负责教学、研究、管理、服务等校务工作。

校长由学校举办者依法任免。

学校设副校长若干名，并设教务长、秘书长、总务长等岗位，协助校长处理校务。

第二十四条 学校党委会及其常务委员会实行民主集中制，按照"集体领导、民主集中、个别酝酿、会议决定"的原则，集体研究决定学校的办学指导方针，制定和修订章程等基本规章制度，制定发展战略和重大改革发展举措，决定内部组织机构设置和重要干部任免，审批年度财务预算和决算、预算外大额资金使用，负责党的建设与思想政治工作以及其他重要事项。

党委会全体会议及常务委员会会议由学校党委书记召集并主持，按届排次召开。

第二十五条 学校定期召开校务会议，研究决定学校的事业发展规划、年度工作计划和具体规章制度，教育教学、学术研究的计划和安排，副校长推荐人选，内部机构设置方案和机构负责人任免，教职工的聘任和解聘，学生的学籍管理和思想品德教育，师生员工的奖励和处分，年度财务预算方案的拟订和执行，校产保护和管理，社会服务、国际交流合作等行政工作重要事务。

校务会议由校长主持，校党委负责人和副校长、教务长、秘书长、总务长等参加，按学年排次召开。根据会议内容，可邀请有关院系、部门负责人和师生员工代表列席。

第二十六条 学校设校务委员会作为咨询审议机构，依照有关规章产生和行使职权，通过民主协商，定期讨论关系本校全局的决策并提供咨询意见。

校务委员会的成员包括部分学校负责人和院系负责人、校工会主席、教授专家及其他方面代表。

校务委员会设主任一名、副主任若干名，主任由校党委书记担任。校务委员会主任、副主任可代表学校参加校内外活动。

第二十七条 学校设学术委员会作为最高学术机构，依照有关法律、规章产生和行使职权，统筹负责学术事务的决策、审议、评定和咨询等事项，致力于促进人才培养与学术研究，追求学术理想，坚持学术自由，发扬学术民主，推动学术创新，维护学术道德。

学术委员会由学校教授代表组成，成员包括各院系等教学研究机构按教授比例推荐选举的委员、校长直接聘任的委员（不超过委员总人数的十分之一）和职务委员（两名）。校长不担任学术委员会委员。委员实行任期制，任期一般为五年，连续任职一般不超过两届。

学术委员会设主任委员一名、副主任委员若干名，由校务会议提名，全体委员选举产生。

第二十八条 学校设教学委员会，负责审议本校教学计划方案，评定教学成果、教学质量，检查、指导教学管理和教学队伍建设等重要事项，对教育教学改革和人才培养工作提出咨询建议。

教学委员会由教师代表和职务委员组成，设主任委员一名、副主任委员若干名，经校务会议确定后，由校长聘任。委员实行任期制，任期一般为五年，连续任职一般不超过两届。

第二十九条 学校设学位评定委员会，依照有关法律法规产生和行使职权，决定本校学位和名誉学位的授予及撤销，学位授权学科的设置、变更和撤销，研究处理学位授予中有争议的问题及其他有关问题。学位评定委员会按学科或跨学科设置分委员会。

学位评定委员会由各分委员会主席和职务委员组成，设主席一名、副主席若干名，经校务会议确定后，由校长聘任。委员实行任期制，任期一般为五年，连续任职一般不超过两届。

第三十条 学校设学院、学系和研究院（所、中心）、实验室等教学研究机构，负责具体开展教学、研究活动和学科建设、队伍建设等有关事务。

学院、学系由学校根据人才培养和学术发展需要设置，经学术委员会审议后，由校务会议和校党委常务委员会研究决定。

院系依照有关规定实行党政联席会议制度，研究决定本单位教学、研究、人事、财务等重要事项。

第三十一条 学校设若干党委职能部门、行政职能部门、学术支撑机构和服务机构，在校党委和校长的领导下开展工作，保障本校有效运行，面向师生员工提供服务。

第三十二条 教职工代表大会是学校依法保障教职工参与民主管理和监督、维护教职工合法权益的基本组织形式，依照有关法律、规章产生和开展工作。

第三十三条 学生代表大会、研究生代表大会是学校学生进行自我教育、自我管理、自我服务，参与学校民主管理和监督的重要组织形式，依照有关章程开展活动。

学生可基于共同兴趣爱好、成长成才需要组织学生社团，依照学校有关规章开展活动。

第三十四条 学校依法设置工会、共青团等群众组织。各群众组织在学校党委的领导下，履行各自职责。

校内民主党派基层组织依照法律和各自章程开展活动。

第五章　学校和社会

第三十五条　学校面向公众合理开放办学资源，依法实行信息公开并接受社会监督。

公众在参与学校事务、共享学校办学资源的同时，应遵守学校相关规定。

第三十六条　学校设战略发展委员会作为战略决策的咨询机构和社会参与本校事务的主要途径，依照有关规章产生和开展活动，定期就学校发展战略和重大决策提出咨询建议。

战略发展委员会的成员为国务院教育行政部门的代表，北京市人民政府的代表，学校校长、党委书记、校友代表，关心和支持本校发展的海内外知名人士及有关方面代表。

第三十七条　学校依法设清华校友总会，依照法律法规和自身章程开展活动。

校友系在学校学习或工作过的师生员工和获得过学校名誉学位或荣誉职衔的人士。校友应遵守清华校友总会有关规章，关心支持本校的建设发展，维护本校声誉和利益。

第三十八条　学校依法设清华大学教育基金会，依照法律法规和自身章程开展活动。

学校自主接受机构、组织及个人自愿无偿捐赠其有权处分的合法财产，捐赠事宜由本校及清华大学教育基金会有关规章规定。

学校可聘请大力捐资助学、对本校发展有重大贡献的社会知名人士担任荣誉职衔。

第三十九条　学校设附属中学、附属小学和附属医院等附属机构，面向师生员工和社会提供服务，依照有关法律法规管理和运行。

第四十条　学校愿同合法机构及守法人士开展互利合作，可视需要同政府机构、社会组织及个人联合设立双边或多边的合作机构，并可视需要发起、组织、参加或退出国际国内有关联盟和组织。

第六章　标识和校庆日

第四十一条　学校校徽为三个同心圆构成的圆面，外环为中文校名（繁体）、英文校名（TSINGHUA UNIVERSITY）和建校时间，中环为校训字样，中心为五角星。

徽章为题有学校横式中文标准字校名的长方形证章。

校旗为学校标准色长方形旗帜，中央印有学校标志与横式中英文标准字校名左右标准组合。

校歌为《清华学校校歌》。

校色为紫、白两色。

校花为紫荆花（Cercis chinensis）及丁香花（紫丁香 Syringa oblata、白丁香 Syringa oblate Var. alba）。

第四十二条　校庆日暨校友返校日为每年4月最后一个星期日。

第七章　附则

第四十三条　本章程的制定和修订经学校教职工代表大会讨论、校务会议审议、党委会全体会议讨论审定后，报国务院教育行政部门核准。

第四十四条　本章程由中国共产党清华大学委员会常务委员会负责解释。

第四十五条　本章程自国务院教育行政部门核准发布之日起生效。

（中华人民共和国教育部 2014 年 9 月 3 日核准发布）

附件一　清华大学标志

附件二　清华大学中文校名标准字

清華大學

附件三　清华大学校旗

紫底白字

白底紫字

紫色标准色
C65 M100 Y0 K20
R102 G8 B116
PANTONE 259C

附件四　清华大学校歌

清华大学校歌

（《清华学校校歌》）

汪鸾翔 词
张丽珍 曲

附 录 三

院系、部处及其他
直属单位的编号与名称

院系、部处及其他直属单位的编号与名称

单位编号	单位名称（2010 年）	单位简称	单位简拼	单位英文名称	单位简记	简记适用范围（不同时期使用的名称）
000	建筑学院	建筑学院	jzxy	School of Architecture	建	建筑系，土木建筑系
003	土木工程系	土木系	tmx	Department of Civil Engineering	土	工程学系，市政工程系，土木工程学系
004	水利水电工程系	水利系	slx	Department of Hydraulic Engineering	水	水工试验所，水利水电系
005	环境科学与工程系	环境科学与工程系	hjxy	Department of environmental science and engineering	环	
011	机械工程学院	机械学院	jxxy	School of Mechanical Engineering		
012	机械工程系	机械系	jxx	Department of Mechanical Engineering	机	机械工程学系，机械制造系，冶金系
013	精密仪器与机械学系	精仪系	jyx	Department of Precision Instruments and Mechanology	精	精密仪器系
014	热能工程系	热能系	rnx	Department of Thermal Engineering	热	
015	汽车工程系	汽车系	qcx	Department of Automotive Engineering	汽	
016	工业工程系	工业工程系	gygcx	Department of Industrial Engineering	工业	
021	信息科学技术学院	信息学院	xxxy	School of Information Science and Technology		
022	电机工程与应用电子技术系	电机系	djx	Department of Electrical Engineering	电机	1993 年前"电"简记电机工程学系，电讯专修科
023	电子工程系	电子系	dzx	Department of Electronic Engineering	电子	
024	计算机科学与技术系	计算机系	jsjx	Department of Computer Science and Technology	计	
025	自动化系	自动化系	zdhx	Department of Automation	自	自动控制系
026	微电子与纳电子学系	微纳电子系	wndzx	Department of Microelectronics and Nanoelectronics	微	微电子学研究所
031	航天航空学院	航院	hy	School of Aerospace	航	航空工程系，航空研究所
032	工程物理系	工物系	gwx	Department of Engineering Physics	工物	
033	工程力学系	力学系	lxx	Department of Engineering Mechanics	力	工程力学数学系，力学教研组

续表

单位编号	单位名称（2010 年）	单位简称	单位简拼	单位英文名称	单位简记	简记适用范围（不同时期使用的名称）
034	化学工程系	化工系	hgx	Department of Chemical Engineering	化工	工程化学系
035	材料科学与工程系	材料系	clx	Department of Materials Science and Engineering	材	
041	理学院	理学院	lxy	School of Sciences		
042	数学科学系	数学系	sxx	Department of Mathematical Sciences	数	应用数学系、数学教研组
043	物理系	物理系	wlx	Department of Physics	物	现代应用物理系、物理教研组
044	化学系	化学系	hxx	Department of Chemistry	化	化学教研组
045	生命科学学院	生命学院	smxy	School of Life Sciences（SLS）	生	生物科学与技术系、生物学系
046	地球系统科学研究中心	地球科学中心	dqkxzx	Center for Earth System Science（CESS）	地	地学系、地质学系、地质地理气象学系
047	交叉信息研究院	交叉信息院	jcxxy	Institute for Interdisciplinary Information Sciences（IIIS）	交叉	
048	高等研究院	高研院	gyy	Institute for Advanced Study（IAS）	高研	
051	经济管理学院	经管学院	jgxy	School of Economics and Management	经	经济学系、经济管理系
039	公共管理学院	公管学院	ggxy	School of Public Policy and Management	公	
061	人文社会科学学院	人文社科学院	rwxy	School of Humanities and Social Sciences	人文	
063	中国语言文学系	中文系	zwx	Department of Chinese Language and Literature	中	中国文学系、国文学系
064	外国语言文学系	外文系	wwx	Department of Foreign Languages and Literatures	外	外国语文系、西洋文学系、外语教研组
066	法学院	法学院	fxy	School of Law	法	法律学系
067	新闻与传播学院	新闻学院	cbxy	School of Journalism and Communication	新闻	
068	马克思主义学院	马克思主义学院	mkszyxy		马	
072	体育部	体育部	tyb	Department of Physical Education（PE）	体	体育教研组

续表

单位编号	单位名称（2010年）	单位简称	单位简拼	单位英文名称	单位简记	简记适用范围（不同时期使用的名称）
073	电化教育中心	电教中心	djzx			
074	计算机与信息管理中心	计算中心	jszx		其他	
075	图书馆	图书馆	tsg		图	
078	艺术教育中心	艺教中心	yjzx		艺	
079	信息化技术中心	信息技术中心	xxjszx	Information Technology Center（ITC）		
080	美术学院	美术学院	msxy	Academy of Arts & Design	美	
090	土木水利学院	土水学院	tsxy	School of Civil Engineering		
101	核能与新能源技术研究院	核研院	hyy	Institute of Nuclear and New Energy Technology	核	核能技术研究所（院）
102	微电子学研究所	微电子所	wdzs	Institute of Microelectronics	微	
103	教育研究院	教研院	jyy	Institute of Education（IOE）	教研	教育研究所
112	信息网络工程研究中心	网络中心	wlzx		网	
150	基础工业训练中心	训练中心	xlzx		训	
203	纪律检查委员会	纪检委	jjw		校	
204	党委组织部	组织部	zzb		校	
205	党委宣传部	宣传部	xcb		校	
206	党委统战部	统战部	tzb		校	
207	党委学生部	学生部	xsb		校	
208	党委保卫部	保卫部	bwb		校	
209	党委武装部	武装部	wzb		校	
210	工会	工会	gh		校	
211	团委会	团委	tw		校	
252	党办校办	党办校办	dbxb		校	
253	国际合作与交流处	国际处	gjc		校	
254	教务处	教务处	jwc		校	
255	研究生院	研究生院	yjsy		校	
256	继续教育学院	继教学院	jxy		继	
257	科研院	科研院	kyc		校	
259	人事处	人事处	rsc		校	
260	离退休工作处	离退休处	ltxc		校	
261	总务长办公室	总务办	zwb		其他	

续表

单位编号	单位名称（2010年）	单位简称	单位简拼	单位英文名称	单位简记	简记适用范围（不同时期使用的名称）
262	财务处	财务处	cwc		校	
263	审计室	审计室	sjs		校	
264	实验室与设备处	实验室处	sysc		校	
267	饮食中心	饮食中心	yszx		其他	
268	基建处	基建处	jjc		校	
269	修缮校园管理中心	修缮中心	xszx		其他	
270	建筑设计研究院	设计院	sjy		其他	
271	档案馆	档案馆	dag		校	
272	劳动服务管理办公室	劳服办	lfb		校	
273	监察工作委员会	监委	jw		校	
275	房地产管理处	房管处	fgc		校	
276	教育基金会	基金会	jjh		校	
280	接待服务中心	接待中心	jdzx		其他	
281	学生社区服务中心	学服中心	xfzx		其他	
282	文科建设处	文科处	wkc	Social Science Administration Office	校	
283	教育培训管理处	教培处	jpc		校	
284	信息化工作办公室	信息办	xxb	Office for Information（OI）	校	
285	经营性资产管理办公室	经资办	jzb		校	
286	会计核算中心	核算中心	hszx	Accounting Center	校	
287	后勤会计核算中心	后勤核算中心	hqhszx		其他	
288	清华校友总会	校友会	xyh		校	
289	校史馆 校史研究室	校史馆 校史研究室	xsg xsyjs		校	
291		深圳研究生院			深生	
302	街道办事处	街道办	jdb			
303	出版社	出版社	cbs		其他	
305	清华大学医院	校医院	xyy		医	
306	附中	附中	fz			
308	附小	附小	fx			

续表

单位编号	单位名称（2010 年）	单位简称	单位简拼	单位英文名称	单位简记	简记适用范围（不同时期使用的名称）
312	接待服务部	接待部	jdb		其他	
313	后勤管理处	后勤处	hqc		其他	
315	物业管理中心	物业中心	wyzx		其他	
317	正大公司	正大公司	zdgs		其他	
318	幼儿园	幼儿园	yey		其他	
352	清华控股有限公司	清华控股	qhkg		产	
358	清华通力机电设备公司	通力公司	tlgs		其他	
371	绿色大学办公室	绿办	lb		其他	
400	医学院	医学院	yxy	School of Medicine	医学	
408	华信医院（第一附属医院）	第一附属医院			华信	
409	玉泉医院（第二附属医院）	第二附属医院			玉泉	
410	软件学院	软件学院	rjxy	School of Software	软	
411	临床医院	临床医院			临	
835	人才交流中心	人才中心	rczx		校	
901	北京清华工业开发研究院	开发研究院	kfyjy		其他	
902	深圳清华大学研究院	深研院	syy		其他	
908	浙江清华长三角研究院	浙江研究院	zjyjy	Yangtze Delta Region Institute of Tsinghua University, Zhejiang	其他	
909	河北清华发展研究院	河北院	hby		其他	
915	信息技术研究院	信研院	xyy		信研	
916	清华信息科学与技术国家实验室（筹）	信息国家实验室		Tsinghua National Laboratory of Information Science and Technology	信息实	
920	低碳能源实验室	低碳能源实验室	dtnysys	Laboratory of Low Carbon Energy (LCE)	低	

说明：上述表格中未包括但历史上曾经存在过的单位在人物标注中简记如下：

国：国学研究院；　哲：哲学系；　史：历史学系；　气：气象学系；　心：心理学系；　政：政治学系；

商：商学系；　社：社会学系；　联：长沙临时大学、西南联合大学；　师：师范学院；　金：金属研究所；

农：农学系、农业研究所、农学院；　矿：采矿系；　石：石油工程系；　动：动力机械系；

社科：政治课教研组、社会科学系；　文：思想文化研究所；　研：研究院；　音：音乐室；

产：校办产业；　校：校机关；　无：无线电研究所、无线电工程系、无线电电子学系、电子工程系；

其他：其他单位，如出版社、计算中心、后勤单位等。　1993 年后增加设计院、深圳研究院。

T、P、N：西南联大期间，除联大发给教授聘书外，还分别由清华大学、北京大学、南开大学发给教授聘书。

主 要 参 考 资 料

1. 清华大学档案馆：清华大学档案（1908 年—2010 年）

2. 清华周刊社编辑部：清华周刊，1914 年—1937 年，1947 年

3. 清华一览，1919 年—1927 年

4. 国立清华大学一览，1930 年—1937 年，1947 年

5. 清华大学校长办公室：清华大学一览，1959 年—1965 年，1984 年—1994 年

6. 清华大学校长办公室：清华大学年鉴，1995 年—1999 年

7. 清华大学校长办公室：清华公报，1954 年—1965 年，1979 年—1999 年

8. 国立清华大学校刊社：国立清华大学校刊，1928 年—1937 年，1947 年

9. 人民清华出版委员会：人民清华，1950 年—1951 年

10. 清华大学新清华编辑部：新清华，1953 年—1966 年，1979 年—2010 年

11. 清华大学清华战报编辑部：清华战报，1970 年—1978 年

12. 清华大学校报编辑部：清华大学，1978 年—1979 年

13. 清华大学校史研究室：清华大学史料选编一卷～六卷，清华大学出版社，1991 年—2009 年

14. 国立西南联大史料编委会：国立西南联合大学史料一卷～六卷，云南教育出版社，1998 年

15. 清华大学校史编写组编：清华大学史稿，中华书局，1981 年

16. 蒋南翔文集编辑组：蒋南翔文集，清华大学出版社，1998 年

17. 清华大学校史研究室：清华人物志一～五，清华大学出版社，1983 年—2003 年

18. 清华大学校史研究室：清华英烈，清华大学出版社，1994 年

19. 清华大学校史研究室：清华大学一百年，清华大学出版社，2011 年

20. 黄延复：清华园风物志，清华大学出版社，1988 年

21. 中国人名大词典编辑委员会：中国人名大词典·当代人物卷，上海辞书出版社，1992 年

22. 中国科学技术协会：中国科学技术家传略，中国科学技术出版社等，1993 年—2001 年

23. 人民日报社：人民日报，1949 年—1993 年

24. 在人物小传、清华英烈及人物简介写作和修订过程中，参考了《顾毓琇传》《陈省身传》《我负丹青——吴冠中自传》《清华之父曹云祥》等众多人物传记；《学历自述》（费孝通）、《我的回忆》（黄文熙）、《我的回忆》（赵忠尧）等许多回忆录；《中国科技的基石——叶企孙和科学大师们》《刘达纪念文集》《雷海宗与二十世纪的中国史学》《萨本栋博士百年诞辰纪念文集》等相关纪念文集；《庞薰琹年谱》等人物年谱；《钱锺书杨绛研究资料集》等有关研究资料，以及部分人物的人事档案或学籍卡等档案材料，因限于篇幅，参考资料不一一列举。

《清华大学志（1911—2010）》各章主要撰稿人

总述		金富军					
第一章	领导体制与行政管理	孙宏芳	叶 硕	祝光英	朱守真	李淑红	杨晓延
第二章	院系设置、事业规划与学科建设	孙宏芳	孙茂新	许 亮			
第三章	本科教学	陈 刚	邓俊辉	唐子龙	顾 佩	刘 洁	马 璟
		冯婉玲	李 蔚	宣 华	尹 佳	刘俊霞	郭庭华
		杨 蕾	宋文晶	刘 杰			
第四章	研究生教育	郭 钊	张圆圆	石明丽	杨 红	康 妮	黄 静
		蒋予民	高策理				
第五章	学生德育与管理	过 勇	张小平	欧阳沁	耿 睿	向 辉	张其光
		黄 晟	林成涛	黄红选	熊义志	熊剑平	李 焰
		王和中	曹钰娟	徐海鸥	贾 曦	钱 婷	李泽芳
第六章	体育与艺术教育	刘 波	马新东	赵 青	冯宏鹏	郑晓博	胡 凯
		赵 洪	林叶青				
第七章	科学研究	郑永平	杨安临	吴荫芳	朱付元	吕 磊	梅元红
		秦 竹	葛 仲	孟宪飞	党小梅	杨 芳	王晓阳
		赵纯善	王玉柱	甄树宁	杨 柳	易 难	唐新华
		段江飞	马 军	刘 嘉	韩晶杰	崔淑妮	王唯一
		聂培琴	刘 畅				
第八章	对外交流与合作	姚崇兰	余雷晴	杨庆梅	汪 晖	陈 垦	许爱伟
		殷 琦	骆淑萍	张 健	杨 静	李红宇	
第九章	人力资源	裴兆宏	田 静	徐绍莉	陈 娟	张宇红	徐燕军
		邓 芳	潘 云	王建武	金明珠	刘裕品	刘亶仁
		张军民	董 力	李淑红	杨晓延	瞿福平	
第十章	实验室与设备	闻星火	黄 乐	赵庆双			
第十一章	图书、档案、校史研究、出版物、校园信息化建设与教育基金会	高 瑄	何 玉	孙宇华	金富军	张兆琪	杨爱臣
		向波涛	孙 哲	李学农	陈基和	赵 鑫	池 净
第十二章	成人高等教育、继续教育和远程教育	吴志勇	李建斌				
第十三章	校办产业	薛保兴	荣泳霖				
第十四章	校园建设与管理	聂凤华	张 霞	许立冬	张 岩	熊瑞林	李春瑞
		李 伟	付锦霞	刘 力	孙宇华		

第十五章	后勤服务与医疗卫生	杜丙钧	陈玉新	殷宏斌	邢　毅	牛洁梅	盖世杰
		李志文	袁汝海	马志旗	类延旭	王　艳	朵成旭
		梁立军	高　松				
第十六章	经费与财务管理	郝永红	仝佳丽				
第十七章	中国共产党清华大学组织	黄泽俊	曲　庆	郑　鹏	曹海翔	蒋耘中	于世洁
		卢小兵	覃　川	张瑞华	闫　忠	祝光英	单际国
		董　力	张莞昀	赵志刚			
第十八章	民主党派与群众组织	董　力	张莞昀	赵志刚	李淑红	杨晓延	瞿福平
		赵　博	赵　岑	倪　杰	崔　剑	何雪冰	陈　旸
		刘今朝	孙　哲				
第十九章	院系简介	左　川	沈言琍	翟大潜	王志浩	甘绍熺	周　滢
		佟一哲	朱　嬿	卢有杰	杜鹏飞	胡洪营	左剑恶
		段　雷	尤　政	徐蝶飞	单际国	曾　攀	吕志刚
		冯平法	冯　涓	郁鼎文	马　悦	陈焕新	马　赛
		周　锴	李　彦	毛　羴	赵六奇	卢青春	陆际清
		林　亨	赵晓波	李志忠	南　婕	赵　伟	周双喜
		孙劲松	董　鸿	梁晶晶	段艳梅	张　佐	冯建玲
		陆大绛	张克潜	冯正和	孙茂松	刘卫东	丁　力
		王桂增	程　朋	蔡　坚	韦　莹	陈　虹	刘立梅
		梁新刚	庄　苗	李俊峰	尤　黎	王锡瑞	管楠祥
		邓　宇	房秀荣	王旭光	张　岩	鲁　杰	王　艳
		邢振华	胡献华	齐龙浩	吴　健	刘慧民	苏　宁
		骆　洁	甘翠云	沈淑雯	郭顺平	高鸿锦	张贵友
		张秀芳	孙之荣	唐云端	谢　矜	薛　澜	孟庆国
		冯务中	杜拥平	曾　理	于文晶	范春燕	廖　莹
		王健华	杭　间	张京生	郭秋惠	王孙禺	李　越
		李　恒	罗　嗣	佳　妮	官唯洁	夏永静	熊倪娟
		徐　湛	吴念乐	雍稳安	来月英	章梅荣	黄春梅
		杨　卫	刘晓苗	吕厦敏	李俊卿	屠聪艳	陈超群
		陈志凤	孙春柳	杨格丹	刘云琴	张　巍	
第二十章	附属单位及街道办事处	阎梦醒	王武镝	张　洁	王殿军	方　妍	施　平
		董　蓓	周兆玉	秦洪明	朱建宏	赵鸿雁	陈桂芬
		朱　培	杜毓贞	刘建伟	代养兵	屈海曼	杨瑞清
		李香月	蒋立红	于殿文	赵如发	任喜华	夏　滢
第二十一章	人物	顾良飞	金富军	刘惠莉	王向田	冯　茵	钱锡康
		冯伟萍					
附录一	百年校庆	白永毅					

《清华大学志》（2001 年版）

清华大学校史编辑委员会

主　任　方惠坚

副主任　贺美英　张思敬　陈秉中　庄丽君

委　员　（以姓氏笔画为序）

王孙禺　方惠坚　史宗恺　白永毅　庄丽君　朱育和

刘文渊　刘桂生　江崇廓　李传信　李卓宝　何建坤

张思敬　陈秉中　承宪康　胡显章　侯竹筠　贺美英

贺崇铃　钱锡康　徐心坦　黄圣伦

清华大学志编写组

主　编　方惠坚　张思敬

副主编　刘文渊　贺崇铃　陈秉中

组　员　徐心坦　孙敦恒　唐纪明　安洪溪　田彩凤　王向田

王　雯

2001 年版《清华大学志》各章主要撰稿人

总述	刘文渊					
第一章 领导体制与行政管理	徐心坦	张 荣	李有道	刘 泰	刁俊山	
第二章 院系设置	刘文渊					
第三章 本科教学	刘文渊	袁德宁	宋烈侠	孙凤兰		
第四章 大学生思想教育与管理	孙敦恒	宋 军				
第五章 研究生教育	安洪溪	徐远超	丁奎元	郭海英		
第六章 成人高等教育	陈秉中	吕 森	范文斌			
第七章 科学研究	陈秉中	俞受稷	杨君游	吴荫芳	唐纪明	
第八章 校办产业	姜锡华	孙敦恒				
第九章 实验室	王向田	高合林	陈教泽	罗晋伟	唐纪明	
第十章 教师与职工	贺崇铃	张宏涛	金 斌	刘 泰	井建军	王玉荷
	刘宣仁					
第十一章 图书、档案与出版物	王向田	顾鋆文	陈兆玲	段传极	张英娥	
第十二章 体育与校园文化	孙敦恒	刘华轩	刘 泰	郑小筠		
第十三章 经费	徐心坦	陈华凯	程 放	唐纪明		
第十四章 校园建设与管理	孙敦恒	汤满贞	苗日新	尹传庆	刘海涛	
第十五章 总务后勤与医疗卫生	孙敦恒	王金生	唐纪明	马志旗	焦泽元	
第十六章 对外交流与合作	刘文渊	姚崇兰	程学吟	崔东娟		
第十七章 中国共产党清华大学组织	徐心坦	张 荣	王 芹	张希伦	董 力	
第十八章 民主党派和群众组织	贺崇铃	陈秉中	刘 泰	周汝璜	王祖唐	沈乐年
	罗棣菴	张人佶	葛长华	杨 岳	郭玉倩	
第十九章 院系概况	刘文渊	左 川	王鲁生	马振宗	井文涌	田芝瑞
	夏镇英	杜建寰	胡世金	王赞基	陆大绘	吴文虎
	王 森	胡大璞	胡德贵	薛 峦	李庆杨	钱启予
	何其盛	张秀芳	邵 斌	张祖英	李仙根	马栩泉
	南德恒	江作昭				
第二十章 附属单位及街道办事处	孙敦恒	冯庆延	吴裕良	杨丽如	赵惠琪	杜克敦
第二十一章 人物	贺崇铃	黄圣伦	孙敦恒	唐纪明	黄延复	徐心坦
	刘文渊	田彩凤	欧阳军喜	张 荣	王 雯	
大事记	贺崇铃	田彩凤	李有道	徐心坦	张 荣	
附录 1994 年—1999 年清华大学发展概况	马栩泉